何祚庥论

马克思主义经济学

（增订版）

HEZUOXIU LUN

MAKESIZHUYI JINGJIXUE

何祚庥　著

庆承瑞　编

首都经济贸易大学出版社

Capital University of Economics and Business Press

·北京·

图书在版编目(CIP)数据

何祚庥论马克思主义经济学/何祚庥著;庆承瑞编.—增订版.—北京:首都经济贸易大学出版社,2019.7

ISBN 978-7-5638-2806-7

I.①何… II.①何… ②庆… III.①马克思主义政治经济学—研究 IV.①F0-0

中国版本图书馆 CIP 数据核字(2018)第 123518 号

何祚庥论马克思主义经济学(增订版)

何祚庥 著 庆承瑞 编

责任编辑	曾三林
封面设计	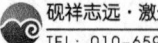 砚祥志远·激光照排 TEL: 010-65976003
出版发行	首都经济贸易大学出版社
地 址	北京市朝阳区红庙 (邮编 100026)
电 话	(010)65976483 65065761 65071505(传真)
网 址	http://www.sjmcb.com
E-mail	publish@ cueb.edu.cn
经 销	全国新华书店
照 排	北京砚祥志远激光照排技术有限公司
印 刷	北京九州迅驰传媒文化有限公司
开 本	710 毫米×1000 毫米 1/16
字 数	650 千字
印 张	36.75
版 次	2019 年 7 月第 1 版 2023 年 6 月第 2 次印刷
书 号	ISBN 978-7-5638-2806-7
定 价	128.00 元

一个理论物理学家为什么要在他的晚年转而研究马克思主义政治经济学？*

（增订版代前言）

何祚庥

一、为什么要再版《何祚庥论马克思主义经济学》一书？

2016 年，应首都经济贸易大学出版社编辑兰士斌之约，庆承瑞同志将何祚庥1957 年以来已陆续发表和尚未发表的有关马克思主义政治经济学的研究，如有关"马克思主义政治经济学必须与时俱进"的探讨，有关"科学技术是第一生产力"的若干理论阐述，以及《一个可将劳动价值论和边际效用论统一在一个方案的数理经济模型》《必须将"科技×劳动"创造使用价值的思想引入新劳动价值论的探索和研究》等 20 余篇论文，汇编成约 48 万字的《何祚庥论马克思主义经济学》一书，2016 年 10 月由首都经济贸易大学出版社正式出版。

此书鲜明提出的核心观点是，"当代经济学研究应将劳动价值论和边际效用论统一为'劳动和效用统一的价值论'"，也就是认为应构建一个

效用 ＝ 使用价值 ＝ 体力劳动所创造的价值 × 脑力劳动所创造的社会总效率因子

的新理论，或又称为"效用 ＝ 劳动 × 知识"的"新劳动价值论"。由于这一新理论的提出适应了时代的要求，此书初版在其短的一年时间便又加印了。

现在中国特色社会主义已经进入新时代。2016 年出版的《何祚庥论马克思主义经济学》一书所建议的"新劳动价值论"，显然是为适应"新时代"而提出的。为适应"新时代"带来的"新需要"，特别是为适应"新时代中国特色社会主义"所提出的系列新思想、新观点，响应读者和出版社的建议，现在 2016 年版《何祚庥论马克思主义经济学》（以下简称第 1 版）基础上，添加若干 2017 年以来我们陆续新发表或新撰写的论文，以《何祚庥论马克思主义经济学(增订版)》（以下简称增订

---

* 本文为未刊稿，完稿于 2018 年。

版)形式再版,也就是说,本次增订版主要新增十九大以来若干新撰写但能更好地解释中国特色社会主义进入新时代后诸多新现象、新问题的研究论文和文章。

二、新添加的十九大以来新写的七篇文章的要点

1. 增订版新增收的第一篇是《中国科学院院刊》2018 年第 33 卷第 4 期发表的访谈录——《何祚庥:回望 1979 年"科学的春天"》。作为"科学的春天"的亲历者之一,我的访谈录对邓小平从"科学技术是生产力"到"科学技术是第一生产力"思想的由来和发展的脉络做了系统的梳理,也提到了本书收进的多篇近几年的研究论文所涉及的我对马克思主义政治经济学的研究工作。

2. 新增收的第二篇是《关于建立新时代中国特色社会主义政治经济学的对话》。这一长篇对话原刊登在由中共中央统战部主管的《中央社会主义学院学报》2017 年 12 月出版的当年第 6 期上。既然中国已经进入建设中国特色社会主义的新时代,我们设想中的《何祚庥论马克思主义经济学(增订版)》当然也应该与时俱进,讨论一些"新时代"所提出的重大理论问题!尤其是"近年来,习近平总书记多次提出,要'建设人类命运共同体'。……请注意,这里的提法是'人类命运共同体',不是'人民命运共同体',更没有用'全世界无产者联合起来'等词汇"①。

3. 为了进一步探讨"建设人类命运共同体"这一新提出的重大理论表述,增订版还收入了新撰写的重新探讨新劳动价值论应满足哪些基本公式的三篇短文。其中首先是第三篇即《新时代呼唤新劳动价值论》,它是原刊于 2017 年 9 月 23 日《环球时报》上的一篇短文。此文讲了为什么新时代的中国特色社会主义建设要呼唤"新劳动价值论",主要列举了两大理由:

一是"世界经济已……取得飞速进展,脑力劳动已起着越来越重要的第一位的作用"。正如邓小平同志 1988 年在一次谈话中所指出的,"科学技术是第一生产力","知识分子是工人阶级的一部分","要把'文化大革命'时的'老九'提到第一"②。

二是"马克思的政治经济学只给出了由劳动计算价值的基本公式,$W = C + V + m$,却缺少对价值形态的另一侧面——使用价值,亦即效用的定量的研究"③。

为走出上述两大困境,新劳动价值论当然要将脑力劳动对经济发展的贡献,

---

① 参见本书第 20 页。

② 邓小平:《邓小平文选》第 3 卷,人民出版社,1993 年版,第 275 页。

③ 参见本书第 27～28 页。

特别是对使用价值亦即效用的贡献,也引入探讨中的"中国特色社会主义政治经济学"。为了体现邓小平同志提出的两个"第一"的思想,知识和劳动的关系应该是相乘而不是相加。或者说:

$$效用 = 劳动 \times 知识$$

当然,由于我们研究的是如何拓展马克思主义政治经济学的使用范围,所以我们新导出的基本公式中仍然包含着原有的计算价值的公式,只不过在价值转移量里又加上了脑力劳动者所实现的价值量的转移。新添加的还有如何计算使用价值也就是效用的基本公式,以及知识是包括科技和市场这两类知识相乘的公式。总之,共写出4个基本公式,用以描述新劳动价值论。

我是理论物理学家。理论物理学首先研究的是建立某一物理领域内的基本公式。力学是由牛顿三大定律组成的,热力学也是由热力学的三大定律组成的,等等。为进一步研究新时代中国特色社会主义政治经济学,同样也首先要确立这一新领域的基本公式。

4. 新收入的第四篇——《从"初出茅庐第一功"看为什么必须用效用衡量经济效益的大小》,是一篇杂文。由于刘备"三顾茅庐",诸葛亮"被"请出山。刘备"如鱼得水"。等到曹操派夏侯惇带十万大军攻打新野,而刘备却只有约五千人的小部队时,张飞等人说怪话:"何不使'水'去?"结果,诸葛亮调度有方,打退了夏侯惇的进攻。那么,应如何评定诸葛亮的功劳的大小? 这就是用《新时代呼唤新劳动价值论》一文里第三个基本公式

$$效用 = 劳动 \times 知识$$

来讨论和回答诸葛亮贡献的大小。由于这一故事比较形象,而且其实是定量地回答了怎样计算脑力劳动者贡献的问题,我曾在若干场合用它做比喻,介绍新劳动价值论,大家认为十分有道理,所以本书增订版便收进了这篇杂文。

5. 新收入的第五篇是《我们能否在马克思主义劳动价值论和新古典经济学之间架起一座可以相互对应的桥梁?》,这是一篇较长的讨论性文章,它所讨论的问题是:"我们能否用'脑力劳动×体力劳动'的'实体论'的模型,求出新古典经济学里的总生产函数?"[①]

新古典经济学将总生产函数 Q 表示为 A, K, L 的函数,也就是:

$$Q = AF(K,L)$$

如果将 Q 用新劳动价值论里的不变资本 C、可变资本 V、剩余价值率 P' 以及新增

---

① 参见本书第33页。

加的表示脑力劳动者自身具有但逐步转移的价值量 U、广义效率因子 N 等变量来表示,那么,从文中四个基本公式就能求解出总生产函数 Q,它可表示为由两项相乘的算式:

$$Q = [N(1 + p') - 1](C + U + V)$$

于是,在总生产函数 Q 里的 $A = [N(1 + p') - 1]$,而 $F(K, L) = (C + U + V)$。而因此,我们便在马克思主义政治经济学和新古典经济学间架起了一座可互相沟通的桥梁。那么,这里架起的"新桥梁"给我们带来了哪些新的启示呢?

实际上,只要对新导出的总生产函数略做考察,就会发现这一新导出的算式是十分合理的算式。后面一项 $F(K, L) = (C + U + V)$,代表着所投入的"死劳动 + 活劳动"并转移到产品中的价值;前面一项 $A = [N(1 + p') - 1]$,却正好表示所投入的脑力劳动 U 这一智力贡献产生的效率因子。而后者即 A 又正好是新古典经济学里的全要素生产率,只不过我们现在对全要素生产率 A 给出了一个"实体性"的解读。

更重要的是,这里的 A 明显地包含着两项:一项是包含剩余价值产生率 p' 在内的 $N \times p'$ 项,另一项是不包含 p' 的 $(N-1)$ 项。这两项在 Q 的计算公式中,也都和 $F(K, L) = (C + U + V)$ 即投入的"活劳动 + 死劳动"相乘。

很显然,这是很有意思的结果。因为这里明显地代表着两类生产力:一类是包含产生"剥削"在内的生产力,也就是 A 中的 $N \times p'$ 项;另一类却是完全没有剥削的生产力,它仅包含描述科技进步和市场扩展的效率因子 $(N-1)$,而 $N = N_S \times N_E$。66 年前,斯大林在著名的《论苏联社会主义经济问题》一文里谈到过资本主义和社会主义的基本经济规律。斯大林对"现代资本主义基本经济规律"给出的表述是:[①]

用剥削本国大多数居民并使他们破产和贫困的办法,用奴役和不断掠夺其他国家人民特别是落后国家人民的办法,以及用旨在保证最高利润的战争和国民经济军事化的办法,来保证最大限度的资本主义利润。

(着重号为引用者所加)

而斯大林对"社会主义基本经济规律"的表述是:[②]

---

① 斯大林:《斯大林文集》(1934~1952 年),人民出版社,1985 年版,第 627 页。
② 斯大林:《斯大林文集》(1934~1952 年),人民出版社,1985 年版,第 628 页。

用在高度技术基础上使社会主义生产不断增长和不断完善的办法,来保证最大限度地满足整个社会经常增长的物质和文化的需要。

(着重号为引用者所加)

或者说,在斯大林看来,所谓资本主义的生产力以及相应的生产方式,其基本特征有两个侧面:一是剥削和掠夺,二是最大限度地追求利润。至于社会主义的生产力以及相应的生产方式,其基本特征也有两个侧面:一是最大限度地利用"高度技术",二是充分满足物质以及文化的需要。而因此,所谓资本主义的生产力就是式中 A 的 $N \times p'$ 项;至于社会主义的生产力,当然就是式中 A 的 $(N-1)$ 项。而尤其巧妙的是,这两类性质不同的生产力,在我们新导出的总生产函数 Q 的公式

$$Q = [N(1 + p') - 1](C + U + V)$$

里,都以" $+$ "号加在一起!特别是,斯大林在他所给出的基本规律中,一个字也没有谈到所有制。

所以,新架起的"桥梁",还能帮助我们回答或澄清十一届三中全会及改革开放以来一个极其重大的理论问题的争论:这就是"中国半封建半殖民地社会占主导地位的国家……必须有一个资本主义'补课'的阶段。……还有一种声音,这就是中国也完全可以跨越'卡夫丁峡谷',而直接过渡到建设有中国特色的社会主义"。这就是中国土地上曾出现过的"资本主义补课论"和"跨越卡夫丁峡谷"之争。[①] 它也有助于回答为什么人类有可能通过"共同合作、共同发展、共享共赢"的发展模式,来实现"人类命运共同体"。

值得注意的是,在新劳动价值论新导出的总生产函数的表述式中,还有许多丰富的内容。例如,它清晰地表明:在市场经济里,阶级和阶级斗争仍然存在,但阶级和阶级斗争已不再是主要矛盾;居于主导地位的,已改变为知识和劳动间既有差别又有合作的辩证关系;等等。我们将另行撰写专文,深入发掘总生产函数 Q 所包含的丰富的内容。

2018 年第 3 期《红旗文稿》刊登了署名余崇言的题为《2017 年思想理论领域主要热点问题》的一篇报道,其中特别谈到,有多位学者对如何构建中国特色社会主义政治经济学理论体系,进行深入研究和探讨。报道称:"有学者认为,中国特色社会主义政治经济学主要有三个来源,即马克思主义政治经济学、我国改革开

---

① 参见本书第 18 页。另见本书第 38 页。

放和社会主义现代化建设的伟大实践经验、西方经济学的有益成分。"对于这一原则性意见,我们无疑甚为认同!

问题是,还需要有具体的方案,需要有具体的基本公式。不论是政治经济学还是经济学研究,都有它们的基本公式。本书新添加的第五篇——《我们能否在马克思主义劳动价值论和新古典主义经济学之间架起一座可以相互对应的桥梁?》,作为一篇有待进一步探讨的文章,也许可以作为尝试回答这一重大理论问题的出发点。而紧接其后的第六篇《价值、使用价值与科技:使用价值或效用的计量问题研究》和第七篇《新劳动价值论和建立适用于中国特色的有索洛余值修正的柯布—道格拉斯生产函数》,则是对新劳动价值论及导出的生产函数公式的完整且严密的学术性论证的努力和尝试,这两篇均是学术内涵较丰富的科学论文。特别是第七篇,用了一些严密而近似的求解常微分方程的特殊技巧,这才真正将新劳动价值论和新古典经济学里被称为"三驾马车"的非线性的道格拉斯生产函数有机地联结了起来,也就是真正实现了这两种经济学理论的统一。

三、新收入的还有何祚庥等人陆续在全国各地参加讨论会或讲座的两篇演讲稿和一篇多位学者对其发表不同评述的报道和一篇商榷性的长文,另外就是支持本书作者观点的其他学者的两篇评论性文章

1. 首先是题为"我们能基于当代物理学方法构建中国经济学的综合框架吗?——一个劳动和效用相统一的新政治经济学初探"的论坛主讲用稿,它后面附上了相关机构对于这次讨论会的一篇较长的综合报道,也就是中国政治经济学智库和中国社会科学院经济研究所《资本论》研究室主办的"智库名家论坛",对我在该论坛第 4 讲所做的讲演发布的一篇综述性的报道和评论。经济研究所高培勇所长,以及左大培、樊纲、杨春学、朱恒鹏、刘霞辉、胡家勇、越志君、陈昌兵、李仁贵、庆承瑞、王亦楠、李帮喜等 50 余位专家学者共同参加了讨论和点评。

这里需要向读者介绍的是,为什么"智库名家论坛"会组织这样一次规模不大但比较深入的研讨会?

正如我在讲演的开场白里所说:"物理学史上有一个长期争议的重大理论问题:光是粒子还是波?这两种理论,争吵了 200 多年。最后是在 1905 年,爱因斯坦在讨论光电效应的一篇文章里引入普朗克常数后,才统一为光的'波粒二象性'的理论。而重要的是,正是由于人们对光的本质有了更深的理解,由波和微粒的分歧走向'波粒二象性'的统一,这就导致 20 世纪初物理学的大革命,产生了相对论和量子力学。"

我进而指出:"经济学或政治经济学里的纷争,至今已有 150 年。那么,人们能否借鉴物理学的历史经验,构建一个新的理论,解决已持续 150 年之久的争论?"

我还指出:"这并不是人们第一次提出这一问题。在中国,樊纲著有《现代三大经济理论体系的比较与综合》一书①;在国外,萨缪尔森在《经济学》第 19 版中,写了《一个折中主义的宣言》。"

由于我在前一时期也做了类似的工作,当然也就必然会向樊纲教授请教,征求这位先驱者的意见。

这里追忆一下樊纲教授探讨这一极其重大的理论问题的情况。那是早在 1987 年的事。那时经济学各种观点纷呈,争议不断。30 年前,当樊纲教授在提出他自己的见解以后,必然而然地,立即遭遇反对和批评的声音,直到 2016 年,还有人写文章批判樊纲是推动中国向资本主义道路方向进行"改革"的三大"祸首"之一。所以可以理解,自那以后樊纲就转而"对中国经济现实问题的研究投入了太多精力",而现在"何老的研究重新引起了他的兴趣,并借此机会对何老等给予他支持和帮助的学者表示感谢"。②

但是,更需要向读者介绍的,是我在"我们能否基于当代物理学方法构建中国经济学的综合框架"讨论会的讲演里,除了对《现代三大经济理论体系的比较与综合》一书表示支持以外,还补充引用了一段习近平同志早在 2001 年第 4 期《东南学术》上发表的《对发展社会主义市场经济的再认识》一文中,对樊纲同志"这一分析"所做的评述:"有的经济学家提出要通过对马克思主义经济学、新古典主义经济学和凯恩斯主义主流经济学的比较与综合……使中国的经济学不仅成为一门真正的科学,而且真正成为实践的指导。""这种观点虽然很有见地,但并不完整。"因为我们现在实行的是社会主义市场经济,而"社会主义市场经济理论的建设必须以马克思主义经济学为主干,兼收并蓄地吸收西方经济学有关市场经济的理论研究成果。"③(着重号为引用者所加)

实际上,习近平同志所提到的应如何"完整"化的建议,在朱绍文老师为樊纲教授该书所写的序言里也有类似的意见。朱绍文还说:"樊纲提出的方法是'马克思主义新综合'。"④问题是,怎样实现这一"马克思主义新综合"?

习近平同志早在 2001 年所发表的文章中对《现代三大经济理论体系的比较

---

① 该书 1990 年 5 月由上海人民出版社出版,1994 年、2006 年再版、三版。
② 参见本书第 96 页。
③ 习近平:《对发展社会主义市场经济的再认识》,《东南学术》2001 年第 4 期,第 32 页。
④ 樊纲:《现代三大经济理论体系的比较与综合》,上海人民出版社,2006 年版,序言第 8 页。

与综合》一书的评述,当然是对樊纲所持观点的重要支持,也是对何祚庥等人近十年来寻求几种不同理论的统一的问题的这一探索间接的支持。可是,长久以来,樊纲教授本人并不知道习近平同志对其有过"很有见地"的四字评述。社会公众,包括何祚庥这样的理论物理学工作者在内,当然更不会知道习近平同志在2001年对樊纲教授的研究有过"很有见地"这四个字的评述。

但是,由于何祚庥等人近十年来也介入了这一方向的探索和研究,于是又激起了那些曾长期批判樊纲"错误"的"马克思主义者"的愤怒。例如,2014年就有丁堡骏、于馨佳两位学者在中国人民大学主办的《政治经济学评论》上发表了一篇题为《究竟是发展,还是背离和庸俗化了马克思科学的劳动价值论》的文章①,认为"马克思劳动价值论和边际效用价值论之间既不是可以相互替代,也不是可以相互补充的,而是根本对立的关系",因而批评"'新论'试图要调和均衡价格论和马克思劳动价值论",进而在丁、于这两位"马克思主义者"看来,何祚庥等人的探索和研究,就是对"马克思科学的劳动价值论"的"背离"和"庸俗化"!

如果再仔细回溯一下中国的学者们有关政治经济学和经济学争论的历史,就可以看到,原来丁堡骏教授长期以来一直是实现综合或统一这一呼吁的积极的对立面或反对者。他在2005年出版的《马克思劳动价值理论与当代现实》一书中,还有专门章节系统地提出批判,认为"劳动价值论与边际效用论综合在一起","毫无经济学意义"②。

但是,中国的"马克思主义"政治经济学界似乎存在一个传统:只许他们批评别人,却不许别人反驳。我曾几次找到《政治经济学评论》的主编,要求刊登反批评的文章,却总是被拒绝!

直到2016年年中,一个偶然的机会,我竟然"发现"习近平同志在2001年发表的文章里还有这段含有"很有见地"这四个字的评述。何祚庥当即用电子邮件转告了樊纲教授。于是,在樊纲教授推动之下,"智库名家论坛"便在2017年6月13日举办了一场研讨会。我在该论坛作为主讲人的演讲,也算是对那些教条式的"马克思主义者"的一个回应。

这里,我们还想再介绍一段习近平同志2001年《对发展社会主义市场经济的再认识》那篇长文里,对马克思主义经济学的缺点所写的另一段评述③:

---

① 丁堡骏、于馨佳:《究竟是发展,还是背离和庸俗化了马克思科学的劳动价值论——评何祚庥对马克思劳动价值论的"发展"》,《政治经济学评论》2014年第2期,第91~116页。

② 丁堡骏:《马克思劳动价值理论与当代现实》,经济科学出版社,2005年版,第267~274页。

③ 习近平:《对发展社会主义市场经济的再认识》,《东南学术》2001年第4期,第35页。

　　马克思主义经济学虽然更为深刻地认识到了社会经济活动与人们的主观意志是密不可分的……但是,只要我们再做一些更深入的观察,就可以发现随着抽象方法的大量运用,马克思在分析资本主义生产时被抽象掉的许多因素,恰恰是正在对生产或流通过程发生作用的人的主观因素。由此可见,马克思主义经济学在人的主观因素对社会经济活动的影响的认识方面,远不如马克思主义哲学所论述得那样全面和深刻。　　（着重号为引用者所加）

　　这真是"所见略同"! 如果再考察一下何祚庥等人建议的新劳动价值论,那么这里新添加的"被抽象掉的许多因素",恰好是习近平同志主张应当添加的"人的主观因素",而且正好是习近平同志指出的,被抽象掉的"恰恰是正在对生产或流通过程发生作用的人的主观因素"。例如,在何祚庥等人新建议的 4 个基本公式中,新添加的描述"人的主观因素"的广义效率因子 N,正好是"生产和流通过程发生作用的人的主观因素",即:

$$N = N_S \times N_E$$

式中,N_S 即科技效率因子,是人的主观对生产过程发生作用的客观的因素;N_E 即市场效率因子,当然就是来自人的主观对流通过程发生作用的主观因素。

　　当然,习近平同志在《东南学术》刊出的文章,发表于 2001 年,那时,他并不是中央委员会选举出的总书记。我们不会拿着一篇 2001 年所写的文章去指责别人,说其背离总书记的"指示"等昏话。但至少我们在这里所谈的历史事实,以及我们所建议的改革传统劳动价值论的具体方案,也是可以提供给学术界共同探讨的吧?!

　　2. 对"智库名家论坛"第四讲主讲稿《我们能基于当代物理学方法构建中国经济学的综合框架吗? ——一个劳动和效用相统一的新政治经济学初探》(以下简称《初探》)一文的补充介绍。

　　《初探》一文所讨论的新劳动价值论的许多内容,以及对旧劳动价值论的许多缺点的批评和如何改进的具体方案等,已有不少意见在那篇综合报道里有详细介绍,这里不再重复。

　　这里要补充介绍的是,在《初探》一文里,还有对自由主义或新自由主义的理论基础(一般均衡论)是否有严密的数理科学证明的较详尽的分析。当然它是以新建议的新劳动价值论为出发点,并从我本人更为熟悉的理论物理学的研究方法和角度来探讨一般均衡论是否属于已有严格证明的科学理论的。

《初探》一文指出:"所谓已有'一套数学工具的严格证明'的'一致均衡论',其实并不严格。所谓证明的'严格'性,只是在极其特殊的假定下(如必须保持函数的非凸性……),才'严格'地导出他们期望达到的理想状态。所以,新老自由主义者所竭力主张的'一致均衡论',实际上只是在极有限的条件下才可能出现的一种假象,经不起科学上严格性的'推敲'!"①

更有意味的是,此文还给出一个"我们新制作的一张图"。原图取自萨缪尔森《经济学》第18版一书第137页所给出的向后弯转的供给曲线,但"我们现在在该图中又新加上了一根直线形的需求曲线,和原图中的供给曲线相交"(见图1)。

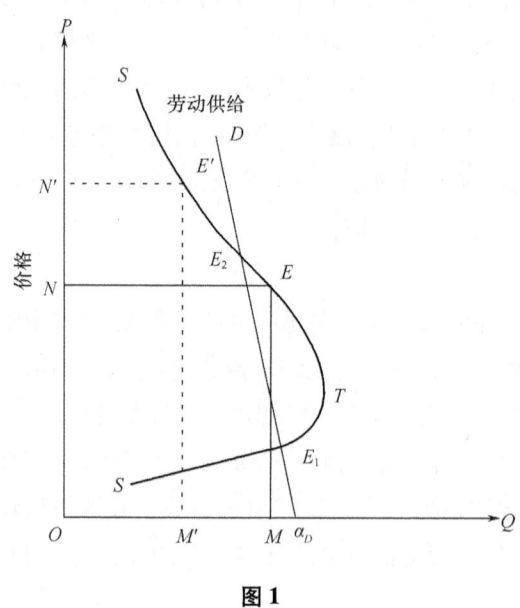

图1

"此图的特点是,这一向后弯曲的供给曲线 S,再加一根需求直线 D 时,就必然出现两个均衡点 E_2 和 E_1,而当然也不排除只有一个均衡点的切线解,也可能会是两根线不会相交的无解。所谓'无解',也就是根本没有均衡态!"

"如果又将上述有非线性修正的两组解答的均衡态引入一致均衡分析,新古典经济学'严格证明'的'一致均衡',就至少有两组'一致均衡'或仅在极特殊条件下出现的一组'一致均衡'。哪一个解才正确?而如果人们又将'无解'的上述非线性供需均衡模型引入'一致均衡论'的分析,就只能说,根本不存在这种

---

① 参见本书第88页。

'一致均衡'!"

所以,仅从上述劳动和效用统一的价值论中有关均衡态定义的简单讨论就可以看出,所谓"一致均衡论"的严格证明,完全是需要在错误的、"很不现实"的假定下才能导出的"严格"证明!

但是《初探》一文并没有完全、彻底地否定自由主义或新自由主义!《初探》主张,人们应"一分为二"地对自由主义、新自由主义及其基础"一致均衡论"进行具体分析。因为经济社会现象是具有高度复杂性的现象。所以,《初探》一文又进一步说:"当然,如果在实际的经济生活中,在某些时期、某些局域的市场上,也有可能近似地出现满足'一致均衡'的那些理想条件,因而充分利用那只'看不见的手'来推动经济的发展,仍然不失为发展经济的重要方法。但重要的是,更多或更经常的情况下,更需要经常地伸出那只'看得见的手',也就是以两个截距 b_S 和 a_D 的宏观调节,作为市场失灵的补充!"

3. 新增加的另一篇,是微信公众号"经济学家圈"2017 年 6 月 21 日发布的一篇长篇报道——《何祚庥长文分析政治经济学创新:科技使得剩余价值消失,剥削将不再存在》——介绍的我那篇文章在《中国科学院院刊》发表时的原文。

这篇报道的基本内容,实际上是 2016 年 8 月《中国科学院院刊》第 31 卷第 8 期刊登的我那篇有关理论经济物理学研究的一篇长文——《必须用时代化的科学社会主义理论指导当代政治经济学的创新和发展》,该文 2016 年以"代前言"形式收入《何祚庥论马克思主义经济学》一书第 1 版时,标题改为"必须深入改革中国的马克思主义政治经济学的研究"。《中国科学院院刊》刊出的这一长文,文字上做了某些调整。

微信公众号"经济学家圈"在报道此文主要内容时,换了一个更醒目也更容易引起社会公众注意的标题——"科技使得剩余价值消失,剥削将不存在。"

那么,为什么科技竟能"消灭剥削"? 一个最简单的理由是:由于机器人的出现,而且机器人还能完全地取代人类所从事的所有的"社会平均必要简单劳动",那么,由"社会平均必要简单劳动"所定义的"活劳动"所创造的剩余价值也就必然消失。[①] 总不能说人类还应保障机器人的天赋"人权",还应给予机器人以"人"的地位,或者说人类应终止剥削、压迫、掠夺机器人所创造的剩余价值吧? 显然,在马克思的劳动价值论里,机器人自身具有的价值将和机器一样,逐步转移到产品或商品中,但机器人的"劳动"不会创造出新的剩余价值! 这就是我的这一篇

---

① 参见本书第 24 页。

长文的主旨。

当然,这篇长文更回答了我写作此文时更关注,也是社会公众迫切希望回答的一大问题——如何认识和解答邓小平提出的两大"历史之问"?

什么是两大"历史之问"?这就是邓小平同志早在 1984 年就提出的具有历史意义的两大问题:什么叫马克思主义?什么叫社会主义?

写作这一长篇论文真正的目的,是试图从理论上探讨和回答这两大"历史之问"。而多年来,这两大"历史之问"竟成为马克思主义学者似乎难以回答的禁区问题。

其实,邓小平同志曾经在 1992 年给出了完整的回答。他说:"社会主义的本质,是解放生产力,发展生产力,消灭剥削,消除两极分化,最终达到共同富裕。"①而特别重要的是,小平同志对社会主义的本质的这五句界定的话中,没有一句提到所有制!

由本书第 1 版"代前言"移至增订版正文的这一论证"科技使得剩余价值消失,剥削将不再存在"的长文,是我进一步给出的回答。原来人们可以依靠科技进步和市场扩展来"消灭剥削",而在传统的劳动价值论里,"消灭剥削"一定是依靠阶级斗争。那么,我们这种观点是否背离了历史唯物主义?否!历史唯物主义一直认为社会生产力是决定社会历史发展的最终决定性力量,而科学技术则是近现代世界新涌现的新型生产力,所以,邓小平同志也就一再强调"科学技术是第一生产力"。

前述《初探》一文所提出的新劳动价值论的基本公式及其解读,对两个"历史之问"又进一步给出了一个较完整的回答。

4. "经济学家圈"是欢迎不同意见的争鸣的。所以,它在《何祚庥长文分析政治经济学创新:科技使得剩余价值消失,剥削将不再存在》这篇长文之后,还发表了北京大学著名政治经济学者晏智杰教授所撰写的《与何祚庥教授商榷——"基于当代物理学方法构建中国经济学的综合框架"问题》一文。理所当然,晏智杰教授的这篇文章现在也随我们这篇长文一并收入本书增订版,也就是附在我们第九篇文章之后,供读者讨论、研究和参考。

晏智杰教授在《与何祚庥教授商榷——"基于当代物理学方法构建中国经济学的综合框架"问题》一文中,扼要地介绍了 150 年来经济学理论发展的历史进

---

① 邓小平:《邓小平文选》第 3 卷,人民出版社,1993 年版,第 373 页。

程,并做出一个小结①说:

> 可以看出,效用论和生产要素价值论,从根本上来说,反映了生产力发展的现实,并且发挥了引领生产力发展的作用;它们的发展和演变,与社会经济发展同步。这种要素价值论尤其与各时期市场经济发展的现实相切合,反映了市场经济运作和发展的基本法则,因而成为观察和调节市场经济的基本理论依据。要素价值论的发展,总是受到当时最先进的生产力动因的引领和推动,并将其提到创造价值要素之首位:最初是土地和劳动,然后是资本,再后是经营管理,现今则是科学技术。这说明,在价值创造中,总是有最先进的某种要素在起作用,这一点不会改变,但是这个最先进的要素是什么,却不会固定不变,事实上它是随着社会经济条件的变迁而变化的。价值论史还说明,效用和要素价值论从不否认劳动的创价作用,始终将劳动置于商品价值的源泉之列,但它否认视劳动为创造价值的唯一源泉。

不过,晏智杰教授却将何祚庥等人建议的新劳动价值论解读为某种生产要素价值论,认为这一新劳动价值论"否认视劳动为创造价值的唯一泉源",也就是解读为偏离了马克思主义。

需要声明的是,这是晏教授误解了新劳动价值论。准确地讲,新劳动价值论一直坚持社会平均必要简单劳动仍是创造价值的唯一泉源,而且新劳动价值论还一直批评中国有一群政治经济学者妄图在这一唯一泉源之外,还要添加一项所谓"成正比"的另一泉源。我们也一直认为这是篡改了马克思所提出的劳动价值论的基本观点。但是,我们还认为,在"坚持简单劳动是创造价值的唯一泉源"这一基本观点以外,还必须补充增加"脑力劳动×体力劳动"是创造使用价值的泉源或"劳动×知识"是创造效用的泉源。或者说,新劳动价值论其实是某种多生产要素的使用价值论。

5. 为了回答《何祚庥论马克思主义经济学》第 1 版出版后对我们提出的新观点点名或不点名的各种批评,本书这次新版的增订版还新增了一篇由张晓芳、庆承瑞新撰写的对丁堡骏先生批判性意见的进一步反批评的文章——《发扬科学精神,抛弃本本主义——再评丁堡骏教授对马克思主义经济学发展路径的探讨》。

特别要在这里强调的是,新增的这篇文章用一系列有说服力的论据,深刻批

---

① 参见本书第 125 页。

评了丁堡骏先生对马克思劳动价值论所持的一种"可笑"的观点——他在一篇新撰写的长文《评何祚庥的所谓"新劳动价值论"》中,竟然说:"至于使用价值和交换价值之间的关系……任何一位有一点马克思主义经济学常识的人,都不会试图要在使用价值量和交换价值量二者之间的数量关系上寻找固定不变的函数关系或者相等关系。"①

然而,张晓芳和庆承瑞所写的反批评文章却轻易地指出、击中了丁堡骏此文的要害:"马克思在《资本论》第 1 卷的第 1 篇第 1 章第 1 节……第一次提出交换价值这一概念的内涵时,就明确指出:'交换价值首先表现为一种使用价值同另一种使用价值相交换的量的关系或比例。'"②而显然,这里所谓"量的关系或比例",当然就是丁堡骏先生所批评或反对的"寻找固定不变的函数关系或者相等关系"! 如此一来,按照丁堡骏的逻辑,马克思本人是不是也应当不是一位"有一点马克思主义经济学常识的人"?!

6. 新收入本书的还有王亦楠研究员原刊于《中国经济周刊》2017 年第 35 期上的《"对建立中国特色社会主义政治经济学"的一点思考》一文。

此文首先引述了习近平总书记在 2017 年 7 月 26 日在省部级主要领导干部专题研讨班上所做的重要讲话,该讲话指出"中国特色社会主义进入了新的发展阶段","在新的时代条件下,我们要进行伟大斗争、建设伟大工程、推进伟大事业、实现伟大梦想……就要在坚持马克思主义基本原理的基础上,以更宽广的视野、更长远的眼光来思考和把握国家未来发展的一系列重大战略问题,在理论上不断拓展新视野、作出新概括"。

极有意义的是,此文除了引述一些西方经济学家等学者(如萨缪尔森、斯蒂格利茨以及福山、皮凯蒂等著名学者)对 2008 年金融危机的大反思,还引述了林毅夫教授根据世界银行对 200 多个发展中经济体的调查研究结果所做的结论:"事实证明,迄今为止,还未看到一个发展中经济体按照西方主流发展理论来制定、推行政策是成功的。少数几个发展绩效或转型绩效比较好的经济体,所推行的政策从西方主流经济学理论来看都是错误的。"

此外,此文还着重引述了前引习近平同志 2001 年《对社会主义市场经济的再认识》一文所写的一段重要意见:"马克思在分析资本主义生产时被抽象掉的许多因素,恰恰是正在对生产或流通过程发生作用的人的主观因素。由此可见,马

---

① 见红色文化网,网址:http://www.hswh.org.cn/wzzx/llyd/ii/2017 - 11 - 02/4703q.html。
② 见本书第 134~135 页。

克思主义经济学在人的主观因素对社会经济活动的影响的认识方面,远不如马克思主义哲学所论述得那样全面和深刻。"因而,此文在最后结语部分中说,在"中国改革已进入'深水区'……新一轮科技革命的冲击正在到来的新形势下,全面深化改革的复杂性和艰巨性前所未有,当前比以往任何时候都需要经济理论学界凝聚共识,为建立'中国特色社会主义政治经济学'贡献智慧。"

应当说,本书作者所提出的"新劳动价值论",正是为"经济理论学界凝聚共识,为建立'中国特色社会主义政治经济'贡献智慧"进行的有意义的探索。

总体上说,本书第 1 版正文部分所收 17 篇文章,除一篇(《一个可将劳动价值论和边际效用论统一在一个方案的数理经济学模型》)因与另一篇长文(《科学创新:发展马克思主义政治经济学的必由之路》)绝大部分内容相同而予删除,其余16 篇文章在增订版中均予保留(个别文章有增补);第 1 版附录部分也仍旧保留。这样,不包括增订版代前言也就是本文,也不包括与第 1 版完全相同的附录部分,本次增订版正文部分共收入 28 篇文章。

四、为什么本文即增订版代前言要讨论作为理论物理学家为何竟介入中国特色社会主义政治经济学的研究?

1. 已故山东大学物理系谢去病教授生前曾评论过何祚庥的科学工作。正如他所说,本书作者早年所关注的是如何"学习马克思主义,应用于科学研究"①——当然首先是应用于理论物理学的研究,如曾经对层子模型的研究;而到了晚年,就转而注意运用理论物理学的方法进行马克思主义理论的研究,而首先当然是马克思主义政治经学的研究。

之所以如此,一个重要的原因是,在政治经济学的研究方法和理论物理学的研究方法之间,存在着相当多的共性。

马克思在《资本论》第 1 卷深刻地指出:"分析经济形式,既不能用显微镜,也不能用化学试剂。二者都必须用抽象力来代替。"②

其实,在理论物理学的研究里,也同样广泛地运用抽象法。我曾在《红旗》杂志发表过《实验、抽象和假说在科学研究中的作用》一文③,其中就谈到抽象法在理论物理研究里有广泛的应用。文中有这样一段话:

---

① 参见《红旗》,1984 年第 4 期,第 42 页。
② 马克思:《资本论》第 1 卷,人民出版社,2004 年版,第 9 页。
③ 何祚庥:《实验、抽象和假说在科学研究中的作用》,《红旗》1961 年第 11 期;另见何祚庥:《量子复合场论的哲学思考》,北京师范大学出版社,1997 年版,第 67~71 页。

在自然科学研究中,除了运用显微镜和化学试剂外,也运用这种抽象法,因为在实验室里有时有些次要因素还不能完全舍去,物质的形态还不够纯粹,因此,人们只好在实验研究的基础上,进一步从思维上来实现这种抽象。特别是科学上许多概念和理论,单用实验以及直观的形象是表现不出来的。因此,自然科学里,就常常要对一些抽象的理想形态进行研究。例如,数学上研究没有面积的点、没有厚度和宽度的线,力学上研究没有大小的质点、绝对硬的"理想刚体"、十分柔软的绳子、没有摩擦力的滑轮等,流体力学研究没有黏滞性的理想流体、不可压缩的液体等,化学上研究理想的气体、理想的稀薄溶液,光学上研究绝对的黑体、单纯沿直线进行的几何光学,等等。

所有这些理想形态都是现实世界中找不到的。在实验室内最多只能近似地接近这种理想情况,但在思维上却可以掌握它。这是抽象法能够补充实验研究的不足的地方。……

从形式上看来,科学抽象虽采用了纯理论的形式,但却绝不意味着脱离实践。相反,恰恰是以抽象的形式更正确地反映了客观实际。列宁指出:"当思维从具体的东西上升到抽象的东西时,它不是离开——如果它是正确的(注意)(而康德和所有的哲学家都在谈论正确的思维)——真理,而是接近真理。物质的抽象,自然规律的抽象,价值的抽象及其他等等,一句话,那一切科学的(正确的、郑重的、不是荒唐的)抽象,都更深刻、更正确、更完全地反映着自然。"①毛泽东在《实践论》里也曾经指出:"感觉到了的东西,我们不能立刻理解它,只有理解了的东西才更深刻地感觉它。"②抽象,才能更深刻地感觉、理解存在于客观世界的许多现象事实。

2. 当然,物理学的研究离不开实验,理论研究只能以一定的实验为对象,对一定的实验事实和数据进行加工。"一般说来,理论工作应当综合实验的结果,分析实验的条件,对实验工作的方向提出意见,并建议重大的实验课题;实验工作应当检验假说和理论的前提,发现重要的现象,由此提出新的理论课题等。可是,理论和实验还有相互矛盾的一面。理论研究常常要撇开许多次要的因素,要在理想的条件下把握和发掘一些基本的更有普遍意义的东西。它是从实验材料出发,但

---

① 列宁:《哲学笔记》,《列宁全集》第38卷,人民出版社,1959年版,第181页。
② 毛泽东:《实践论》,《毛泽东著作选读》上,人民出版社,1986年版,第120页。

又不是只从个别的实验材料出发,而是要从大量的实验材料出发。在研究方法上,它要由具体到抽象,经过抽象这一环节,再由抽象上升到具体。实验总是以具体事物为对象,它是在一定的物质技术条件下进行工作,受到物质技术条件的制约。实验所研究的是各种具体事物在不同条件下的运动和变化,因而由实验所提供的现象常常较理论更为生动、复杂、丰富和具体。因此,理论工作和实验工作常常是从不同的角度,用不同的方法来进行研究的。"①

经济学、政治经济学的研究,大体上也是遵循着类似客观事物的认识规律,只不过代替"实验"研究的是收集和分析"实践"所积累的大量的经济学或政治经济学的许多事实和数据。但如果对物理学和经济学两者发展的水平或成熟程度加以比较的话,由于物理学是16至17世纪初叶就已发展起来的科学,而且其研究对象也远较经济现象更简单,所以物理学的发展就远较经济学或政治经济学的研究水平更完善和成熟。在理论物理学研究里运用抽象法所积累的一些成熟的经验就很值得经济学家们汲取和吸收。

3. 这里需要向经济学家或政治经济学家们郑重推荐的,是在物理学研究中如何审时度势。物理学的研究当然需要适应社会需要的发展而发展,但另一方面,一切科学又有相对独立于生产需要的独特的发展规律。所以,在科学工作中,正确地判断某一领域、某一科学问题正处于哪一阶段,是极其重要的事情。现在介绍一下早在1964～1966年,中国的物理学界在毛泽东主席的鼓励和支持下,曾与支持中日友好,在政治上倾向于先进的许多进步的日本理论物理学家有过较深入的学术交流的情况。当时日本朋友告诉我们,第二次世界大战前,日本本来是物理学研究比较落后的国家,但在第二次世界大战后,日本的物理学,特别是日本的理论物理学有了快速的进步。原因之一是,日本有一些很愿意将马克思主义认识论应用到日本理论物理学研究的前辈学者,如坂田昌一教授、武谷三男教授,他们提出了物理学研究中的"三阶段论"的研究方法。日本朋友们说:"它对于日本理论物理学的发展起了很大的作用。"

1965年,我曾在《自然辩证法研究通讯》发表过一篇文章——《物理学研究的"三阶段论"和辩证唯物主义的认识论》②,以长篇"对话"的形式,对"三阶段论"做了较详细的介绍和讨论。那么,什么是物理学研究中的"三阶段论"呢?我在

---

① 何祚庥:《物理学研究中的理论和实验》,《红旗》1963年第10～11期;另见何祚庥:《量子复合场论的哲学思考》,北京师范大学出版社,1997年版,第104～105页。

② 何祚庥:《物理学研究的"三阶段论"和辩证唯物主义的认识论》,《自然辩证法研究通讯》1965年第4期;另见何祚庥:《量子复合场论的哲学思考》,北京师范大学出版社,1997年版,第109～130页。

这篇"对话"中说：

> 早在 1934 年，武谷在当时的"物理学的危机"的冲击之下，力图找寻解决当时物理学困难的新方法。在那时，他感到"物理学认识的发展要经过一个极其值得注意的重要阶段，即探明在那里有什么、它的结构怎样这样一个阶段"。而在后来，他在唯物辩证法的影响之下，又进一步和坂田合作分析了牛顿力学的发展和其他科学史。他们发现，物理学的发展一般要经历下列三个阶段：第一，描述自在现象的阶段——现象论的阶段；第二，探求自为的某种物质的结构的阶段——实体论的阶段；第三，研究物质在相互作用下，遵循什么原理进行运动的自在的和自为的阶段——本质论的阶段。当然，在物理学的发展中会表现出一些错综复杂的形态，有时是两个阶段互相交错，有时是三个阶段互相交错。在物理学的研究中就应该用这种观点来分析当前物理学的矛盾，确定物理学的发展处在什么阶段，从而弄清楚物理学的发展方向和所应该努力的方面。
>
> ……………
>
> 坂田和武谷曾经以牛顿力学的发展作为例子。他们认为，第谷·布拉赫是牛顿力学发展的现象论阶段，他对于天体运行留下了很好的观察资料；到了开普勒，就提出了行星绕日的椭圆形轨道的模型，并且将天文学的观察资料总结成为行星运动三定律，从而弄清楚为这些现象所掩盖的实物结构；而最后一个阶段便是牛顿阶段，它能预见具有给定结构的物体在给定条件下有什么表现。

我在这篇"对话"形式的长文中，也解释、回答了为什么物理学的研究常常表现为"三个阶段"，而不是通常认识论所说的从感性认识到理性认识的两阶段。原因是：

> 物理学的规律常常以高度抽象的形式表现出来。如果要从个别现象上升到十分抽象的普遍的运动方程式，而其中却没有特殊作为中间环节的话，这往往往会有不可克服的困难。特殊这个范畴，它一方面和个别发生联系，另一方面特殊本身就蕴含着一般。深入细致地解剖了某一特殊事物，也就为认识一般规律提供了根据。为什么在物理学中要强调进行实体论的研究呢？除了因为这在某种程度上反映了认识的一定顺序以外，更重要的是因为这是

比较具体的对象,比较容易入手。而如果我们确定搞清楚了某一些实体的结构的话,那么一般规律也就离此不远了。物理学研究的最终目的,常常是要探求物质运动的基本规律,而如何去认识这种基本规律呢?人们往往不知从何下手。实体论的划分,便给科学研究提供了一个很好的着手点。

此外,这篇"对话"还举了很多实例,说明"这种'三阶段论'在物理学中确实有相当广泛的普遍适用性"。最后,"对话"还说"这三阶段可以简单地归结这样一个公式:研究现象—研究实体—研究本质"。或者说,物理学的研究通常要沿着"现象论"到"实体论"再到"本质论"这三种认识的不同发展阶段的顺序而逐步深入。而正如列宁所指出的,"物质的抽象,自然规律的抽象,价值的抽象及其他等等,一句话,那一切科学的(正确的、郑重的、不是荒唐的)抽象,都更深刻、更正确、更完全地反映着自然"[1]。

4. 那么,我们是否能够将上述列宁所强调的思维从具体的东西上升到抽象的东西的"价值的抽象"的历程,还有武谷三男等人提出的"三阶段"这一认识客观规律的方法和经验,移用于经济学或政治经济学的研究呢?

对于不熟悉物理学或物理学史的经济学家们来说,上述关于牛顿力学发展如何经历现象论—实体论—本质论的实际例子,也许过于专门,不容易为经济学家们所理解和接受,但我们可以换一种说法,举一个实际生活中可能发生的例子,来介绍一下物理学家们在物理学研究中,怎样从实际生活中出现的现象逐步地抽象、总结出牛顿三定律。

这里举一个实际生活中存在的例子。如果人们骑自行车上路,所有的骑行者立即会感觉到,踩蹬用力越大,车速也就越快。将这一现象总结一下,那一定是:

$$\vec{F} \propto m\vec{v}$$

这里的 m 当然是"车 + 人"的质量,$\vec{v}$ 是车行速度。可以说,这就是人们认识骑自行车的运行规律的"现象论"。这一"现象论"上的对规律的概括,还可以说具备一定的普适性——对所有不同花色品种的自行车,甚而对摩托车,都完全适用。

但如果仔细分析一下,上述力 $\vec{F}$ 和速度 $\vec{v}$ 成正比的规律的总结和分析虽然和经验很符合,但对客观事物的"抽象"却不够"纯粹"。因为人们用力 $\vec{F}_1$ 蹬车前进

---

[1] 列宁:《哲学笔记》,《列宁全集》第 38 卷,人民出版社,1959 年版,第 181 页。

时,会明显地感到车速越大,车所遭遇的阻力 $\vec{F}_2$ 越大。如果人们的确要做出"科学"一些的总结,上式应该改写为:

$$踩蹬前进力\ \vec{F}_1 - 空气和地面的阻尼力\ \vec{F}_2 = m\vec{v}$$

后面一项阻尼力或摩擦力 $\vec{F}_2$ 不可忽略!

可以设法将这阻尼力或摩擦力减小或使之接近于 0(例如抽去空气,在真空中实现加速;又如将"自行车"做成悬浮的磁块,用磁场支撑;等等)。通过科学实验会发现,用力 $\vec{F}$ 越大,速度 $\vec{v}$ 随时间的变化也越大。

而如果用力 $\vec{F}$ 是某一常数,那么,速度 $\vec{v}$ 随时间的变化,也就是它的加速度 $\vec{a}$ 就是一常数。例如,从高楼顶上抛掷某一物体,楼越高,物体降落到地面的速度会越大,也就是物体所受重力虽然是某一常数重力,但这一物体下落的规律并不是上述的 $\vec{F} = m\vec{v}$,而其实是:

$$\vec{F} = m\vec{a}$$

于是,某一特定物体下落的规律就可以总结为 $\vec{F} = m\vec{g}$,$\vec{g}$ 是重力加速度。可以认为,这是人们对"力学"研究的"实体论"阶段,也就是在某一具体的自由落体的"实体"中,找到了可能是正确的力学运动的规律。

至于认识的"本质论"阶段,那就需要对诸多"实体"的运动规律分别进行深入的研究。最后,上述对力学运动认识可以总结为牛顿三大定律,其中的牛顿第二定律就写成:

$$\vec{F} = m\vec{a}$$

但是,所谓认识进入"本质论"阶段,并不能只限于总结或写出上述牛顿第二定律的基本公式,还要能反过来解释:为什么那个骑自行车的实际经验所得到"现象论"阶段的经验公式

$$\vec{F} \propto m\vec{v}$$

是正确的。

当然,从科学研究的进程来说,正如列宁所指出的那样,"人的思想由现象到本质,由所谓初级的本质到二级的本质,这样不断地加深下去,以至于无穷"[①]。但从上述人们对力学规律认识的进程来说,关键就在于需要尽快地由"现象论"阶段的认识转入"实体论"阶段的认识——这是认识诸多复杂现象时不可或缺的一个中间环节。

---

① 列宁:《列宁全集》第 38 卷,人民出版社,1959 年版,第 278 页。

5. 如果经济学家或政治经济学家们认同上述我们对物理学客观世界认识的经验之总结的话,那么,以我的拙见,当代经济学的研究正处在由现象论研究转向实体论研究的过渡阶段。特别是马歇尔所倡导和总结的边际效用论,虽然这一理论体系采用到了大量的数学——甚而还有萨缪尔森将这些数学方法写成《经济分析基础》的巨著,对效用概念的深化,也就是边际效用论等概念以及它们可能满足的数学公式等做了极为详尽的讨论——但总的来说,这里的概括和分析,仍然只能认为是从现象到现象的"现象论"阶段的探索和研究。

举一个尖锐的例子。如果人们将钱亦即货币保存在自己家中,一个明显的事实是,钱不能自动生钱!但当人们将钱储存在银行,银行理所当然地要支付合理的利息,利息就是占用这些钱或资金的价格。但对为什么钱储存到银行以后会"自动生钱",却缺乏"实体论"的,也就是唯物主义方法论所倡导的"从物质世界来理解物质世界"的说明!

当然,我们也还要看到,在经济学或政治经济学的研究中,也有一些人是主张用"实体论"的方法论来进行经济规律的探索的。典型的例子是马克思主义的劳动价值论:人类社会或人类世界是人类的劳动所创造的。当我还是青年学生的时候,著名哲学家艾思奇同志曾在清华园里给我们上过有关历史唯物主义理论的第一堂大课:"从猿到人,劳动创造世界。"马克思的《资本论》,就是以劳动作为商品价值的"实体"为研究的出发点,深入地分析探讨了"社会平均必要简单劳动"是价值创造的唯一泉源,最后总结为有关劳动价值论的一个著名的基本公式,即商品的价值 W:

$$W = C + V + m$$

正是马克思首先在他所提出的关于产品或商品价值的基本公式中,明确地指出:一切商品的价值,均是"死劳动 + 活劳动"共同创造的结果。只不过"死劳动"对商品价值的贡献是"转移",而"活劳动"却还要"增添"新产出的剩余价值。而如果人类社会的经济活动不局限于"继承"老祖宗即前人所传承的"死劳动"所创造的价值,那么剩余价值特别是剩余价值的积累,就是推动人类社会不断前进的重要动力。剩余价值是劳动者所创造的。商品经济或市场经济本来是为了促进商品的流通而发展出来的一种经济模式。但"秘密"就在于统治阶级特别是资产阶级却发明并利用了一种交易模式,特别是在劳动力的交易市场上,发明了一种表面上十分"公平",而实质上却在"交换"过程中隐蔽地夺取由劳动者创造的剩余价值的市场交换。理所当然,统治阶级往往将掠夺所得的剩余价值除用于统治阶级的高消费以外,还要应用于"积累",实现扩大再生产,包括统治阶级自身的扩大再生产和社会财富的扩大再生产。所以,从马克思对于"积累"问题的研究,将不难做出如下的结论,即剩余价值是积累的唯一来源。

马克思用上述包含剩余价值在内的基本公式解释了资本主义社会何以比前资本主义社会更为进步,也解释了在资本主义社会里,特别是在前早期资本主义社会里所必然出现的阶级和阶级斗争。而且,马克思还进一步预测或猜测,存在于资本主义社会的这种阶级和阶级斗争,必将导致出现一个没有阶级也没有阶级斗争的新的社会,即每个人都将充分贡献其力量("各尽所能")的理想社会,而分配形式又分为"各取所值"和"各取所需"的两个不同的发展阶段——社会主义社会和共产主义社会。

6. 但是,人类并没有停留在马克思、恩格斯在 19 世纪所认识和描述的早期资本主义社会阶段。当代被称为资本主义的社会里,其生产力(其中也包括某些自称为社会主义国家的生产力)均在不断发展,不断创新。其中,最具有革命性意义的创新,是邓小平同志敏锐指出的"科学技术是第一生产力"以及伴随其而来已出现的人类社会结构中新涌现出的一个"第一"重要的新的阶层。这就是邓小平提出"要把'文化大革命'时期的'老九'提到第一"地位的论述的时代背景。

生产力的这一新的发展和创新,不能不影响到当代人类社会——其中既包括当代中国特色社会主义社会,也包括当代发达资本主义社会——经济以及政治的方方面面。一个极为明显的事实是,美国的传统意义下的工人、农民(或又称为蓝领工人)只占其总人口的 7% ~ 8%,而另一涌现出的新型劳动者,也就是在中国被称为知识分子的白领工人已占到总人口的 90%。对于正在建设中国特色社会主义的我国来说,近 40 年来的变化,这一新兴的知识阶层也已占到总人口的 20%。

显然,对于这一新出现的知识生产力,当代的马克思主义者绝不能视而不见,听而不闻,绝不能将这些知识劳动者的劳动归结为社会平均必要简单劳动,因为"简单劳动"——按照马克思在《资本论》中给出的定义——"它是每个没有任何专长的普通人的有机体平均具有的简单劳动力的耗费。简单平均劳动本身虽然在不同的国家和不同的文化时代具有不同的性质,但在一定的社会里是一定的。"[1]王珏等《〈资本论〉介绍》第 1 卷更为明确地概括道:"作为形成价值的抽象劳动是指简单劳动。"[2]既然新涌现的"知识"劳动将不再能归结为"作为形成价值

---

① 马克思:《资本论》第 1 卷,人民出版社,2004 年版,第 58 页。
② 王珏、吴振坤、左彤:《〈资本论〉介绍》第 1 卷,中共中央党校出版社,1982 年版,第 42 页。

的抽象劳动"的"社会平均必要简单劳动",那么,这些人的知识劳动对社会、对经济也许还要加上政治、文化的贡献在哪里呢? 这就是当代马克思主义政治经济学不能不回答的重大政治经济学理论问题。

7. 最近,我的母校清华大学出版的《水木清华》2017 年第 12 期,有孙立平教授《新经济体现的是一整套全新的逻辑》一文,我们从中读到了下面两段引文这样的一些见解。它们意味着,新经济正涌现出"新的劳动逻辑",而"未来,人类将会向机器乞讨"!

> 赢者通吃,通吃的不仅仅是企业,是竞争对手,同时也包括了普通劳动者。当人们听到"无人超市""无人加油站"这样的字眼的时候,感觉到的可能不仅仅是惊奇,同时也包含着战栗。如果说皮凯蒂在《21 世纪资本论》中看到的还仅仅是劳动力的劣势地位,但实际情形可能要更为糟糕——劳动力资产处于逐步被淘汰的状态。
>
> 于是,在物质财富大量涌流的今天,世界各国的政党领袖、政府官员、专家学者乃至普通老百姓,都在为一个问题发愁:如何在不需要那么多劳动的情况下让人们多劳动,也就是扩大就业。换言之,我们现在可能还缺少一种能够承接技术进步成果的制度安排。

新出现的重大问题是,人类正面临新的重大技术革命,有些朋友称之为以"人工智能"为核心的"第四次"技术革命。标志着这一重大事件的,是 AlphaGo(阿尔法围棋)机器人以 3∶0 的战绩战胜了世界围棋冠军李世石[1],这意味着智能机器人已不仅可以完全取代人类的"社会平均必要简单劳动",而且还能战胜人的高级形式的脑力劳动。

为什么 AlphaGo 会打败以高级复杂脑力劳动著称的世界围棋冠军? 原因是:

第一,AlphaGo 不仅有超强的快速计算能力,还有超强的评估不同着法,影响围棋盘面获胜概率的能力。也就是 AlphaGo 不仅具有克敌制胜的战术思维,还有掌握全局的战略思维。

第二,更重要的是,AlphaGo 还有强大的学习能力。AlphaGo 能找出失败的原因,能向"敌人"学习克敌制胜的本领,而且还能自主创新,屡出奇招,用以克敌制胜。

---

[1] 实际比分是 4∶1,但双方约定以首先赢 3 局为准,其他作为友谊赛。

所以，智能机器人的出现所要"逐步淘汰"的，还不仅是普通劳动者，至少其中还可能包括世界围棋冠军。而与此形成对比的是中国的部分"马克思主义"政治经济学者，他们既不懂得"与时俱进，开拓创新"，最为愚蠢的是更不懂得需要向自己的论敌学习！有朋友戏称：下一次，AlphaGo 打败或淘汰的，将是中国那些只会"言必称希腊"的"马克思主义"政治经济学家！

我们所探索的新劳动价值论以及所导出的四个基本公式，已充分阐释：当代社会已涌现出不同于传统资本主义国家曾出现的以剥削剩余价值作为积累的唯一来源的那种生产力，这种生产力是以充分利用科技进步为手段、满足市场需求为导向，并且或者只有轻微剥削、或者根本没有剥削的新型的生产力。这样的新型生产力当然不能称为资本主义的生产力，其更适合的名称应是知本主义的生产力，当然也就是社会主义的生产力。按照历史唯物主义的理论，这一新型生产力的出现必然会引起生产关系的大变动。

9. 所以，在我——一位处于比较客观地位的理论物理学家——这样的"立场"看来，当代的经济学和当代的政治经济学都需要摆脱那种顽固地植根于两大学派内的"原教旨主义"，都需要抛弃那种历史上长期积累下来的成见或偏见，都需要"与时俱进"的勇气，走向"马克思主义的新综合"①。或者说，争执中的双方都需要平心静气地在相互取长补短的基础上，共同学习，共同提高，共同协作，为建立适应于中国国情和当代世情的中国特色社会主义经济学或政治经济学而奋斗。

如果中国当代的经济学家、当代的政治经济学家还能打破"门户之见"，欢迎理论物理学家们"破门而入"，那么，我们能提供的是在某些发达国家已出现的一个情况，这就是：在世界物理学发展的进程中，正出现一门新的物理学——经济物理学。

例如，现在美国马里兰大学物理系工作的理论物理学家 V. M. 雅科文科（V. M. Yakovenko）教授早在 2009 年，就曾在《现代物理学评论》上发表了一篇题为《论货币、财富和收入的统计力学》的综述性论文，总结这一领域的最新进展②。

中国也有个别学者从事这方面的研究。如西南大学经济管理学院陶勇博士正在用类似方法研究当代经济学的一些问题。2012 年陶勇和陈迅两位学者就曾

①　见朱绍文教授为樊纲《现代三大经济理论体系的比较与综合》一书（上海人民出版社，2006 年版）所作序言的第 8 页。

②　V. M. Yakovenko, J. B. Rosser, Jr. *Review of modern physics*, V. 81. P. 1703, 2009.

在《中国物理快报》上发表关于"经济系统的统计物理"的论文①。

2017年12月,陶勇博士和同他合作的国外的合作者——马里兰大学物理系V. M. 雅科文科教授曾一起到北京大学结构经济学研究中心进行学术交流。雅科文科教授向林毅夫、何祚庥等人提出,希望看到这种方法在中国经济学研究中获得进一步的应用。由于中国正在推行的市场经济是社会主义市场经济,即一方面强调要"发挥市场对经济发展的决定性作用",另一方面又要"充分发挥政府的作用",因而在我们看来,这类研究要更适合于解释中国经济发展模式的市场经济,可能相当于要构建一个具有外部性或有一定约束条件,而且能适应不同产业"结构"特点的另类《论货币、财富和收入的统计力学》。

10. 那么,中国的理论物理学家们将会如何进一步开拓这一类研究工作呢?下面我抄录几段引文②,其中有我的老师——中国理论物理学家前辈周培源教授的一段讲话("四人帮"垮台后,也就是1978年,他在庐山基本粒子会议开幕式上谈理论物理研究如何"创新"时,由我负责记录下来):

> 1978年5月11日,《光明日报》发表特约评论员文章《实践是检验真理的唯一标准》,掀起了一场大讨论。它意义重大,导致了后来的改革开放。就在这篇文章发表后三个月,即1978年8月3日,周培源教授在庐山基本粒子会议开幕式的讲话中,谈了他对理论物理和实践的相互关系的一段讲话:
>
> "在理论工作中,要坚持实践的观点,实践是检验真理的唯一标准。一个新理论提出来,第一,要看它能不能说明旧理论已经说明的现象;第二,要看新理论能不能说明旧理论不能解释的现象;第三,还要看它能不能预言还未注意到或将要发生的新现象。要看它是否符合这三点。"
>
> 周培源教授在这里谈的是理论物理学,实际上它已远远超出了理论物理学所涉及的范围,同时也明确表达了他对于"实践是检验真理的唯一标准"这一极其重要的马克思主义基本原理的支持。
>
> 这些年来,人们热衷于探讨如何坚持和发展马克思主义。有人说要在发展中坚持,有人说要在坚持中发展。周培源教授的讲话以明确的语言表达了物理理论发展的规律,它也适用于一切科学理论,其中包括马克思主义理论的发展规律。周老所提出的三条准则,相当准确地阐明了一切科学理论所必有的

---

① TAO Yong, Chen Xun, *Chiuese Physics Letters*, V. 29, P. 058901, 2012.
② 何祚庥:《做人做事做学问》,云南教育出版社,2008年版,第69~70页。

继承和发展的关系,它的深刻内涵自是不言而喻。

　　快五十年了,周培源教授始终是我最尊敬的老师。在科学研究上,他不断给我指引探索之路;同样,在为人处世、不断追求真理、审时度势、明辨是非方面,他也是我们的老师,而且是更重要的老师!

谨将周老的重要讲话转送给后来的当今各位学者,包括理论物理学的后学者,也包括各位经济学家、政治经济学家。

五、关于本书增订版的"跋"

增订版书末的"跋"共收入三篇旧作,目的仍然是促进理论物理学家和经济学家们的通力合作。

1. 跋一《相互学习,相互协作》是早在 1981 年发表在《读书》杂志上的一篇谈自然科学家和社会科学家应如何协作的旧作[①]。其中说道:

> 怎样发展相互协作? 可能下列一些领域是较为重要的。一是将现代数学应用于经济学,即发展数量经济学的问题。这一点在西方的经济学研究中有一些发展。相反在马克思主义的政治经济学的研究中,却发展得比较薄弱。但是经济学的研究需要定量地预见未来经济的发展,需要定量地给出各种经济政策的界限,这是确定无疑的。所以,这是一个十分有前景的领域,是自然科学工作者和社会科学工作者充分发展其合作的一个领域。

2. 跋二《相互学习,共同提高》也是早在 1982 年发表在《华中工学院学报(社会科学版)》上的又一篇谈自然科学和社会科学应如何协作的旧作[②],其中特别呼吁:

> 社会科学工作者要多学一点自然科学,特别是年青一代。在这方面我们很有一些历史经验值得总结。现在活跃在社会科学舞台的前辈社会科学工作者,有相当一些同志在年轻的时候都在相当多的程度上接触过较多的自然科学。大家知道,鲁迅和郭沫若都学过医学。我想那种在解剖学里论述到的人体解剖的方法,无疑会对他们解剖社会、解剖人的世界观等方面会有所帮

[①]　何祚庥:《相互学习,相互协作》,《读书》1981 年第 11 期,第 6 页。
[②]　何祚庥:《相互学习,共同提高》,《华中工学院学报(社会科学版)》,1982 年第 1 期,第 3 页。

助。现在的几位在中国社会科学院工作的院长和副院长,有好几位都在不同程度上较多地接触过自然科学。譬如说于光远同志不仅是在清华大学物理系毕业,还做过物理学方面的助教,从事过广义相对论的研究。所以,怎样培养下一代社会科学工作者,这一问题值得研究。社会科学工作者向自然科学学习还不仅在于得到一些对于进一步发展社会科学十分需要的知识,首先是向自然科学学习一些研究方法。应该说,自然科学研究里用到的一些方法,往往比社会科学里要精密得多,也细致得多。比如说,数学方法在经济学研究中的应用,将是极为重要的课题。但是,在现有经济学里几乎是完全学不到这种方法的,而这就要向理论物理学学习,向数学物理学学习,那里有运用得十分巧妙的一些方法。人类社会的未来,无疑在很多方面强烈地受到自然科学发展的影响,因而社会科学工作者对于科学技术的未来发展就很需要有一些较确切的了解。譬如说,机器人的问题就是一个值得仔细研究的技术问题,但它又是将带来很多社会问题的科学技术问题。

如果说,自然科学家不熟悉社会科学因而缺乏那种政治、历史、社会的眼界的话,那么社会科学家如果缺乏了自然科学知识,也将导致另一种缺陷,亦即很难正确估计到由于自然科学的发展而引起的社会变革以及引起的社会科学的发展等那种眼界上的缺陷。

3. 跋三是本书即《何祚庥论马克思主义经济学》第 1 版书末的《编者后记》,它由庆承瑞教授 2016 年 3 月 22 日撰写。这一《编者后记》除了讲述《何祚庥论马克思主义经济学》一书所收文章以及编选者庆承瑞教授对此书的印象和评述以外,也呼吁中国的经济学家、政治经济学家……社会科学界向现代科学学习,尤其是"学习他们对科学一丝不苟、严肃认真的工作方法和科学方法"。

谨以此最后收录的三篇跋文,也贡献于我国现在和未来的学者们。

目　　录

回望1978年"科学的春天" *

《中国科学院院刊》编辑部

《院刊》：1978年3月全国科学大会的召开标志着"科学的春天"到来，从此科学技术和知识分子在我国的地位有了天翻地覆的变化。40年后的今天，国家已沧桑巨变，而科技则一如既往地发挥着重大作用。您参与了1978年的全国科学大会，今天再次回望1978年"科学的春天"，您认为"春天"能够到来，最关键的因素有哪些？

何祚庥：1978年全国科学大会的召开，的确标志着"科学的春天"的到来。但从我所参加的科学大会来看，我的体会是所谓"科学的春天"有两种含义：一种含义是指狭义的科学技术已面临一个繁荣发展的时机。例如，1978年全国科学大会除了由小平同志在1978年3月18日做了一个题为《在全国科学大会开幕式上的讲话》的重要报告，定下发展科学的大政方针之外，还通过了《1978—1985年全国科学技术发展规划纲要（草案）》，简称《八年规划纲要》，实际上是新中国第三个发展科学技术的长远规划。但是，如果谈到"科学的春天"的真正的内涵，我感到这里的"春天"，更重要的是指"大气候"，也就是中国社会政治经济走向的"大气候"，已进入了"春天"。标志着这一动向的是小平同志在大会所做的讲话——在他的讲话中，鲜明地提出了两个观点：①科学技术是生产力；②知识分子是工人阶级的一部分。正是这两个观点的提出，标志着中国社会将发生大变化。

反映上述两种含义的"春天"的具体措施之一，是撰写全国科学大会报告的起草组有两组：一个是政治组，主要为邓小平的重要讲话做准备；另一个是科学组，主要起草《八年规划纲要》。我主要参加的是科学组的起草工作，同时还多次

---

* 本文是《中国科学院院刊》编辑部以"'科学的春天'亲历者访谈"形式对何祚庥的专访，发表在《中国科学院院刊》2018年第33卷第4期（2018年4月出版），原标题为《何祚庥：回望1978年"科学的春天"》。

参与政治组起草的报告的讨论。

1978年全国科学大会的重要意义不言而喻。为什么会在1978年召开这么重要的会？我想促成的因素有很多。我个人印象最深刻的还是由于小平同志"东山再起"，重新参加中共中央的领导工作。1977年7月16—21日，在北京召开的十届三中全会一致通过《关于恢复邓小平同志职务的决议》。小平同志恢复了中共中央政治局常委、中共中央副主席、中共中央军委副主席、国务院副总理、解放军总参谋长的职务。这时，小平同志主要还是作为国务院副总理。他当时虽然已经站在了国家领导人的行列，但还不是"一把手"，只是重新出来参加工作。中央就副总理分管领域征求小平同志个人的意见时，小平同志主动提出希望分管科学和教育工作。这一方面是因为科学和教育是"文革"的重灾区；而另一方面，小平同志在1975年出来负责整顿"文革"期间的各种乱象的时候，就已经感觉到了在中国发展的道路上，如何制定科学和教育的方针和政策，是个大问题。

小平同志正式出来工作后不到一个月时间，1977年8月4日，著名的"科学和教育工作座谈会"就召开了；中断十年的高考，小平同志在会上下决心拍板恢复。同时，会议用高规格接待了与会的知识分子们，而且小平同志还全程参与，这就在中国的大地上吹出了一股"春风"。"尊重知识，尊重人才"的风尚开始在社会上萌芽。这样，到了当年的9月中旬，中共中央政治局就决定了要在次年也就是在1978年3月18日召开全国科学大会。

再有一点，就是"春风"带来的"百花"盛开，要有具体措施，这就要说一说前边提到的《八年规划纲要》。《八年规划纲要》早在"科学和教育工作座谈会"上，由中科院起草了一个初稿。在全国科学大会上，应该更广泛地征求科技界的意见，不断修改完善，并在会上做出正式决定。"科学的春天"不仅仅是在全国科学大会上发出的"宣言"，还包括可以付诸行动的"措施"，这才使科学的"春天"真正地到来。1978年通过的这个《八年规划纲要》，对我国未来八年科学技术的奋斗目标、重点研究项目以及科学研究队伍和机构组成等都做了具体部署，共确定了8个重点发展领域和108个重点研究项目，包括基础科学规划、技术科学规划等规划。在全国科学大会上，方毅副总理对《八年规划纲要》做了说明。我参与的工作之一，就是协助当时负责起草《八年规划纲要》及其说明的邓裕民同志起草各有关初稿。方毅同志的讲话和小平同志的讲话一样，不断被雷鸣般的掌声打断！

我在全国科学大会上，除了参与多个文件的起草以外，还具体参与了两个重点项目的策划和讨论：一个是中科院要不要成立一个理论物理研究所，另一个是关于中国应发展激光武器还是发展粒子武器的争议。我是发展粒子武器的积极支持者,理由是粒子武器有携带动量较大、破坏力较强、电能转化为粒子能量的效率较高等许多优点,而激光武器却有电能转化为光能的效率甚低,激光聚焦的能量密度虽然较大但携带动量偏小,也较易被预防等许多不可克服的缺点。不过,最后我的意见未能被采纳。但是,这一争论仍不失为一场有价值的争论。我对激光武器的许多批评虽然在当时未被会议所接受,但提出的许多论证却是"言之有理"。这一争论也有一结果,这就是后来人们转而注意到要发展电磁炮。这说明大力发展激光武器当然是十分重要的,然而在发展某种新式武器的同时,努力注意减少、克服和弥补这种新武器的重大缺点,也同样是重要的。这一事例也说明在重大科学项目的确定上,需要有充分讨论,需要集思广益,需要广泛吸收不同意见。即使有许多事情当时未能看得很清楚,但只要是"言之有理"的科学争论,后来就会有进一步的发展,直至开花结果。

大会结束后,各项科学工作就在小平同志、方毅同志等的亲自关怀和《八年规划纲要》的具体指导下,不断开创出新的局面。这其中有一项,就包含了中科院理论物理研究所的成立。在科学大会召开之际,与会的物理学界的许多前辈们曾共同商议:在现在的发展形势下,物理学界应该重新提倡 20 世纪 70 年代初杨振宁教授回国访问时向周总理提出的"注重理论研究"的重要意见。(但当时由于"四人帮"的阻挠,这一提议当然未能实现!)1978 年科学大会闭幕后,我们物理学界的许多同仁当即提出了具体行动建议——在中科院成立理论物理研究所,由我负责起草了一个新建理论物理研究所的报告,并建议由我国著名理论物理学家彭桓武学部委员(后改称院士)任所长。这个建议报上去以后,得到了小平同志的亲自批示:同意成立。理论物理研究所的成立,使得我国"两弹"理论研究成功之后,理论物理界又有了新的施展抱负的平台。这从一个侧面,也可以看到当时全国的科学研究在"春天"里的蓬勃发展。

《院刊》:非常认同您所说的"科学的春天"有两重含义的解读。那么,您能不能再讲一讲,在小平同志复出之后,究竟吹来了哪些"春风"呢? 以及,正如您提到的印象最深刻的是小平同志的作用,小平同志 1975 年出来工作时的短暂整顿,是否已经为促成 1978 年全国科学大会起到了推动作用?

何祚庥:1975 年 1 月,在第四届全国人民代表大会第一次会议上,小平同志在毛主席的支持下,接替病重住院的周恩来总理,作为国务院第一副总理开始主持党中央和国务院的日常工作,实际上是开始了全面整顿。那时候,小平同志请示毛主席后,由中央决定让胡耀邦同志到中科院进行整顿,这就有了后来著名的胡耀邦在中科院的"百日维新"。1975年7月17日,当时分管科学技术工作的时任副总理华国锋同志找胡耀邦、李昌、王光伟三位同志谈话,一方面是通知他们中央的任命,另一方面是传达小平同志关于"整顿"的指示。华国锋是支持小平同志对"文革"进行整顿的,他未能说"纠正科技、纠正天下",但是他说要深入发动群众,纠正工作中出现的问题和缺点。

上任后,胡耀邦指挥若定。他请李昌负责日常的全局工作,他自己则集中精力搞调查研究,以准备向国务院汇报全国的科技工作现状和构思未来规划。胡耀邦在调研中可以说是个"煽动家""鼓动家"。他放手发动群众,讲长征故事,讲革命历程,讲革命方法,一下子就把科学技术领域的年轻人都发动起来了。先后有不少年轻朋友纷纷向耀邦同志或反映情况,或贡献意见,有些是在各式各样的座谈会上,还有一些人竟设法直接找到耀邦同志家里去提建议。例如,那时在中科院"相对论大批判组"里工作的还仅是实习研究员的郭汉英就拉了我一起找到耀邦同志家。1975年8月11日,胡耀邦就组织许多参与者写出了第一稿——《关于科技工作的几个问题(汇报提纲的讨论稿)》;后在小平同志指导下,经国务院政研室胡乔木等参与修改,最终形成了《科学院工作汇报提纲》(以下简称《汇报提纲》)。

《汇报提纲》中明确指出:"如果我们的政治工作使科技人员不敢钻研业务,不敢学外文,不敢看业务书,那就是失败的政治工作。如果我们的政治工作是反对钻研业务,那就是空头政治,就是在政治上犯了方向错误。"这些话太尖锐了,当时中央就派人来中科院召开各种形式的座谈会,调查、征求意见。

在调查研究的某次座谈会上,我曾提出:"文化大革命"是上层建筑领域内的一场大革命。其具体措施之一是工人阶级进驻上层建筑领域。但是,中科院是否应归到上层建筑领域,这里有一个重大理论问题,那就是自然科学是不是上层建筑?如果自然科学是上层建筑,那么有关自然科学的方针、政策就应该按上层建筑性质来处理;而如果不是,那么有关发展自然科学的方针政策就要另行研究和探讨了。胡耀邦当时就听进去了,他很高兴,他来中科院参与整顿也正是为了"是不是上层建筑"这句话。

所以,在1975年的整顿中,"自然科学是不是上层建筑"的问题,就又被提出来讨论了。也就是说,"文革"中的"科学技术是上层建筑"的论断开始有了松动。那么,自然科学不是上层建筑,那是什么?我说可能是生产力。因为,不是上层建筑那就应该归结为和生产或经济活动相关的生产方式,而生产方式又包含着生产力和生产关系两个方面。科学技术自然不是生产关系,所以我说可能是生产力。

就在座谈会上,我还反映了一个情况,说红卫兵编的《毛主席语录》里,收录了毛主席在1963年听取聂荣臻同志汇报科学工作时的一个谈话,说"科学技术是生产力"。而且当时我就向会议主持人上缴了我带去的这本《毛主席语录》。

时间过得飞快。我已不记得上缴的《毛主席语录》是哪本"语录",因为那一时期红卫兵们曾编过多种多样的"语录"。但后来据某些同志"考证",应是源于"文革"期间印发的一本红皮小册子——《毛主席论科学技术革命》,里边讲:"要打好这一仗,科学技术是生产力。过去打上层建筑也是为了发展生产力,不打这一仗,生产力无法提高,要以革命的精神来搞科学技术工作。"末尾注明的出处是"听取科学技术十年规划汇报时的讲话(1963年12月)"。据中科院院史研究室原主任樊洪业考证,这个小册子应该是1968年由中科院革委会编选,1969年印发的。在1968—1969年,我已是"革命群众",所以那时的革委会也会发给我一本由他们编写的《毛主席论科学技术革命》。

不幸的是,正是这本上缴的小册子所收录的毛主席讲述的"科学技术是生产力"这句话引起了轩然大波!在《科技政策研究三十年——吴明瑜口述自传》里曾较详细地记载了这段故事①:

> 这个稿子给毛主席送上去以后,毛主席一看,对这个稿子别的内容都没有说话,唯独对这件事情说了一段话,他说:"科学技术是生产力,我不记得我说过这个话。"毛主席还在这句话的旁边,打上一个"?"。这一来就砸锅了,这就变成强加给毛主席的话了。后来,江青就说,你们造谣造到毛主席头上去了。这就成了一条罪状。
>
> 到底毛主席是怎么说的,我们查了当时参加会议的一些同志的笔记,都没有记录。但是,不久之前,大概是两年前,我们写《胡耀邦与中国科学院》一书的时候,明廷华告诉我们说,聂荣臻纪念馆在搞聂荣臻诞辰100周年纪念,在这个纪念展览里面有一段话,毛主席1963年和他谈话时说"科学技术是生产力"。据聂荣臻秘书说,他们是到中办查到的,就是这个话。

《院刊》:1978年全国科学大会最重要的论断正是"科学技术是生产力"和"知识分子是工人阶级的一部分"。您是我国和世界著名的理论物理学家,中国

---

① 吴明瑜口述、杨小林访问整理:《科技政策研究三十年——吴明瑜口述自传》,湖南教育出版社,2015年版,第140页。

科学院数学物理学部院士;同时,您还是著名的马列理论专家,科学技术哲学领域的博士生导师。有人称您是自然科学和社会科学的"两栖院士"。40年后,由您这位"两栖院士"再来回顾这两个涉及自然科学和社会科学的重要论断非常有意义。您怎么看这两个论断?

何祚庥:我想主要从时间上对"科学技术"和"知识分子"的定位做一点梳理。

关于知识分子的阶级属性,在中共发展的历史上,一直是有重大争议的问题。周恩来总理在1956年召开的知识分子的会议上所做的《关于知识分子问题的报告》里,曾说过"知识分子中间的绝大部分……已经是工人阶级的一部分"。但周总理这个讲话不久就挨了毛主席的批评,毛主席说"知识分子还是资产阶级知识分子,他的世界观也是资产阶级的"。① 到了"文革",知识分子就变成了"臭老九"。为什么是"老九"? 因为那时有个排序:地、富、反、坏、右、叛徒、特务、走资派,最后第九位就是资产阶级知识分子。

再往前追溯,中国共产党早期的党纲是把知识分子看作反动阶级的,是要打倒的,但后来有所修改,知识分子变成要争取、团结、改造的对象。② 而实际上,有关知识分子的阶级属性问题,在马克思主义理论里并未获得科学的回答。例如斯大林在1952年写的一篇《苏联社会主义经济问题》,就讲了脑力劳动者是剥削阶级。斯大林就在该文中明确指出:"产生脑力劳动和体力劳动之间对立的经济基础,是脑力劳动者对体力劳动者的剥削。"③为什么在"文革"期间,把学校通通关闭,包括大、中学生在内的知识分子一律下乡、下工厂、学工、学农,也应到工农群众里去接受再教育、接受改造? 原因就在于在传统的马克思主义的政治经济学的理论里,脑力劳动者是剥削者。既然是剥削者,到了"文革"时期,也就必然是要被打倒的"臭老九"。

到了全国科学大会,邓小平在讲话中就明确指出知识分子"已经是工人阶级自己的一部分",而且还引了马克思在《剩余价值理论》这篇文章里讲述的一句话:"一般的工程技术人员也参与创造剩余价值。"这就为知识分子的阶级属性问题,做了彻底的平反。

至于"科学技术有没有阶级性""自然科学是不是上层建筑",这就更加是争论不休的问题了。如果查阅一下早期的马克思主义的理论著作,科学,主要是自

---

① 毛泽东:《在中国共产党全国宣传工作会议上的讲话》,《毛泽东著作选读》(甲种本),人民出版社,1964年版,第504页。

② 周恩来:《关于知识分子问题的报告》,《周恩来选集》下卷,人民出版社,1984年版,第160页。

③ 斯大林:《斯大林文集》(1934~1952年),人民出版社,1985年版,第617页。

然科学一直被列入社会意识形态,甚而是上层建筑范围。例如,早在1921年,布哈林在《历史唯物主义理论》一书中,就不仅认为自然科学理论本身属于上层建筑,而且连"科学的实验仪器,国家机关里的房屋、大炮、算盘、图表等,艺术中的画笔、乐器等等",都属于上层建筑。又如,20世纪30年代,在苏联哲学界经历了一场哲学上的大论战后出现的一本巨著——米丁教授所著的《历史唯物论》①,就将科学划入上层建筑。形成这一划分的部分原因,是因为"科学"一词当然包括社会科学在内;而社会科学中的某些讲革命斗争的理论,无疑带有阶级性,无疑应列入上层建筑。

1950年,斯大林发表著名的《马克思主义和语言学问题》,首次提出语言没有阶级性的观点。这在马克思主义理论中,是一次大突破,从某种意义上说,起了一定的思想解放的作用。因为在那一时期,有关社会经济问题的各个范畴无一不打上阶级的烙印,甚而连生产力的概念也要标出是无产阶级的还是资产阶级的。斯大林在其著作《马克思主义和语言学问题》②中指出:

> 语言和上层建筑是根本不同的。语言不是某一个社会内部这种或那种基础,旧的或新的基础所产生的,而是千百年来社会历史和各种基础历史的全部进程所产生的。语言不是某一个阶级所创造的,而是整个社会,社会各阶级世世代代的努力所创造的。……语言可以一视同仁地既为旧的衰亡的制度服务,也为新的上升的制度服务;既为旧基础服务,也为新基础服务;既为剥削者服务,也为被剥削者服务。……
>
> 上层建筑和语言还有一个根本区别。上层建筑同生产、同人的生产活动没有直接联系。上层建筑是通过经济的中介,通过基础的中介同生产仅仅有间接的联系。……语言则相反,它是同人的生产活动直接联系的,不仅同生产活动,而且同人的工作的一切领域中的任何其他活动都有直接联系。

斯大林在这一著作中所用到的分析语言有无阶级性的研究方法,很快地被人们移用到其他领域,从而提出自然科学有无阶级性的问题。1953年,由胡乔木同志为中共中央所起草的《关于纠正"技术一边倒"口号提法错误的指示》中指出:"在大规模建设时期,我们正是要提倡重视技术。斯大林说:'在改造时期,技术

---

① 米丁:《历史唯物论》,沈志远译,生活·读书·新知三联书店,1949年版。
② 斯大林:《斯大林文集》(1934~1952年),人民出版社,1985年版,第549~552页。

决定一切。'这对我们今天还是适用的。""技术问题和政治问题不同,并没有阶级和阵营的分别,技术本身是能够同样地为各个阶级和各种制度服务的。在技术上并不存在不是倒向这一边就一定倒向那一边的问题。"

又如,1956年陆定一同志在他所撰写的《百花齐放,百家争鸣》的文章中曾写道:"自然科学包括医学在内是没有阶级性的。""在某一种医学学说上,生物学或其他自然科学的学说上贴上什么封建、资本主义、无产阶级、资产阶级之类的阶级标签……是错误的。我们切勿相信。"1957年,毛泽东同志也说过:"自然科学分两个方面,就自然科学本身来说,是没有阶级性的。但是谁人去研究和利用自然科学是有阶级性的。"①

但是到了"文革"时期,康生等人却大说特说自然科学有阶级性,而且当代的自然科学当然属于资产阶级的自然科学。于是,在"文革"期间,自然科学必然也就在"打倒"之列。爱因斯坦和相对论是自然科学里被"打倒"的第一个突破口。陈伯达曾经代表中央部署要"打倒爱因斯坦和相对论"。那时,在陈伯达部署下,中科院的造反派就组织了一个"相对论"的大批判组。参加"大批判组"里的某位成员,提出了一个打倒相对论的著名"论据":"如果按照相对论所说的那样,同时性是相对的,那么在1969年3月,在中苏边界上发生的珍宝岛事件中,我们说苏修先开第一枪,而苏修却可以说是我们先开第一枪,事实上究竟哪一方先开第一枪,按照'同时性的相对性',就无法做出客观判断。"所以,爱因斯坦的相对论就"必须打倒"!这个论据在我们这些真正理解爱因斯坦理论的人们来讲当然是非常简单而可笑的谬误!但是在当时却是非常"有力"的带政治性的"大批判"。一时之间,那些反对批判相对论的人再也不敢为其辩护了,因为"谁"要替相对论辩护,谁就是替"苏修"辩护。

时间这就到了已经提到的1975年的《汇报提纲》,它对马克思主义里的自然科学的性质做了大颠覆,将"自然科学有阶级性"修改为"科学技术是生产力"。这当然是马克思主义理论的重大创新。但是《汇报提纲》最后报上去,毛主席在这句话上打了问号,这样《汇报提纲》里的"科学技术是生产力"这句话就变成了"伪造的毛主席话"的铁证。问题太严重了!接下来,胡耀邦和李昌等人就当然再度成为"走资本主义道路的当权派",就相继再一次被"打倒",而且还要在中科院里组织全院大批判。那时我在中科院高能物理研究所工作,由于我也是《毛主席语录》的"伪造人"之一,所以按理也会受到批判。为应对可能到来的批判,

---

① 毛泽东:《毛泽东选集》第4卷,人民出版社,1991年版,第1495页。

而且我记得马克思曾讲过类似于科学技术是生产力的许多话,那时我就查了很多资料,收集了诸多马克思关于"科学技术是生产力"的话,以备受到批判时,可以说"你们在批判马克思"。但由于我只是一个"小爬虫",江青等造反派也还不屑一顾。后来,我就将我所收集到的马克思、列宁有关"科学技术是生产力"的"语录"写在一本《科学技术是第一生产力》的小册子里①。

鉴于上述林林总总、反反复复的历史,1978年召开全国科学大会,就是要改变这许多年以来影响科学技术发展、影响生产力发展的对"科学技术"和"知识分子"的诸多错误定位。大会提出了著名的"科学技术是生产力"和"知识分子是工人阶级一部分"。从此,广大的科技工作者甩开了头上的"紧箍咒",开始热情迸发地参与到国家的建设中。

而极其重要的是,有关"科学技术"和"知识分子"地位和作用的理论,更在此后的改革开放的实践中,得到进一步的发展、完善和优化。1988年9月2日,邓小平在听取"关于价格和工资改革初步方案汇报"时说:"马克思讲过科学技术是生产力,这是非常正确的。现在看来,这样说可能不够,恐怕是第一生产力。"小平同志还说:"要把'文化大革命'时的'老九'提到第一,科学技术是第一生产力嘛,知识分子是工人阶级一部分嘛。"1992年,小平同志在视察南方的重要谈话中,又提到"经济发展得快一点,必须依靠科技和教育。我说科学技术是第一生产力","知识分子是工人阶级的一部分",又说"要提倡科学,靠科学才能有希望"。

所以,自小平同志推进改革开放以来,一方面是科学技术在社会经济发展中的地位和作用不断上升,而且,相应的,知识分子的地位和作用也在不断上升。不仅上升到"依靠"的地位,而且还提高到"第一"的地位。不能不认为,小平同志提出的两个"第一"——"科学技术是第一生产力"和知识分子要从"'老九'提到第一"的地位,是马克思主义理论的重大发展。

《院刊》:从1951年清华大学物理系毕业算起,您参与和见证了1978年全国科学大会前27年和之后40年的国家重大建设,也见证了"科学技术是第一生产力"的"第一",以及知识分子"要从'文化大革命'时的'老九'提到第一"的"第一"。这两个"第一"到底是怎样体现在国家的建设中的?或者说,科学技术或脑力劳动的作用,究竟怎样体现在我国的建设中?

何祚庥:最近我刚刚写了一篇短文,说脑力劳动和体力劳动是"相辅相乘"的关系。注意,不是"相辅相成",而是说"相辅相乘"。或者说,适用于脑力劳动和

---

① 该小册子正文全文已收入本书,见本书第382~434页。

体力劳动相互关系的不是加法,而是乘法。怎么讲呢?我们简单而言,举一个大家熟知的故事——《三国演义》里的"火烧博望坡"。博望坡在现在的河南省南阳市方城县,公元202年,曹操派大将夏侯惇、于禁、李典进攻驻防在新野小城的刘备。当时刘备军中只有不到一万人,而曹操大军则有十万。在这种情况下,诸葛亮气定神闲、毫无惧色,他将战线后撤,选择在博望坡与曹军对峙,诱敌深入,以火烧之。博望坡一战,关羽和张飞率领的刘备主力军五千人,打败了曹操十万大军!那么,这个账就很简单,诸葛亮的指挥能力对战争的贡献,可以说是将军队的战斗力,即"效用",从五千扩大了20倍,也就是五千的人马却发挥了十万人的"效用"。那这20倍的贡献,就是我们这些"知识分子"的功劳。

所以我说,效用=劳动×知识。首先,二者是合作互补的关系,缺一不可。没有诸葛亮运筹帷幄,五千对十万的仗是没法打的;没有关羽和张飞等将士的上阵杀敌,曹操大军也是赶不走的。所以,毛主席说,"知识分子必须与工农群众相结合"。没有两者的结合就没有"效用"的最大化,甚至没有"效用"。其次,也是最为关键的,所谓劳动和知识的"结合",是说这两者应是"相乘"的关系,而不是相加或其他的关系。也就是说,知识对于劳动有一个乘数增长的放大作用。所以,通过这个简单的故事,我们就看到了知识的力量。那到了近现代,其中最重要的"知识",也就是"科学技术"。而因此,"效用=劳动×知识"这样一个公式,也就体现出"科学技术是第一生产力"了。

我们现在正在继续前行,希望能建立一个把科学技术或知识分子的贡献也计量在内的马克思主义的新政治经济学。当然,我们还需要感谢《中国科学院院刊》,2016年8月的《中国科学院院刊》曾刊登了由我所写的《必须用时代化的科学社会主义理论指导当代政治经济学的创新和发展》,这篇长文就是讨论这一新的理念的初步研究成果的。谢谢《中国科学院院刊》对我的采访和报道!

关于建立新时代中国特色
社会主义政治经济学的对话 *

何祚庥　曾昭贵

　　十九大召开后,《中央社会主义学院学报》编辑部按照学院党组的部署,就学习十九大精神采访一批专家、学者。本文系根据学报编辑曾昭贵对中国科学院院士何祚庥的采访整理而成。

一、何谓新时代？新时代有哪些不可忽略的重大特点？

　　曾昭贵：何老师,好久不见,得知您最近几年在研究中国特色社会主义政治经济学,今天想请您结合十九大精神谈谈新时代中国特色社会主义政治经济学。先从我国社会主要矛盾的变化说起吧。

　　何祚庥：我先说一下。十九大一个重要成果是提出了"新时代中国特色社会主义思想"。这里,"中国特色社会主义"过去就有很明确的说法,但是进入了新时代,而且上升到了思想的高度,这就要对这个新时代要有个系统的看法。非常突出的一点是：中国社会经济的发展进入新时代以后,主要矛盾有什么变化？ 过去几十年我们对这个主要矛盾的提法,就是"人民群众日益增长的物质文化需要同落后的社会生产力之间的矛盾"。经过改革开放近四十年的建设和发展,现在这个主要矛盾发生了历史性的变化,已经变成为"人民日益增长的美好生活需要和不平衡不充分的发展之间的矛盾"。这是一个相当大的一个变化。我的体会,前几十年发展速度比较快,但主要是量的增加。为什么？ 因为太短缺了,所以过去的提法是日益增长的物质文化需要同落后的社会生产力之间的矛盾。我们的生产力太落后了,不能满足需要,所以要有一个初步满足。这个过程在数量上增加得比较快。现在我们发展到了一个新阶段,GDP已经位居世界第二了,大家对生活的追求越来越高,所以提出了对"美好生活"的追求。什么叫作"美好生活"？

---

　　*　本文原刊于中共中央统战部主管的《中央社会主义学院学报》2017年第6期(2017年12月出版)。

就是追求的生活的"质量"要好。生产要更好,衣食住行用,方方面面的水平都要大提高。出行要更方便。比如说我们过去坐绿皮火车很挤、很乱,现在坐高铁,大家都很满意,又快又舒服。比如我家的帮工小吴,她过去回一趟老家需要一天的时间,还要倒换车辆,现在太方便了,坐两三个小时高铁一下就到了。从哲学上说,这实在是从"量"到"质"的转变,体现出了人民群众的需求发生了"质"的变化。

曾昭贵:这里也许还要补充一项新的重要一点,"需求"发生变化了,"供给"也要跟着变化。经济学就是研究"需求"和"供给"的。以前是解决温饱问题,现在是追求美好生活;以前是想着如何脱贫,现在需要考虑实现小康之后该怎么办;以前是满足"物质文明需要",现在还要加上"政治文明""生活文明"等需要,要讲究"自由、民主、法治、公平、正义、生态、环境"等各种需求。这也是进入新时代的标志之一。中国共产党执政为民,就是要不断满足人民日益增长的美好的多种多样的需求。可以说,十九大对我国未来几十年的经济、政治发展做了定位。或者说,从过去的单纯的经济学的研究,发展到转向连同政治、文化在内的政治经济学的研究。所以,相应的政治经济学理论也需要创新。

何祚庥:对,"新时代"的提出就是一个创新。要看到这个创新的过程不太简单,不是一下子就能完成的,要有整整一个时代来完成,要花一个时代的时间来解决这个社会主要矛盾。还有一个问题就是:什么是"不平衡不充分"?过去说我们的生产力太落后,这40年来已有大幅度的提高,但较之美好生活的需要来说,就还有较大差距,所以在提法上就从"落后"改为"不充分"。极有意味的是还加上了"不平衡"。不平衡的问题,在于我们国家土地面积很大,各个地区的情况差别非常大,所以在开始发展时候,不可能同步发展。如果希望同步发展的话,结果就是谁也发展不了。早在改革开放之初,邓小平等国家领导人做了一个很重要的决策,发展先从沿海开始。因为一般来说沿海的科学、文化程度比较高,接受新事物也比较快,从沿海开始更便于开放,更便于向国外学习,当然也更便于改革,结果这个发展就是不平衡的。

我听说海外对于我们不平衡式的发展很感兴趣。这里有一个背景,就是从国外流行的新古典主义经济学来看,它追求的目标是"一致均衡"。什么叫作"一致均衡"?就是大家发展速度都一样,从新古典主义经济学家来看,这是最好、最理想的发展模式。他们认为,采用一致均衡的发展模式时发展最快,老百姓会最满意。但是我们偏偏采取了一个不均衡发展的办法,而且不均衡发展反而比他们所谓的"均衡"的发展还要更快。事实上,我们这个快速发展已经不是一个很短的时间了,从改革开放到现在,差不多快40年了,基本上都是高速发展,而且是一个世界上最大的拥有13亿以上人口的发展中的国家在高速发展。

另一方面,我们现在又转变为要解决不平衡的问题。我认为,这是发展模式的一个重大创新。发展模式在中国有许多创新。世界经济的发展模式也有许多创新。这很需要相互学习、相互交流。我认为,中国出现的由不平衡发展转到平衡发展的这种情况非常值得关注。我们中国过去是从计划经济转变为市场经济,但是中国的市场经济是不充分不发达的。需要看到的是,所谓不充分不发达,并不简单是一个经济体制问题。很多人以为从计划经济转变为市场经济,只要公开宣布一下把这个制度改掉就可以了。这就是"华盛顿共识"所提倡的"休克疗法"。传播到我们中国时,换成了一个比较好听的名称,叫"阵痛疗法"。然而这种观念大错特错!市场是需要建设的。建设有一个过程。需要创造一些条件,耗费一些时间。比如说,市场要求有快速的资金调拨、快速的物流的流动,而中国过去高速公路是没有的,少量的老爷车式的铁路运输很慢。至于互联网,完全是改革开放后才新建立起来的。总之,一个成熟而完善的市场的建立,需要有一个建设的过程。

曾昭贵:市场有几种,一种是自由市场,让它自己发展。欧美等资本主义国家的市场主要是它自己发展起来的。但是这种自发的市场的发展需要有一个较长的时间。西方发达资本主义市场是经过约一百五十年的时间才发展成今天这样。还有一种,就是您说的需要开拓、需要建设的新市场。开拓、建设这个新市场,必须有充足的能源的供应以及信息的传播和流通。这跟慢慢成长起来的那种自发式的市场经济,在很多地方大大不同。中国的市场建设用几十年时间走过了西方约二百年的道路,关键就是因为我们不仅依靠民众,还由政府主导,齐心合力地建设市场。

何祚庥:对,很对,很不一样。这就是我们国家的发展模式,带着中国特点的、有特色的发展模式。为什么我们的发展较快?一方面我们虚心向国外学习市场经济,这很重要!但同时,国家积极、主动促进市场的建设,利用国家的力量把市场做大做强。当然,这种模式可能导致发展不平衡。因为国家当然会集中力量,优先把最要紧的"需要"先"满足"起来。现在,我们需要由发展不平衡到平衡、从发展不充分到充分;当然,我们还要继续发挥国家的作用,支持我国国民经济从沿海向全国扩展。这需要结合不同地区的不同情况,采取不完全相同的措施。我认为,这里仍有一个复杂的创新的过程。

曾昭贵:以前读过陈锦华、江春泽等人写的《论社会主义与市场经济兼容》一书。其实"中国模式""中国经验"的真谛,就是努力使社会主义生产力的发展与市场经济发展模式兼容。这是世界经济、政治发展史上没有先例的一件大事。中国改革开放的实践证明,以前认为只要是社会主义一定是计划经济,计划经济又怎么能跟市场经济结合在一起呢?这两个东西一开始看起来似乎很矛盾,但是,中国共产党以其独特的政治智慧和行政手段让二者兼容起来,这就是一个伟大的创新。

何祚庥:对!这里有一个结合点是什么的问题。人们通常没有注意到一件事情,常常以为计划经济的特点就是在政府主导下有计划按比例地发展,市场经济就是让大家自由地发展,其实这里有一个非常重要的因素没有注意,就是产品或商品的价格。企业生产出来的产品或商品怎么定价?计划经济的指导思想是马克思主义的劳动价值论,也就是按劳动投入的数量来定价。问题是,这里讲的劳动是社会平均必要简单劳动。在"按劳分配"的理念中,没有脑力劳动的贡献,也不知应如何计算脑力劳动贡献的大小。所谓按劳动投入的数量来定价,实际上就是按投入的简单劳动的成本来定价。按简单劳动的成本来定价,它有一个潜台词,它会觉得利润是个虚假的东西。但实际上,这个利润不是虚假的东西,因为还有老百姓的需求在里面。如果是我喜欢购买的商品,我愿意多出钱;我不喜欢的东西,你白送给我,我可能都嫌麻烦甚至觉得讨厌。这反映在定价上,因为不讲究效益,也就不能促进人们创新,不会促使人们去发掘什么"比较优势""后发优势"。生产者或供给者往往只是以他最方便的方式去生产,也就是供给你他最方便的大路货。这样一种思维方式,这样一种发展方式,当然不容易受到老百姓衷心拥护。现在提倡的市场经济,我们大力建设中的市场经济,其实更好地体现出了共产党一贯主张的群众观点和群众路线。人们对美好生活的追求,对经济发展的追求,就是要充分发动群众干起来。所谓市场,用共产党的语言来说,就是充分发动群众,调动广大群众积极性。反映在定价上,所谓市场,就主要是按广大群众的需要来定价;用经济学术语来讲,就是按效用定价。

我们要发挥市场经济的优越性。市场经济比计划经济优越在什么地方呢?计划经济是靠少数人的脑袋来干活,市场经济是靠多数人的脑袋来干活。这是市场经济特有的思维模式。而过去很多人没有看见。现在中央的方针,是号召"大众创业,万众创新"。在我们的社会生活中,群众性的创新其实是非常重要的一种创新。看起来这种群众性的创新往往目标很小,但是汇总在一起,效率提高就很快。我们国家的一个特点就是,政府强有力的集中领导同充分发挥广大群众积极性相结合。

当然,国家也要创新,要组织国家规模的重大创新。例如"一带一路"就是国家规模的创新。"一带一路"由中国倡导,多国参与,其本质就是动员国家的力量,在世界范围内创造更大的市场。本来这个市场是中国沿海经济的市场,将海洋的"一带"和主导世界各国的沿海的市场经济相结合;现在还要加上"一路",也就是在内陆上还要铺设许多高速铁路、高速公路,和许多内陆国家里的内陆经济携手并进。"一带一路"现在正在向纵深发展。当然,我们国家还不仅仅注意到当前"一带"的建设,现在还正在研究能否通过白令海峡,再建设环北冰洋的新的"一带"。这也是新时代可能还要添加的新内容。总之,新时代就是要从数量的增长转向质量的增长,要从沿海经济的发展转向内陆经济的纵深发展。

我们要充分发挥方方面面的潜力。那么,什么地方最有潜力呢?落后地区向发达的方向走,这个潜力最容易发掘,雪中送炭比较容易做到;已经很发达了,锦上添花就不太容易。社会主要矛盾中的确存在"不平衡不充分"的问题,而解决了"不平衡不充分"的问题,就会发展得更好更快。我们过去之所以强调要有后发优势、比较优势,那是相对于发达国家来说的;现在则要进一步将后发优势、比较优势的理论应用到中国自己比较落后的地区。相对于国内比较发达的地区来说,中国比较落后的地区当然也会有独特的比较优势、后发优势。

过去搞计划经济,讲有计划按比例地均衡发展。好像这种均衡式的计划经济最优越,但实际上不是如此。好在我们共产党善于总结经验,善于从失败中吸取教训,善于把集中领导同发动群众这两种积极性相结合。这是我们的优势,也是共产党执政的重大经验。我们也提倡市场,但并不是放手不管市场;我们也搞集中领导,但也需要充分发动群众,作为对集中领导的补充。现在就要把政府主导的集中力量办大事与充分发挥广大人民群众的积极性结合起来。这是改革开放这40年来所做的艰巨的探索。把这个探索进一步向提高质量的方面发展,这就是当前十九大所说的新时代。

中国发展的成功经验证明比较优势、后发优势是存在的。什么叫作"比较优势"?什么叫作"后发优势"?简单地说,就是因为我是在后,而现在却要向前发展,因而可以直接选择世界上最先进的发展生产的方式、方法,没有历史包袱。但我们也要看到,林毅夫提倡的比较优势、后发优势是从西方新古典主义发展出来的理论。不过,我一直认为,林毅夫所讲的后发优势、比较优势,其实就是江泽民同志讲的"三个代表"重要思想。江泽民同志的"三个代表"重要思想是从马克思主义生产力的理论发展出来的,它比林毅夫讲的后发优势、比较优势要多一些新的内涵。"三个代表"重要思想突出的是先进生产力必定取代和淘汰落后的生产力,科学技术是先进生产力的集中表现。所谓"比较"优势、"后发"优势,说白了,就是"抄",不过要选择有"优势"的领域去"赶超"。而江泽民同志讲的先进生产力,还多出了一个非常重要的新内涵——先进生产力还包括创新。新时代的重大特点,就是创新。

曾昭贵:我把您刚才说的总结一下。新时代中国特色社会主义包括几点:第一,共产党领导一切。共产党领导下的各种举措,都是为了建设中国特色社会主义。第二,社会主义的优越性在于可以集中力量办大事,如倡导"一带一路"。第三,由做大走向做强,其必要条件是必须有所创新,包括理论创新、科技创新、体制创新、市场创新等。但这些"创新"能否成为新时代中国特色社会主义走向大而强的充分条件,就取决于未来各方面的齐心协力了。第四,中国特色社会主义在政治经济学理论方面最大的创新,就是把社会主义与市场经济相结合,其关键是正确处理好政府与市场的"边界"问题。由理论的创新带动实践的创新,才会有中国经济奇迹。

何祚庥:很好,很好! 你的总结很正确。

二、从 2018 年到 2025 年,我国将怎样建成富强民主文明和谐美丽的社会主义现代化强国? 未来的 30 年,有哪些特别值得人们注意和关注的问题?

曾昭贵:但我们还需要讨论下面一个问题。从十九大到二十大,是"两个一百年"奋斗目标的历史交汇期。再过三年也就是到 2020 年,将全面建成小康社会。从 2020 年到本世纪中叶,将实现第二个百年奋斗目标。十九大报告提出了分两个阶段的目标:第一阶段从 2020 年到 2035 年,基本实现社会主义现代化;第二阶段从 2035 年到本世纪中叶,要把我国建成富强民主文明和谐美丽的社会主义现代化强国。请问您如何看待这个目标愿景?

何祚庥:可能大家已注意到,这一重大决策和过去相比较,有一个重大变动。十九大提出,到 2035 年我国基本实现社会主义现代化。这个提法相比邓小平同志当初的提法——到本世纪中叶基本实现社会主义现代化——提前了 15 年。是不是共产党人头脑发热又搞"大跃进"? 我觉得不是。因为那时的邓小平同志对未来的事情也不可能预计得太精确,很难估计到我们国家这些年来会如此快速地发展! 实际上,这是因为前一段时期共产党制定、推行的政策很正确。邓小平的许多预期执行得非常之好,所以发展速度很快。发展快了以后,这个基本实现社会主义现代化的重大目标就有可能提前实现了。

现在有一种思潮,认为过去的快速发展有方向性问题。一些人认为过去的快速发展是快速发展了资本主义,不是快速发展了社会主义,因而他们认为,现在提出的"新时代",其重要内涵之一,就是要在基本方略上做重大的调整和改变。我不赞成这种看法。第一,这完全不符合40年来快速发展的事实。当前中国共产党领导下的种种发展经济的活动,仍然都"完全是为着解放人民的,是彻底地为人民的利益工作的"①。这是中国最基本的基本国情。这一国情没有任何改变。现在在十九大提出的十四条基本方略中,第一条又明确写上了"坚持党对一切工作的领导"。怎么可能将这40年来坚持的共产党领导曲解成为中国共产党领导中国人民快速发展了资本主义? 这大错特错!

第二,更重要的原因是,相当一些人没有能够深刻地理解邓小平在视察南方的重要谈话里指出的"要警惕右,主要是防止'左'"。而且,要坚决防止的"左",具体一些说,是哪些'左'呢? 其实,邓小平这一重要谈话对什么是"左"的回答是很清楚的:"把改革开放说成是引进和发展资本主义,认为和平演变的主要危险来自经济领域,这些就是'左'。"只是中国有不少固守教条主义的"马克思主义理论家"对邓小平讲过的什么是"左"视而不见,完全不能深刻领会小平同志这一谈话的重要性。

很明显,小平同志早已预见到中国会有一些人将改革开放解读为只是一种临时策略! 这些人认为,小平同志实际上是主张"资本主义补课论",当前中国进入新时代了,就需要对小平同志提出的临时策略做新的调整! 这样一种理解,当然仍然是大错特错! 如果我们对十九大报告读得细致一些,就会发现十九大不会也不可能改变过去的基本发展模式。

为什么? 请注意在十九大报告里还有两个重要的论断:一是我们国家仍处于社会主义初级阶段这个基本国情没有改变,二是我国仍属于发展中国家这个基本国情也没有改变。虽然我们进入了新时代,但并没有改变两个基本国情的估计。这是个非常重要的两个"没有改变"。如果因为进入"新时代"就使得基本国情都改变了,我们的建国纲领、基本方略包括方针政策等都要做出重大调整,这就会发生大问题。

就在前一时期,确有一些人提出,中国现在的发展已取得重大成就,完全可以认为经过40年的奋斗,已顺利、完满地完成了社会主义初级阶段的任务,因而下一步是不是就应该从社会主义初级阶段进入中级阶段? 特别是因为当前中国特色社会主义建设已进入"新时代"了。这个意见是有的,在十九大召开以前,有不少人持这种主张。但我认为这是错的。

---

① 毛泽东:《为人民服务》,《毛泽东选集》第3卷,人民出版社,1967年版,第954页。

第一，他们没有了解什么是社会主义初级阶段。其实，我们讲的初级阶段是用生产力作为最主要的标准，最主要的是指生产力太落后。虽然现在我们生产力有所发展了，但是相对于发达国家的生产力来说，发展还是不充分，仍不够发达。

第二，还有相当一些人认为十一届三中全会之所以要提出"初级阶段"的概念，是为了"利用"资本主义。因为按照马克思主义揭示的社会历史发展的规律，中国在历史上是半封建半殖民地社会占主导地位的国家，资本主义很不发达，而人类社会要进入社会主义，必须经历一个资本主义高度发达的时期，所以中国要实现社会主义，必须有一个资本主义补课的阶段。他们认为现在发展已达到一定高度，就应该要抛弃资本主义了；至少是在"利用"之外，还要加上"限制"和"改造"了。不过，在中国的马克思主义学者群中，也还有一种声音，这就是中国也完全可以跨越"卡夫丁峡谷"，直接过渡到建设有中国特色的社会主义。当然，这里要对什么是社会主义做一些新的解读。邓小平同志提出的社会主义本质论，就是对这一争论的回答和总结。这里暂不讨论所涉及的许多有争议的理论问题。至于我，我认同在先进生产力的带动下，人们是有可能跨越"卡夫丁峡谷"，直接进行社会主义市场经济建设的。

第三，主张改变基本方略的这些人还有一个十分理直气壮的"理由"，这就是这40年来经过的改革开放，由于大量地引进和发展了资本主义，中国已出现了资本主义社会的痼疾，出现了严重的两极分化。他们所持的一个重大理由是，"官方"公布的基尼系数已高达0.47，"民间"研究得出的基尼系数更是远远超过0.47！而世界上最发达的资本主义国家，如美国，也仅是0.42！邓小平曾说过的要"防止两极分化"的论述，并没有在过去的实际工作中真正地贯彻体现。

然而这一观点也仍然是大错特错！早在改革开放之初，小平同志就提出我们的改革开放不能重复走西方资本主义国家曾走过的两极分化的道路，而且一再强调要"防止两极分化"。那么，什么是两极分化？如果仔细读一下马克思和邓小平对贫富分化问题的论述，就可以发现，不论是马克思还是邓小平，都将"两极分化"解读为"富者愈富，贫者愈贫"，也就富者和贫者分别向愈富和愈贫这两个极端的发展方向"分化"。这和小平同志提倡的"允许一部分人先富起来"的政策完全是不同的概念！在世界资本主义发展的早期阶级，包括中华人民共和国成立前的"半殖民地半封建社会"的发展阶段，确实出现的是"富者愈富，贫者愈贫"。因为要迅速发展资本主义，必须有一个资本的原始积累过程，因而就要对工人、农民创造的剩余价值进行掠夺和剥削。而我们在改革开放之初采取的却是另一种办法。实际上，中国实现的原始积累，有两个主要来源：一是土地财政，即适当地转让国家从土地改革中所获得的土地的使用权；二是依靠科学技术。小平同志在视察南方的重要谈话里再三强调："经济发展得快一些，必须依靠科技和教育。我说科学技术是第一生产力。""我们自己这几年，离开科学技术能增长得这么快吗？"小平同志所强调的"依靠"、"第一"和不能"离开"等词，绝不是随意白白加上去的！我找过不少农民工谈话，他们都告诉我，进城打工所获得报酬，一般是他们在农村劳动收入的8~10倍！而且，"老家还有6~7人等着我寄回这笔钱生活！"这就是中国推行改革开放后的真正的现实。换句话说，中国的积累并不是来自对中国工人、农民残酷的剥削和掠夺！

所以，这40年来改革开放的现实，当然是有相当一批人"先富起来"；更多的人群，约占70%的中国人口开始"脱离贫困"；也有约20%的人口，开始走向"初步富裕"。而因此，中国的基尼系数就上升到了0.47！当然，我国前一个时期还约存有1亿贫困人口，习近平同志主持中央工作五年来又大力推进脱贫，已脱贫了六千万，现在约剩四千万到五千万。十九大提出，到2020年要全部脱贫。虽然中国的基尼系数已高过0.47，但这首先是因为前一时期发展的"不平衡"造成的，也就是说，在960万平方公里的土地上，贫困地区和富裕地区之间的差别拉大了。另外就是中国的改革开放，当然只能首先建设城市，所以城乡之间的经济差距加大。但是，基尼系数只反映出中国的贫富差距在拉大，并不能说明中国已是"两极分化"。联合国公布的数字都承认中国已有8亿人口脱贫，并认为这是一个惊人的成就，怎么能认为中国已出现什么"贫者愈贫"了呢？！

所以，绝不能认为中国这40年的"改革开放"是什么"引进和发展了资本主义"，也不能认为中国的积累是什么"对中国的工人和农民所创造的剩余价值的残酷剥削和掠夺"式的原始积累。中国是在实实在在地推行完全有利于人民、造福于人民的社会主义的建设。当然，目前我们还是社会主义初级阶段，还是发展中国家。必须看到，我们的GDP总量虽然已跃居世界第二，但人均GDP却只有美国1/8。也许再过10年后，我们的GDP总量有可能跃居世界第一，但仍然必须看到，到那时，我们的人均GDP仍然只有美国的1/4或1/5！

对于我国进行的中国特色社会主义建设将处于哪种发展阶段，还有一个流行的但也不甚正确的理解，即认为只要中国生产力发展水平达到跟美国水平一样，就可以称中国处于社会主义高级阶段了。我认为这一理解也不对。社会主义的高级阶段，当然是要比资本主义的高级阶段还要更高的高级阶段。如果中国的未来的生产力的水平、中国的人均GDP已达到了美国的水准，也许可以叫社会主义中级阶段。至于社会主义高级阶段，就要在生产力的发展水平以及其他社会、政治、科学、生态、文化生活等各方面,肯定都要比资本主义发达国家还要高出许多。我认为要有这种雄心壮志,要有这个思维模式。我们要建设的合理的社会主义社会,就是要比发达资本主义社会更为合理。这应是我们奋斗的目标。所以,我认为十九大报告中指出两个基本国情的估计没有改变,这是非常重要的判断。而一旦这两个基本国情的估计发生错误,我们很多政策措施就会发生很大的问题。

曾昭贵:那么我们能讨论一下对从 2021 年到 2050 年规划的分析吗?

何祚庥:这将是一个很大很大的待解决的重大问题。我猜想,今后党中央和国务院会组织一大批人深入调查研究,认真、切实地加以解决。这里我只想说一点意见,就是习近平同志提出的"创新、协调、绿色、开放和共享"五大发展的理念,是对邓小平同志提出的"发展是硬道理"的重大理论的一个新的补充和发展。我想,中国未来发展的 15 年,将是这五大发展理念付诸实施的 15 年。

三、十九大在建设和平的国际环境和稳定的国际秩序中的一个重大的理论突破,是要坚持推动构建人类命运共同体

曾昭贵:还有一点。您多次提到当今科技发展很快,特别是机器人问题需要引起重视。

何祚庥:"新时代"是中国特色社会主义建设进入新时代,这一点是从国内存在的主要矛盾已有所变化来定位的。但是,现代中国并不是孤立的存在,而是跟世界有紧密联系的。近年来,习近平总书记多次提出,要"建设人类命运共同体"。这也是一个伟大的创新。请注意,这里的提法是"人类命运共同体",不是"人民命运共同体",更没有用"全世界无产阶级联合起来"等词汇。"人类"的概念范围很广泛,除了反人类的恐怖分子之外,所有的人群都包括在内。怎样"建设人类命运共同体"? 显然,这是要全地球上的全人类都走向"全球化",要全世界共同发展,共享发展的成果。

曾昭贵:据我所知,最近上海复旦大学将要召开一个"全球化与逆全球化"的研讨会,就是说实际上有人是反对全球化的,或者说已经在做逆全球化的事情。

何祚庥:对。我认为逆全球化这个思潮要不得。逆全球化、反全球化都要不得。为什么? 反全球化或逆全球化打出的一个旗号,就是国家主义,或又称民粹主义,有时称为狭义民族主义。好像中国共产党人只要管好中国就够了。这个思维模式跟特朗普差不多,他是美国主义,这要不得! 我们中国好像还没有什么人鲜明地提出"中国主义"的主张,但是的确在潜在的思潮中,主张实行"中国主义"的思潮还不少。这个不行!

曾昭贵:但是这样会不会又回到过去,比方说在毛泽东时代,我们曾主张中国要解放全人类？

何祚庥：这绝不能和解放全人类的思维模式等同起来！建设人类命运共同体，是全世界的全人类——包括我们，共同建设、共同发展，并不是中国要走向搞霸权主义。所以，千万不要把"建设人类命运共同体"的呼唤说成中国要"领导"全世界走向人类命运共同体。这个"领导"决不能当，也当不了！建设人类命运共同体是共同合作、共同发展、共赢共享。

曾昭贵：现在不管是经济、政治还是生态、气候等其他方面，全世界其实都融合在一起了，已经很难再每个国家独立发展、孤立发展。

何祚庥：对！还要补充一条。那就是这种共同合作和共同发展，是通过市场把世界各国联系在一起。不是搞共产，不是全世界统一；是搞大合作，搞大共享。"共享"跟"共产"有区别。共享，所有制或所有权还是你的，但是世界各国要团结合作，要共享发展的利益。当前，国家还是分属不同的国家，还要讲领土、主权，但是不同领土上的国家可以相互合作，可以通过市场经济实现共利共赢共享。人类命运共同体不是要把全世界变成一个大国家，世界统一于一个国家，特别是不能认为"中国要在世界统一的大国里当什么国际社会的龙头老大"——这种思维大错特错！人类命运共同体是全人类的大联合，这一人类共同体要通过一个全人类的国际大市场来结合、协作、共赢，最后当然是共享共同发展的成果。这里的"共享"完全不等同于"共产"。共享的意思是，我们大家发展的成果，要通过市场进行交换，通过协商，把我的好处转给你，你的好处也转给我。这个发展模式更加切合当前实行的全球化，更加切合当前的实际发展情况。如果你将全球化搞得太急，全世界都统一到联合国里，联合国又统一支配，一定导致天下大乱。

习近平同志提出"建设人类命运共同体"，在发展模式上有一个新理念，就是发展的效益要共享。发展以创新为龙头，以共享为归宿。我们欢迎世界上任何其他国家搭我们的便车！现在的共享自行车，甚至共享电动车，就是一个很好的例子。本来是每家每户都要买一辆车，然后才能享用，现在不需要买为自己所有，就可以共同享用。把所有权和使用权适当分开，界定清楚，就能使发展快速而灵活得多。我们过去总觉得社会主义一定要实现"共产"，总是在讨论如何界定产权，这方面文章做得太死板！

四、中国必须大力发展人工智能主导的智能硬件，也就是"机器人"

曾昭贵：您刚才提到构建人类命运共同体可以通过"共享"来实现，很有意思。下面请您谈谈科技创新。

何祚庥：现在我们说进入新时代，主要讲的是中国特色社会主义建设要进入新时代。而另外需要看到的是,国际社会,也就是全世界也正在进入一个新时代。人们往往看到国际社会正进入一个大动荡、大分化、大改组的新时期,却较少或甚少看到这一大动荡、大改组、大变化其实是科技大发展的结果。或者,准确一点说,世界发生变动的根本动因,在于世界科技已进入一个空前大发展的新时代。我认为中国的社会公众,甚至包括领导层,还没有充分认识到这是一个科技大发展的新时代。特别是我国的社会科学家、人文学者们几乎完全没有意识到智能硬件(又称为机器人)技术会发展得如此迅速!也没有认识到机器人的快速发展会引起社会极大的变动甚至极大的震荡!我是搞科技的,所以比较了解,比较知道人工智能的新思维、新技术发展得极快极快。

例如,因为有了淘宝网,一下子把快递业做得很大很大。淘宝网的技术基础是互联网,没有互联网,是无法实现网购的。互联网买东西虽然很方便,但有个问题:我付完钱以后,卖家不给你东西或者东西质量不好,怎么办?不解决这个问题,交易就不容易实现。但是,马云有一个市场交易的创新,就是支付宝。现在有了作为一个公共平台的支付宝,就能够保证双方交易的顺利进行。最近国家好像又进一步要参与对支付宝的监管,它的信用程度就更高了。另外,通过支付宝交易之后,货订了,钱收到了,下一步就是要把货物送到顾客手中。这个工作量大得不得了,所以需要由机器人完成大部分的工作量,如机器人分拣、机器人打包、机器人运送到高铁、机场,转送到别的城市。

有些社会公众还没有注意到,机器人工作有一个重大的新特点。普通劳动者参加工作需要训练,一个非熟练工人变成熟练工人需要有一个过程。训练并非易事。机器人也要训练,但是机器人的训练跟训练普通工人大不一样。训练一个机器人,同时就是训练一千个机器人,因为只需要复制一下软件就行。而且,机器人一天还能工作 24 个小时,一个机器人能顶三四个人工作,不需要休年假、产假,工作很尽责,工作质量也很好。快递到达某一城市后,其最后一步是转为用电动自行车送货上门。我跟电动自行车还有一点历史关系。从 20 世纪 90 年代直到本世纪初,我曾高调提倡过推广普及电动自行车。当然我没有想到会有马云模式,但是马云却看到了,利用电动自行车送货上门,极好!因为成本低,而且可以推动社会吸纳大量人员就业。这个例子的特点是把两种形式的创新——市场创新与科技创新——有机地结合起来。这就起了这么个大作用。

曾昭贵:我们改革开放前三十年的快速发展,有相当大部分的功劳是靠农民工,老一代农民工真的是农民,能吃苦,新一代"农民工"在吃苦耐劳方面好像有点欠缺。此外,人的体力毕竟有限,潜力挖掘到一定程度就到极限了,所以,现在进入新时代,我们要更多地依靠科技力量、依靠科技创新,这方面中国还有很大的潜力。

何祚庥:对! 我举一个例子。最近我孩子就职的某公司做了一套软件,可以模拟法官判案。案情搞清楚之后,法官主要根据法律条文,适当根据自身经验做出判决。判案现在机器人也能做到,只要条文定义得非常清楚,案子适用于哪个条款,机器检索一下就出来了,而即使是优秀的法官,在背诵法律条文上也比不上机器人快捷,因而这种机器人判案又快速又准确又公平。

曾昭贵:这里我提一点异议。中国的法律体系属于大陆法系,主要根据法律条文来判案,机器人判案这种尝试可能比较适用,因为条文大部分都是比较死的,案情达到什么样的程度,是什么样的情况,然后你根据这个情况判断是否违法、该判多少年,基本上有定论,这一套体系相对来说可能还行。但是,我觉得对英美法系可能不太适用,因为它们主要根据判例来判案,而很多判例是法官创造出来的,会考虑到法律条文之外的因素,这点机器人做不到。

何祚庥:做得到。机器人也可以选用合适的判例。美国的法律体系里就收集了大量的判例。这个案件跟那个判例相似,就按照参考的判例判案。机器人也能做出判断。现在机器人已经发达到可以理解语言,能够理解你说话的言外之意。因为它可以"学习"。机器人可以学习新的本领,也可以创新,这是智能机器人的一个重大进展。将来的联合国的同声翻译,就完全可能由机器人来实现。当然,对法院案件判决来说,今后的操作,可能实际的案件审理先由机器人做,最后再由人,也就是法官检查、确认。

曾昭贵:机器人做一些初步的、前期的工作是可以的。还有像会计这种处理数字的职业,以后机器替代的可能性会比较大。

何祚庥:我想有一些小偷小摸的案件,由机器人判了就可以决定了。当然会有特殊的情况,像周永康、薄熙来、令计划这样的特大案件,当然就需要由高水平的法官来审判了。但是,机器人审理也能搞成一套标准,可以调取材料、检索法律条文等,至少它能够大大提高法官的判案效率,节省大量人力成本。

机器人所取代的劳动,其范围并不仅限于普通的体力劳动,还有相当多的脑力劳动也能被替代。这就有可能产生另一个新的重大问题,就是可能会出现大量失业。我认为,这个事情值得高度关注。目前,社会公众,包括领导层,可能都没有对此有足够的认识和关注。何以见得领导层还都没有足够的关注呢? 比如说人口问题。人口老化了,孩子生少了,要考虑多生一些孩子,要调整一下政策等,这里是有一些合理的理由。但我们看到的报道是,人口委的出发点是人口红利的丧失,是劳动力的短缺。我们的人口理论家们认为,今后中国将进入一个劳动力短缺、不能持续发展的新时期。这个思维模式大错特错! 它完全没有看见机器人的涌现会大量取代方方面面的普通劳动——很可能我国未来面临的是大量失业人口,而不是什么劳动力的短缺。

曾昭贵: 人口问题远不是这么简单。劳动力短缺可以由机器人来替代。但是,如果人口规模总量急剧下降,对一个大国来说,还是需要给予关注。此外还有性别比例、年龄结构等问题。

何祚庥: 人口政策有需要调整的地方,我也赞成调整。因为相当一些人有生小孩的要求,而且对人类的持续发展有好处,从人道和人性方面讲也有道理。但是,人口委提出这个问题的出发点是说发展需要的人口红利正走向丧失,这就错了! 原因就是对机器人的快速发展的形势认识不足、估计不足。机器人技术和应用快速发展将要引起社会极大的变动,会给社会带来极大的冲击;未来的冲击面或冲击量有多大,不是简单几句话就能说清楚的,机器人的重大创新会牵涉到方方面面。

五、新时代的中国特色社会主义要注重理论创新,要建立中国特色社会主义的政治经济学

何祚庥: 下面再讲一个我的判断:中国进入新时代后,将出现一个中国共产党如何理顺安邦治国的理论基础的问题。马克思主义政治经济学的一个基本观点是劳动创造价值,也就是说,"社会平均必要简单劳动"是创造价值的唯一源泉。请注意"唯一"两个字。价值量是怎么衡量的? 这要以投入的社会平均必要简单劳动的多少来判断。什么叫作简单劳动? 就是不需要经过特殊学习和训练的普通劳动,而且主要是以消耗体力为主的体力劳动,这是马克思主义劳动价值论所提出的最基本的理论的一个出发点。而问题是,刚才我们讨论过的机器人,连相当多的人类的复杂劳动都可以取代;至于"完全"取代"社会平均必要简单劳动",那更是简直不在话下。这个取代的速度可能很快很快,也许就在30年之内。中国可能不会那么快,因为我们人口多,科技也比较落后,但也就是未来几十年会变为现实的事情。这里就有一个很大的理论冲击:如果普通工人、农民从事的活劳动都由机器人取代了,那么由活劳动创造的价值,包括活劳动所创造的剩余价值就必然等于0。

曾昭贵: 什么意思?

何祚庥: 马克思主义政治经济学认为,活劳动会创造新的价值,死劳动是转移已有的价值。就是机器、原材料里面凝结的价值会转移到商品里去,所以称为死劳动。活劳动是指在生产劳动过程中新增加的社会平均必要简单劳动。我这个人干活,价值或剩余价值就是由我干活创造的。现在我参与的活劳动被机器人取代了,而机器人却不是人!如果没有人的"活劳动"参与,剩余价值不就等于0了吗?这对马克思主义的基本理论是很大的冲击。本来说是社会平均必要简单劳动创造价值——这类简单劳动,其实就是体力劳动。现在,可以预见不久的将来,体力劳动可完全由机器人取代,你总不能说是人类在压迫机器人、剥削机器人的剩余价值,这于理不通吧?!

曾昭贵:所以要重新认识劳动价值论。

何祚庥:对。这就是为什么我前一时期出版了一本新书——《何祚庥论马克思主义经济学》,还在《环球时报》上发表了一篇文章——《时代呼唤新劳动价值论》。我没有否定马克思提出的劳动创造价值的劳动价值论,但马克思的劳动价值论确实没有将脑力劳动的贡献引入传统的劳动价值论里。传统的马克思主义劳动价值论甚而认为脑力劳动者属于剥削阶级。斯大林去世前写了一篇长文——《苏联社会主义经济问题》,里面就谈了脑力劳动者跟体力劳动者之所以会出现"对立",原因就是"脑力劳动者对体力劳动者的剥削"[1]。我们现在讲科学技术是第一生产力,而科学技术当然主要来自脑力劳动者的创造。但如果还认为这是科学技术工作者压迫和剥削体力劳动者,实在太不通情理!所以,传统劳动价值论必须发展为更适应新时代的"新劳动价值论"。为适应未来的机器人的大发展,就必须把脑力劳动者对社会经济发展的贡献引入新劳动价值论。要进一步修改和发展贯穿于马克思《资本论》里的关于劳动如何产生价值的基本的计量公式,也就是《资本论》给出的计量公式:$W = C + V + m$。而对这一传统的计量公式,也就需要有一个新的改动和发展。

这个重大理论问题,其实江泽民同志早在2001年就提出来了。他在庆祝中国共产党成立80周年大会上的讲话中指出:"马克思主义经典作家关于资本主义社会的劳动和劳动价值的理论,揭示了当时资本主义生产方式的运行特点和基本矛盾。现在,我们发展社会主义市场经济,与马克思主义创始人当时所面对和研究的情况有很大不同。我们应该结合新的实际,深化对社会主义社会劳动和劳动价值理论的研究和认识。"[2]

曾昭贵:今天中国已经进入新时代,十九大开辟了新的思路,仍要继续发展社

---

[1] 斯大林:《斯大林文集》(1934~1952年),人民出版社,1985年版,第617页。

[2] 江泽民:《江泽民文选》第3卷,人民出版社,2006年版,第286~287页。

会主义市场经济。这就需要在新思路的指引下,继续深化对劳动价值论的认识。所以,讨论和研究中国特色社会主义政治经济学有巨大的现实意义。特别是要把科技和创新放到劳动价值论里面去,才能适应时代发展的需要。说到这里,您是研究理论物理学的,好像您对物理教育改革也有些看法?

何祚庥:对。最近教育部门出台的改革方案要求淡化物理学,已经写到条文里面去了,这引起物理学界舆论一片哗然!原因还是因为教育领导部门对机器人即将大发展的形势认识不足。原因在于教育部门的领导多半是一些学文科、学社科的教育工作者,他们太不懂得机器人。所以今天会采取削弱理科、削弱物理学的方式来进行教育改革。只能认为这又是大错特错!我想借此机会把这个问题特别提出来。如果现在我们的子孙后代不学好数理化,将来就可能面临严重的就业问题。我就跟那些搞教育的后辈学者说过,你们的孩子如果在未来受教育的结果,比机器人还笨拙的话,那么以后这些人将怎么就业?我们的后代子孙所受到的科学技术教育至少要必须比机器人"聪明"一些,才有可能在未来社会里生存和发展!

曾昭贵:但是恐怕还有一个问题:除了机器人等一些技术问题外,我们还需要有一些人文的东西。

何祚庥:法官判案是要有一些人文理念的。但不要以为机器人就不能理解人文。我也没有说是全部用机器人判案,有些案件肯定是需要由人来判案,但是你至少必须比机器人还聪明。

我认为需要大力呼吁一下:对于中国的未来,必须看到未来的科学技术、未来的机器人的大发展,一定要对未来的科技进步有一个准确的估计;教育部门培养出来的"新时代"的劳动者,必须是真能适应"新时代",真正能推动"新时代"持续前进,真正能推动未来社会持续进步的新型的脑力劳动者。

总结一下,我们的讨论就是要尖锐提出:进入新时代,出现新情况,就必然要创建新理论。当前的急务之一,就是要对传统的马克思主义政治经济学进行改革创新,建立中国特色社会主义政治经济学,这将是中国学者群体所面临的一个很大很大的任务。

新时代呼唤新劳动价值论*

何祚庥

1867 年 9 月 14 日,马克思出版了划时代的著作——《资本论》第 1 卷。正是此书科学地建立了劳动创造价值学说,预见了人类必将进入社会主义社会。我国正在探索中的中国特色社会主义,也是这一伟大学说影响下的结果。

时代不断前进。中国特色社会主义的建设已进入了新时代,新时代也导致马克思主义政治经济学在解释当代社会时,正面临两大困境。

第一大困境。随着世界经济在科学技术空前大发展的背景下取得飞速进展,脑力劳动已起着越来越重要的决定性作用。早在 1988 年,邓小平同志就深刻地指出,"知识分子是工人阶级一部分","要把'文化大革命'时的'老九'提到第一,科学技术是第一生产力"①。在发达国家如美国,知识分子已占到总人口的90%;在发展中国家的中国,知识分子也已占到总人口的 20%。但传统的政治经济学仍然拘泥于只讨论"社会平均必要简单劳动"对社会经济发展的贡献。这显然不能解释和理解当代社会!传统的政治经济学理论甚而将知识分子看成是劳动人民的压迫者、剥削者!斯大林在 1952 年发表的《苏联社会主义经济问题》这篇长文中,就明确说:"产生脑力劳动和体力劳动之间对立的基础,是脑力劳动者对体力劳动者的剥削。"②

所以,当代的马克思主义者必须将邓小平同志提出的"科学技术是第一生产力"的伟大理论,以及他将知识分子从"老九"提到"第一"的伟大理论引入政治经济学,而且作为在中国坚持和发展马克思主义政治经济学一以贯之的理论纲领。

第二大困境。马克思的政治经济学只给出了由劳动计算价值的基本公式

---

* 本文部分内容曾发表于 2017 年 9 月 23 日《环球时报》,现将原文全文收入本书。

① 邓小平:《邓小平文选》第 3 卷,人民出版社,1993 年版,第 275 页。

② 斯大林:《斯大林文集》《1934~1952 年》,人民出版社,1985 年版,第 617 页。

$W = C + V + m$，却缺少对价值形态的另一侧面——使用价值亦即效用的定量的研究。然而，在当代市场经济的大发展中，"效用"，也就是"使用价值"，也已成为解释和理解当代社会经济不可或缺的经济范畴。现有的社会经济统计数字都是"效用"的统计数字。马克思的某些著作中虽然也偶然涉及效用即使用价值的讨论，却并未深入和展开。一个显见的事实是：如果马克思主义政治经济学再不寻求建立价值和使用价值、价值和效用之间定量关系的理论，马克思主义学者就无法利用这些"堆积如山"的大量数据，对当代社会经济问题做任何可信的分析！

对上述两大困境的分析，反过来启示我们：完全有理由也有可能建立一个既能包括现代科技，也能包括脑力劳动贡献的"劳动和效用"相统一的新劳动价值论。我们建议的方案是：

效用 ≡ 使用价值 = 价值 × 科技和市场效率放大因子

这一公式中的价值当然来自社会平均必要简单劳动，也就是体力劳动的贡献；而效率因子的放大倍数，则来自脑力劳动者的知识创新。简而言之，

效用 = 劳动 × 知识

这一"相乘"的简单算式，体现出了毛泽东同志一贯倡导的知识分子必须和劳动群众相结合。当然这里的"结合"，指的是知识和劳动必须"相乘"的关系。

马云模式之所以获得巨大成功，正是来自"互联网 × 支付宝 × 机器人分拣 × 高铁 × 电动自行车"一系列的知识创新 × 商业从业者付出的普通劳动，而产生的巨大的效用的结果。

那么，新劳动价值论将怎样计算知识分子的贡献呢？首先，一个最简单的修改，是必须将知识分子自身的价值 U 也加在劳动者的行列，也就是将马克思原来的公式扩充为下列的形式：

$$W_J = m_J + C + U + V \tag{1}$$

式中，W_J 即马克思《资本论》里定义的商品或产品的价值 W，m_J 即原定义的剩余价值 m，只不过现在加了下标"J"，便于使人理解上面这公式里的符号描写的是价值。对于使用价值或效用，当然就要引入另一个符号，记为 W_S。由于使用价值或效用的产生是来自"劳动"的创造，所以这里的使用价值或效用 W_S 的计量就改写为：

$$W_S = m_S + C + U + V \tag{2}$$

只不过，公式(2)引入了一个描写"利润"的新的经济量 m_S，其中，C 仍是《资本论》里定义的不变资本 C，V 仍是工人或农民的工资 V，U 则是新添加的支付给脑力劳动者的工资。理所当然，U 和 V 均属于《资本论》里所讨论过的可变资本。

而又有：

$$W_S = N \cdot W_J \tag{3}$$

这里的 N，当然是描写"知识"对劳动创造的价值所产生的效用的"效率放大因子"。容易看出，公式（3）里的效率放大因子 N 既有来自科技工作者贡献的科技效率因子 N_S，也有来自商业工作者对市场扩展所做贡献的交易效率因子 N_E，因而有：

$$N = N_S \cdot N_E \tag{4}$$

以上四个公式即公式（1）、公式（2）、公式（3）、公式（4），就构成了新劳动价值论的四个基本公式。

容易看出，我们的这一新劳动价值论并非是对传统劳动价值论的否定，而是在坚持用马克思主义的唯物主义，坚持用物理学研究中屡次采用并行之有效的实体论的方法论来解释历史和当代的许多经济、政治等社会现象，从而弥补了"旧"劳动价值论对科技创新、市场扩展等脑力劳动的重要性考虑不足、估计不足的重大缺失。就像牛顿力学和相对论的关系一样，旧劳动价值论仅适用于解释科技创新、市场扩展均进步十分缓慢的前资本主义或早期资本主义时代，也就是公式中效率放大倍数 $N = 1$ 的时代；而在科技创新、市场扩展快速进步的社会，特别是智能机器人正全面进入第一、第二、第三产业，也许还要加上被称为知识经济的第四产业，亦即人类社会、经济发展正在走向的一个新的时代，马克思主义开创的传统的劳动价值论当然就再也不能忽略或回避来自脑力劳动者的精神力量对当代社会经济发展极为巨大的贡献。如果当代的马克思主义者仍固定或拘泥于"旧"劳动价值论的一切教条，将无异于"自废武功"，必定会陷入死泥潭而无法自拔！

新时代呼唤新劳动价值论！

从"初出茅庐第一功"看为什么必须用效用衡量经济效益的大小[*]

何祚庥

　　马克思主义政治经济学的基本的计量单位,是劳动所创造的价值。但是,在实际的市场经济的运作中,人们更习惯于接受的评价经济效益的计量单位却是效用(utility),在马克思主义政治经济学理论体系中,效用也就是使用价值。

　　为什么在经济效益的评价体系上会出现这样一种大转变? 一个重要原因是,传统的劳动价值论只计算了"社会平均必要简单劳动"的贡献,却没有计算或不很清楚应如何计算脑力劳动对社会经济发展的贡献。新劳动价值论将怎样回答这一疑难呢? 我们也许可以从下面一则故事中得到启示。

　　《三国演义》描写刘备三顾诸葛亮于草庐之中,刘备"与孔明同归新野"后:

　　　　玄德待孔明如师,食则同桌,寝则同榻,终日共论天下之事。……

　　　　关、张二人不悦,曰:"孔明年幼,有甚才学? 兄长待之太过! 又未见他真实效验!"玄德曰:"吾得孔明,犹鱼之得水也。两弟勿复多言。"关、张见说,不言而退。……

　　　　忽报曹操差夏侯惇引兵十万,杀奔新野来了。张飞闻知,谓云长曰:"可着孔明前去迎敌便了。"正说之间,玄德召二人入,谓曰:"夏侯惇引兵到来,如何迎敌?"张飞曰:"哥哥何不使'水'去?"玄德曰:"智赖孔明,勇须二弟,何可推调?"关、张出,玄德请孔明商议。孔明曰:"但恐关、张二人不肯听吾号令;主公若欲亮行兵,乞假剑印。"玄德便以剑印付孔明,孔明遂聚集众将听令。张飞谓云长曰:"且听令去,看他如何调度。"孔明令曰:"博望之左有山,名曰豫山;右有林,名曰安林:可以埋伏军马。云长可引一千军往豫山埋伏,

---

＊　　本文为未刊稿,完稿于 2018 年。

等彼军至,放过休敌;其辎重粮草,必在后面,但看南面火起,可纵兵出击,就焚其粮草。翼德可引一千军去安林背后山谷中埋伏,只看南面火起,便可出,向博望城旧屯粮草处纵火烧之。关平、刘封可引五百军,预备引火之物,于博望坡后两边等候,至初更兵到,便可放火矣。"——又命于樊城取回赵云,令为前部,不要赢,只要输。——"主公自引一军为后援。各须依计而行,勿使有失。"云长曰:"我等皆出迎敌,未审军师却作何事?"孔明曰:"我只坐守县城。"张飞大笑曰:"我们都去厮杀,你却在家里坐地,好自在!"孔明曰:"剑印在此,违令者斩!"玄德曰:"岂不闻'运筹帷幄之中,决胜千里之外'?二弟不可违令。"张飞冷笑而去。云长曰:"我们且看他的计应也不应,那时却来问他未迟。"二人去了。众将皆未知孔明韬略,今虽听令,却都疑惑不定。孔明谓玄德曰:"主公今日可便引兵就博望山下屯住。来日黄昏,敌军必到,主公便弃营而走;但见火起,即回军掩杀。亮与糜竺、糜芳引五百军守县。"命孙乾、简雍准备庆喜筵席,安排"功劳簿"伺候。派拨已毕,玄德亦疑惑不定。

然而,一场大战的结果,不仅打退了夏侯惇的进攻,而且"杀得尸横遍野,血流成河","曹家人马,自相践踏死者不计其数","夏侯惇收拾残军,自回许昌"。

却说孔明收军,关、张二人相谓曰:"孔明真英杰也!"行不数里,见糜竺、糜芳引军簇拥着一辆小车,车中端坐一人,乃孔明也。关、张下马拜伏于车前。须臾,玄德、赵云、刘封、关平等皆至,收聚众军,把所获粮草辎重,分赏将士,班师回新野。新野百姓望尘遮道而拜,曰:"吾属生全,皆使君得贤人之力也!"

于是,后人有诗曰:

> 博望相持用火攻,指挥如意笑谈中。
> 直须惊破曹公胆,初出茅庐第一功。

（以上着重号均为引用者所加）

那么,人们应如何评定孔明的"第一功"?"贤人之力"又表现在什么地方?《三国演义》说,夏侯惇"引兵十万人";而刘备一方,连同关、张、赵所率兵马,大约不会超过五千人。但是,在诸葛亮的调度之下,五千兵马就能对抗十万之众,其的"效率放大因子"是20倍。用公式表达,就是:

"勇须二弟"的刘、关、张、赵等5 000人的社会平均必要简单劳动所创造的"价值"×诸葛亮的指挥和调动所产生的20倍的"效率"=打退夏侯惇引兵100 000人之众的"效用"

所以,新劳动价值论必须将"效用"引入经济效益的计量,而"效用"和"劳动"应满足的基本公式是:

$$效用 = 劳动 \times 知识$$

当然,孔明之"智"必须和二弟之"勇"相结合。结合,在这里就是二者必须是相"×"的关系。为什么智和勇可以做到"结合"? 因为刘备认同了"欲亮行兵,乞假剑印"。所以,"知识"是否真能和"劳动"相"结合",还有赖于刘备所安排的制度或体制。制度或体制的建立是有一定的成本的,而刘备付出的"成本"之一,便是"三顾茅庐"。

我们能否在马克思主义劳动价值论和新古典经济学之间架起一座可以相互对应的桥梁？*

何祚庥

一、我们能否用"脑力劳动×体力劳动"的"实体论"的模型，求出新古典经济学里的总生产函数？

在新古典经济学里，如在萨缪尔森和诺德豪斯的《经济学》里，通常将总生产函数 Q 表示为各生产要素 A, K, L 的函数：

$$Q = AF(K, L) \tag{1}$$

也就是将公式（1）中的总生产函数 Q 解读为 Q = 产出，或总产出量。其他各生产要素分别包含着不同内容。其中，L = 投入的劳动，包括劳动的供给、教育、纪律、激励等因素，也就是支付给蓝领工人，即体力劳动者和白领工人，即脑力劳动者的工资；K = 资本和自然资源，资本项目包括机器、工厂、道路等，自然资源有土地、矿产、燃料、环境等项目。在马克思主义政治经济学里，K 又称为不变资本。F 是和 K, L 等变量相关，需要按生产的实际情况来确定的待定的生产函数。A 代表经济产出中的技术水平，包括科学、工程、管理、企业家才能等多种因素，或又称为全要素生产率。A 又名为索洛余值，因为索洛是发现边际效用论的计算结果往往和实际情况不相符，因而需要引入一个"外生"的修正的数值 A 的第一人。就一国（地区）而言，经济增长函数 Q 就代表着"某个国家（地区）GDP 或国民产出的增加"。如果用 Q 代表某一企业的产出，Q 就是企业的利润。

萨缪尔森和诺德豪斯《经济学》教科书还将古典经济学里的三要素——土地、劳动和资本，即人力资源 L、自然资源 R 和资本 K，加上新增加的技术进步因素 A 统称为"经济增长的四个轮子"。在马克思主义政治经济学中，由于资本 K 和自然资源 R 在商品生产中均转移其自身所蕴含的价值，因而可将这两项合并，通常

---

　　*　本文为未刊稿，完稿于 2018 年。

将合并后的不变资本仍然统称为 K。在凯恩斯等宏观经济学研究中，就将 A, K, L 这三个因素又称为经济学里的"三驾马车"[①]。

在我们新建议的新劳动价值论里，因为这里还要计入新增加的支付给"工人总体"中脑力劳动者的工资 U，所以在国民生产总产值 W_S 和国民生产总价值 W_J 里，除仍要付给体力劳动者的工资也就是价值 V 外，还要加上脑力劳动者的劳动价值也就是 U。因而，在新劳动价值论的基本公式里，便将《资本论》里原有的计量公式 $W = m + C + V$ 修改为以下三个公式：

$$W_J = m_J + C + U + V \tag{2}$$

$$W_S = m_S + C + U + V \tag{3}$$

$$W_S = NW_J \tag{4}$$

上述三个基本公式中，公式（2）是计算商品价值 W_J 的公式。其中，m_J 是剩余价值；C 是不变资本，即转移到商品里的价值，也就是总生产函数 Q 中的变量 K，或 $C = K$；U 和 V 是可变资本，二者均属于总生产函数 Q 中付给"工人总体"的工资总额，所以有 $U + V = L$。

马克思在《资本论》里曾引入一个利润率的概念，定义为 $p' = \dfrac{m}{c+v}$。由于新劳动价值论里表示社会财富的经济量是 W_S，因而在新劳动价值论里，利润的概念应是剩余使用价值 m_S，《资本论》里原有的利润率 p' 的定义将不再适用。新劳动价值论仍保留《资本论》里所定义的"利润率"p'，但改称为剩余价值产生率 p'。引入这一剩余价值生产率的概念 p' 的好处，是便于讨论劳动者贡献的"剩余价值"的多少及其在社会经济生活中起什么作用[②]。

由于在公式（2）里新添加了一个脑力劳动者的价值 U，新劳动价值论就将引入的剩余价值产生率 p' 定义为：

$$p' = \frac{m_J}{C + U + V}$$

---

① 保罗·萨缪尔森、威廉·诺德豪斯：《经济学》第 18 版，萧琛译，人民邮电出版社，2008 年版，第 484~485 页.

② 《资本论》通常将描写剥削程度的剩余价值率定义为 $m' = \dfrac{m}{v}$。这一 m' 和 p' 的关系是 $p' = m'\dfrac{v}{c+v}$。《资本论》还引入一个有机构成比值 α 的概念，定义为 $\alpha = \dfrac{c}{v}$。所以 $p' = \dfrac{m'}{1+\alpha}$。在有机构成比值 α 不变的情况下，《资本论》中的剩余价值率 m' 将和利润率成正比，即有 $m' \propto p'$。因而，《资本论》定义的利润率 p' 又可视为描写剥削程度的经济量。

因而公式(2)就改写为:

$$W_J = (1 + p')(C + U + V) \tag{5}$$

公式(3)是计算商品使用价值 W_S 的公式,其中,m_s 是剩余使用价值量,也就是公式(1)中的"产出"Q。由于 $Q \equiv m_s$,因而有:

$$Q = W_S - (C + U + V) \tag{6}$$

公式(4)探讨的是联系 W_J 和 W_S 的参量 N。N 的经济学含义是增加"产出"效率的效率因子,其中既包含着因科技进步而提高的科技效率因子 N_S,也有因市场扩展而提高的交易效率因子 N_E。或者说,这里 $N = N_S \cdot N_E$。容易看出,N_S 将包含两类因素:

(1)它反映着人类社会对自然和社会发展规律的总体认识程度,因而在 N_S 里就有个反映当代社会认识水平的无量纲的"外生"变量 $N_S^{(0)}$。

(2)N_S 又必定包含着生产企业里的管理人员、技术人员、企业家等脑力劳动者从"外生"变量 $N_S^{(0)}$ 里所吸收、消化并应用于企业生产中实际做到的效率的百分比 n。容易看出,n 和企业付给技术人员以及管理人层的报酬 U 的大小密切相关,更准确一些说,n 和 U 在总支出 $(C + U + V)$ 里所占的百分比(%)相关,也就是 $d = \dfrac{U}{C + V + U}$,而 n 将是和 d 相关的函数 $n(d)$。

总的来说,$N_S = N_S^{(0)} \cdot n(d)$,即 N_S 是外生变量 $N_S^{(0)}$ 和内生变量 $n(d)$ 的乘积。

至于包括在 N 里的另一参数——交易效率因子 N_E,则是由市场供给和市场需求两类因素所共同决定的某一内生变量。它可以由市场交易的数据直接测定,也可以由某些市场的经济模型计算得出。

现将公式(4)和公式(2)代入公式(3),于是 W_S 就改为:

$$W_S = N(1 + p')(C + U + V) \tag{7}$$

将公式(7)代入公式(6),则有:

$$Q = [N(1 + p') - 1](C + U + V) \tag{8}$$

将公式(8)用新古典经济学中的三个参量 A, L, K 来表示,由于 $C = K, U + V = L$,则有:

$$Q = [N(1 + p') - 1](L + K) \tag{9}$$

将公式(9)和公式(1)相对照,容易看出,公式(1)里的 A 相当于公式(9)方括弧里的一个无量纲量,有:

$$A = N(1 + p') - 1 \tag{10}$$

而

$$F(K, L) = (L + K) \tag{11}$$

于是,我们最后就求出新古典经济学里的方程式(1)在新劳动价值论里的具体形式是:

$$Q = A(L + K) \tag{12}$$

二、我们新建议的有关总生产函数的这一新的实体论的模型,能讨论和回答哪些有重大争议的理论问题?

乍一看,上面求出总生产函数 Q 的具体形式似乎太简单! 其实这是一个很合理的结果。我们构建新劳动价值论的目标之一,就是想对纷繁杂乱的许多经济现象给出一个统一的实体论的解释。很明显,现在求出的总生产函数 Q 正好是由简单劳动贡献的因子 $(L + K)$ 和脑力劳动贡献的总效率因子 A 的乘积。

公式(9)、公式(10)、公式(11)、公式(12)具有丰富的内涵。由公式(10)可知,当 $N = 1$ 时,公式(10)就演变为:

$$A = p' \tag{13}$$

而公式(9)则演变为:

$$Q = p'(L + K) \equiv m_J \tag{14}$$

再注意到所谓 $N = 1$,实际上就是没有科技进步而且商品经济极不发达或贡献微不足道的时期(如旧中国曾长期存在的传统的封建社会),这时,公式(14)中的剩余价值 m_J 就必定是积累的唯一来源。

而如果"企业家集体"将生产出来的全部剩余价值 m_J 完全支付给从事简单劳动的工人作为工资 V,那么就有 $m_J = 0$ 和 $p' = 0$。这时,公式(10)和公式(9)就归结为:

$$A = (N - 1) \tag{15}$$

$$Q = (N - 1)(L + K) \tag{16}$$

很明显,这时广义效率因子 N 就成为积累的唯一来源。

公式(10)中的 A 和 $(N - 1)$ 以及 p' 大小的演变,就反映出"产出" Q、利润或积累 m_S 如何从"以阶级斗争为纲"向"科学技术是第一生产力"的发展方向转移。

值得注意的是,在 $N > 1, p' > 0$ 的条件下,在公式(10)即 $A = N(1 + p') - 1$ 算式中,$(N - 1)$ 和 Np' 往往呈现为相互补充的两个相加的参量,而且,在体现出剥削份额的剩余价值产出率 p' 的前面,还要乘上一个效率因子 N。所以,早期的马克思主义理论往往难以区分清楚应为正值的 A 的数值的变大,是来自 $N - 1$ 中的交易效率因子 N_E 的提高还是来自剩余价值率 p' 的增长,因而传统的马克思主义政治经济学就很容易将贡献 N_E 的"商业劳动者"视为剩余价值的分享者。而且,又

因为从这里的 $Np' = N_S \cdot N_E \cdot p'$ 看起来,N_S 的作用是进一步加大了剥削率 p' 的贡献,所以传统的劳动价值论甚而还将科技人员所贡献的 N_S 也视为对剩余价值的分享! 斯大林在去世前写的《苏联社会主义经济问题》的长文里,在谈到脑力劳动者和体力劳动者之所以出现"对立"的原因时,就提到了原因就在于"脑力劳动者对体力劳动者的剥削"[①]。然而,这完全是由于不能正确评估脑力劳动者在生产力发展中的重要贡献而引起的误判!

但我们也要看到,在社会经济的发展中,也可能出另一种情况,如在所谓福利国家中,由于某些劳动者常常索要超过其劳动应获得的报酬,也就是使得 m_J 可能变成负值,这时将有 $p' < 0$,而且,如果公式(10)即 $A = N(1 + p') - 1$ 中的 $p' < \left(\frac{1}{N} - 1\right)$,$A$ 也将变为负值! 特殊地,当 $p' = -1$ 时,就有 $A = -1$! 其实,只要当决定积累为负或为正的全要素生产率 $A < 0$ 时,就已经意味着福利国家将不再能持续发展!

此外,还应注意到,公式(10)也能用来讨论不同行业间利润的分割和转移。如果在某些特殊行业中出现技术的迅速进步,就有可能发生该行业中 C, U, V 支出的大量减少,但因价格以及需求量往往有一些市场惯性,也就是剩余使用价值 m_S 在表观上的产出却呈现相对不变的数值,这时这些行业的企业将有 $A = \frac{m_s}{C + U + V} \gg 1$,也就是企业的 A 的数值就可能以"反常"的形式猛增! 比如前一时期,互联网以及人工智能技术大量引入金融业特别是体现为 M_2 的资本市场的运作,便大幅度地降低了资金支付或调拨的成本,甚而有银行出现了负利息! 这就在相当程度上解释了美国和世界上其他某些发达国家曾出现过的金融业的畸形繁荣。实际上,这种过度繁荣的实质是,市场经济下某些带有金融功能的垄断企业(如银行、房地产、石油等特殊行业中的企业)利用市场交易中的信息不对称,采用市场交易中"空头""多头"决战等投机行为掠夺或剥削其他企业中劳动者所创造的剩余价值。所以,本文建议的公式(9)、公式(10)、公式(11)、公式(12)就有助于人们具体计算出这类虚拟经济对实体经济掠夺和剥削的份额,从而采用反垄断法中规定的各类宏观调控手段消除这种不合理的掠夺和剥削。而因此,一个有待开拓的新的研究课题是:人们能否运用本文建议的公式,构建一个能探讨虚拟经济和实体经济之间关系的二元模型?

---

① 斯大林:《斯大林文集》(1934～1952年),人民出版社,1985年版,第617页。

最后,公式(9)和公式(10)还能帮助我们回答或澄清自十一届三中全会做出改革开放战略决策以来所诱发的一个极大的理论问题的争论,这就是:中国结束半封建半殖民地统治以及进行改革开放,是否必须经历一个资本主义发展的"补课"阶段? 一种声音是:某个处于封建社会的国家,在取得革命胜利之后,有可能在先进的社会主义国家的帮助下,"跨越"历史上被认为必须经历的资本主义发展的"峡谷",直接进入社会主义社会。这就是中国大地上曾出现过的"资本主义补课论"和"跨越卡夫丁峡谷"之争。然而,从我们推导出的公式(9)和公式(10)来看,关键仍在于如何发展生产力。如果经过改革开放,从外部引进的生产力是科技进步、市场运作都比较先进的生产力,也就是有 $N \gg 1$ 的那种生产力,那么,人们当然有可能利用这类比较先进的生产力取代甚而完全消除资本主义生产方式对剩余价值 m_1 的掠夺或剥削。很明显,即使公式(9)和公式(10)中的 $p' = 0$,在 $N \gg 1$ 的条件下,公式(9)和公式(10)中的 $(N-1)$ 项仍能支持社会经济的持续快速发展;而如果所引进的较先进生产力 $N > 1$,但并不属于 $N \gg 1$,那么,为加速完成某个社会经济发展初期的"积累",在一定程度上利用有"剥削"成分在内即 Np' 项的生产力,也是不可避免的。但是,随着效率因子 N 的不断提高,不论是国有、民营还是混合所有制企业,均有可能随着经济、社会的发展,付给公式(8)的 V 以较多的"工资"或报酬,也就是令公式(2)中的剩余价值 $m_1 = 0$,以及公式(8)和公式(9)中的 $p' = 0$。这时,人类社会就能由于有 $N \gg 1$ 而实现"消灭剥削",但同时仍然能保证人类社会的持续繁荣,实现社会主义的"共同富裕"。所以,对于某些 $N \approx 1$ 的发展中的不发达国家来说,一定时期的"资本主义补课"也是不可避免的,但一定时期的"补课"并不等于"卡夫丁峡谷"不能逾越或不可逾越! 这需要审时度势,在"改革、发展和稳定"三者之间的辩证关系中做出适当的抉择。

三、"坚持推动构建人类命运共同体",是和平发展道路上一个重大理论突破

十九大报告指出,"世界正处于大发展大变革大调整时期,和平与发展仍然是时代主题"。正是在"世界面临的不稳定性不确定性突出,世界经济增长动能不足,贫富分化日益严重,地区热点问题此起彼伏,恐怖主义等非传统安全威胁持续蔓延,人类面临许多共同挑战"等大背景影响之下,十九大报告在"基本方略"的第 13 条鲜明提出要"坚持推动构建人类命运共同体"。

这是一个伟大的创举。请注意这里的提法,是"人类命运共同体",亦即不是"人民命运共同体",更没有用"全世界无产者联合起来"等词汇。"人类"的概念范围很广泛,除了坚持推行恐怖主义和对网络安全、重大传染性疾病、气候变化等

非传统安全构成威胁等的反人类者之外,其他所有的人连被称为"大资产阶级""垄断资产阶级""帝国主义分子"等过去被划为"敌人"阵营的人都包括在内。不能不认为,这是习近平总书记对马克思主义理论的一次重大突破和理论创新。怎样"建设人类命运共同体"?显然,这是全地球上的全人类都走向"全球化",全世界共同合作、共同发展、共享发展的成果。

请注意,这里的共同合作和共同发展,是通过市场把世界各国联系在一起,不是全世界统一搞大共产,是全世界搞大合作,搞大共享。"共享"跟"共产"有区别。共享,所有制或所有权还是你的,但是所有制分属不同的世界各国要团结合作,要共享发展的利益。当前,国家还是仍属不同地区、不同人群的国家,不同国家间还要讲领土、主权,但是,不同领土上的国家可以相互合作,可以通过市场经济实现共利共赢共享。人类命运共同体不是要把全世界变成一个大国家,不是什么世界统一于某个世界大国,特别是不能认为"中国要在世界统一的大国里,当什么国际社会的龙头'老大'"——这种思维大错特错!人类命运共同体是全人类的大联合。这一人类共同体要通过一个全人类的国际大市场来结合、协作、共赢,最后当然是共享共同发展的成果。这里的共享,完全不等同于历史上曾引起很多人错觉或误解的"共产"。共享的意思是,我们大家发展的成果要通过市场进行交换,通过协商和协作,把我的好处转给你、你的好处也转给我。这种发展模式显然更加切合当前的"全球化"趋势,显然更加切合当前的实际发展情况。如果将"全球化"搞得太急,全世界都统一到联合国里,联合国又统一支配,一定导致天下大乱。现在已建立的若干"共同市场"均出现不少争议,原因之一就是某些"共同市场"追求统一行动、统一支配太快太急!

习近平同志提出建设人类命运共同体,在发展模式上有一个新理念,就是全世界共同发展的效益要共享。发展以创新为龙头,以共享为归宿。习近平总书记发表了一个伟大的声明:我们欢迎世界上任何其他国家搭我们的便车!

把所有权和使用权适当分开,界定清楚,就能使发展快速而灵活得多。我们过去总觉得实行社会主义一定要包含某些"共产"主义因素,总是在讨论如何界定共同所有的产权。这方面文章做得太死!

那么,为什么人类有可能通过这种共同合作、共同发展、共享共赢的发展模式来实现"人类命运共同体"呢?

从我们推导出的公式(9)和公式(10)来看,从我们在前面曾经讨论过的"资本主义补课论"和"跨越卡夫丁峡谷"之争论来看,关键因素仍然在于如何发展生产力。如果由于"共同倡议"、"共同协商"、"共同合作"、"共同组合"而且是"共同搭乘"的有利于方方面面共同发展的"便车",那么,从我们的改革开放,从我们的建设中国特色社会主义的经验来看,虽然世界各国在发展阶段上存在巨大差异,存在着巨大的不平衡,而且这种差异和失衡已导致世界基尼系数已高达 0.82 之大,远远超过中国现约为 0.47 的基尼系数,但是,从我们推导出的公式(9)即 $Q = [N(1 + p') - 1](L + K)$ 来看,这一总生产函数 Q 里明显地包含着彼此合作(即相加)的"两类"生产力:一类是仍包含着掠夺或剥削剩余价值的生产力 Np' $(L + K)$;另一类是不存在任何剥削或掠夺因素,被称为"第一生产力"的 $(N - 1)$ $(L + K)$。重要的是:对于前一类生产力,由于它里面明显地包含着剩余价值生产率 p',人们称之为资本主义生产力;对于后一类生产力,由于它明显是来自科技工作者和普通劳动者共同创造,完全没有任何剥削和压迫的"第一生产力",也许我们可称之为与社会主义生产方式相对应的社会主义的生产力。但问题是,这两项对 Q 的贡献是彼此相加而不是彼此相减,而且,在上述资本主义的生产力中,贡献于"全要素生产率" A 的是 N 和 p' 的相乘,并不是相除,所以这里的两类生产力都呈现出协作、合作的优势互补的关系。所以,习近平总书记提出的"坚持推动构建人类命运共同体"的理想,完全不是什么"空想"的命运共同体,而完全是有可能实现的现实的"伟大的创举"。

也许人们更关心的问题是,人类能否通过上述的持续发展,最终走向共产主义社会?这可能是人类将经历一个漫长的发展时期才能实现的事情。但有一点是很清楚的,不论马克思、恩格斯还是列宁和斯大林,都讨论过一个重大理论问题:到了共产主义社会,人类社会里的"三大差别",即工农、城乡特别是脑力劳动和体力劳动间的差别将趋于消失。极有意味的是,马克思主义对这一未来社会发展趋势的预测也已初见端倪。这就是随着信息技术的快速发展,信息技术已不仅能大幅度提高人类从事体力劳动的效率,而且还能不断增强脑力劳动的效率。当代的人工智能正在走向智能软件×智能硬件的技术,也就是已出现了"机器人"。机器人不仅已完全解放了人类的双手,而且还开始解放人类的大脑。机器人可以完全取代传统劳动价值论里所强调的社会平均必要简单劳动,也就是公式(7)和公式(8)里的 V;机器人还能大量取代繁琐的重复性的脑力劳动,也就是大幅度促进上述公式 $N_s = N_s^0 \cdot n(d)$ 里的 $n(d)$ 快速增长。当代正在蓬勃发展的机器人不仅能快速地记忆、运算和推理,而且还有学习知识的能力,能总结经验,能更加迅速地帮助开发人类大脑的智力和能力,其后果是将极大地促进公式(7)和公式(8)中 N 的数值以指数形式而快速增长。或者说,虽然公式(8)中的活劳动 $V = 0$,并且 p' 也等于 0,但未来社会的 Q 将以

$$Q = (N - 1)(C + U) \qquad\qquad (17)$$

的形式快速发展。为保证"产出"Q的不断提高,公式(17)中的N和$(C + U)$均将同步地快迅速发展。既然公式(17)里已不再存在社会平均必要简单劳动量V,一个必然出现的分配模式将是:人类社会终将由"按劳分配"的时代进入"按需分配"的时代。

价值、使用价值与科学技术：
使用价值或效用的计量问题研究 *

何祚庥　　庆承瑞　　张晓芳

【摘要】马克思主义经济学理论建立在劳动价值论的基础之上，国内外对该理论的研究也更多地聚焦在价值本身，而不太关注使用价值层面的研究。本文首先分析了使用价值和价值的内在关系，通过科技效率因子重新解释和定义了适用于计算使用价值的公式；其次，进一步结合供给和需求相均衡的理论，对使用价值和效用的关系又做了进一步的分析，认为只要将科技效率因子再乘上一个市场效率因子，使用价值就完全等同于效用，因而提出了一个可以有效测算使用价值即效用的新方法，并进而确定了新劳动价值论和马克思主义政治经济学的四个基本公式；最后，用新劳动价值论重新诠释了新古典生产函数，在新劳动价值论与新古典经济学之间架起了一座可相互沟通的桥梁。

【关键词】新劳动价值论　马克思　劳动价值　使用价值　效用　科技效率因子
交易效率因子　广义效率因子　社会总效率因子

1　引论：使用价值与效用、价值的内在联系

1.1　问题的提出

马克思的经济理论建立在劳动价值论的基础之上，马克思主义经济学者的诸多研究也都以价值（体系）为起点，而很少关注使用价值层面的研究。实际上，使用价值是商品性质的一个必要属性，使用价值还具有和边际效用论中的效用相接近的性质[①]，这是需要详加分析，而且有必要进行定量研究的。但由于存在传统

---

　*　本文为未刊稿，完稿于 2018 年 3 月。本文的写作和完稿，得益于与李邦喜同志多次富有启发性的讨论，特致谢意。鉴于本文原文是为在学术期刊发表而写，故收入本书时，除保留"摘要"和"关键词"外，正文的标题和层级仍从原文，体例不与本书其他文章统一。

　①　藤森赖明、李帮喜：《马克思经济学与数理分析》，社会科学文献出版社，2014 年版，第 1 页。

概念上的使用价值的不可测度难题,所以对使用价值特别是它的量化问题的研究一直被遗留下来搁置到今天。

然而,马克思经济学中的使用价值的概念实质上和新古典经济学中的效用的概念十分近似或基本一致①。另一方面,新古典经济学里的效用也同样存在不可度量的难题。通常仅认为只在"边际"亦即在微分形式下的边际效用,才具有近似的可定量的可度量性。那么,新古典经济学里的"效用"和马克思经济学里的"使用价值"之间又究竟有何相互关系? 樊纲(2015)提出了一个"效用 = 抽象使用价值"的命题,这引起人们广泛的关注和讨论;遗憾的是,樊纲(2015)未能回答是哪些"实质性"因素形成"抽象使用价值",当然依然未能回答如何度量"抽象使用价值"的难题②。此外,我们不难发现,在马克思、恩格斯的论述里,亦有诸多论述认同"使用价值即效用",如马克思《资本论》的第 1 卷,就有"服务无非是某种使用价值发挥效用",在第 11 章就有"工作日可以生产更多的使用价值,因而可以减少一定效用所必要的劳动时间"③;在《资本论》第 3 卷中曾说,"如一个使用价值不用劳动也能创造出来……但作为使用价值它仍然具有它的自然效用"④;而在马克思亲自修订的法文版《资本论》第 1 卷第 1 章中亦有这样的话,"作为具体的有用劳动,它生产使用价值或效用……商品要成为价值,首先必须是效用"⑤。如此之例,不胜枚举。遗憾的是,马克思、恩格斯等人也未能就这一基本问题进行详细的讨论。

进而言之,马克思除了对使用价值与效用之间有如上论述之外,对于价值、使用价值和劳动生产率的相互关系,也曾有一些较为详细的讨论。

马克思说:"不管生产力发生了什么变化,同一劳动在同样的时间内提供的价值量是相同的⑥。但它在同样的时间内提供的使用价值量会是不同的:'生产力'提高时就多些,'生产力'降低时就少些。而因此,那种能提高劳动成效的'生产力'的变化,会增加劳动所提供的使用价值量……反之亦然。"⑦总之,"劳动生产力的提高……能缩短生产某种商品的社会必需的劳动时间,从而使较小量的劳动

---

① 粟际光:《普通经济学基础:市场运行的数学原理》,吉林人民出版社,2014 年版,第 1 章第 11 页。
② 樊纲:《现代三大经济理论体系的比较与综合》,格致出版社、上海三联书店、上海人民出版社,2015 年版,第 134 ~ 140 页。
③ 马克思:《资本论》第 1 卷,人民出版社,2004 年版,第 224 页、第 382 页。
④ 马克思:《资本论》第 3 卷,人民出版社,2004 年版,第 728 页。
⑤ 马克思、恩格斯:《马克思、恩格斯全集》第 49 卷,人民出版社,2004 年版,第 186 页。
⑥ 马克思这句话实际上是价值量守恒定律的另一表述。
⑦ 马克思:《资本论》第 1 卷,人民出版社,2004 年版,第 60 页。

获得生产较大量使用价值的能力"①。而"随着劳动生产率的提高,同一交换价值所代表的使用价值量……会增加"②。马克思的这些论述,其实已经展现了使用价值和价值本身的相互联系,这也有助于我们更清楚地认识和理解新古典经济学里效用概念的本质。

上述所引马克思关于价值和使用价值相互关系的论述中,特别值得注意的是,这些引文中的"变化"和"增加"、"提高"和"增大"以及"提高"和"增加"等名词均在描写数量关系上是"相对"的词汇,亦即它们是来自不同时间段之间的劳动生产率以及不同时间段之间的使用价值量相比较的相对量。因而,我们可以用更具体的数量关系将其重新表示出来,即:

单位劳动时间产生的使用价值量的增加 = 单位劳动时间产生的价值量 × 劳动生产率的提高

换言之:

$$使用价值量\ W_s\ 的增加\ =\ 价值量\ W_J\ × 劳动生产率的提高 \tag{1}$$

而如果取某一年的劳动生产率为单位劳动生产率,也就是以某一年和价值相等价的市场价格为计量单位,那么:

$$产品的使用价值量\ W_s\ = 凝集在产品中的劳动或价值量\ W_J\ × 科技效率因子\ N_s \tag{2}$$

以上两个公式中,W_s 表示使用价值量,以便和价值量 W_J 相区别,而知识包括科技进步和管理改进所产生的科技效率因子 N_s 是以某一特定年份的单位劳动生产率为计量单位的,因而这一 N_s 的数值是反映科技进步程度的某一描写"效率"的由无量纲量所表示的相对量,它表征着生产者产品生产效率的提高。但须注意的是,这里所讨论的效率因子,仅仅是和产品生产有关的效率因子,并没有将市场交易所反映的效率因子也计算在内。实际上,当买卖双方达成交易时,还需要降低交易成本,提高交易效率。换言之,根据马克思的论述,有关使用价值和价值相关的数量关系,仅仅是某一产品的使用价值和同一产品的价值之间的关系,并不是已在市场上出售后呈现出的市场的效用和价值之间的关系,但马克思的上述论述启示人们还需要做进一步的探索。

1.2 我们有可能建立一个对所有产品成立的有关使用价值及效用的量化理论吗?

按照马克思的原意,使用价值是有用之物,并由具体劳动创造,也就是物质财富———一般用自然单位计量,有品种性能、数量的特征。同时,使用价值中的一切

---

① 马克思:《资本论》第1卷,人民出版社,2004年版,第366页。
② 马克思:《资本论》第3卷,人民出版社,2004年版,第295页。

具体劳动中又蕴含着抽象劳动,而抽象劳动量是有大小、可计量的量,因此,又可以用蕴含在其中的抽象劳动量的大小来计算其中的工作量,进而使用价值"量"将与该产品生产的劳动生产率成正比。问题是,马克思在定义劳动生产率时,通常以单位时间产生的自然性能作为计量单位,一个合理的疑问是:人们是否也能用抽象劳动代替自然单位,作为使用价值的计量单位,从而使上述公式(1)不再局限于个别产品,而是对所有产品均成立?

所以,只要我们在理论证明中,引进一般等价物作为交易的媒介,将不难使上述公式(1)不再局限于个别产品。

下面将以某一产品 i 为例,探讨公式(1)和公式(2)是否对所有产品均有普遍的适用性。

令 W_s^i 为 i 种产品的使用价值,如钢,它的计量单位可以为"吨",于是钢的使用价值 W_s^i[吨]$\propto P_s'^i$[吨/工时]。[①] 这里的 $P_s'^i$ 可定义为钢的劳动生产率,亦即以单位劳动时间(即每工时)产出的以吨为单位的钢产量:

$$W_s^i[吨] = T[工时] \times P_s'^i[吨/工时] \qquad (3)$$

式中,T 为生产 W_s^i[吨]钢所需具体劳动的工时,即在 T[工时]里一共生产出的以自然单位"吨"为计量单位的钢的使用价值量。注意上述公式里,方括号内均表示该物理量计量所用的单位,本文以下均采用这样的标记。

我们知道,价值由抽象劳动所构成。价值和使用价值显然不同的地方是,它不是以某种商品的自然单位表示。但在市场经济的社会历史条件下,价值可由一般等价物即货币来作为衡量单位,如美元、人民币元等等。而抽象劳动则一般可定义为:社会平均必要简单劳动强度×工时。在给定的社会经济发展水平下,可定义一个每工时[小时]产出多少价值的价值生产率 p_j^i[元/工时],也称为劳动强度。此时,若令 w_j^i 是每吨钢 i 的价值,则有:

$$w_j^i[元/吨] = t^i[工时/吨] \times p_j^i[元/工时] \qquad (4)$$

公式(4)中的 w_j^i 是每吨钢的价值,其价值量以它的一般等价物(如人民币元)的数量表示;p_j^i 是每工时产出多少价值的价值生产率,即以货币表示的每工时的价值在市场上的平均价格。在社会平均必要简单劳动强度为 p_j^i 的一定的条件下,其生产每吨钢所需的劳动时间是 t^i[工时/吨]。

由公式(3)和公式(4),即可导出钢的使用价值 W_s^i[吨]和其相应价值 W_j^i

---

① 该比例关系中的方括号表使用计量单位为吨所表示的量纲,工时全称是工作时间,以小时即工作小时为单位。本文中所有出现方括号之处都是同一表示,不再说明。

[元]的关系:给定公式(3)中的工时 T[工时]后,利用公式(4)中的 t^i[工时/吨]的数值,即可算出在 T[工时]内,一共可生产出 T/t^i[吨]钢,而每吨钢的价值则如公式(4)所示。由此可知,在 T 工时内可生产出的价值为:

$$W_j^i[元] = T/t^i[吨] \times w_j^i[元/吨] \tag{5}$$

显然,我们可用公式(5)将工时 T 用相应的价值量表示出来:

$$T = (W_j^i \times t^i/w_j^i)[工时] \tag{6}$$

再将公式(6)的 T 代入公式(3),利用从公式(4)得出的 $p_j^i = w_j^i/t^i$,就有:

$$W_s^i[吨] = (W_j^i t^i/w_j^i) \times P_s'^i[吨/工时] = (W_j^i[元]/p_j^i[元/工时]) \times P_s'^i[吨/工时]$$

整理后可得:

$$W_s^i[吨] = W_j^i[元] \times (P_s'^i/p_j^i)[吨/元] \tag{7}$$

公式(7)给出的是将当时当地市场上以自然单位"吨"计量的钢的使用价值,换算为按一般等价物"元"计量价值时的折算公式。更直接的办法是将一自然单位[吨]的钢,按与社会平均必要劳动量对应的价值,即 w_j^i[元/吨]折算,为此,我们在公式(7)左右两边各乘以 w_j^i[元/吨]。这样,等式左边就是按社会平均必要简单劳动衡量,并表示为以货币为单位的使用价值量 W_s^i[元];等式右边经整理后,如下式所示:

$$W_s^i[元] = W_j^i[元] \times (P_s^i/p_j^i) \tag{8}$$

式中,右边的 P_s^i 是以"元"表示的使用价值的生产率,其定义为:

$$P_s^i[元/工时] = P_s'^i[吨/工时] \times w_j^i[元/吨]$$

P_s^i 具有和 p_j^i 相同的单位。因此,出现在公式(8)右方的 (P_s^i/p_j^i),分子和分母的单位相同并相消,所以只是两个纯数量之比,是一个无量纲量,可称为效率因子。这表明,在给定的时间内人们生产出的使用价值,对应于同样时间内人们生产出的价值乘以一个效率因子,其大小由以当时当地生产某产品 i 的效率为相对基准的劳动生产率 p_j^i 的增加或减少的倍数决定,而这一基准就是不变价格。所以,上述引文中马克思说"随着劳动生产率的提高,同一交换价值所代表的使用价值量……会增加"[①]里的"提高"和"增加"二词,均表明这里引进的效率因子是无量纲量。

如果我们再注意到这里讨论的 (P_s^i/p_j^i),是指以某一产品 i 在当时当地生产的效率为相对基准的劳动生产率 p_j^i 增加或减少的倍数,自然就可以将这一倍数称为

---

① 《资本论》第3卷,第295页。

科技效率因子 N_s^i ,也就是

$$N_s^i = P_s^i / p_j^i \qquad (9)$$

$$W_s^i = W_j^i \times N_s^i \qquad (10)$$

以上是对一种商品 i 所建立的公式;理所当然,这一结果对所有其他商品,如 $i, j, k \ldots$ 等也同样成立。由于一般等价物如货币是可测度量,而一切可测度量乘上无量纲参数后仍然是可测度量,因此,全部或所有产品 $i, j, k \ldots$ 的使用价值之和的总量将是 $W_s = \sum_i W_s^i$ [元],它们也完全可以用相应的价值总量 $W_j = \sum_i W_j^i$ [元] 来度量,而且它们应该有相同的计量单位。

但是,上述讨论涉及的仅是生产层面。我们知道,当某一产品 i 的使用价值被生产出来后,还要看能否实现。如果产品最终没有卖出去,那这样的"使用价值"并不能变成在市场上实现的使用价值,其有用性当然也无法实现。只有真正能在市场上实现有用性的使用价值,才能转变为对购买者"有用"的使用价值,这就是效用。所以,从新劳动价值论的观点看,必须考虑来自买方,即市场的评价和接受度。这就启示我们,如果对上述的 W_s^i 再乘以一个来自市场所贡献的和上述产品 i 相关的市场效率因子,一个同样是无量纲的数,就可以真正使这里讨论的产品的使用价值,转变为现在通用的效用的定义。

1.3　某一商品的使用价值、市场效率因子、广义效率因子和效用

在上述讨论中,我们导出了公式(10)即 $W_s^i = W_j^i \times N_s^i$ 。这表明,某产品 i 的使用价值量和该商品的价值量成正比。这一比例因子就是产品 i 相对的劳动生产率,即科技效率因子 N_s^i 。随着生产技术的不断进步,劳动生产率不断提高,产品 i 的使用价值量会被不断放大。所以马克思在《资本论》中多次提到,"劳动生产力是随着科学和技术的不断进步而不断发展的"[①]。当然,人们更熟悉的,是邓小平提出的"科学技术是第一生产力"。正因为如此,我们可将这一放大因子称为科技效率因子 N_s^i 。而因此,对于某一产品 i :

使用价值量 W_s^i = 凝聚在该产品中的价值量 W_j^i × 科技效率因子 N_s^i

但是,以上讨论,都还只是从生产层面来看待的,所着眼的是生产过程中科学技术的进步或管理效能的改进带来的生产效率的增加。只是,作为有用的商品,必须在市场上为消费者所接受,才能成为事实上的使用价值。马克思在谈到商品的交易问题时,有这样的经典论述:"为了把货币吸引出来,商品首先应当对于货

---

① 马克思:《资本论》第 1 卷,人民出版社,2004 年版,第 698 页。

币占有者是使用价值,就是说,用在商品上的劳动应当是以社会有用的形式耗费的……"①"但现在要问,它能吸引多少货币呢? ……商品爱货币,但是'真爱情的道路绝不是平坦的'。"②这就要求:①生产方要有准确而及时的市场需求信息;②要有方便快捷的交通和商业营销的手段和服务;等等。这一大块经济领域的劳动虽然在性质上是以脑力劳动为主的劳动,但它多少也会增加已有商品的价值,和科技劳动的作用一样,会极大地提高或放大产品的使用价值。但正是在这里,我们看到马克思政治经济学里的另一个失误——忽视了市场和各种商业劳动(包括服务行业)对消费者的贡献。事实上,正是这一领域的经济活动才使生产者生产的产品到达消费者的手中,成为消费者真正消费的使用价值。因此,来自市场的需求方对产品的评价和接受方的喜好程度,均构成对商品价值的另一放大因子,可称之为市场交易效率因子或简称为交易效率因子 N_e^i。某一商品 i 的广义效率因子 N^i 则可表示为:

$$N^i = N_s^i \times N_e^i \tag{11}$$

由于这里涉及的量都是无量纲的相对量,即在原有价值的基础上放大或缩小的倍数,而且 N_s^i 和 N_e^i 两个参数分别都是和商品 i 相关的独立的因子,所以我们完全可以重新定义某一已售出的商品的 W_s^i。令 W_s^i = 商品 i 的使用价值,将有:

$$W_s^i = W_j^i \times N^i \tag{12}$$

而

$$W_s^i \equiv 某一商品 i 的效用$$

这样得到的商品 i 的使用价值量,将具有和该商品 i 的效用完全等同的内涵,即其中还包含了以货币形式表现出的需求者对消费品使用性能的主观满意程度。而且,更重要的,这一表达式直接表明,这个物理量的计量标准和凝聚在其中的劳动价值量一致,从而也就解决了效用论的效用可计算问题的悖论,亦即不仅同一商品 i 的效用可以相加减,而且完全不同种类的商品 $i,j,k...$ 间的效用也可以相加减。

公式(11)、公式(12)可以进一步应用在各个具体的部门 $i,j,k...$ 中。第 i 个生产部门和营销部门中反映各具体劳动的广义效率因子 N^i 会因为产业 i 的不同而有所差异。此外,使用价值量 W_s^i 还和广义效率因子 N^i 的大小、商品凝集的价值量 W_j^i 相关。而显然,由于价值 W_j^i 和使用价值 W_s^i 都具有可加性,因而就有可能定义一个由不同类型商品 $i,j,k...$ 相加而形成的总使用价值量

---

① 马克思:《资本论》第1卷,人民出版社,2004年版,第127页。

② 马克思:《资本论》第1卷,人民出版社2004年版,第128~129页。

W_s，也就是：

$$社会财富总量\ W_s \equiv 社会使用价值总量或社会效用总量\ W_s = \sum_i W_s^i = \sum_i W_j^i N^i \quad (13)$$

这里如果引入一个社会平均"科技市场"效率因子，或简称为社会总效率因子 N，它们将定义为：

$$N = \frac{W_s}{W_j} = \frac{\sum_i W_s^i}{W_j} = \frac{\sum_i W_j^i N^i}{\sum_i W_j^i} \quad (14)$$

由此可知：

单位劳动时间产生的社会平均效用量 = 单位劳动时间产生的总价值量 × 社会总效率因子

亦即有：

$$W_s = W_j \times N \quad (15)$$

这里如引入一新的社会平均科技效率因子 N_s，定义为

$$N_s = \frac{\sum_i W_j^i N_j^i}{W_j} \quad (16)$$

再令

$$N_e = \frac{\sum_i W_j^i N_s^i N_e^i}{\sum_i W_j^i N_s^i} \quad (17)$$

将上式的分子分母同时除以 $\sum_i W_j^i$，容易看出，N_e 是新定义的社会平均交易效率因子，从而可得出一个讨论宏观经济学时用到的社会平均广义交易效率因子 N_e，并有：

$$N = N_s \times N_e \quad (18)$$

公式(16)和公式(18)明确了使用价值、科技效率因子、交易效率因子、社会总效率因子和效用之间的关系，也实现了不同产品之间的使用价值和效用的可加性。

上述这些详尽的分析和讨论，为我们所建议的新劳动价值论奠定了坚实的理论和证明的基础。

可以看出，采用上述方法，能够成功地通过一个广义的"社会总效率因子"将使用价值量，也就是新古典经济学里经常使用的效用的概念，纳入一个新的分析框架中。这既保留了劳动价值论原有的内涵，同时又在原有劳动价值论的基础上乘以知识劳动的贡献，从而极大地扩展了这一理论的内涵。所以，我们就将这里

提出的公式(9)至公式(18)称为新劳动价值论①。这些公式既可以应用于计算简单劳动所创造的价值和剩余价值,也可以用于计算包括"知识劳动"在内所创造的使用价值或效用。但是,在当代的市场经济的统计数据中,却全是有关商品效用的统计数据,那么,我们能否在新劳动价值论和新古典经济学之间架起一座可相互沟通的桥梁?人们能否利用这一新架起的桥梁,既研究剩余价值在经济积累中所占的份额,也深入研究科技创新、市场扩展究竟在资源配置中起什么作用?或者说,我们能否建立一种既适用于微观经济的分析,也适用于宏观经济的分析的新政治经济学?

2 新劳动价值论和马克思主义政治经济学的基本公式及其逻辑起点

我们所提出的"新劳动价值论"并非对传统的劳动价值论的否定,而是充实和弥补了"旧"劳动价值论对科技进步、市场扩展等脑力劳动的重要性估计不足的缺失。旧劳动价值论仅适用于解释科技创新、市场扩展均进步十分缓慢的前资本主义或早期资本主义时代,也就是公式中"社会总效率因子 $N=1$"的时代。而在科技进步、市场扩展快速进步的社会,特别是智能机器人正全面进入第一、第二、第三产业,也许还要加上被称为知识经济的第四产业,亦即人类社会、经济的发展正在走向的新时代,就不能再忽略来自脑力劳动的产物——知识对政治、经济的进步所产生的巨大作用。当代发达社会正涌现出的一个基本事实是:①科学技术已取得飞速发展,而且正在广泛应用于社会生产力;②脑力劳动已起着越来越重要的决定性作用。以知识分子或白领人口的比例为例,日本 2016 年第三产业从业者已占到总劳动人口的 40.9%②,美国和中国的白领也分别达到了总劳动人口的 47.5%(2010)③和 43.5%(2016)④。所以,马克思所开拓的传统劳动价值论必须进一步发展为新劳动价值论,再也不能忽略来自脑力劳动者的精神力量对

---

① 这里的 N 的来源跟脑力劳动有关,可以说效率因子是脑力劳动的产物。这几个公式跟传统概念相比有明显优势,比如可以在此框架下解释家务劳动、金融服务等。正如萨缪尔逊在其著名的《经济分析基础》一书鸣谢语中提到的一段话:"My greatest debt is to Marion Crawford Samuelson whose contributions have been all too many. The result has been a vast mathematical, economic, and stylistic improvement. Without her collaboration the book would literally not have been written, and no perfunctory uxorial acknowledgment can do justice to her aid. Nor can the quaint modern custom of excluding the value of a wife's service form the national income condone her exclusion form the title page."(Samuelson, Paul A. (1947), Foundations of Economic Analysis, Cambridge: Harvard University Press.)家务劳动这个概念如今已不容忽视,像日本这样的发达国家,甚至有专门的家政大学或者有家政专业这种事实上的存在,所以这个提法如今仍然有一定的理论意义。

② 日本统计局网站(http://www.stat.go.jp/)。

③ Mohun S. Unproductive labor in the U. S. economy 1964 - 2010 [J]. Review of Radical Political Economics, 2014, 46(3):355 -379.

④ 《中国统计年鉴》(2017)。

当代社会、经济发展极为巨大的贡献。

马克思从劳动价值论出发,分析了价值和生产的基本公式:

$$W_j = C + V + m_j \tag{19}$$

式中,C 是不变资本,V 是可变资本,m_j 是剩余价值。

参照马克思在《资本论》里推导公式(19)的思想,从我们在这里所提出的新劳动价值论可以看出,利用新导出的公式(15),易写出效用或使用价值 W_s 的产出和累积公式:

$$W_s = C + V + m_s \tag{20}$$

式中,m_s 是由"知识×劳动"贡献的"剩余"使用价值;C 是不变资本,包括凝结在机器或新增加的诸如智能硬件中的一切由社会平均必要简单劳动所创造的价值;V 仍是可变资本,但这里的可变资本已不再仅包含提供社会平均必要简单劳动的劳动力自身所转移的价值,其中显然还应体现出企业所有者付给"总体工人"全体作为转移价值的工资,包括"现在不一定要亲自动手,只要成总体工人的一个器官……"①的工人们作为所转移价值的工资。"总体工人"将包括在生产第一线直接参与生产劳动的工人和在现场进行调度的工程师、总工程师,也包括从事生产工艺改进工作的研发人员、营销人员、部门经理、总经理等人,还包括监事、董事、董事长等。

新增加的计算效用或使用价值 W_s 的公式(20)也可以视之为新引入的剩余使用价值量 m_s 的概念或定义。

利用使用价值 W_s 和价值 W_j 的关系式(15),以及社会总效率因子 N 和狭义科技效率因子 N_s、市场交易效率因子 N_e 的关系式(18),亦即通过公式(19)、公式(20)、公式(15)和公式(18)这四个基本公式,可将劳动价值论和边际效用论统一成为"劳动×知识=效用"的新政治经济学基本公式,也就是适用于描述各种形式的社会生产力发展的经济学基本公式。

对于前述四个基本公式,还可以有一个改进,也就是,公式(19)和公式(20)中转移到产品的总体工人的价值又可分拆为 V 和 U 两项。这里新定义的第1项 V 仍是马克思原有的社会平均必要简单劳动所创造的价值 V,第2项 U 则应是受到家庭、学校以及社会对脑力劳动者或知识劳动者进行培训、教育等所增加并转移到商品中的价值。在早期社会里,一般认为 $U \cong 0$,但是在发达社会中,包括前面提及的服务业以及家务劳动等知识劳动者所贡献的价值的转移

---

① 马克思:《资本论》第1卷,人民出版社,2004年版,第582页。

量将在社会生活中居主导地位,所以必须在公式(20)中添加一个描写复杂劳动力或知识劳动力所转移的新价值量 U。而因此,公式(19)、公式(20)就改写为以下的新形式:

$$W_j = C + U + V + m_J \tag{21}$$

$$W_s = C + U + V + m_s \tag{22}$$

经过改进的公式(21)、公式(22),再加上原有的公式(15)、公式(18),这四个基本公式就组成了新劳动价值论的基本公式。显然,在新给出的公式(21)、公式(22)中,V 是创造剩余价值的源泉,而 U 则是创造社会总效率因子 N 的源泉,或者说,N 可能是以 U 为主导地位的函数,也就是 $N = f(U, \cdots)$。一个待研究的问题是: $f(U, \cdots)$ 将是什么具体形式的函数?

3 我们能否在新劳动价值论与新古典经济学总生产函数之间架起一座可相互沟通的桥梁?

我们知道,新古典经济学通常将总生产函数 Q 表示为各生产要素的函数:

$$Q = AF(K, L) \tag{23}$$

在萨缪尔森和诺德豪斯的《经济学》里,公式(23)中,Q = 产出;L = 投入的劳动,包括劳动供给、教育、纪律、激励等与劳动相关的因素(而在这里,也就是我们的新劳动价值论里,L 既包括来自体力劳动所转移的价值量 V,也包括来自脑力劳动所转移的价值量 U,亦即这里的 $L = U + V$ 在新劳动价值论里相当于付给"总体工人"的工资);K = 资本和自然资源,在资本项中包括机器、工厂、道路等项目,在自然资源项里有土地、矿产、燃料、环境等项目。在马克思主义政治经济学里,K 又称为不变资本($K = C$)。F 是和 K, L 等变量相关的待定的生产函数。A 代表经济产出中的技术水平,包括科学、工程、管理、企业家才能等多种因素。因而 A 就是索洛余值,即全要素生产率。经济增长函数 Q 就代表着"某个国家(地区)的GDP 或国民产出的增加"或某一企业的利润。萨缪尔森和诺德豪斯《经济学》又将人力资源 L,自然资源 R 和资本 K,技术 A,统称为"经济增长的四个轮子";如果将资本 K 和自然资源 R 合并并仍然称之为 K,那么 A, K, L 这三个因素就又被称为经济学里的"三驾马车"[①]。

在我们的新劳动价值论里,由于这里要计入新增加的支付给"总体工人"中脑力劳动者的工资 U,则国民生产总产值 W_s 和总价值 W_j 就还要加上"脑力劳动

---

① 保罗·萨缪尔森、威廉·诺德豪斯:《经济学》第 18 版,萧琛译,人民邮电出版社,2008 年版,第 484 ~ 485 页。

力"贡献的价值 U，因而，新劳动价值论便将《资本论》里原有的计量公式 $W = C + V + m$ 修改为：

$$W_j = C + U + V + m_J \tag{19}$$

$$W_s = C + U + V + m_s \tag{20}$$

$$W_s = W_j \times N \tag{15}$$

上述三个公式中，公式(19)和公式(20)是计算商品价值 W_j 和效用 W_s 的基本公式。其中，m_J 是剩余价值；m_s 是上一节定义的剩余使用价值；C 是不变资本，相当于总生产函数 Q 中的变量 K，也就是 $C = K$；U 和 V 是可变资本，$U + V = L$，等同于总生产函数 Q 中付给"总体工人"的工资总额 L。《资本论》里曾定义了一个剩余价值 m 和投入的"活劳动"与"死劳动"之比的利润率 p'，也就是 $p' = \dfrac{m}{C + V}$；新劳动价值论里表示社会财富的经济量是 W_s，因而等同于利润概念的是剩余使用价值 m_s。由于现在这里还需要计算来自社会经济生活中由社会或资本所占有的剩余价值量 m_J，所以在新架设的"桥梁"也就是导出的公式里最好仍保留《资本论》里所定义的利润率 p'，但改称其为剩余价值产生率 p'。引入"剩余价值产生率"这一概念的好处，是便于讨论在社会生活中仍起重要作用的简单劳动或"蓝领工人"所贡献的"剩余价值"的多少，以及它们在社会经济生活中起什么作用[①]。由于在公式(21)和公式(22)里新添加了一个脑力劳动转移的价值 U，所以，在新劳动价值论里，就将这里引进的剩余价值产生率 p' 定义为：

$$p' = \frac{m_J}{C + U + V} \tag{24}$$

因而公式(19)就改写为：

$$W_j = (1 + p')(C + U + V) \tag{25}$$

公式(20)是计算商品使用价值是 W_s 的公式。其中，m_s 是剩余使用价值量，也就是公式(20)中利润量 m_s，它相当于公式(23)中的"产出" Q。这里 $Q = m_s$，或者说，

$$Q = W_s - (C + U + V) \tag{26}$$

———————————

[①] 《资本论》通常将描写剥削程度的剩余价值率定义为 $m' = m/V$。这一 m' 和 p' 的关系是 $p' = m'\dfrac{V}{C + V}$。代入《资本论》里又引入的一个资本有机构成比值 γ 的概念，定义为 $\gamma = C/V$。所以 $p' = \dfrac{m'}{1 + \gamma}$。在资本有机构成比值 γ 不变情况下，《资本论》里的剩余价值率 m' 将和利润率成正比，即有 $m' = (1 + \gamma)p'$。因而，《资本论》里定义的利润率 p' 又可视为描写剥削程度的经济量。

公式(15)探讨的是联系 W_j 和 W_s 的社会总效率因子 N,它所描写的经济学含义是效率,现将公式(25)和公式(15)合并,于是 W_s 就改为:

$$W_s = N(1 + p')(C + U + V) \tag{27}$$

将公式(27)代入公式(26),就有:

$$Q = [N(1 + p') - 1](C + U + V) \tag{28}$$

将公式(28)用新古典经济学中的三个参量 A, L, K 来表示,由于 $C = K, U + V = L$,就有:

$$Q = [N(1 + p') - 1](L + K) \tag{29}$$

将公式(29)和公式(23)相对照,容易看出,公式(23)中的 A 相当于公式(29)方括弧里的一个无量纲量,有:

$$A = N(1 + p') - 1 \tag{30}$$

而

$$F(K, L) = L + K \tag{31}$$

因而就最后求出新古典经济学里的方程式(23)为公式(32):

$$Q = A(L + K) \tag{32}$$

公式(29)、公式(30)、公式(31)具有丰富的内涵。由公式(30)可知在 $N = 1$ 的条件下,公式(30)就演变为:

$$A = p' \tag{33}$$

公式(29)就演变为:

$$Q = p'(L + K) \equiv m_J \tag{34}$$

而 m_J 即剩余价值。再注意到所谓 $N = 1$ 实际上就是科技进步和市场扩展十分缓慢的时期,也就是没有科技进步而且商品经济极不发达,或者说二者只有微不足道贡献的时期,如中国曾长期存在的封建社会时期。这时,就正如《资本论》所强调的,剩余价值 m_J 就是积累的唯一来源。而由于这里的剩余价值 m_J 大多用于统治阶级的消费,或用于增加不事生产的消费人口,所以在这一时期,社会、经济的进步就十分缓慢。

而如果包括企业家在内的"企业集体"将剩余价值 m_J 的全部支付给"总体工人"作为工资,那么就有 $m_J = 0$ 和 $p' = 0$。这时,公式(30)和公式(32)就分别归结为:

$$A = N - 1 \tag{35}$$

$$Q = (N - 1)(L + K) \tag{36}$$

或者说积累的来源就演化为唯一地来自社会总效率因子 N，也就是 N 所包含的科技效率因子 N_s 和交易效率因子 N_e 的贡献。由公式（30）中的 A 和（$N-1$）以及 Np' 项的大小的演变，就反映出积累如何从"剩余价值"向"科学技术是第一生产力"的发展方向的转移。

值得注意的是，公式（30）即 $A = N(1 + p') - 1$ 还将包含许多新的丰富的内涵，这将另行专文深入讨论。

4 结论

本文通过引入科技效率因子 N_s 和市场效率因子 N_e，较详细地考察了价值和使用价值的内在联系。对于何谓"科技"，我们更赞成的是"科学是关于自然、社会和思维的知识体系"这一定义[①]，而"技术是一种关于怎样组织各种投入要素，生产和使用某种产品的知识"[②]。对于何谓"市场"，我们认为，它是社会分工和商品生产的产物，可以说哪里有社会分工和商品交换，哪里就有市场。

科技效率因子 N_s 和市场效率因子 N_e 有着丰富的内涵：有来自微观经济层面"看不见的手"贡献的部分——不同生产部门或不同企业、不同人群、不同工作——带来的微观经济基础；而同样重要的，还有来自宏观经济层面的"看得见的手"的宏观调控的贡献。这里既包括如何从宏观上激活微观层面各种微观科技效率因子 N_s^i 和微观市场效率因子 N_e^i，还包括宏观层面对各种各样的宏观科技效率因子 N_s、宏观交易因子 N_e 的调控，如改革红利、开放红利、人口红利、政府直接投资红利等。所以，利用各类社会效率因子所做贡献的大小和涨落，可以深入比较和评估各类宏观政策措施、管理措施、技术措施以及微观管理的经营、管理、销售等业务带来的客观效果的利钝大小、成败得失。

但是，在新劳动价值论和新古典经济学相互关系这一问题上，仍有一个尚待进一步探讨的遗留问题，这就是实体经济和虚拟经济相互关系的问题。我们今后会陆续开展这方面的深入研究。

---

① 夏征农主编：《辞海》，上海辞书出版社，1989 年版，第 4568 页。
② 林毅夫：《解读中国经济》，北京大学出版社，2012 年版，第 41 页。

新劳动价值论和建立适用于中国特色的
有索洛余值修正的柯布—道格拉斯生产函数 *

何祚庥　庆承瑞

一、我们所知道的柯布—道格拉斯生产函数和索洛模型

1. 柯布—道格拉斯生产函数是美国数学家柯布（C. W. Cobb）和经济学家道格拉斯（P. H. Douglas）共同探讨投入和产出的关系时创造的生产函数。柯布—道格拉斯生产函数是用来预测国家和地区工业系统或大企业的生产和分析发展生产途径的一种经济数学模型，它是经济学中使用最广泛的一种生产函数形式，在数理经济学与经济计量学的研究与应用中都具有重要的地位。

柯布和道格拉斯研究的是 1899 至 1922 年美国制造业的生产函数，主要研究制造业中固定资本投资以及劳动这一要素对产出的贡献。在他们的研究中，资本这一要素只包括对机器、工具、设备和工厂建筑的投资，而对劳动这一要素的度量，他们选用的是制造业的雇佣工人数。例如，他们曾用生铁、钢、钢材、木材、焦炭、水泥、砖和铜等用于生产机器和建筑物的原料的数量变化来估计机器和建筑物的数量变化，用美国一两个州的雇佣工人数的变化来代表整个美国的雇佣工人数的变化，等等。

经过一番处理，他们得到关于 1899 年至 1922 年间产出量 Y、资本 K 和劳动 L 的相对变化的数据（以 1899 年为基准）。令人惊讶的是，在没有计算机的年代里，他们竟然能以 5% 的精确程度从这些数据中得到了如下的生产函数公式：

$$Y = A(t) \cdot L^{\alpha} \cdot K^{\beta} \cdot \mu \tag{1}$$

式中，Y 是工业总产值；$A(t)$ 是综合技术水平；L 是投入的劳动力数（单位是万人或人）；K 是投入的资本，一般指固定资产净值（单位是亿元或万元，但必须与劳动力数的单位相对应，如劳动力用万人作单位，固定资产净值就用万元作单位）；α

---

* 本文为未刊稿，完稿于 2018 年 3 月。

是劳动力产出的弹性系数;β 是资本产出的弹性系数;至于 μ,则表示随机干扰的影响,如某个国家发生了战争,或出现了重大自然灾害,当然也可能是在经济政策上出现了重大失误,如中国的"大跃进",所以,$\mu \leq 1$。

从这个生产模型可看出,决定工业系统发展水平的主要因素是投入的劳动力数、固定资产和综合技术水平(包括经营管理水平、劳动力素质、引进的先进技术等)。根据 α 和 β 的组合情况,一般认为它有三种类型:

(1)$\alpha + \beta > 1$,规模报酬递增,表明按照现有技术,用扩大生产规模来增加产出是有利的。

(2)$\alpha + \beta < 1$,规模报酬递减,表明按照现有技术,用扩大生产规模来增加产出是得不偿失的。

(3)$\alpha + \beta = 1$,规模报酬不变,表明生产效率并不会随着生产规模的扩大而上升,只有提高技术水平,才会提高经济效益。

$A(t)$ 表示对生产技术水平、经营管理水平和服务水平的"综合"评价,它"全面"反映企业的适应能力、竞争能力和生存能力。$A(t)$ 值越大,水平越高。但是,一个合理的质疑是,既然 $A(t)$"全面"反映了企业的"综合"能力,其中理应也包括规模效益,为什么这一函数表达式的分类中却将企业的"规模"效益用 α,β 这样的不同数值来表达?

柯布—道格拉斯生产函数建立于 20 世纪 30 年代,它一直被认为是由经验数据概括出来的——在物理学研究中,这往往被称为"唯象"性质的——但很有用的一种生产函数。特别是该函数以相当简单的形式,具备了计量经济学家所关心的许多性质。它在经济理论分析和工农业实际生产的应用中都具有广泛的重要意义。

2. 柯布—道格拉斯生产函数的进一步发展,是带有索洛余值修正的索洛—柯布—道格拉斯生产函数。

应用柯布—道格拉斯生产函数时,会遇到一个实际问题,那就是:柯布—道格拉斯生产函数里某一待定常数 $A(t)$ 并不是一个常数,而是实际上随时间变化的某个参数。早年在拟合曲线时要选取合适的计量单位,甚而可令 $A(t) = 1$。但实际的数据处理却表明它似乎更是依存于"技术水平",也许还有其他复杂因素的一个未知函数。在研究实际问题时,其具体的拟合方式是,对公式(1)求全导数,并在公式两边除以 Y,得出一个微分形式的拟合函数:

$$\frac{\Delta Y}{Y} = \alpha \frac{\Delta K}{K} + \beta \frac{\Delta L}{L} + \frac{\Delta A}{A} \tag{2}$$

式中,α 和 β 是某一待定曲线的斜率,$\frac{\Delta A}{A}$ 是描写技术水平有所变化的某一待定数值。

由于这一拟合公式包含了 3 个待定参数——α,β 和 $\frac{\Delta A}{A}$,而在技术水平变化的动向不甚明朗的情况下,所谓规模不变(即 $\alpha + \beta = 1$ 的发展模式),其实很难和前文所说"规模报酬递增"(即 $\alpha + \beta > 1$)和"规模报酬递减"(即 $\alpha + \beta < 1$)这两种另类拟合方法完全区分清楚 。而如果在技术水平确实没有变化的条件下,实际的经济数据表明,用公式(1)即 $Y = A(t)K^{\alpha}K^{\beta}\mu$ 去拟合数据时,在 5% 的精度内,其最佳选择往往是 $\alpha + \beta = 1$。

但索洛(Solow)利用 20 世纪 30 年代到 50 年代出现的经济快速发展时期的一些数据进行拟合时,发现了更好的拟合方法——其实就是假设规模报酬不变,即 $\alpha + \beta = 1$,但必须引入某一随时间而不断增长的修正项 $\frac{\Delta A}{A}$,也就是将索洛余值或索洛剩余定义为

$$\frac{\Delta A}{A} = \frac{\Delta Y}{Y} - \alpha \frac{\Delta K}{K} - \beta \frac{\Delta L}{L} \tag{3}$$

并利用经济数据,拟合出 $\frac{\Delta A}{A}$ 随时间 t 变化并有所增长的数值。而一个经常出现的经验结果是,由数据拟合出的劳动力产出的弹性系数 α 和资本产出的弹性系数 β,往往相当好地满足 $\alpha + \beta = 1$ 的算式。

例如,根据美国经济学家丹尼森的计算,1929 ～ 1973 年,美国经济年均增长率约为 3% 左右,劳动增长率和资本增长率均为 2% ,劳动产出弹性和资本产出弹性分别为 0.75 和 0.25。根据索洛余值法计算公式,则有 $\frac{\Delta A}{A} = 0.03 - 0.75 \times 0.02 - 0.25 \times 0.02 = 1\%$ 。这表明,在这一期间,技术进步对美国经济增长的贡献约为 1/3。

公式(3)一般被称为索洛余值法,它是计算经济增长源泉的重要参数[①]。但一个很难理解的事实是:为什么经常会出现 $\alpha + \beta = 1$?

索洛模型在数据拟合上可以说获得了空前的成功。但实际上,人们并不能据此就弄清楚索洛余值 $\frac{\Delta A}{A}$ 的数值究竟是由何种技术进步因素所决定的,因而只好

---

① M R. Solow. A contribution to theory of economic growth[J]. *Quarterly Journal of Economics*, 1956,70:65－94.

称 $\dfrac{\Delta A}{A}$ 为全要素生产率(Total Factor of Productivity ,TFP)。"全"者,即认为 $\dfrac{\Delta A}{A}$ 的数值可能由多种"未明"因素共同决定之谓也! 但由于公式(3)是处理数据时最方便、最容易利用的公式,人们通常用公式(3)来估计技术进步的贡献。

3. 但总的来说,索洛模型大体上还是突现了技术进步在经济增长中的作用。第二次世界大战以来经济增长的现实也充分证实了它的这一基本特征。萨缪尔森、诺德豪斯在《经济学》一书中曾较详细地介绍了索洛所确立的新古典经济增长模型在经济学上的成就,认为索洛最重大的研究成果之一是1956年出版的《经济增长理论的拓展》[①]。萨缪尔森还引用诺贝尔经济学奖评奖委员会对索洛所做工作,特别是新古典经济增长模型的评价[②]:

  索洛的理论模型对经济分析有着重要的影响。除了作为一个分析增长过程的工具,它还在其他几个不同的领域中都得到了推广。该模型被推广到引入其他多种生产要素的情形,而且也根据随机因素的假设做了修正。一般均衡分析中采用的一些具备动态联系特征的"数理"模型,也是以索洛的模型为基础。然而最为重要的一点还是,索洛增长模型构建了现代宏观经济理论赖以形成的基本框架。

  索洛的研究激起了各国政府对于发展教育、加强研究和开发等活动的更多的兴趣。任何一个国家、任何一个长期的经济报告……都无一例外地沿用了索洛式的分析技术。

4. 有意味的是,虽然索洛模型在经济学的数据分析上获得了巨大成功,但在许多主张市场自由竞争的古典经济学者看来,索洛模型引入的参量 $A(t)$ 完全是一个说不清楚其缘由的无量纲的"外生"变量——好像一个国家的经济增长竟依赖于某种外部而且是不甚清楚的未知因素的推动! 因而,在十分看重内生因素的新古典经济学家们看来,这是难以接受的理念! 此外,已有一些数据表明,假如

---

① 保罗·萨缪尔森、威廉·诺德豪斯:《经济学》第18版,萧琛译,人民邮电出版社,2008年版,第490~499页。英文原文为:One of the best surveys of economic growth is Robert Solow, *Economic Growth* (Oxford University Press, Oxford, U. K,1970). See his pathbreaking article, "A Contribution to the Theory of Economic Growth," *Quarterly Journal of Economics*, 1956. The text reference is William Baumol, "Entreprenueurship: Productive, Unproductive, and Destructive," *Journal of Political Economy*, October 1990, pp. 893 –921.

② 保罗·萨缪尔森、威廉·诺德豪斯:《经济学》第18版,萧琛译,人民邮电出版社,2008年版,第490页。

不存在技术进步——这在很多技术落后国家是经常出现的事实——那么，不少国家的实际数据表明：各国的经济增长率明显地和储蓄率呈现出正相关的关系。这也说明，在索洛余值 $A(t)$ 里，完全可能还含有技术进步以外的其他因素。总之，我们只能认为索洛模型是一个缺乏微观经济基础的经济增长理论。

我们新涌现的设想是：人们能否用正在研究和探讨中的新劳动价值论来弥补来自经验数据的索洛模型以及索洛—柯布—道格拉斯生产函数缺乏微观经济理论基础的重大缺陷？

二、关于新劳动价值论的四个基本公式

1. 劳动价值论其实是源于亚当·斯密的《国富论》。马克思在《资本论》第 1 卷第 2 版添加的一个注解中，曾引述斯密写下的两段话："只有劳动才是我们在任何时候都能够用来估计和比较各种商品价值的最后的和现实的唯一尺度。"又说："等量的劳动在任何时候和任何地方对工人本身必定具有同样的价值。"[①]显然，如果衡量价值的"尺度"是因时、因地、因不同条件而变化的，就无法真正确定、比较各种商品的价值。

马克思对劳动价值论所做的实质性内容的添加，是进一步完善地定义了什么样的劳动才能作为衡量价值尺度的"标准尺度"。马克思在《资本论》第 1 卷第 1 章第 1 节引入了一个"无差别的社会平均必要简单劳动"的理念，认为只有这种人人都具有的、未经特殊培养和训练的、无差别的简单劳动——也就是马克思称之为"抽象劳动"的这一"标准尺度"——才能作为衡量价值的最公平的一个"尺度"。在物理学的研究里，这相当于在法国巴黎的国际计量局给出了国际通用的米、千克和秒的标准计量单位，其重要性实在超过了当代经济学常用来研究、比较世界各国国内生产总值（GDP）的实际数值，或又称为衡量 GDP 真实数额的计量单位——不变价格。例如，麦迪森在其著名的《世界经济千年史》中，就使用了以 1990 年美国的"不变价格"所定义的"国际美元"，作为比较世界各国经济发展数据的基准。又如，《中国统计年鉴》中所列 GDP 数值均按当年价格计算，而 GDP "指数"却按某一基年（如 1978 年）的"可比"价格来计算；统计局一般隔若干年，改变一次作为基准的年份。

其实，相隔若干年即更新基年的计算方法并不很合乎严格的数学理念。用 20 年以前的不变价格来计算产值，特别是用来计算一些发展迅速的产品（例如电

---

① 马克思：《资本论》第 1 卷，人民出版社，2004 年版，第 60 页；另见亚当·斯密：《国民财富的性质和原因的研究》（又译《国富论》）上卷，商务印书馆，2008 年版，第 32 页。

脑)的产值,其计算的数字结果往往可能太陈旧过时,并不能准确反映市场对这些产品相对重要性的评价;在定期改变基年时,这些发展迅速的产品的产出增长速度可能呈现出剧烈的跳跃式的变动。例如,用 10 年以前电脑价格较高时的价格计算电脑产值时,电脑的产值可能会很高;改变基年后,用最近大幅降低后的价格计算电脑产出时,产出值会大幅度下降,而实际上的产出数量并没有变。[①]

为了解决这个问题,美国经济分析局从 1996 年新增了一项衡量 GDP 的方法——环比加权真实 GDP(chain-weighted real GDP)。这种方法是用上年的价格计算今年 GDP 的真实增长率,用今年的价格计算明年 GDP 的真实增长率,依此类推;然后将这些增长率相乘,以便比较任意两年之间 GDP 的真实增长率。也就是说,新方法每年都改变基年[②]。

最近,我们将正在研究中的新劳动价值论做了新的更严密一些的证明和推导[③]。这一证明实际上是用"不变价格"的计算方法求出了与价值、使用价值和效用相对应的计算公式,亦即有:

$$使用价值\ W_S \equiv 效用\ = 价值\ W_J \times 社会平均效率因子\ N$$

这一公式实际上也是以每年都不断修正的"无差别的社会平均必要简单劳动"为"基准",亦即作为衡量价值、使用价值或效用大小的"不变价格"。

为什么以每年都不断修正的"不变价格"作为基准是更好的计算方法? 同样的道理,很明显,也是因为我们这里相当于用马克思所引入的"无差别的社会平均必要简单劳动"作为更准确、更公平的计量基准。

2. 马克思对劳动价值论所做的另一项基础性的贡献——如恩格斯所指出的——是科学地弄清楚了"(转移到产品上的)劳动力的价值和劳动力在劳动过程中创造的价值,是两个不同的量"[④]。为此,马克思提出了剩余价值的概念。马克思认为,一切产品的价值均由两类性质不同的劳动共同组成:一类是死劳动。一方面,它包含着已凝集在机器、原材料、厂房、土地等不变资本里的劳动量 C;另一方面,它包含着凝集在劳动力自身,又称为可变资本的劳动量 V。这两类死劳动($C + V$),均以"折旧"的形式,逐渐地将 $C + V$ 里凝集的劳动量转移并添加到产品的价值量之中。另一类是活劳动。它来自劳动力在劳动过程中新创造的价值,

① 易纲、张帆:《宏观经济学》,中国人民大学出版社,2008 年版,第 22 页。

② 易纲、张帆:《宏观经济学》,中国人民大学出版社,2008 年版,第 22 页。

③ 何祚庥、庆承瑞、李帮喜:《价值、使用价值与科学技术:使用价值或效用的计量问题研究》,此文已收入本书。

④ 恩格斯:《反杜林论》,《马克思恩格斯选集》第 3 卷,人民出版社,1972 年版,第 244 页。

又称为剩余价值 m。如果令产品里所凝集的形式不同的各类劳动所创造的总价值量是 W,那么,马克思就得到了如下可用来计算各类产品价值量的基本公式:

$$W = m + C + V \tag{4}$$

在《资本论》里,正是马克思应用了这一基本公式(4),总结、概括和解释了在资本主义社会原始积累阶段以前的,人类社会全部政治的经济的文化的多种活动。

1867 年 9 月 14 日,马克思发表了划时代的著作——《资本论》第 1 卷。正是此书科学地预见了人类社会必将进入社会主义社会。我国正在探索中的中国特色社会主义,也是这一伟大学说影响下的结果。

3. 时代在不断前进,中国特色社会主义的建设也进入了新时代。同时,新时代也使得马克思主义政治经济学在解释当代社会时正面临两大困境。

第一大困境。世界经济已经在科学技术空前大发展的背景下取得飞速进展,脑力劳动已起着越来越重要的决定性作用。早在 1988 年,邓小平就曾深刻地指出:"科学技术是第一生产力。"邓小平还曾说"知识分子是工人阶级一部分","要把'文化大革命'时的'老九'提到第一"的地位。在发达国家中,如美国,知识分子已占到总人口的 90% ;在尚属于发展中国家的中国,知识分子也占到了总人口的 20% 。而传统的政治经济学仍然拘泥于只讨论"无差别的社会平均必要简单劳动"对社会经济发展的贡献,这显然不能解释和理解当代社会!

第二大困境。马克思的政治经济学只给出了由劳动计算价值的公式 $W = m + C + V$,却缺少对价值形态的另一侧面——使用价值的定量的研究。然而,在当代市场经济的大深化中,"效用"也就是"使用价值"已经成为解释和理解当代社会经济不可或缺的经济范畴。现有的社会经济的统计数字,都是"效用"的统计数字。在马克思的某些著作中,虽然也偶然提到"效用即使用价值"的意思,却并未深入和展开。一个显见的事实是,如果马克思主义政治经济学再不寻求建立"价值和使用价值"以及"价值和效用"之间定量关系的理论,马克思主义学者将无法利用这些"堆积如山"的大量经济数据对当代社会经济问题做任何可信的分析!

反过来说,上述两大困境启示我们:完全有可能建立一个能包括现代科技、包括脑力劳动贡献的"劳动和效用"相统一的新劳动价值论。在本书前面已收入的何祚庥、庆承瑞、李帮喜《价值、使用价值与科学技术:使用价值或效用的计量问题研究》这篇论文中,我们建议的方案是:

效用＝使用价值＝劳动×知识贡献的效率放大因子

这一等式中的劳动,当然是劳动价值论所定义的无差别的社会平均必要简单劳动,也就是体力劳动的贡献;而知识效率因子的放大倍数,就来自脑力劳动者的知识创新了。简而言之,

$$效用 = 劳动 \times 知识$$

这一"相乘"的简单算式,也体现出了毛泽东一贯倡导的知识分子必须和劳动群众相结合这一思想。结合,就是这一公式揭示的知识和劳动必须"相乘"的关系。

马云模式获得的巨大的"效用",正是来自生产劳动所创造的"使用价值"×互联网×支付宝×机器人分拣×高铁×电动自行车等系列市场"知识"所创造的"效率因子"。

4. 那么,新劳动价值论将怎样计及知识分子的贡献呢? 首先,一项最简单的修改是必须将脑力劳动或知识分子自身的价值 U 也添加在劳动者的行列,也就是将马克思原来的公式(4)扩充为下列形式:

$$W_J = m_J + C + U + V \tag{5}$$

式中,W_J 即《资本论》里马克思所定义的商品或产品的价值 W;m_J 即原来所定义的剩余价值 m,只不过现在加了下标"J",以便理解这里的符号所描述的是价值;对于使用价值或效用,当然就要引入另一个符号,记为 W_S。

由于使用价值或效用的生产是来自生产者的生产"劳动",所以,这里的使用价值或效用 W_S 的计量公式就写为

$$W_S = m_S + C + U + V \tag{6}$$

只不过这公式里引入了一个描写"利润"的新经济量——剩余使用价值 m_S。公式(6)中的 C 仍是《资本论》里定义的不变资本 C,V 是支付给工人或农民的工资 V,U 是新添加的支付给脑力劳动者的工资 U。而在公式

$$W_S = N \cdot W_J \tag{7}$$

中,N 是"知识"对"劳动"所创造的价值所产生的"效用"的"效率放大因子"。容易看出,这里的效率放大因子 N,既有来自科技工作者贡献的科技效率因子 N_S,也有来自商业工作者利用信息不对称等因素所贡献的交易效率因子 N_E,因而有:

$$N = N_S \cdot N_E \tag{8}$$

公式(5)、公式(6)、公式(7)、公式(8)就组成了新劳动价值论的四个基本公式。

5. 由于在公式(5)里新添加了一个脑力劳动力的价值 U,因而在新劳动价值论中又引进了一个"剩余价值产生率"p',并定义 p' 为

$$p' = \frac{m_J}{C + U + V} \tag{9}$$

此公式其实是对《资本论》所定义的利润率 $p' = \frac{m}{C + V}$ 的扩充。但由于《资本论》将

描写剥削程度的剩余价值率定义为 $m' = \frac{m}{V}$。这一 m' 和《资本论》定义的 p' 的关

系是 $p' = m'\frac{V}{C + V}$，也就是认为利润率 p' 和剩余价值率成正比。在现在的新劳动

价值论里，可将 p' 改写为 $p' = m'\frac{V}{C + U + V}$。《资本论》还引入了一个有机构成比值

$\alpha = \frac{C}{V}$ 的概念，因而有 $p' = m'\frac{1}{1 + a}$，现在则可新定义一个 $\alpha = \frac{C + V}{V}$。所以仍有 $p' =$

$\frac{m'}{1 + \alpha}$。在有机构成比值 α 不变的情况下，《资本论》定义的剩余价值率 m' 将和利

润 p' 成正比，因而《资本论》定义的利润率 p' 又可视为描写剥削程度的经济量。

现在我们就用新定义的公式(9)来表示剩余价值产生率。

利用新定义的公式(9)和公式(5)、公式(6)、公式(7)，不难求出新劳动价值

论里的利润 m_s，也就是新古典经济学里的总产出量 Y。它们和其他变量相关的公

式是：

$$Y \equiv m_s = [N(1 + p') - 1](C + U + V) \tag{10}$$

而如果认为新古典经济学里的总生产函数 Y 可表示为全要素生产率 A、资本

K 和劳动 L 的函数，也就是

$$Y = A \cdot F(K, L) \tag{11}$$

并且与公式(10)进行比较，那么，在新古典经济学里的全要素生产率 A 和 F 将分

别是：

$$A = N(1 + p') - 1 \tag{12}$$

$$F(K, L) = C + U + V \tag{13}$$

而如果进一步认为

$$C \equiv K \tag{14}$$

$$U + V \equiv L \tag{15}$$

那么在新古典经济学里，总生产函数 Y 就改写为一个极其简单的线性关系式

$$Y = A \cdot (K + L) \tag{16}$$

但这里需要注意的是，公式(10)和公式(16)中的变量均是和时间 t 相关的

函数。

进一步要回答的问题是：我们能否从公式(16)或公式(10)的算式里，消去时间变量 t，从而求出和公式(16)或公式(10)相关的索洛—柯布—道格拉斯生产函数的具体表达式？

三、新劳动价值论和适用于中国的索洛—柯布—道格拉斯生产函数

1. 公式(10)和公式(16)都是带有时间 t 的变量。公式(16)更完整一些的写法应为：

$$Y(t) = A(t) \cdot [K(t) + L(t)] \tag{17}$$

现在面临的数学问题是：能否从动态的随时间 t 变化的公式(17)消去时间 t，求出静态的，即不随时间变化或时间 t 仅随其中某些量作为外在参数，以准静态形式存在于公式之中的生产函数？在偏微分方程的教科书中，一个现成的方法是对公式(1)求对时间 t 的全微分：

$$dY = A(t) \cdot \left[\frac{dK(t)}{dt} + \frac{dL(t)}{dt} \right] dt + [K(t) + L(t)] \frac{dA}{dt} dt \tag{18}$$

而在消去公式(18)中的公共因子 dt 后，再在公式(18)的两边分别除以公式(17)，并将其改写为对数的微分形式，这样公式(18)就改写为：

$$d\ln Y = \frac{K(t)}{K(t) + L(t)} d\ln K + \frac{L(t)}{K(t) + L(t)} d\ln L + d\ln A \tag{19}$$

令

$$\alpha(t) = \frac{K(t)}{K(t) + L(t)} \tag{20}$$

和

$$\beta(t) = \frac{L(t)}{K(t) + L(t)} \tag{21}$$

因而这两者必有：

$$\alpha(t) + \beta(t) \equiv 1 \tag{22}$$

将公式(20)、公式(21)代入公式(19)，就有：

$$d\ln Y = \alpha(t) d\ln K + \beta(t) d\ln L + d\ln A \tag{23}$$

在 $\alpha(t)$ 和 $\beta(t)$ 均为随时间 t 变化十分缓慢的参数的情况下，可令

$$\alpha(t) = \alpha + \frac{d\alpha(t)}{dt} \cdot dt \tag{24}$$

$$\beta(t) = \beta + \frac{d\beta(t)}{dt} \cdot dt \tag{25}$$

由于有公式(22)这一恒等式，因而必有：

$$\frac{d}{dt}(\alpha(t) + \beta(t)) \equiv 0 \tag{26}$$

所以又可将 $\alpha(t)$，$\beta(t)$ 分别写为：

$$\alpha(t) = \alpha + \epsilon(t) \tag{27}$$

$$\beta(t) = \beta - \epsilon(t) \tag{28}$$

其中 $\epsilon(t)$ 是某一接近于 0 的极小的函数，而且恒有：

$$\alpha + \beta = 1 \tag{29}$$

将公式(27)、公式(28)代入公式(23)，则有：

$$\mathrm{d}\ln Y = \alpha \mathrm{d}\ln K + \beta \mathrm{d}\ln L + \epsilon(t)\mathrm{d}[\ln K - \ln L] + \mathrm{d}\ln A$$

$$= \mathrm{d}\ln K^{\alpha}L^{\beta} + \mathrm{d}\ln\left(\frac{K}{L}\right)^{\epsilon(t)} + \mathrm{d}\ln A \tag{30}$$

$$= \mathrm{d}\ln K^{\alpha}L^{\beta} \cdot \left(\frac{K}{L}\right)^{\epsilon(t)} \cdot A(t)$$

由于公式(30)的两边均有某一微分符号，在积分时，则将添加一个随时间 t 而变化的任意函数 $C(t)$，因而有：

$$Y(t) = C(t) \cdot A(t) \cdot K^{\alpha} \cdot L^{\beta} \cdot \left(\frac{K}{L}\right)^{\epsilon(t)} \tag{31}$$

从微积分学的观点来看，上述积分算式(31)中添加的函数 $C(t)$，可以是任意函数。所以，从纯数学演算的观点来看，仅有微分形式的拟合经验数据的索洛余值公式，是推导不出积分形式的索洛—柯布—道格拉斯生产函数的具体表示式的。但因为现在有了一个"劳动×知识=效用"的微观模型，所以我们就完全有理由认为 $C(t) = 1$；或者因为可能会出现意外的天灾人祸等的干扰，所以也可以认为 $C(t) = \mu$。因而，有下面的公式：

$$Y(t) = A(t) \cdot K^{\alpha} \cdot L^{\beta} \cdot \left(\frac{K}{L}\right)^{\epsilon(t)} \cdot \mu \tag{32}$$

$\mu \leqslant 1$。由于 $\epsilon(t)$ 是接近于 0 的一个小量，而 $\frac{K}{L}$ 又经常是某一不大的有限数值，因而在实际的数值拟合过程中，完全可令

$$\left(\frac{K}{L}\right)^{\epsilon(t)} \cong 1 \tag{33}$$

或者说，在现有经济统计数据所能达到的精确程度下，形式为 $Y(t) = A(t) \cdot K^{\alpha} \cdot L^{\beta} \cdot \mu$ 的索洛—柯布—道格拉斯的生产函数，便是用以探讨当代市场经济诸多问题的一个极好的公式。在公式(1)里的全要素生产率 A、投资 K 和劳动 L，就又被称为驾驭经济发展的"三驾马车"。从我们所建议的"劳动×知识=效用"的新劳动价值论来看，公式(1)中的全要素生产率 $A(t)$ 当然应进一步由公式(12)表示为

$$A(t) = N(t) \cdot [1 + p'(t)] - 1 \tag{34}$$

而 μ 一般也取为 1。

由于公式(34)中的 $A(t)$ 比通常的索洛模型中的 $A(t)$ 包含了更多的实质性的内容——例如,公式(34)中的 $N(t)$ 实际上是科技效率因子 $N_S(t)$ 和市场效率因子 $N_E(t)$ 的积,而公式(34)中的 $p'(t)$ 还能给出由剩余价值产生率增大或缩小引起的政治或经济后果——这就使得我们有可能通过对实际经济数据的分析,反过来更深入地探索和理解为什么"全要素生产率"会增大和缩小;而且,由于可以进一步弄清楚所谓"全要素生产率"究竟包含哪些实际的经济因素,也就更便于弄清楚各个不同企业或产业的具体结构。很明显,进一步深入探讨公式(34)所包含的种种"结构"及其相互关系,将能为研究"三驾马车"对经济发展的贡献提供更多的信息。

近年来,随着我国经济发展进入"新常态",我国的经济体制改革也就需要更加注重研究和分析"供给侧结构性改革",因而由新古典经济学给出的索洛—柯布—道格拉斯生产函数就成为研究和分析"供给侧结构性改革"的重要而方便的工具。最近,云南财经大学金融研究院龚纲教授就再次用索洛—柯布—道格拉斯生产函数,完成了一篇论文项目——《论新常态下的供给侧改革》。[①] 但由于龚纲的研究和分析未能用公式(34)给出的 $A(t)$ 廓清究竟由哪些实际的"结构"性因素组成了"全要素生产率",其研究"供给侧结构性改革"的论文也就省略了"结构",因而只能归结为仅讨论"供给侧改革"的文献。

2. 公式(1)所分别表示出的"三驾马车",用于分析和研究中国经济时虽然也已获得了诸多成就,但中国的地域太大,人口众多,自然环境、劳动者素质在全国不同地区、不同城市更呈现出千差万别等复杂情况,从新劳动价值论这四个基本公式来看,一个最简单的改进,是必须计入脑力劳动对经济发展的贡献。也就是说,我们应将 Y 表示为包含有知识分子及企业家等群体贡献的"四个轮子"的经济学,或者说体现为:

$$Y(t) = A(t) \cdot [U(T) + V(T) + C(T)] \qquad (35)$$

而 $A(t)$ 仍为由公式(12)变形而来的公式(34)即:

$$A(t) = N(t) \cdot [1 + p'(t)] - 1$$

从上面所介绍的由公式(17)到公式(35)所给出的推导索洛—柯布—道格拉斯生产函数即公式(1)的过程和方法来看,一个最简单的推广就是:本文已提到

---

① 龚纲:《论新常态下的供给侧改革》。本文是国家社会科学基金重大项目"新常态下中国经济增长的新动力和新增长点研究"(批准号15ZDA010)的阶段性研究成果。作者工作单位:云南财经大学金融研究院,联系方式:gonggang@ vip. 163. com。

的"四个轮子"的生产函数必将写为：

$$Y(t) = A(t) \cdot U^{\alpha} V^{\beta} C^{\gamma} \tag{36}$$

而且有：

$$\alpha + \beta + \gamma \equiv 1 \tag{37}$$

如果再考虑到中国的特殊国情,中国的地理环境,以及各地区发达程度、开放程度有千差万别,最好能将公式(35)中的不变资本 $C(t)$ 也分拆为 $C(t)$ 和 $D(t)$ 两项:新定义的 $C(t)$ 仅包含机器、厂房等和地域特点关联度不大的资本投资,而新引进的 $D(t)$ 则将包括当地和外地居民对土地、矿山等资源的开发甚而还应包含来自土地财政所添加的由劳动所创造的价值。因此,公式(35)便改写为：

$$Y(t) = A(t) \cdot [U(t) + V(t) + C(t) + D(t)] \tag{38}$$

由公式(38),并使用上述类似推导方法,就有：

$$Y(t) = A(t) \cdot U^{\alpha} V^{\beta} C^{\gamma} D^{\delta} \tag{39}$$

并有：

$$\alpha + \beta + \gamma + \delta \equiv 1 \tag{40}$$

一个有意味并且也很有发展前景的研究课题是:在讨论和研究中国那些有特殊情况的地区的产业"供给侧结构性改革"时,是否应考虑采用我们这里新导出的公式(39)和公式(40),对各地区、各产业部门的"特殊性"进行研究和分析?

如果未来人们对中国经济的实证研究进一步证实了我们导出的索洛—柯布—道格拉斯的公式(32)和公式(29)以及这里新给出的公式(36)、公式(37)、公式(39)、公式(40),那就将不仅证明索洛—柯布—道格拉斯生产函数是有微观经济理论基础的生产函数,而且还会反过来证明我们所建议的"劳动×知识＝效用"模型也是有相当科学根据的经济理论模型。

四、在深化"供给侧结构性改革"的热潮中,更为重要的是研究全要素生产率 $A(t)$ 变化和增长的规律。

人们需要进一步探讨或找出真正影响"全要素生产率" $A(t)$ 的各种新动力或增长点,特别是"全要素生产率"增长率的变化、发展以及如何"加速"增长的规律。

将公式(34)中的效率因子 $N(t)$ 从括号中提取出来,可将该式改写成为两个因素的乘积：

$$A(t) = N(t) \cdot \left[1 + p'(t) - \frac{1}{N(t)} \right] \tag{41}$$

这里值得注意的是,不仅方括号中的 $\left(1 - \dfrac{1}{N(t)}\right)$ 在 $N(t) \approx 1$ 时可以十分接近于 0,而且方括号中的 $p'(t)$ 还可以出现负值。或者说,片面强调"吃光、分光、用光"的福利社会必定做不到可持续发展！而相反,如果某一国家的居民如中国的居民高度注意节约,勤俭办社会事业,不以高投入支持或维持较高的剩余价值产生率 $p'(t)$,那么这一国家就能以长久持续的高储蓄率不断支撑本国经济、社会的快速发展。

更重要的当然是公式(41)中 $N(t)$。如前所述,这里的 $N(t)$ 实际上是两类效率因子——科技效率因子 $N_S(t)$ 和市场效率因子 $N_E(t)$ 的乘积。而在过去的"内生增长模型"——如罗默(Romer, 1986,1990)和卢卡斯(Lucas,1988)等人的研究模型①——中,却往往将 $A(t)$ 仅归结为技术进步。其实,中国之所以能持续快速发展,市场效率因子的持续增长在目前阶段可能是更重要的因素。而且,中国在改革开放的实际工作中,还采取了"市场换技术"的战略。所以,这里新导出的公式(34)比通常的索洛模型包含了更多的信息。

很显然,对本文建议的公式(41)及其各相关因素增长、衰退的分析,将有助于深入理解、分析和总结为什么中国经济的高增长率将能够持续维持。进一步研究公式(34)中的 $A(t)$ 将会为中国经济带来哪些影响,是今后需要人们共同进一步研究的重要课题。

---

① Romer, David. Advanced macroeconomics[M]. 2nd ed. NY: McGraw – Hill, 2001. Kuznets, Simon. Economic growth and income inequality[J]. *American Economic Review*, 1955, 45.

我们能基于当代物理学方法
构建中国经济学的综合框架吗?

——一个劳动和效用相统一的新政治经济学初探 *

何祚庥

一、人们有可能建立一个将劳动价值论和边际效用论相统一的经济学或政治经济学的新体系吗?

1. 这并不是人们第一次提出这一问题。在中国,樊纲教授写了一本书——《现代三大经济理论体系的比较与综合》。在西方,萨缪尔森教授在他的《经济学》第 19 版里写了一篇《一个折中主义者的宣言》,呼吁左、右派的统一。当然,萨缪尔森教授是将"统一"称为"折中"的。

2. 本文作者曾长期从事理论物理学研究工作。在物理学史上,也曾有一个长期争议的重大理论问题:光是粒子还是波? 这两种理论争吵了 200 多年。最后是在 1905 年,爱因斯坦在讨论光电效应的一篇论文里引入普朗克常数 h,将两种理论统一为光的波粒二象性理论。而更重要的是,正是人们对光的本性有了更深的理解——由波动和微粒的分歧走向"波粒二象性"的统一——导致20 世纪初爆发物理学大革命,产生了相对论和量子力学。

经济学或政治经济学里的纷争,至今已有 150 年。那么,人们能否学习物理学中从争论到统一的历史经验,构造出一个新的理论,解决已持续 150 年之久的争论?

或者说,我们是否也能为劳动价值论和效用价值论这两大理论体系架起一座

* 本文是 2017 年 6 月 13 日在中国政治经济学智库和中国社会科学院经济研究所《资本论》研究室主办的"智库名家论坛"第四讲上的论坛主讲用稿,现全文收入本书。有关"智库名家论坛"第四讲的情况综述,请参看本文附录。

桥梁？

古典经济学理论的一大发展，是将科技进步引入经济学的研究。当代经济学又被称为新古典经济学，其最主要的成就之一，是罗伯特·索洛等人通过引入一个"衡量单位总投入和总产出的生产率"的指标——"全要素生产率"A，就使得经济学成为"四个轮子"——"土地、劳动和资本"加上"科学技术"的经济学①。

然而，以劳动价值论为核心的传统的马克思主义政治经济学却仍然停留在只讨论"三要素"的水平。人们能否也建立一个马克思主义的包括知识或科技进步和市场扩展在内的"四要素"的"新"政治经济学？

这是"时代"向所有马克思主义学者提出的不能回避，而且必须解决的重大理论问题。正如习近平总书记在莫斯科国际关系学院的演讲中所指出的，"要跟上时代前进的步伐，就不能身体已进入21世纪，而头脑还停留在过去"②。

二、对马克思主义政治经济学逻辑结构的简要回顾

1. 价值来自劳动。价值的计量单位是：

社会平均必要简单劳动量 = 社会平均劳动强度 × 劳动时间

马克思曾经说："商品价值体现的是人类劳动本身，是一般人类劳动的耗费。……它是每个没有任何专长的普通人的机体平均具有的简单劳动力的耗费。简单平均劳动虽然在不同的国家和不同的文化时代具有不同的性质，但在一定的社会里是一定的。"对于复杂劳动，马克思又说："比较复杂的劳动只是自乘的或不如说多倍的简单劳动，因此，少量的复杂劳动等于多量的简单劳动。经验证明，这种简化是经常进行的。一个商品可能是最复杂的劳动的产品，但是它的价值使它与简单劳动的产品相等，因而本身只表示一定量的简单劳动。各种劳动化为当作它们的计量单位的简单劳动的不同比例，是在生产者背后由社会过程决定的，因而在他们看来，似乎是由习惯确定的。为了简便起见，我们以后把各种劳动力直接当作简单劳动力，这样就省去了简化的麻烦。"③在这里，马克思对复杂劳动的解释是很清楚的："比较复杂的劳动只是自乘的或不如说多倍的简单劳动。"但在马克思的时代，复杂劳动在社会经济生活中所占比重甚小甚小，所以马克思说"我们以后把各种劳动力直接当作简单劳动力，这样就省去了简化的麻烦"。

但现在已到了21世纪，复杂劳动如何计量就成为一个必须解决的问题。

---

① 萨缪尔森、诺德豪斯：《经济学》第18版，萧琛译，人民邮电出版社，2008年版，第485页。

② 习近平：《顺应时代潮流，促进世界和平发展——在莫斯科国际关系学院的演讲》，新华网，2013年3月23日。

③ 马克思：《资本论》第1卷，人民出版社，1975年版，第57~58页。

2. 劳动价值论有一个重大推论——劳动创造的价值守恒。也就是马克思说的,"不管生产力发生了什么变化,同一劳动在同样的时间内提供的价值量是相同的",而"如果生产商品所需要的劳动时间不变,商品价值量也就不变"。价值守恒定理有一个物理学的依据,也就是马克思所说的"人类劳动力在生理学意义上耗费"的能量也守恒①。

将劳动价值学说应用于劳动生产,则土地、阳光和水是自然物;而如果对自然物没有添加任何劳动,自然物里凝集的价值也就必定是 0。机器、原材料等是劳动的产物,其中凝集着死劳动创造的价值。但机器和原材料自身不能从事劳动,它不能创造价值;所以,不变资本 C 和可变资本 V 所凝集的死劳动创造的价值 $(C + V)$ 只能转移到物质产品,成为添加中的价值。而劳动力的特点是可以进行劳动,属于活劳动。由劳动力所产生的活劳动,除了补偿转移到产品中去的必要劳动以外,还会产生剩余劳动并创造新价值——称为剩余价值 m。因此,马克思导出了"生产的每一个商品的价值 W 的公式",即:

$$W = C + V + m \tag{1}$$

公式(1)是马克思对李嘉图提出的劳动创造价值学说进行创造性改进、改造后导出的政治经济学的基本公式。它是马克思主义一切基本理论的出发点,是历史唯物主义、马克思主义政治经济学及其阶级斗争学说最基本的出发点。

3. 很重要的是,马克思还将他所导出的关于价值的基本公式即公式(1)和古典经济学有关成本和利润的公式进行了比较。

马克思进一步认为,"如果我们从这个产品价值 W 中减去剩余价值 m,那么,在差额中剩下的,只是一个在生产要素上耗费的资本价值 $C + V$ 的等价物"。如果"我们把成本价格叫作 K,$W = C + V + m$ 这个公式就转化为 $W = K + m$ 这个公式,或者说,商品价值 = 成本价格 + 剩余价值"。"如果我们把利润叫作 p,那么,

$$W = C + V + m = K + m \tag{2}$$

这个公式,就变成

$$W = K + p \tag{3}$$

也就是商品价值 = 成本价格 + 利润。"

公式(3)即新古典经济学用来计算商品价格的数学公式。只不过马克思指

---

① 以上引文参见马克思:《资本论》第 1 卷,人民出版社,1975 年版,第 60 页、53 页、57 页。

出了劳动是公式(3)的"实体"解释①。

4. 但这里的比较,还必须堵塞一个逻辑推演上的漏洞。这就是为什么[资本价值($C+V$)]可以转化为产品的(成本价格)K,为什么剩余价值m可以转化为利润p。"成本价格""利润"等词汇都是政治经济学讨论社会物质财富或商品使用价值的生产、积累、储存、分配、流通、销售、消费等过程核算时要用到的概念。

马克思在《资本论》第1卷第1章第1节第1段的第1句话就是:"资本主义生产方式占统治地位的社会财富,表现为庞大的……有用的商品的堆积……商品的有用性使物成为使用价值。"马克思还明确地说:"使用价值即物质财富。"马克思还在其他地方表达过类似的意思②。为什么马克思不加证明地将他对劳动创造的价值的分析、计算移用于使用价值?

马克思在公式(1)的推导中一直用的是价值的可加性,探讨的是价值守恒定律;而由公式(1)导出公式(2)、公式(3)时,只将价值分析里的资本价值($C+V$)、剩余价值m直接转化为成本价格K、利润p,从而直接转换成古典经济学用来计算商品成本、售价、利润等的数学公式:

$$商品价值 = 成本价格 + 利润 \qquad (4)$$

显然,马克思在这里的逻辑推演中,实际上已假设了仅在供求达到均衡时的极特殊情况下才会有

$$使用价值 = (交换)价值 \qquad (5)$$

然后才能从公式(1)推导出公式(2)、公式(3)或公式(4)。需要指出的是,在市场经济不甚发达的初期,比如物物交换的农贸市场,公式(5)相当长一段时期均成立,但是,在发达的市场经济中,却并没有证据表明公式(5)永远成立。

三、一个新出现的重大理论问题是,我们能否将"知识"或"科技×市场"也引入马克思主义政治经济学?

1. 我们2015年在《当代财经》和2016年在《中国科学院院刊》发表的两篇文章③,以及我们新近出版的论文集《何祚庥论马克思主义经济学》④一书,一再建议

---

① 公式(1)至公式(3)的引文参见马克思:《资本论》第3卷,人民出版社,1975年版,第30页、32页、33页、40页。

② 马克思:《资本论》第1卷,人民出版社,1975年版,第47～48页、第57页。

③ 何祚庥:《一个可将劳动价值论和边际效用论统一在一个方案的数理经济模型》,《当代财经》,2015年第4期(总第365期),第5页;何祚庥:《必须用时代化的科学社会主义理论指导当代政治经济学的创新和发展》,《中国科学院院刊》,2016年31卷第8期,第957页。

④ 何祚庥著、庆承瑞编:《何祚庥论马克思主义经济学》,首都经济贸易大学出版社,2016年版。

用下列算式

$$效用 = 使用价值\ W_S \qquad\qquad (6)$$
$$= 社会平均必要简单劳动所创造的价值\ W_J \times 广义科技效率因子\ N$$

作为沟通新古典经济学和马克思主义经济学这两大经济学体系的桥梁。该算式即公式(6)中,广义科技效率因子 N 又包含了两方面内容:①直接由科技进步带来的生产效率提高的放大因子 N_S;②由市场竞争带来的营销效率提高,亦即交易成本降低所带来的市场扩展效率的提高因子 N_E,并有:

$$N = N_S \cdot N_E \qquad\qquad (7)$$

同时,我们又进一步采用马克思推导公式(1)时的思维模式,导出了一个对使用价值 W_S 和剩余使用价值 m_S 如何计量的新公式:

$$W_S = m_S + C + V \qquad\qquad (8)$$

为使这一新公式和马克思曾给出的公式(1)有明显区别,以下将

$$W = m + C + V \qquad\qquad (1)$$

分别加上"价值"的下标 J,也就是:

$$W_J = m_J + C + V \qquad\qquad (9)$$

从而使公式(9)和公式(8)有明显的区别。

容易看出,这里引进的将效用和劳动相联结的公式,和爱因斯坦创立的波粒二象性的公式有一些相似。爱因斯坦引入了一个有量纲的普朗克常数 h,我们引入的是一个无量纲的广义科技效率因子 N。公式(1)、公式(6)和公式(7)将两种内涵不同的经济理论联结在一起。

为什么这两种水火不相容的理论有可能以如此简单的形式走向统一? 人类社会是人的劳动所创造的。劳动有两种基本形式:一种是以生理学意义上支出的能量为基础的体力劳动,另一种是以耗氧量为基础的脑力劳动。这两种劳动形式都对人类社会的财富积累有巨大贡献。体力劳动是创造社会财富的基石,脑力劳动是在这一基石上创造效率,因而有

$$效用 = 劳动 \times 效率$$

或者说,

$$使用价值量 = 价值量 \times 广义科技效率因子$$

2. 但是,也有些朋友不同意我们这些建议,因为马克思劳动价值论并没有明确回答不同品种的商品的使用价值量是否有可加性的问题。而现在新引入的公式(8)却明显需要假定使用价值量以及使用价值量和价值量之间要有可加性,这就涉及马克思劳动价值论应用于 21 世纪必须解决的另一个重大缺失。马克思在

《资本论》中着重探讨的是劳动如何创造价值以及如何对价值量进行计量,但却没有或较少对价值概念的另一侧面——使用价值的理念进行深入的分析,缺少对使用价值量中的"量"如何"计量"或如何"计算"的思考。但是,社会财富或社会物质财富的"计量"都是以使用价值作为衡量基准的,而且前面我们还据此新给出一个可计量的公式,即 $W_s = m_s + C + V$。但问题是:这里只是引入了一个"可计量"的假定,并不是证明!

乍一看来,这一问题或困难,有可能通过向新古典经济学学习而获得解决,因为新古典经济学里引入的"效用"(utility)概念,其实就是与马克思主义理论中的"使用价值量"十分相近的概念。但问题是,在新古典经济学里,有关"效用"有无"可加性"的问题,一直就未能得到证明!

樊纲教授在《现代三大经济理论体系的比较与综合》一书中提出了一种解决这一难题的新思维。樊纲教授明确指出,"效用"即"抽象使用价值"[①]。

樊纲教授解释说:[②]

> 正如马克思所说,"就使用价值看,交换的双方都能得利益"。可见,对一个人来说,不同物品的不同使用价值,是可以而且事实上正是被按照某种共同的尺度来加以度量和比较的;而可以通约、比较这个事实,则正说明不同的使用价值对一个人来说存在着同质的东西。
>
> 这个同质的东西是什么呢? 那就是……抽象使用价值构成各种使用价值的共同的质,它的量构成对不同使用价值进行度量、比较的统一尺度。在西方正统经济学中,所谓"效用"(utility),也可译为"有用性",其实正是这里的抽象使用价值。
>
> 为不同种劳动找到统一的度量尺度即抽象劳动,是马克思的功绩;而为不同使用价值找到统一的度量尺度,即效用,是"边际革命"的产物,是边际效用学派的功绩。而遗憾的是,无论是边际革命的赞成者还是反对者,至今都没有认识到它的这种意义!　　　　　　　　　(着重号为引用者所加)

我们完全赞成并强烈支持樊纲教授这一分析,因为他的分析很有道理。

3. 我们还能为上引樊纲教授这一分析,补充一段习近平同志早在 2001 年在

---

① 樊纲:《现代三大经济理论体系的比较与综合》,上海人民出版社,2006 年版,第 187 页。
② 樊纲:《现代三大经济理论体系的比较与综合》,上海人民出版社,2006 年版,第 188～189 页。

《东南学术》当年第4期上发表的《对发展社会主义市场经济的再认识》一文对樊纲同志这一分析所做的评述:"有的经济学家提出要通过对马克思主义经济学、新古典主义经济学和凯恩斯主义主流经济学的比较与综合……使中国经济学不仅成为一门真正的科学,而且真正成为实践的指导。""这种观点虽然很有见地,但并不完整。"因为我们现在实行的是社会主义市场经济,而"社会主义市场经济理论的建设必须以马克思主义经济学为主干,兼收并蓄地吸收西方经济学有关市场经济的理论研究成果。"①

实际上,习近平同志所提到的应如何"完整"化的建议,也就是朱绍文老师在为樊纲教授该书所写序言中所说的"樊纲提出的方法是'马克思主义新综合'"②。问题是,怎样实现这一"马克思主义新综合"?

其实,实现这一"新综合"的方法,已经包括在上面所引樊纲教授对劳动价值论和边际效用论的评价中,即:"为不同种劳动找到统一的度量尺度即抽象劳动,是马克思的功绩;而为不同使用价值找到统一的度量尺度,即效用,是'边际革命'的产物,是边际效用学派的功绩。而遗憾的是,无论是边际革命的赞成者还是反对者,至今都没有认识到它的这种意义!"③(着重号为引用者所加)

樊纲教授所说的"意义",就在于这两者都同样是抽象的。如果"抽象劳动"的概念可以成立,那么"抽象效用"的概念当然也可以成立!不过,如果在逻辑上"推敲"得更细致一些便可知,这两种抽象在性质上并不完全相同。衡量劳动的基础是生理上的支出,也就是能量,能量具有可加性,这在物理学里是被十分明确地证明了的。但"效用"的"物理"的基础是什么?虽然樊纲教授指出"交换双方都能得到利益",但衡量"利益"的"共同的尺度"是什么呢?樊纲教授并没有能明确地回答。而如果比较细致地领会一下樊纲教授在这里所说"不同种劳动"和"不同使用价值",则会发现,表面上看来似乎是两种不相同的对象,实际上这两个名词正好指的是同一事物!也就是说,所谓"不同使用价值"中的"抽象使用价值"其实也完全可以用"不同种劳动"中的"抽象劳动"来衡量。再注意到由脑力劳动或知识所贡献的效率因子在物理学看来也是无量纲量,所以人们完全可以将抽象劳动也作为衡量效用的尺度。这也就是前文已引入的表述式

---

① 习近平:《对发展社会主义市场经济的再认识》,《东南学术》2001年第4期,第32页。
② 樊纲:《现代三大经济理论体系的比较与综合》,上海人民出版社,2006年版,序言第8页。
③ 樊纲:《现代三大经济理论体系的比较与综合》,上海人民出版社,2006年版,第188~189页。

$$效用 = 劳动 \times 效率$$

四、一个显然的疑惑是:我们所建议的新理论是不是一个成功的理论? 它能为上述两大对立的理论解决什么问题?

1. 对于劳动价值论来说,我们所建议的效用和劳动相统一的新理论能解决马克思主义劳动价值论里一个长期争论不休的理论问题:复杂劳动和简单劳动呈现何种关系? 能否认为复杂劳动等于"几倍"的简单劳动?

物理学的研究离不开数学计算。但物理学能否用数学来计算有一个前提——必须有一个准确的计量单位。这就是法国巴黎国际计量中心所确立的CGS 标准计量基准。劳动价值论对经济学理论的一个突出贡献,是认为社会平均简单必要劳动是人类创造"价值"的唯一来源,这就为经济学或政治经济学研究提供了一个公平合理的可以计量的尺度。

2. 我还要讲一下在经济学中引入标准尺度的重要性。1947 年,我在清华曾听过数学系段学复教授讲授高等微积分的课程。微积分的基础是实数,这些实数能否相加相减,是任何数学理论必须回答的理论问题。所以,数学家段学复教授介绍数学理论,首先讨论的便是"什么是1"的问题,他认为只有将"1"的定义弄清楚,才可以再说为什么"1 + 1 = 2"。段老师的第一堂课就是讨论"什么是1",足足讲了一个小时。如果我们将段老师讲的"什么是1"这一问题移用于经济学或政治经济学的研究,那就首先要将经济学或政治经济学所定义的"1",或者说马克思所定义的衡量关于价值的"标准尺"弄清楚。

问题是,在数学理论里,如果有两个表面上相同的"1"实际上并不全同,那么两个不全同的"1"就不能相加! 在初等算学鸡兔同笼的习题里,我们就学过

$$1 \text{ 只鸡} + 1 \text{ 只兔} \neq 2 \text{ 只鸡兔}$$

劳动价值论遇到的恰好是类似的问题。劳动有两种基本形式:一种是以体力劳动为主的劳动,简称为体力劳动;另一种是以脑力劳动为主的劳动,简称为脑力劳动。在劳动价值论里,显然有一个必须回答的问题:

$$体力劳动 + 脑力劳动 = ???$$

如果说马克思时代的劳动价值论没有能很详尽地讨论脑力劳动在经济社会中的作用,那么在现代社会,就再也不能忽略脑力劳动的贡献。

我们的建议是,体力劳动和脑力劳动的关系,不是相加的关系,而是应改为相乘的关系。这也就是上面所谈到的

$$体力劳动所创造的价值 \times 脑力劳动所创造的效率 = 使用价值 \equiv 效用$$

3. 在中国的学者群中,当然已有一些经济学家早已注意到这一理论问题。

他们的回答是:有两类劳动,简单劳动是包括脑力劳动较少的体力劳动,复杂劳动是包含脑力劳动较多的劳动,这两类劳动都创造价值。或者说,他们希望用

$$劳动所创造的价值 = 简单劳动创造的"价值甲" + 复杂劳动创造的"价值乙"$$

这一等式作为计量的公式。

问题是,这些学者没有科学地应用马克思所定义的"标准尺"来讨论这两类劳动如何创造价值,他们仅仅根据马克思在《资本论》里讲过一段"等于几倍"的话,就认为这两类劳动的差别,在于前一个是和劳动生产率"成反比"地创造价值,后一个是"成正比"地创造价值。问题是:

$$劳动所创造的价值 = 简单劳动所创造的"价值甲" + 复杂劳动所创造的"价值乙" = ?$$

这就涉及段老师给我们讲过的"什么是1"的问题。为什么由简单劳动所创造"价值甲"所定义的"1"和由复杂劳动所创造的另一种"价值乙"所定义的"1",是可以"相加"的"1"?将数学应用于经济学的理论研究是有前提的,即这两个"1"必须是完全相同的"1",然后才能说

$$"1" + "1" = 2$$

但如果引入樊纲教授和我们所建议的"效用 = 劳动 × 效率"的理念,也就是劳动所创造的

$$使用价值 = 效用 = 简单劳动所创造的"使用价值" + 复杂劳动所创造的几倍的"使用价值"$$

这一词之改就没有上述什么是"1"的困难!

问题是,中国有不少"坚持"马克思主义理论的学者,坚持用上述在数学上完全不能成立的"公式"来"发展"马克思主义政治经济学!

4. 不要以为这只是中国一些"坚持"马克思主义学者们偶然的失误!有一本由许多著名学者编著的"马克思主义理论研究和建设工程重点教材"——《马克思主义政治经济学概论》在讨论简单劳动和复杂劳动、劳动生产率和价值量这两节中,就存在不少上述在形式逻辑上完全不能自洽的议论!该书第44页甚而印着关于劳动生产率的两个截然不同的定义:[①]

劳动生产率可以由单位劳动时间内生产的产品数量来表示,也可以由生产单位产品所耗费的劳动时间来表示。用公式表示为:

---

① 《马克思主义政治经济学概论》编写组:《马克思主义政治经济学概论》,人民出版社、高等教育出版社,2011年版,第43~45页。

$$劳动生产率 = 产品量/劳动时间$$
$$劳动生产率 = 劳动时间/产品量$$

这就产生了形式逻辑学里的一个严重问题：为什么一个科学概念可以有意义上完全相反的两个定义？这本已经印出了几十万册的政治经济学教材竟然会发生如此低级的错误！这可是由许多著名马克思主义学者撰写和审定，并在许多著名大学的马克思主义学院和经济学院普遍推广的一本标准的且被列为重点教材的马克思主义政治经济学教科书！

五、更为重要的是，适用于 19 世纪的传统的劳动价值论所给出的有关价值量的计量公式 $W_J = m_J + C + V$ 已经完全不能用来讨论 21 世纪数量经济学的计量，而我们所提出的计算使用价值量的新公式 $W_S = m_S + C + V$ 却有可能弥补传统的劳动价值论在研究生产力如何发生、发展问题时所遇到的重大困难

1. 讨论当代社会的经济增长或衰退必定要用到经济统计数据。如果认真追究一下，现有那些经济统计数据，其计量基础都是"使用价值"或"效用"（utility）的数据。但在当代中国，却有不少"坚持"传统劳动价值论的学者往往是边际效用经济学严厉的批评者——他们将其斥之为主观唯心主义的经济学。但这些学者在运用劳动价值论讨论起现实的经济问题时，却又不得不使用描述"效用"的那些"唯心主义"的统计数据，来讨论他们所定义的价值和价值法则在实际经济问题中的体现，而且还特别喜欢指点江山、评价得失。试问：这类缺乏科学性的议论有什么使用价值？！

2. 举一个真实的例子。当前中国已进入新常态。经济增长速度已由以往平均约 10% 下降到 6.5%。其中最为重要的原因是，相当一些经济领域，其全要素生产率呈不断下降趋势。所以，多位中央领导同志纷纷强调中国要进行供给侧结构改革，他们尤其希望通过创新活动来提升全要素生产率。可是，传统的马克思主义政治经济学的计量公式里根本没有全要素生产率这个概念！而且，一些固守马克思主义政治经济学教条的"学者"还十分喜欢批判，将全要素生产率视为资产阶级用"主观唯心论"加深剥削劳动人民的新方式！现在，提高全要素生产率由中央领导同志提了出来，并成为深化改革和科学创新的重要方向，而那些从事理论宣传的"媒体"却往往"被"要求将领导同志讲话精神宣讲为"发展"了马克思主义。于是，这些宣讲者、写文章者便只好"王顾左右而言他"！

3. 用我们所建议的劳动创造使用价值论或"劳动 × 效率 = 效用"的新价值论，能够很容易地证明：在边际效用论里引进的索洛余值 A，和我们在公式（6）和公式（7）中所引入的广义科技效率因子 N 其实是十分接近的概念。

正如我们在前面已指出的,马克思《资本论》曾给出一个关于商品的价值如何计量的基本公式:

$$W = m + C + V \tag{1}$$

在我们所写的论文里,已将其改写为

$$W_J = m_J + C + V \tag{9}$$

也就是将 W 和 m 加上了"价值"的下标"J"。现在为了计算剩余使用价值 m_S,当然就要将计算商品的"使用价值"的符号也加上"使用价值"含义的下标"S",并将 m_S 的计量公式写成:

$$W_S = m_S + C + V \tag{8}$$

其中,

$$W_S = W_J \cdot N \tag{6}$$

而

$$N = N_S \cdot N_E \tag{7}$$

因此,公式(9)、公式(6)、公式(7)和公式(8)便组成了这一新政治经济学的基本公式。

容易看出,新古典经济学里的所谓索洛余值 A,其实是假设某一年代 GDP 里的 $A \equiv 1$;而在之后的年代,就要通过各年的 A 值对 GDP 的实际数值进行修正。请注意,公式(9)在前资本主义社会以及资本主义原始积累阶段有广泛的适用性,因而可令上述长达千年以上时期的公式(6)中的 $N = 1$,也就是说,那一时期均是以社会平均必要简单劳动为计量单位。但是,在后来的经济发展中,GDP 数值的不断增加已不再是 $N = 1$ 的内涵,因而就有:

$$A = \frac{m_S}{m_J} \tag{10}$$

利用公式(9)、公式(8),不难将公式(10)改写为:

$$A = \frac{\dfrac{W_S}{C+V} - 1}{\dfrac{W_J}{C+V} - 1} \tag{11}$$

在 $\dfrac{W_J}{C+V} \gg 1$ 的条件下,必有 $\dfrac{W_S}{C+V} \gg 1$,因而

$$A = \frac{m_S}{M_J} \cong \frac{W_S}{W_J} = N \tag{12}$$

因此,我们所提出的新劳动价值论就可以充分运用世界各国对"效用"的各种统计数据,而完全没有"王顾左右而言他"的尴尬!

六、新建议的劳动和效用统一的价值论还将深化对生产关系的研究，尤其将有益于"改革"对当代社会阶级划分和阶级关系的研究

1. 人们容易注意到，在当代中国，有不少马克思主义学者特别关注对现实社会中阶级斗争的研究，尤其主张运用阶级分析的方法来研究当代中国诸多现实问题。这就涉及如何具体应用马克思在《资本论》里导出的计算剩余价值 m_J 的计量公式——前面给出的公式（1）或公式（9）——来计算剥削量的问题。而早在 1921～1950 年，中国共产党人曾成功应用这一阶级分析的方法，科学地计算出了地主阶级、官僚资产阶级等统治阶级所占有的剩余价值，也就是计算出了它们的剥削量，应用于当时的土地改革和革命斗争，获得了巨大成功。

问题是，在旧中国，资本主义经济只占整个中国经济总量的 10%，那一时期商品经济计量的基础实际上仍然是中国农村中广泛存在的小农经济。或者说，在 4 亿人口的旧中国，仅有数量上还不到 100 万的知识分子，脑力劳动对当时社会经济的贡献微不足道。所以，在那一时期，用劳动价值论，也就是用公式（1）或公式（9）来进行阶级分析，可以说相当科学而有效。问题是，到了现代，科学技术、市场竞争等的创新性脑力劳动已经在中国社会生活中居主导地位，也就是说，公式（6）中的 N 的数值，早已是 $N \gg 1$！如果仍然沿袭传统的朴素的劳动价值论，即仍以公式（1）为基础的阶级分析方法来分析研究当今社会，其所得到的结论必定出现重大错误。

2. 举例来说，当今中国一些坚持传统劳动价值论观点的学者拼命攻击改革开放，声称改革开放以来的中国已经进入所谓权贵资本主义社会。一些人写文章说，中国新出现的权贵资产阶级正在对中国的工人阶级包括农民工进行"超"剥削，其理由是，马克思曾在《资本论》中认为，剩余价值（也就是本文这里的 m_J）是资本积累的唯一来源。

问题是，当代全球社会、经济的快速发展，主要是来自科技进步（N_S）和市场竞争（N_E）所引起的"效率"的巨大提升而形成的财富或资本的积累。或者说，受脑力劳动强烈影响的剩余使用价值 M_S 才是现代社会财富或资本积累的唯一源泉。所以，人们不能再沿用已过时的公式（1）来计算剥削量，而是必须根据实际的经济数据，从公式（8）中计算出剩余使用价值 m_S，再利用公式（6）、公式（7）以及公式（1）求出剩余价值 m_J。这样才能真正准确地计算来自资本占有的剥削量！然而，中国的某些深陷教条主义的马克思主义学者却完全不知道在科学技术大发展的背景下，需要用新导出的公式（6）、公式（7）和公式（8），再计算出公式（9）中的 m_J 后，才能正确地计算出剥削量。因此，他们的这些"过时"的阶级分析以及所发议论当然也就不再正确,甚而陷入极端错误。

七、同样重要的是,我们建议的劳动和效用统一的价值论能为边际效用论带来新思维,也同样能补充或匡正边际效用里的某些缺失

1. 应该肯定,边际效用论在解释当代社会经济发展上有它的重要贡献:

第一,"物以稀为贵",这是中外民众广泛认同的经济思想,不能不予以尊重。

第二,所谓"边际效用论",其实也是中国民众长期积累下来的发展经济的重要经验的总结。这就是邓小平同志所说,要"摸着石头过河"。原因是,中国社会、经济应如何改革,谁也提不出完整的意见,只能走一步,总结一下经验,再走下一步,再总结经验。这非常像"边际效用论"里"走一步看一步"的短期"发展"思维模式。

第三,近年来,由于边际效用递减规律持续发生作用,中国经济不断下行,有可能陷入"中等收入陷阱"。但由于我们不论在科学技术上还是市场发展成熟程度上仍和发达国家有巨大差距,如果能够继续本着"摸着石头过河"的方法,继续发挥后发优势、比较优势,继续坚持虚心向先进国家学习,结合中国特点择善而从,那么,就会如林毅夫教授再三指出的,中国仍有追赶发达国家和持续发展、快速上升的后续空间,仍有可能在今后以中等(如6%~7%)增长速度持续发展一个时期。当然,如果不虚心体察世界经济发展大势,闭关自守,夜郎自大,自以为是,自以为自己了不起,就仍可能遭受重大挫折!

第四,问题是,如果再往下走,就不能仍然是"不问白猫黑猫,抓住耗子就是好猫"了,而是要问:我们能否创造出"超越经验"的,更有优越性的新花色品种——"花猫"? 而且,也不限定是"猫"! 这就需要从"摸着石头过河"的经验式思维转向创造新的花色品种的创新式思维。

乍一看来,这可能是对边际效用论的重大打击。但是,边际效用论也有它的"创新",这就是索洛教授引入的索洛余值 A,只不过 A 的数值大小仍由经验来确定。由于弄不清楚余值 A 究竟包括哪些具体内容,只好笼统地称之为"全要素生产率"。虽然这一经验式思维仍能帮助我们持续前进,但经验式的思维模式终归要向理论性的思维模式发展。边际效用论引入劳动价值论后的一个重大改进,就是为索洛余值 A 给出了新的解读——正如我们在本文公式(6)、公式(7)、公式(8)以及公式(11)所指出的:全要素生产率的实质是两类创新:①科技创新;②市场扩展。

2. 更重要的是,边际效用论已有可能发展为完整的劳动和效用统一的价值论,人们有望站在更高的价值理论的高度来反思经验式的边际思维的局限性。

本来,何谓"效用",古典经济学一直没有完全说清楚。其最大的困难就是:效用为什么可以相加、相减甚而可乘、可除?虽然已有基数论,即引入一个抽象的 Utility 作为基数,为边际效用论做了一些解读,但人们并不认同。较好的一种回答,是引入序数论,用一根有弹性的橡皮筋可以伸缩,而前后次序不会颠倒来解释何谓"效用"。但并不能因此就可以认为效用可加、可减!针对这一大难题,先后有多位边际革命大师提出改进办法。其基本的思维模式是:所谓"边际"的概念,实际上来自微分学里分子和分母的微分量的相除,或又称为微商。虽然序数论里效用序数的排列具有不均匀性,但这类的不均匀性有可能因为上下的"相除"而缩小计量的误差。① 所以,从计量的观点看,即使"效用"没有可加性,但它们的"边际"却仍有一定的可信度——这就是为什么新古典经济学者往往很少谈效用价值论,而更多地只谈边际效用论的原因所在!

进一步的发展,是人们在应用边际效用论作为分析工具分析经济问题时,还构造了一整套边际逻辑——总是一而再、再而三地将他们的分析设法归结为什么"最后 1 美元所得到边际效用的时候,该消费者就会得到最大的满足或效用",② 等等。但对我们这些熟悉严密数学逻辑的理论物理学者来说,实在难以接受这套说服力不强、漏洞很多的边际"逻辑"!

而今,在我们所建议的劳动和效用统一的价值论,或又称价值和使用价值的统一论中,因为劳动所创造的价值已有马克思证明过的在数学上存在的可加性,而我们所引入的效率因子在物理学意义上属于无量纲量,有量纲的"劳动"乘上无量纲的数字后,新构成的"使用价值量"就当然可以相加。因此,只要认同马克思主义理论中多次谈到的使用价值量=效用量,再加上我们已给出的新的论证,就不仅可以认为边际效用论是有一定科学根据的理论,而且能够表明以劳动为计量基础的效用价值论也是在科学上可以严格论证的理论。这样,新建议的理论就使效用价值论摆脱了科学基础奠定的困境,这就一方面扩展了边际效用论的适用范围,另一方面也能进一步探讨所谓纯边际思维模式有哪些局限性,有哪些错误。

3. 在效用价值论里引入社会平均必要简单劳动,并将后者作为计量尺度后,不仅为现代社会如何计算各式各样效率不尽相同的"劳动"所产生的不同"效用"提供了理论根据,而且也为实际生产过程中如何计算土地、资金投入所产生的效

---

① 保罗·萨缪尔森:《经济学》第 18 版,萧琛译,人民邮电出版社,2007 年版,第 69 页。

② 保罗·萨缪尔森:《经济学》第 18 版,萧琛译,人民邮电出版社,2007 年版,第 69 页。

用的多少和边际效用的大小提供了理论解释。

土地、阳光、水都是自然物,它们都具有极大的使用价值。但阳光的售价是0,没有人类劳动投入的土地和水的售价也是0,有售价的土地其价格也忽高忽低。

为什么内蒙古沙漠地区的土地价格曾降到每亩1.0元仍然无人问津,而北京城区用地使用权的拍卖价竟高达每亩几百万元却也没有出售者?原因就在于内蒙古的沙漠地区所投入的劳动接近于0,而且不产生对人类有效用的使用价值;而北京城区用地,不仅有"七通一平"的高投入,而且还由于地处中国首都,可以对社会产出极大的效率因子,而"劳动"乘以"效率"就是"效用",因此,体现每亩地"效用"的售价就可以高达数百万元人民币!

至于阳光和原生态水,虽然对人的生存至关重要,因而可以有极大的"效率"因子,但因为阳光和水可以不劳而获,所投入的劳动是0,高"效率"的放大因子和零劳动的乘积就仍是0。但是,沙漠里的"一袋水",必须是劳而后获;而且,沙漠里的"一袋水",对延续生命的"效率"远比同样重量的黄金能够延续生命的"效率"大得多,所以沙漠里"一袋水"的售价远比黄金要高!

4. 复杂的或一时难以弄清楚的问题是:钱是否能生钱?这涉及金融经济和实体经济相互关系的问题。但有一点是明确的,即金钱的给付或借贷是需要耗费劳动的。金庸的小说《倚天屠龙记》写了一个镖行,从杭州西湖运送一批黄金和一位有身份的长老到武当山,为此付出了惨烈的代价。但是,在当代,互联网已高度发达,导致被称为 M2 的广义货币流通的交易成本就降得很低很低,实际上已差不多是0。所以,全世界的活期存款的利息,就降低到甚至只有0.01%!而且,有数据说,全世界已有1/3以上的大银行都改为负利息!因为替存款人记账存取要付出劳动,负利息就是存款人付给银行投入劳动的代价。负利息的出现,在"纯"边际效用论里是难以解释的事情,而我们这里新建议的劳动和效用统一的价值论就有可能给出较好的解释。

利用我们新提出的劳动和效用统一的价值论,还能回答炫耀式消费以及奢侈品、古董文物乃至毒品等特种商品在市场上的售价何以会忽高忽低,当然也能较完满地解答马克思《资本论》没有讨论过的问题——葡萄酒疑难。

5. 劳动和效用统一的价值论,还能帮助边际效用论彻底摆脱所谓在边际效用思维模式中必然包含的"土地、劳动和资本三位一体"为庸俗的学说的批评。因为利用本文给出的公式(6)、公式(7)、公式(8)以及公式(9),人们将能够从效用的统计数据中计算出剥削份额,也就是说,这里完全可以继承马克思主义政治经济学着重研究过的阶级分析方法，只不过这里的阶级斗争已不再是"以阶级斗争为纲"，而是必须从属于或适应于社会生产力的发展，退居较次要的地位。

八、我们新建议的劳动和效用统一的价值论，还能为边际效用论彻底去除古典经济学里的一个重大错误，这就是：从边际效用论以及由此发展出的一整套边际逻辑，几乎必然而然会导出一个十分错误的结论，即新自由主义必定是所有市场经济国家的"最佳"选择

1. 最近，在网上读到不少"新自由主义已死"以及它的化身——"'华盛顿共识'也已死"的诸多议论。但仍有不少朋友相继指出，存在于西方的自由主义或新自由主义，常常出现死而复生这种奇特的现象，原因是，"新自由主义已经成为人们广泛接受的某种常识，成为一种霸权"。

在中国，由于拒绝了"休克"疗法的变种——"阵痛"疗法，新自由主义或"华盛顿共识"尚未在中国"形成霸权"。但一有风吹草动，每当经济下行或发展出现某种困难，就总有不少学者呼唤用新自由主义的"复生"，即用新自由主义的思维来"救世"或"救市"。究其深层原因，就在于在新古典经济学里，除了有一定科学根据的边际效用论以外，还在一系列很特殊的假定下，发展出了一整套的"一致均衡"论，即所谓只有"通过公正、平等而自由"的市场竞争，才能达到"一致均衡"状态的理论，而由"一致均衡"所导出的"帕累托最优"，就是新古典经济学所追求的"最高"的理想！所以，新自由主义虽然屡经人们宣布"已死"，却总在适合条件下"死灰复燃"！

2. 中国新自由主义的代表人之一就是茅于轼教授。茅于轼教授在其所著《我所认识的经济学》一书中，就很直率地说："为什么经济学家大部分都是自由主义者？就是我刚才讲的，接触过主流经济学的人，都知道在一般均衡下做自由选择对社会是有利的，所以大部分经济学家都主张自由主义。"而落实到中国经济应如何发展上，也就是都反对由政府直接控制经济的"以公有制为主体"，认为"这句话迟早要改"。当然，茅于轼教授更重要的理由是，微观经济学已证明了"所有商品的均衡，才是真正的均衡，才是一般均衡"，而只要满足"在一般均衡（条件下出现的）的价格，就可以实现每种资源的最优配置"。①

这就是茅于轼教授等多位主张自由主义或新自由主义的学者坚持中国的发展要以自由主义思想为主导的市场经济为基础的基本理由。

试问：这些学者的意见是否正确？最近，一位朋友送给我一本由美国印第安

_____

① 茅于轼：《我所认识的经济学》，工人出版社，2011年版，第15页、22页、5页。

纳大学经济系终身教授兼清华大学经济管理学院 CCB 讲座教授为作者,署名为
"文一"的一本新书——《伟大的中国工业革命——"发展政治经济学"一般原理
批判纲要》。此书专门在第五章集中讨论了"'华盛顿共识'与制度学派的谬误",
而且还集中批评了"一致均衡"论的错误所在。

文一教授通过列举指出,一般均衡论的"推导和证明基于以下一系列在现实
中非常难以满足的条件(或假设)",其中有:①完备(完全)市场;②完备(完全)
信息;③价格接受行为;④无外部性;⑤效用函数、生产函数和市场结构的非
凸性①。

文一教授还指出:"可以利用一套数学工具严格证明",由上述假设,特别
是由"效用函数、生产函数和市场结构的非凸性",必然会导出"一致均衡"的
结论②。

3. 作为理论物理学家,我最感兴趣的是第 5 个假设,即函数的非凸性假设,
因为我们一直认为,所谓一致均衡论之所以能够"导出",在数学上,完全是由
于这一十分牵强附会的"假设"——也就是效用函数的非凸性——所导致的
结果!

从数学演算的视角来看,用边际效用论讨论经济学各种基本问题时,有一个
原则性的困难,这就是所有边际革命大师都认同"效用"不可计量,而唯一能在数
学上不很严格但仍可计量的"量"是效用的微商,也就是它的"边际",所以,在应
用边际经济学于具体问题的研究时,就要设计出一套边际逻辑来对各种经济现象
进行"边际"分析。

问题是,边际效用论者在讨论经济现象有无均衡态、如何定义均衡态这样的
重大基本理论问题时,也还要想出种种办法,将它们的论证归之于"边际"参量。
从微积分学来看,所谓"边际",在价格和数量为坐标的供求曲线上,就是两个微
分量上下相除的微商。但是,讨论某个市场是否供需均衡、有无均衡点,却无法仅
用导数所确定的斜率来给出严密的均衡态的定义。所谓供给和需求的两根曲线
的交汇点,也就是均衡解,至少需要有两个能描写供给和需求的二元联立方程,并
求出它的精确解答。解析几何里所定义的一根曲线是由某一函数中的一组参数
来定义的。一根直线要有两个参数来定义,两根直线就需要四个参数来定义,而

---

① 文一:《伟大的中国工业革命——"发展政治经济学"一般原理批判纲要》,清华大学出版社,2016
年版,第 172 页。

② 文一:《伟大的中国工业革命——"发展政治经济学"一般原理批判纲要》,清华大学出版社,2016
年版,第 172～173 页。

"边际"分析却总要设法将联立方程式所定义的均衡态以及两根曲线所定义的均衡点均归结为"边际"！

4. 举例来说，在我们《一个可将劳动价值论和边际效用论统一在一个方案的数理经济模型》一文[①]中，就明确指出，在讨论市场经济里的均衡价和均衡量时，其最简单的对供给和需求的描述就需要用两根直线来定义某个市场的均衡态。图1就是这一最简单的线性供需均衡模型的示意图，公式(13)和公式(14)则是反映这两根直线的联立方程组：

$$Q_D = -P_D \cdot n + a_D \tag{13}$$

$$P_S = Q_S \cdot m + b_S \tag{14}$$

由图1，容易看出，描述一个最简单的供需均衡的市场最少需要有 4 个参数，也就是在边际参数 m, n 以外，还要增加两个截距 b_S, a_D，也就是需要有 n, m, a_D, b_S 共四个参数，才能完整地来定义某个均衡态。其相应的数学解答，即公式(15)和公式(16)中的均衡价 P_E 和均衡量 Q_E 也将由 4 个参数来决定。

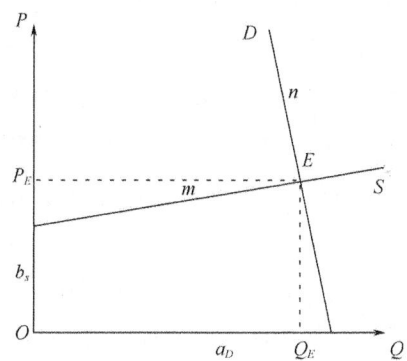

图1 比较接近真实变动趋势的示意图

$$Q_E = \frac{a_D - nb_S}{1 + mn} = \frac{a_D\left(1 - n\dfrac{b_S}{a_D}\right)}{1 + mn} = a_D \cdot M_E \tag{15}$$

$$P_E = \frac{b_S + ma_D}{1 + mn} = \frac{b_S\left(1 + m\dfrac{a_D}{b_S}\right)}{1 + mn} = b_S \cdot N_E \tag{16}$$

引入这一模型的突出优点是：第一，能综合讨论"多因素"对经济发展的贡

---

① 何祚庥、庆承瑞：《一个可将劳动价值论和边际效用论统一在一个方案的数理经济模型》，《当代财经》，2015 年第 4 期(总第 365 期)。也可参见本书第 274 页。

献,而在通常的经济学研究中,更强调的是"单因素"的分析方法;第二,与通常的边际模型中难以调控的"边际量"相比,新模型增加了易于进行宏观调控的两个截距——最低售价 b_S 和最大需求量 a_D。这就为下一步工作,即如何从劳动和效用统一的价值论进一步导出凯恩斯的宏观经济学提供了新的可能。

但从边际效用论来看,这里只有两个边际参数 m 和 n 是可靠的数值,新添加的最低售价 b_S 和最大需求量 a_D 在边际效用论里却并不是有可加可减性质的可靠的数值;或者说,在边际效用学者看来,上述由两根直线定义的线性供需均衡模型并不是在经济学里可以成立的经济模型!

为保持必要的数学计算上的严格性,在边际效用的理论框架中,就总要尽量在它们的计量经济模型中设法去掉坐标上的两个截距 b_S 和 a_D,之后才能承认它是数学上具有一定严格性和可靠性的模型,这就不可避免地要牵强附会地加上不切实际的函数的非凸性假设!

5. 我们在《何祚庥论马克思主义经济学》一书中①,曾定性地指出茅于轼教授在他的《经济学和它的数理基础——择优分配原理》一书中对于"一致均衡"论的见解,是如何用一套完全不现实的假定,包括数学推导上的错误,千方百计地设法从计量公式中去掉两个截距 b_S 和 a_D 后才推导得出的结果。考虑到经济学者们进一步研究的需要,这里再补充给出对该问题较详细的证明和讨论,鉴于这一讨论用到的数学知识仍较多,这部分内容将放在本文最后一部分(即第十二部分)。

基于本文最后一部分内容,完全可以认为,所谓已有"一套数学工具的严格证明"的"一致均衡论",其实并不严格。所谓证明的"严格"性,只是在极其特殊的假定下(如必须保持函数的非凸性……),才能"严格"地导出他们期望达到的理想状态。所以,新老自由主义者所竭力主张的"一致均衡论",实际上只是在极有限的条件下才可能出现的一种假象,经不起科学上严格性的推敲!

九、这里仅举一例:如果在供需均衡模型里存在着某种破坏效用函数的"非凸性"的非线性效应,那么这类非线性的供需均衡模型就将直接破坏市场的"一致均衡"

萨缪尔森和诺德豪斯所著《经济学》中,曾讨论过可出现向后弯转的供给曲线的多个图形。

---

① 何祚庥著、庆承瑞编:《何祚庥论马克思主义经济学》,首都经济贸易大学出版社,2016 年版,第 185 ~ 187 页。另见本书 270 ~ 273 页。

图 2 是我们新制作的一张图。原图取自萨缪尔森《经济学》一书[1],它所给出的是向后弯转的供给曲线,但我们现在又在该图中新加上了一根直线形的需求曲线,和原图中的供给曲线相交。

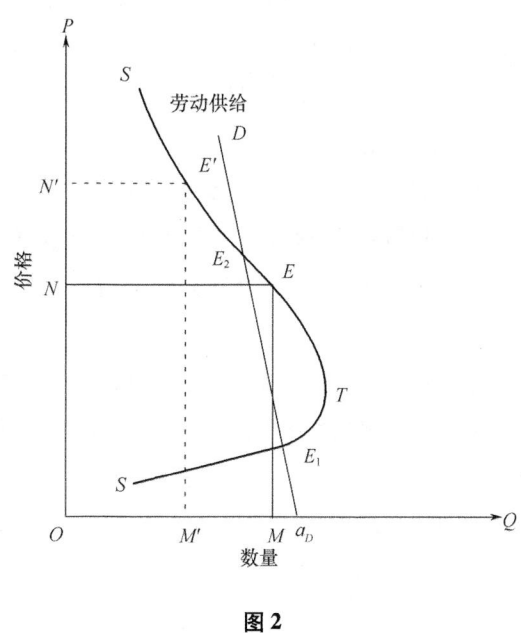

图 2

此图的特点是,这一向后弯转的供给曲线 S,再加一根需求直线 D 时,就必然出现两个均衡点 E_2 和 E_1,而当然也不排除只有一个均衡点的切线解,也可能会是两根线不会相交的无解。所谓"无解",也就是根本没有均衡态!

对于向后弯转曲线,最简单的描述方法是在直线方程中引入边际效用递减效应,最简单的描述是将其修改为二次式的抛物线。

问题是,如果一根直线形式的需求曲线和抛物线形式的供给曲线相交,就可能在物理区出现两组数学上严格的均衡解、切线解或无解三种情况,而如果又将上述有非线性修正的两组解答的均衡态引入一致均衡分析,新古典经济学"严格证明"的"一致均衡",就至少有两组"一致均衡"或仅在极特殊条件下出现的一组"一致均衡"。哪一个解才正确? 如果人们又将"无解"的上述非线性供需均衡模型引入"一致均衡论"的分析,就只能说,根本不存在这种"一致均衡"! 所以,仅从劳动和效用统一的价值论有关均衡态的定义的一个简单的讨论出发,便可以看

---

① 保罗·萨缪尔森、威廉·诺德豪斯:《经济学》第 18 版,萧琛译,人民邮电出版社,2008 年版,第 137 页。

出：所谓"一致均衡"论的严格证明，完全是在错误的、"很不现实"的假定下，才能导出的"严格"证明！

当然，如果在实际的经济生活中，在某些时期、某些局域的市场上，也有可能近似地出现满足"一致均衡"的那些理想条件，因而充分利用那只"看不见的手"来推动经济的发展，仍然不失为发展经济的重要方法。但重要的是，更多或更经常的情况下，更需要经常地伸出那只"看得见的手"，也就是以两个截距 b_S 和 a_D 的宏观调节，作为市场失灵的补充！

十一、但是，一个奇妙的现象是：已经有大量的经济发展的经验事实表明，所谓"一致均衡"以及"帕累脱最优"状态，从来就没有出现过；而且，现实的经济系统还屡屡出现各种"市场失灵"的事实！为什么新老自由主义者都始终坚持这些已经过时的理念呢?！

当然，除了因为有些人出自意识形态原因，断定公有制不能成为市场经济中的理性经济人以外，还有一个"绝妙"的说法——茅于轼教授就曾在他的《经济学和它的数理基础——择优分配原理》一书中写下了他认为十分重要的"语录"："当理论和实际矛盾时，90% 以上的情况我相信理论，并怀疑'实际'是个假象，因为理论是经过千百万人的实践检验过了的。"[1]而在他所撰写的别的书或他在网上发表观点时，更常常转述这段话，有时甚至将"90% 以上"改为"99.9% 以上"。而问题是，既然现实的资本主义市场经济已然出现如此大量的市场失灵的"事实"，就无法再"怀疑'实际'是个假象"！

微妙的是，茅于轼等人也有他们对此的"奇妙"回答。茅于轼教授曾注意到在科学史上屡屡出现过一种史实："但当经过仔细的核对那个事实是真实的，我们就面临着推翻旧理论建立新理论的任务。"[2]应该说，茅于轼根据历史上一再出现的科学创新经验，已然看出当代经济学已出现"推翻旧理论建立新理论的任务"。

他这一结论可以说十分正确。问题是，茅于轼教授却不相信当代经济学以及他本人已面临科学史上难得出现的重大机遇！接下去，他又写下了下面一句话："而这种幸运的机会对于一个科学家来说，一辈子也碰不上几回。"[3]于是，茅于轼教授就完全错失了"这种幸运的机会"！

---

① 茅于轼：《经济学和它的数理基础——择优分配原理》，暨南大学出版社，2008 年版，第 16 页。
② 茅于轼：《经济学和它的数理基础——择优分配原理》，暨南大学出版社，2008 年版，第 161 页。
③ 茅于轼：《经济学和它的数理基础——择优分配原理》，暨南大学出版社，2008 年版，第 161 页。

中国当代的马克思主义政治经济学家们，中国当代的新古典经济学家们，你们都不妨反过来自问一下：是否也会和茅于轼教授一样，也将错失这种幸运的机会？！

十二、数学证明与讨论：为什么说"一致均衡"论只是利用理想化的特殊的数学假定，才推导出了"一致均衡"？

1. 茅于轼教授在《经济学和它的数理基础——择优分配原理》一书中，在用效用函数推导供给曲线时，有如下一段文字[①]：

令 u 表示某人在一定时期内从消费商品所获得的效用总量，由于我们暂时按基数效用理论来解释，[②]因而 u 被认为是一个可以度量的量，它的大小显然与某人在一定时期内消耗的各种商品的数量 $x_1, x_2, \ldots x_n$ 有关，即：

$$u = f(x_1, x_2, \ldots, x_n) \tag{17}$$

现考察第 i 种消费品的消耗量 x_i 如何提供给该人以效用。当其他消费品的消耗量固定在某一值时，u 与 x_i 的关系正如（17）式所定义过的，应为：

$$u(x_i) = \int_0^{x_i} \frac{\partial f}{\partial x_i} dx_i \tag{18}$$

$u(x_i)$ 函数具有三个特点，即由公式（18）有：

$$u(0) = 0 \tag{19}$$

人有多多益善的心理：

$$\frac{du}{dx_i} \geq 0 \tag{20}$$

边际效用递减：

$$\frac{d^2 u}{dx_i^2} \geq 0 \text{ ③} \tag{21}$$

试问：为什么我们在"边际效用模型"里看不到"截距" $u(0)$ 对"一致均衡"的

---

① 茅于轼：《经济学和它的数理基础——择优分配原理》，暨南大学出版社，2008 年版，第 56 页。

② 这是很有意思的一段话。茅于轼教授是深知基数论的非科学性的，但他又要表示他的推导是严格的数学的推导，所以这里加上了"暂时"二字！

③ 原文如此，疑为茅于轼教授笔误，应改为 $\frac{d^2 u}{dx_i^2} < 0$。

贡献？原因就在于，在"边际效用模型"里必然应包含的截距 $u(0)$，却通过公式 (19)，人为地令 $u(0) = 0$！

因为茅于轼导出的公式(18)，实际上只是"假定" $u(0) = 0$，并没有能"证明" $u(0) = 0$。原因是：公式(18)中的被积函数是偏微分 $\frac{\partial f}{\partial x_i}$，而 $u(0)$ 按原定义应是 $f(x_1, x_2 \cdots, x_i = 0, x_n)$；而公式(18)中的 $u(x_i) = \int_0^{x_i} \frac{\partial f}{\partial x_i} \mathrm{d} x_i$ 积分后的表达式必定是 $u(x_i) - u(0) = f(x_1, x_2 \cdots, x_i, x_n) - f(x_1, x_3 \cdots, x_i = 0, x_n)$，也就是积分后的 $u(x_i)$ 必定带有一个积分常数，即积分的下限值，而 $f(x_1, x_2 \cdots, x_i = 0, x_n) \neq 0$！茅于轼声称可推导出公式(18)即 $u(0) = 0$，其实完全是数学上的人为假定！只不过，茅于轼是用某种数学"表演"来掩盖所谓"一致均衡"论已有"严格"科学证明的虚假性！

正因为 $u(0) = 0$ 的说法，是人为的假定，而这一假定，就使得在边际效用模型的计算中完全排除了 u 轴上截距，即 $u(0)$ 对均衡的贡献。下面可以看到，正是这一错误，就将劳动创造的价值对效用价值的"修正"排除在供需均衡论之外了。而如果人们也将类似的讨论应用到上述用两根直线来描述的供需均衡模型中，那么公式(16)中的 $b_s \equiv 0$，也就是在"均衡态"的"解答"上，也少了一个参数。

2. 同样"妙"的是，在茅于轼所介绍的"供需均衡"论里，也看不到需求曲线在需求轴上的截距对供需均衡的贡献。而因此，我们也必须设法去掉公式(15)中的 a_D，只剩下描写边际效用的两个参数。不过，在需求曲线仅为直线的条件下，是无法令 $a_D \equiv 0$ 的！实际上，他们是用"非凸性"的曲线，也就是设法令 $a_D = \infty$，使得需求曲线永远和 Q 轴不相交。其办法是引入流行于新古典经济学里的萨伊定律。萨伊定律说，"通过完全自由竞争，供给会自动创造对其自身的需求"，也就是市场所能容纳的供给量无限大。反映在需求曲线上，就可以用一根非凸性的双曲线，例如，用" $PQ =$ 常数 C "这类仅有一个参数 C 的曲线方程式来表示萨伊定律。这就使得需求曲线永远不会和描述需求的 Q 轴相交！在某个真实的市场中，这当然是不可能出现的，因而是和实际情况并不符合的一个不甚合理乃至错误的假定。而一旦有了这样的假定，自由竞争的市场也就必然永远不会出现生产过剩等经济危机！所谓凯恩斯革命，就是用有限需求论取代无限需求论这一大假定。而如果要在边际效用论的框架中导出"一致均衡"状态，茅于轼一书当然也就不得不引入这一大假定。而问题是，茅于轼竟把这一假定又说成仿佛是理论推导出的结果。在茅于轼的《经济学和它的数理基础——择优分配原理》一书里，还有如下一段话①：

> 经济学的数理分析，从本质上看，把价格看成是择优分配得到的统一边际值。从消费来看，严格地说，我们不能将价格看成是一种有限供应的商品在消费者之间分配，使全体消费者所得的总效用为最大而得出的统一边际效用。如果能够这样考虑，这的确是一个最简便的方法，但这样考虑问题有一个根本的缺陷，即不同人的主观效用无从比较，更不能相加，因而全体消费者的总效用也就不存在。②

因为"总效用也就不存在"，所以这一需求曲线和需求轴就不会相交，也就是这里实际上是人为地设法令公式(15)中的 $a_D = \infty$。因为如果出现有 a_D 等于有限量的"有限需求"，就很难保证供需曲线一定有均衡解，当然就更谈不上有一致均衡论。这就是被那些新自由主义学者捧得极高的"一般均衡论"的所谓"严格"的数学证明！

3. 中国的新自由主义学者，还持有一个也是被吹捧得极高的理论——"帕累托最优"。他们的理由是，正是由于自由市场经济的"边际效应"之间的竞争必然达到边际效用的"一般均衡"，也就必然自动出现"帕累托最优"！

如果略为仔细地考察一下它们的推导，原来这里又引进了一个"前提"，这就是茅于轼一书所提出的疑问："如何在商品总量有限、各个家庭收入有差别的情况下，使商品的分配达到帕累托最优的境界？"其回答是："除非损及某部分人的效用值，否则不可能使任何一个家庭的效用有所提高。这样，我们就得到一个重要结论，即各个家庭任意两种商品之间的边际替代率都必须相等。"③

萨缪尔森《经济学》一书也说：所谓"帕累托最优"或"帕累托效率"，"其出现的条件是，社会无法进一步组织生产或消费，以增进某个人的满足程度，而同时却不会减少其他人的福利。或者说有效率的情况是指：无法在不使别人的境遇变得更糟的情况下让某个人变得更好。今天，我们已经懂得：在一定条件下，包括完全竞争，市场经济会显示出配置效率。在这样一个制度中，经济作为一个整体是有

---

① 茅于轼：《经济学和它的数理基础——择优分配原理》，暨南大学出版社，2008 年版，第 162～163 页。
② 这也是很"妙"的一段话。茅于轼教授明明深知基数论不可比较、不可相加的缺陷，但却将这一缺陷说成是因而总效用也就不存在。这就是"被"称之为"严格证明"的所谓科学基础！
③ 茅于轼：《经济学和它的数理基础——择优分配原理》，暨南大学出版社，2008 年版，第 163 页。

效率的,没有一个人的境遇可以在不使他人的境遇变得更糟的情况下变得更好"①。

茅于轼教授和萨缪尔森教授的这两段话均写得"学院气十足",很多人难以看懂。但如果把这两段话"翻译"一下,所谓"帕累托最优"境界,是说富人和穷人的财产都平等地以同等的"边际效用率"而均衡地上升,但是绝不能用剥夺富有者多余财产的方法使所有人在私有财产近似均等的条件下,以同等的"边际效用率"均衡地上升。根据这样的理念,中国的新自由主义学者往往激烈批评中国共产党在1949年前后在中国所推行的"平均地权"的政策,认为这完全是错误的背离"帕累托最优"的一种政策!然而,这完全是在不合理假定下,用数学"证明"出的结果!

---

① 保罗·萨缪尔森、威廉·诺德豪斯:《经济学》第18版,萧琛译,人民邮电出版社,2008年版,第246页。

附

我们能基于当代物理学方法
构建中国经济学的综合框架吗？

中国社会科学院经济研究所《资本论》研究室

2017年6月13日下午,由当代中国马克思主义政治经济学创新智库和中国社会科学院经济研究所《资本论》研究室主办的"智库名家论坛"第四讲"我们能基于当代物理学方法构建中国经济学的综合框架吗?"在经济研究所二楼会议室成功举行。

讲座由中国科学院院士何祚庥主讲,中国社会科学院学部委员、经济研究所所长高培勇主持,朱绍文的三位高足左大培、樊纲和杨春学受邀出席了论坛。

经济研究所副所长朱恒鹏,经济研究所研究员刘霞辉、胡家勇、赵志君、陈昌兵和编审李仁贵,中国科学院理论物理研究所研究员庆承瑞,国务院发展研究中心研究员王亦楠,清华大学社会科学学院经济学研究所副教授李帮喜等50余位专家学者参加了此次学术活动。

何祚庥首先回顾了物理学历史上那场旷日持久的关于光的本质争论。物理学史上有一个长期争议的重大理论问题:光是粒子还是波? 这两种理论整整争吵了200多年。最后是在1905年,在爱因斯坦讨论光电效应的一篇论文里引入了普朗克常数 h,将其统一为光的波粒二象性理论。而更重要的是,正是由于人们对光的本质有了更深的理解,由波和微粒的分歧走向"波粒二象性"的统一,这就导致20世纪初物理学的大革命,出现了相对论和量子力学。何祚庥进而指出,经济学或政治经济学里的纷争至今已有150年。那么,人们能否借鉴物理学从争论到统一的历史经验,构建一个新的理论,解决已持续150年之久的争论? 他指出,这并不是人们第一次提出这一问题:在中国,樊纲教授著有《现代三大经济理论体系的比较与综合》一书;在西方,萨缪尔森在其《经济学》第19版中写了《一个折中主义者的宣言》一文。

对于如何折中或统一,何祚庥指出:以劳动价值论为核心的马克思主义政治经济学仍然停留在只讨论"三要素"的水平,人们能否建立一个包括知识或科技进步和市场扩展在内的马克思主义"四要素"的"新"政治经济学？这种"新"政治经济学建立在一个劳动和效用相统一的新劳动价值论的框架下：效用≡使用价值W_S＝社会平均必要简单劳动所创造的价值W_J×广义科技效率因子N。为了使大家理解这一新的框架，何祚庥结合物理学的"无量纲"概念对其进行了详细的讲解，并对丁堡骏等学者对他的观点的批判做了回应。

在对马克思、瓦尔拉斯、凯恩斯三大理论体系进行比较和综合的基础上，何祚庥提出了一个新颖又值得深思的问题：为什么经济学的左派和右派不能统一在一个旗帜下，共同为中国经济发展服务？在何祚庥激情澎湃的演讲之后，樊纲、杨春学和李帮喜作为嘉宾进行了发言。

著名经济学家樊纲首先对何老90高龄仍坚持在科研一线表示钦佩。随后，樊纲回顾了在中国社会科学院研究生院攻读博士学位学习期间写作《现代三大经济理论体系的比较与综合》的情景，指出2017年正好是这本书写作完成30周年，在这30年中，他虽然一直希望对于这一主题进行更深入的研究，但是，由于对中国经济现实问题的研究投入了太多精力，以致这个愿望一直没有实现。何老的研究重新引起了他的兴趣，并借此机会对何老等给予他支持和帮助的学者表示感谢。

当代中国马克思主义政治经济学创新智库副理事长、首都经济贸易大学教授杨春学对何祚庥的演讲进行了评述。杨春学指出，何老将物理学中的无量纲系数引入经济学，这一方法探讨了效用理论的两个著名问题：一是效用的计量问题。按照基数效用论的基本观点，效用的大小可以用Utility这一类似无量纲的计数单位进行测度。二是人际效用的比较问题。如果个人效用可以用一种绝对尺度在基数上进行测量，就可以确信人际效用的可比较性。杨春学在发言中还对何祚庥夫人庆承瑞教授借助于"功率""能量"等概念深入浅出地讲解物理学方法在经济学应用的补充发言给予了高度评价。

青年学者李帮喜指出，对于何老今天讲的关于使用价值（或效用）的度量问题，其实日本著名马克思主义经济学数理研究学者越村信三郎早年也做过相关研究，但其对于效用的度量研究最终并未取得成功。众所周知，日本关于马克思主义经济学的数理研究有着很好的传统，三位数理政治经济学者森岛通夫、置盐信雄、越村信三郎因对马克思主义经济学数理研究的卓越贡献而获得过诺贝尔经济学奖提名。这三位日本学者至今仍对数理政治经济学者有着影响。国内一些学者也在从事关于数理政治经济学方面的研究，何老提出的这个问题其实也应属于数理政治经济学的研究范畴。李帮喜在发言中还讲述了一个鲜为人知的故事：华罗庚晚年对数理政治经济学有深入的研究，上世纪80年代华老在《科学通报》上发表过关于大规模经济规划与矩阵理论的系列文章,通过 Perron – Frobenius 定理证明了华氏命题(对偶不稳定性定理)。

在三位嘉宾发言后,经济研究所资深研究员刘霞辉和赵志君做了精彩点评。

刘霞辉指出,对于何老所讲的科技进步项 A,西方经济增长模型的发展是以解释 A 展开的。其中,以罗默和卢卡斯为代表的"新增长理论"学者利用人力资本解释经济增长中的 A。新经济增长理论的重要内容之一是把新古典增长模型中"劳动力"的定义扩大为"人力资本投资",即人力不仅包括绝对的劳动力数量和该国所处的平均技术水平,而且还包括劳动力的教育水平、生产技能训练和相互协作能力的培养等等,这些统称为"人力资本"。正是人力资本理论的提出,使西方经济增长理论得以完善。马克思主义政治经济学的剩余价值理论认为劳动创造剩余价值,而现代社会的劳动形式和复杂程度与马克思时代完全不同,这就需要对劳动的内涵加以拓展,如具有人力资本的劳动应获取人力资本的补偿,而剩余价值中也应包含人力资本创造的价值。在现代社会中,有必要对马克思主义的剩余价值理论进行创新。

赵志君在点评中分享了其利用量子力学和热力学方法研究经济学的心得体会。对于何院士提出的问题,他指出,何老提出了很有意义的研究方向,但劳动价值论从计算方法上说是社会平均的统计概念,实际上,价值论是一个宏观概念,从方法论上说,马克思主义的价值论是属于整体主义的,目前没有公认的最优化方法问题,对应的数理方法是概率统计。劳动价值论还存在一个问题,就是其涉及的简单劳动和复杂劳动的概念都是相对的、随时间变化的,很难给出一个客观基准,所以劳动价值的计算不具有很强的操作性。效用价值论是个人主义的概念,有公认的个人主义的最优化方法,对应的数量方法是微积分。效用的评判在市场条件下有客观标准,可以通过市场交易发现效用或使用价值。

就何院士提出的效用价值论和劳动价值论相统一的计算公式,赵志君认为,首先存在量纲和价值尺度的统一问题。效用的单位是什么? 如何转化成劳动价值的单位? 在何老那里似乎没有得到解决。其次,西方经济学的效用函数是消费品的非线性函数,如何通过效率因子转换成劳动的线性函数,本身就是一个需要回答的问题。再次,何老没有在市场经济的框架下探讨效用价值和劳动价值的统一问题。赵志君认为,要实现两个概念、两种理论的统一,必须将两者换算成统一的尺度,这个尺度只能是货币,即只有将效用和劳动都换算成货币之后才能比较,否则两派无对话的语言基础。最后,效用论的可比性建立在边际的基础上,而劳动价值论的可比性建在社会平均的基础上,不能做简单乘法;只有在方法论上实现突破,才可能找到将效用论和劳动价值论统一的办法。如果能将效用价值论和劳动价值论统一起来,也就实现了宏观、微观的统一。就方法论说,统计热力学、相对论和量子力学的方法论值得经济学家借鉴。

随后,经济研究所《资本论》研究室研究员陈昌兵和副研究员王瑶也进行了点评。

陈昌兵指出,何老分析、探索了马克思主义政治经济学中的劳动价值论和西方经济学中的效用论相统一的问题,这对于构建具有中国特色的马克思主义政治经济学很有启发。西方经济学运用效用、成本等概念构建了微观经济分析框架,具有较强的实用性;马克思主义政治经济学尤其是《资本论》,以劳动、价值等概念为基础,构建了分析资本主义社会运行的理论框架,具有内在一致的逻辑性、抽象性,能揭示资本主义社会的本质。解决我国社会现实的经济问题,西方经济学具有工具方面的优势,而对于解释经济运行中存在的本质问题,西方经济学却无能为力,而这却是马克思主义政治经济学最有优势的地方。因此,在我国社会主义经济建设中,应该以马克思主义政治经济学为核心,吸收西方经济学的研究成果,更好地为我国社会主义经济建设服务。

王瑶指出,何老用现代物理学方法建立劳动和效用相统一的价值论,试图从逻辑起点上探索、构建新的经济理论体系的可行性。在经济思想史上,马歇尔在构建新古典主义经济学理论体系时,曾将牛顿力学的经典术语引入经济学概念之中,"价格弹性""货币流通速度""通货膨胀""均衡"等用语深入人心。马歇尔在晚年提出了"经济学家的圣地在于经济生物学而非经济动力学",他赞赏的"经济发展有机观"与生物学中的"达尔文主义"类似。鉴于此,王瑶提出了在构建新的经济学理论体系时,生物学方法可以作为物理学方法的有益补充的设想。

最后,经济研究所《资本论》研究室主任、当代中国马克思主义政治经济学创新智库办公室主任郭冠清代表论坛主办方做了总结发言。郭冠清指出,经济研究所非常重视物理学方法在经济学上的应用,曾邀请两位经济学家就量子力学、热力学在经济学中的应用进行过讲解,这次更有幸邀请到何院士做专题讲座。我们希望借助物理学方法,像萨缪尔森利用比较静态均衡方法奠定现代经济学大厦的基础一样,为构建中国特色社会主义政治经济学做出有益的探索。

会议在热烈的氛围中圆满结束。

(本文根据陈昌兵、王瑶、姜松提供的记录进行整理,程蛟对文字进行了校对。)

必须用时代化的科学社会主义理论指导当代政治经济学的创新和发展*

何祚庥

【摘要】文章对邓小平提出的"什么是马克思主义"和"什么是社会主义"两个历史之问,进行了较详细的讨论,并从这两个问题入手,以中国社会经济发展的史实和中国共产党发展壮大所经历的艰难曲折为依据,系统地讨论和阐明:为什么马克思主义的政治经济学认为,生产力的发展才是决定人类社会发展进步最主要和根本的动力。而作为反映和总结人类社会这一历史进程的理论——政治经济学,包括马克思主义理论本身,也必将在这一进程中不断发展和丰富,有所扬弃,有所进步,有所发展。中国革命的经验对马克思主义理论的贡献,就是最好的证明。而当代社会生产力随着科学技术的飞速发展与进步,特别是高度信息化、网络化与智能机器人的发展和应用,鲜明地表明先进的科学技术不仅对当代社会生产力起决定性的推动作用,还直接导致传统意义下的工人和农民群体萎缩,并将逐步消失。这就不可避免地冲击了马克思主义政治经济学中关于劳动价值和剩余价值的基本理论。文章作者提出的具体方案是:当今社会财富,即使用价值的产生和积累,并非简单地等于工人和农民创造的劳动价值,而是由他们所创造的价值,再乘以广义的科技放大因子。后者包括智力劳动所带来的一切提高效率和创新的科技成果,以及规划和管理、市场推广、营销等带来的效率的提高。在当今社会,这一效率因子,特别是某些高技术领域,可以很大。这就具体而定量地刻画了:科

* 本文原刊于《中国科学院院刊》2016 年 31 卷第 8 期,并曾以《必须深入改革中国的马克思主义政治经济的研究》为标题,以"代前言"形式收入本书第 1 版(即 2016 年版)。另:2017 年 7 月 3 日微信公众号"经济学家圈"转载《中国科学院院刊》之本文时,改换了另一个标题——《何祚庥长文分析政治经济学创新:科技使得剩余价值消失,剥削将不再存在》,并在此后发表了晏智杰教授《与何祚庥教授商榷——"基于当代物理学方法构建中国经济学的综合框架"问题》一文,故本书现也将晏智杰教授的文章附在本文之后。

学技术是第一生产力。文章还可以进一步证明:这一广义科技效率因子,就是古典经济学中的全要素生产率。这不仅为马克思的政治经济学补上了当今经济社会生活中不可或缺的重要经济学概念,同时也给古典经济学中凭经验、唯象地引入的 Solowresidue 参数,赋予了实体的内涵。

【关键词】劳动价值学说　剩余价值　使用价值　全要素生产率

一、这是一个有重大争议但又必须深入研究解决的重大理论问题

1. 本文原是提交给 2015 年 10 月 10 日至 11 日在北京大学召开的世界马克思主义大会的讲话稿,后来又先后分别在成都和开封两次大型政治经济学研讨会上提出讨论,并在深圳的南方科技大学南科大讲堂与北京大学深圳研究院人文社会科学学院做过较详细的介绍。而在 2015 年 11 月 10 日,各大网站纷纷刊出习近平同志在中央全面深化改革领导小组第十八次会议上的讲话,习近平同志特别讲道"要发挥改革的突破性和先导性作用,增强改革创新精神……依靠改革为科学发展提供持续动力"。(着重号为引用者所加)近读 2015 年 12 月 23 日习近平同志讲话,看到他又提出要建立中国特色社会主义政治经济学,其中特别谈道,"列宁指出,'政治经济学的基础是事实,而不是教条'",又说"要深入研究世界经济和我国经济面临的新情况新问题,为马克主思义政治经济学创新发展贡献中国智慧"。这就使我们更加迫切感到需要解决本文标题所说的这一有重大争议的重大理论问题。

2. 但有一个不可否认的事实是,如毛泽东在 1941 年《改造我们的学习》一文中所指出的,中国的马克思主义政治经济学者却大多只会"言必称希腊",而且"教经济学的不引导学生研究中国经济的特点";毛泽东还具体批评某位黄姓教授,说"经济学教授不能解释边币和法币,当然学生也不能解释"①。虽然在中华人民共和国成立初期,中国共产党也一直组织各级干部、学者深入学习马克思主义政治经济学,但由于改革开放前一直推行的是"以阶级斗争为纲"的理论,未能持续贯彻"以经济建设为中心"的方针政策,因而在马克思主义政治经济学的学习和研究中,上述教条式的"言必称希腊"的学风,其实并未根本转变。

为什么习近平同志在这里特别强调要"依靠改革"? 因为这是一个很大很大的、有重大争议的,但又必须解决的重大理论问题。而产生这一重大纷争的原因,在于有相当一些学者深受教条主义束缚,对马克思主义理论在当代需要有重大发

---

① 毛泽东:《毛泽东选集》第 3 卷,人民出版社,1953 年版,第 756 页。

展的必要性认识不足,特别是对邓小平理论、"三个代表"重要思想以及科学发展观已经对马克思主义历史唯物主义所做的重大发展的重要性及其历史意义、历史地位理解估计不足,有些人甚而认为邓小平完全否定、背叛了马克思主义基本理论。

十八届五中全会新提出四个创新:理论创新,制度创新,科技创新,文化创新。而排在科技创新、文化创新前面的理论创新、制度创新,都要以马克思主义政治经济学的创新为理论基础。由此可见,增强和依靠改革,深入改革政治经济学的研究,是必须付诸实施的重大措施。

二、具有历史意义的两个"邓小平之问"之一:什么叫马克思主义?

1. 建立中国特色社会主义政治经济学的理论体系,当然是为了服务于建设有中国特色的社会主义。而早在 1979 年 3 月 30 日中央为推进改革开放的理论务虚会上,邓小平做了题为《坚持四项基本原则》的重要讲话,提出"实现四个现代化必须坚持四项基本原则"①。1984 年 6 月 30 日,邓小平又在《建设有中国特色的社会主义》的重要讲话中,对"坚持四项基本原则"中的两个坚持,即"坚持马克思主义对中国十分重要,坚持社会主义对中国也十分重要",提出下列两大"历史之问":

"什么叫社会主义,什么叫马克思主义?"而"我们过去对这个问题的认识不是完全清醒的"②。

而较为清醒一些的认识是,"马克思主义最注重发展生产力","社会主义阶段的最根本任务就在于发展生产力"③。(以上着重号均为引用者所加)

我们非常有兴趣,而且必须要深入探讨的是,为什么 1984 年邓小平会提出这两个"历史之问",而且竟然首先回答:什么叫马克思主义?

也许首先令人感兴趣的,是邓小平这里所说的"认识不够清醒"的"我们"是谁?不用说,这当然包括我们这些在中华人民共和国成立前后才接触或学习到马克思主义的"后辈",但更重要的,是指包括邓小平在内的一些"前辈"马克思主义者。

为什么包括邓小平在内的老一辈的马克思主义者,在参加多年革命斗争之后,竟然会提出"什么叫马克思主义"这一重大疑问? 而且认为包括邓小平在内的"我们",对这个重大"问题的认识不是完全清醒的"?! 当然这是因为中国社会

---

① 邓小平:《邓小平文选》第 2 卷,人民出版社,1994 年版,第 163 页。
② 邓小平:《邓小平文选》第 3 卷,人民出版社,1993 年版,第 63 页。
③ 邓小平:《邓小平文选》第 3 卷,人民出版社,1993 年版,第 63 页。

的发展方向、发展道路正面临重大转折。而这一重大转折之所以出现,与中国共产党人对马克思主义基本理论问题缺乏清醒的认识不无关系。

这里需要略微补充一下,这并不是中国共产党人第一次向全党、全国人民提出这样一个重大理论问题。早在1945年中国共产党第七次全国代表大会上,毛泽东就提出,"我们历史上的马克思主义有很多种,有香的马克思主义,有臭的马克思主义,有活的马克思主义,有死的马克思主义,把这些马克思主义堆在一起就多得很",而我们"要来一个完全彻底的马克思主义"①。

而更重要的是,邓小平竟做了一个明确的回答,"马克思主义最注重发展生产力",亦即并不是最注重阶级斗争!实际上,这涉及共产主义运动史上一个从来没有明确回答和解决的根本理论问题,这就是:什么是推动历史社会前进的动力?是生产力还是阶级斗争?

前辈哲学家吴江同志去世前不久曾约我到他家中,"深入讨论"若干马克思主义理论的重大问题。他给过我一篇他晚年写的《论历史的动力》的理论文章。他告诉我,早在马克思主义传播到中国的早期,"在历史发展动因这个问题上,在马克思主义内部,早就有两种不同的甚至是对立的观点存在着:一种着重于阶级斗争;一种着重于生产力的发展程度。这两种不同的观点(乃至由此形成的不同的立场)直接影响到一个革命政党对于斗争形势的估计和策略的制定,政党之间或政党内部的许多纷争由此引起。例如,对于十月革命的评价,对'左'的空想共产主义行动的批评等。当马克思主义传到中国,一开始就表现出这种分歧,拿李大钊在1919年5月所写的《我的马克思主义观》做例子,这篇文章第七章的第七节有这样一段话:'马氏学说受人非难的地方很多,而唯物史观与阶级竞争说的矛盾冲突,算是一个最重要的点。盖马氏一方既确认历史……的原动力为生产力,一面又说从来的历史都是阶级竞争;一方否认阶级的活动……可以由此决定经济行程的效力,一方又说阶级竞争的活动可以……决定社会进化全体的方向。'"②。

现在已到了中国的革命和建设的实践为上述"争议"做结论的时代了。应该明确——这也是邓小平的回答:社会发展的原动力,是社会生产力,是社会生产力决定着生产关系的变革,是生产力决定着阶级斗争,决定着社会进化发展的方向;阶级斗争,只是在特殊情况下,即必须通过阶级斗争才能推动生产力向前发展时,才是历史发展的动力。

---

① 毛泽东:《毛泽东文集》第3卷,人民出版社,1996年版,第331~332页。
② 吴江:《吴江文稿》上卷,中央编译出版社,2009年版,第154~155页。

而对这样一个重大问题的回答，不能不牵动马克思主义的中国特色社会主义政治经济学的研究。坦率地说，中华人民共和国成立前后的青年马克思主义者，都是阶级斗争学说强烈的信奉者、支持者。青年时代的何祚庥等人，之所以决心参加到中国共产党人的行列，就是因为早年读到马克思于1867年在《资本论》第1卷里所写的如下字句："随着那些掠夺和垄断这一转化过程的全部利益的资本巨头不断减少，贫困、压迫、奴役、退化和剥削的程度不断加深……联合和组织起来的工人阶级的反抗也不断增长。……生产资料的集中和劳动——社会化，达到了同它们的资本主义外壳不能相容的地步。这个外壳就要炸毁了。资本主义私有制的丧钟就要响了。剥夺者就要被剥夺了。"而现在却要转到"社会生产力是决定历史社会发展的最终决定性力量"，这就不能不质疑：《共产党宣言》所强调的阶级斗争是推动历史前进的动力的学说是否十分正确？如果思考得再深入一些，就还要进一步提问：马克思在《资本论》里所阐述的劳动价值论，以及相关的剩余价值学说，是否还正确？这些，都是要深入改革马克思主义政治经济学研究，所不能不科学地回答的重大理论问题。

2. 但我们也必须冷静地看到，实践是检验客观真理的唯一标准。而劳动价值论其实是以许多重大的历史的社会实践，奠定其科学基础的。劳动价值论在解释社会历史经济重大变动发展的动因问题上，有一个重大的成就，即认为"社会平均必要简单劳动"是人类创造"价值"的唯一源泉。而因此，判断一个社会是进步还是倒退，就要考察某个社会究竟投入的"社会平均必要简单劳动"有多少，所创造的"价值"又有多少。而大体上说，某个社会所能投入的"社会平均简单必要劳动"虽然会随着不同社会制度、不同体制而有所差别，在总体上，却总是和人口总量成正比。因而，判断某一国家或社会是前进还是倒退，往往首先考察其所拥有的人口总数是增加还是减少。或者说，按照劳动价值论，某个国家或社会的总产值，将大体上和总人口成正比。

而这一点，却完全得到中国以及世界上许多国家的历史事实的证实。

林毅夫在其所著《解读中国经济》一书中，曾给出美国哈佛大学珀金斯所著《中国农业的发展：1368～1968》一书所讲述的一段话："从明朝开始，一直到20世纪60年代，中国农业发展情况的一项研究：'他从中国2 000多本县志中，把各种有关生产、人口的数据逐一予以统计，然后拼成一幅完整的图像。根据他的研究，在1368～1968年这600年当中，中国的人口增加了10倍，耕地面积增加了5

倍,单产增加了2倍。由此算出,粮食增产10倍,但是人均粮食产量却维持不变。'"①当然,类似的统计数据还有很多。

这就是说,在人类早期社会中,国家经济发展规模的扩大,主要依赖于人口的增长。人口增长所带来的人均产量的增加,亦即劳动生产率,却长期维持不变。而一旦出现了"水旱黄汤"等天灾人祸,就必然导致人口数量下降,以减少对粮食的需求。这类由社会经济许多统计数据所提供的显然的证据,可以说是对劳动价值论的强烈的支持。

在中国共产党人所推动的新民主主义革命斗争中,剩余价值论以及相应的阶级斗争学说,也得到了很好的检验和证实。1948年年初,我曾有机会"参观"在冀中地区推行的土地改革运动,曾仔细学习过《在农村中如何划分阶级》这份内部文件。正是这一文件运用剩余价值学说,具体给出了如何计算剥削量,如何计算各不同阶级、家庭以及个人所占有的剥削份额的许多规定;正是这一文件帮助土改工作者正确地区分"谁是我们的敌人? 谁是我们的朋友?"。读到这一文件之后,我对于马克思发明的剩余价值论,以及由此而来的阶级斗争学说,真是倾倒佩服之至! 从而也就使我完全确立了中国必须走革命道路的信心和决心。

3. 问题是到了20世纪六七十年代,阶级斗争学说被移用于打倒"党内走资本主义道路的当权派",中国的经济发展受到严重影响。这就不得不提出尖锐的问题了! 传统的马克思主义的政治经济学和由此产生的阶级和阶级斗争理论指导下的中国经济,究竟在什么地方出了毛病?"②

这就不可避免地提出一个必须明确回答或科学总结的重大理论问题。阶级斗争以及剩余价值的理论、学说是否还正确? 或是否仅在特定历史条件下,如革命时期才正确? 而在社会主义建设时期,这一理论就变得不正确,或不完全正确? 当然,也会有人认为,这不是理论的不正确,而是运用和解读得不正确。在土改时期,人们曾运用劳动价值论对剥削份额做了许多定量计算,而后来要打倒"走资派"时,却全然未见到这种定量的分析。

痛定思痛! 这就必须有一个对生产力和阶级斗争相互关系的完整的、科学的分析。

三、为什么邓小平还提出"历史之问"之二:什么叫社会主义?

1. 对于第二个问题——"什么叫社会主义",邓小平也做了一个出人意料的

---

① 林毅夫:《解读中国经济》,北京大学出版社,2003年版,第267~278页。
② 何祚庥:《马克思主义政治经济学也要"与时俱进"》(上),《学术界》,2013年第7期。

回答,这就是"社会主义阶段的最根本任务就是发展生产力"。而传统的理念是:建设社会主义必须通过阶级斗争消灭资本所带来的剥削和压迫人民的私有制,建立由劳动人民当家做主的全民所有制等公有制的社会制度。

然而邓小平竟然将社会主义阶段的最根本任务,又一次规定为"发展生产力",亦即仍然不是阶级斗争! 这是为什么?

邓小平的回答是:"我们讲社会主义是共产主义的初级阶段,共产主义的高级阶段要实行各尽所能、按需分配,这就要求社会生产力高度发展,社会物质财富极大丰富。"①"社会主义的优越性归根到底要体现在它的生产力比资本主义发展得更快一些、更高一些,并且在发展生产力的基础上不断改善人民的物质文化生活。"最后又说:"如果说我们建国以后有缺点,那就是对发展生产力有某种忽略。社会主义要消灭贫穷。贫穷不是社会主义,更不是共产主义。"②后来又加了一句话:"发展太慢也不是社会主义。"③理由是:社会主义"在发展生产力的基础上体现出优于资本主义,为实现共产主义创造物质基础"④,否则就不能说"体现出社会主义的优越性,体现出我们走社会主义道路走得对"⑤。(以上着重号均为引用者所加)

后来,到了1992年,邓小平又提出一个著名的社会主义本质论。这就是:"社会主义的本质,是解放生产力,发展生产力,消灭剥削,消除两极分化,最终达到共同富裕。"⑥或者说,在何谓"本质"的问题上,仍然没有提到所有制。从邓小平来看,更重要的是"解放生产力,发展生产力"。而社会主义之所以能取代资本主义,归根到底,取决于"联合起来的工人所创造的较资本主义更高的劳动生产率","资本主义可以被最终战胜,而且一定会被最终战胜,因为社会主义能创造新的高得多的劳动生产率"⑦。

2. 那么,当代中国将怎样创造出比资本主义高得多的劳动生产率,从而体现出优于资本主义?

邓小平也做出了回答:

第一,"社会主义要赢得与资本主义相比较的优势,就必须大胆吸收和借鉴人

---

① 邓小平:《邓小平文选》第3卷,人民出版社,1993年版,第63页。
② 邓小平:《邓小平文选》第3卷,人民出版社,1993年版,第63~64页。
③ 邓小平:《邓小平文选》第3卷,人民出版社,1993年版,第255页。
④ 邓小平:《邓小平文选》第3卷,人民出版社,1993年版,第137页。
⑤ 邓小平:《邓小平文选》第3卷,人民出版社,1993年版,第255页。
⑥ 邓小平:《邓小平文选》第3卷,人民出版社,1993年版,第373页。
⑦ 列宁:《列宁选集》第4卷,人民出版社,1995年版,第16~17页。

类社会创造的一切文明成果,吸收和借鉴当今世界各国包括资本主义发达国家的一切反映现代社会化生产规律的先进经营方式、管理方法"①。

第二,"经济发展得快一点,必须依靠科技和教育。我说科学技术是第一生产力。近一二十年来,世界科学技术发展得多快啊!高科技领域的一个突破,带动一批产业的发展。我们自己这几年,离开科学技术能增长得这么快吗?要提倡科学,靠科学才有希望。近十几年来我国科技进步不小,希望在九十年代,进步得更快。每一行都树立一个明确的战略目标,一定要打赢。高科技领域,中国也要在世界占有一席之地"②。(以上着重号均为引用者所加)

现在发生重大争议的是,建设社会主义能否"大胆吸收和借鉴人类社会创造的","包括资本主义发达国家"创造的"一切文明成果"和"一切反映现代社会化生产规律的先进经营方式、管理方法"。而其中最为重要,而且引起巨大争议的是,在体制改革上,能否大胆吸收和借鉴资本主义国家创造的经济体制,包括市场经济以及它们推行的计划控制等"反映现代社会化生产规律的先进经营方式、管理方法"?——一个显然的疑惑是,这会不会导致资本主义制度在中国复辟?

有不少"马克思主义学者"讥讽小平同志为眼光短浅的"不论白猫黑猫,抓住老鼠就是好猫"的"实用主义者"!是邓小平忙于"救急",不顾"长远"。然而这大错特错!原因在于,这些"学者"根本就没有弄清楚为什么邓小平多次谈道"问题是要把什么叫社会主义搞清楚,把怎么样建设和发展社会主义搞清楚"③。(着重号为引用者所加)

那么,我们应怎样从理论上搞懂、搞清楚邓小平的这些论述?

在我看来,首先是必须从理论上真正搞懂、搞清楚,为什么当代已相当发达的资本主义制度,在将来必定会走上小平同志所说的社会主义制度?首先是必须真正搞懂、搞清楚,为什么马克思和恩格斯认为"生产的社会性和占有的私人性"是资本主义社会的基本矛盾,而其中"生产的社会性"又是基本矛盾中起主导作用的矛盾的主要方面?

需要看到的是,现代社会化生产力的发展规律之一,就是生产力将持续不断地愈来愈走向社会化的分工和协作,其社会分工将越来越细,其协作范围将越来

---

① 邓小平:《邓小平文选》第3卷,人民出版社,1993年版,第373页。

② 邓小平:《邓小平文选》第3卷,人民出版社,1993年版,第377~378页。

③ 邓小平:《邓小平文选》第3卷,人民出版社,1993年版,第369页。

越广。或者说,生产力的社会化自身及其所使用的"手段",也具有社会主义的特性和本性。生产力自身所具有的社会主义的特性或本性,正是决定着人类社会将走上社会主义道路的必然根据。

恩格斯在《反杜林论》中,曾对马克思在《资本论》第 1 卷第 4 篇中讨论个体生产演变为社会化大生产的历史过程做了如下描述:"在资本主义生产出现以前,即在中世纪,普遍地存在着以劳动者对他的生产资料的私有为基础的小生产:小农、自由农或依附农的农业和城市的手工业。劳动资料——土地、农具、作坊、手工业工具——都是个人的劳动资料,只供个人使用,因而必然是小的、简陋的、有限的。但是,正因为如此,它们也照例是属于生产者自己的。""但是,正如马克思在那里所证明的,资产阶级要是不把这些有限的生产资料从个人的生产资料变为社会化的,即只能由大批人共同使用的生产资料,就不能把它们变成强大的生产力。纺纱机、机动织布机和蒸汽锤代替了纺车、手工织布机和手工锻锤;需要成百上千的人进行协作的工厂代替了小作坊。和生产资料一样,生产本身也从一系列的个人行动变成了一系列的社会行动,而产品也从个人的产品变成了社会的产品。现在工厂所出产的纱、布、金属制品,都是许多工人的共同产品,都必须顺次经过他们的手,然后才变为成品。他们当中没有一个人能够说:'这是我做的,这是我的产品。'"①

问题是,"从前,劳动资料的占有者,占有……他自己的产品",而"现在由社会化劳动所生产的产品……而是为资本家所占有。生产资料和生产实质上已经变成社会化的了。但是,它们……占有形式是以个体的私人生产为前提……生产方式虽然已经消灭了这一占有形式的前提,但是它们仍然服从于这一占有形式"②。

正是这一"社会化劳动",或"生产资料和生产……社会化"的事实,决定了人类社会必然要冲破"占有的私人性"带来的种种消极面,也决定了人类社会必然要走上适应于这类社会化的生产力快速发展的社会主义制度。所以,从邓小平来看,"社会主义阶段的最根本任务就是发展生产力",而"马克思主义(也就)最注重发展生产力"③。

3. 问题是,现代的社会化大生产,其社会化程度早已超越了生产成品是某个

---

① 马克思、恩格斯:《马克思恩格斯选集》第 3 卷,人民出版社,1972 年版,第 308～309 页。
② 马克思、恩格斯:《马克思恩格斯选集》第 3 卷,人民出版社,1972 年版,第 310～311 页。
③ 邓小平:《邓小平文选》第 3 卷,人民出版社,1993 年版,第 63 页。

工厂、某个企业的"许多工人的共同产品"。现代化的许多生产成品,甚而是远隔重洋,超越某个地区、某个国家、某个民族,超越某大洲的地理区划,并由多国家、民族和地区的工人和知识分子等各种生产要素的协作、组合而成的"共同产品"。世界经济,也就是社会化的生产力,正通过不断发展中的各种"市场",包括产品市场,劳动力市场,资本市场,科技市场,文化、教育、卫生等市场,而联结起来,组织起来,构建历史上空前的超大规模的社会化的大生产;其中,"市场"是现代社会化生产力走向全球化最重要甚而是唯一的中介。

而邓小平却比我们想得远为深入。邓小平说:"不要以为,一说计划经济就是社会主义,一说市场经济就是资本主义,不是那么回事,两者都是手段。"①他还说:"我们必须从理论上搞懂,资本主义与社会主义的区分不在于是计划还是市场这样的问题,社会主义也有市场经济,资本主义也有计划控制。……不要以为搞点市场经济就是资本主义道路,没有那么回事。计划和市场都得要。"②(着重号为引用者所加)

从我们来看,这是邓小平对市场经济在社会生活中的定位和作用做了根本性的颠覆! 也是邓小平对马克思主义关于市场经济的理论所做的重大发展!

这也就是说,在邓小平看来,市场和科学技术一样,都是价值中性的。它们都只是"手段",目的在于更好更快地发展生产力;也和科学技术一样,既有被私人性所占有的一面,同时也有服务于社会化的一面。所以,市场经济并不就是资本主义,市场经济同样可以为社会主义服务。所以,早在 1979 年之初,邓小平就提出"社会主义也可以搞市场经济"。而江泽民在提出要建立社会主义市场经济体制时也说:"社会主义市场经济体制是同社会主义基本制度结合在一起的。"③胡锦涛在总结改革开放 30 年的经验时也说:"必须坚持把社会主义基本制度同发展市场经济结合起来。"④显然,市场经济是完全可以和社会主义基本制度相结合的一种经济体制;而社会主义阶段的最根本任务,就是要综合地利用市场和计划这两种手段,促进这种现代社会化程度越来越高的生产力。

4. 可以说,邓小平所提出的两个"历史之问",一举突破了某些人以生产关系

---

① 邓小平:《邓小平文选》第 3 卷,人民出版社,1993 年版,第 367 页。
② 邓小平:《邓小平文选》第 3 卷,人民出版社,1993 年版,第 364 页。
③ 江泽民:《江泽民文选》第 1 卷,人民出版社,2006 年版,第 227 页。
④ 胡锦涛:《高举中国特色社会主义伟大旗帜,为夺取全面建设小康社会新胜利而奋斗》(2007 年 10 月 15 日),《中国共产党第十七次全国代表大会文件汇编》,人民出版社,2007 年版,第 10 页。

发展的顺序作为判断社会历史是前进还是后退的所谓的"生产关系标准"。而事实是,在当今社会,人们大多公认的是用某一国家或地区的生产力水平是发达还是落后,其经济发展水平是高还是中、低,作为判断其发展阶段的标准。

这样一来,是否妨碍人们走向共同富裕? 马克思主义政治经济学从来都认为,所有制形式决定着分配形式。世界各国的事实表明,收入分配水平的高低及其差别,首先决定于社会生产力的发展水平。所谓库兹涅茨曲线,就鲜明地刻画出存在于资本主义社会里的这一基本特征。

当然,这并不意味着所有制对分配没有影响或毫无作为。在《21世纪的资本论》一书里,作者皮凯蒂就以丰富的数据,表明在某些国家库兹涅茨曲线的延伸又出现了贫富差距拉大的趋势。皮凯蒂也指出:中国等一些生产力发展水平较低的国家,即使其中的某些国家推行的是社会主义制度,这些国家中的贫富差别,甚而较某些发达资本主义国家还要大! 这也在一个侧面说明,不论是资本主义国家还是社会主义国家,其分配问题取决于生产力发展水平和所有制,亦即不是仅由阶级斗争单独决定的! 如果把"生产的社会性和占有的私人性"之间的斗争仅仅看成是公有制和私有制之间的争夺,就是把复杂的阶级斗争看得太简单化了。

5. 至于判断某个国家(或社会)是资本主义国家还是社会主义国家,我更赞成列宁说过的"共产主义即苏维埃加电气化"的经典论述,也赞成王震将军在仔细参观过英国的资本主义社会后所说的一番话:"我看英国搞得不错,物质财富极大丰富,三大差别基本消失,社会公正、社会福利也受到重视,如果加上共产党执政,英国就是理想中的共产主义社会。"[1]而判断当今中国是姓"资"还是姓"社","更重要的是政权在我们手里"[2]。(以上着重号为引用者所加)所以,我坚决拥护"坚持四项基本原则"中的"坚持人民民主专政"。而"坚持社会主义就必须坚持无产阶级专政,我们叫人民民主专政。在四个坚持中,坚持人民民主专政这一条不低于其他三条"[3]。当然,这就必须正确处理改革、发展和稳定三者的辩证关系。

在社会主义初级阶段,毫无疑义,仍伴随着不同利益集团间的争夺和冲突,而某些冲突甚而带有阶级斗争的性质。某些新自由主义学者和"左"派教条主义学者的错误,就在于或者否认或者夸大这种争夺和冲突。而重要的是,要将这种争

---

① 科斯:《变革中国》,徐尧、李哲民译,中信出版社,2013年版,第209页。
② 邓小平:《邓小平文选》第3卷,人民出版社,1993年版,第373页。
③ 邓小平:《邓小平文选》第3卷,人民出版社,1993年版,第365页。

夺和冲突服从于促进发展社会主义社会的生产力。广大人民群众更需要的是合作、互利和双赢。

把建成社会主义的历史任务想得太简单了，是一种小资产阶级的急性病。马克思和恩格斯在《共产党宣言》里就指出："在农民阶级远远超过人口半数的国家……那些站在资产阶级方面反对资产阶级的著作家，自然是用小资产阶级和小农的尺度去批判资产阶级制度的，是从小资产阶级的立场出发替工人说话的。这样就形成了小资产阶级的社会主义。"①

所以，是否真的认同，即不是口头认同邓小平所提出的社会主义本质论，是区分科学社会主义与空想社会主义的最根本的分界线。

6. 所以，对中国发展路线的探索以及对中国特色社会主义政治经济学的研究，就不仅要"吸收当今世界各国包括资本主义发达国家的一切反映现代社会化生产规律的先进经营方式、管理方法"，而且还要学习和借鉴其中"一切反映现代社会化生产规律的"理论、理念、概念，包括它们用以研究和分析问题的方法。也就是说，当前政治经济学研究必须走向这一新的探索之路。只有走出一条"新路"，才能真正回答并解决面临的重大理论创新、制度创新问题。

所谓新路，也就是邓小平所反复指出的："改革开放胆子要大一些，敢于试验……看准了的，就大胆地试，大胆地闯。……没有一点闯的精神，没有一点'冒'的精神，没有一股气呀、劲呀，就走不出一条好路，走不出一条新路。"但邓小平又说："不坚持社会主义，不改革开放，不发展经济，不改善人民生活，只能是死路一条。"②"如果我们的政策导致两极分化，我们就失败了；如果产生了什么新的资产阶级，那我们就真是走了邪路了。"③（着重号为引用者所加）

毫无疑义，当代中国政治经济学研究的改革也就不可避免地正面临着新路、老路、邪路三种发展路线的不同理念之争。这是我们推进如何深入改革马克思主义政治经济学研究这一事业第一需要深入反思的大前提。

四、"经济发展得快一点，必须依靠科技和教育"。因为"科学技术是第一生产力"，而"科学技术是先进生产力的集中表现"。这里"第一"和"先进"，并不是可有可无的形容词

1. 需要进一步详加讨论的是，为什么小平同志再三强调"经济发展得快一

---

① 马克思、恩格斯：《马克思恩格斯选集》第1卷，人民出版社，1972年版，第276页。
② 邓小平：《邓小平文选》第3卷，人民出版社，1993年版，第372、370页。
③ 邓小平：《邓小平文选》第3卷，人民出版社，1993年版，第111页。

点,必须依靠科技和教育"。过去,我们从来仅只强调要"全心全意地依靠工人阶级",现在又加上了"必须依靠科技和教育"。小平同志鲜明提出了"科学技术是第一生产力"①,而江泽民同志更认为"科学技术……是先进生产力的集中体现和主要标志"②。(以上着重号均为引用者所加)这首先是因为"近一二十年来,……高科技领域的一个突破,带动一批产业的发展"③。举例来说,在半导体工业中,就涌现出所谓 CPU(中央处理器)成本每 18 个月即下降一半的摩尔定律。而这些新出现的快速增长的许多事实,仅用劳动价值论将完全无法做出解释。所以,邓小平和江泽民在这里新添加的"第一"和"先进"等形容词,其实是中国共产党人对马克思、恩格斯等人提出的历史唯物主义理论的重大发展。

2. 而新出现的问题是,人类正面临新的重大技术革命,有些朋友称之为"第三次"或"第四次"技术革命。新出现的重大技术革命包括:

(1)出现了可再生能源的革命。人类将不再需要消耗存在于地球上的包括核能在内的化石能源;人类只要做出长寿命的能持续转化能量的装置,如长江三峡的大坝积蓄的水能,就是从太阳能获得的持续发展的动力。这也就是"万物生长靠太阳",或者如普里戈津所说,"要输入外熵"。

据我们所知,太阳的生存寿命将至少是 40 亿年。仅中国的大陆地面年接受的太阳能总能量便是中国年消耗的一次能源的 500 倍! 加上我国拥有的海洋上的太阳能,还能再增加 200 倍! 而地球上拥有的核能,包括海水中的氘却最多只能支持人类持续利用几千万年! 可再生能源的出现,事实上让人类拥有了不再需要消耗地球能源的"永动机"。

可再生能源的出现,也是人和自然的关系的革命性的根本的转变。恩格斯曾说:"动物仅仅利用外部自然界,简单地用自己的存在在自然界中引起改变;而人则通过他所做出的改变来使自然界为自己的目的服务,来支配自然界。"然而,也正如恩格斯所强调指出的,"我们不要过分陶醉于我们人类对自然界的胜利。对于每一次这样的胜利,自然界都对我们进行报复"④。(着重号为引用者所加)例如,化石能源的燃烧,会造成 CO_2 以及雾霾对人类的污染;而核能的开掘,更可能造成影响人类生存和发展至少长达 10 万年以上甚而达 100 万年之久的重大核事故! 但是,可再生能源的出现,却在能源问题上完全改变了"自然界对我们进行报

---

① 邓小平:《邓小平文选》第 3 卷,人民出版社,1993 年版,第 274～276 页。
② 江泽民:《江泽民文选》第 3 卷,人民出版社,2006 年版,第 275 页。
③ 邓小平:《邓小平文选》第 3 卷,人民出版社,1993 年版,第 377 页。
④ 恩格斯:《自然辩证法》,于光远等译编,人民出版社,1984 年版,第 304～305 页。

复"的关系,人类将能从太阳能及其衍生的风能、水能、生物质能等可再生能源获得持续发展的动力!

而一旦有了"持续发展的动力",就还能利用这种能源进一步解决人类可能面临的资源短缺问题。这时,人们将能利用太阳能来实现物质的循环利用,也就是实现人类的伟大梦想——实现循环经济。

(2)同样重要的是,正在迅速发展中的信息技术、互联网技术。"互联网 +"将极大地扩大市场需求,推动市场的创新和革新。日本的马桶盖,实在算不上什么了不得的技术发明;但从市场需求来看,有了"互联网 + 马桶盖",就成为一种很重要的市场创新。而如果将这一思维模式推广到社会生活各领域,那么,"互联网 +"就能大大激活市场的潜力,激发出许多科学创新和市场创新模式。

马云所创造的阿里巴巴的营销模式,只不过是"互联网 + 电动自行车改装的电动三轮车 + ……"。从车辆技术来说,中国人发明的电动自行车并不属于重大科技创新,但却满足了当前中国市场的需要。而一旦有了"互联网 + 电动三轮车 + 各种各样的生产用品和生活用品",就将极大地冲击传统的商业模式。首先会影响"超级市场"的营销模式。其中,"互联网 +"将导致单位商品的交易成本持续地大幅度下降,也不排除交易成本中的活劳动将会趋向于零!

如果的确能做到这一点,那么就将真正实现那位百岁经济学家科斯的设想:"只要交易成本为零,产权或所有制的区别将不再是重要的。"或者说,科技进步所带来的市场进步,以及交易成本的持续下降,将极大地缓解公有制和私有制之间的争夺和冲突。

(3)21 世纪出现了最为重要的技术——机器人的革命。机器人将完全包揽"社会平均必要简单劳动",包括工人、农民、店员、服务员等从事的各种体力劳动。

机器人每天可工作 24 小时,可不畏严寒酷暑,可在空中、水下等缺氧、缺少生存条件的环境中连续工作,也不需要寒假、暑假、产假等假期。

机器人也能取代教师讲课,取代科研人员整理数据、大量实验等重复性的脑力劳动,甚而还能取代新闻记者排版面、写新闻,特别是撰写《人民日报》一类报纸所需的新闻,可以做到又快又好,而且绝对不会出现政治错误! 可以说,现代机器人,特别是具有学习功能的智能化的机器人,将全面渗透到人类生活的各个领域。一场机器人改变生产方式、生活方式的时代正向我们走来。

机器人也将深刻地改变当前中国的发展模式。当前中国发展的"短板"之一,是农业生产技术特别落后,农业劳动生产率特别低下。中国的人均耕地面积较小,因而中国农业的精耕细作占用了大量的农村人口,其总人数高达 7 亿。如何将如此庞大的农业人口从农业劳动中解放出来,是一个特别需要解决的重大问题。智能机器人可以每天工作 24 小时,将完全、彻底地改变农业的作业模式。其中,有行走系列的机器人,如自行走动的耕作机器人、施肥机器人、除草机器人、喷雾机器人、嫁接机器人、采摘机器人、育苗机器人、育种机器人等等。而机器人运作的、由拖拉机驱动的大型联合收割机,其技术已完全成熟。对畜牧业,也有了剪羊毛机器人、挤牛奶机器人、放牧机器人等花色品种。

非常值得参照的,是日本发展的机器人技术。日本是农业机器人研究最早、市场发育最为成熟的国家之一。目前,日本已研制出育苗机器人、扦插机器人、嫁接机器人、番茄采摘机器人、葡萄采摘机器人、黄瓜采摘机器人、农药喷洒机器人、施肥机器人和移栽机器人等多种农业生产机器人。日本在机器人理论与应用方面都居世界前列。

德国的农业专家还采用计算机、全球定位系统(GPS),直接指挥在大田作业的机器人。现正谋求将这套技术通过卫星实现跨国指挥,即在别的国家的土地上实现耕作。中国正在和德国开展合作,协商如何在中国使用这套指挥技术,推进中国农业的现代化。

中国是一个拥有 13 亿多人口的农业大国。农业落后一直是影响中国社会经济发展的"短板"。从现在的发展来看,中国的农业必将陆续走向"温室农业或植物工厂 + 机器人运转、操作、控制"的道路,而这将解放出大批农业人口,加速改变中国的现代化发展面貌。

3. 上述三大技术革命其实是人类的双手、语言和大脑还有心脏功能的延伸。而"机器人 + 互联网 + 可再生能源"的综合的发展,必然冲击人类社会经济、政治,甚至还会影响文化发展的面貌。

对于政治经济学来说,这一革命带来的重大后果是:由"机器人 + 互联网 + 可再生能源"所取代的"社会平均必要简单劳动"中的"活劳动"将等于零,由活劳动创造的剩余价值当然也是零。在当前,虽然制造机器人要投入一定的活劳动,但未来将完全可以做到由机器人来生产机器人;也就是在发展的未来,活劳动所创造的剩余价值将等于零。那么,"零值"的剩余价值,将不再是社会财富积累的唯一来源!而由于剩余价值将等于零,一切统治阶级将再也找不到可掠取的被掠夺者所创造的剩余价值,也就是传统理念中的"剥削"的概念必将退出历史舞台!这就为邓小平规定为社会主义本质的"消灭剥削"找到了具体实现的途径。

恩格斯曾在《反杜林论》的有关"暴力论"的论述中深刻指出："暴力仅仅是手段,相反地,经济利益是目的。目的比用来达到目的的手段要'基础性'得多。"①他又指出,"私有财产在历史上的出现,决不是掠夺和暴力的结果"②,而是"为了提高生产和促进交流——因而是由于经济的原因而产生的。在这里,暴力根本没有起任何作用……暴力虽然可以改变占有状况,但是不能创造私有财产本身"③。恩格斯还指出,某个社会"先要在生产上达到一定的阶段,并在分配的不平等上达到一定的程度,奴隶制才会成为可能"④。既然剩余价值并不是由暴力产生的,是生产力的水平"达到一定的阶段"后出现的,那么,剩余价值以及资本剥削之所以退出历史舞台,也必然首先是来自经济,来自生产力;而"暴力,用马克思的话说,是每一个孕育着新社会的旧社会的助产婆"⑤。

传统的政治经济学的理念总是认为"消灭剥削"的唯一途径是剥夺剥削者,也就是必须狠抓阶级斗争,才能实现社会主义!从现在看来,更为现实的,而且能为最广泛人群所接受、认同的,是依靠大力发展"机器人+互联网+可再生能源"所创造的使用价值,来"消灭剥削"。

一个显见的事实是:传统意义下的产业工人、农民阶级队伍,在发达国家中正大幅度缩小,而被称为"白领"工人,或又称为中产阶级的队伍,已经上升并成为发达国家中起主导作用的人群;而且,不排除被称为"蓝领"工人的人群正走向"零"!中国特色社会主义政治经济学的研究,也必须预见到上述"中产阶级"也将成为未来中国的主体人群,而这一发展趋势,将是不可阻挡的、正在迅速彰显的客观事实!

所以,当代政治经济学的研究必须重视江泽民在十五届五中全会所提出的"要深化对劳动和劳动价值理论的认识"⑥。在此之前两个月,即 2001 年的"七一"讲话中,江泽民说,要"深化对社会主义社会劳动和劳动价值理论的研究和认识"⑦。

这就是说,我们在劳动价值论里对"劳动"的解读中,不仅要看到来自工人、农民所贡献的"社会平均必要简单劳动",而且还要充分估计到脑力劳动以及相应的科学技术、市场交易以及文化艺术等脑力劳动产物,对社会、经济、科学、文化

---

① 马克思、恩格斯:《马克思恩格斯选集》第 3 卷,人民出版社,1972 年版,第 199 页。
② 马克思、恩格斯:《马克思恩格斯选集》第 3 卷,人民出版社,1972 年版,第 201 页。
③ 马克思、恩格斯:《马克思恩格斯选集》第 3 卷,人民出版社,1972 年版,第 202 页。
④ 马克思、恩格斯:《马克思恩格斯选集》第 3 卷,人民出版社,1972 年版,第 200 页。
⑤ 马克思、恩格斯:《马克思恩格斯选集》第 3 卷,人民出版社,1972 年版,第 223 页。
⑥ 江泽民:《江泽民文选》第 3 卷,人民出版社,2006 年版,第 343 页。
⑦ 江泽民:《江泽民文选》第 3 卷,人民出版社,2006 年版,第 287 页。

所做的巨大贡献,并将这些贡献引入经济学的核算之中。一个显见的理由是,在今天的社会生活中,再也不能低估知识分子、低估脑力劳动在社会主义建设中的主导作用。相应地,在马克思主义政治经济学的计量公式之中,必须真正体现出,亦即不仅仅是在字面上承认"科学技术是第一生产力";也就是说,必须将脑力劳动所引起的科技进步和市场扩展引入政治经济学的框架。

4. 既然所谓社会主义阶段实行"按劳分配制度",而如果其中的"劳"将走向消灭,这就必然将在分配问题上走向"按需分配"。那么,从经济学来看,何谓"按需分配"?

从马克思主义政治经济学来看,满足人们的某种需求也就是满足人们所需要的使用价值。或者说,当代马克思主义政治经济学还必须将使用价值的概念吸收到待发展的政治经济学计量的框架之中。用西方主流经济学的语言来讲,也就是按人们所需的效用进行分配。那么,西方主流经济学里的"效用"和马克思主义政治经济学里的"使用价值"之间,究竟有什么相互关系?

在马克思、恩格斯的论述里,曾多次认同"使用价值即效用"。马克思在《资本论》第3卷中曾说:"如果一个使用价值不用劳动也能创造出来,它就不会有交换价值,但作为使用价值,它仍然具有它的自然的效用。"①马克思在亲自修订的法文版《资本论》第1卷第1章中还说:"作为具体的有用劳动,它生产使用价值或效用。商品要成为价值,首先必须是效用。"②(以上着重号均为引用者所加)此外,马克思还在多处讲过类似的话,请参看本书第258页,这里不再一一引出。

而最为重要的,是恩格斯在《反杜林论》中甚而说,当"社会一旦占有生产资料并且以直接社会化的形式把它们应用于生产……它必须按照……各种消费品的效用……最后决定这一计划。人们可以非常简单地处理这一切,而不需要著名的'价值'插手其间"③。在该页对"价值"的注解中,述说:"在决定生产问题时,上述的对效用和劳动花费的衡量,正是政治经济学的价值概念在共产主义社会中所能余留的全部东西……"④(着重号为引用者所加)这里的"衡量",是这一注解的关键词。

---

① 马克思:《资本论》第3卷,人民出版社,1975年版,第728页。
② 马克思、恩格斯:《马克思恩格斯全集》第49卷,人民出版社,1982年版,第186页。
③ 这段文字是根据《马克思恩格斯选集》第3卷第348页(人民出版社,1972年版)里一段长长的文字省略、缩写而成的,完全忠实于原意。
④ 马克思、恩格斯:《马克思恩格斯选集》第3卷,人民出版社,1972年版,第348页。

五、我们的回答

1. 必须设法将劳动价值论和边际效用论统一在一个理论框架之中。这就是我们这次收录在本书中的许多论文,特别是《科学创新:发展马克思主义政治经济学的必由之路》(其在《当代财经》杂志2015年发表的删改版更名为《一个可将劳动价值论和边际效用论统一在一个方案的数理经济模型》)对各方的质疑和批评所做的比较系统的回答和总结。

上述论文的基本精神,就是认为劳动,即在生理学意义上的体力的支出,是衡量价值的唯一尺度。而西方主流经济学里的效用便有

效用＝使用价值＝社会平均必要简单劳动所创造的价值×科技效率因子×市场效率因子

这一公式的含义是:劳动既是衡量价值的唯一尺度,也是衡量效用或使用价值大小的相对尺度。或者说,效用,亦即使用价值,都和价值一样,具有相同的量纲,亦即均是社会平均必要简单劳动。但科技效率因子和交易效率因子却是无量纲量。其中,科技效率因子是用来衡量劳动的支出和效用的产出之比的客观效率的放大因素,而市场效率因子还将购买者将付出多少劳动换回对某种效用的喜好、厌恶程度等主观评价也包括在内了。

劳动价值论里的劳动,是李嘉图、马克思等人已定义得很好的可相加的物理量。劳动价值论有一个很著名的可相加的价值公式:

$$W_J = m_J + C + V \tag{1}$$

式中,C是不变资本;V是可变资本;m_J是剩余价值;W_J是产品或商品的价值。

现在由于引入了科技效率因子N_S和市场交易效率因子N_J,就可定义一个新无量纲量——广义科技效率因子N:

$$N = N_S N_J \tag{2}$$

这样,效用或使用价值,就表示为和价值量纲相同的物理量,并有:

$$W_S = W_J N \tag{3}$$

由于已知公式(1)中各不同形式的价值量具有可加性,所以在对价值量W_J乘上某一无量纲的放大或缩小的倍数N后,在公式(3)中新定义的效用或使用价值W_S当然也具有可加性。又由于生产商品时所投入的不变资本C和可变资本V在价值关系上仅起价值转移的作用,这样就能引入一个新经济量——剩余使用价值m_S。m_S和W_S的关系将体现在如下公式中:

$$W_S = m_S + C + V \tag{4}$$

式中,W_S表示商品在市场上的效用或使用价值;m_S是剩余使用价值,也就是西方主流经济学里的利润;$C + V$是用劳动衡量的投入的成本。

可以证明,现在新引进的广义科技效率因子 N 相当于新古典经济学所引进的全要素生产率。但由于这里新引进了科技效率因子 N_S 和市场交易效率因子 N_J,就为全要素生产率的内涵补充了实体性的解读。公式(1)和公式(4)分别是两个相互独立的公式,也是规范经济学和实证经济学里的基本公式,但却通过公式(2)和公式(3)这两个分别描述两种经济学的基本公式联结在一起。

这样,新引进的广义科技效率因子 N,就改变了原有的剩余价值的分割模式。过去剩余价值将唯一地由公式(1)所代表的劳资双方来分割,必定产生资本和劳动,即工人和资本家的"零和"争夺。现在有了广义科技效率因子 N,那么在剩余使用价值的分割上,只要这种分割有利于广义科技效率因子——随着劳动和资本的合作——不断增加,就完全可以做到"分割"时多方的"互利共赢"。阶级合作也是阶级斗争中不可缺少的选项。对立面的统一也是"发展"即"对立面的斗争"必然出现的形式之一。

2. 至于社会平均必要简单劳动,就既包括生产劳动,也包括商业劳动,甚而包括家庭主妇从事的家务劳动……中所支出的社会平均必要简单劳动。

而更为重要的是,公式(2)和公式(3)对劳动的另一重要花色品种——脑力劳动在当代经济生活中的地位和作用做了新的解读。在我们看来,一个显然的事实是,脑力劳动在社会生活中的作用是,提高体力劳动或社会平均必要简单劳动创造使用价值的效率。或者说,脑力劳动是仅创造效率的一种劳动,亦即由公式(3)中的 N 来体现;脑力劳动并不创造价值,或仅创造微不足道的社会平均必要简单劳动产生的价值。

至于劳动的另一类花色品种——复杂劳动,现在就定义为:

$$复杂劳动 = 脑力劳动 \times 简单劳动 \tag{5}$$

马克思、恩格斯曾认为,"一小时复杂劳动的产品同一小时简单劳动的产品相比,是一种价值高出两倍或三倍的商品。复杂劳动的产品的价值通过这种比较表现为一定量的简单劳动",而这种比较是"由生产者背后的社会发展过程完成的"。而因此,这两者之比究竟是几倍,"对这一过程只能加以确定,还不能予以说明"[1]。(着重号为引用者所加)

在我们看来,这一"两倍或三倍的商品"所高出的并不是"价值",其实应是复杂劳动创造的使用价值。复杂劳动之所以"复杂",是由于复杂劳动所蕴含的脑力劳动将社会平均必要简单劳动创造的使用价值或效用的效率放大了两倍或三

---

① 马克思、恩格斯:《马克思恩格斯选集》第3卷,人民出版社,1972年版,第237页。

倍。复杂劳动并没有比所消耗的简单劳动创造更多的价值,它所创造的是更多的使用价值的效率。或者说,与复杂劳动所对应的使用价值可表示为:

$$效用 = 劳动 \times 效率 \qquad (6)$$

而这一改动,就使劳动价值论从诸多责难和批评中解脱出来。

在劳动价值论发展的历史上,最为常见的批评,就是所谓"葡萄酒困惑"。一箱葡萄酒在贮藏了几十年后,其香味、口感都大为改善,售价也就猛增几倍,甚而几十倍。但在几十年的储藏期间所添加的劳动,却完全是零!那么,这箱葡萄酒提升的"价值"从何而来?!这就是在劳动价值论里争论长达百年之久的所谓价值"转形"难题,以及它们的逆问题——价值"决定"难题。但一旦有了"效用 = 劳动 × 效率"的使用价值论,上述难题也就不再是难以解答的难题了!

3. 有意义的是,公式(2)和公式(3)也改变了西方主流经济学对效用的解读。虽然西方主流经济学里有"基数论""序数论"对"效用"一词进行论证,其实都没有能回答"效用"的可加性、可微性等初等数学的问题。现在由于引进了"劳动也是衡量效用的尺度",而效率却是无量纲量,就为效用的可加性、可微性做了补充证明。

至于边际效用论,只是一种"形式主义"框架,很难对土地、劳动和资本进行有区别的讨论,这就必然陷入回避资本、土地和劳动有重大区别的"三位一体"学说。我们现在新提出的理论中,仍然保留着对当代西方主流经济学这些重大缺陷的批评!因为一切非劳动的产物,如未经开发的土地,其价值必定是零;而现在乘上广义科技效率因子 N 后,其使用价值也仍然是零。内蒙古的沙漠,其土地售价曾是 1.0 元/亩,而北京城郊的地价可高达每亩百万元之多,原因就在于北京城郊每亩土地的效用 = 劳动 × 效率。

如上所述可以证明,这里引进的广义科技效率因子 N 相当于西方主流经济学里的全要素生产率。但由于有了广义科技效率因子 N,阶级斗争就不再是"零和游戏",而是改为"互利共赢"!但人们仍可以通过公式(1),具体计算出这类新型阶级斗争的剥削量的大小或多少。

我们的研究还发现,西方主流经济学里的一致均衡论,以及帕累托最优理论……的论证,从假说到证明均有不少欠缺严密之处,甚而连何谓均衡态的定义均没有严格的表述!

我们的研究也为如何进一步研究西方主流经济学里的供需均衡以及不均衡(即经济危机)的理论,提供了新的可能。

4. 这一新理论也为进一步认识理解当代社会以及未来社会的社会主义本质

问题带来新的启示:①科技和市场都来自前人的发明和创造,我们后辈只不过做了微小的添加。②随着三大技术革命的深入,如前所述,活劳动所创造的剩余价值将等于零。因而未来社会里的"按需分配"中的需求,亦即效用 W_s,也主要将来自前人所积累下来的"死劳动 C × 前人积累的广义科技效率因子 N",也就是:

$$W_s = C \times N \tag{7}$$

而既然人类在未来社会"按需分配"中所享用的效用或使用价值主要是来自前人的积累,我们的后代子孙中的少数人就再没有理由将前人传承下来的"死劳动×效率"据为私有! 这就是我们必须看到的,必将在未来社会中起主导作用的社会主义因素和共产主义因素。

资本主义社会的基本矛盾是生产的社会性和占有的私人性的矛盾。而在过去的理论中,对于这一基本矛盾中的生产的社会性,这一最为重要的重大社会主义因素所包含的丰富的内涵,却研究得太少,太少! 我们也仅对其中两个因素,科技和市场中的社会性做了初步的研究。不排除其他生产要素也有类似的功能。

"生产的社会性"和"占有的私人性"之间的矛盾,当然还将表现为科技、市场的占有性之间的"社会化"和"私有化"的矛盾。这类市场和科技争夺的"私有化"表现出的具体例证之一,就是美日等初步签署的 TPP(跨太平洋伙伴关系协议)。这类争夺,将在世界范围内持续存在。据陈启懋同志在《当代世界发展大趋势》长文中的估计,这类持续争夺的时间,可能长达几百年! 同样,在一国之内的企业之间,如我国的国有企业之间,也存在类似的争夺和矛盾,尽管它们都是国有的。还有新技术,即每一项先进技术的应用也绝不会是一帆风顺的,因为在这一过程中,有企业得利,有企业会被淘汰。但先进生产力一定会取代落后的生产力,人类社会也必将随着生产力的每一次进步与发展,不断地有所进步,有所发展,有所前进。在这一伟大的历史进程中,人们有理由期待马克思主义的政治经济学家们学习我们的革命先辈,将马克思主义的政治经济学理论不断推向新的水平。

5. 至于《科学创新:发展马克思主义政治经济学的必由之路》(或《一个可将劳动价值论和边际效用论统一在一个方案的数理经济模型》)所给出的,仅是一个初步的、探索中的线性均衡模型。当然不排除它可以进一步发展为多种花色品种的非线性的均衡模型,而且也可能进一步发展为可随时间变化、可引入各种宏观调控因子的经济模型。

这类经济模型,也还能讨论和计算影响生产力发展的生产关系成本,也就是制度成本。在我们看来,经济发展模式中的各类经济体制或经济制度,要依据各类生产力的不同特点、特性,利用上述政治经济学基本公式所测算出的市场中的交换和合作所支付的制度成本或体制成本,来确定和选择。科斯定理仅仅认为"只要交易成本为零,选取社会主义还是资本主义,制度的区别将是不重要的",科斯并没有因此而得出资本主义的制度成本必然是最小成本的结论。这只不过是新自由主义学者的侈谈!但也有一点是可以肯定的:苏联所推行的僵化、固定的计划经济体制,包括为维持这一计划经济体制所支付的巨大军费开支,以及我们在经济建设中曾经推行的"共产主义是天堂,人民公社是桥梁"必须付出的种种代价,亦即它们的制度成本,却远高于第二次世界大战后发达国家以及那一时期中国的邻国日本和亚洲"四小龙"的制度成本;所以,苏联和当代中国也就在一个发展时期落后于这些国家和地区。

也就是说,中国特色社会主义政治经济学还将扩展到对世界各国制度经济学的研究。

附

与何祚庥教授商榷
——"基于当代物理学方法构建中国经济学的综合框架"问题

晏智杰

　　据 2017 年 6 月 2 日微信公众号"经济学家圈"刊文称,著名理论物理学家、中国公众人物、中国科学院院士何祚庥教授近日在某一场合演讲时提出,希望并相信能够基于当代物理学方法构建中国经济学的综合框架。他在回顾了物理学史上那场旷日持久的关于光的本质的争论及其结果之后指出,经济学或政治经济学的纷争至今已持续 150 年,人们能否借鉴物理学"从争论到统一"的历史经验,构建一个新的理论,解决已持续 150 年之久的争论呢? 何教授指出,以劳动价值论为核心的马克思主义政治经济学仍然停留在只讨论"三要素"的水平,人们能否建立一个包括知识或科技进步和市场扩展在内的马克思主义"四要素"的"新"政治经济学呢? 这种"新"政治经济学应当建立在一个劳动和效用相统一的新劳动价值论框架之下……何教授在对马克思、瓦尔拉斯、凯恩斯三大理论体系进行比较和综合的基础上,提出了一个新颖又值得深思的问题:为什么经济学的左派和右派不能统一在一个旗帜下,共同为中国经济发展服务?

　　对 90 高龄的何教授仍如此关注经济学基本理论的发展,我深表钦佩,而且认为他建议在"三要素论"的基础上,加进包括知识或科技进步和市场扩展在内的各个要素,搞成　种新的要素价值论,有其重大意义和合理成分。然而,我仍觉得何教授的论述有一些地方需要澄清,有一些问题值得商讨,特此提出以求教于何教授和其他学者及公众。

　　何教授认为,以劳动价值论为核心的马克思主义政治经济学没有包含知识或科技进步和市场扩展等要素,他说的是一个客观存在的事实;然而,他认为马克思主义政治经济学仍然停留在只讨论"三要素"(土地、劳动和资本)的水平,却多少有失准确,因为真正的马克思主义经济学在论及价值源泉时,是不会将目光转向劳动以外的其他要素之上的。

　　按照马克思主义政治经济学的劳动价值论,由于历史的、逻辑的以及现实的多种缘由,推定商品价值的源泉只有劳动,而且是与具体劳动相对应的所谓抽象劳动;至于其他要素,诸如土地和资本等,则只被看作劳动创造价值的工具或对象,而绝非商品价值的源泉,不仅如此,它们本身的价值还须依靠具体劳动得以保持并被转移到新产品之中。

当然,就商品使用价值的创造来说,马克思承认,除了劳动,还有(而且必须有)土地和资本;他甚至还就此批判《哥达纲领》不该把劳动视为财富或使用价值(并非商品价值)的唯一源泉,因为这会导致低估甚至无视夺取生产资料所有权(即实施革命)的意义,似乎有了劳动便会有财富;在这个意义上,马克思甚至说《哥达纲领》的提法是资产阶级观点,因为掌握着生产资料的资产阶级,宁可接受劳动是创造财富的唯一源泉的说法。马克思的论断是非常尖锐和深刻的。人们也许就此推论说,既然如此,为什么不可以循着这个思路,把创造商品价值的源泉也从劳动扩展到土地和资本,甚至科学技术呢?何况现实生活早就要求认同这一点。

但是,依照马克思主义经济学的思路,却根本不能认同这一点。原因在于,在马克思看来,简单商品生产的本质是商品价值的生产和再生产,而作为商品生产最高阶段的资本主义商品生产,其本质却不限于价值的生产和再生产,而是价值的增值即剩余价值的生产和再生产;因此,马克思断定,为了揭示资本主义生产的本质,应该着重关注的是价值分析而不是使用价值分析,而分析价值是为了进而分析剩余价值。于是,在指出商品的使用价值是其价值的物质承担者之后,马克思便将使用价值搁置一旁,而将价值分析和剩余价值分析置于分析的中心,构成整个经济理论的主线,一直到依据劳动价值论说明了价值和剩余价值的本质、来源及其运行规律之后,才在分析社会总资本的再生产和流通以及剩余价值分割时重新将使用价值纳入分析的视野,毕竟,离开商品体即使用价值的生产和再生产,便不能对社会总资本的再生产和流通以及剩余价值的分割做出完整的分析。

马克思身后的马克思主义经济学一直严格遵循着马克思本人的这个理论和思想路线,在论及商品价值源泉问题时,只关注和讨论"劳动"这一"要素",排斥任何其他要素充当价值源泉的角色,否则就不是马克思主义政治经济学,也不是作为其理论基础的劳动价值论了。这表明"以劳动价值论为核心的马克思主义政治经济学仍然停留在只讨论'三要素'的水平",这种说法是不准确的。

何教授呼吁将劳动同知识、科技和市场要素在内的其他要素结合起来,搞成一种适应现实生活需求的新的价值理论。这种愿望和要求的合理性和必要性不言而喻。然而,如果这里说的是马克思主义经济学所说的劳动,则无论在实践上还是理论上,这样的愿望绝无实现的可能。事实上,此类愿望早就有人提出过,并且做过综合的尝试,但没有取得成功,也不可能取得成功。原因很简单,马克思主义经济学的劳动价值论,与西方经济学秉持的以效用论和要素论为主轴的价值论,是两种根本对立的理论,它们所体现的立场、观点和方法截然不同,追求的目标完全相反,彼此是无法调和的。

别的不说,早先出现的不同于古典经济学劳动价值论的其他理论,诸如萨伊的三要素论,其他经济学家提出的市场供求论、成本论等等,在马克思看来都是庸俗经济学的价值论,甚至约翰·斯图亚特·穆勒将已经出现的各种价值论加以综合,也被马克思批判为毫无生气的折中主义和调和主义。

至于马克思身后出现的各种非劳动价值论的价值论,包括"边际革命"中出现的边际效用价值论,以及马歇尔经济学的供求均衡价值论等等,则被后来的"马克思主义者"冠以"晚期庸俗经济学"的头衔加以批判,同时将马克思生前批判的对象称为"早期庸俗经济学",以示区别;苏联经济学界更断定1929~1933年危机后西方经济学已经陷入不可挽回的"总危机"阶段,更遑论对其价值论做出肯定性评价了。

对西方经济学的这种看法,在苏联理论界一直居于支配地位,在我国,中华人民共和国成立后直到改革开放之前的历史时期也不例外。苏联解体、东欧巨变以及我国走上改革开放之路,才宣告了这种传统观念的终结。事实说明,马克思本人及其身后的"马克思主义者"对西方经济学的价值理论向来是持批判态度的,两者没有任何调和的余地。

那么,西方经济学怎么看待劳动价值论呢?说来可能出人意料。劳动价值论的首创者并非马克思,而是英、法古典政治经济学家。早在17世纪末,英国经济学家威廉·配第的著作中已经包含了劳动价值论的萌芽。他说:"土地为财富之母,而劳动则是财富之父和能动的要素。"(1662年)这是对英国资本主义发展初期阶段社会实践的一种总结,其特征在于告别了封建社会只认同以土地为代表的资源是财富源泉的传统概念,在历史上第一次承认劳动也是财富和商品价值的源泉。

劳动价值论在英国古典政治经济学奠基人亚当·斯密的著作中得到长足发展和具体运用,成为其经济学说的理论基础之一。他在《国富论》(1776年)中提出了两种价值论:一种是指在"原始未开化"时期(实指简单商品生产时期),商品价值源泉被归结为生产商品所花费的"辛苦和麻烦";另一种是指在"资本积累和土地私有"的现代社会,商品价值则决定于工资、利润和地租等"三种收入"。可以认为亚当·斯密的这种二元价值论是对英国资本主义初级阶段社会状况的如实反映:既承认劳动在创造财富和商品价值中的地位,又认同新兴资本家的诉求,还继续承认土地所有者的历史和现实地位及要求。亚当·斯密的这种二元价值论在持续了30多年之后,被法国资产阶级经济学家萨伊所摈弃,并以土地、劳动和资本"三要素论"取而代之(1803年),从而开创了生产要素价值论的先河。

19世纪初英国古典经济学最大的代表者李嘉图将劳动价值论推向巅峰。他摒弃了效用价值论,将农产品价值归结为在最差土地上生产市场所需产品所花费的劳动量,并将这一原则推及一切产品的价值决定。李嘉图依据这种价值论,推定了劳动工资、资本利润和土地地租的决定法则。他认定在人口迅猛增长、土地收益递减条件下,地租收入无论在价值上还是数量上都在增长;劳动工资被归结为工人的生产费用,这种费用是有底线的,不可能长期过高或过低,所以工资从长期来看也是有保障的;唯一动荡不定、缺乏保障的是资本利润,因为它是在必须支付的地租和工资之后的余额,而且在竞争等因素的作用下,资本利润率还会趋向下降。总之,在李嘉图看来,资本家阶级是对生产和社会的贡献最大然而又最吃亏的阶级。他以此为据,提出了一系列力争有利于资本的税收等政策。不用说,这种学说最受新兴资产阶级的欢迎和拥护,一时之间,正如凯恩斯所说,"李嘉图征服了英格兰"。

然而,好景不长。在19世纪初期围绕价值法则的一场论战中,李嘉图经济学的基础——劳动价值论遭到了破产,李嘉图学派也因此归于解体。破产的根本原因在于李嘉图劳动价值论本身存在重大缺陷,即它完全排斥劳动以外其他要素的创价作用,因而不能对市场经济条件下最为重要的资本利润现象做出令人信服的解释。资本利润的存在是一个客观存在的事实,如何用劳动价值论解释这个事实,对李嘉图及其追随者来说,却是一个难题。按照李嘉图的劳动价值论,只有劳动才创造商品价值,然而,劳动和资本交换的结果却出现了利润,这岂不是说,劳动价值规律不适用于劳动和资本的交换,换句话说,劳动价值规律失效了。更有甚者,劳动价值规律也同一般利润率相抵触。一般利润率是竞争条件导致的必然趋势或结果,然而,这种趋势或结果却表明,资本利润的数量并不同商品包含的劳动量成比例,而是同生产商品所花费的资本量成比例,即等量资本获得等量利润,这岂不是也表明劳动价值规律失效了。李嘉图本人对此类矛盾百思不得其解,直至抱憾离世。他未料到,在他身后,他的追随者出于捍卫劳动价值论的初衷,居然提出应当扩大劳动概念的内涵,把能够引起合乎人们愿望的结果的任何操作均称为劳动,而不管这些操作是由人进行的还是由牲畜进行的,抑或是由大自然进行的。他们以为这是冰释劳动价值论与现实生活矛盾的最佳途径,结果反而证明了非劳动价值论的正当性,因为在他们的所谓"劳动"概念中,包含了反对论者一直坚持的资本和土地等非劳动要素,可以想见,这样的观点使劳动价值论招致了怎样的毁灭性的后果。

李嘉图劳动价值论的破产和李嘉图学派的解体,是西方经济学理论基础发展中的一个具有历史意义的转折点。从此之后,作为西方经济学理论基础的价值论便永远地告别了古典经济学所创立并坚持了一个多世纪之久的劳动价值论,走上了一条与之对立的认同效用和多元要素的创价作用之路。其主要路标,一是发端于19世纪70年代初的"边际革命"所提出边际效用即主观效用价值论;二是19世纪90年代马歇尔提出的"四要素论"(土地、劳动、资本和经营管理);三是第二次世界大战后逐渐形成至今仍然有效的"五要素论",与四要素论相比,其最大进展在于肯定和强调了科学技术是第一生产力,因而也就是创造商品价值的第一要素。有理由相信,"五要素论"绝不意味着价值论发展的终结。

可以看出,效用论和生产要素价值论,从根本上来说,反映了生产力发展的现实,并且发挥了引领生产力发展的作用;它们的发展和演变,与社会经济发展同步。这种要素价值论尤其与各时期市场经济发展的现实相切合,反映了市场经济运作和发展的基本法则,因而成为观察和调节市场经济的基本理论依据。要素价值论的发展,总是受到当时最先进的生产力动因的引领和推动,并将其提到创造价值要素之首位:最初是土地和劳动,然后是资本,再后是经营管理,现今则是科学技术。这说明,在价值创造中,总是有最先进的某种要素在起作用,这一点不会改变,但是这个最先进的要素是什么,却不会固定不变,事实上它是随着社会经济条件的变迁而变化的。价值论史还说明,效用和要素价值论从不否认劳动的创价作用,始终将劳动置于商品价值的源泉之列,但它否认视劳动为创造价值的唯一源泉。

可见,扩大"劳动"概念的内涵,把科学技术工作者以及经营管理工作者的劳动囊括进"劳动"概念之内,搞成一个扩大的劳动价值论,难免重蹈李嘉图劳动价值论破产和李嘉图学派解体的覆辙;认为马克思主义经济学只停留在"三要素价值论"已经不合时宜,因而需要加进科学技术和市场等要素,搞成一个新的要素价值论,事实上也行不通,因为根本不存在这样的马克思主义要素价值论,而且它同要素论是根本对立的。唯一正确的出路看来在于,以实践为准绳,以发展社会生产力和市场经济为依归,在总结我国改革开放实践经验基础上,重新认识马克思主义经济学的劳动价值论,在肯定其历史功绩和革命精神的同时,规避其理论和历史的局限性,同时借鉴和吸收西方经济学价值论的科学成分,重建中国经济学价值论。

循此思路,经历长期研究,我在先后发表的《古典经济学》(1998 年)和《劳动价值学说新探》(2001 年)等作品中,重新评价了马克思主义劳动价值论,同时提出了市场供求均衡多元要素价值论,以供商讨。该价值论包含三个方面:第一,商品价值决定于市场供给和需求的均衡。这种均衡有各种情形,其形成机制和作用各不相同,值得深入研究。第二,商品的供给价值(或价格)决定于社会生产力及其各种要素,包括土地、劳动、资本、经营管理和科学技术。其中,科学技术是当今世界的第一生产力,也是决定价值的第一要素;至于劳动,作为生产要素之一,它最初与土地相并列,被承认为财富和价值的源泉之一,后来则与资本、经营管理和科学技术相结合,继续起着价值源泉之一的作用,它从来不可或缺,甚至极为重要,但从来也不是价值的唯一源泉。第三,商品需求价值或价格取决于影响社会消费的各个因素,诸如阶级阶层结构、收入水平、消费倾向等等。

需要补充一点,在价值论研究中,如何引进、借鉴和吸收当代自然科学的最高成就(相对论和量子论),是一个值得重视的问题。近来看到滕泰博士新著《软价值》一书,觉得是对将量子理论引入现代经济学的可贵探索。作者区分了作为物质财富的"硬价值"和作为非物质财富的"软价值",并将"软价值"的源泉归结为"创造性思维和技能性活动"。这在很大程度上是对科学技术这一要素的新解读,因为所谓创造性思维往往是科学技术发展的结果,它本身也许就是科学技术的组成部分,但它又可以被认为是对价值源泉新要素的一种探索,因为创造性思维似乎超出了科学技术的范畴,值得深入探讨。

依据我对量子论的粗浅理解,该理论认为客观世界离不开人的意识,在研究外界事物时,一定要把人的意识加进去。我以为这无疑应适用于经济学(首先是经济学价值论)的研究。这跟传统认识有很大距离:过去总是强调外界事物不以人的主观意志为转移的客观性,强调人的主观认识是对外界客观事物的反映,因而它只能是第二性的。量子论在一定程度上颠覆了这种观念,它肯定了客观外界的存在,但是认为如果人没有意识到这个外界事物的存在,没有对它的存在和状况做出观测,那么这个外界事物对人来说还是不确定的;只有当你观测和感知了,它对你才变成唯一的和确定的。不能说这种说法就是认定人的主观意识决定一切,更不意味着它认可主观意识是外界事物存在的源泉,但它强调人的观测和意识使事物从叠加态转化为唯一态,从不确定转化为确定,却是符合实际的论断。应该立足于此来观察和研究经济学,首先是它的价值论。

　　事实上,在与量子论几乎同时出现的经济学"边际革命"中提出的主观效用价值论,就包含了量子论的若干因素。与西方主流经济学强调市场总能趋向供求均衡之结果,强调市场经济存在客观规律不同,边际革命论者强调市场过程的自发性和不确定性,强调企业家主观意识作用及其知识等对市场形成过程的影响,强调必须经由主观意识来观察的经济现象和规律才是确定的和可靠的等等,这同量子论强调人的观测方使外界事物从不确定变成确定的观念不谋而合。经济学的"凯恩斯革命"同量子论可能更有不解之缘。凯恩斯(1883～1946)与量子论创始人普朗克(1858～1947)是同时代人,凯恩斯对 1918 年因发现能量量子化而获得诺贝尔物理学奖的普朗克的学说不会没有了解,而且他们在此后不久(1922年)还有过会面和交谈。凯恩斯的代表作《就业、利息和货币通论》(1936 年)所提出的有效需求原理,包括边际收入递减规律、资本边际收益递减规律、灵活偏好规律,以及关于宏观调控的政策建议,包括财政政策和货币政策的效果和灵活运用,均强调人的主观意识对经济生活的重大影响,强调经济生活的不确定性等等,所有这些均同量子论不谋而合——如果不是受到后者直接影响的话。

　　借鉴和吸收自然科学的方法及其成果,是西方经济学的一种传统。古典经济学借鉴吸收的对象是牛顿的经典力学,当代经济学吸收借鉴的对象理应首推相对论和量子论,我以为这是何祚庥教授发出的呼吁和建议给予我们的最大启发。循着何教授指出的方向探究和重建经济学价值理论,我相信一定会推动中国经济学(首先是其价值论)结出与当代自然科学最新成就相媲美的丰硕成果,并对我国社会经济发挥前所未有的引领和推动作用。我们对此充满期待。

　　　　　　　　　　　　　　　　　　(2017 年 6 月 28 日作于北京大学)

发扬科学精神，抛弃"本本"主义

——再评丁堡骏教授对马克思主义经济学发展路径的探讨 *

张晓芳　庆承瑞

83 年前,1935 年 1 月,遵义会议成功召开,成为是中国共产党历史上一个生死攸关的转折点。如果继续沿着王明、博古和李德这三位打着经典马克思主义理论旗号,坚决坚持的"左"倾机会主义路线前进,中国共产党无疑将被历史所淘汰。

王明曾以"百分之百的布尔什维克"自居,不顾时代和条件的变化,对马克思主义经典作家根据他们所处时代和国度提出的观点、结论坚信不疑。在 1931 年的赣南会议上,王明指责毛泽东是"狭隘的经验主义"和"极严重的一贯右倾机会主义"。而正是这种在王明思想中被认定为"狭隘的经验主义"和"极严重的一贯右倾机会主义",反而在中国革命的危急关头挽救了党,挽救了红军,挽救了中国革命。

邓小平在视察南方的谈话中明确提出,迈不开步子,不敢闯,说来说去就是怕资本主义的东西多了,走了资本主义道路,要害是姓"资"还是姓"社"的问题。"判断的标准,应该主要看是否有利于发展社会主义的生产力,是否有利于增强社会主义国家的综合国力,是否有利于提高人民的生活水平。"[①]"不坚持社会主义,不改革开放,不发展经济,不改善人民生活,只能是死路一条。基本路线要管一百年,动摇不得。只有坚持这条路线,人民才会相信你,拥护你。谁要改变三中全会以来的路线、方针、政策,老百姓不答应,谁就会被打倒。"[②]

这些看上去在马克思主义经典著作中并不常见的"大白话",点明了党的思

---

* 本文为未刊稿,完稿于 2018 年。

① 邓小平:《邓小平文选》第 3 卷,人民出版社,1993 年版,第 372 页。

② 邓小平:《邓小平文选》第 3 卷,人民出版社,1993 年版,第 345 页。

想路线的核心问题——实事求是,以及政治理论的核心问题——政权问题。这些"大白话",用王明的思想和理论来解释,也一定是"狭隘的经验主义"和"极严重的一贯右倾机会主义"。

马克思主义不是教条,而是科学的行动的指南。历史已经无数次证明了这一点。无论是政治问题、思想问题还是经济问题,理论工作者都应该首先从实践而不是首先从"本本"出发,在面临理论上的分歧的时候,应该首先在中国经济、社会发展的现实问题上找准核心问题,找到共同点。

当前经济学面临的最大实践,就是经济全球化和科学技术革命带来的生产力的爆发性进步,这种趋势是不可逆转的。我们必须承认:不能解释这一现象,甚至不愿承认这一现实,是经济学理论最大的失败;不去研究这类问题,不基于这一实践发展和应用经济学理论,是经济学研究者最大的失职。无论怎样振振有词,如何引经据典,将经济学这一来源于实践、以指导实践为目的的科学拖入"本本主义"的泥潭,都是不严肃、不科学和不负责任的。

一、以事实为依据,改造和发展

马克思主义的客观性主要在于,它是以事实为依据、以规律为对象、以实践为检验标准的学说。"原则不是研究的出发点,而是它的最终结果;这些原则不是被应用于自然界和人类历史,而是从它们中抽象出来的;不是自然界和人类历史去适应原则,而是原则只有在符合自然界和历史的情况下才是正确的。这是对事物的唯一的唯物主义的观点。"①这一"唯一的唯物主义的观点",被毛泽东概括为"实事求是",邓小平进一步将"实事求是"称为"马克思主义的精髓"。

我们所面临的历史事实是:马克思主义理论中"直接过渡"的思想给苏联和中国都带来了灾难性的影响。在《哥达纲领批判》中,马克思认为:"在资本主义社会和共产主义社会之间,有一个从前者变为后者的革命转变时期。同这个时期相适应的也有一个政治上的过渡时期,这个时期的国家只能是无产阶级的革命专政。"建立一个没有商品交换、没有阶级剥削的社会的思想深刻影响了社会主义革命的领导人,尤其是"过渡时期……必须实行无产阶级的革命专政"的思想,也就是必须采用"专政"的手段来"建立一个没有商品交换、没有阶级剥削的社会"的思想,使得革命胜利后的俄国和中国都迫不及待地进入了直接过渡的轨道,并将其视为对马克思主义理论在实践中的创新和发展。俄国"战时共产主义"的失败,中国"大跃进"以及接踵而来的十年动乱的惨痛历史教训,必须被铭记。

_____

① 马克思、恩格斯:《马克思恩格斯选集》第3卷,人民出版社2012年版,第410页。

马克思主义政治经济学应用在中华人民共和国成立初期社会经济建设实践中的失败，是用阶级斗争为纲的理论而不是生产力发展的理论指导经济建设的结果。这种片面强调生产关系的反作用，忽视生产力发展规律的经济学理论是有缺陷的。其中最重要的缺陷，就是对"复杂劳动"的简化理论。

马克思的经济学理论是建立在劳动价值论的基础上的，而劳动价值论又是以简化"复杂劳动"为前提进行量化计算的。劳动价值论的基本观点是：价值创造的源泉只有一个，就是劳动，而且是每个没有任何专长的普通人的机体平均具有的简单劳动力耗费的普通劳动，即一般的无差别的人类劳动，或抽象的人类劳动。理解这一基本观点，需要理解并坚持两个问题：一是只承认活劳动创造价值，价值由社会平均必要简单劳动时间决定；二是活劳动创造的价值划分为必要价值与剩余价值两部分，这是价值分配的一般原理。在这里，"社会平均必要简单劳动时间"成为计算、比较和解释人类劳动核心的、唯一可计算的概念。对于这一概念，马克思同时认为，"比较复杂的劳动只是自乘的或不如说多倍的简单劳动"，"我们以后把各种劳动力直接当作简单劳动力，这样就省去了简化的麻烦"。以下是建立在劳动价值论基础上的政治经济学几个基本公式：

计算商品价值量：

$$W = C + V + m$$

剩余价值率：

$$m' = m/V = 剩余劳动 / 必要劳动 = 剩余劳动时间 / 必要劳动时间$$

利润率：

$$p' = m/(C + V)$$

式中，W 为商品价值量；C 为不变资本；V 为可变资本；m 为剩余价值；m' 为剩余价值率；p' 为利润率。

很显然，在劳动价值论，以及在劳动价值论基础上建立起来的政治经济学中，人类从事的复杂劳动所贡献的产品并未参与商品价值的计算，即在经济学意义上是无价值的。从计算结果上来看，在以必要简单劳动为主要生产力的社会发展水平上，这种计算方法并不会导致太大的误差。但是，从理论意义上来看，将复杂劳动简单化的处理，却导致了几方面严重的后遗症。

首先，造成了经济学理论内部的冲突。"复杂劳动"与"简单劳动"关系的论述由此变得极为繁琐，成为长时间悬而未决的难题。实际上，复杂劳动之所以"复杂"，原因在于复杂劳动较之于简单劳动包含了更多的知识，而知识并不是简单劳动的产物，而确是脑力劳动的产物。伴随着人类历史上几次科技革命以及随之而来的产业革命的发生和发展，随着人类知识对经济发展的贡献率呈指数增加，在马克思主义政治经济学的队伍里，对脑力劳动计量问题展开了无休止的讨论。而与此同时，西方主流经济学理论已经全面主导了世界经济学的发展。

更为重要的是，因为"复杂劳动""脑力劳动"在经济学体系中无法得到充分体现，以至于脑力劳动者的阶级属性与政治地位难以获得经济上的合法性。正是这一点，恰恰造成了经济学理论与政治学理论的矛盾，甚至导致革命实践中对人类知识的荒谬认识以及知识分子政策的极大的不稳定性。

《关于建国以来党的若干历史问题的决议》尖锐指出："要坚决扫除长期存在而在'文化大革命'期间登峰造极的那种轻视教育科学文化和歧视知识分子的完全错误的观念。"①拨乱反正以来，特别是实施科教兴国战略以后，我国的科学技术、教育政策和知识分子政策快速步入正轨，然而理论上深层次的争议以及由此带来的社会矛盾仍然不容忽视。特别是改革开放以来，随着邓小平提出的"解放和发展生产力是中国特色社会主义的根本任务"和"社会主义的本质是解放生产力，发展生产力，消灭剥削，消除两极分化，最终达到共同富裕"五点本质论深入人心，以及习近平提出的"建设人类命运共同体"等重大理论已成为大势所趋，发展当代中国马克思主义政治经济学已经刻不容缓。

二、以实践为检验标准，与时俱进

习近平在中共中央政治局第二十八次集体学习时强调，要立足我国国情和我国发展实践，发展当代中国马克思主义政治经济学。习近平同时指出，学习马克思主义政治经济学，是为了更好地指导我国经济发展实践，既要坚持其基本原理和方法论，更要同我国经济发展实际相结合；要坚持以人民为中心的发展思想，这是马克思主义政治经济学的根本立场。

面对经济全球化和区域经济一体化的现实，马克思主义者必须继续坚持"历史唯物主义批判精神"，借鉴人类思想之精髓"为我所用"，彻底摒弃"所谓坏就是绝对的坏，一切皆坏；所谓好就是绝对的好，一切皆好"这种形式主义地看问题的方法。

当代马克思主义学者当中，有的一提起"边际效用论"，就斥之为主观的经济学，斥之为"某些信奉边际效用价值论的经济学家主观思维的产物，没有任何客观经济过程作为其思维的依托"；反过来，一谈到"劳动价值论"，就尊之为"劳动价

---

① 《关于建国以来党的若干历史问题的决议》(1981 年 6 月 27 日中国共产党第十一届中央委员会第六次全体会议一致通过)，人民出版社，1981 年版。

值论就是科学的,逻辑上是严谨的,无懈可击的""科学的一元论"。这种典型的形式主义的分析方法,可以说已经严重阻碍了马克思主义经济学的与时俱进。

针对这一理论界比较突出的问题,高鸿业认为:"西方经济学的双重性质可以决定我们对它所应持有的态度,即:在整个的理论体系上或整体倾向性上对它持否定的态度,而在具体内容上应该看到它的有用之处。"又说:"由于当代资本主义的一个显著特点是大规模的社会化生产,所以西方经济学……也会在不同程度上涉及社会化大生产的各个方面……我们还必须对西方经济学中含有的反映现代社会化生产规律的先进经营管理方法加以借鉴和吸收。""必须提出:我们并不反对效用的存在,甚而在一定限度内承认边际效用递减的事实。我们反对的仅仅是把它们用来决定商品的价值,即效用价值论。"[①]

何祚庥教授在《时代呼唤新劳动价值论》《我们能否在马克思主义劳动价值论和新古典主义经济学之间架起一座可以相互沟通的桥梁》等多篇文章中,系统论述了"知识×劳动 = 效用"的新劳动价值的理论,也就是

$$W_s = N W_J \tag{1}$$

提出了新劳动价值论的基本公式,便将《资本论》里原有的计量公式 $W = m + C + V$ 修改为

$$W_J = m_J + C + U + V \tag{2}$$

$$W_S = m_S + C + U + V \tag{3}$$

在上述三个基本公式中,N 是效率放大因子,描写"知识"对劳动创造的价值 W_J 所产生的使用价值 W_S,而使用价值也就是西方主流经济学里的效用。公式(2)是计算商品价值 W_J 的公式,其中,m_J 是剩余价值,C 是《资本论》里定义的不变资本,V 仍是工人或农民的工资,U 是新添加的支付给脑力劳动者的工资;可见,U 和 V 均属《资本论》里所讨论过的可变资本。公式(3)则是人们如何利用新劳动价值论计算西方经济学里的效用的公式。

容易看出,这一"新"劳动价值论并非对传统的劳动价值论的否定,而是坚持用马克思主义的唯物主义,坚持用物理学研究中屡次采用并行之有效的实体论的方法论,来解释历史和当代的许多经济、政治等社会现象,充实、弥补了"旧"劳动价值论对科技进步、市场扩展等脑力劳动的重要性考虑不足、估计不足的缺失。

人类社会经济的发展正走向一个新时代。旧劳动价值论仅适用于解释科技

---

① 高鸿业:《西方经济学》,中国人民大学出版社,2007 年版。

创新、市场扩展均十分缓慢的前资本主义或早期资本主义,此时"效率放大倍数" N 等于1。而在 N 远远大于1,甚至带来商品价值呈指数增长的今天,只有创新劳动价值论,创新马克思主义经济学,才能解释来自脑力劳动者的精神力量对当代社会经济发展的巨大贡献。

当前中国特色社会主义进入新时代,马克思主义经济学如何跟上新时代的发展,需要理论工作者沿着实事求是、与时俱进的思想路线接力奋斗。

三、发扬科学精神,实现理论创新

何祚庥新劳动价值论提出后,受到过"经典"马克思主义经济学家的严厉批判,被认为"在根本的世界观和方法论上背离了马克思主义和科学社会主义","倾向于从根本上否定马克思的劳动价值论以及以此为基础的剩余价值理论";类似的还有:"迫于形势压力,于是他们选择的策略:以发展马克思劳动价值论的名义,以歪曲马克思劳动价值论的基本原理的方式进行所谓的'创新'和'发展'。"①

新劳动价值论中的基本概念和公式(1)即 $W_S = NW_J$ 被批判为"是违背马克思主义经济学常识的","至于使用价值和交换价值之间的关系……任何一位有一点马克思主义经济学常识的人,都不会试图要在使用价值量和交换价值量二者之间的数量关系上寻找固定不变的函数关系或者相等关系"。批判依据是:"对某种物品的使用价值在数量上进行计量,和对相同的物品的交换价值在数量上进行计量,是两个完全不同的分析角度,二者没有共同的计量基础。因而,也不能比较二者的数量上的孰大孰小。因此,《新论》这里所说的'马克思在某些具体问题的讨论中,实际上又认为……使用价值的'量'等同于交换价值的'量'……马克思……实际上是'假定'了'使用价值量=交换价值量',这显然是违背马克思主义经济学常识的。"②

丁堡骏教授还提出:"马克思提出:商品具有二重性即使用价值和交换价值两个因素。不仅如此,马克思还创造性地提出了劳动二重性理论,进一步论证和完

---

① 丁堡骏、于馨佳:《评何祚庥对马克思劳动价值论的"发展"》,网址:http://www. cwzg. cn/theory/201707/36946. html;丁堡骏:《评何祚庥对马克思劳动价值论的"发展"》,网址:http://www. sohu. com/a/154278736_425345;《"万能院士"何祚庥曲解劳动价值论的努力是徒劳的》,乌有之乡,网址:http://www. wyzxwk. com/Article/sichao/2017/07/380990. html;《评何祚庥的所谓"新劳动价值论"》,红色文化网,网址:http://www. hswh. org. cn/wzzx/llyd/jj/2017 - 11 - 02/47039. html。

② 丁堡骏、于馨佳:《评何祚庥对马克思劳动价值论的"发展"》,网址:http://www. cwzg. cn/theory/201707/36946. html;丁堡骏:《评何祚庥对马克思劳动价值论的"发展"》,网址:http://www. sohu. com/a/154278736_425345。

善了商品二重性学说。至于使用价值和交换价值之间的关系,马克思认为,使用价值是交换价值的物质承担者和前提,交换价值是使用价值的社会形式。任何一位有一点马克思主义经济学常识的人,都不会试图要在使用价值量和交换价值量二者之间的数量关系上寻找固定不变的函数关系或者相等关系。"①

到底对马克思劳动价值论是"歪曲"还是"发展",对马克思主义理论是"背离"还是"坚持",对马克思主义是"信仰"还是"迫于压力"……这些问题,留给历史来回答。在这里,让我们把有限的时间用来做一些实实在在的尝试,看看能否在使用价值量和(交换)价值量二者之间,建立起固定不变的函数关系,甚而是相等关系。

为什么在有些学者看来,"这显然是违背马克思主义经济学常识",又认为"任何一位有一点马克思主义经济学常识的人"都不会在二者之间寻求建立起某种量的关系呢?原因就出在使用价值量一般以产品的自然性能,如长度、重量等物理性能为"量纲",而价值却往往以劳动时间或又称为工时为"量纲";二者量纲不同,所以有"马克思主义经济学常识"的人,都不会试图在不同量纲的物理量之间寻求建立函数关系。

事实上,不同量纲的量,并非一定不能建立函数关系。

比如,在经典物理学中,时间是绝对的,时间一直充当着不同于三个空间坐标的独立角色。到了爱因斯坦的相对论,却把时间与空间联系起来。他认为物理的现实世界是由各个事件组成的,每个事件由四个数来描述。这四个数就是它的时空坐标 t 和 x, y, z。但是,爱因斯坦引入光速 c,用光速 c 作为连接时间 t 和空间 x, y, z 的桥梁,因而就能用"洛伦茨变换"将时间和空间组成一个四维时空的连续体。爱因斯坦通过这一改动,就得出了重大结论。在爱因斯坦以前,物理学家们一直认为质量和能量是截然不同的,它们是分别守恒的量。爱因斯坦发现,在时空统一的狭义的相对论中质量与能量密不可分,两个守恒定律结合为一个定律。他给出了一个著名的质量—能量相互等价的公式:$E = mc^2$,其中 c 为光速。于是两个不同量纲间的质量和能量就建立起了函数关系。

其实,马克思本人也对使用价值量和(交换)价值量之间的量的关系做过不少探索,马克思在《资本论》第 1 卷第 1 篇第 1 章第 1 节,即在讨论"商品的两个因

---

① 丁堡骏、于馨佳:《评何祚庥对马克思劳动价值论的"发展"》,网址:http://www.cwzg.cn/theory/201707/36946.html;丁堡骏:《评何祚庥对马克思劳动价值论的"发展"》,网址:http://www.sohu.com/a/154278736_425345。

素:使用价值和价值(价值实体,价值量)"1 节里,第一次提出交换价值这一概念的内涵时,就曾明确指出:"交换价值首先表现为一种使用价值同另一种使用价值相交换的量的关系或比例。"马克思在这里所讲的量的关系或比例,在我们看来,也就是建立起函数关系。马克思说:"不管生产力发生了什么变化,同一劳动在同样的时间内提供的价值量是相同的①。但它在同样的时间内提供的使用价值量会是不同的:生产力提高时就多些,生产力降低时就少些。因此,那种能提高劳动成效从而增加劳动所提供的使用价值量的生产力的变化,如果会缩减生产这个使用价值量所必需的劳动时间的总和,就会减少这个增大了的总量的价值量。反之亦然。"②总之,"劳动生产力的提高……能缩短生产某种商品的社会必需的劳动时间,从而使较小量的劳动获得生产较大量使用价值的能力"③。而"随着劳动生产率的提高,同一个交换价值所代表的使用价值量……会增加"④。马克思的这些论述其实已经展现了使用价值和价值本身的相互联系,这也有助于我们更清楚地认识和理解西方主流经济学"效用"概念的本质。

总不能认为马克思的这些论述"显然违背马克思主义经济学常识",更不能认为马克思本人也不属于"任何一位有一点马克思主义经济学常识的人"!

下面,我们来尝试进行关于价值和使用价值如何计量的一点讨论。

1. 按照马克思的观点,使用价值是有用之物,也就是物质财富,一般用自然单位计量,有性能、数量的特征。但是:

(1)使用价值是具体劳动创造出来的,但一切具体劳动量的大小均可以用蕴含其中的抽象劳动量的大小来计算。

(2)使用价值"量"将正比于该产品生产出来的劳动生产率。令 W_s^i 为一种物品 i 的使用价值,如以钢为一种物品,就以吨为计量单位。于是 W_s^i[吨]$\propto P_s'^i$[吨/工时]。$P_s'^i$ 是劳动生产率,也就是单位劳动时间,如每工时产出的以吨为单位的产钢量。

以上比例关系式中,各方括号内标记的是各物理量所采用的计量单位;工时的全称是工作时间,以小时即工作小时为单位(本文以下全用这一办法标记单位,不再解释)。容易写出:

$$W_s^i[吨] = T[工时] \times P_s'^i[吨/工时] \tag{1}$$

① 马克思这句话实际上是价值量守恒定律的另一表述。
② 马克思:《资本论》第 1 卷,人民出版社,2004 年版,第 60 页。
③ 马克思:《资本论》第 1 卷,人民出版社,2004 年版,第 366 页。
④ 马克思:《资本论》第 3 卷,人民出版社,2004 年版,第 295 页。

式中，T 为生产 W_s^i[吨]钢所需工时，即在 T[工时]的时间里，一共生产出的以自然单位吨为计量单位的使用价值量 W_s^i[吨]。

2. 价值由抽象劳动所构成。价值和使用价值不同，不能用自然单位表示。但在给定的社会历史条件下，价值可由一般等价物作为衡量单位，如人民币元。而抽象劳动一般定义为"社会平均必要简单劳动强度×工时"。在劳动强度固定的假定下，可定义一个每工时产出多少价值的价值生产率，亦即上述社会平均劳动强度 p_j^i[元/工时]。而如果令 w_j^i 是每吨钢 i 的价值，就有

$$w_j^i[元/吨] = t^i[工时/吨] \times p_j^i[元/工时] \tag{5}$$

公式(5)中的 w_j^i 是每吨钢的价值，其价值量以它的一般等价物如人民币元的数量表示。p_j^i 是每工时产出多少价值的价值生产率，也就是以货币形式代表的每工时的价格。在一定的"社会平均必要简单劳动"强度为 p_j^i 的条件下，产出每吨钢需要的时间是 t^i[工时/吨]。

由公式(4)公式(5)，可以立即导出钢的使用价值 W_s^i[吨]和其相应价值 W_j^i[元]的关系。推导过程如下：给定公式(1)中的工时 T[工时]后，利用公式(5)中的 t^i[工时/吨]的数值，可以算出出在 T[工时]工时段内，一共可生产出 (T/t^i) 吨钢，而每吨钢的价值如公式(5)所示。这样，在 T 工时内可生产出的价值应是：

$$W_j^i[元] = (T/t^i)[吨] \times w_j^i[元/吨] \tag{6}$$

利用公式(6)，可以将工时 T 用相应的价值量表示出来：

$$T = (W_j^i \times t^i/w_j^i)[工时] \tag{7}$$

再将公式(7)代入公式(4)，就有：

$$W_s^i[吨] = (W_j^i t^i/w^i) \times P'_s^i[吨/工时] = (W_j^i/p_j^i) \times P'_s^i[吨/工时]$$

整理后，就得到：

$$W_s^i[吨] = W_j^i[元] \times (P'_s^i/p_j^i)[吨/元] \tag{8}$$

公式(5)的左边是将以自然单位[吨]计量的钢的使用价值换算为用一般等价[元]计量其所含价值量时的折算公式。更直接的办法是，将自然单位的1吨钢按其应含的价值量 w_j^i[元/吨]折算。为此，我们在公式(8)的左右两边各乘以 w_j^i[元/吨]，就得到以"元"为计量单位的使用价值 W_s^i[元]。整理后，即得：

$$W_s^i[元] = W_j^i[元] \times (P_s^i/p_j^i) \tag{9}$$

公式(9)中，

$$P_s^i[元/工时] = P'_s^i[吨/工时] \times w_j^i[元/吨]$$

P_s^i[元/工时]就是以"元"计量的钢的使用价值生产率，并具有和 p_j^i 同样的单

位,因而分子和分母的单位相消,出现在公式(9)右边的 P_s^i/p_j^i 是一个无量纲量,即效率因子。

这就直接表明:某时间段内生产并以货币形式计量的使用价值量,等于该段时间以货币计量的价值量乘以一效率因子,其大小由以当时当地生产的效率为相对基准的劳动生产率 P_j^i 增加或减少的倍数决定。这一基准就是不变价格。

但以上所有讨论还只涉及生产方。问题在于生产了商品后,还要看使用者买不买账。如果消费者不买账,这里定义的商品 i 的"使用价值"并不能变成现实的使用价值。只有当商品能有效地到达消费者的手中,并能满足需求者的真正需求和受其喜爱的商品时,才能实现其使用价值的有用性。这就是效用。所以,从劳动价值论的观点看,上述的 W_s^i 须再乘以一项来自需求方的市场效率因子,它应该就是现在通用的效用的定义。

以上是对 i 这一种商品的推导和讨论的结果,适用于所有其他商品。

所以,全部使用价值的总量 W_s,也完全可以用相应的价值总量 W_j 来度量,它们应该有相同的计量单位。

因此,就导出了新劳动价值论的基本公式(1),即 $W_s = NW_j$,这里的 $W_s \equiv$ 效用。还要指出的是:采用我们这里所建议的效用的定义,也就自然解决了存在于西方主流经济学中的关于效用如何计量的"理论困惑"。

只有这样,我们才可以在马克思主义劳动价值论和新古典经济学之间架起一座可以相互沟通的桥梁,将几十年来西方经济学的研究成果吸收到新劳动价值论的框架之中,并可以将海量的经济学数据为我所用,进而使马克思主义经济学真正有所发展。

可以这样认为:发扬科学精神,抛弃"本本主义",是创新和发展马克思主义经济学的必由之路。

对"建立中国特色社会主义政治经济学"的一点思考[*]

王亦楠

2015 年中央经济工作会议首次提出"建立中国特色社会主义政治经济学"。习近平总书记指出,"要深入研究世界经济和我国经济面临的新情况新问题,为马克思主义政治经济学创新发展贡献中国智慧","推进马克思主义中国化、时代化、大众化"。

在 2017 年 7 月 26 日省部级主要领导干部专题研讨班上,习近平总书记强调,"中国特色社会主义进入了新的发展阶段","在新的时代条件下,我们要进行伟大斗争、建设伟大工程、推进伟大事业、实现伟大梦想,仍然需要保持和发扬马克思主义政党与时俱进的理论品格,要勇于推进实践基础上的理论创新。时代是思想之母,实践是理论之源。我们要在迅速变化的时代中赢得主动,要在新的伟大斗争中赢得胜利,就要在坚持马克思主义基本原理的基础上,以更宽广的视野、更长远的眼光来思考和把握国家未来发展的一系列重大战略问题,在理论上不断拓展新视野、作出新概括"。

一、西方经济学不是灵丹妙药,马克思主义政治经济学也需要与时俱进、创新发展

1. 西方主流经济学的式微和萨缪尔森临终前的反思。

2009 年 2 月,美国诺贝尔经济学奖第一人、94 岁高龄的保罗·萨缪尔森在临终前最后一版《宏观经济学》中,写下自序——《一个折中主义者的宣言》,作为他60 多年来对世界经济和经济学发展的思考、总结。值得高度关注的是,西方经济学泰斗萨缪尔森清醒地看到了新自由主义的弊端,认识到经济和经济学的发展其实"一直在呼唤折中主义者临危受命"。

---

[*] 本文刊发于《中国经济周刊》2017 年第 35 期。

萨缪尔森写道:"折中主义在今天之所以如此重要,是因为全球经济正面临一场可怕的雪崩……诸多现存教科书都曾推崇得意过早的自由主义,一直为自由市场的金融成就欢呼雀跃,不断为解除管制、取消监管等自由主义改革而推波助澜。然而这场庆典的苦果,却只能是疯狂至极的楼市和股市轰然崩溃,而酿成目前这场金融危机……无论是无管制的资本主义制度还是过度管制的中央计划体制,二者都不能有效地组织起一个真正现代化的社会。这一点已为经济史所证实……只有当社会经济航船平稳驶向'有限的折中'这个新的海域,我们才有可能确保全球经济恢复到充分就业的理想境界。在那里,社会进步的果实将能更加公平地为所有栽培过它的人们所分享。"

从2008年金融危机爆发到2016年西方民主政治出现危机,新自由主义主导下的世界动荡触动了欧美学术界大反思。不仅萨缪尔森、斯蒂格利茨、福山、皮凯蒂等,很多著名学者也都在不同程度上表达了对"新自由主义已死"的认同。林毅夫教授根据世界银行对200多个发展中经济体的调查研究结果指出:"事实证明,迄今为止还未看到一个发展中经济体按照西方主流发展理论来制定推行政策是成功的。少数几个发展绩效或转型绩效比较好的经济体,所推行的政策从西方主流经济学理论来看都是错误的。"当前新自由主义的危机对国内那些每当经济下行就主张"政府全面放开、自由民主政治"来"救市"的学者是个重要警示,"西天取经"并非解决中国问题的灵丹妙药。

2. 传统的马克思主义政治经济学也面临着社会深刻变革所提出的新课题。

西方经济学的生产要素价值论和马克思主义政治经济学的劳动价值论一直被视为是根本对立、不可调和的。前者认为"价值是由土地、资本、劳动等生产要素共同创造的,所以分配就该工人得工资、资本得利息、土地得地租";后者则认为"只有劳动才能创造价值,资本家无偿占有工人创造的剩余价值是资本主义剥削的秘密所在,剩余价值是社会财富积累的唯一来源"。生产要素价值论一直被马克思主义学者视为资产阶级维护资本主义剥削的理论武器,是必须批判的"主观唯心论"。

劳动价值论科学总结了历史上的社会发展实践,对资本主义社会矛盾的分析在苏联十月革命、世界经济大萧条、第二次世界大战、中国革命等20世纪一系列重大事件中得到验证,第二次世界大战后苏联迅速工业化、东欧国家经济迅速增长的态势曾令世界瞩目。但后来形势发生逆转,被认为"腐朽、垂死"的资本主义国家的经济发展不断焕发生机,而社会主义阵营却陷入严重衰退,以致苏联解体、东欧剧变。这一巨大反差,用传统的劳动价值论难以解释。

当前以"人工智能＋物联网＋可再生能源"为核心的第四次重大技术革命，则对传统劳动价值论提出了更大更严峻的挑战。比如，在越来越多的智能机器人进入生产和服务领域、取代人类劳动的现实背景下，劳动创造的剩余价值占比日趋减少；如果没有剩余价值可占有，资本主义制度还何谈"剥削"呢？剩余价值还是社会财富积累的"唯一来源"吗？

传统劳动价值论还会导致对"中国道路和中国改革"的认识分歧。比如有人已经产生疑问：改革开放30多年来的巨大成就和巨量社会财富积累，难道是对中国工人和农民的剥削吗？强调市场在资源配置中的决定性作用、鼓励私营经济和混合经济，难道是走资本主义道路吗？

所以，传统的劳动价值论是否绝对正确，还是仅在"一定时期、一定条件下"正确，亟须结合历史和现实、国际和国内形势深入思考，并针对中国改革过程中出现的重大现实问题给出有说服力的回答。

2001年习近平同志在担任福建省省长期间发表的《对社会主义市场经济的再认识》一文（《东南学术》2001年第4期）就曾指出："马克思在分析资本主义生产时被抽象掉的许多因素，恰恰是正在对生产或流通过程发生作用的人的主观因素。由此可见，马克思主义经济学在人的主观因素对社会经济活动的影响的认识方面，远不如马克思主义哲学所论述得那样全面和深刻。"

然而，在当前理论及经济学界，仍然存在一些僵化、教条的认识：无视马克思主义中国化过程中已对马克思主义政治经济学做出的重大发展的事实和20世纪以来高科技革命对社会发展的深刻影响，仍把160年前马克思《资本论》中的每句话都当作已涵盖一切、永远适用、不能改动的"金科玉律"，对现实问题或避而不见，或牵强附会，或做出与现实完全相悖的结论；同时，将所有提出"传统劳动价值论需发展完善"的新观点新思路，都指斥为"背离、歪曲、庸俗化了马克思主义"。如果这种教条主义的风气不改，何谈马克思主义在实践基础上的理论创新，何谈中国化、时代化、大众化呢？

二、中国特色社会主义政治经济学研究应重视两个问题

1. 理论的重点研究对象应由"生产关系"转向"生产力"。

1984年邓小平在《建设有中国特色的社会主义》的讲话中提出了两大"历史之问"，即"什么叫社会主义，什么叫马克思主义？"。为何邓小平等老一辈马克思主义者在中国革命胜利35年之后竟提出这样的疑问，且认为"我们过去对这个问题的认识不是完全清醒的"呢？因为当时中国社会的发展道路正面临重大转折，而这个问题触及共产主义运动史上一个从未明确回答和解决的根本问题，即"生产力和阶级斗争,谁才是推动历史前进的原动力"。

20世纪包括中国在内的很多社会主义国家都在此问题上犯过政策、路线错误。由于把阶级斗争当作历史前进的根本动力,所以"消灭剥削"的唯一途径便是"消灭剥削者";马克思主义政治经济学研究也以"生产关系"为研究重点,发展了一整套"以阶级斗争为纲"及如何进行革命的理论。要深刻汲取"文化大革命"、苏联解体等历史教训,需要从经济理论上进行反思。邓小平结合世界社会主义实践的成败得失,在提出两大"历史之问"后做出明确回答:"马克思主义最注重发展生产力。""社会主义阶段的最根本任务就在于发展生产力。""贫穷不是社会主义,发展太慢也不是社会主义,社会主义的优越性归根到底要体现在它的生产力比资本主义发展得更快一些、更高一些,并且在发展生产力的基础上不断改善人民的物质文化生活。"

1987年党的十三大报告明确指出"社会生产力是决定社会历史发展的最终决定性力量"。1992年邓小平又提出了著名的"社会主义本质论",即"社会主义的本质是解放生产力,发展生产力,消灭剥削,消除两极分化,最终达到共同富裕"。

值得注意的是,邓小平的"社会主义本质论"并未提"所有制"。既然生产力才是决定社会历史发展的"最终决定性力量","中国特色社会主义政治经济学"应果断抛弃"以阶级斗争为纲"(或"以阶级分析为纲")推动历史进步的传统观点。只有把研究重点从"生产关系"转向"生产力",才能对现实经济建设具有解释力和预测能力,才能正确评估国内外各种矛盾的性质并妥善应对,才能避免在具体方针、政策上陷入"老路、邪路"的纠缠,才能真正理解小平同志"计划和市场都是经济手段"的深刻内涵。

2. 时代发展需要新的劳动价值论。

马克思主义政治经济学和西方经济学本是同宗(都起源于古典政治经济学奠基人亚当·斯密),当下均面临着创新发展的挑战。在新一轮重大科技革命正前所未有地改变人类社会的形势下,两者之间的分歧是否依然不可调和?

2016年10月出版的《何祚庥论马克思主义经济学》一书介绍了一个有趣并相似的案例,即物理学史上旷日持久,长达200年的关于光的本质大争论——光到底是粒子还是波?1905年爱因斯坦讨论光电效应时引入一个普朗克常数h,将争论双方统一为"光的波粒二象性"理论,使人们对光的本质有了更全面深刻的理解,不仅结束了争吵,还触发了20世纪物理学的重大革命——相对论和量子力学出现。何祚庥教授提出,经济学理论方面能否借鉴物理学"从争论到统一"的历史经验,借鉴黑格尔所揭示的思维认识发展规律——"正反合"辩证法,实现优势互补,从而更全面更深刻地认识世界、建设人类命运共同体呢? 这并非一个物理学家的"异想天开",樊纲、萨缪尔森等国内外经济学家的文章、专著也都反映出这样的思考。这是时代发展的需要,也是建立中国特色社会主义政治经济学应有的宽广视野和长远眼光。

何祚庥教授指出,要打破传统劳动价值论解释当代社会的局限性,一是要把"科学技术是第一生产力"这个最重要的时代特征纳入马克思主义政治经济学的理论体系,二是根据马克思《资本论》已触及但并未深入的"效用即使用价值"思想,建立一个包括科技进步和市场扩展在内的"劳动和效用相统一"的新劳动价值论。新劳动价值论并没有否定传统劳动价值论,而是在坚持马克思主义基本原理的基础上,弥补了马克思因年代所限对"科技进步等脑力劳动的重要性考虑不足"的缺陷。就像牛顿力学和相对论的关系一样,传统的劳动价值论适用于科技发展较慢的时代,在科技进步突飞猛进特别是智能机器人正全面进入三大产业、已成为创造社会财富重要力量的当代社会,传统劳动价值论如果再不发展和修正,无异于"自废武功",走入既无法解释现实更无法把握未来的死胡同。

研究新劳动价值论对当下中国改革具有两个重要意义:

一是可以深化对当代社会生产关系的研究。科技进步与市场扩展是改革开放以来巨量社会财富积累的主要来源,若继续沿袭传统劳动价值论的阶级分析方法,对当前社会各阶层及社会角色仍从"剥削者或被剥削者"角度定位,将科技进步带来的先进生产力视为"直接或间接加强了资本对劳动的支配和剥削",将严重阻滞中国现代化进程。

二是对西方经济学的缺陷进行有效匡正。包括发达国家实践在内的世界实践证明,用边际效用论推导出来的"一致均衡""帕累托最优"状态从未出现,反而屡屡发生"市场失灵","政府全面放开、自由化、私有化"并非市场经济国家的"最优选择"。实现资源最优配置,必须有政府和市场"两只手"共同发挥作用。

三、凝聚共识,为建立中国特色社会主义政治经济学贡献智慧

中国改革已进入"深水区",在国际形势复杂多变、新一轮科技革命的冲击正在到来的新形势下,全面深化改革的复杂性和艰巨性前所未有,当前比以往任何时候都需要经济理论学界凝聚共识,为建立"中国特色社会主义政治经济学"贡献智慧。

实践已充分证明,"公有制 + 计划经济"不是社会主义,"自由化 + 私有化"也不是灵丹妙药;生产力社会化程度不断提高是不以人的意志为转移的客观规律,

"计划"和"市场"都是生产力发展的经济手段,前者不是社会主义专属,后者也不是资本主义专属。所以,改革不是改向资本主义,而是把影响生产力社会化发展的障碍都改掉;开放也不是把资本主义引进来,而是适应生产力社会化发展的要求和需要开放。经济学界应摆脱教条主义的束缚,以更宽广的视野和更长远的眼光重新审视当前我国经济社会发展中出现的矛盾,深入研究事关国家未来发展的一系列理论问题。比如,现阶段该如何处理发展和分配、效率和公平之间的矛盾?科技创新该如何抓住新一轮科技革命的"牛鼻子"即"人工智能"?教育改革该如何应对智能机器人对当代及后代人就业的严峻挑战?能源革命该如何避免重走发达国家已背上沉重包袱、已决定淘汰的老路?等等。

正如习近平总书记 2016 年 5 月 17 日在哲学社会科学座谈会上所强调的:"当代中国正经历着我国历史上最为广泛而深刻的社会变革,也正在进行着人类历史上最为宏大而独特的实践创新。这种前无古人的伟大实践,必将给理论创造、学术繁荣提供强大动力和广阔空间。"

科学发展观和捍卫国家安全[*]

何祚庥

引言

2004 年 3 月 10 日,胡锦涛同志《在中央人口资源环境工作座谈会上的讲话》中,提出了"'以人为本',全面、协调、可持续的发展观",亦即"科学发展观"。这是"从新世纪新阶段和国家事业发展全局出发的重大战略思想"。正如胡锦涛同志所指出的:"科学发展观总结了二十多年来我国改革开放和现代化建设的成功经验,吸取了世界上其他国家在发展进程中的经验教训……揭示了经济社会发展的客观规律,反映了我们党对发展问题的新认识。"(着重号为引用者所加)

据新华社北京 2008 年 9 月 5 日报道:中共中央政治局决定开展深入学习实践科学发展观活动。会议指出,各单位要"组织广大党员、干部认真学习和深刻理解科学发展观的科学内涵、精神实质、根本要求,坚持理论联系实际"。报道说,要"进一步……着力转变不适应、不符合科学发展要求的思想观念,着力解决影响和制约科学发展的突出问题以及党员干部党风党纪方面群众反映强烈的问题"。(着重号为引用者所加)

下面试图探讨一下科学发展观有哪些"科学内涵",有哪些"不适应、不符合科学发展观要求的思想观念",又如何"着力解决"和"着力转变"。下面将介绍一些个人学习后的认识。

一、何谓科学发展观?

党的十七大报告对科学发展观有一个更明确的表述:"科学发展观……是马克思主义关于发展的世界观和方法论的集中表现。"又说:"科学发展观,第一要义是发展,核心是以人为本,基本要求是全面协调可持续,根本方法是统筹兼顾。"

---

  * 本文原是 2008 年在国家安全部门宣讲科学发展观的讲稿;2012 年经整理、补充,曾在中国科学院院士大会上印发。后刊载于《学术界》2012 年第 7 期(总第 170 期)。

"科学发展"的理念,首先是马克思、恩格斯在《社会主义从空想到科学的发展》一书中提出来的。在马克思、恩格斯以前,很多社会主义的先驱者提出了很多社会主义的理念,各家各派,众说纷纭。科学社会主义学说一经面世,许多社会主义者纷纷聚集在马克思、恩格斯旗帜之下,社会主义运动也以崭新的面貌展示在世界面前。把社会主义和科学发展结合起来,是马克思、恩格斯对人类社会所做的巨大贡献。

十七大进一步将"社会主义从空想到科学发展"的理念上升为哲学,上升为世界观和方法论,上升为科学发展观。

哲学是世界观、方法论。哲学较之于社会主义学说,带有更高的概括性。试问,科学发展观在哪些方面"反映了我们党对发展问题的新认识"?

我是物理学家。物理学家喜欢用"公式"来表达所认识到的定理、定律。我的表述是:

$$科学发展观 = 以人为本 + 科学发展$$

更为准确的表述是:

$$科学发展观 \equiv 以人为本的价值观 + 科学发展的发展观$$

我过去解释科学发展观时,用的是"等号";现在加了一杠,改为"恒等"的符号。我相信这一"公式"不违背十七大精神。科学发展观的"第一要义是发展","核心是以人为本","基本要求是全面协调可持续","根本方法是统筹兼顾"。"第一 + 核心 + 基本 + 根本" = "以人为本 + 科学发展",也就是将马克思主义提倡的人文精神和科学精神统一在科学发展观理念之中;而且这一"统一",应上升到世界观和方法论的高度,上升到思想路线的高度。

二、中国共产党人历来高度重视研究和探讨思想路线问题

在中国革命的历史上,毛泽东极为强调中国共产党人除了要有一条马克思主义的政治路线以外,还要有 条马克思主义的思想路线,并且将马克思主义的思想路线概括为"实事求是"四个大字。到了改革开放时期,邓小平说,还要"解放思想"。如果思想僵化,就不能符合不断变化中的客观实际。江泽民则更明确地提出,马克思主义要"与时俱进"。前一时期,胡锦涛将马克思主义的思想路线概括为"求真务实"。习近平又强调指出:"在深化对世情、国情、党情的科学认识中解放思想。"也就是说,"解放思想"不能背离"科学认识"。

上述五句话,在表述形式上各有不同,提法上也各有重叠,含义上又各有侧重;但在精神实质上,却完全一致。这就是:中国共产党人在认识、改造大自然,认识、改造人类社会,认识、改造人类如何认识客观事物的活动中,必须遵循客观事物发展的规律,包括自然、社会和认识发展的规律,来推进各项工作;反映到思想路线上,必须克服各种形式的主观主义,要求做到主观符合客观。而极为重要的是,现在的党中央将上述思想路线进一步概括为科学发展观五个字,亦即不仅主张在一切工作中均要依靠科学,尊重科学,将科学精神、科学思想、科学方法、科学知识应用于"发展"问题,而且还明确地将以人为本的价值观也列为科学发展观的内容,也就是要求将马克思主义以人为本的人文精神和讲求科学发展的科学精神,统一应用于解决当前中国人民所最关注的"聚精会神搞建设,一心一意谋发展"的问题。这是马克思主义思想路线新的创造,其特点在于将马克思主义的价值观引入认识论。

实践是有目的的活动,又是科学改造客观世界的活动。"运动就是一切,而目的是没有的",这是人们对伯恩斯坦的嘲笑。"康有为写了《大同书》",却没有"找到一条到达大同的路",这是共产党人对中国空想社会主义的批评。目的,或在目的指引下的任务,必须和方法相结合,价值观必须和科学观相结合。

三、科学发展观是马克思主义思想路线的重大发展

毛泽东在《实践论》中,曾经提出过"两个飞跃"的著名论点:"认识的能动作用,不但表现于从感性的认识到理性的认识之能动的飞跃,更重要的还须表现于从理性的认识到革命的实践这一个飞跃。"[①]

为什么从理性认识到革命实践,又是一次新的飞跃? 毛泽东回答说:"判定认识或理论之是否真理,不是依主观上觉得如何而定,而是依客观上社会实践的结果如何而定。真理的标准只能是社会的实践。实践的观点是辩证唯物论的认识论之第一的和基本的观点。"[②]如果只局限于"认识"论,局限于"认识"的进一步"深化",尚不足以充分理解为什么从理性认识到革命实践是"更重要"的飞跃;而如果能看到认识的本质是"实践"论,是实践活动的主体见之于客体的活动,这一改造客观世界的活动还要解决一个主体的价值目的和主体对客体改造的科学认识相协调的问题,那么就能更深刻地理解为什么从理性认识到革命实践就是能动作用的另一次飞跃,而且是"更重要"的飞跃了。把社会主义和科学发展结合起来,是马克思、恩格斯对人类历史所做的重大贡献。同样,党的十七大所正式通过的科学发展观,也是对马克思主义关于发展的世界观和方法论的阐述和概括的重要贡献。

---

① 毛泽东:《毛泽东选集》第 1 卷,人民出版社,1966 年版,第 269 页。
② 毛泽东:《毛泽东选集》第 1 卷,人民出版社,1966 年版,第 261 页。

"以人为本＋科学发展"，也就是将价值观和科学观统一在科学发展观之中，而且这一"统一"应上升到世界观和方法论，上升到共产党人的思想路线。

四、何谓以人为本？

以人为本的理念最早出自春秋时期。

春秋时期的大思想家兼大政治家管仲说："夫霸王之所始也，以人为本，本理则国固，本乱则国危。"（《管子·霸业》）三国时期的大政治家刘备说："……夫济大事者必以人为本。"（《三国志·先主传》）。唐代大政治家唐太宗李世民说："凡事皆须务本，国以人为本。"（《贞观政要·务农》）美国著名学者安·邦纳对西方的人文主义特征曾做过这样的论述："全部希腊文明的出发点和对象是人，它从人的需要出发，它注意的是人的利益和进步；为了求得人的利益和进步，它同时既探索世界也探索人，通过一方探索另一方。"①

对于"以人为本"的科学的解说，是《共产党宣言》里的两段话：无产阶级"如果不同时使整个社会永远摆脱剥削、压迫和阶级斗争，就不再能使自己从剥削它压迫它的那个阶级（资产阶级）下解放出来"②。《共产党宣言》还把人的发展概括为"每个人的自由发展是一切人自由发展的条件"③。

这里需要对这两段话做一些解读。从共产党人看来，共产主义的目的就是要解放全人类，实现每个人全面而自由的发展，这是共产党人的基本理念。上述《共产党宣言》中所说：无产阶级"如果不同时使整个社会永远摆脱剥削、压迫和阶级斗争④，就不再能使自己从剥削它压迫它的那个阶级（资产阶级）下解放出来"。我们常有一句较通俗的表述："无产阶级只有解放全人类，才能最后解放自己。"

需要多说几句的是，"一切人"和"每个人"之间的关系。

"以人为本"的价值观，体现了"全人类"统一的价值。其中既包括"一切人"也关注"每个人"，当然要关注到每一位受压迫、受剥削的无产阶级人上。但是，在阶级社会中，受压迫、受剥削的无产阶级往往又和"似乎"是"代表"着"一切人"利益的统治阶级相矛盾，因而就出现阶级的斗争和冲突。在非阶级社会中，也不可避免地存在着"一切人"和"每个人"之间的矛盾、冲突或不协调。所以，贯彻和实施"以人为本"，就要"科学"地解决"一切人"和"每个人"的相互关系

---

① 鲍·季·格里戈里扬：《关于人的本质的哲学》，生活·读书·新知三联书店，1984年版，第29页。
② 马克思、恩格斯：《马克思恩格斯选集》第1卷，人民出版社，1972年版，第232页。
③ 马克思、恩格斯：《马克思恩格斯选集》第1卷，人民出版社，1972年版，第273页。
④ 请注意是指整个社会。

问题。

马克思主义对这一问题的回答是，首先要看到"每个人"和"一切人"彼此互为条件、互为前提的统一。人类有两大问题，一个是生存问题，另一个是发展问题。在阶级社会中，人类更多面临的是生存问题、阶级冲突问题。到了共产主义社会，生存问题也许早就解决，但仍然面临发展的问题。什么叫发展？发展的最高理念是"每个人"都可以发展。"每个人"的发展，有时会和"一切人"，和社会的整体的发展有矛盾、冲突。而解决这一矛盾的方法是，既要求社会为每个人的发展创造条件，又要求每个人的发展跟整体社会的发展相协调。

其实，在阶级社会，在统治阶级和被统治阶级之间，在生存和发展的问题上，也存在着彼此互为条件、互为前提的统一。所以，从解决生存问题，彻底消除人压迫人的角度来讲，"无产阶级只有解放全人类，才能最后解放自己"，请高度注意"最后解放"这四个字。

我个人非常赞成中央提出的"核心是以人为本"的理念。我觉得这一概括，很好地体现了共产党人的奋斗目标，不是空喊共产主义学说里某些空泛的口号。过去说，共产主义是"各尽所能，按需分配"，这太讲究物质需求了！需求到了高级的阶段，不是吃饱穿暖等多样化的物质需求，而是自由而全面的发展。发展有多种多样。社会要发展，人类也要发展。把每个人自由而全面的发展和社会自由而全面的发展有机地协调起来，就是我们的奋斗目标。如何实现这一宏伟的奋斗目标，就有赖于未来社会如何贯彻、推进科学发展观。

五、在"何谓以人为本"的问题上，还要补充探讨以下一些问题

1. 为什么党中央在"以民为本"和"以人为本"的不同口号之争问题上，最终采纳了"以人为本"？

二者的差别，就在于"人民"一词不包括敌人；"人"就既包含着"人民"，也包含着"敌人"。为什么"敌人"也可以成为"本"的一部分？原因就在于共产党人的历史使命是解放"全人类"。"敌人"，只要放下武器就是"人民"，就应得到"人民"应有的尊重。我们在革命战争的历史上，曾经推行过优待俘虏的政策。甚而在三年解放战争时期，在《土地法大纲》里，也规定了地主、富农和贫雇农一样，分得同样大小的一块土地。当我们参加革命工作的时候，我们这些青年人思想不通。对此，主持土地改革工作的前辈们回答："革命的目的，是消灭封建剥削制度，是解放生产力，并不是在肉体上消灭地主和富农；地主和富农个人也是劳动力，在肉体上消灭地主富农，是损害了生产力！"如果说，即使在阶级斗争最尖锐时期，我们在土地分配上还对地主、富农和贫雇农一样，采取了同等对待的政策，那么可见得"以人为本"一贯是共产党人奉行、推行的价值观。

在"以人为本"的理念中，当然要看到"民"占到"人"的大多数；所以，"以人为本"必然包含着"以民为本"。但是，在全人类中，又确实存在多数弱势人群和少数强势人群的差异和对抗。在实际生活中，甚而会出现一些极少数人威胁绝大多数人生命、危及财产安全的情况。那么，"以人为本"的价值观的奉行者就不得不向"绝大多数人"倾斜，不得不剥夺"少数人"的某些人权，直至他们的"生命权"，以维护"绝大多数人"的人权。但如果被剥夺了某些人权的"少数人"已不再能危害绝大多数人的利益，那么"以人为本"的呼唤者，就仍然主张要保障"少数人"的人权，包括保障仍在服刑中的囚犯的人权。

为什么"以人为本"的奉行者在多数人和少数人之间要做出这种选择？一个重要理由是：多数人在人数上要比少数人多出很多，多数人当然要比少数人更为重要；多数人往往是弱势群众，少数人往往是强势群体，"雪中送炭"无疑比"锦上添花"更为重要！

2. "物以类聚，人以群分"。在阶级社会中，人类社会不仅有不同阶级，阶级斗争甚而演化为国家、民族间的斗争。在国家、民族间冲突和争夺上，中国共产党人将如何贯彻实施"以人为本"？

回答是：这仍然要从全人类的根本利益出发，考虑如何满足"生存和发展"，求得一部分人群和另一部分人群之间的统一。也就是如邓小平同志所说，国际上还是要解决"和平和发展这两大问题"[1]。

最近读到前辈理论工作者吴江教授在1998年撰写的《论历史发展的动力》的文章[2]，此文深刻地指出：

"在历史发展动因这个问题上，在马克思主义内部，早就有两种不同的甚至是对立的观点存在着：一种着重于阶级斗争，一种着重于生产力的发展程度。这两种不同的观点（乃全由此形成不同的立场）直接影响到一个革命政党对于斗争形势的估计和策略的制定，政党之间或政党内部的许多纷争由此引起。"

"问题是，马克思在1859年写的《〈政治经济学批判〉序言》完整地说明了他的历史发展观。马克思在那里说：作为对历史发展起重要作用的生产力论和阶级斗争论都是唯物史观题中的要义，但就两者的关系来说，虽然阶级斗争在一定情况下（尤其在生产关系已成为生产力桎梏的情况下）也是历史发展的推动力，但

---

①　邓小平：《邓小平文选》第3卷，人民出版社，1993年版，第104页。

②　吴江：《吴江文稿》上卷，中央编译出版社，2009年版，第154～159页。

是生产力在历史发展中起着最终的决定作用——这是唯物史观的最不可动摇的原则。"①

问题是,"在理论上,有人将唯物史观最终归结为'阶级斗争'四个大字,以为这就是抓住了马克思主义的全部。……事实证明,这样做危害极大,而且直接违反唯物史观的基本原则。举个例子说吧,在我们这里常碰到这样一些自命为'真正马列主义者'的人,他们不停地向人们宣传这样几句话:'社会主义就是消灭阶级','只有通过阶级斗争才能消灭阶级'"。

然而,"马克思说的'阶级的划分是以生产的不足为前提的,阶级也将被现代生产力的高度发展所消灭',这样说难道不是更全面更正确些吗? 特别在社会主义制度初步建立起来之后,谈论'消灭阶级'而如果离开继续解放和发展生产力,离开高度发达的生产力,那么,所谓'消灭阶级'不是纯粹的空谈吗?"②(着重号为引用者所加)

如果说,"阶级的划分"也"不能由阶级斗争所消灭",那么,由阶级斗争演化的国际纷争和争夺的解决,也要遵循"发展是硬道理"。

3. "以人为本"中的"人",是指当代的人,还是也包括后代的人?

回答是:既包括当代人,也包括后代子孙。科学发展是"全面、协调、可持续的发展",要充分考虑到后代人的根本利益,充分考虑到后代人和当代人会在资源、能源、环境、生态等问题上,出现不同的利益诉求。解决这一矛盾、冲突的原则,是联合国世界环境与发展委员会的报告《我们共同的未来》提出的,其中说,"今后人类发展的方向应该是可持续的发展方向";其为可持续发展下过一个定义:"可持续发展是既充分满足当代人群需求,又不对满足后代子孙需要的发展能力构成危害的发展。"

真正的争议,其实是发达国家和发展中国家间的争议。发展离不开能源、资源,也可能破坏环境,破坏生态。然而,人类已大量消耗的,包括核能在内的化石能源总量是有限的,地球表层所蕴藏的资源已被发达国家大量利用,环境、生态也因此遭到严重破坏。现在,发展中国家也在继续跟进。人类只有一个地球!

可持续发展的理念,是发达国家首先提出来的。能源、资源、环境、生态,正形成对发达国家的约束。所以,发达国家的发言人就提出可持续发展的理念。发展不仅是当代人的发展,还要考虑到后代人、子孙万代的发展;而为了后代子孙也要

---

① 吴江:《吴江文稿》上卷,中央编译出版社,2009 年版,第 154~159 页。
② 吴江:《吴江文稿》上卷,中央编译出版社,2009 年版,第 154~159 页。

发展的利益,就要求"限制"当代人对能源、资源的利用,"限制"当代人持续破坏环境、生态,这实际上,是"限制"发展中国家走上蓬勃发展的进程。

于是,在联合国范围内发生了长达十几年激烈的辩论、争论,最后达成上述可持续发展的定义。

我认为联合国这一定义,比较科学地解决了当代人和后代人间的利益纷争,比较科学地界定了当代人所应遵循的发展的理念。当代人的发展,是充分满足当代人需求的发展,前提是不能因此而妨碍后代人的发展能力。

举一个例子。地球表层所拥有的化石能源(包括核能)总量是有限的。如果当代人不能合理使用,无节制地浪费能源、资源,必将严重地削弱后代人的发展能力。但人类也要看到,能源还存在着可再生能源,可再生能源所拥有能源总量,比化石能源多出很多。当代中国年消耗的一次能源约是 34 亿吨标准煤,然而,在960 万平方公里的陆上国土面积上,仅年接收的太阳能就高达17 000万亿吨标准煤,约是年消耗能量总量的 500 倍。再加上我们在海洋经济区所接收的太阳能,其年接收的总量就上升到一次能源消耗的 700 倍。因此,应考虑大量开发利用太阳能,降低太阳能的利用成本,用太阳能取代煤、石油(也许也应包含核能)的可能性!

实际上,中国共产党人提出的计划生育政策,已大大缓解了人类对能源、资源的需求,已有效保护了环境、生态。我们应该向全世界宣布:中国共产党人已经对人类可持续发展做出了重大贡献。

4. 需要准确地把握"以人为本"丰富的科学内涵。"以人为本"不同于"以神为本"或它的变种"以大自然为本",后者实际上是一种自然神论。"以人为本"也不同于"以环境为本""以生态为本""以生命为本"。我们建设生态文明,"目的"是为了"人",不是为了狗、为了牛,不是"以动物为本"。"以人为本"也不同于"以官为本"或它的变种"以上为本""以权为本""以管理为本",后者是将管理者或官的利益凌驾于人民群众的利益之上。

当然,"以人为本"更不等同于"以钱为本"或它的变种"以 GDP① 为本"。

在当前的实际工作中,的确有一些地方或部门片面追求 GDP 增长,为 GDP 而GDP,忘记了 GDP 的增长是为了"人"!

有一个古老的笑话,是调侃"以 GDP 为本"的经济学家的。"有甲、乙两个人,

---

① GDP 是人们对"国内生产总值"通常的尤其是口头上的简略称呼。后文(见本书第164 页等)对这一指标的含义和作用有讨论。

共同走在大路上,忽见路旁有一摊狗屎。甲对乙说,老兄如能将这摊狗屎吃掉,我将付你500万元人民币。乙闻讯,当即趴下,将狗屎吃完,甲遂即支付乙500万元人民币。乙感到受了侮辱,于是又向甲说,前面还有一摊狗屎,如老兄也将这一狗屎吃掉,我也付你500万元人民币。甲遂即照吃不误,也收入了500万元人民币。甲乙二人,每人均吃了一通狗屎!"然而"经济学家"评论道:"这一事件在'经济学'上有意义,GDP增长了1 000万元人民币!"

片面追求GDP,会做出于人无益的事情,甚而会背离人民群众的根本利益!

所以,如胡锦涛所指出:"各级党委、政府和领导干部都要自觉地树立和落实科学发展观和正确的政绩观,坚持按照科学规律来谋划发展大计。凡是符合科学发展观的事情就全力以赴地去做,不符合的就毫不迟疑地去改,真正使促进发展的各项工作都经得起历史和人民的检验。"(着重号为引用者所加)

中国共产党人必须从马克思主义思想路线的高度,学习和掌握这一"对发展问题的新认识"。

六、科学观和价值观是统一的

1. 早在1934年,毛泽东在他的《关心群众生活,注意工作方法》一文中,就已注意到科学观和价值观相统一的问题。毛泽东说:"我们不单要提出任务,而且要解决完成任务的方法。我的任务是过河,但是没有桥或没有船就不能过。不解决桥或船的问题,过河就是一句空话。不解决方法问题,任务也只是瞎说一顿。"[①]邓小平在"过河"的问题上,也有一句名言,"要摸着石头过河"[②]。

"过河"是目的,是任务,是由"过河"的人群、主体的价值需求决定的,但是,仅有价值需求,没有实现价值需求的科学方法,任务就不能完成,目的也就没有达到。

如果说,毛泽东强调指出的"桥"和"船",是指必须找到实现目的的科学方法,才能完成过河的任务;那么,在尚没有找到"十分可靠"的"桥"或"船"之前,就要如陈云和邓小平指出的,要在不断试验、不断总结中"摸索前进",避免因"过河"而淹死,或遭受重大损失。

[①] 毛泽东:《毛泽东选集》第1卷,人民出版社,1966年版,第125页。

[②] 未找到邓小平"摸石头过河论"的正式出处。在网上读到一篇文章,《重温小平的"摸着石头过河论"》。此文说,"1980年12月16日在中央工作会议上,陈云发表了《经济形势与经验教训》重要讲话,指出,'我们要改革,但是步子要稳……更重要的还是要从试点着手,随时总结经验,也就是要摸着石头过河'"。邓小平在《答美国记者迈克·华莱士问》中说,"我们现在做的事都是一试验……都是新事物,所以要摸索前进"。(《邓小平文选》第3卷,人民出版社,1993年版,第174页。)

如果说,毛泽东在解决完成任务的方法问题上,强调必须使用可以实现"过河"的科学方法,那么,邓小平和陈云更指出人们要在不断试验、不断总结的过程中,科学地找到完成任务的科学方法。

2. 科学观和价值观的统一,是中国共产党人历来奉行的指导思想。

早在革命战争时期,毛泽东就指出:"要把革命发展到全国去,那么,我们对于广大群众的切身利益问题,群众的生活问题,就一点也不能疏忽,一点也不能看轻。因为革命战争是群众的战争,只有动员群众才能进行战争,只有依靠群众才能进行战争。"①

邓小平在论述社会主义的本质时说:"解放生产力,发展生产力,消灭剥削,消除两极分化,最终达到共同富裕。"②前面两句话是科学观,是方法论;后面三句话,是价值观,是利益论,目的是"最终达到共同富裕"。邓小平还提出一个判断改革开放得失成败的标准,"是否有利于发展社会主义社会的生产力,是否有利于增强社会主义国家的综合国力,是否有利于提高人民的生活水平"③。"三个有利于"的标准中,前两句话说的是科学观,是方法;最后一句话指的是价值观,是目的。

在江泽民提出的"三个代表"重要思想中,"我们党要始终代表中国先进生产力的发展要求,代表中国先进文化的前进方向,代表中国最广大人民的根本利益",也体现出科学理念和价值观念的统一。

为什么"三个代表"理论中没有说全人类,只说中国的广大人民群众的根本利益? 因为贯彻实施"以人为本",有一个"孰先孰后"的问题。中国的最广大人民群众,当然比少数强势人群的利益更重要,也比部分人群更重要;人民群众的根本利益,比眼前利益或短期利益更重要;中国的最广大人民群众的根本利益,也比地方利益和部门利益更重要。"三个代表"重要思想所回答的,是中国共产党人在各种工作中,在许许多多利益博弈中,所要优先关注或优先代表的利益格局。

七、在一定历史阶段,"以人为本"和"科学发展"又存在着一定的矛盾

历史上有不少社会主义者,都是人本主义、人道主义、人文主义(这其实是一个名词 Humanism 的不同译名)强烈的奉行者,其特点在于主张按照他们所认定

---

① 毛泽东:《毛泽东选集》第 1 卷,人民出版社,1966 年版,第 122 页。

② 邓小平:《邓小平文选》第 3 卷,人民出版社,1993 年版,第 373 页。

③ 邓小平:《邓小平文选》第 3 卷,人民出版社,1993 年版,第 372 页。

的"以人为本"理念来改造社会,改造历史。马克思主义也主张人本主义,然而,马克思主义主张的人本主义和历史上的人本主义、人道主义、人文主义的历史观有一个根本区别。区别就在于达到目的的手段是否尊重科学,是否依靠科学,是否尊重和依靠社会科学和自然科学所揭示的客观规律;首先是承认与否、尊重与否、依靠与否历史唯物主义所揭示的社会历史发展的客观规律。马克思、恩格斯的贡献不在于发现了社会主义,而是发现了通向社会主义的科学发展之路。这是非常重要的思维。什么叫科学? 科学就是要不断探索、研究、依靠社会历史发展的科学规律,不断推进社会主义革命和建设。

举一个例子。发展离不开解放、发展物质生产力和精神生产力,发展的同时又要不断改善人民的物质生活和精神生活,否则就得不到人民的持续支持,就会走向失败。反过来,如果只强调改善人民生活,只强调以人为本,忘记了解放生产力、发展生产力,那么这个以人为本只是空想。共产党人执政是好事,但是好事不可能一天做到,这里有一个"度"。

需要科学解决的,是效率和公平的问题。十三大至十六大期间,我们所能实行的分配原则,是一次分配要"效率优先、兼顾公平",二次分配要"着重公平"。但是我们要正确处理一次分配和二次分配的关系。如果说一次分配更多地突出效率的话,那么二次分配就要更多地体现公平。一次分配之所以要效率优先,因为效率低了就会影响生产力发展。由于一次分配有可能造成巨大的贫富差距,所以要通过二次分配来调节,目的是降低一次分配过程中可能造成的巨大不平等。当前我们更应该在二次分配上下功夫,不能因此而改变一次分配在贯彻"效率优先、兼顾公平"的原则下所确定的基本格局。

到了党的十七大,由于改革开放这15~20年来我国经济有了飞速的发展,而经济的"又好又快"的发展有赖于进一步扩大内需,有赖于进一步提高人民群众的消费需求,所以在一次分配的问题上,又出现了"微调"。党的十七大报告说:"初次分配和再分配都要处理好效率和公平的关系,再分配更加注重公平。"又说,要"逐步提高居民收入在国民收入分配中的比重,提高劳动报酬在初次分配中的比重。着力提高低收入者收入,逐步提高扶贫标准和最低工资标准,建立企业职工工资正常增长机制和支付保障机制"。党的十七大还强调指出,要"创造条件让更多群众拥有财产性收入"。——我的理解是:其中包括投资于国债、基金、股票等财产性收入。

其实,所谓"处理好"或"处理不好"的判据,是要根据不同时期、不同地区的具体情况、具体条件,来掌握"度"的问题。所以党的十七大报告在初次分配的问题上,只是笼统地提出"要处理好效率和公平的关系",仅指出总的趋势是"保护合法收入,调节过高收入,取缔非法收入。扩大转移支付,强化税收调节,打破经营垄断,创造机会公平,整顿分配秩序,逐步扭转收入分配差距扩大趋势"。

总之,唯物史观与人本主义历史观的根本区别,就在于要统筹处理发展生产力与实现以人为本的关系,尤其要科学地掌握这一辩证关系中的"度"。

邓小平曾深刻地研究过达到共同富裕的规律,这就是:"一部分地区、一部分人可以先富起来,带动和帮助其他地区、其他的人,逐步达到共同富裕。"①又说:"我们提倡一部分地区先富起来,是为了激励和带动其他地区也富裕起来,并且使先富起来的地区帮助落后地区更好地发展。提倡人民中有一部分人先富起来,也是同样的道理。"②先富促后富,这是人们走向共同富裕的必经之路,也是发展所必须遵循的科学规律;无产阶级只有解放全人类,才能最后解放自己,这说的是共产党人的最终目标和所坚持的价值理念。这两句甚不相同的表述,其实说的是同一个意思。这也体现出价值观念和科学观念的统一。在走向共同富裕的问题上,新发生的问题,是某些人鼓吹"所谓"的"重庆模式",说"现在"就要做好"共同富裕这篇大文章"。这完全是脱离中国实际的,超越历史发展阶段的空想!

八、"科学发展"中最为核心的理念是弘扬科学精神,也就是对任何事物,包括自然、社会、人文……各领域,都要以科学精神为基本尺度来衡量一切观念、理论、学说、说法……是否科学

1. 那么,何谓科学精神?

1940 年,毛泽东在讲到"民族的科学的大众的文化"时,对"科学精神"的内涵做过如下概括:"它是反对一切封建思想和迷信思想,主张实事求是,主张客观真理,主张理论和实践一致的。"③这是对科学精神的比较完整的概括。

总结起来,可以将科学精神概括为如下四个特征:

特征之一是毛泽东所一贯提倡的"主张实事求是":认识要从"实事"而不是从"虚事"出发,所以,认识的前提,是虚实之辨,而不是以假乱真;"求是"是说从真实事物的变化发展中,找出隐藏在事物背后的真实的而不是虚假的臆想出的规律。

---

① 邓小平:《邓小平文选》第 3 卷,人民出版社,1993 年版,第 149 页。
② 邓小平:《邓小平文选》第 3 卷,人民出版社,1993 年版,第 111 页。
③ 毛泽东:《毛泽东选集》第 2 卷,人民出版社,1967 年版,第 667 页。

特征之二是"主张客观真理",主张所认识到的真理,是可重复、可检验的,而不是由少数人所体验、所认可的主观真理;或者说,客观真理只有一个。

特征之三是邓小平在新时期所主张的"解放思想,破除一切迷信"。它提倡凡事要问一个"为什么",问一个其理由何在,其根据何在;如果不解放思想,不破除迷信,就不是真正做到实事求是,而迷信却要求人们无条件地信奉、服从!

特征之四是"主张理论与实践一致",认为人们在求出事物的发展规律以后,并不是认识的终结,还要回到实践中去,由实践来检验理论,由实践不断地提出新问题,不断前进,不断创新。用江泽民的话说,理论要"与时俱进"。

这里应该鲜明地提出一个新的命题:科学精神和相应的科学思想、科学方法、科学知识是第一精神力量。已故的反邪教协会副理事长龚育之同志就曾认为,科学技术是第一生产力,而因此,科学精神是第一精神力量。科学精神是真理的助产士。真理一旦被群众掌握,就转化为改天换地的巨大物质力量。

2. 新发生的问题是,科学精神如何走向实践,科学精神如何和价值理念相结合?

深入讨论这一问题的是斯大林。斯大林在其晚年最后公开发表的一篇文章《苏联社会主义经济问题》①中说:

"马克思主义把科学规律——无论指自然科学规律或政治经济学规律都是一样——了解为不以人们的意志为转移的客观过程的反映。人们能发现这些规律,认识它们,研究它们,在自己的行动中考虑到它们,利用它们以利于社会,但是人们不能改变或废除这些规律,尤其不能制定或创造新的科学规律。"

斯大林还举出"修筑堤坝和水电站"的例子,"人们还学会了控制自然界的破坏力,可以说是学会了驾驭它们,使水力转而有利于社会,利用水来灌溉田地,取得动力。"

接着,斯大林又说:"这是不是说,人们因而就废除了自然规律、科学规律,创造了新的自然规律、新的科学规律呢? 不,不是这个意思。问题在于防止水的破坏力量发生作用并利用它以利于社会的这一整个工作程序,是丝毫没有违反、改变或消灭科学规律,没有创造新的科学规律的。恰恰相反,这一整个工作程序是确切地根据自然规律、科学规律而实现的,因为对自然规律的任何违反,即使是极小的违反,都只会引起事情的混乱,引起工作程序的破坏。"

---

① 斯大林:《斯大林文集》(1934～1952年),人民出版社,1985年版,第579～672页。以下引文均引自此文集,不一一注出。

"对于经济发展规律,对于政治经济学规律——无论资本主义时期或社会主义时期都是一样——也必须这样说。在这里,也如在自然科学中一样,经济发展的规律是反映不以人们的意志为转移的经济发展过程的客观规律。人们能发现这些规律,认识它们,依靠它们,利用它们以利于社会,把某些规律的破坏作用引导到另一方向,限制它们发生作用的范围,给予其他正在为自己开辟道路的规律以发生作用的广阔场所。但是人们不能消灭这些规律或创造新的经济规律。"

斯大林还举出苏联曾发生过的,妄想消灭价值规律的具体案例:一些中央计划人员为实行价格管理,曾经建议"一吨谷物价格差不多和一吨棉花的价格一样,而一吨谷物的价格和一吨面包的价格相等",而"假如这些同志的建议获得了法律上的效力……那我们就会使棉农破产,就会没有棉花","因此,中央只得亲自来处理这件事情,降低谷价,提高棉价"。

斯大林还说:"总之,在社会主义制度下,政治经济学的规律是客观规律,它们反映不以我们的意志为转移的经济生活过程的规律性。否认这个原理的人,实质上就是否认科学,而否认科学,也就是否认任何预见的可能性,因而就是否认领导经济生活的可能性。"(以上着重号均为引用者所加)

"问题在于,每年有成千的年轻的新干部靠近我们领导核心,他们抱着热烈的愿望要帮助我们,抱着热烈的愿望要显一显身手,但是他们没有受到足够的马克思主义的教育,不知道我们所熟悉的许多真理,而不得不在黑暗中摸索。苏维埃政权的巨大成就使他们惊愕万分,苏维埃制度异乎寻常的成功冲昏了他们的头脑,于是他们就以为,苏维埃政权是'无所不能'的,对它来说'什么都是轻而易举'的,它能消灭科学规律,能制定新的规律。我们应该怎样对待这些同志呢?应该怎样以马克思列宁主义的精神去教育他们呢?我认为,有系统地重复所谓'众所周知'的真理,耐心地解释这些真理,是对这些同志进行马克思主义教育的最好的办法之一。"

3. 很不幸!中华人民共和国成立以来的六十年里,我们也曾重复犯过斯大林所指出的这些错误!1958 年,我们搞过一个生产力的"大跃进"。"大跃进"时的总路线是:"鼓足干劲,力争上游,多快好省地建设社会主义。"

但是,1958 年的"大跃进"却遭到了完全的失败!1958 年的"大跃进"有两大重要措施:大炼钢铁,亩产 10 万斤。可是,大炼钢铁,搞的是"小土群",这完全背离现代生产力发展规律;亩产 10 万斤,更完全背离自然界的发展规律。某些人用"理论"假设"光合作用"的效率,并认为可达 30%,然后据以计算出粮食可达到的产量,而事实上的"光合作用"的效率仅有 0.2%!

1960 年 1 月 30 日,毛泽东在"七千人大会"上有个著名的讲话,其中说道:"在社会主义建设上,我们还有很大的盲目性。社会主义经济,对于我们来说,还有许多未被认识的必然王国。拿我来说,经济建设工作中间有许多问题,还不懂得。工业、商业,我就不大懂。对于农业,我懂得一些。但也只是比较地懂得,还是懂得不多。……到现在为止,在这些方面,我的知识少。"①

这一反思告诫我们,要深入研究生产力发展的规律,包括自然科学所揭示的自然界的发展规律,而不是在头脑中"设想"或"假设"出某种"规律"。坦率地讲,这一"亩产 10 万斤"的理论,是伪科学。

为什么我们要在这里长篇大论地将斯大林讲过的话引出来?因为这类夸大政府功能、作用的做法,也在我们这里屡屡发生,而且至今还有影响!

九、"深入贯彻落实科学发展观",首先是尊重和依靠生产力发展的规律

1. 历史唯物主义有许多规律,有生产力发展的客观规律、生产力和生产关系辩证发展的规律、经济基础和上层建筑辩证发展的规律,等等。在历史唯物主义的许多规律中,最为重要的是生产力发展的客观规律。

为什么?

十三大文件指出:"社会生产力是决定社会历史发展的最终决定性力量。"也就是说,在历史唯物主义诸多因素中,生产力是最重要的决定因素。生产力发展直接决定着某一地区的经济、政治、文化等发展的水平。"发展是硬道理"的原理,首先表现为生产力的发展是硬道理。

江泽民也说:"我们党的理论、路线、纲领、方针、政策和各项工作,必须努力符合生产力发展的规律。"②不符合就做不好各项工作。

胡锦涛除了讲科学发展观之外,又讲为政要"科学执政、民主执政、依法执政",把"科学执政"放在"第一"的地位。"科学执政"的"第一"内涵,就是"为政"者的一切"施政",都要符合生产力发展规律。

2. 那么,何谓生产力发展的客观规律?生产力和生产关系之间的矛盾,是否等同于生产力发展的客观规律?

有相当一些人引用毛泽东在《矛盾论》里的说法,回答"何谓"生产力发展的客观规律。毛泽东说:"社会的变化,主要是由于社会内部矛盾的发展,即生产力

---

① 胡绳主编:《中国共产党七十年》,人民出版社,1991 年版,第 392 页。
② 江泽民:《论"三个代表"》,中央文献出版社,2001 年版,第 153 页。

和生产关系的矛盾,阶级之间的矛盾。"①在讨论"生产力和生产关系的矛盾"的"主要的矛盾方面"时说,"生产力是主要的"。又说:"诚然,生产力……一般地表现为主要的决定的作用,谁不承认这一点,谁就不是唯物论者。然而,生产关系……在一定条件之下,又转过来表现其为主要的决定的作用,这也是必须承认的。""当着不变更生产关系,生产力就不能发展的时候,生产关系的变更就起了主要的决定的作用。"②

然而这种理解大错特错! 毛泽东在这里讲的是生产力和生产关系辩证发展的规律,讲生产力一般表现为主要的决定的作用的时候,说是"主要的矛盾方面",并不是生产力发展的规律。人类社会是由人和自然界组成的。毛泽东在《矛盾论》里还说过:"社会和自然的矛盾,用发展生产力的方法去解决。"③在《实践论》里,又说:"马克思主义者认为人类的生产活动是最基本的实践活动,是决定其他一切活动的东西。"④把这两句话联系起来,毛泽东实际上是认为生产力"是最基本的实践活动,是决定其他一切活动的东西"。

其实,早在 1845~1846 年,马克思和恩格斯在其名著《德意志意识形态》里就曾经写道:"一切人类生存的第一个前提,也就是一切历史的第一个前提……是人们……必须能够生活","首先就需要衣、食、住以及其他东西。""因此第一个历史活动就是生产满足这些需要的资料,即生产物质生活本身。""因此任何历史观的第一件事情就是必须注意上述基本事实的全部意义和全部范围,并给予应有的重视。"⑤(着重号为引用者所加)

所以,唯物史观的第一要义,就是必须将生产力的变化和发展,必须将人类社会如何利用大自然、改造大自然的历史的进程,也就是生产力发展的客观规律,提到"第一"的地位。

前一时期,胡锦涛《在庆祝中国共产党成立九十周年大会上的讲话》,进一步明确指出:"生产力是人类社会发展的根本动力。""党的一切奋斗,归根到底都是为了解放和发展社会生产力。""我国仍处于并将长期处于社会主义初级阶段的基本国情没有变,人民日益增长的物质文化需要同落后的社会生产之间的矛盾这一社会主要矛盾没有变,我国是世界上最大的发展中国家的国际地位没有变。"

---

① 毛泽东:《毛泽东选集》第 1 卷,人民出版社,1966 年版,第 277 页。
② 毛泽东:《毛泽东选集》第 1 卷,人民出版社,1966 年版,第 300 页。
③ 毛泽东:《毛泽东选集》第 1 卷,人民出版社,1966 年版,第 286 页。
④ 毛泽东:《毛泽东选集》第 1 卷,人民出版社,1966 年版,第 259~260 页。
⑤ 马克思、恩格斯:《马克思恩格斯选集》第 1 卷,人民出版社,1972 年版,第 32 页。

"发展仍然是解决我国所有问题的关键。""我们必须继续'聚精会神搞建设、一心一意谋发展',不断夯实坚持和发展中国特色社会主义的物质基础。"

应该明确,就人类历史发展来说,生产力或人类社会和自然界的矛盾,才是推动人类历史前进的根本动力;只是当生产关系已严重阻碍生产力发展的时候,才用革命或改革的办法解放生产力,其根本目的仍是发展生产力。历史唯物主义有许多规律,处于第一位的,是生产力发生发展的客观规律。深入贯彻落实科学发展观,首先就要不断探索、研究并尊重、依靠生产力发展的规律。

3. 当然,在一定历史条件下,为推动历史前进,也可以认为改革或革命也是推动生产力发展的动力。例如,在中国共产党人发布的文件、决议中,常常可以看到这样一些词句,"要深化体制改革",以"体制改革作为推动生产力发展的动力"。但这种"推动"并不是推动社会历史前进的根本动力,更不能认为体制改革"等同"于生产力发展的规律。

为什么"体制改革作为推动生产力发展的动力"的提法,不能等同于生产力发展的规律? 因为"体制改革到一定阶段就需要定型"。

邓小平同志在1992年"南方谈话"中提出:"恐怕再有三十年的时间,我们才会在各方面形成一整套更加成熟、更加定型的制度;在这个制度下的方针、政策,也将更加定型化。"[1]

江泽民也说:"我们进行改革的根本目的,就是要求生产关系适合生产力的发展,使上层建筑适应经济基础的发展,使我国社会主义建设的各个方面都形成比较成熟、比较定型的制度。"[2]

体制改革不能老改,到一定时期就要"定型",否则在基层工作的同志们会无所适从。待体制已"定型"后,就要求我们在未来的发展中,要更加关注依靠和利用生产力发展的规律,来推进我们的经济建设。

十、一个有待深入探讨的重大理论问题——何谓生产力发展的规律?

1. 首先是何谓生产力? 生产力有哪些要素、内涵?

生产力反映着人类社会和自然的矛盾。所以,在生产力的概念中,必定是社会因素和自然因素的结合。在生产力构成问题上,历来有三要素和两要素之争。三要素说来自苏联学者米丁所写《历史唯物论》。米丁写道:"社会生产力就是物质资料底生产过程所必需的一切原素的综合,这些原素就是生产工具(或劳动工

---

① 邓小平:《邓小平文选》第3卷,人民出版社,1993年版,第372页。
② 江泽民:《论"三个代表"》,中央文献出版社,2001年版,第66页。

具）、劳动力和劳动对象。"①两要素说来自斯大林："用来生产物质资料的生产工具，以及有一定生产经验和劳动技能来使用生产工具、实现物质资料生产的人——所有这些因素共同构成社会的生产力。"②（着重号为引用者所加）

在中国，支持斯大林两要素说的有于光远。但既然发展生产力的目的是解决社会和自然的矛盾，在生产力的概念中，就不能只包括"社会"的因素，却缺少了自然界，缺少了劳动对象，如资源、环境等。

实际上，马克思、恩格斯曾讨论过生产力的许多要素；其中，既包括"物质"要素，也包括许多"精神"要素。恩格斯说："精神要素当然就会列入生产要素中。"③马克思还说："一切生产力即物质生产力和精神生产力。"④

马克思在《资本论》第 1 卷还给过一个包含精神要素在内的五要素的定义：

"劳动生产力是由多种情况决定的，其中包括：工人的平均熟练程度，科学的发展水平和它在工艺上应用的程度；生产过程的社会结合，生产资料的规模和效能，以及自然条件。"⑤

《资本论》第 1 卷是马克思亲自撰写、核定、发表的代表作。为什么在历史唯物论教科书中，对生产力的概念只强调"物"？一个重要的原因，是误解了精神和物质的对立。其实，一切精神运动都是物质运动，即大脑神经的运动。只是在认识论的领域，精神、意识和物质的对立才是绝对的对立；离开了认识论，物质和精神的对立是相对的。

我更支持的生产力的概念是：

$$社会生产力 = 精神要素 \times 物质要素$$
$$= （科学技术 + 文化教育 + 经营管理 + \cdots） \times$$
$$（劳动者 + 劳动工具 + 劳动对象）$$

在社会生产力的构成要素里又加上了经营和管理，原因就在于生产力和生产关系是一对矛盾。"所有制"直接决定着工厂、企业或公司、托拉斯等生产组织的经营和管理，通过经营和管理，介入、影响生产力的前进或后退。

很不幸！现代诸多历史唯物主义的读本，仍然"抱残守缺"地坚持着"过时"的"三要素"的理念！现在已到了历史唯物论也要"与时俱进"的时候了！

① 米丁：《历史唯物论》，沈志远译，生活·读书·新知三联书店，1949 年版，第 97 页。
② 斯大林：《斯大林文集》（1934～1952 年），人民出版社，1985 年版，第 218 页。
③ 马克思、恩格斯：《马克思恩格斯全集》第 1 卷，人民出版社，1960 年版，第 607 页。
④ 马克思、恩格斯：《马克思恩格斯全集》第 46 卷上册，人民出版社，1979 年版，第 173 页。
⑤ 马克思：《资本论》第 1 卷，人民出版社，1975 年版，第 53 页。

2. 有许多马克思主义学者都试图对生产力发展的客观规律进行深入的研究。马克思和列宁均研究过再生产和扩大再生产的理论,认为实现扩大再生产时,生产资料的生产要优先于消费资料的生产。

历史上有波格丹诺夫、布哈林等人研究过如何合理组织生产力。斯大林曾批评波格丹诺夫、布哈林、雅罗申科等人的主张是"为生产而生产",忘记了发展生产的目的,是为了满足社会的需要。斯大林曾提出一个社会主义基本经济规律:"用在高度技术基础上使社会生产不断增长和不断完善的办法,来保证最大限度地满足整个社会经常增长的物质和文化的需要。"[1]其实,斯大林表述的虽然是"社会主义"的基本经济规律,但实际上是社会生产力发展的客观规律。社会生产的"目的"在于"最大限度地满足整个社会经常增长的物质和文化的需要","手段"是"在高度技术基础上使社会生产不断增长和不断完善"。但是,斯大林没有完全否定"生产力合理组织"的研究,认为这些问题的研究,是"领导机关经济政策的对象"[2]。其实,生产力合理组织也是深入研究生产力发生发展规律中的重要问题;应该说,在历史唯物主义理论研究中,这也是一个待探讨的问题。

毛泽东在1958年"大跃进"时提出了一个"总路线":"鼓足干劲,力争上游,多快好省地建设社会主义。"毛泽东其实也是探讨生产力发展的规律。客观一些说,比起斯大林,毛泽东的探索未免有些"倒退"。斯大林还看到了社会的"需求",看到了人民群众不断增长的物质和文化的"需要",毛泽东只是抽象地说"多快好省地建设社会主义";斯大林强调了"高度技术基础",而毛泽东只抽象地说要"鼓足干劲,力争上游"。"目的"不明确,"方法"不具体。到了1960年,毛泽东反思:"关于生产力方面,我的知识很少。"[3]进一步对生产力发展规律进行研究的是江泽民。

江泽民说:"人类社会的发展,就是先进生产力不断取代落后生产力的历史进程。"[4]"科学技术是第一生产力,而且是先进生产力的集中体现和主要标志。"[5]"我们党要始终代表中国先进生产力的发展要求,就是党的理论、路线、纲领、方

---

① 斯大林:《斯大林文集》(1934~1952年),人民出版社,1985年版,第628页。
② 斯大林:《斯大林文集》(1934~1952年),人民出版社,1985年版,第654页。
③ 胡绳主编:《中国共产党七十年》,人民出版社,1991年版,第392页。
④ 江泽民:《论"三个代表"》,中央文献出版社,2001年版,第155页。
⑤ 江泽民:《论"三个代表"》,中央文献出版社,2001年版,第156页。

针、政策和各项工作……尤其要体现推动先进生产力的发展的要求。"①我一直认为,江泽民的这些论述是中国共产党人基于人类发展生产力的历史做出的新的概括。这一概括丰富和发展了马克思主义有关生产力发展的理论,是中国共产党人对历史唯物主义理论的一大贡献。

3. 前一时期,我曾就生产力发展的客观规律等问题做过一些初步探讨,曾经总结出生产力发展的四个规律:

(1)生产力发展的第一个规律:生产力是在不断满足居民需求的基础上变化发展的。

(2)生产力发展的第二个规律:生产力是在科学技术进步的基础上不断发展的。

(3)生产力发展的第三个规律:生产力是不断地向生产力要素的优势组合也就是向社会化的方向变化发展的。

(4)生产力发展的第四个规律:生产力的发展是可持续的发展,生产力的发展要正确处理人口、资源和环境的关系。

当然,我只是提出来,供进一步研究参考。

需要强调的是,先进生产力必须综合地满足上述生产力发展的四个规律,不能孤立地只抽出其中一个规律。

4. 在我提出上述四个规律后,有一些"左"派人士批评说,何某人漏失了一个极重要的规律,"社会主义生产力必定取代和淘汰资本主义生产力"。但是,"社会主义生产力必定取代和淘汰资本主义生产力"是生产关系发展的规律,不是生产力发展的规律。

十一、判断社会历史前进、后退的标准,是人民利益标准和生产力标准的统一

1. 毛泽东对历史唯物主义理论也有一个重大贡献,即比较全面地回答了判断社会历史前进还是后退的标准问题。1945 年,毛泽东说:"共产党人的一切言论行动,必须以合乎最广大人民群众的最大利益,为最广大人民群众所拥护为最高标准。"②毛泽东在《论联合政府》一文里,鲜明地提出了一个生产力标准:"中国一切政党的政策及其实践在中国人民中所表现的作用的好坏、大小,归根到底,看它对于中国人民的生产力的发展是否有帮助及其帮助之大小,看它是束缚生产力

---

① 江泽民:《论"三个代表"》,中央文献出版社,2001 年版,第 153 页。
② 毛泽东:《毛泽东选集》第 3 卷,人民出版社,1967 年版,第 1045 页。

的,还是解放生产力的。"①在"标准"问题上,也体现出价值观和科学观的统一。

2. 邓小平进一步提出了判断改革开放得失成败的标准:"应该主要看是否有利于发展社会主义社会的生产力,是否有利于增强社会主义国家的综合国力,是否有利于提高人民的生活水平。"②和毛泽东不同的是,"三个有利于"里又增加了"综合国力"。

"综合国力"的概念首先是毛泽东在《论持久战》这篇名文中提出来的。毛泽东分析了抗日战争时期的日本和中国的国力:"日本是一个强的帝国主义国家,军力、经济力和政治组织力……在世界也是五六个著名帝国主义国家的一个","日本是小国,地小、物少、人少、兵少。""中国是一个弱国,在军力、经济力和政治组织力各方面都不如敌人",但"中国是大国,地大、物博、人多、兵多";十分重要的,日本"失道寡助",中国"得道多助"。"这就规定了日本能够在中国有一定时期和一定程度的横行……又规定了日本不能横行到底,必然要遭到最后的失败"③。

为什么邓小平在"标准"问题上又加上了"综合国力"?

原因之一,在衡量国力的问题时,不仅要看到经济实力以及由此而产生的军事实力,还要看到物质实力以外的精神实力,政治、文化方面等软实力。抗日战争之所以胜利,原因之一在于中国"得道多助",日本"失道寡助"。

原因之二,这里有一个怎样从数量上衡量某一国家经济实力的问题。人们在评价生产力发展水平的高低快慢时,通常采用国内生产总值(GDP)作为量化的标准。虽然这一量化标准有缺点,但还是可供比较的相对较好的标准。仔细考察一下,这一概念其实是指"国土"辖区内所具有的生产力,不是"国民"所拥有的生产力。在国内生产总值的统计数字中,外商投资所产生的"生产总值"也统计在GDP之内,而"国民"在海外投资产生的"生产总值"却被剔除在GDP之外。但是,在衡量一个国家的"综合国力"时,就不应该只看到"国土"范围内的"国民"所创造的生产总值,还要看到"国民"在海外的投资、收入等等。所以,从经济上衡量某个国家的"综合国力",应该以国民生产总值(GNP,又称国民所得)的数值及其发展速度作为衡量"综合国力"的量化标准。在衡量某一国家及其民众拥有的经济实力时,国民生产总产值的数值将更为准确地反映出综合国力。

前一时期,中国GDP数值超过了日本,跃居世界第二位,一些人沾沾自喜,其

---

① 毛泽东:《毛泽东选集》第3卷,人民出版社,1967年版,第1028页。
② 邓小平:《邓小平文集》第3卷,人民出版社,1993年版,第372页。
③ 毛泽东:《毛泽东选集》第2卷,人民出版社,1967年版,第415～420页。

实是过高估计了自己的经济实力。而如果用 GNP 的数值来衡量一个国家的发展程度，那么日本的 GNP 数值将至少是中国 GNP 数值的 2 倍。在经济实力上，中国和日本还存在巨大差距！

"捍卫国家安全"，尤其要用综合国力的观点来衡量中国"真实"具有的"国力"，用综合国力分析、判断国际力量的对比和所产生的争夺和斗争。

3. 与此对比的是，在"传统"的马克思主义理论中，却是用"所有制"、"生产关系"或"社会制度"作为"评价"社会"进步""落后"的标准。斯大林在批评人口密度高低决定论时说："如果人口的增长是社会发展的决定力量，那么较高的人口密度就必定会产生相应的较高类型的社会制度。可是，事实上没有这样的情形。中国的人口密度比美国高 3 倍，但从社会发展来看，美国高于中国，因为在中国仍然是半封建制度占统治地位，而美国早已达到资本主义发展的最高阶段。比利时的人口密度比美国高 18 倍，比苏联高 25 倍，但是从社会发展来看，美国高于比利时，同苏联相比，比利时更是落后整整一个历史时代，因为在比利时占统治地位的是资本主义制度，而苏联已经消灭了资本主义，在国内确定了社会主义制度。"①（着重号为引用者所加）

应该说，斯大林持有的这些"观点"，都是过去我们"十分熟悉"的观点！

现在已到了重新思考这些理念的时候了！

4. 在"标准"问题上，邓小平讲过一句名言："不管白猫黑猫，抓住老鼠就是好猫。"在中国的理论界，曾为白猫、黑猫、绿猫、花猫孰优孰劣的问题，展开了激烈的争议，而关键在于能否"抓到老鼠"。"抓到老鼠就是好猫"，其实就是"生产力标准"；更准确而全面的标准是"三个有利于"。

为什么自中国共产党人掌握政权以后屡屡出现"不断革命论"？为什么屡屡出现"空想"的社会主义甚而是"空想"的共产主义思潮？问题就出在判断社会历史是前进还是倒退的标准是"所有制"标准。

简单一点说，中国的"左"派喜欢用中国是走向公有制还是私有制来判断中国社会发展的前进或倒退，而中国的右派最关注的问题是"国进民退"还是"民进国退"。中国的"左"右两派在观察、分析中国问题时，用的是相同的思维模式。只不过一派主张"姓社""姓公"，另一派主张"姓资""姓私"！但是，不同的两派也有"共性"：激烈争论中的双方都否认"生产力标准"。

现在已到了用"生产力标准"全面替代"生产关系标准"的时候了！

---

① 斯大林：《斯大林文集》(1934~1952 年)，人民出版社，1985 年版，第 217~218 页。

十二、"捍卫国家安全",首先是"深入贯彻落实科学发展观,着力推动科学发展"

捍卫国家安全是一个很大的问题,涉及社会经济、政治军事、科学文化等发展的全局。需要深入调查研究,具体分析具体的国家安全问题中的具体矛盾。我不是"安全"问题专家,实在没有资格来讨论如此重大的问题。但既然参加宣讲"科学发展观",还是从学习和掌握"科学发展观"的角度,说一点"一孔之见""一点心得"。

1. 首先是大力转变思维模式,也就是从"阶级斗争为纲"的思维模式,向"马克思主义最注重发展生产力"[1]"马克思主义的基本原则就是要发展生产力"[2]的思维模式转变。或者说,我们需要从过去常用的"阶级分析"的方法,转向"生产力分析"的方法。要学会运用"生产力分析"的方法来分析、判断各发达国家,各发展中国家,包括现代中国的发展走向;学会用"生产力分析"界定"发展"问题上的"敌我友""左中右";要以是否支持"三个有利于",以"是否有利于发展社会主义社会的生产力,是否有利于增强社会主义国家的综合国力,是否有利于提高人民的生活水平"的"实际行动"及其"贡献"的"大小"来判断、区分"敌我友""左中右",而且要因时、因地、因具体条件的不同不断变动调整。

2. 何谓生产力分析的方法?它和阶级分析方法有何异同?

阶级分析方法并不是"过时"的思维模式。在阶级斗争对社会历史的发展起决定性作用的时候,阶级分析方法仍然是很好、很实用的分析国际国内局势的有效方法。所谓生产力分析方法,就是在分析和研究决定社会历史发展的诸多因素时,首先要分析和研究的,是社会和自然界的矛盾,是先进生产力和落后生产力之间的矛盾;而且以此为基础,进一步分析和研究各不同社会阶级、各不同利益集团又争夺、又合作的错综复杂的关系,进一步"预测"生产力以及因此而诱发的人与人之间关系的趋势、走向。这应该是人们研究社会经济问题时优先采取的思维模式。

遗憾的是,这样一种先进的、科学的思维模式,竟然有相当一些经济学家不予认同!在某次学习"三个代表"理论座谈会上,我说:"研究当代社会经济政治问题时,首先要区分哪些是先进生产力,哪些是落后生产力,并以此来决定应采取哪种宏观经济政策。"发言未毕,立即遭到某些经济学家的激烈反对,说:"这怎么能

---

① 邓小平:《邓小平文选》第3卷,人民出版社,1993年版,第63页。

② 邓小平:《邓小平文选》第3卷,人民出版社,1993年版,第116页。

争吵得清楚!"我回答说:"吵不清楚,也要吵! 这是必须解决的问题!"

举一个例子。现在社会公众迫切需要电动自行车,因为这是适应中国大多数社会公众需求的简易、价廉的交通工具,是中国的科技工作者自主开发、独立创新的新产品。短短 10 年之间,中国电动自行车的保有量已超过 1.6 亿辆,还大量出口到东南亚各发展中国家,是中国社会新崛起的先进生产力。但是,这一新型、简便又受广大群众欢迎的交通工具,就是得不到行政主管部门和某些地方政府的支持,也没有从相关科研机关得到任何研究和发展的经费,但它却在一片"打压"声中茁壮成长!

我一直认为,研究和发展电动自行车的技术思维,也是国家安全部门、军事部门需要重视和汲取的一种技术思维。电动自行车的核心技术是轮毂电机,也就是直接将动力分配到轮毂,从而大量减少了中间传动部件,其最佳应用是坦克和拖拉机。

3. 和"捍卫国家安全"息息相关的,是以下三个问题:

(1)为什么以美帝国主义为首的世界资本主义体系"腐而不朽,垂而不死"?

(2)为什么中国大陆和台湾,必定走向祖国统一?

(3)还有一个在当今中国已出现的有重大争议的发展问题:中国的发展是走向"A 模式"、"B 模式"还是走向"C 模式",即中国特色自主发展的新模式?

下面略做一些讨论。

(1)需要看到,当代资本主义已和列宁时代列宁分析的资本主义、帝国主义出现了显然不同的形式。1929 年出现的世界范围内的全局性的经济危机,沉重地打击了资本主义,使全球资本主义世界的生产力下降了一半! 当时的逻辑结论之一是,必须用"革命"彻底推翻世界资本主义体系。但是,并不能因此就排除另一种可能:资本主义社会也可以进行"改革",用改革进一步发展生产力。

事实是,资本主义社会一些有见识的政治家、经济学家以及企业家,的确对私人垄断体制进行了某些调整和限制,变私人垄断经济为国家垄断经济,以及跨国垄断经济。为了缩小以及限制垄断经济集团在社会生活中的消极作用,又制定了反垄断法。这在一定程度上缓解了生产的社会性和占有的私有性之间的矛盾。发达国家还加大了宏观调控力度,采取了扩大内需的"新政",又将"剩余"的部分生产力转化为扩军备战,使本来受市场束缚的生产力有了进一步的解放。

尤为重要的,资本主义各国运用政权的力量,大力发展科学技术,充分应用当代科学技术对落后的生产力进行改造重组。科学技术不仅大幅度提高了发达国家的劳动生产率,还迅猛地促进了消费需求,扩大了消费市场。当代迅速发展中的信息产业就来自当代科学技术所开拓的消费市场。

发达国家还向落后国家实行"产业输出",将高能耗、高污染的劳动力密集型产业转移到落后国家,利用落后国家廉价的资源、能源、劳动力获取高额利润……所以,虽然"占有的私有性"仍然构成对生产力发展的障碍,但具体分析起来,当代资本主义国家的社会生产力仍处于持续发展时期,世界资本主义正处在相对稳定阶段。

前一时期,资本主义社会出现了金融危机,这一危机正深刻地影响到资本主义国家的政治生活、经济生活、人民生活,但只要资本主义国家里的实体经济没有遭到严重破坏,可以判定,遭遇金融危机的国家在经历一段调整时期后,仍然要走向复苏。

重要原因是,资本主义国家的科学技术仍在迅猛发展,科学技术仍然持续不断地转化为生产力;在资本主义社会内,仍然不断涌现由现代科学技术所武装起来的先进生产力!

(2)关于台湾地区。用生产力分析的方法,也能得出它与大陆必然走向统一的结论。

当代经济发展的显著特点之一,是世界经济正走向一体化或全球化。这是社会生产、生产力的社会性导致的必然结果。生产力社会化的发展规律之所以成立,原因就在于生产力。先进生产力的发展有赖于构成生产力的各种要素的优势组合,但是,各种要素的优势组合,不一定在某一特定地区就能做到最优组合,台湾地区也不一定已具备了各项优势要素。所以,这种优势组合必定超出某一地区、某一国家,很可能是在全世界范围内寻求这种优势组合。当然,最方便、最有效的组合,是在邻近地区,在有共同文化传统的人士,如同学、同乡或同一民族的同仁中谋求优势组合。

所以,台湾地区经济发展走向,必定是和大陆经济发展高度结合的。在今年台湾地区领导人的选举战中,国民党的元老连战先生为国民党的候选人"造势",批评绿营反对《海峡两岸经济合作框架协议》(ECFA)时说:"现在是海峡两岸联合起来,一起赚别的国家的钱,这有什么不好!"

结果,台湾地区国民党的候选人,就以较大的优势当选。

所以,中国大陆和中国台湾地区经济必定走向一体化,必定走向可能在未来不久出现的东南亚共同市场。其必然的后果,必将影响到大陆和台湾之间的政治,也就是必然走向统一。所以,运用生产力分析的方法,不难得出结论:大陆和台湾地区,最终必定走向两岸经济和政治的统一。

（3）关于中国经济或生产力发展的未来，是走向高能耗、高污染、高资源消耗的"A模式"，还是走向低能耗、低污染、低资源消耗，实际上是缓慢发展的"B模式"的问题。这是一个很大、很重要的发展问题。由于这里涉及很多、很具体的技术、经济问题，不能在这里对"走向"做简单的回答。但有一点可以肯定：中国绝对不会重复发达国家已走过的"A模式"的老路，也不会屈从某些极端环境主义者所倡导的"缓慢爬行"的"B模式"；中国无疑会根据中国的国情、中国的需要，创造出有中国特色的"C模式"，或又称"中国模式"。因为"贫穷不是社会主义"，愚昧不是社会主义，而且，"发展太慢也不是社会主义"！

4. 怎样将科学发展观应用于"捍卫国家安全"？

首先是"深入贯彻落实科学发展观"。要对各种假想中的"敌友我"的"综合国力"、未来走向做出准确判断，提出"着力推动科学发展"的具体实施方案。这里的关键词，一是"着力"，二是"深入"。不推动，不落实，"光说不练"，就绝对不能"深入"。

现在全党、全军面临的新的"国家安全"的形势是，党内外的"左"派人士并未从近期遭受的"挫折"中真正吸取教训，正谋求"卷土重来"；而右派人士却认为"有机可乘"，他们抛出"民主社会主义"，要求撤销吴邦国委员长在去年的人民代表大会前夕所撰写的重申"五不搞"的重要文章。

在所有这些要求平反的呼声中，还有一个附带的要求——"军队国家化"。

在这里，我要向各位再度推荐胡锦涛同志在"七一"讲话里所讲过的话：要"坚持党对军队绝对领导的根本原则和人民军队的根本宗旨"。

马克思主义政治经济学也要"与时俱进"*

何祚庥

引论:马克思主义需要与时俱进。马克思主义的重要组成部分、理论体系的基础——政治经济学也要与时俱进

1. 这是当代马克思主义者或科学社会主义者不能回避、必须回答的重大理论问题。因为时代已经发生巨大变化。因为"要跟上时代前进步伐,就不能身体已进入 21 世纪,而头脑还停留在过去"[①]。

其实,早在 12 年前,2001 年 7 月 1 日,江泽民《在庆祝中国共产党成立八十周年大会上的讲话》就已经提出:"马克思主义经典作家关于资本主义社会的劳动和劳动价值的理论,揭示了当时资本主义生产方式的运行特点和基本矛盾。现在,我们发展社会主义市场经济,与马克思主义创始人当时所面对和研究的情况有很大不同。我们应该结合新的实际,深化对社会主义社会劳动和劳动价值理论的研究和认识。"[②]

到了 2001 年 8 月 31 日,江泽民在国防大学军队高级干部理论研讨班上讲话时,又提出要科学对待马克思主义。江泽民说:"我深深感到,当今世界和我们所处的时代,同过去相比发生了很多深刻变化。无论从国际还是从国内看,我们都面临着许多新情况新问题,必须从理论上、实践上做出回答并加以解决,否则我们就不能更好地前进。我们必须与时俱进,继续丰富和发展马克思主义。如果因循守旧、停滞不前,我们就会落伍,我们党就有丧失先进性和领导资格的危险。"[③]

江泽民又说:"运用马克思主义基本原理,必须随着历史条件的变化而转移,

＊ 本文原刊于《学术界》2013 年第 7 期、第 8 期(总第 182 期、183 期)。

① 习近平:《顺应时代前进潮流,促进世界和平发展——在莫斯科国际关系学院的演讲》,2013 年 3 月 23 日。见新华网。

② 江泽民:《江泽民文选》第 3 卷,人民出版社,2006 年版,第 286～287 页。

③ 江泽民:《江泽民文选》第 3 卷,人民出版社,2006 年版,第 335 页。

这也是马克思主义的一个基本道理。我们一定要看到《共产党宣言》发表一百五十多年来世界政治、经济、文化、科技发生的重大变化,一定要看到我国社会主义建设发生的重大变化,一定要看到广大党员、干部和人民群众工作生活条件和社会环境发生的重大变化。要充分估计这些变化带来的影响。离开了活生生的现实,还用几十年前甚至一百多年前的老观点来套现实社会的发展,是绝对行不通的。实践没有止境,解放思想也没有止境。我们要突破前人,后人也必然要突破我们。这是社会前进的基本规律。用发展的观点对待马克思主义,在坚持中发展、在发展中坚持,这就是按规律办事,也是对待马克思主义唯一正确的态度。"①

江泽民还说:"又比如,我们现在搞的是社会主义市场经济。我国社会主义基本制度已确立了几十年,这是观察和分析我国社会生活中各种问题的政治上的大前提。因此,对很多问题的研究,不能简单地套用马克思、恩格斯、列宁研究当时资本主义社会而提出的概念。就是对当代资本主义,也不能简单地套用十九世纪时期的概念。马克思、恩格斯在世时,就不断深化和发展他们对资本主义社会的认识。这一点,从马克思、恩格斯为《共产党宣言》写的各篇序言和恩格斯写的《一八九一年社会民主党纲领草案批判》一文中,就可以清楚地看出来。党的十五届五中全会提出要深化对劳动和劳动价值理论的认识,这次'七一'讲话进一步提出了这个问题,是有深刻含义的。"②

其实,江泽民在纪念中国共产党成立八十周年所做的"七一"讲话,是江泽民"代表中央讲的";江泽民同志还说,对"'七一'讲话,中央进行了长期的充分的酝酿和准备……最后经中央政治局和政治局常委会议集体讨论修改……是经过我们党深入探索、深思熟虑后形成的"③。遗憾的是,江泽民以彻底的唯物主义者所必须具有的"回答和解决新问题的理论勇气和政治勇气"④而提出的重大理论问题,并未得到那一时期中国的马克思主义理论工作者的积极响应,反而遭到来自党内婉转而曲折的批评和反对,只有个别人表示了支持。

2. 本文作者一直有意对上述重大问题试行探讨。受个人知识的局限,尤其对西方古典经济学欠缺了解,对当代社会经济出现的重大变动的真实情况也欠缺了解,一直未能找到入手途径。

近日,读到新近出版的北京大学林毅夫教授所撰写的《新结构经济学》《解读

---

① 江泽民:《江泽民文选》第3卷,人民出版社,2006年版,第339页。
② 江泽民:《江泽民文选》第3卷,人民出版社,2006年版,第342~343页。
③ 江泽民:《江泽民文选》第3卷,人民出版社,2006年版,第334~335页。
④ 江泽民:《江泽民文选》第3卷,人民出版社,2006年版,第334页。

中国经济》《繁荣的求索——发展中经济如何崛起》和一本讨论经济学方法论的对话——《本体与常无》四本书,深感这四本书中的许多论述击中了西方古典经济学的要害,指出了过去通常称为资本主义经济学的许多重大不足,而又科学地界定了西方古典经济学适用的范围。林毅夫还指出,正在研究中的新结构经济学,是解决许多不足之点的重要途径。而且,林毅夫在书中所说的"比较优势"等观点,实际上是共产党人要代表的"先进生产力"的重要特征之一。对本文作者最有教益的是,这四本书还根据近代学者对世界经济和中国经济的最新研究,提供了古代和现代经济政治发展的大量现象、事实和数据,为重新审视马克思主义的劳动价值论提供了着手点。本文拟讨论下列12个问题:

(1)马克思主义需要与时俱进。马克思主义的重要组成部分、理论体系的基础——政治经济学,也要与时俱进。

(2)现时代有哪些重大特征?它和马克思时代,或马克思发明劳动创造价值学说所处的时代有哪些重大差别?

(3)为什么上述"时代"的大变化,必将导致马克思主义政治经济学理论体系也要"与时俱进"?

(4)马克思主义政治经济学将沿着什么方向"与时俱进"?是沿着科学社会主义的理论框架不断前进,还是另起炉灶,沿着西方古典经济学,沿着民主社会主义理论等向"前"探索?

(5)马克思主义政治经济学要在历史唯物主义理论最新发展的基础上"与时俱进"。

(6)必须从历史唯物主义的最新进展,重新审视政治经济学里的基础理论部分。劳动创造价值学说要在哪些方面有所前进和发展?

(7)要从历史唯物主义的最新发展的角度,重新评价"劳动生产率"在推进生产力发展方面的重大作用。

(8)马克思对劳动创造价值学说的另一大贡献,是马克思比较科学地引入了劳动的计量单位:简单平均必要劳动时间。

(9)马克思对国际工人运动最有影响力的理论,是将劳动和劳动生产率的计量应用于资本主义积累过程的分析。

(10)一个重大的不能回避的问题:无产阶级日益贫困化的理论是否是资本主义社会发展的必然的客观事实?

(11)马克思主义政治经济学一项重大成就:实现扩大再生产,必须优先发展生产资料的生产。

（12）马克思主义政治经济学应如何进一步走向"计量"？当然，目的是要构造一个科学的、定性的乃至半定量的，能解释过去、现在和未来的经济、政治变动的数学模型。

一、现时代有哪些重大特征？它和马克思时代，或马克思发明劳动创造价值学说所处的时代有哪些重大"差别"？

1. 西方真正走上资本主义社会，始于 1789 年法国大革命。更早一些是英国 1688～1689 年的光荣革命，两者相距约 100 年。光荣革命只突破了英国皇权对发展资本主义的某些限制和障碍。法国大革命才是真正摧毁封建社会、摧毁封建皇权体制的政治大革命。其影响也比光荣革命大很多！

1776 年，亦即在法国大革命前 12 年，瓦特发明了蒸汽机。同年，另一重要事情是亚当·斯密出版了《国富论》，经济学由哲学中分化出来，成为独立的社会科学。

历史上，政治革命和科技革命常常是捆绑在一起的。恩格斯《在马克思墓前的讲话》指出："在马克思看来，科学是一种在历史上起推动作用的、革命的力量。"[1]又说：马克思"把科学首先看成是历史的有力的杠杆，看成是最高意义上的革命力量，而且他正是把科学当作这种力量来加以利用"[2]。

恩格斯在《奥地利末日的开端》一文里，描绘了奥地利君主国在蒸汽机的发明面前，经历过的极为有趣的场面。恩格斯说：奥地利和梅特涅"对法国革命、拿破仑和七月风暴都支持过来了。但是却支持不住蒸汽。蒸汽开辟了穿过阿尔卑斯山脉和波希米亚森林的道路，蒸汽使多瑙河失去了作用，蒸汽彻底摧毁了奥地利的野蛮，因而也就摧毁了哈布斯堡王朝的根基。欧美的公众现在可以高兴地看到梅特涅和整个哈布斯堡王朝怎样为蒸汽机轮撕碎，奥地利君主国又怎样为自己的机车辗裂。这是非常有趣的场面。"[3]

所以，科学技术一方面推动了生产力的发展，一方面又确实起着和生产力相似的，不断摧毁旧的生产关系的作用。正如江泽民所指出：科学技术"不仅可以极大地提高生产力，而且必将引起生产关系和上层建筑的深刻变化"[4]。

所以，研究"时代"问题，还要看到那一时代已出现了哪些科学技术，又如何

① 马克思、恩格斯：《马克思恩格斯选集》第 3 卷，人民出版社，1972 年版，第 575 页。
② 马克思、恩格斯：《马克思恩格斯全集》第 19 卷，人民出版社，1963 年版，第 372 页。
③ 马克思、恩格斯：《马克思恩格斯全集》第 4 卷，人民出版社，1958 年版，第 521 页。
④ 江泽民：《在中国科学技术协会第四次全国代表大会上的讲话》，《江泽民论科学技术》，中央文献出版社，2001 年版，第 21 页。

推动、推进了生产力。

2."马克思主义最注重发展生产力"①。这是邓小平理论中最为核心的观点。运用马克思主义来研究马克思主义的学说、理论出现的"时代"问题,首先就要分析研究那一时代的生产力有哪些特点、特征,当然也要尊重历史,关注马克思时代以前的生产力。

在林毅夫所著《解读中国经济》一书的第 12 页,曾给出世界生产力发展状况的若干重要数据。林毅夫说,研究长期经济发展的经济史学家安格斯·麦迪森在其著作《世界经济千年史》②中指出:"十八世纪以前的一两千年,最发达的欧洲国家平均每年人均 GDP 的增长速度只有 0.05%,也就是说,要经过 1 400 年的时间,人均收入才能翻一番。工业革命以后,欧洲国家的经济增长速度加快,十八、十九世纪人均收入平均每年增长 1%,人均收入翻一番的时间缩短为 70 年。到了二十世纪,年均增长速度提高到 2%,是工业革命出现前的 40 倍,人均收入翻一番的时间只需要 35 年。"林毅夫教授还高度评价了这些数字的意义:"仅在一代人多一点的时间内,人均收入就会翻倍,这种翻天覆地的变化充分证明了技术变迁对经济发展的关键性作用。"③

在十八、十九世纪,"增长加速"的范围当然仅限于"工业革命的发源地英国、西欧的一些经济体,还有英国的'海外分支'国家:澳大利亚、加拿大、新西兰和美国",正是这一走上工业革命的少数国家的"增长加速",导致各国收入水平产生巨大差距:"最发达的少数国家和占大多数的底层低收入国家的收入比率从 1870 年的 8.7 倍,上升到了 1960 年的 38 倍。"④

利用上述数据,易算出最发达的少数国家和大多数底层低收入国家在发展速度上的差距。1776~1870 年,其发展速度的年均差距,约是 $\sqrt[94]{8.7}-1=1.0233-1=2.33\%$;而 1870~1960 年,由于不少底层低收入国家也开始走上发展之路,其增长速度年均差距虽然有所缩小,亦即缩小到 $\sqrt[90]{38/8.7}-1=1.0165-1=1.65\%$,但绝对差距仍呈迅速扩大的趋势。

总之,这一时期发生的少数最发达国家和大多数底层低收入国家出现的巨大差距,正是那一时代在政治、经济、文化等领域发生巨大变化,包括革命和战争等

---

① 邓小平:《邓小平文选》第 3 卷,人民出版社,1993 年版,第 63 页。
② 安格斯·麦迪森:《世界经济千年史》,伍晓鹰、许宪春译,北京大学出版社,2003 年版。
③ 林毅夫:《解读中国经济》,北京大学出版社,2012 年版,第 12 页。
④ 林毅夫:《新结构经济学》,北京大学出版社,2012 年版,导论第 1 页。

现象反复出现的根本的动因。

3. 与上述工业革命国家生产力发展的巨大变化形成对比的,是中国的生产力长期停滞不前!

《解读中国经济》说,据著名经济史学家安格斯·麦迪森的研究,"在前现代社会的一千多年中,中国曾经是世界上最先进、最强大的国家","直到十九世纪,中国仍雄踞世界经济版图。中国在 1820 年占全球 GDP 的三分之一(见图1)。随着工业革命的兴起,西方快速崛起,发展一日千里,而中国则一落千丈。"①林毅夫书中还介绍了1971 年诺贝尔经济学奖获得者库兹涅茨的一项研究:"他在研究中有一项非常有趣的发现:在前现代社会(工业革命前的社会),经济增长的特性是人口增长,经济规模扩大,但是人均收入却基本保持不变,这种增长属于外延性的增长。"在同书的 267～268 页,还给出美国哈佛大学研究中国经济的权威学者珀金斯所著的《中国农业的发展:1368～1968》一书所做的从明朝开始,一直到 20 世纪 60 年代,中国农业发展情况的一项研究:"他从中国2 000多本县志中,把各种有关生产、人口的数据逐一统计,然后拼成一幅完整的图像。根据他的研究,在1368～1968 年这 600 年当中,中国的人口增加了 10 倍,耕地面积增加了 5 倍,单产增加了 2 倍。由此算出,粮食增产 10 倍,但是人均粮食产量却维持不变。"②

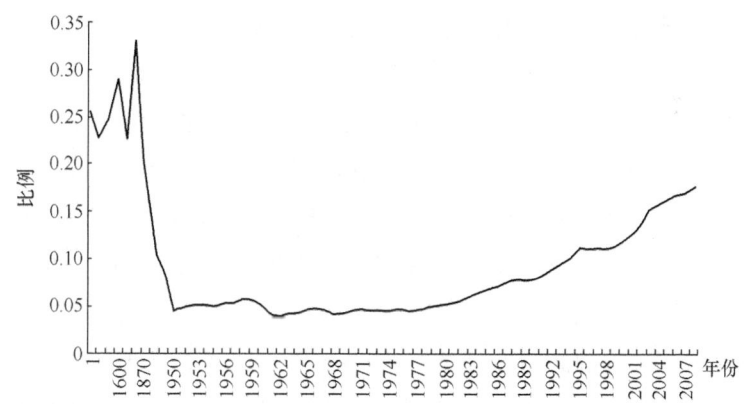

图1 中国在全球 GDP 中所占的份额

资料来源:Groningen Growth and Development Centre,2008. 转引自林毅夫:《解读中国经济》,北京大学出版社,2012 年版,第 1 页。

---

① 林毅夫:《解读中国经济》,北京大学出版社,2012 年版,第 1 页。

② 林毅夫:《解读中国经济》,北京大学出版社,2012 年版,第 267 页。

　　林毅夫指出:"这是典型的前现代社会的经济增长特性:人口增加但人均产量并没有增加;国家经济规模的扩大主要依赖于人口的增加;技术进步非常缓慢,在经济增长中的贡献相对不大。"用上述数据,易算出那一时期单位土地产出的增长速度。1368~1968 年共跨越 600 年,而单产才增长 2 倍。也就是说,这 600 年间的单位土地产出的平均年增长率是 $\sqrt[600]{2}-1=1.001\ 156-1=0.115\ 6\%$ 。至于人均粮食,亦即人均 GDP,却几乎不变,比最发达的欧洲国家年平均增长速度(0.05%)还要略低一些。但中国的特点是"多福、多寿、多子孙",其年均人口增长速度竟高达 $\sqrt[600]{10}-1=0.385\%$,即年增 3.85‰之多! 到了公元 1820 年,人口达到 3.81 亿,是世界人口 10.41 亿的 36.60%;这就解释了为什么在 1820 年前中国在全球 GDP 中的份额曾经高达 33%。1820 年,实在是中华民族社会经济发展的"大"转折点。持续而来的事实是,直到 1968 年,尽管中国的 10 亿人口是世界人口的 20%,而 GDP 仅占世界份额的 5%! 这一状况甚而"一直徘徊到 1979 年"[①]。

　　中国的状况,其实是马克思时代以前各落后国家所普遍具有的状况,只是中国似乎比最发达的欧洲国家发展得还略慢一些!

　　4. 马克思主义,特别是马克思主义政治经济学——解剖资本主义社会结构的科学理论,就是在上述仅有少数工业革命国家涌现的"时代"背景下出现的。

　　1845~1846 年,马克思、恩格斯合作撰写了《德意志意识形态》这部著作。马克思、恩格斯在此书的第一章,叙述了历史唯物主义的基本原理,阐述了生产力、生产关系发展的客观规律,提出无产阶级为了建立自己的阶级统治,必须首先夺取政权的重要原理。1848 年,马克思和恩格斯发表了《共产党宣言》,进一步阐述了新的世界观——彻底的唯物主义、发展的辩证法和阶级斗争学说、无产阶级所担负的历史使命的理论。1867 年 7 月 25 日,马克思《资本论》第 1 卷于伦敦正式出版,它科学而完整地建立了劳动价值学说和剩余价值说,为无产阶级革命理论奠定了坚实的理论基础。1870 年 9 月 4 日,继法国大革命出现后的 81 年,在法国巴黎,爆发了一场由工人阶级主导的巴黎革命。次年 3 月 28 日,巴黎公社正式成立。巴黎公社虽然最终失败,却标志着无产阶级或工人阶级开始跃登世界政治舞台。有相当多的马克思主义拥护者均认为"时代"也就逐渐从资产阶级民主革命的时代,开始转变为无产阶级社会主义革命的时代。

　　5. 将上述生产力发展的事实、数字和同期发生的政治变革结合起来,也许可

---

　　① 林毅夫:《解读中国经济》,北京大学出版社,2012 年版,第 2 页。

以认为,马克思时代又分为前马克思时代和后马克思时代。前马克思时代大体始自工业革命发端的 1776 年,终于 1871 年,在这一时期,欧洲国家经济增长速度开始加快,人均收入平均年增长 1% ;后马克思时代始自巴黎公社成立,亦即无产阶级社会主义革命发端的 1871 年,并一直延伸到 20 世纪的 1977 年。这一时期发达国家人均收入年平均增长率上升到 2% 左右。

由于自 1776 年到 1977 年的 200 年来,仅有"少数"发达国家和"若干"后续发展中国家陆续发展为发达或接近发达国家的发展水平,而大多数发展中国家仍停滞于发展停顿或缓慢发展状态,所以,这一时期国际政治就充满了争夺、冲突、战争和革命。可以说,马克思时代最大的时代特征,是不间断的革命和战争的交替,其间还发生了影响全球发展的第一次和第二次世界大战。

1945 ~ 1978 年,许多发展中国家先后摆脱殖民地或半殖民地的状态,走上了政治独立的道路。1978 年后,又有一大批人口密集的发展中国家,如中国、印度、巴西、南非联邦、新加坡、韩国、越南、印度尼西亚等民族独立国家,经济发展速度又或早或迟地先后相继大幅度提高,人均 GDP 年增速也上升到 3% ,4% ,5% ……甚至 8% 。尤为重要的,中国以及"金砖国家"也相继进入快速发展轨道。"金砖五国"共拥有占全世界 40% 以上的人口,再加上当代发达国家,共拥有超过世界半数以上的人口;如果这些国家在不久的将来社会经济有更大的突破,这将是影响全世界发展的重大事件。"时代"也将进入一个新时期,即和平和发展的时代。

林毅夫还提供了如下一组数字:"从工业革命后的国际社会来看,进入快速增长阶段以来,世界各国第一次人均产出翻倍所花费的时间分别为:英国 58 年,美国 47 年,日本 34 年,土耳其 20 年,巴西 18 年,韩国 11 年,中国 10 年(世界银行,1991)。时间跨度按照经济开始快速增长的先后顺序依次递减。"[①]容易算出,这些国家人均产出翻一番时期的平均增速,分别为英国 1.20% ,美国 1.48% ,日本 2.06% ,土耳其 3.52% ,巴西 3.93% ,韩国 6.50% ,中国 7.18% 。

再据安格斯·麦迪森世界人口和经济数据,西欧 12 国从 1700 年人均 GDP 的 1 028 元(1990 年国际美元)到 1958 年的 6 864 美元,花了 258 年时间;美国从 1820 年的 1 257 美元到 1940 年的 7 010 美元,花了 120 年时间;日本从 1890 年的 1 012 美元到 1966 年 6 506 美元,花了 76 年时间;韩国从 1953 年的 1 072 美元到 1987 年的 6 916 美元,只花了 34 年时间;而中国从 1978 年的 978 美元到 2008 年

---

① 林毅夫:《解读中国经济》,北京大学出版社,2012 年版,第 14 ~ 15 页。

的6 725美元,也只花了 30 年时间。

由上述数据可算出:上述快速发展国家人均 GDP 年平均增长速度,西欧十二国是 0.74%,美国是 1.44%,日本是 2.48%,韩国是 5.64%,而中国是 6.64%。

但是,中国的总人口相当于韩国的 27.4 倍,日本的 10.4 倍,美国的 4.4 倍,西欧十二国的 4.0 倍。而且,正在发生中的中国奇迹、韩国奇迹,超过了西欧奇迹,超过了被视为最成功的美国奇迹,还超过了日本奇迹。

上述这组数字表明,虽然发达国家得以凭借其科技实力,大力提升生产力的发展速度,而且能在快速发展的 100~200 年间,将发达国家和最底层低收入国家间的差距拉大到"1960 年的 38 倍",但是后续的发展中国家也能凭借它们的后发优势(林毅夫称之为比较优势),凭借"更为先进"的科学技术和管理模式,还有制度模式,以更快的发展速度追赶先进的发达国家。一个关键的问题是,这些落后的发展中国家能否独立自主地依据自身发展的利益来安排它们的经济和政治生活,能否按照国民的意愿合理分配快速发展所取得的收入、效益;或者说,能否真正摆脱某些侵略成性的发达国家的经济、政治的压迫和剥削,走上民族独立自主的发展道路。

6. 总之,一大批人口更密集,人数更众多,其人口总数甚而超过了世界总人口半数以上的后进国家,凭借"后发优势",凭借适应本国各生产要素特有优势的"更适用而先进的科学技术",以劳动生产率的快速增长追赶先进的发达国家,而且不排除在未来的岁月里赶上或超越那些发达国家,这就是现时代呈现出的最大的特征。这就是自 1978 年以来,由中国共产党人所开拓的,以邓小平理论为标志的"邓小平时代"。

与此同时,国际局势也就从以革命和战争交替出现的争夺和斗争,转变为争取和平和追求发展。当代发展中国家已有可能用迅速提升劳动生产率的发展模式,迅速提高人民的生活水平。而实现这种快速发展的条件之一,是必须稳定国内政局,必须争取和平。正如邓小平在《和平和发展是当代世界的两大问题》中所说:"从经济角度来说,现在世界上真正大的问题……一个是和平问题,一个是……发展问题。和平问题是东西问题,发展问题是南北问题。概括起来,就是东西南北四个字。"[1]

最近,读到傅高义教授所著《邓小平时代》一书,此书高度评价了邓小平对建设中国特色社会主义创造性、开拓性的巨大贡献,认为"在邓小平领导下出现的这

---

[1] 邓小平:《邓小平文选》第 3 卷,人民出版社,1993 年版,第 105 页。

种结构性转变,确实可以称为自两千多年前汉帝国形成以来,中国最根本的变化"①,因而认为中国已进入"邓小平时代"。但我认为,如果从国际社会主义运动、国际共产主义运动的发展来看,邓小平理论的影响将远超出中国的范围。正是邓小平首先真正科学地概括了现时代最大的特征:和平和发展。

上述"时代"的巨变,也就相应地提出了一个新的且十分重大的理论问题:马克思主义的政治经济学理论能否"与时俱进",适应"时代"的变化和要求?

二、为什么上述"时代"的大变化必将导致马克思主义政治经济学理论体系也要"与时俱进"

1. 马列主义、毛泽东思想和中国特色社会主义理论,是与马克思、恩格斯创立的科学社会主义学说一脉相承的重大理论成果。马克思和恩格斯对人类所做的重大理论贡献,是社会主义从空想到科学的发展。在马克思、恩格斯以前,历史上有多种多样的社会主义理念、学说,包括中国《礼记》上所说的世界"大同"和康有为的《大同书》;而科学社会主义理论却指出:人类的一切变革、发展和变化,包括社会主义运动,都是人类社会历史发展的客观规律的体现,科学的社会主义运动必须不断排除各种各样的"空想""假想""臆想",必须遵循人类认识的社会历史发展的科学规律,这样才能真正夺取社会主义运动的最终胜利。自马克思、恩格斯创立科学社会主义学说以来,全世界的社会主义者纷纷聚集在科学社会主义的旗帜之下,"全世界的无产阶级和被剥削被压迫民族联合起来!"就成为一切支持社会主义运动的先进分子的共识。

2. 实践是检验科学真理的唯一标准。马克思主义所阐述的无产阶级社会主义革命的理论是否为科学真理,也要经由实践的检验,并且要随着历史和"时代"的演变做出判断,做出回答。

马克思、恩格斯在建立他们的科学社会主义理论的时候,是工业革命起步不久、逐步发展的初期。与工业革命相适应的资本主义社会制度才经历一段复杂而混乱的持续革命过程,开始逐步确立。工业革命的发展,需要有能接受工业化产品的市场,更需要实现工业化所必需的大量资本或资金,亦即从欧洲发端的资本主义生产方式均处于所谓资本的原始积累阶段。少数开始走上工业革命的国家,必然要加紧对工人阶级和劳动人民进行剥削和压迫,必然要加紧对落后国家进行侵略和掠夺。马克思的劳动创造价值学说,资产阶级依靠大量占有剩余价值实现资本积累的理论,以及由此产生的阶级和阶级斗争必定走向革命和战争的学说,

---

① 傅高义:《邓小平时代》,冯克利译,生活·读书·新知三联书店,2013年版,第641页。

也就应运而生。

1867 年,马克思在《资本论》第 1 卷里写道:"随着那些掠夺和垄断这一转化过程的全部利益的资本巨头不断减少,贫困、压迫、奴役、退化和剥削的程度不断加深……联合和组织起来的工人阶级的反抗也不断增长。……生产资料的集中和劳动——社会化,达到了同它们的资本主义外壳不能相容的地步。这个外壳就要炸毁了。资本主义私有制的丧钟就要响了。剥夺者就要被剥夺了。"①

1845 年,恩格斯出版了《英国工人阶级状况》一书,详尽地描述了资本"原始积累"时期英国的工人阶级——包括工业革命出现后,小手工业破产,由农村转入城市的农民和小手工业者——遭遇的悲惨命运。此后,这类现象又陆续在其他走上工业革命道路的快速发展中的国家相继出现,这就不可避免地在世界各国加剧阶级分化、激化阶级斗争。既然英国是首先走上工业革命的国家,英国工人又是当时人数最多、力量最大的工人阶级,马克思、恩格斯也就"想当然地"设想无产阶级社会主义革命将首先在最发达的英国发生。

3. 事实是,发达国家并未出现马克思、恩格斯所设想的社会主义革命,反而在落后国家,首先是当时欧洲较落后的俄罗斯,后来是更落后的中国,先后出现了资产阶级民主主义革命,接着以不同方式转变为社会主义革命。——这意味着马克思、恩格斯阐述的科学理论,其更适用的"范围"是出现工业革命不久的落后国家。一个合理的解释是,虽然工人阶级是资产阶级直接剥削和压迫的对象,虽然资本主义方式的剥削和压迫比起封建社会中的封建地主的剥削和压迫要缓和一些,方式也更隐蔽一些,但在落后国家中,特别是在原始积累阶段,这种剥削和压迫就不可避免地和落后社会里原有的原始性的剥削和压迫交织在一起。当这些国家走上工业革命的轨道后,必定激发落后国家固有的阶级矛盾,使之陆续走向革命和介入国际争夺和战争。而一旦工业革命在发达国家已经实现,资产阶级的统治也日益壮大,统治阶级反而有可能拿出更大的力量维持他们的统治,马克思、恩格斯所期望的首先在发达国家出现的社会主义革命反而难以"首先"实现了。

1948 年 1 月,本文作者奉调到当时是解放区的河北省沧县参加革命理论的学习。学习的内容之一,是学习土地改革的政策。那时读到一份《怎样划分阶级》的内部文件,对何谓地主,何谓富农,何谓中农(包括上、中、下三种中农),贫民和雇农的准确定义,如何计算剥削份额以及如何体现有区别的对待政策,何谓"左"和右的错误,等等,均做了详细规定。在读了这些文件和听了前辈对我们的

---

① 马克思:《资本论》第 1 卷,人民出版社,1975 年版,第 831 ~ 832 页。

疑惑所做的解释后,我对马克思主义政治经济学所阐述的剩余价值理论真是佩服倾倒之至! 我在白区,曾经读到苏联学者列昂节夫所写《政治经济学》一书,此书较详尽地解释了劳动创造价值学说和工人阶级制造剩余价值理论。当时我完全不懂这和革命有什么关系! 直到学习了当时的土地改革政策,又到农村做了短期参观后,我才不能不认为,马克思、恩格斯所提出的阶级和阶级斗争学说,以及由此而产生的用阶级分析解剖中国社会和观察国际政治、军事的方法是何等科学而正确! 我深感科学社会主义的理论,至少在经济落后的国家里是"放之四海而皆准"的客观真理。1951 年,我见到一位前辈政治家——我的六伯父何世桢,他是孙中山介绍加入国民党的老党员——他向我谈起"国共之争":"从表面上看,国共问题是三民主义和共产主义之争,国民党说成是'马克思主义是否适用于中国'之争;更实质的争议是土地问题之争。孙中山的三民主义也主张'平均地权',但国民党内对何谓'平均地权',是否要实行'平均地权',纷争不已。而共产党却断然实行了平分土地,取得了广大农民的拥护,所以取得了最终胜利。"

这番谈话,也从另一侧面说明科学社会主义所阐述的阶级和阶级斗争理论,在经济落后国家如中国是何等科学而正确。

但是,"时代"之变,不得不促使我们重新审视:马克思、列宁所阐述的阶级斗争必将导致社会主义革命的理论,是否是现代资本主义社会即将出现的现实?

4. 需要认真思考、客观承认的是如下重大理论问题:"腐朽"的"垂死"的帝国主义为什么"腐"而"不朽","垂"而"不死"?

按照列宁对国际帝国主义的分析,帝国主义是资本主义发展的"最高"阶段,是"垄断"、"腐朽"和"垂死"的资本主义。垄断促成各帝国主义国家对市场、对殖民地的瓜分和争夺,由此而爆发国际的"第一次""第二次"世界大战。国际无产阶级有可能在最薄弱的环节,夺取社会主义的胜利。列宁领导的俄国的十月革命、毛泽东领导的中国的新民主主义革命的胜利,就是列宁主义对国际政治所做的创造性分析的产物。

但自第二次世界大战结束后,国际政治格局出现了重大转变,"被"称为帝国主义的许多发达国家却相继由竞争和争夺转为结盟和合作。第二次世界大战后,美国出台"马歇尔计划",衰败的欧洲和日本也相继走向复兴和繁荣。最为惊人的事实是,战败后的联邦德国、意大利和日本竟以"惊人"的速度实现经济增长。1950~1973 年的 23 年间,联邦德国人均 GDP 的年增长率是 5%,意大利也是

5%,曾和轴心国结盟的西班牙高达5.8%,而日本却更高达8.1%①。

5. 更需要重新审视的,是马克思在《资本论》第1卷提出的"无产阶级贫困化"的理论。马克思说,在"资本主义积累的绝对的、一般的规律的支配之下"②,"不管工人的报酬高低如何,工人的状况必然随着资本的积累而日趋恶化"③;又说:即使工人阶级"变得'不那么穷了'了,那也就是说,工人阶级相对地还是像原来一样穷"④。

科斯在其所著《变革中国》一书中,介绍了王震副总理1978年11月6日至17日出访英国的故事。据该书说,"王震一度以为自己会在伦敦看到贫民窟以及贫穷和剥削","而出乎意外的是",王震被英国工人阶级所享受的高度发达的经济与社会发展水平所震惊,"他发现自己的工资仅仅是伦敦一个垃圾收集工的1/6"!

事实是,随着资本主义国家的繁荣和发展,在发达国家中,不仅没有出现无产阶级日益趋向贫困化的"事实",反而连"三大差别"似乎也已在发达国家中逐渐消失!

6. 更有意思的是,马克思、恩格斯所说发达国家即将走上社会主义革命的预言虽然未在发达国家中出现,反而是中国、越南等经济十分落后的国家,应用马克思的剩余价值学说,按照"农村包围城市"的革命战略,取得了土地革命的胜利,后来又走上了社会主义革命之路。与此形成对比的,是一大批人均GDP比中国高出许多,但仍然比较落后的国家,如印度、巴基斯坦、印度尼西亚、菲律宾、泰国、马来西亚、新加坡、斯里兰卡等人口十分密集的亚洲国家,却相继走上了资产阶级所领导的民族独立之路。

1940年,毛泽东在《新民主主义论》一书中说,第二次世界大战爆发以后,"殖民地半殖民地的任何英雄好汉们,要就是站在帝国主义战线方面,变为世界反革命力量的一部分;要就是站在反帝国主义战线方面,变为世界革命力量的一部分。二者必居其一,其他的道路是没有的"⑤。事实上,上述论断对那些民族独立国家并不适用!1958年9月2日,毛泽东在同巴西记者马罗登和杜特列夫人谈话时,

---

① 安格斯·麦迪森:《世界经济千年史》,伍晓鹰、许宪春译,北京大学出版社,2003年版,第123~134页。
② 马克思:《资本论》第1卷,人民出版社,1975年版,第707页。
③ 马克思:《资本论》第1卷,人民出版社,1975年版,第708页。
④ 马克思:《资本论》第1卷,人民出版社,1975年版,第715页。
⑤ 毛泽东:《毛泽东著作选读》上册,人民出版社,1986年版,第369页。

也对他在 1940 年提出的"理论"正式做了改正①。

典型的事例是马来西亚共产党。马来西亚共产党总书记陈平在抗日战争期间,曾在丛林中坚持抗日游击战争。第二次世界大战结束后,马来西亚共产党继续坚持武装夺取政权的革命路线,继续在丛林中坚持长期的游击斗争,最终却与政府签署了和平协定而解散了。我们能提供的数字是:1950 年,"中国大陆 + 中国台湾"共约有 5. 547 亿人,而马来西亚约有 643. 4 万人②;经济上,1950 年,中国内地的人均 GDP 是 439 国际美元(1990),而马来西亚是 1 559 国际美元(1990),是落后的中国的 3. 55 倍③!

或者说,毛泽东"农村包围城市"的革命战略,对于较中国发达但仍然相当落后的国家,也不一定很适用!

7. 另一类重要的事情是:按照马克思在《资本论》第 2 卷讨论的"优先发展第一部类",也就是"优先发展重工业"、发展经济的理论,在苏联和中国均相继出现了大问题。

1929 年,苏联在斯大林领导下,推进"优先发展重工业"的战略。1929 年,正值欧、美等国出现世界性"大萧条"时期,苏联乘机利用国家力量,大力发展重工业。1929 年,苏联仍是一个比较落后的农业国家,但在斯大林领导下,在很短的时期,就建成了重工业体系和国防工业体系,特别是乌拉尔地区建成的重工业和国防工业体系,保证了苏联在第二次世界大战中最终战胜了德国和日本。

事实证明,这是一个成功的战略。1913 ~ 1950 年,尽管这一时期还包括破坏相当严重的第一次和第二次世界大战,苏联和东欧地区的人均 GDP 增长率平均仍高达 1. 5%,1950 ~ 1973 年更高达 3. 49%④!但自 20 世纪 70 年代以来,苏联和东欧的 GDP 增长率就由 1950 ~ 1973 年的年均 4. 84%,直线下降到 1973 ~ 1998 年的年均 - 0. 56%⑤!1990 ~ 1998 年,苏联 GDP 总额更从 1990 年的 1. 988 万亿国际美元(1990),一直下降到 1998 年的 1. 132 万亿国际美元(1990),8 年间,年均下降 6. 8%!苏联 GDP 如此快速下降的原因,当然和戈尔巴乔夫、叶利钦推行的政治民主化、经济"休克"化密切相关。但是,苏联在很长一个时期不计成本、不计代价,大

---

① 毛泽东:《毛泽东著作选读》上册,人民出版社,1986 年版,第 461 页。
② 安格斯·麦迪森:《世界经济千年史》,伍晓鹰、许宪春译,北京大学出版社,2003 年版,第 290 ~ 291 页。
③ 安格斯·麦迪森:《世界经济千年史》,伍晓鹰、许宪春译,北京大学出版社,2003 年版,第 302 ~ 303 页。
④ 安格斯·麦迪森:《世界经济千年史》,伍晓鹰、许宪春译,北京大学出版社,2003 年版,第 116 页。
⑤ 安格斯·麦迪森:《世界经济千年史》,伍晓鹰、许宪春译,北京大学出版社,2003 年版,第 116 页。

量推行所谓"傻、大、黑、粗""单位 GDP 所需钢铁消耗高达美国 4 倍!"[①]的发展重工业的战略,导致民众所需"衣、食、住、行、用"日常消费品严重短缺,是苏联和东欧地区发生政治、经济大变动的重要原因!

8. 1949 年 10 月 1 日,毛泽东在天安门向世界宣告:"中华人民共和国中央人民政府成立了!"要长久地让"中国人民站起来",就必须有强大的军事工业,必须有强大的重工业。从 1952 年起,中国推行的也是"优先发展重工业"的战略,方法是"学习苏联"。1952～1978 年,重工业在基本建设中的投资平均占了全部投资的 44%;轻工业的投资平均仅为 5.2%;农业比轻工业略多一些,但也平均仅有9.3%[②]。1952～1978 年,工业,尤其是重工业的产值快速增长,年均增长率达到6%[③]。按照《世界经济千年史》以 1990 年国际美元为单位所给出的数字而做的计算,从 1950 年到 1978 年,中国内地的 GDP 年均上升 4.98%[④]。

应该说,中国经济还是以较快速度不断发展的。1964 年 10 月 16 日,中国爆炸了第一颗原子弹;1967 年 6 月 17 日,中国又爆炸了第一颗氢弹;1970 年 4 月24 日,中国发射了第一颗人造卫星;1980 年 5 月 18 日,中国第一次成功发射洲际导弹。事实证明,中国政府在迅速发展重工业、巩固国防方面,取得了显著成效。1971 年 10 月 25 日,中华人民共和国"被"请进了联合国,"被"恢复了在联合国的一切合法权利,并接替蒋介石集团成为联合国的常任理事国。

但是,从 1959 年到 1963 年,四年间,中国的 GDP 却出现惊人的下降!据《世界经济千年史》给出的可供国际比较的数字,四年间,中国的 GDP 年平均增长率是 -2.53%!一个显见的原因是"大跃进"。经济上的萎缩特别是剧烈的萎缩,通常要带来政治上的变动——阶级斗争扩大化以及后来的"文化大革命"。

1959～1976 年,整整十七年间,在"阶级和阶级斗争"学说指引下的中国经济,其实也是不断上升的。按《世界经济千年史》所给的数字[⑤],十七年间中国 GDP 平均年增长率仍高达 3.2%;但如果与十七年间中国的邻国日本和亚洲"四小龙"GDP 的年平均上升速度做一比较(日本是 8.44%,韩国是 9.45%,中国台湾地区是 9.57%,中国香港地区是 8.45%,新加坡是 9.24%),这就不得不提出尖锐

---

① 安格斯·麦迪森:《世界经济千年史》,伍晓鹰、许宪春译,北京大学出版社,2003 年,第 148 页。

② 林毅夫:"1952～1978 年基本建设投资结构变化表",《解读中国经济》,北京大学出版社,2012 年版,第 97 页。

③ 林毅夫:《解读中国经济》,北京大学出版社,2012 年版,第 98 页。

④ 安格斯·麦迪森:《世界经济千年史》,伍晓鹰、许宪春译,北京大学出版社,2003 年版,第 296 页。

⑤ 安格斯·麦迪森:《世界经济千年史》,伍晓鹰、许宪春译,北京大学出版社,2003 年版,第 296 页。

的问题了:传统的马克思主义政治经济学和由此产生的阶级和阶级斗争理论指导下的中国经济,究竟在什么地方出了毛病?

9. 一个最自然的解释是,十七年间,反映科技进步的中国生产力的全要素生产率在不断下降。所谓全要素生产率,也就是 Total Factor Productivity,或简称为 TFP,其定义是:"全要素生产率是指产出的增长率和投入要素的增长率加权平均之间的差。如果各种投入要素平均增长率为 10%,总产出的增长率为 12%,10%,8%,则全要素生产率分别为 2%,0,-2%。"[1]我的理解是:所谓全要素生产率,所讨论和回答的是"效率"问题,也就是发展是有效率的发展还是不计代价的低效率的发展。

1959~1967 年,中国的生产力也不断增长,但这是由资金和劳动力的高投入造成的;而决定快速发展的更重要的因素,反映科技进步的全要素生产率,却不断下降! 显然,这样的高投入上升的发展方式,不可能持续、长久!

林毅夫曾计算过 1952~1988 年间中国经济发展的全要素生产率。以1952 年为 100%,那么 1952~1988 年全要素生产率指数可归结为如图 2 所示的曲线。由图 2 可知,1972 年的全要素生产率指数竟然下降到只有 1952 年的 72%[2]! 也就是说,20 年间,全要素生产率年平均上升$\sqrt[20]{0.72}-1=-1.63\%$! 中国虽然用约 30 年的时间实现了工业化,但"资金利用率不高,工业生产效率也比较低下"。比较中国、印度和美国"每生产 1 美元的产出"所用到的煤和钢等原材料的运输"数量×距离","中国是 3.1 吨公里/美元,印度是 1.67 吨公里/美元,而美国是 1.8 吨公里/美元;中国创造同样的产值,煤或钢的运输距离要比印度和美国多出很多"[3]。所以,尽管在这一时期通过"大抓阶级斗争""抓革命,促生产",充分调动广大工人、农民、知识分子等劳动人民的主动性和积极性,然而如上所述,"从 1959 年到 1976 年,中国内地的 GDP 平均年上升率仅为 3.2%";而同期的日本和"四小龙",依靠政府干预下的市场经济,依靠科技进步,依靠全要素生产率的快速增长,大幅度提高了劳动生产率,大幅度促进了生产力的快速发展。其中,GDP 上升最慢的是日本,其全要素生产率也高达 8.44%!

如果说,"社会主义的优越性归根到底体现在它的生产力比资本主义发展得更快一些,更高一些"[4],如果说,"共产主义就是利用先进技术的、自愿自觉的、联

① 林毅夫:《解读中国经济》,北京大学出版社,2012 年版,第 91 页。
② 林毅夫:《解读中国经济》,北京大学出版社,2012 年版,第 98 页。
③ 林毅夫:《解读中国经济》,北京大学出版社,2012 年版,第 99~100 页。
④ 邓小平:《邓小平文选》第 3 卷,人民出版社,1993 年版,第 63 页。

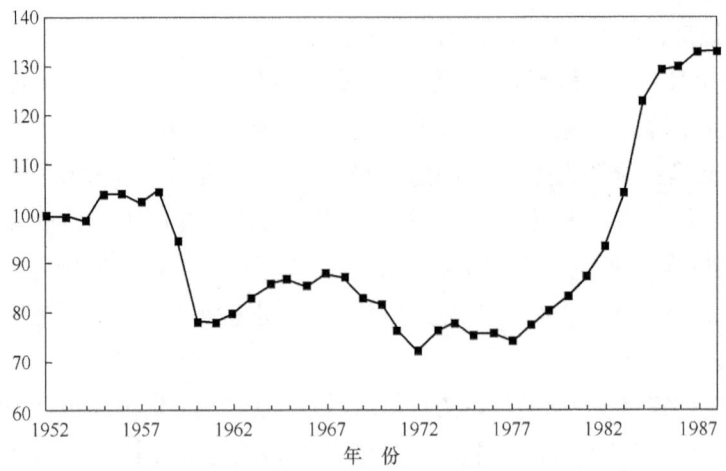

图 2　中国 1952～1988 年全要素生产率指数(1952 年＝100)

资料来源:林毅夫:《解读中国经济》,北京大学出版社,2012 年版,第 98 页。

合起来的工人所创造出来的较资本主义更高的劳动生产率","资本主义可以被彻底战胜,而且一定会被战胜,因为社会主义能造成新的高得多的劳动生产率"①,那么,只能说以"阶级斗争为纲"的"社会主义",并不符合社会主义的要求。

10. 1952～1972 年,中国虽然全要素生产率平均以－1. 09% 的速度下降,但是在"两弹一星"的研究、开发、定型并走向工业化的过程中,却高度注意节约人力、物力,高度注意科技进步。那时的党中央、国务院曾经在全国范围内调集了一批优秀科技人员——在调集过程中,规定各地方组织不得与党中央"讨价还价"——集中全部力量进行"攻关",充分"发挥社会主义制度能够集中力量办大事的优势"②。党中央专门成立统一调度、指挥研发工作全局的中央专委会,由周恩来总理任第一书记,聂荣臻元帅任第二书记,主抓各项具体工作,重大问题请示毛泽东做最后决策。加上当时的科学技术人员充分利用了科技研发工作的"后发优势",充分吸取前人的经验教训,注意避免选择科研路线的错误,大幅度减少了无效劳动,大幅度降低了在科研工作中时常出现的大浪费。在那一时期,我们经常被告知:中国研发"两弹一星"是在全国人民节衣缩食、勒紧腰带、极为困难而落后的经济环境下进行的,你们在从事研发工作时,要尽可能少使用代价极为高

---

① 列宁:《列宁选集》第 4 卷,人民出版社,1960 年版,第 16 页。

② 邓小平:《邓小平文选》第 3 卷,人民出版社,1993 年版,第 377 页。

昂的装备、技术……我参加的工作是原子弹、氢弹的理论研究,被称为"龙头中的龙头的龙头",是"龙头"的三次方。领导我们从事理论探索工作的钱三强教授再三向我们警告说:你们从事研发工作的"龙头",可不能大摇特摇;你们一摇头,当尾巴的单位可就受不了了。我所知道的事实是,中国的科技人员仅占用了美国投入的 1/20 的财力、物力,就掌握了核武器的全部最新技术,包括可用洲际导弹发射的小型、轻型,但爆炸当量仍足以摧毁某一中、大型城市的核武器。

"两弹一星"的研究、开发、定型,直到建成强大的国防工业的经验证明,中国完全有能力集中力量,在选定的领域内,创造出更高、更有效的全要素生产率。因为"中国人的头脑并不笨"[①]!

三、马克思主义政治经济学将沿着什么方向"与时俱进"? 是沿着科学社会主义的理论框架不断前进,还是另起炉灶,沿着西方古典经济学,沿着民主社会主义理论等向"前"探索?

1. 中国特色社会主义的总设计师邓小平,已经为这一"提问"指出了方向。1992 年,邓小平在《在武昌、深圳、珠海、上海等地的谈话要点》(即简称"南方谈话")中说:"总之,社会主义要赢得与资本主义相比较的优势,就必须大胆吸收和借鉴人类社会创造的一切文明成果,吸收和借鉴当今世界各国包括资本主义发达国家的一切反映现代社会化生产规律的先进经营方式、管理方法。"[②]马克思主义政治经济学的研究者当然不会抛弃凝聚在《资本论》一、二、三卷中的精华——劳动创造价值、阶级和阶级斗争学说,但是必须以"发展是硬道理""'三个代表'重要思想""科学发展观"等历史唯物主义,亦即科学社会主义的最新理论成果"为纲","大胆吸收和借鉴人类社会创造的一切文明成果",其中当然也包括古典经济学、新古典经济学以及其他研究的最新发展,如凯恩斯主义宏观经济学、新凯恩斯主义经济学、发展经济学,还有林毅夫所倡导的新结构经济学等。

2. 但是,亚当·斯密以来的古典经济学也是有严重缺陷的。最典型的事例是一大批著名经济学家将古典经济学里许多原理、论据及其发展,整理、提高为新古典经济学,其集中表现是"华盛顿共识"(Washington Consensus)。但是,这些学者将"华盛顿共识"推广应用于苏联的体制改革,结果却遭到了也同样是史无前例的全面的大失败!

其实,早在 2005 年,北京大学林毅夫教授就对"华盛顿共识"的科学性提出了

---

① 1956 年钱学森教授在"中国是否要发展导弹"研讨会上的讲话。
② 邓小平:《邓小平文选》第 3 卷,人民出版社,1993 年版,第 373 页。

质疑。他在《本体与常无——经济学方法论对话》①一书的"总序"中写道:"在和学生的对话以及其他课程中,我深深感到'授人以鱼不如授人以渔'的道理。""在平常上课时……我特别强调经济方法论的探讨,并于 2004 年年初和……研究生们进行了一场对话。"②林毅夫教授特别谈到他对"华盛顿共识"的挑战。林毅夫说:"或许在未来,20 世纪将会被后人称为是人类经济思想大试验的世纪。除了社会主义国家计划经济的试验外,第二次世界大战以后,原来被殖民的国家政治上纷纷获得独立,并且在第一代革命家的领导下,开始了独立建国的努力。当时主流的经济学思想强调市场失灵,认为发展中国家只有依靠政府的强有力干预,克服市场的不足,才能加速工业化,摆脱贫困,建成富强的现代化国家。绝大多数的发展中国家都是按照这个理论思想来制定经济发展政策的。但是,经过二三十年的努力,这些国家和发达国家的差距不仅没有缩小,而且越来越大,到了 20 世纪 70 年代还层出不穷地出现了各式各样的危机,最后不得不向位于美国的华盛顿的国际货币基金组织求援,并在国际货币基金组织的经济学家的指导下进行经济改革。苏联、东欧的社会主义计划经济体系也在 20 世纪 80 年代末 90 年代初开始了向市场经济的转型。国际经济学界对发展中国家的改革以及前社会主义国家转型问题的主流思想以'华盛顿共识'为代表,此共识强调市场的作用,认为改革和转型的任务是彻底消除妨碍市场机制发挥作用的各种制度安排,并迅速建立起能够让市场机制发挥作用的制度环境。从这个观点来看,我国的渐进式改革是不彻底的,是注定要失败的。我是在上述的时代、思想背景下开始了对我国改革和发展问题的研究,我对农村问题的研究很快为主流经济学界所接受,但是在根据我国的城市改革和发展经验的事实而对主流的'华盛顿共识'提出挑战时,则有孤掌难鸣之感。"③

"在'华盛顿共识'支持者的协助下,苏联、东欧国家推行了'休克疗法',企图一步跨过鸿沟而成为资本主义市场经济国家,但是苏联、东欧的转型不仅没有像'华盛顿共识'支持者认为的那样,在推行'休克疗法'以后经济马上快速增长,反而还出现了崩溃和停滞;我国的渐进式改革也不仅没有像'华盛顿共识'的支持者所认为的那样,使国民经济崩溃、停滞,反而继续快速增长。'华盛顿共识'在绝大多数发展中国家实行的结果也遭受了和在苏联、东欧同样的命运。有意思的

---

① 此书 2005 年曾以《论经济学方法》的书名由北京大学出版社出版。
② 林毅夫:《本体与常无——经济学方法论对话》,北京大学出版社,2012 年版,总序:第 3~4 页。
③ 林毅夫:《本体与常无——经济学方法论对话》,北京大学出版社,2012 年版,第 4~5 页。

是,第二次世界大战后发展起来的日本和亚洲'四小龙',其政府采取的政策按照当时主流的经济理论的观点来看也是离经叛道的。现在对根据主流经济学的基本理论形成的'华盛顿共识'产生怀疑的经济学家越来越多,而且,国外有些经济学家还提出和'华盛顿共识'针锋相对的'北京共识',我开始有了'吾道不孤'的感觉。"①

林毅夫在新出版的《新结构经济学》一书中还谈到他和约瑟夫·斯蒂格利茨教授的一次对话。斯蒂格利茨也说:"十二年前,当我还是世界银行首席经济学家的时候,我提出发展经济学的主要挑战是从此前几十年的经验教训中学习。这几十年中,一部分国家(大多数在亚洲,一小部分在其他地区)实现了经济学家未能预测到的巨大成功;然而其他许多国家却在缓慢增长,甚至停滞或倒退——这与传统经济学模型的收敛预测是不一致的。那些成功的国家实行了与'华盛顿共识'大不相同的政策,虽然有些部分是相同的。'华盛顿共识'中所建议的政策并未带来高增长、稳定或者贫困的减少。我离开世界银行不久,采取'华盛顿共识'政策建议的阿根廷出现了危机,这加重了人们对'华盛顿共识'的疑惑。"②

"全球金融危机也使新古典经济学范式在发达工业化国家理所当然地受到了质疑。发展经济学的大部分内容都被认为是回答这样一个问题:发展中国家如何能够成功地向市场导向型政策框架(即所谓的'美国特色的资本主义')转型? 这场讨论不是关于目标本身,而是关于实现目标的路径。其中有些人支持'休克疗法',其他人则觉得按部就班、循序渐进的方式更加合理。全球金融危机向这个模式提出了质疑,即使是发达国家也需要重新审视。"③

3. 林毅夫在《解读中国经济》一书中说:当时"有许多经济学家不看好中国的改革"④,"相反的,当时多数经济学家看好的是苏联、东欧的改革,因为这些国家基本上是按照现代主流的新古典经济学理论的基本原则来进行改革。最有代表性的就是在波兰、捷克、俄国等国家推行的'休克疗法',它包含三方面内容,即价格完全放开,由市场来决定;全面、大规模、快速地实现私有化;消除财政赤字,维持宏观经济的稳定。这三项是西方主流经济理论所认为的一个有效的经济体系最基本的制度要求。这些主流经济学家也知道,从一种经济体系向另一种经济体系过渡,要建立新的制度安排需要时间,要打破旧的既得利益需要成本,但他们乐

---

① 林毅夫:《本体与常无——经济学方法论对话》,北京大学出版社,2012 年,第 4~5 页。
② 林毅夫:《新结构经济学》,北京大学出版社,2012 年版,导论第 54 页。
③ 林毅夫:《新结构经济学》,北京大学出版社,2012 年版,导论第 54 页。
④ 林毅夫:《解读中国经济》,北京大学出版社,2012 年版,第 242 页。

观地设想,在推行'休克疗法'初期国民经济虽然会有所下降,但半年或一年以后经济就会快速增长,形成一个'J'形的发展曲线。据此,他们认为苏联、东欧的改革虽然比中国起步晚,但很快会超过中国。而中国由于改革'不彻底',经济内部的矛盾将会引发种种困难而致失败。"[1]

需要略做补充的是:这一争论也曾传播到中国的思想界,并展开了激烈的争吵。有相当一些"改革者"向中国政府推荐"休克疗法"的变种,即所谓的"阵痛疗法",当然也包括向中国政府推荐实行这类"疗法"的政治前提,即推行所谓"民主制"的"政治改革"。他们还在1989年、1990年前后,激烈地批评中国政府所采取的要正确处理"改革、发展、稳定"三者关系的方针,还激烈地"预测"中国的改革"必将"失败,中国的经济"必定"出现大问题!"然而转眼十多年过去了,事实结果与90年代初许多著名经济学家的预言恰恰相反,中国经济继续保持了快速增长,而推行'休克疗法'的国家反倒出现了极其严重的通货膨胀,经济发展经历的不是暂时下降接着持续快速增长的'J'形曲线,而是先急剧倒退然后长期疲软的'L'形曲线。俄罗斯1993年通货膨胀率达到8 414%,即一年中物价上涨了84.14倍;乌克兰达到10 155%,即一年上涨了101.55倍。不仅如此,国内生产总值急剧下滑,俄罗斯1995年的国内生产总值只达到1990年的50%,乌克兰更只达到40%。随着人均收入的急剧下滑和收入分配的极端恶化,各种社会指标也在降低。1990年俄罗斯男性的寿命预期是64岁,而1994年下降到了58岁。据2006年欧洲银行所做的一项23国23 000户的调查,70%的人认为现在的生活比转型开始的15年前差。总之,推行'休克疗法'的国家改革困难重重,并未出现西方主流经济学家预期的效果。"[2]

胡鞍钢所著《中国2020:一个新型超级大国》一书中说:"1978年中国的GDP总量小于苏联。1990年中国的GDP是苏联的1.85倍。到了2006年,中国的GDP总量是俄罗斯的7.1倍。1978年,中国的人均GDP仅为苏联的16%;到了2006年,达到俄罗斯的89%。苏联和中国改革结果的巨大差异,证明了选择正确的改革策略和路径的重要性。"[3]

下面是林毅夫给出的独联体国家在"休克疗法"前后和欧洲各国经济发展状况的一个比较(见图3)。

① 林毅夫:《解读中国经济》,北京大学出版社,2012年版,第243页。
② 林毅夫:《解读中国经济》,北京大学出版社,2012年版,第243页。
③ 胡鞍钢:《中国2020:一个新型超级大国》,浙江人民出版社,2012年版,第35页。

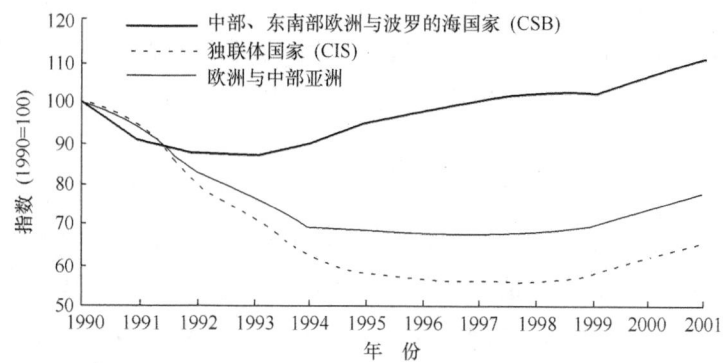

图3　1990～2001年实际产值

注:世界银行数据。欧洲与中部亚洲取CSB和CTS的均值。所有统计数据按人口加权,2001年的数据为预测值。

资料来源:林毅夫:《解读中国经济》,北京大学出版社,2012年版,第244页。

"中国经济改革在80年代已经取得了许多实实在在的成就,但是,国际上一些主流经济学家却一致不看好中国。"①

"参与了苏联、东欧改革的许多哈佛大学、麻省理工学院的经济学家堪称是大师级的人物,许多前沿理论都是他们研究、发展出来的,但他们为什么无法预测、解释推行'休克疗法'所带来的困难,又为什么不看好中国的经济转型呢? 我认为除了这些经济学家对社会主义国家的历史、计划经济形成的原因和经济系统转型的实质问题的认识不够外,最主要的问题还在于现有的主流经济学理论本身在分析转型问题上存在着先天的缺陷。"②(着重号为引用者所加)

4.1988年,我们有机会去苏联莫斯科,参加一个在莫斯科大学组织的有关中微子物理学的大型国际研讨会。同时,我们又去参加了另一个在莫斯科大学举办的哲学和逻辑问题的大型国际研讨会。在会上,我们见到苏联的一位哲学家,当然就会讨论起中国和苏联如何进行改革的问题。我向他介绍了我们先从农业的改革入手……这位哲学家非常自信地说:"我们知道邓小平先生的意见。不过,那样做太慢! 我们是上、下、左、右一起改,统统都改,从政治、军事,直到经济都改。"而且他们还自称为"左派"。我们当时并没有懂得他讲的"上、下、左、右一起改""政治、军事,直到经济都改"的真实含义。我们还很笨拙地询问,总得有一个"人

① 林毅夫:《解读中国经济》,北京大学出版社,2012年版,第244页。

② 林毅夫:《解读中国经济》,北京大学出版社,2012年版,第244页。

手点"吧！后来发生的事情是：原来他们所讲的"改革"，就是"休克"疗法。实际上他们是从"政治的民主化"入手。他们连共产党、苏维埃也不要了，统统改掉，重起炉灶。他们幻想只要实现了"政治的民主化"，也就自然而然地实现了所谓"经济的自由化"。

林毅夫所著《繁荣的求索：发展中经济如何崛起》一书，还介绍了不少那一时期的经济学家对苏联式转型和中国式转型的许多评论："哈佛大学经济学家杰弗里·萨克斯（Sachs）以及其他许多学者一直推行与此相同的'大爆炸'学说，其中包括瑞典经济学家安德斯·艾斯兰德（Aslund），他对'东欧和苏联的发达社会主义国家'与'中国和越南等发展中社会主义国家'做出了区分。艾斯兰德首先观察到，西方式民主似乎已经成为向市场经济顺利转型的先决条件。然后进一步指出：'迅速摧毁旧秩序，并加快建立新的民主国家具有令人信服的理由。'最后，他认为摧毁旧秩序越慢，转型将带来越多的麻烦和痛苦：'假以时日，共产党的续任官员会想方设法将其剩余的权力转化为财产（无论是直接偷窃还是更隐蔽的方法），从而加深了不平等，削弱了政府的公信力，并可能走上非民主的民粹主义道路。'"①

更有意思的是，新俄罗斯领导人叶利钦"起初并没有采纳那个建议，并认为政治自由化和经济转型应该是同步的。他的第一个后苏联时代的俄罗斯政府（由叶戈尔·盖达尔领导）试图快速改变，但是经济开始崩溃。新政策经常遭到质疑，并在1992年12月与议会的一次大对决中被否决。叶利钦于1993年9月解散了议会"②。"接着，1993年10月初的冲突不但导致了数以百计的伤亡，而且严重损害了国家的政治和经济稳定。"③

这真是一个极具讽刺意义的"喜剧"！推行"政治的民主化"的后果，竟然不得不最终以"解散民主产生的议会"而结束！

很明显，在上述想法遭到彻底的失败后，"这促使一些研究人员建立了以下学说，即民主环境是更加无法容忍由稳定、私有化和重组常常带来的经济损失"④。

5. 当然，我们也不能忽视古典经济学、新古典经济学的许多成就，它们"对市场经济发达的国家中的现象有相当强的解释力"，虽然"对转型国家的解释力较

---

① 林毅夫：《繁荣的求索》，北京大学出版社，2012年版，第227页。
② 林毅夫：《繁荣的求索》，北京大学出版社，2012年版，第216页。
③ 林毅夫：《繁荣的求索》，北京大学出版社，2012年版，第216页。
④ 林毅夫：《繁荣的求索》，北京大学出版社，2012年版，第216页。

差"①! 最为重要的,是要在马克思主义政治经济和新古典经济学之间架起一座可以探讨彼此的得失成败,相互沟通、借鉴的"桥梁",从而可以在相互比较、相互借鉴中,"与时俱进"地讨论、回答新提出的重大理论问题。

很抱歉,这里大段抄录了林毅夫教授许多"真知灼见"。一来是对这些"真知灼见"早有同感,当然这是曾长期浸润在马克思主义政治经济学的那些学者们共同的感受;二来是我们这些人对古典经济学……实在知之太少。现在既突然看到这些"行家里手"们直率而准确的批评,也就不得不表示我们的"高度的认同"了!

下面将进一步讨论,马克思主义的政治经济学,尤其是其中的基础理论部分,为什么要在科学社会主义理论或历史唯物主义的最新发展基础上,有所前进,有所发展。

四、马克思主义政治经济学要在历史唯物主义理论最新发展的基础上"与时俱进"

1. 当代马克思主义政治经济学的学习和研究,是有严重的缺点甚而是有重大问题的。其重大问题之一,是学习者和研究者只注意"弘扬"马克思《资本论》所具有的"伟大历史意义",以及《资本论》在论证"资本主义经济制度的产生、发展直至灭亡的客观规律性"时,是何等的"科学、周密而系统",却很少指出因《资本论》产生的"时代"所带来的,而且是不可避免的时代的局限性。

其结果是:只忙于寻章摘句式地为《资本论》做注释;较好一些的研究,也只注意到补充、说明存在于《资本论》三卷本中,偶然出现的逻辑上的漏洞或用词上的模糊、混乱等缺失。当然这都是研究者必须补充进行的科学工作,也有益于后学者。其重大缺失是:完全没有能为后学者指出《资本论》存在哪些时代的局限性,哪些理论上的失误。

2. 马克思的《资本论》是在马克思时代人们所认识的历史唯物主义理论指导下实现和完成的。恩格斯曾明确指出,马克思的经济学在"本质上是建立在唯物主义历史观的基础上的"②。马克思在著名的《〈政治经济学批判〉序言》中,除了天才地叙述了他们所得到的有关历史唯物主义的基本原理以外,还特别说"一经得到"这些基本原理,"就用于指导我的研究工作","我在巴黎开始研究政治经济学"③。列宁也从另一角度说明了马克思主义政治经济学和唯物史观之间的密切

---

① 林毅夫:《解读中国经济》,北京大学出版社,2012 年版,第 296 页。
② 马克思、恩格斯:《马克思恩格斯选集》第 2 卷,人民出版社,1972 年版,第 116 页。
③ 马克思、恩格斯:《马克思恩格斯选集》第 2 卷,人民出版社,1972 年版,第 82 页。

关系。列宁说:"自从《资本论》问世以来,唯物主义历史观已经不是假设,而是科学地证明了的原理。"①又说:"既然运用唯物主义去分析和说明一种社会形态已取得如此辉煌的成果,那么,十分自然,历史唯物主义已不再是什么假设而是经过科学检验的理论了。"②这样,"这个划时代的历史观"也就为"系统地概括经济科学的全部复杂内容""提供了一个出发点"③。

但是,时代已经发生重大变化。历史唯物主义也由阶级斗争"为纲"的历史唯物主义,发展为"发展是硬道理"的历史唯物主义。"时代"已经由讨论和研究无产阶级和广大劳动人民如何通过革命和战争,摆脱封建地主以及和封建地主相结盟的官僚资产阶级等反动势力对人民群众的统治,转为优先关注"和平和发展"——"当代世界的两大问题"。现时代的世界各国、各民族的广大人民群众,更关心的是以共同发展捍卫世界的和平,以捍卫和平谋求世界各国、各族人民的共同发展。

"时代"将促使人们进一步在坚持中发展马克思《资本论》中的思想。

3. 经济学研究和回答的基本问题是国富民强。亚当·斯密探讨的是国家如何富裕的《国富论》,卡尔·马克思回答的是民众如何革命的《资本论》。

当代政治经济学显然就要以新发展的历史唯物主义为基础,转向研究以生产力的发展为最重要的中心问题,因为正如邓小平所说,"马克思主义最注重发展生产力","社会主义阶段的最根本任务就是发展生产力"④。"整个社会主义历史阶段的中心任务是发展生产力。"⑤(着重号为引用者所加)"社会主义的优越性归根到底要体现在它的生产力比资本主义发展得更快一些、更高一些,并且在发展生产力的基础上不断改善人民的物质文化生活。"⑥"贫穷不是社会主义,发展太慢也不是社会主义。"⑦其最终决定的因素,"发展才是硬道理"⑧。

邓小平还为社会主义的本质下了一个全面的定义:"社会主义的本质是解放生产力,发展生产力,消灭剥削,消除两极分化,最终达到共同富裕。"⑨这一对于社会主义本质的论述,有深远的意义。也就是说,区别某个社会经济制度是社会

① 列宁:《列宁选集》第1卷,人民出版社,1960年版,第10页。
② 列宁:《列宁选集》第1卷,人民出版社,1960年版,第13页。
③ 马克思、恩格斯:《马克思恩格斯选集》第2卷,人民出版社,1972年版,第119页、第121页。
④ 邓小平:《邓小平文选》第3卷,人民出版社,1993年版,第63页。
⑤ 邓小平:《邓小平文选》第3卷,人民出版社,1993年版,第254~255页。
⑥ 邓小平:《邓小平文选》第3卷,人民出版社,1993年版,第63页。
⑦ 邓小平:《邓小平文选》第3卷,人民出版社,1993年版,第255页。
⑧ 邓小平:《邓小平文选》第3卷,人民出版社,1993年版,第377页。
⑨ 邓小平:《邓小平文选》第3卷,人民出版社,1993年版,第373页。

主义还是资本主义,最具决定性的因素是生产力,是分配。至于所有制的选择,并不属于区分资本主义和社会主义的"本质",因为人类社会将依据不同类型的生产力及其不同的发展水平和阶段,决定人们所应选择的适合的生产关系;而人类社会所选择的生产关系是否"适合"于生产力,标准是"不管白猫黑猫,抓到老鼠的都是好猫"!

为什么现时代的历史唯物主义理论需要进入以"发展才是硬道理"为最重要因素的历史唯物主义?其更深层的原因,是历史唯物主义理论必须科学地回答"什么是推动社会历史前进的动力"这一重大理论问题。

早在马克思主义传播到中国的早期,正如前辈哲学家吴江教授在《论历史的动力》一文所指出的:"在历史发展动因这个问题上,在马克思主义内部,早就有两种不同的甚至是对立的观点存在着:一种着重于阶级斗争,一种着重于生产力的发展程度。这两种不同的观点(乃至由此形成不同的立场)直接影响到一个革命政党对于斗争形势的估计和策略的制定,政党之间或政党内部的许多纷争由此引起。例如,对于十月革命的评价,对'左'的空想共产主义行动的批评等。当马克思主义传到中国,一开始就表现出这种分歧,拿李大钊在 1919 年 5 月所写的《我的马克思主义观》做例子,这篇文章第七章的第七节有这样一段话:'马氏学说受人非难的地方很多,而唯物史观与阶级竞争说的矛盾冲突,算是一个最重要的点。盖马氏一方既确认历史……的原动力为生产力,一面又说从来的历史都是阶级竞争;一方否认阶级的活动……可以由此决定经济行程的效力,一方又说阶级竞争的活动可以……决定社会进化全体的方向。'"①

现在已到了中国的革命和建设的实践为上述争议做结论的时代了。——应该明确,社会发展的原动力是社会生产力,是社会生产力决定着生产关系的变革,是生产力决定着阶级斗争,决定着社会进化发展的方向。阶级斗争只是在必须通过阶级斗争才能推动生产力向前发展时,才是历史发展的动力。上述历史唯物主义的重大发展,其实已影响到西方主流经济学的研究。当代西方主流经济学一个新发展,是讨论发展问题的发展经济学。

4. 江泽民提出的"三个代表"重要思想,又对历史唯物主义理论做了新的发展。江泽民深刻指出:"人类社会的发展,就是先进生产力不断取代落后生产力的历史进程。"②而"科学技术是第一生产力,而且是先进生产力的集中体现和主要

---

① 吴江:《吴江文稿》上卷,中央编译出版社,2009 年版,第 154~155 页。
② 江泽民:《江泽民文选》第 3 卷,人民出版社,2006 年版,第 274 页。

标志"①。江泽民还说:"我们必须坚持不懈地发展先进生产力。对于仍然存在的不适应先进生产力和时代发展要求的一些落后的生产方式,既不能脱离实际简单化地加以排斥,也不能采取安于现状、保护落后的态度,而要立足实际,创造条件加以改造、改进和提高,通过长期努力,逐步使它们向先进适用的生产方式转变。"②江泽民提出的"三个代表"重要思想还高度评价了先进文化在人类社会历史发展中的巨大作用,而先进文化的集中表现,是科学精神。江泽民同志在《科学的本质就是创新》一文中说:"我们正在制定……第十个五年计划。关键是要大力发展中国的科学技术……促进科技创新和知识创新。""科学的本质就是创新。创新是一个民族进步的灵魂,是一个国家兴旺发达的不竭动力。整个人类历史,就是一个不断创新、不断进步的过程。当代科学技术的发展,更加雄辩地证明了这一点。"③应该说,江泽民对科学创新也是"人类历史"发展"不竭动力"的论述,进一步发展了历史发展的动力的理论。

江泽民在《在全党全社会大力弘扬科学精神和创新精神》一文中还说:"应该形成全国方方面面共同促进科学发展的良好气氛,应该在全党全社会大力弘扬科学精神,普及科学知识,树立科学观念,提倡科学方法……科学精神的内涵很丰富……科学界要大力弘扬科学精神,各条战线各个部门都要大力弘扬科学精神。"④又说:"马克思主义是最讲科学精神、创新精神的。坚持马克思主义,最重要的就是要坚持马克思主义的科学原理和科学精神、创新精神……在前进道路上,绝不能墨守成规,裹足不前。"又强调说:"在全党全社会大力倡导和弘扬科学精神、创新精神,是一项十分重要而艰巨的任务。""各级领导干部特别是高级领导干部,要带头学习科学知识,带头弘扬科学精神,带头在工作中运用科学方法。"⑤所以,我支持已经离世的龚育之同志所说的重要意见:"科学精神、科学思想和科学方法是第一精神力量。"

总之,"三个代表"重要思想深化了人们对历史唯物主义的认识与理解,发展了历史唯物主义的基本原理。当代马克思主义政治经济学显然应将"科学创新"列为政治经济学研究的重要内容。"三个代表"重要思想也影响了当代经济学的研究。影响之一,是林毅夫倡导的发展要遵循比较优势的新结构经济学。先进生

---

① 江泽民:《江泽民文选》第3卷,人民出版社,2006年版,第275页。
② 江泽民:《江泽民文选》第3卷,人民出版社,2006年版,第375页。
③ 江泽民:《江泽民文选》第3卷,人民出版社,2006年版,第103页。
④ 江泽民:《江泽民文选》第3卷,人民出版社,2006年版,第35~36页。
⑤ 江泽民:《江泽民文选》第3卷,人民出版社,2006年版,第37~39页。

产力之所以具有先进性,源于生产力各要素的优势组合。

5. 继"三个代表"重要思想提出后,党中央又提出了科学发展观。党的十七大全面深刻地阐明了科学发展观。最近,党的十八大又做出决议,要"全面深入学习贯彻和落实科学发展观"。科学发展观继承和发展了马克思和恩格斯所提出的《社会主义从空想到科学的发展》中的理念,是"马克思主义关于发展的世界观和方法论的集中体现"。党的十八大报告说,"在当代中国,坚持发展是硬道理的本质要求,就是坚持科学发展",强调"科技创新是提高社会生产力和综合国力的战略支撑,必须摆在国家发展全局的核心位置";又说,"中国特色社会主义,是科学社会主义理论逻辑和中国社会发展历史逻辑的辩证统一",是"适应中国和时代发展进步要求的科学社会主义"。

科学发展观对历史唯物主义原理的主要贡献是:①明确将科学作为发展的动力;②发展是每个人和一切人互为条件的自由发展;③发展是既充分满足当代人群的需求,又不损害后代子孙发展能力的可持续发展。最近,习近平在十二届全国人大第一次会议闭幕会上又说:"生活在我们伟大祖国和伟大时代的中国人民,共同享有人生出彩的机会,共同享有梦想成真的机会,共同享有与祖国和时代一起成长与进步的机会。有梦想,有机会,有奋斗,一切美好的东西都能够创造出来。"(着重号为引用者所加)这三个"共同享有"对未来理想社会,"每个人和一切人的自由而全面的发展"的理想社会,做了很好的解读。显然,中国需要将科学社会主义的基本理论的最新发展,即关于发展的世界观和方法论——科学发展观应用于政治经济学的创新,并在深入探讨中国社会生产力发展规律的基础上,转而推广应用到社会、经济、政治、科学、文化等发展的各个方面的改革和创新。

总之,中国共产党人必须善于从历史唯物主义理论最新发展中吸取营养,重新构建适应新时代、更看重"科学发展"的政治经济学。

五、必须从历史唯物主义最新进展,重新审视政治经济学中的基础理论部分,弄清劳动创造价值学说要在哪些方面有所前进和发展

马克思时代的政治经济学,着重研究的是生产关系、经济关系和政治关系,但马克思仍对生产力做了许多研究。首先是深入探讨了劳动创造价值的学说。马克思还在价值理论基础上探讨过货币理论、分工和协作的理论、机器和大生产的理论、再生产理论、资本积累理论、经济增长和经济周期理论等。应该说,马克思是在生产力和生产关系的相互作用中研究生产力的变化、发展以及各类资源如何配置的规律。其理论基础,即劳动创造价值学说。为进一步推进和发展马克思主义的政治经济学,就需要在"发展才是硬道理"这一历史唯物主义最新概括的基本原理的指导下,重新审视劳动创造价值学说。

概括起来,马克思对劳动价值论主要有如下几大贡献:

1. 马克思从唯物主义第一原理出发,坚持"从物质世界说明物质世界",坚持从物质实体找出价值的来源,也就是发现劳动创造了价值,劳动是社会财富的唯一本质。

我是多年从事理论物理学研究的工作者,在物理学的研究中,除了也研究经验的或现象的、唯象的规律外,更着重的是研究隐藏在"现象"背后的"实质""实体",是哪些"实体"决定人们所观测的"现象""经验规律"等。而传统的强调"边际效用"的理论经济学仅以从理论上探讨其实是"猜测"的所谓供求关系曲线,来解释价值或价格的形成,却较少讨论形成供求曲线更为实质的原因。而其实,所有这些供求曲线仅仅在短期行为中①才仿佛表现为单调上升或单调下降的函数,而实际出现的供求之间的相互关系,往往呈现出极其复杂的非线性行为。这就是古典经济学以及新古典经济学在讨论社会经济出现的大变动时屡遭失败的根本原因。马克思的政治经济学在方法论上更加着重对价值实体的分析,所以在解释重大事件的变动上比较合理。但是,由于"时代"的局限性,马克思在19世纪70年代分析和概括的劳动价值论就不免带有"时代"的烙印了。

马克思所论述的劳动,虽然也强调了人类劳动是在"改变自然"时也"同时是改变了他自身的自然"的一种"有目的"的劳动②,也就是说,人类劳动"都是人类劳动力的耗费……都是人的脑、肌肉、神经、手等等的生产耗费"③,或者说,人类劳动既是手、肌肉等体力的耗费,同时还伴有脑、神经等脑力的耗费,但其"劳动"的内涵是局限于"时代"的,因为随着社会的进步,尤其是科学技术的进步,人类劳动的内涵也就历史地发生了变化。有相当一些劳动者是在实验室、办公室里工作,他们所生产的不是产品本身,而是知识。实验室里有搬铅砖、办公室里有打字等消耗体力的劳动,但不得不承认的是,19世纪以前,传统的被称为"蓝领工人"的生产劳动主要是消耗体力的劳动,而20世纪以来,正在迅速发展中的被称为"白领工人"的新型生产劳动,是以消耗脑力为主导模式的劳动。在许多发达国家中,白领工人的数量甚而大大超过了蓝领工人。既有科学工作者,也有工程师。

---

① 也就是在一次微分的近似下。
② 马克思:《资本论》第1卷,人民出版社,1975年版,第202页。
③ 马克思:《资本论》第1卷,人民出版社,1975年版,第57页。

既有校长,也有教师。甚而企业管理人员、总经理、董事长等职务也不一定由资本所有者担任,而是由被雇佣的白领工人担任! 而且,蓝领工人的许多劳动还将为正在蓬勃发展的机器人所取代。那么,这两类不同形式的劳动,如何计量?

2. 马克思所发明的劳动创造价值的学说的另一大贡献,是发现了经济学里着重研究的三要素——"土地、劳动和资本",是三种性质不相同的"特种"商品。首先是以货币形式表现的资本或资金——仅仅是价值量的符号,但资本或资金本身不具有价值,其价值为零。资本或资金在买卖时,仅有价格,即利息,并没有价值。

这是马克思对经济学理论的一大贡献! 它科学地解释了资本或资金在商品经济中的作用,顺便也就解释了何以在资金流动过程中,有时会出现"负利息"①。马克思还发现另一类"特种"商品——劳动力。马克思的重要贡献是正确区分了劳动力自身所具有的价值和它所产生的可供使用的劳动的价值。马克思科学地证明了劳动力是有价值的特种商品,资本家在商品社会里所购买的是劳动力。但作为特种商品的劳动力,有一种特殊的特性,它可以产生比用劳动衡量的自身"价值"更多的价值! 这就是剩余价值的来源,也是人类积累的来源。那么,在脑力劳动占主导地位的社会里,也是"特种商品"之一的脑力劳动力也许可以被计量;但脑力劳动力所产生的脑力劳动如何计量,就成为一个必须科学地加以解决的问题。

其实,《资本论》还讨论过第三种"特种"商品,这就是土地。土地是自然物,不是劳动的产物,不具备劳动所创造的价值。但是土地有使用价值,土地可以"被"占有,形成土地所有权,形成垄断。土地的所有权可以买卖,可以形成价格。非常重要的事情是:土地,包括资源,利用的方式、效率,又随着人类所积累的知识的进步,呈现出多种多样的差别,反映在土地占有和使用的价格上,也就呈现出千变万化。对土地利用有重大贡献的脑力劳动应如何计量,也就成为待解决的问题。

总之,这三类"特种"商品的特殊性质,在商品社会里起着不同作用,会形成形状很特殊的供求曲线。这就使劳动创造价值学说在研讨这类商品交换问题时,将呈现出的特殊的优越性。

经济学、政治经济学追求的重大目标之一,是如何做到最大限度地产生出社

---

① 由于近代银行业的巨大发展,可能需要将银行业中的会计、出纳、经理等管理人员的劳动计入资金的价值!

会财富和最大限度地节省人类的社会劳动。生产者和消费者均不能不核算凝集在商品中所蕴含的生产劳动的"量"。这就是人类劳动方式发生重大变化后不能回避的新问题:脑力劳动如何计"量",体力劳动和脑力劳动两种形式的劳动在"量"上呈现何种关联关系,等等。

3. 马克思对劳动创造价值理论的另一重大贡献,是发现"劳动"具有二重性,从而决定价值也有二重性:交换价值和使用价值。但在价值如何"定量"的问题上,马克思仅详尽地讨论了交换价值如何"定量",未细致讨论使用价值如何定量。但人们在以后对实际问题的分析中,却不免需要对使用价值进行计量,从而使马克思讨论的某些重大问题需要精密计算"使用价值量"时,出现了重大缺失!

其实马克思是认同使用价值也需要计量的。马克思《资本论》第 1 卷第 60 页有三处明确地使用了"使用价值量"的概念。在《资本论》第 3 卷,马克思还说,"商品有使用价值,无非就是说它能满足社会需要"[1],但只要"一方面又有了社会需要,这个量就是一个重要的因素了","因此……有必要考察一下这个社会需要的规模,即社会需要的量"。"商品量……不仅是满足人类需要的使用价值,而且这种使用价值还以一定的'量',出现在市场上"[2]。此外,《资本论》还有多处使用了商品价值量、市场价值量等概念。

更为重要的是,马克思明确地将社会财富、物质财富等概念和商品价值、使用价值等概念看作是可以相互替换的概念,而且也讨论到这些概念的计量问题。马克思说,"资本主义生产方式占统治地位的财富,表现为'庞大的商品的堆积'"[3]。接下来又说,"物的有用性使物成为使用价值","但这种有用性……离开了商品体就不存在";"每一种有用物……都可以从质和量两个角度来考虑";"在考察使用价值时,总是以它们的量的规定性为前提"[4]。其实,马克思在后面的论述中,还有多处说,"使用价值即物质财富"[5];又说过,"商品作为使用价值……构成物质财富的一种特殊的要素"[6];在《资本论》第 3 卷,马克思更明确地说过,"金和银之所以表现为社会的财富,只是因为(它可以)……交换不同质的使用价值"[7]。

---

[1] 马克思:《资本论》第 3 卷,人民出版社,1975 年版,第 206 页。

[2] 马克思:《资本论》第 3 卷,人民出版社,1975 年版,第 207 页。

[3] 这是马克思《资本论》第 1 卷第一篇第一章第 47 页的第一句话。

[4] 马克思:《资本论》第 1 卷,人民出版社,1975 年版,第 48 页。

[5] 马克思:《资本论》第 1 卷,人民出版社,1975 年版,第 57 页。

[6] 马克思:《资本论》第 1 卷,人民出版社,1975 年版,第 156 页。

[7] 马克思:《资本论》第 3 卷,人民出版社,1975 年版,第 649 页。

此外,马克思还引入了"物质财富的量"的概念①,并说,"更多的使用价值本身就是更多的物质财富"②。遗憾的是,马克思未能给出使用价值量的计量单位,当然也未能规定"物质社会财富"如何计量。

而问题的困难和复杂性,还在于"一个物可以是使用价值而不是价值。……例如,空气、处女地、天然草地、野生林等等"③。而且,马克思还认为,"上衣、麻布等等使用价值,简言之,种种商品体,是自然物质和劳动这两种要素的结合","因此,劳动并不是它所生产的使用价值即物质财富的唯一源泉。正如威廉·配第所说,劳动是财富之父,土地是财富之母"④。显然,所有这些复杂性,均增加了对"使用价值"或"物质财富"如何计量的困难。

但是,马克思在某些具体问题的讨论中,实际上又认为,商品价值或又称为市场价值或使用价值的"量"等同于交换价值的"量"。马克思认为"商品的价格即商品价值量"⑤。马克思还"假定"⑥生产者或卖者"耗费在他的产品上的只是社会平均必要劳动时间"⑦,"因此商品的价格只是物化在商品中的社会劳动量的货币名称"⑧。或者说,马克思在这以后有必要对使用价值进行计量时,实际上是"假定"了"使用价值量=交换价值量"。在他后来对资本主义的积累的一般规律的研究中,其实也用了类似的假定。——但在后面我们将会看到,对于所生产产品的劳动生产率正在迅速变化中的商品,这一"假定"往往变得与实际情况不符合了!

4. 马克思对劳动创造价值学说的另一重大贡献,是他由抽象劳动和具体劳动之间的矛盾,进一步发现交换价值和使用价值也是一对矛盾。交换价值和使用价值之间的矛盾,决定着以商品运动形式表现出的供给和需求之间的矛盾,或买和卖之间的博弈。

马克思在"商品的形态变化"的章节中,曾详尽地描绘过买和卖之间的博弈。马克思说,"商品的第一形态变化是卖"⑨,"商品的第二形态变化是买"⑩;"他⑪的

---

① 马克思:《资本论》第1卷,人民出版社,1975年版,第59页。
② 马克思:《资本论》第1卷,人民出版社,1975年版,第59页。
③ 马克思:《资本论》第1卷,人民出版社,1975年版,第54页。
④ 马克思:《资本论》第1卷,人民出版社,1975年版,第56~57页。
⑤ 马克思:《资本论》第1卷,人民出版社,1975年版,第125~126页。
⑥ 这是马克思自己原来的用词。
⑦ 马克思:《资本论》第1卷,人民出版社,1975年版,第125~126页。
⑧ 马克思:《资本论》第1卷,人民出版社,1975年版,第125~126页。
⑨ 马克思:《资本论》第1卷,人民出版社,1975年版,第124页。
⑩ 马克思:《资本论》第1卷,人民出版社,1975年版,第129页。
⑪ 指卖主。

产品对他来说仅是交换价值"①，"而货币又在别人②的口袋里"③。"为了把货币吸引出来，商品首先应当对于货币所有者④是使用价值，用在商品上的劳动应当是以社会有用的形式耗费"⑤。"现在要问，它能⑥吸引多少货币呢?"（着重号为引用者所加）——当然，马克思也说，"商品爱货币⑦，但是'真爱情的道路决不是平坦的'"，这里"总会发生商品的形式变换"，"尽管在这种形式变换中，实体——价值量——可能……亏损或增加"⑧。

在中国的儒家经典"四书"中的《孟子》中，有一场关于价值问题的经典式的辩论。孟子在《滕文公》篇上篇，曾描述过上述买和卖之间的一场博弈。滕文公的一位大臣向孟子介绍了发展经济之道："从许子之道，则市贾⑨不贰，国中无伪，虽使五尺之童适市，莫之或欺。布帛长短同，则贾相若；麻缕丝絮轻重同，则贾相若；五谷多寡同，则贾相若；屦大小同，则贾相若。"——也许这里需要向不很熟悉古文字的朋友们解释一下："贾相若"，就是指"售价相等"的意思。

孟子回答说："夫物之不齐，物之情也，或相倍蓰⑩，或相什百，或相千万，子比而同之，是乱天下也。巨屦小屦同贾，人岂为哉？从许子之道，相率而为伪者也，恶能治国家?"

一般评论者均认为孟子支持了劳动创造价值学说，孟子在辩论中取得了胜利。其实，孟子的这段话，说"人岂为哉!"如果这里的"人"是指生产者、出售者，当然会"岂为哉!"但这一"人"字，也可以解释为消费者，购买者。购买者也完全有一定"理由"，坚持他认为"巨屦"应和"小屦"同价，也会认为"岂为哉"! 举一个例子。在交通运输领域，人们一般是认为应用"吨公里"作为运量定价的标准，但如果运送的是一位乘客，一位大胖子和一个小瘦子的体重完全可能相差2～3倍，而乘客坐飞机的票价，却只能按"需"定价!

显然，当购买者没有购买的需要，或没有强烈的购买的需要，即不属于刚性需求，或虽有购买"巨屦"的刚性需求，而手中的货币只够购买一个"小屦"时，他就

---

① 马克思：《资本论》第1卷，人民出版社，1975年版，第125页。

② 指买主。

③ 马克思：《资本论》第1卷，人民出版社，1975年版，第125页。

④ 指买主。

⑤ 马克思：《资本论》第1卷，人民出版社，1975年版，第125页。

⑥ 从买者那里。

⑦ 这里的"商品"指卖者拥有的产品。

⑧ 马克思：《资本论》第1卷，人民出版社，1975年版，第127页。

⑨ 贾，古汉语中的"价"字。

⑩ 蓰，5倍。

会坚持"巨屦、小屦同价";而如果卖者又急需把"巨屦"卖出去,也完全有可能依照"小屦"的售价卖出! 而更常见的事实是,市场常常因为买者或卖者的强弱而划分为买方市场、卖方市场! 在国际市场交易中,大供应商、大客户间,还往往争夺定价权。当然,也完全有可能出售者绝对不肯降价出售"巨屦",也就可能无法成交;于是,这一买者和卖者的"矛盾",就形成"危机"!

所以,在马克思看来,商品形式的变换过程有两个侧面:"从商品所有者这一极看,是卖;从货币所有者这一极看,是买。"①商品形式的转换,"分裂成卖和买这二者的对立",也就是"商品内在的使用价值和价值②"③的对立。"这种内在的矛盾在商品形式变化的对立中取得了发展的运动形式。"④——熟悉《矛盾论》语言的同志们,会觉得这一矛盾的分析,很好地说明了"运动本身就是矛盾"⑤。——而非常重要的是接下来的一段话:"因此,这些形式⑥包括着危机的可能性,但仅仅是可能性。"⑦(着重号为引用者所加)但一旦出现了转化为现实性的某些条件,危机就会由可能转变为现实了⑧!

王珏等同志高度评价了马克思的这段话,说"这段概括是非常重要的"⑨。王珏还引述了马克思批评"资产阶级经济学者詹姆斯·穆勒等人有一种最愚蠢的教条:商品流通必然造成买和卖的平衡,因为每一次卖同时就是买,而每一次买同时就是卖","这种观点的荒谬性在于它错误地看待卖和买的同一性,否认它们之间的对立。"王珏等还评论说,在商品流通过程中,"卖和买的关系交错在一起,充满着矛盾。每一环节上的矛盾不得解决,就会使一系列环节的运动中断。因此,马克思说这些形式包含着危机的可能性"。接着,王珏等又说:"当然,简单商品流通仅仅蕴藏着危机的可能性,只有在资本主义条件下,危机的可能性才变成现实性。"⑩这里也许可以讨论的是"只有"两个字。很明显,在社会主义社会,完全可能由于宏观调控不正确而导致经济危机,如中国1958年"大跃进"后出现的经济的急剧下降! 而且,危机也不限定仅表现为生产过剩,

---

① 马克思:《资本论》第1卷,人民出版社,1975年版,第129页。
② 指交换价值。
③ 马克思:《资本论》第1卷,人民出版社,1975年版,第133页。
④ 马克思:《资本论》第1卷,人民出版社,1975年版,第133页。
⑤ 马克思、恩格斯:《马克思恩格斯选集》第3卷,人民出版社,1972年版,第160页。
⑥ 指上述运动形式。
⑦ 马克思:《资本论》第1卷,人民出版社,1975年版,第133页。
⑧ 王珏、吴振坤、左彤:《〈资本论〉介绍》第1卷,中共中央党校出版社,1982年版,第105页。
⑨ 王珏、吴振坤、左彤:《〈资本论〉介绍》第1卷,中共中央党校出版社,1982年版,第105页。
⑩ 王珏、吴振坤、左彤:《〈资本论〉介绍》第1卷,中共中央党校出版社,1982年版,第105页。

完全可能出现供给短缺!

问题是,马克思在讨论供给和需求之间的博弈时,仅对供给,亦即交换价值做了计算,但却对需求,亦即使用价值如何在量上进行准确计算缺少说明;其结果,也就很难定"量"地探讨何谓生产过剩,何谓供给短缺!进而也就很难估算某一经济危机出现时的严重程度,预测"何时"会出现经济"复苏",或预测必然导致的长时期的"衰退",从而引起政治上的大变化,等等。

马克思对供给、需求关系的分析表明,经济学的研究不仅应从供给或生产一方进行研究,还需要对需求或市场一方进行研究。需要发展一套既能定性又能定量地科学评估市场需求的系统的、可靠的方法。

六、要从历史唯物主义的最新发展来重新评价劳动生产率在推进生产力发展方面的重大作用

1. 马克思的《资本论》对生产力的分析和研究所做的另一大贡献,是他深入地探讨了何谓劳动生产率和劳动生产率在商品经济、在资本主义生产方式中的重大作用。

供给者与需求者之间的博弈,表示的另一形式,是劳动生产率。生产者总是降低成本,减少凝聚在产品中体现为交换价值的"社会平均必要劳动";需求者却希望用最少的"货币"支出,最大限度地购买到满足其需求的具有使用价值的商品。生产者和消费者要达成共识,均要求不断提高人类向自然界索取社会财富的效率,也就是不断提高劳动生产率。所以,科学技术就成为不断推动社会前进的动力。

2. 马克思是如何着手研究劳动生产率的?

马克思比较科学地定义了凝结或物化在"形成价值的实体"中的"抽象劳动"的"量",其计量单位就定义为"平均必要劳动时间"或"社会平均必要劳动时间"。马克思说:"社会必要劳动时间是在现有的社会正常的生产条件下,在社会平均熟练程度和劳动强度下,制造某种使用价值所需要的劳动时间。"[1]接着,马克思又说:"生产商品所需要的劳动时间随着劳动生产力[2]的每一变动而变动。""劳动生产力越高,生产一种物品所需的劳动时间就越少。"非常重要的是,马克思给了劳动生产力下了一个科学的定义:

"劳动生产力是由多种情况决定的,其中包括:工人的平均熟练程度,科学的发展水平和它在工艺上应用的程度,生产过程的社会结合,生产资料的规模和效

---

[1] 马克思:《资本论》第1卷,人民出版社,1975年版,第52页。
[2] "力"应改为"率",理由见下文,以后不再注出。

能,以及自然条件。"①

仔细研究一下,马克思所给出的这一定义,应该是"劳动生产率"的定义。"力"和"率"的概念是不一样的! 在物理学里,前者是有量纲量,后者是无量纲量。如果较仔细地考察一下,马克思在这一"定义"里的用词,如"熟练程度""发展水平""应用程度""社会结合""规模效能"等均是属于"率"的概念。唯一比较含糊的用词,是"以及自然条件"。如果改为"以及自然条件的利用程度",那就完全是"率",而非"力"的概念了!

曾经长期在中央党校讲授《资本论》的王珏同志,在他和吴振坤、左彤合写的《〈资本论〉介绍》第 1 卷中,曾写下如下词句:"劳动生产力通常也称劳动生产率","前者一般指劳动者的生产能力,后者一般指劳动者的生产效率。"接着又补充说:"就其实质来说,这二者是一个意思。"②

然而,"生产能力"的概念和"生产效率"的概念,是两种完全不同的概念。前者是"力",是有量纲量;后者是"率",是无量纲量。在引入"量"的概念并做计算时,是绝对不能混淆的! 当然,我们也能理解为什么王珏同志一方面说"劳动生产力,通常也称劳动生产率",但又指出这两者在概念上并不相同,接着又说这实质上"是一个意思"。

但是,现时代的精神是主张用"科学发展观"来统率一切,用"科学发展观"的核心理念——科学精神——批判地重新审视过去的一切。所以,上述马克思为劳动生产力所下的定义,应该认为说的是劳动生产率的定义。至于劳动生产力的概念,当然也就应该如王珏等同志所推荐的,是指"劳动者的生产能力"。

需要说明的是,马克思为劳动生产率所下的定义,并不是从抽象的理念出发,而的确是研究了大量的事实的结果。在《资本论》第 1 卷,有专门讨论"协作"的第十一章,有讨论"分工和工场手工化"的第十二章,还有论述"机器和大工业"的第十三章。在《资本论》第 3 卷,从第三十七章到第四十七章,详尽地分析了自然条件及其表现形式——地租在资本主义方式中的地位和作用。

科学定义不是也不可能是来自人们头脑中的空想,而是必须占用大量实际资料,从大量真实的事实的分析、总结和概括得到的科学的结果。

3. 马克思在《资本论》中,多次谈到劳动生产率对资本主义生产方式及资本积累的重要意义。马克思曾引用亚当·斯密的话说,"劳动生产能力的提高,使较

① 马克思:《资本论》第 1 卷,人民出版社,1975 年版,第 53 页。
② 王珏、吴振坤、左彤:《〈资本论〉介绍》第 1 卷,中共中央党校出版社,1982 年版,第 34 页。

小量的劳动能够生产出较大量的产品"①;又说,"劳动生产力的提高……从而形成资本积累扩大的基础"②,"劳动生产率的不断变动是资本主义生产的特征"③。还说,"社会的现实财富和社会再生产过程不断扩大的可能性,并不取决于剩余劳动时间的长短,而是取决于剩余劳动的生产率和进行这种剩余劳动的生产条件的优劣程度"④。"资本的再生产和积累,更多地取决于所使用的劳动生产率,而不是所使用的劳动量。"⑤

马克思还充分注意到科学技术的进步对"劳动生产率进步的巨大作用"。"大工业把巨大的自然力和自然科学并入生产过程,必然大大提高劳动生产率"⑥,"劳动生产力是随着科学和技术的不断进步而不断发展的"⑦,"生产力的这种发展……(归根到底)归结为脑力劳动,特别是自然科学的发展"。马克思在其他著作中,也多次说过"生产力中也包括科学""社会的劳动生产力,首先是科学的力量"等等的意思。下面再摘引几段:"科学的力量也是不费资本家分文的另一种生产力。"⑧"另一种不费资本家分文的生产力,是科学力量。"⑨科学是一种"无穷无尽的生产力"⑩。马克思对如何提高劳动生产率还有一句扼要的表述:"提高劳动生产力的'主要形式是:协作、分工和机器或科学的力量的应用等等'。"⑪

4. 马克思还有一段话,在我看来这段话最为全面地阐述和总结了劳动生产率的提高以及科技进步在推动物质财富的迅速增加中的巨大作用:"随着大工业的发展,现实财富的创造较少地取决于劳动时间和已耗费的劳动量,较多地取决于在劳动时间内所运用的动因的力量,而这动因自身——它们的巨大效率——又和生产它们所花费的直接劳动时间不成比例,相反地却取决于一般的科学水平和进步,或者说取决于科学在生产上的应用。"⑫

---

① 马克思:《资本论》第1卷,人民出版社,1975年版,第682页。
② 马克思:《资本论》第2卷,人民出版社,1975年版,第395页。
③ 马克思:《资本论》第2卷,人民出版社,1975年版,第85页。
④ 马克思:《资本论》第3卷,人民出版社,1975年版,第926页。
⑤ 马克思:《资本论》第3卷,人民出版社,1975年版,第99页。
⑥ 马克思:《资本论》第1卷,人民出版社,1975年版,第424页。
⑦ 马克思:《资本论》第1卷,人民出版社,1975年版,第664页。
⑧ 马克思、恩格斯:《马克思恩格斯全集》第47卷,人民出版社,1979年版,第553页。
⑨ 马克思、恩格斯:《马克思恩格斯全集》第46卷下册,人民出版社,1980年版,第287页。
⑩ 马克思、恩格斯:《马克思恩格斯全集》第1卷,人民出版社,1960年版,第616页。
⑪ 马克思、恩格斯:《马克思恩格斯全集》第47卷,人民出版社,1979年版,第290页。
⑫ 马克思、恩格斯:《马克思恩格斯全集》第46卷下册,人民出版社,1980年版,第217~218页。

需要声明一句:上述引文中的着重号,并不是马克思原著原有,而是本文作者加上的。为什么要加上着重号? 首先,马克思在这里指的是"现实财富"的创造,也就是社会的"物质财富"的创造,或者说,马克思在这里所谈的是使用价值的创造。其次,马克思又指出其"动因""取决"于"它们的巨大效率";而显然,这一"效率"指的就是"劳动生产率",或者说,"劳动生产率"的概念是以"使用价值"为参照系,并不是以"交换价值"为参照系作为衡量其"效率"的基准的。

马克思在《资本论》第 1 卷第四篇第十章即"相对剩余价值的概念"一章中,又再一次说:"劳动生产力的提高,在这里一般是指劳动过程中的这样一种变化,这种变化能缩短生产某种商品的社会必需的劳动时间,从而使较小的劳动获得生产较大量使用价值的能力。"①但由于使用价值"有时"可以等同于交换价值,马克思有时又将"劳动生产率"的概念"应用"于交换价值的分析,如剩余价值量的分析,等等。但必须看到,这种"应用"是有条件的,而任意扩大这种"应用",就会发生重大错误! 至于劳动生产率所以产生"巨大效率"的动因,又"取决"于"科学水平和进步","取决"于"科学在生产上的应用"。当然,马克思在这里所谈的科学,既包括自然科学,也包括社会科学。——这样,马克思就科学地界定了"使用价值"和"劳动生产率",以及"科学在生产上的应用"和"科学发展水平"这四者之间的辩证关系。

5. 但是,马克思在《资本论》这一著作中,更关心的是价值或交换价值的计量。因为,马克思更关心的是生产关系、阶级关系,或者说,更关心的是在生产力发展的进程中,劳动者所创造的价值是如何在给资本家和工人间分配的。

如果将"社会平均必要劳动时间"用作劳动者创造价值的计量单位,也就是价值或交换价值的计量是以投入多少"社会平均必要劳动时间"来计算的,其结果必定是:

"总之,劳动生产力越高,生产一种物品所需要的劳动时间就越少,凝结在该物品中的劳动量就越小,该物品的价值就越小。相反地,劳动生产力越低,生产一种物品的必要劳动时间就越多,该物品的价值就越大。"或者说,"商品的价值量与体现在商品中的劳动的量成正比,与这一劳动的生产力成反比"②。接着,马克思做出重大推论:"不管生产力③发生了什么变化,同一劳动在同样的时间内提供

---

① 马克思:《资本论》第 1 卷,人民出版社,1975 年版,第 350 页。
② 马克思:《资本论》第 1 卷,人民出版社,1975 年版,第 53~54 页。
③ 即劳动生产率。

的价值量总是相同的。"①（着重号为引用者所加）

可以说，马克思在后来应用这一尺度做定量计算时,曾多次重复说过类似的意思。特别是在《资本论》第1卷第五篇第十五章"劳动力价格和剩余价值的量的变化"里,马克思将上述计量准则归结为"劳动力价值和剩余价值的三个规律"②：

第一规律是："不论劳动生产率如何变化,从而不论产品量和单个商品的价格如何变化,一定长度的工作日总表现为相同的价值产品。"

第二规律是："劳动力的价值和剩余价值按照相反的方向变化。劳动生产力的变化,它的提高或降低,按照相反的方向影响劳动力的价值,按照相同的方向影响剩余价值。"

第三规律是："剩余价值的增加或减少始终是劳动力价值相应减少或增加的结果,而绝不是这种减少或增加的原因。"

6. 马克思在这"三大规律"中究竟想说什么？

第一规律其实说的是："劳动力本身的价值和历史上已凝聚在原料、工具等劳动已创造出的价值的总量＋剩余价值"的总量,决定了产品的价值。这一规律其实在第一章"商品"中已经说过,"同一劳动在同样的时间内提供的价值量总是相同的"③。

但是,产品的价值来源于历史的和现在的"劳动力的价值"和"剩余价值"的"相加",这两者之间的比例关系依赖于劳动生产率的变化,但总量并不"同步"地变化。于是就有了第二规律。

第二规律意味着,劳动生产率的变化,会影响到"劳动力的价值"和"剩余价值"的"比例"——劳动生产率提高了,劳动力价值会降低,而剩余价值会提高;而相反,劳动生产率降低了,劳动力价值会提高,从而剩余价值会降低;但是,二者相加的总量,却和劳动生产率的提高或降低"无关"。

接着,马克思又探讨了第三规律。

第三规律,读起来有点难以读懂。其实马克思在这里讨论的是劳动生产率的变动如何影响历史的和现在的"劳动力的价值"和"剩余价值"的"比例";也就是说,劳动生产率的提高,会导致劳动力价值降低,剩余价值量增加;相反,劳动生产率的降低,会导致劳动力价值提高,剩余价值减少。——换句话说,马克思是在这

---

① 马克思:《资本论》第1卷,人民出版社,1975年版,第60页。
② 马克思:《资本论》第1卷,人民出版社,1975年版,第568~570页。
③ 马克思:《资本论》第1卷,人民出版社,1975年版,第60页。

里具体指出:劳动生产率的提高对工人是很不利的;劳动生产率的提高,仅仅有利于资本家,但却十分不利于工人阶级。

如果仔细分析一下马克思对"三大规律"的表述,就会发现其间存在一个逻辑上的漏洞。"三大规律"都是讨论由于劳动生产率的变化而引起劳动力价值、剩余价值如何变化,以及产品价值是变还是不变等问题。正如上文所说,劳动生产率是以使用价值为计量的基准。而"三大规律"所讨论的都是交换价值。所以,这里是马克思又一次"假定""使用价值=交换价值"!马克思这样"做"有一个明显的理由:虽然劳动生产率的提高会引起产品的生产成本,即产品中凝集的价值的降低,但由于不同企业间的竞争必定使产品的销售价格降到和交换价值相邻近的水平,所以,完全有理由假设"使用价值=交换价值"。但在劳动生产率可以快速增长的社会里,上述"假定"就变得十分不正确了!

7. 接着,马克思又从"剩余价值和劳动力价值的相互关系"的分析出发,进一步讨论工人阶级工资多少的问题。

马克思科学地指出,资本家购买的是劳动力,是按劳动力价值在市场上的价格付给工人的工资。原则上,工资可以比它购买的劳动力价值"高",但更多发生的情况是"低",高低按市场供需大小确定。从表面上看,似乎资本家购买的是劳动的价值,实际上购买的并不是劳动的价值,而是劳动力的价值,而且资本家经常是以低于劳动力的价值来购买所产生的劳动。

但问题是,随着"劳动生产率"的大幅度提高——这是发达国家出现的事实——资本家是否"必定"以比劳动力价值低很多的"工资"来购买工人的劳动力?这就不是由"想当然"来推断,而是要靠事实来说话了。

8. 在马克思时代,马克思、恩格斯等人是做了大量调查研究的。《资本论》第1卷第六篇从第十七章到第二十章,马克思从资产阶级"唯利是图"的本质出发,从"理论"上对工资和劳动力价值的相互关系做了详尽的分析。马克思在第十九章特别对"计件工资"进行了分析。从表面上看,"似乎""计件工资"体现出资本家所购买的是"物化在产品中"的"劳动"的价值,并不是"劳动力"的价值;"似乎"付与工人的"工资"是劳动的"价值",并不是劳动力的价值。而实际上,马克思以大量的实际事例的分析和计算,指出"计件工资无非是计时工资的转化形式"。马克思还描绘了存在于英国社会里资产阶级和工人阶级间在"计件工资"上,每"件"应如何计量的斗争。马克思引述了亨·福塞特撰写的《英国工人的经济状况》一书的记载,"工人会仔细地注视着原料的价格和制品的价格,这样就能够准确地估计出他们雇主的利润"①，由此而希望分享由于利润率的提高所增加的利润。但马克思却指出，资产阶级占主导的政府会说，"资本有权拒绝这种要求"②，而在该章中的"注62"中说，"工人无权要求参与他们的雇主……获得的利润的分配"③。

接着，马克思又在第二十章即"工资的国民差异"里，批评了资产阶级经济学家亨·凯利的一个观点："工资总是随着劳动生产率而升降"。马克思认为这位先生是用"表面凑起来的统计材料，杂乱无章地罗列在一起"，"只有一个如此惊人地缺乏批判能力和如此假博学的人"才会得出如此荒谬的结论④。

在第七篇第二十三章即"资本主义积累的一般规律"中，马克思再一次说，"在资本主义制度内部，一切提高社会劳动生产力的方法都是靠牺牲工人个人来实现的"⑤。

总之，从上述长长的引述中可以看出，马克思对劳动生产率增长在社会历史发展中的作用有两种截然相反的评价。一方面，马克思认为劳动生产率的增长迅速促进了物质财富或社会财富的增长，甚而说科学是一种"无穷无尽的生产力"；但另一方面，马克思又认为"一切提高社会劳动生产力的方法"，"一切发展生产的手段"，"都转变为统治和剥削生产者的手段"⑥。

那么，资本家从劳动生产率的增长中积累了多少社会财富，又从劳动生产率的增长中榨取了多少和剩余价值相当的社会财富？这就需要对社会财富进行精确计量了！

9. 王珏等同志撰写的《〈资本论〉介绍》有一段较长的话，对马克思研究工资问题所得结论有一个总结："由上述可以得出一个结论：'名义工资，即表现为货币的劳动力的等价物，在前一种国家会比后一种国家高；但这决不是说，实际工资即供工人支配的生活资料也是这样'⑦。这就是说，发达国家的工人的货币工资虽然比不发达国家的工人的货币工资高，但从工人的工资收入所支配的生活资料来看，却不能这样说。因为实际工资，即用工资的货币额能实际交换到的生活资料的数量又取决于许多不同的因素。在发达国家里，如果由于通货膨胀、生活资料价格的上涨、房租和捐税的加重等等，工人的实际工资会大大下降，因而有可能

---

① 马克思：《资本论》第1卷，人民出版社，1975年版，第611页。
② 马克思：《资本论》第1卷，人民出版社，1975年版，第611页。
③ 马克思：《资本论》第1卷，人民出版社，1975年版，第612页。
④ 马克思：《资本论》第1卷，人民出版社，1975年版，第617~618页。
⑤ 马克思：《资本论》第1卷，人民出版社，1975年版，第708页。
⑥ 马克思：《资本论》第1卷，人民出版社，1975年版，第708页。
⑦ 马克思：《资本论》第1卷，人民出版社，1975年版，第614页。

比不发达国家低。"①（着重号为引用者所加）

王珏等又说："除了各国的货币的相对价值对工资有不同的影响外，还常常可以看到，在发达的资本主义国家里，由于劳动生产率和劳动强度较高，工人提供的剩余价值量也较多，因而名义工资虽然比不发达国家高，'而相对的劳动价格，即同剩余价值和产品价值相比较的劳动价格，在后一种国家却比在前一种国家高'②。这就是说，前一种国家与后一种国家比较，工人的工资与其提供的剩余价值相比，还是相对地少。这说明，资本主义生产发达的国家比不发达的国家，资本家对工人的剥削程度或剩余价值率都是较高的。"③（着重号为引用者所加）

但是，这一段总结是否确实正确地反映了当代发达资本主义社会的现实？也就要由实际的数字来证实或证伪了！

10. 最后，尽管马克思对"劳动生产率"做了比较科学的全面的分析，在现时代仍需补充说明的是，马克思所定义的劳动生产率，实际上仅仅从如何增加供给的角度进行了研究，而劳动生产率是否确实能对"社会财富的增长"真正起作用，还取决于需求，也就是必须从供给和需求的结合来分析、研究劳动生产率。说得尖锐一点，如果生产者或供给者生产产品的劳动生产率有大幅度提高，但产品却并没有转化为可出售的商品，也就是仅从生产产品的角度来定义劳动生产率的提高，对"社会财富的增长"是没有意义的。所以，企业的经营和销售（其中当然也包含通信以及商业营销系统的建立等）将对劳动生产率的实现，即劳动生产率的增加或降低，也起着相当关键的作用。或者说，不仅仅科学技术、文化教育、协作管理是生产力，而且经营和销售也是生产力。也许，"劳动生产率"的概念应扩大发展为"社会劳动生产率"，从而将通信、商业等商品流动过程所提高或降低的效率，也列为"社会劳动生产率"探讨的内容。

七、马克思对劳动创造价值学说的另一大贡献，是比较科学地引入了劳动的计量单位——简单平均必要劳动时间

1. 有些学者批评，马克思主义政治经济学的重大缺点是，"未能走上计量"。不！这是一种表面的、肤浅的批评。马克思曾经指出，一门科学只有在能够应用数学的时候，才能达到完善的地步。而且，马克思在研究再生产和扩大再生产理论时，就用了某些初等数学；列宁在进一步探讨"实现扩大再生产必须优先发展生

---

① 王珏、吴振坤、左彤：《〈资本论〉介绍》第 1 卷，中共中央党校出版社，1982 年版，第 325 页。
② 马克思：《资本论》第 1 卷，人民出版社，1975 年版，第 615 页。
③ 王珏、吴振坤、左彤：《〈资本论〉介绍》第 1 卷，中共中央党校出版社，1982 年版，第 325 页。

产资料的生产"的理论时,也用了不少初等数学。后来也还有一些后继者运用复杂一些的数学对马克思和列宁所提出的扩大再生产理论的数学模型,亦即马克思—列宁模型进行了详尽的分析①。只是后来未能发展。

其实,马克思主义者对生产力的发展、发展中的阶级关系、剥削量的变化,是做了科学的定量分析的。中国共产党人在三年解放战争期间就应用过政治经济学里关于剩余价值量的分析,来解决中国的土地问题。

2. 那么,马克思是如何计量的? 马克思的计量是否确有科学基础?

首先是马克思较科学地界定了计量基准:社会平均必要劳动时间。

马克思首先将人类劳动的两重性归结为具体劳动和抽象劳动。前者产生使用价值;后者产生交换价值,或简称为价值。

马克思说,"商品价值体现的是人类劳动本身,是一般人类劳动的耗费"②。又说,"相同的人类劳动,是同一的人类劳动力的耗费"③。马克思还指出:"把商品归结于'劳动'是不够的,还要把商品归结于具有两重形式的劳动:它一方面作为具体劳动,表现在商品的使用价值中,另一方面作为社会必要劳动以交换价值的形式被计算。"④(着重号为引用者所加)所以,商品的价值量,有两种意义下的价值量。一种是使用价值量,另一种是交换价值量。使用价值量是和具体劳动相关联的量,在计"量"时,选择的计量尺度必定带有具体性;而交换价值量是由抽象劳动所产生的"量",抽象劳动具有一般性、通用性,所以,交换价值量,或又称为价值量,是有可能以较抽象而简单的方式"被"计量的。其计量的尺度,就选择为生产商品的社会必要劳动。如果商品价值是由劳动时间作为测量的单位的话,这里的劳动时间,就不会是"个别"人的具体劳动所耗费的时间,而是社会必要劳动时间。

3. 那么,什么是社会必要劳动时间呢? 马克思说:"社会必要劳动时间是在现有的社会正常的生产条件下,在社会平均的劳动熟练程度和劳动强度下,制造某种使用价值所需要的劳动时间。"⑤(着重号为引用者所加)

从马克思给出的"社会必要劳动时间"的定义中,可看出这一概念取决于三

---

① 何祚庥、罗劲柏:《马克思主义再生产理论的数学分析(一)(二)(三)》,《力学学报》,1957 年第 1 卷第 1 期,第 109~130 页;1957 年第 1 卷第 2 期,第 184~192 页;1958 年第 2 卷第 3 期,第 255~275 页。

② 马克思:《资本论》第 1 卷,人民出版社,1975 年版,第 57 页。

③ 马克思:《资本论》第 1 卷,人民出版社,1975 年版,第 52 页。

④ 马克思:《直接生产过程的结果》,人民出版社,1964 年版,第 55~56 页。

⑤ 马克思:《资本论》第 1 卷,人民出版社,1975 年版,第 52 页。

个因素:①社会正常的生产条件;②劳动熟练程度;③劳动强度。容易看出,上述三个因素,都是指中等的、社会的平均值。

因此,所谓社会必要劳动时间,就是在一定时期内,社会上大多数商品生产者,在大体相同的生产条件、生产技术水平和劳动强度的情况下,生产某种产品或商品所需要的劳动时间。至于价值量,却不是由个别人耗费的劳动时间所决定。马克思说,交换价值或价值的量,是"社会必要劳动量,或生产使用价值的社会必要劳动时间,决定有使用价值的商品的价值量。在这里,单个商品是当作该种商品的平均样品。因此会有等量劳动①或能在同样劳动时间内生产出来的商品,具有同样的价值量"②。

从上述马克思所定义的"社会必要劳动"及其"时间"来看,其计"量"的尺度必然是随着时代、社会、自然条件的不同导致的劳动方式的不同,如简单劳动、复杂劳动,所消耗的体力和脑力会有所不同等的区别,而历史地、社会地变动着的。实际上,不仅仅生产条件、技术水平是历史地变动的,甚而连劳动强度也是随着劳动者在社会上的地位、收入等因素,历史地变动着的。它们可以"被"计量,只能是在"一定时期内"和在"一定的自然和社会条件"下,可以用简单办法进行量的测算。在社会、自然发生大变动条件下,就需要看到,衡量"量"的单位是在变动中的。

4. 那么,马克思是怎样解决这一问题的呢?

马克思引入简单平均劳动的概念,作为社会必要劳动的"计量"单位。马克思说,简单平均劳动"是每个没有任何专长的普通人的机体,平均具有的,简单劳动力的耗费。简单平均劳动虽然在不同的国家和不同的文化时代具有不同的性质,但在一定的社会里是一定的"③。(着重号为引用者所加)

当然,在商品的生产和交换过程中,进入实际劳动过程里的劳动,往往不完全是"简单平均劳动",而是复杂劳动;或更准确一些,是多种复杂劳动的平均,是"复杂平均劳动"。在商品的交换过程中,显然有必要比较各种复杂程度不同的劳动所形成的价值量,也就要计算一下某种"复杂劳动"在单位劳动时间内产生的价值量,和单一的"简单平均劳动"在单位劳动时间内产生的价值量,有何种"比例"关系。

---

① 显然是指等量社会必要劳动。
② 马克思:《资本论》第1卷,人民出版社,1975年版,第52~53页。
③ 马克思:《资本论》第1卷,人民出版社,1975年版,第57~58页。

马克思在《资本论》第 1 卷,在研究"商品中劳动的二重性"时,对简单平均劳动和复杂劳动的关系说过一段长长的话。为了准确理解马克思这段话的含义,现在把这段话的原文引在下面:

"简单平均劳动本身虽然在不同国家和不同的文化时代具有不同的性质,但在一定的社会里是一定的。比较复杂的劳动只是自乘的或不如说多倍的简单劳动,因此,少量的复杂劳动等于多量的简单劳动。经验证明,这种简化是经常进行的。一个商品可能是最复杂的劳动的产品,但是它的价值使它与简单劳动的产品相等,因而本身只表示一定量的简单劳动。各种劳动化为当作它们的计量单位的简单劳动的不同比例,是在生产者背后由社会过程决定的,因而在他们看来,似乎是由习惯确定的。为简便起见,我们以后把各种劳动力直接当作简单劳动力,这样就省去了简化的麻烦。"①

这最后一句话是十分重要的一句话。因为它规定了马克思发明的劳动价值学说走向计量时适用的条件。

在《资本论》的第 2 卷、第 3 卷里,有许多关于价值"量"的计算,如剩余价值率、利润率、平均利润率等。马克思主义政治经济学里的简单再生产、扩大再生产理论······包括 1957～1958 年间本文作者和已离世的罗劲柏同志合作撰写的《马克思主义扩大再生产理论的数学分析》等有关"量"的分析,都是建立在这一"简化"的基础之上的。

5. 如果在中国社会或现代社会出现了复杂劳动占相当大的比例,甚而居主导地位的情况,就需要认真探讨复杂劳动如何定量了。马克思也探讨过如何确定复杂劳动和简单劳动定量的比例。如上所述,马克思曾讲过"不同比例,是在生产者背后由社会过程决定的······似乎是由习惯确定的"②。那么,这是由什么样的"社会过程"所"决定",又基于什么样的"习惯"所"确定"?马克思在第一章第二节里未做详尽分析。这就需要进一步研究。

马克思还在另一些地方讨论过复杂劳动和简单劳动。马克思提到"劳动力的教育费随劳动力性质的复杂程度而不同"③;又说,"比社会的平均劳动较高级、较复杂的劳动",是"需要较高的教育费用"的"劳动的表现"④。"既然这种劳动力的价值较高,它表现出的较高级的劳动,也就在同样长的时间内对象化为较多的

---

① 马克思:《资本论》第 1 卷,人民出版社,1975 年版,第 58 页。

② 马克思:《资本论》第 1 卷,人民出版社,1975 年版,第 58 页。

③ 马克思:《资本论》第 1 卷,人民出版社,1975 年版,第 195 页。

④ 马克思:《资本论》第 1 卷,人民出版社,1975 年版,第 223 页。

价值"①。

6. 复杂劳动的表现形式之一是脑力劳动。但马克思在讨论脑力劳动、体力劳动的关系时,也只说"生产过程的智力同体力劳动相分离,智力转化为资本支配劳动的权力"②,并未对脑力劳动者产出的劳动"量"做定量的解读!

脑力劳动如何计量?其困难之处,在于脑力劳动的产品是"知识",涉及"知识"如何转化为"价值"。

如果说,在社会经济发展十分缓慢甚而停滞的时期,人们还可以"把各种劳动力直接当作简单劳动力"的话,那么,在经济快速发展的时期,在以脑力劳动占主导地位的现代社会里,就完全不能做这种"简化"了。这也就是说,马克思发明的劳动创造价值学说如果要应用到现代社会,就必须对脑力劳动如何创造价值做更具体的定量的分析。

7. 但我们也要看到的是,马克思其实已对复杂劳动的另一种表现——熟练劳动,做了解答。马克思已注意到"较高级的劳动"③总是要化为社会平均劳动,例如一日较高级的劳动化为 X 日的简单劳动;因此,只要假定资本家使用的工人是从事简单的社会平均劳动,我们就能省却多余的换算而使分析简化④。

这是马克思又一次谈到"简化",而这是为了"省却多余的换算"。从理论物理学的研究角度来说,这相当于重新定义度量的"尺",在现代表述中,有时又称为"重正化"。其实,在现代西方主流经济学的度量中,往往也采取了类似的方法,如取某某年度的不变价格作为计量的尺度。这种做法是科学的,也是理论物理学研究中常用的科学方法,并不是什么缺点;而且通过这种"简化",便于对某些问题进行深入研究。

八、马克思对国际工人运动最有影响力的理论,是将劳动和劳动生产率的计量,应用于对资本主义积累过程的分析

马克思做出重大结论:"工人的状况必然随着资本的积累而日趋恶化。"⑤而因此,"生产资料的集中和劳动的社会化,达到了同它们的资本主义外壳不能相容的地步。这个外壳就要炸裂了。资本主义私有制的丧钟就要响了。剥夺者就要

---

① 马克思:《资本论》第 1 卷,人民出版社,1975 年版,第 223 页。

② 马克思:《资本论》第 1 卷,人民出版社,1975 年版,第 464 页。

③ 马克思:《资本论》第 1 卷,人民出版社,1975 年版,第 224 页。在这一页的"注 18"中,马克思明确说这里是指熟练劳动。

④ 马克思:《资本论》第 1 卷,人民出版社,1975 年版,第 224 页。

⑤ 马克思:《资本论》第 1 卷,人民出版社,1975 年版,第 708 页。

被剥夺了"①。（着重号为引用者所加）

1. 这是一段极其激动人心的话。我在年轻时，就已经在列昂节夫《政治经济学》教科书里读到这一重大结论。那时，我们不得不为这一重大结论得出的历史依据和科学论据所折服，从而促使我们走上追随革命的道路。时光飞逝！今年已是我参加革命工作后的第 66 年！在这短暂的 66 年里，我们经历了中国革命的伟大的胜利，参加了革命胜利后中国社会主义建设的实践、探索……其中包括探索过程中的失败、反思、总结，又走向胜利等艰难曲折的过程。同时，世界形势、国际局势也发生了大变化！马克思在 1867 年 7 月 25 日所做的伟大的历史预言，虽然已在部分地区，如中国等社会主义国家……有所实现，但自 1867 年到今年（2013年），历史已经历了 146 年。马克思所预言的"资本主义私有制的丧钟就要响了，剥夺者就要被剥夺了"，就世界资本主义的整体发展来说，应该认为，却并未实现！

这就不得不重新审视，马克思得出这一重大结论的科学依据是什么？为什么在某些国家，某些时间、地点行之有效？为什么在另一些国家，另一些时间、地点又不甚有效？在现时代是否继续有效？或者说，马克思主义的政治经济学需要在哪些方面"与时俱进"？

2. 马克思在详尽地研究了创造价值的劳动的计量单位后，又进而较详细地研究了生产劳动过程，以便研究各类不同性质的价值量如何转移到产品。马克思指出："劳动过程的简单要素是：有目的的活动或劳动本身，劳动对象和劳动资料。"②

马克思说："劳动首先是人和自然之间的过程，是人以自身的活动来引起、调整和控制人和自然之间的物质变换的过程。"③也就是说，生产过程或劳动过程，是为了解决人类和自然、社会和自然界之间的矛盾。所以，毛泽东在《矛盾论》里说，"社会和自然的矛盾，用发展生产力的方法去解决"④。至于劳动对象，又可分为两大类，一类是未经人类加工过的自然物，如树木、矿物等；另一类是经过人类加工过的自然物，又称为原料。马克思说，"一切原料都是劳动对象，但并非任何劳动对象都是原料"⑤；而劳动资料，又称为劳动手段，也就是劳动工具，"是劳动

① 马克思：《资本论》第 1 卷，人民出版社，1975 年版，第 831～832 页。
② 马克思：《资本论》第 1 卷，人民出版社，1975 年版，第 202 页。
③ 马克思：《资本论》第 1 卷，人民出版社，1975 年版，第 201～202 页。
④ 毛泽东：《毛泽东选集》第 1 卷，人民出版社，1952 年版，第 286 页。
⑤ 马克思：《资本论》第 1 卷，人民出版社，1975 年版，第 203 页。

者……用来把自己的活动传导到劳动对象上去的物或物的综合体"①。马克思认为,随着人们生产经验的积累和科学技术水平的提高,劳动资料的构造日益复杂,其范围也日益扩大。其集中表现,就是由发动机、传动机和工具机三者组合而成的机器。当然,劳动资料还包含着为顺利实现劳动过程所需的一切物质条件,如土地、厂房、道路、桥梁等辅助设施。

3. 接着马克思又进一步应用劳动创造价值的理论,分析和研究了劳动过程。马克思指出,劳动过程"不仅要生产使用价值,而且要生产价值,不仅要生产价值,而且要生产剩余价值"②。马克思证明:资本家购买的是劳动者具有的劳动力的价值,但是劳动力所创造的价值却大于劳动力自身的价值,因而产生了剩余价值。至于劳动资料和劳动对象(指人类加工过程的原料)等"生产资料的价值",会"转移到产品上,从而将这些价值保存在产品中"③。总之,马克思认为只有活劳动才创造剩余价值,死劳动仅仅将凝结在劳动资料、劳动对象中的价值转移到新产品中去。因此,马克思引进了不变资本和可变资本的概念。前者,即不变资本,是用以购买凝聚在原材料、机器、厂房等上的死劳动;后者,即可变资本,是用以购买工人拥有的劳动,并由此产出比劳动力价值更多的活劳动,活劳动会产生剩余价值。如用符号来表示,就有不变资本 $= C$,可变资本 $= V$,而剩余价值 $= m$,社会总产品或社会产品总价值 $= W$。

如上所述,生产劳动的目的是要生产使用价值,所生产的产品必须具有使用价值。而"社会财富 = 物质财富 = 商品的使用价值"的质量和数量,是判断某一社会经济是发达还是落后的标准。或者说,衡量社会财富或物质财富的多少,是要计算使用价值的量。但马克思计算使用价值量时却引进了一个"大假定",马克思认为,在社会经济发展缓慢或相对稳定时期:

$$\text{使用价值量} = \text{交换价值量} \equiv \text{价值量} \qquad (1)$$

而因此,买卖双方就可以成交。所以,用交换价值量来衡量社会商品总价值的使用价值量 W,就标定为 W_J;所产生的剩余价值 m,也就标定为 m_J。W_J 和其他价值形态之间的量的关系是:

$$W_J = C + V + m_J \qquad (2)$$

这就是马克思所给出的如何计算社会财富或使用价值量的最基本的公式。

---

① 马克思:《资本论》第 1 卷,人民出版社,1975 年版,第 203 页。
② 马克思:《资本论》第 1 卷,人民出版社,1975 年版,第 211 页。
③ 马克思:《资本论》第 1 卷,人民出版社,1975 年版,第 226~227 页。

公式(2)有些像物理学里的热力学的定律,热力学的公式是反映物质处于热平衡状态下,各种物质形态相互转化时必须满足的能量转化的公式。公式(2)描述的是以简单平均必要劳动为计量单位的各种价值形态,及其转化和随时间演化过程中必须满足的量的关系。我们在后面讨论各种价值形态间的变化时,都是以公式(2)作为出发点。其实,从《资本论》第 1 卷的第二十一章,直到《资本论》的第 2 卷和第 3 卷,其全部内容实际上都是讨论公式(2)所反映的以单位劳动量为计量单位的价值形态间转化和演化过程中的价值量的关系。

下面将进一步应用公式(2)导出各种价值形态转化间的量的关系的各种算式和由这些算式所做出的经济、政治等结论。

4. 应用之一:由公式(2)不难导出上述"劳动力价值和剩余价值"的第一规律:"不论劳动生产率如何变化……一定长度的工作日总表现为相同的价值产品"。

首先定义一个新的经济参量——劳动生产率 P,即单位劳动时间平均凝聚在产品中的使用价值量。由于马克思已经假定了"使用价值量 = 价值量",那么单位劳动创造的使用价值量,即劳动生产率 P 也就定义为:

$$P = \frac{W_J}{C + V} \tag{3}$$

实际上,这里所定义的劳动生产率 P,不仅反映直接进入生产劳动过程中所支出的生理学意义上耗费的体力劳动,还包括少量脑力劳动在内,是二者共同创造财富的劳动生产率。因为这里讨论的活劳动和死劳动,都是以社会平均简单劳动时间为计量单位的简单劳动,完全没有涉及主要来自脑力劳动的产品、所创造的"知识",以及对使用价值量的增加和放大所做的贡献。而在这种简单平均劳动中,占主导地位的是体力、肌肉的付出,亦即 physical labour。

乍一看,这似乎是一个很奇怪的定律。劳动生产率所讨论的是生产的效率,效率高了,产品的使用价值也就增大。那么,为什么"第一规律"却说产品的价值的总量都和劳动生产率无关?

问题出在这里所定义的劳动生产率 P,是在马克思引进的大假定"使用价值量 = 价值量"的基础上做的。这里已经假定了,通过市场的竞争,反映使用价值量的市场价格必定向"聚集在单位产品中的劳动"所体现出的交换价值量看齐;而因此,尽管产品的数量和质量都会随着劳动生产率的提高而上升,但是由劳动所创造的价值总量却不会由于劳动生产率的改变而改变。所以,将公式(3)中的分母$(C + V)$乘到"左"边,公式(3)就改写为:

$$W_J = P(C + V) = 常数 \tag{4}$$

从数学上讲,这简直是"同义反复";但从经济学上讲,这里有新的经济内涵。公式(4)表示出由公式(3)所定义的 P 和所投入的"死劳动 + 活劳动",亦即 $(C+V)$ 成反比关系。也就是:

$$P \propto \frac{常数}{C+V} \tag{5}$$

而因此,P 的改变,即劳动生产率 P 改变为新数值 P',那么,投入单位产品中的劳动也会由 $(C+V)$ 改变到 $(C+V)'$;但是劳动生产率和所投入的劳动的乘积却没有任何改变,也就是:

$$W'_J = P'(C+V)' \equiv P(C+V) = W_J \tag{6}$$

显然,公式(6)的经济学含义是:"不论劳动生产率如何变化,从而不论产品量和单个商品的价格如何变化,一定长度的工作日总表现为相同的价值产品。"①

容易看出,由公式(6)可以得出一个重要的推论,那就是在上文中讨论过的一种典型情况:在前资本主义时期,或资本主义发展的初期或极早期,"发展"仅仅和劳动人口的增加、减少有关。为什么越王勾践能把吴王夫差打败?因为"十年生聚,十年教训"。前资本主义社会的事实证明,公式(1)"使用价值量 = 交换价值量"这一假设是成立的。

马克思是通过长长的科学论证而得到"第一规律"的。这里仅仅用一点初等数学,就导出"劳动力价值和剩余价值"的"第一规律"。这就是用数学公式来讨论经济问题时的优越性所在。但如果只将上述演算仅仅归结为演算,不去追踪这些演算过程所反映的经济活动过程,那么上述数学演算也就变成几乎没什么意义的数学游戏了。

我一直认为,研究数理经济,需要学一点、用一点物理学的思维。公式(2)所表示的劳动量守恒的公式,和物理学里的热力学第一定律有不少相似之处,但是,真正理解热力学第一定律并不容易!

5. 应用之二:由公式(2)还能较容易地导出"劳动力价值和剩余价值"的第二、第三规律。容易看出,这两个规律实际上是说:劳动生产率的变化,它的提高或降低,将导致剩余价值按相同方向而变化,劳动力价值按相反方向而变化;而剩余价值的增加或减少,始终是劳动力价值的减少或增加,即劳动力价值相对于剩余价值向"逆方向"变化的结果。

---

① 马克思:《资本论》第 1 卷,人民出版社,1975 年版,第 568 页。

下面将给出相关的数学公式。

首先引入资本有机构成的概念,即不变资本和可变资本的比率 δ[①],如用公式来表示,即资本有机构成 δ 为:

$$\delta = \frac{C}{V} \tag{7}$$

而因此:

$$P = \frac{W_J}{V(1+\delta)} \tag{8}$$

公式(8)清晰地表明,随着资本有机构成 δ 的变大,劳动生产率 P 将降低。

其次引入剩余价值率 β 的概念[②],也就是:

$$剩余价值率\ \beta = \frac{剩余价值\ m_J}{可变资本\ V} = \frac{剩余价值}{劳动力价值} = \frac{剩余劳动}{必要劳动} \tag{9}$$

由公式(2)和公式(4),可导出:

$$W_J = C + V + m_J = P(C+V) \tag{10}$$

因而就有:

$$m_J = (C+V)(P-1) \tag{11}$$

由公式(7)、公式(9)、公式(11)易导出:

$$P - 1 = \frac{\beta}{1+\delta} \tag{12}$$

由公式(12),易得出如下结论:P 的增大,必定导致 $\dfrac{\beta}{1+\delta}$ 也增大,即 β 的增速要大于 $1+\delta$ 的增速。或者说,机器或原材料等不变资本在劳动生产过程中所占比重的增加,必定导致剩余价值率 β 或剥削程度有更大的增加。所以就又有马克思所探讨过的,"劳动力价值和剩余价值"的量的变化的第二、第三规律:剩余价值的增加或减少始终是劳动力价值相应减少或增加的结果。

6. 应用之三:由"劳动力价值和剩余价值"的第二、第三规律,不难做出如下推论。

首先引进利润率的概念,也就是:

$$利润率\ l = \frac{m_J}{C+V} = P - 1 \tag{13}$$

由公式(12)、公式(13),易导出:

① 马克思:《资本论》第1卷,人民出版社,1975年版,第672页。
② 马克思:《资本论》第1卷,人民出版社,1975年版,第580页。

$$l = \frac{m_J}{C+V} = \frac{m_J}{V} \times \frac{1}{1+\delta} = \frac{\beta}{1+\delta} \tag{14}$$

公式(14)清晰地表示出由劳动创造价值学说所得出的重大推论:利润率随着对工人的剥削程度 β 值的增加而增加,并随着资本有机构成的变大而缩小。

由于在资本主义社会里经常遇到的是企业间的竞争。由竞争带来的资本的流动,必将导致各不同企业间的利润率平均化;亦即:资本家从工人榨取的剩余价值的相对比例大体上都是平均利润率。又由于资本主义生产力的迅猛发展必定导致资本有机构成 δ 值变大,而因此,公式(12)和公式(14)所描述的利润率的算式,必将导致一个必然的结果:平均利润率的逐渐下降。

但是,资本集团的特性是唯利是图。平均利润率的下降,必定导致整个资本集团的激烈抵抗,它们必定努力设法增加剩余价值率 β,也就是增加对工人阶级的剥削,这就必然更加剧了各不同资本家集团向工人阶级的激烈的进攻!

上述公式(1)到公式(14)的算式,简要地概括了《资本论》第 1 卷第二十一章到第二十五章,以及第 2 卷和第 3 卷里有关生产力的发生、发展及其增长、变化规律的主要内容。但如果上述讨论的出发点即公式(2)发生了变化,那么所有上述结论,就要重新考察了。

7. 马克思还应用"劳动力价值和剩余价值"的第一、第二、第三规律及其推论,探讨了资本主义社会积累过程的一般规律;特别是较细致地研究和分析了"原始积累"的过程,从而提出了工人阶级必定走向绝对贫穷的理论。马克思认为,资本主义积累的一般规律的作用结果,必定造成"工人阶级的状况必然随着资本的积累而日趋恶化";又说,"一切提高社会劳动生产力①的方法都是靠牺牲工人个人来实现的"②。马克思在《1844 年经济学哲学手稿》中又说:"劳动为富人生产了奇迹般的东西,但为工人生产了赤贫。劳动创造了宫殿,但是给工人创造了贫民窟。"③

当然,马克思还注意到,即使随着社会财富积累的增长,"工人阶级……变得'不那么穷'了,那也就是说,工人阶级相对地还是像原来一样穷。""如果说穷的极端程度没有缩小",而由于"富的极端程度已经增大",所以"工人阶级相对地还是像原来一样地穷"④。(着重号为引用者所加)

---

① 即公式(3)表示的直接介入生产劳动过程的劳动生产率 P。

② 马克思:《资本论》第 1 卷,人民出版社,1975 年版,第 708 页。

③ 马克思、恩格斯:《马克思恩格斯全集》第 42 卷,人民出版社,1979 年版,第 93 页。

④ 马克思:《资本论》第 1 卷,人民出版社,1975 年版,第 715 页。

这就是马克思所建立的关于无产阶级贫困化的理论。一是工人阶级将日益走向"绝对"的贫穷;另一是即使他们"绝对"的贫穷已"变得'不那么穷'了",但相对于资本家财富的积累来说,仍然是"相对"地贫穷。——其根本原因,就在于资本家付给工人的工资,往往低于所购买的劳动力的价值,而且形势日益恶化。

8. 容易看出,上述一系列重大结论之所以导出,完全是建立在如上介绍的马克思所做的"使用价值量 = 交换价值量"这一大假定亦即公式(1)十分正确的基础上,是这一大假定所推导出的结果。但我们也要看到:不能认为马克思所说"使用价值量 = 交换价值量"的假定是没有科学根据的假定。一个重要理由是:在社会发展缓慢时期,民众的社会需求,衣、食、住、行、用的需求之间的相对比例关系,大体上均相对不变。既然各种不同形式的具体劳动可以用社会平均必要劳动时间所"衡量",并且用以相互交换,商品的购买者也就会认同那些使用性能甚不相同的商品的使用价值量,实际上即是由"历史"、"社会"或"习惯"确定的交换价值量。但在社会经济迅速变动的时期,在社会劳动生产率大幅度上升或下降的时期,就很难再认为"使用价值量 = 价值量"是正确的等式了!

其实,在现代西方主流经济学理论里,往往也同样会假定"使用价值量 = 价值量"。典型的例子,资本家明明购买的是劳动者固有的劳动力的价值,付给工人的工资也大体上是劳动力的价值,但它却要说成所购买的是劳动力的使用价值,即劳动力产出的劳动。事实表明:西方主流经济学在某些具体问题上,也会假设"交换价值 = 使用价值",只不过西方主流经济学喜欢从使用价值的角度来讨论经济学问题,而马克思政治经济学却主要从交换价值的角度来讨论政治经济学问题。

九、一个重大的不能回避的问题:无产阶级日益贫困化的理论,是否是资本主义社会发展的必然的客观事实

1. 对于这一重大理论问题的一个明确的答案是:对于落后的贫穷的不发达国家,在转向资本主义社会的初期,走上工业化道路的所谓原始积累的早期,不仅会出现工人和农民的相对贫穷,而且还大量地普遍地产生绝对贫穷。中国革命就是在封建地主和外国资本家对中国的工人和农民的双重压迫和剥削的大背景下产生的。抗日战争时期,中华民族已到了最危险的时期,更面临"亡国、亡头、亡种"的危险。但是,对于依靠剥削和压迫殖民地、半殖民地等落后国家而脱贫致富、兴旺发达的资本主义国家来说,就完全有可能利用它们的原始积累,缓和国内的矛盾和冲突。我们曾在本文第二部分介绍过王震副总理出访英国的一个例子。王震将军在英国首都伦敦发现,那位专门收集废品的工人的工资收入,是中国副总理工资的6倍!

2. 其实,早在1892年,恩格斯在他为《英国工人阶级状况》德文第2版所做的序言里,就已经说过,"现在重新呈献给德国读者的这本书,最初是在1845年夏天出版的……那时我是二十四岁",至于"这本书里所描写的情况,至少就英国而言,现在在很多方面都已成为过去"①。

"现代政治经济学的规律之一就是:资本主义生产愈发展,它就愈不能采用作为它早期阶段的特征的那些琐细的哄骗和欺诈手段。"而"随着大工业的发展,德国的许多情况似乎也改变了"。在德国有一条"规规矩矩的德国老原则","那条原则是:先给人们送上一些好的样品,然后再把蹩脚的货物送去,他们只会感到称心满意!"但现在,这条"德国老原则也声誉扫地了","的确,这些狡猾手腕在大市场上已经不合算了"②。

"在英国,在工厂主对待工人的关系上,也发生了同样的变化。""工厂主靠着对工人进行琐细偷窃的办法来互相竞争已经不合算了。""拥资百万的工厂主有比在这些小算盘上浪费时间更为重要的事情要做。""企业规模愈大,雇用的工人愈多,每次同工人发生冲突时所遭受的损失和困难也就更多。""工厂主们……学会了避免不必要的纠纷……过去带头同工人阶级作斗争的最大工厂主们,现在却首先起来鼓吹和平和协调了。"而"他们这样做是有充分理由的"③。

恩格斯还特别说"1848年的法国革命④拯救了英国资产阶级。胜利的法国工人的社会主义口号吓倒了英国小资产阶级","工厂主从这种反对立场中了解到,并且越来越了解到:没有工人阶级的帮助,资产阶级永远不能取得对国家的完全的社会统治和政治统治"。"这样,两个阶级之间的相互关系就逐渐改变了"。英国政府也开始采取新的政策,如通过和推广了"工厂法","通过了10小时工作日法案","1867年和1884年的议会改革已经大大接近于普选权……"⑤。

"工业资本家的这种统治的结果一开始是惊人的。工商业重新活跃起来,并且飞快地发展,其速度甚至是空前的。"那么,"这个时期工人阶级的状况怎样呢?"恩格斯回答说,"有时也改善,甚至对于广大人群来说也是如此",有些状况

---

① 马克思、恩格斯:《马克思恩格斯选集》第4卷,人民出版社,1972年版,第271~272页。
② 马克思、恩格斯:《马克思恩格斯选集》第4卷,人民出版社,1972年版,第272页。
③ 马克思、恩格斯:《马克思恩格斯选集》第4卷,人民出版社,1972年版,第272~274页。
④ 指法兰西内战。
⑤ 马克思、恩格斯:《马克思恩格斯选集》第4卷,人民出版社,1972年版,第278~279页。

还"得到了长期的改善"①。

总之,1892 年的英国社会和恩格斯在 1844 年在《英国工人阶级状况》中描写的已有相当大的不同,甚而和马克思在《资本论》第 1 卷所"极为详细地描述了的 1865 年左右"的"英国工人阶级的状况",也有较大区别。

恩格斯还说:"我有意地不删去本书中的许多预言,其中包括青年人的热情使我大胆做出的英国即将发生社会革命的预言。""我决不想把我的著作和我本人描写得比当时高明些。"②

为什么我把恩格斯在 1892 年所写的这篇序言中所说的话,长长地引出来?晚年的恩格斯,显然已看到在资本主义制度下,在资产阶级的"社会统治和政治统治"下,英国的"工人阶级",还有"广大群众"的生活都有"改善",有些还"得到了长期的改善"。

至于 20 世纪的英国,显然又比 1892 年的英国有了更大的发展。我未能在英国社会长期生活,但我知道的事实是:现在各发达国家,包括英国,早已从 10 小时工作制改成 8 小时工作制,而且每周的工作时间由 6 天缩短为 5 天。事实证明,即使是在 1892 年,英国的工人阶级状况,也并没有出现工人阶级的"绝对贫困"。

3. 当代发达国家或发达资本主义国家出现的"现实"是,甚而连"相对"贫穷也大大"缩小",或正在"缩小"之中。

1922 年,意大利经济学家基尼(Corrado Gini,1884 ~ 1965)提出定量测算收入分配差异程度的指标,即基尼系数。按照联合国有关组织的规定:凡基尼系数低于 0.2 的为收入绝对平均的国家或地区,0.2 ~ 0.3 为收入比较平均的国家或地区,0.3 ~ 0.4 为收入相对合理的国家或地区,0.4 ~ 0.5 为收入差距较大的国家或地区,0.5 以上属于收入差距悬殊的国家或地区。

人们通常把基尼系数 0.4 作为收入分配差距的"警戒线"。但它并不是来自社会经济的统计,而纯粹是"猜测"中的"警戒线"。其准确值是 0.382,也就是 1.000 − 0.382 = 0.618。这就是华罗庚教授多次提倡的"优选法"的数值。

通常认为,凡薪酬收入差距较大,所得税率累进率较小的国家,其社会经济具有较强的创新力,但社会经济可能出现失稳;凡收入差距较小,实行高额累进税率的"劫富济贫"的国家,其经济社会就比较稳定,但社会活力和创新能力往往不

① 马克思、恩格斯:《马克思恩格斯选集》第 4 卷,人民出版社,1972 年版,第 280 页。
② 马克思、恩格斯:《马克思恩格斯选集》第 4 卷,人民出版社,1972 年版,第 277 页。

足。如何掌握"发展"和"稳定"之间的"度",是一切发展中国家常常面临的重大问题。

下面是来自联合国公布的,若干有代表性的国家或地区的居民收入基尼系数的简表(见表1)。

表1 若干国家或地区的居民收入基尼系数

国家和地区	年份	指数
中国	2007	0.415
中国香港	1996	0.43
柬埔寨	2004	0.42
印度	2004	0.37
印度尼西亚	2002	0.34
伊朗	1998	0.43
以色列	2001	0.39
日本	1993	0.25
哈萨克斯坦	2003	0.34
韩国	1998	0.32
马来西亚	1997	0.49
蒙古	2002	0.33
巴基斯坦	2002	0.31
菲律宾	2003	0.45
新加坡	1998	0.42
泰国	2002	0.42
越南	2004	0.37
埃及	2000	0.34
尼日利亚	2003	0.44
南非	2000	0.58
加拿大	2000	0.33
墨西哥	2004	0.46
美国	2000	0.41

国家和地区	年份	指数
阿根廷	2004	0.51
巴西	2004	0.57
白俄罗斯	2002	0.3
捷克	1996	0.25
法国	1995	0.33
德国	2000	0.28
荷兰	1999	0.31
波兰	2002	0.34
俄罗斯联邦	2002	0.4
西班牙	2000	0.35
土耳其	2003	0.44
乌克兰	2003	0.28
英国	1999	0.36
澳大利亚	1994	0.35

注:由联合国有关机构统计收集的世界各国按年度的基尼系数从网上都可下载。此处给出的是从众多纷杂的数据中经作者挑选出来的较典型的数据,从中可大致看出一个趋势:基尼系数与政治制度关联度不大。

2013 年,国家统计局公布了过去 10 年间中国的基尼系数。其中,2012 年为 0.474,2010 年为 0.481。但国家统计局又声明未能将高收入者的灰色收入和非法收入统计在内。国内有些大学也做了研究,认为 2010 年中国的基尼系数高达 0.61;但即遭到不少文章批评,包括来自境外、国外学者在国外报刊上的批评,认为收集样本过小,信息处理有偏见(bias)。伴随中国各方公布的基尼系数发生的"争议"是,在目前的中国社会,是否已出现全局性的社会动荡或社会不稳定?有一些人认为,中国社会已现严重的两极分化,中国已出现资本主义的"复辟"。批评者却认为,邓小平所说的"防止两极分化",是说防止"贫者愈贫,富者愈富";中国发展的事实是:有极少数的富者暴富,有少数人先富起来,大多数居民逐步进入"小康";在中国的某些地区、某些问题上,确有出现"动荡"的"事实",但就发展的"全局"来说,中国并未出现"社会失稳"。

但是,上述来自联合国公布的基尼系数的数值证明,当代发达国家或发达的资本主义国家的现实是,工人阶级和人民群众的工资收入均有相当大的改善和提高,既未出现包括白领工人在内的工人阶级的绝对贫穷,也未出现居民收入差距持续扩大的相对贫穷。我们看到的典型的数据有:美国的基尼系数是 0.41,英国是 0.36,法国是 0.33,德国是 0.28,而日本是 0.25;只有少数快速发展中国家,如巴西、南非,其基尼系数已接近 0.6。国际社会也并未观察到巴西、南非已出现严重失稳现象,而且,也不明确联合国已公布的巴西高达 0.57,南非高达 0.58 的数字,是否已将"灰色"收入和"非法"收入计入基尼系数的"样本"?

事实证明,影响分配或影响贫富差别的最主要因素,是生产力发展的速度和水平。至于所有制是姓资姓社还是姓公姓私,却几乎和基尼系数没有明显的关联!

为什么在资本主义国家会出现这些新动向? 一个简单的解释是:资本主义国家里的"有识人士"也懂得"发展是硬道理"。

4. 怎样认识当代仍在发展中的资本主义社会? 这是当代马克思主义者面临的新的重大的问题。

其实,早在 1934 年 7 月 23 日,斯大林在《和英国作家赫·乔威尔斯的谈话》中,就涉及这一重大理论和实际问题。

威尔斯说:"我观察了西方的共产主义宣传,我觉得这种宣传在现代条件下听起来是完全不合时宜的,因为它宣传暴力行动。这种主张以暴力推翻社会制度的宣传,只有在某一暴政实行绝对统治的时代才是适当的。但是,在今天的条件下,统治的制度反正在毁坏,本来在解体,就不应该把重点放在暴动上,而应该放在效率上,放在本领上,放在生产率上。我觉得暴动的调子已经陈腐了。在那些建设性地思考问题的人看来,西方的共产主义宣传是一种障碍。"[①]

斯大林回答说:"当然,旧制度是在毁坏,在解体。这是真的。然而人们正在做新的挣扎,正在用另一些方法,用所有的办法来捍卫、拯救这个正在灭亡的制度,这也是真的。您从正确的断定中做出了不正确的结论。您正确地断定旧世界是在毁坏。但是您认为它在自行崩溃,那就不对了。不,一种社会制度被另一种社会制度所代替,是一个复杂的长期的革命过程。这并不简单地是自发的过程,

---

① 斯大林:《斯大林文集》(1934～1952 年),人民出版社,1985 年版,第 18 页。

这是斗争,这是与阶级冲突相联系的过程。资本主义已经腐朽了,但是不能把它简单地跟一棵已经十分腐朽、自己一定会倒在地上的树相比。是的,您所说旧社会制度在毁坏……但是它不会自行崩溃。"①而"丰富的历史经验教导我们,直到现在没有一个阶级曾经自愿让路给另一个阶级"②。

威尔斯回答说:"但是在英国历史上就有过一个阶级自愿把政权让给另一个阶级的例子。在 1830 年到 1870 年这个时期中,未经过任何残酷斗争便发生了贵族自愿把政权转交给资产阶级的过程,贵族的影响到十八世纪末还是很大的,而资产阶级则是君主制的多情的支柱。政权的这一转移,后来便导向金融寡头统治的确立。"③

但是,斯大林并不同意威尔斯的意见,说这是"改良"。"在一切统治阶级中间,英国的统治阶级,无论是贵族也好,资产阶级也好,从他们的阶级利益看来,从维持他们的政权看来,都是最聪明、最圆滑的。英国资产阶级为了确立自己的统治,英国统治阶级从来不惜实行若干小的让步和改良。但是以为这些改良是革命,那就错了。"④

这是在斯大林时期很有名的一次谈话。我们曾在一个时期,将斯大林讲过的话奉为经典。但不可否认的是,英国的"改良"正获得某些成功。我们能提供的数据是:1998 年,英国的人均 GDP 是 18 714 国际美元,同年中国的人均 GDP 是 3 117 国际美元⑤;至于基尼系数,1999 年英国的基尼系数是 0.36,而 2007 年中国的基尼系数是 0.415⑥。

英国是"老牌"的发达资本主义国家,中国是"新兴"的发展中的正在建设"中国特色的社会主义"的国家。英国是靠"改良",也许还要加上侵略别国,而取得某些成就的国家。中国是靠"革命"取得胜利,当然还加上对外抵抗某些发达国家的侵略,也取得了某些成功,并走上快速发展道路的国家。英国和中国的国情大不相同,历史的选择也大不相同。但如果我们正在努力追求的中国特色社会主义制度不仅其成果还赶不上"改良"中的英国,而且在发展速度上也滞后于英国的发展,就将成为重大问题了! ——所以,不仅仅"贫穷不是社会主义",而且"发

---

① 斯大林:《斯大林文集》(1934~1952 年),人民出版社,1985 年版,第 19 页。
② 斯大林:《斯大林文集》(1934~1952 年),人民出版社,1985 年版,第 21 页。
③ 斯大林:《斯大林文集》(1934~1952 年),人民出版社,1985 年版,第 23 页。
④ 斯大林:《斯大林文集》(1934~1952 年),人民出版社,1985 年版,第 24 页。
⑤ 安格斯·麦迪森:《世界经济千年史》,伍晓鹰、史宪春译,北京大学出版社,2003 年版,第 262~302 页。
⑥ 参见上文表 1 即联合国公布的关于若干国家或地区的居民收入基尼系数的数字简表。

展太慢也不是社会主义"！在"发展"的问题上，我们还需要向国外的先进分子学习，包括向国外的资产阶级学习！

十、马克思主义政治经济学一项重大成就：实现扩大再生产，必须优先发展生产资料的生产

1. 马克思主义政治经济学有一项重大成就，即必须优先发展生产资料的生产。马克思将全部社会生产分为两大部类，第一部类是生产资料的生产，第二部类是消费资料的生产；也就是在经济学的研究里，首先将产业划分为不同类型，研究它们在整个经济生活中的不同地位和作用及其演变，从而比较科学而严密地分析探讨了社会总资本的再生产和扩大再生产发展的一般规律。列宁先后在两处称赞这一扩大再生产的理论，认为是"极其重要而新颖"的理论①。我一直认为，实际上马克思才是首先开拓了结构经济学研究的先声。马克思在《资本论》第2卷里，在较详尽地讨论了两大部类如何实现生产和扩大再生产之后，说了一句很重要的话："为了从简单再生产过渡到扩大再生产，第一部类的生产要能够少为第二部类制造不变资本的要素，而相应地多为第一部类制造不变资本的要素。"②也就是说，马克思已经认识到，在扩大再生产过程中，生产资料的第一部类，要比第二部类优先增长。

正如列宁在《论所谓市场问题》一文中所说，马克思的《资本论》虽然已包含了提出这个命题的一切前提，可是马克思本人并没有对这一问题进行详尽分析。列宁指出，"从马克思上述计算数字来看，根本不能得出第一部类比第二部类占优势的结论。"列宁分析了其中的原因，"这些数字计算未予注意的正是技术进步③。如马克思在《资本论》第1卷中所证明的，技术进步表现于可变资本与不变资本之比例逐渐缩小④，而马克思却假设其比例是不变的"。接着，列宁也用一系列数字，表示 $\dfrac{V}{C}=\dfrac{1}{\delta}$，即资本有机构成的倒数，也就是不变资本与可变资本之比持续变大后，生产资料和消费资料及其不变资本增长的情况。根据列宁《论所谓市场问题》一文所做的重新计算，其结果可列成下表（见表 2）。

---

① 马克思、恩格斯：《马克思恩格斯选集》第 1 卷，人民出版社，1972 年版，第 14～17 页。
② 马克思：《资本论》第 2 卷，人民出版社，1975 年版，第 560 页。
③ 即劳动生产率 P 要相应地增长。
④ 即资本有机构成 δ 变大。

表2　根据列宁《论所谓市场问题》一文所做的重新计算

扩大再生产的年度	可变资本÷不变资本 $=\dfrac{V}{C}$		本年用于制造生产资料的生产资料		本年用于制造消费资料的生产资料		本年所消费的消费资料（包括资本家的消费）		本年生产出来的生产资料		本年生产出来的消费资料	
	第一部类	第二部类		增长百分比		增长百分比		增长百分比		增长百分比		增长百分比
第一年	0.25	0.500	4 000	100.0	1 500	100			6 000	100.0	3 000	100.0
第二年	0.236	0.490	4 450	111.3	1 550	103.3	3 000		6 550	109.2	3 070	102.3
第三年	0.217	0.479	4 950	123.8	1 600	106.7	3 070	102.3	7 100	118.3	3 132	104.4
第四年	0.198	0.471	5 467	136.7	1 632	108.8	3 132	104.4	7 657.5	127.6	3 170.5	105.6

资料来源:何祚庥、罗劲柏:《马克思主义再生产理论的数字分析(一)》,《力学学报》1957年第1卷第1期。

从表2可以看出,随着 δ 的变大亦即 $\dfrac{V}{C}$ 的不断缩小,第一部类的产品总价值 W_I 和它的不变资本 C,比起第二部类的产品总价值 W_I 和它的不变资本 C,都有优先增长的情形。列宁说,在扩大再生产的条件下,"增长最快的是制造生产资料的生产,其次是制造消费资料的生产资料的生产,最慢的是消费资料生产"[①]。

2. 这就是马克思主义政治经济学提出的"实现扩大再生产必须优先发展生产资料的生产"的理论,虽然这一规律仅用数字计算来证明有缺点。

1957~1958年间,何祚庥和罗劲柏曾用严密的数学,普遍地证明了下列结论:

第一,不论是资本主义还是社会主义生产,要使扩大再生产能够不断实现,必须优先发展生产资料的生产。

第二,理论上并不排斥在某些年代、某些时期,也可以出现消费资料优先增长的情形,但这种情形不能维持太长,要依据当时的生产资料在国民经济中已达到

---

① 列宁:《论所谓市场问题》,人民出版社,1956年版,第9页。

的比重来确定。

第三,技术的进步、积累的增加,平均利润率的下降等,都促成生产资料的优先增长。

但是,上述证明也是在"使用价值 = 交换价值"这一大"假定"下所做的证明,所以上述结论是否永续有效,就还要深入研究。

3. 重要的是,这一优先发展生产资料的生产的理论先后为不少经济落后国家奉为快速赶上先进国家的"圭臬"。不仅仅是苏联、中国等社会主义国家将其奉为发展生产和经济的根本指针,许多民族独立国家,如印度、埃及、印度尼西亚等国家,在获得民族独立后,纷纷实行优先发展生产资料,亦即优先发展重工业的方针。结果是,在某些国家,由于正确实行这一方针而大获成功;也有某些国家,却面临挫折,或先大获成功,后来遭遇严重的挫折。这就需要对这一理论深入反思和总结了!

优先发展重工业而大获成功的典型的例子,是苏联推行的几个"五年计划"。1939 年 10 月,斯大林在联共(布)第十八次代表大会上有一个总结报告。报告中给了一个以 1929 年为标准的工业总产值百分比的简表(见表3)[1]。

表3　以 1929 年为标准的工业总产值百分比　　　（1929 年 = 100）

	1934 年	1935 年	1936 年	1937 年	1938 年
美国	66.4	75.6	88.1	92.2	72.0
英国	98.8	105.8	115.9	123.7	112.0
法国	71.0	67.4	79.3	82.8	70.0
意大利	80.0	93.8	87.5	99.6	96.0
德国	79.8	94.0	106.3	117.2	125.0
日本	128.7	141.8	151.1	170.8	165.0
苏联	238.3	293.4	382.3	424.0	477.0

资料来源:《斯大林文集》(1934～1952 年),人民出版社,1985 年版,第 237 页。

这一简表清楚地说明了,在那一时期"苏联是世界上唯一没有危机的国家"[2]。而极为有趣的是,这一报告还给出了 1938 年世界各主要国家生产生铁的

---

① 斯大林:《斯大林文集》(1934～1952 年),人民出版社,1985 年版,第 237 页。
② 斯大林:《斯大林文集》(1934～1952 年),人民出版社,1985 年版,第 237 页。

数字(见表4)[①]。

表4　1938 年五个国家的生铁产量

国别	生铁产量(万吨)
美国	1 880(注:在 1929 年美国共生产 4 300 万吨生铁)
英国	700
德国	1 800
苏联	1 500
日本	400(1937 年入侵中国时的数字)

资料来源:《斯大林文集》(1934～1952 年),人民出版社,1985 年版,第 250～251 页。

这些数字从一个侧面解释了,为什么在第二次世界大战期间,美国、苏联、英国加上中国等反法西斯国家最终取得了胜利。而且在那时,早在 1939 年,斯大林还提出要"把生铁产量提高到5 000 万～6 000万吨"。

4. 1952 年,中国从战争破坏中开始建设,也提出了"重工业是我国建设的重点",亦即优先发展重工业的战略。但中国共产党人还注意到"必须处理好""重工业和轻工业、农业的关系","决不可以因此忽视生活资料尤其是粮食的生产"[②]。当然,毛泽东还注意到要发展国防工业,中国"不但要有很多的飞机和大炮,而且还要有原子弹。在今天的世界上,我们要不受人家欺负,就不能没有这个东西"[③]。

应该说,中国推行的"重工业是我国建设的重点"的战略,也是当时唯一可能行得通的战略。因为当时的中国,唯一的可能的发展战略是"一边倒"。实践证明,重工业是发展的重点的方针取得了不小的成就。1953～1978 年,25 年间,中国的 GDP 共增长了 2.9 倍,平均年递增 $\sqrt[25]{2.9} - 1 = 4.35\%$[④],其间最重要的成就,当然是国防工业的"两弹一星"。

但是,毛泽东所说"重工业和轻工业、农业的关系",实际上并没有做到"必须处理好"。在林毅夫撰写的《解读中国经济》一书中,有一张"1952～1978 年间中国基本建设投资结构变化"的简表(见表5)。

---

① 斯大林:《斯大林文集》(1934～1952 年),人民出版社,1985 年版,第 250～251 页。
② 毛泽东:《论十大关系》,《毛泽东选集》第 5 卷,人民出版社,1977 年版,第 268 页。
③ 毛泽东:《论十大关系》,《毛泽东选集》第 5 卷,人民出版社,1977 年版,第 271 页。
④ 安格斯·麦迪森:《世界经济千年史》,任晓鹰、许宪春译,北京大学出版社,2003 年版,第 296 页。

表5　1952～1978年间中国基本建设投资结构变化(%)

	农业	轻工业	重工业	其他
"一五"时期(1953～1957)	7.1	6.4	36.2	50.3
"二五"时期(1958～1962)	11.3	6.4	54.0	28.3
(1963～1965)	17.6	3.9	45.9	32.6
"三五"时期(1966～1970)	10.7	4.4	51.1	33.8
"四五"时期(1971～1975)	9.8	5.8	49.6	34.8

资料来源:国家统计局固定资产投资统计司编:《中国固定资产投资统计资料(1950～1978)》。转引自林毅夫:《解读中国经济》,北京大学出版社,2012年版,第97页。

表5表明:1963～1970年间,我国轻工业的基本建设投资,还不到重工业投资的9%!为什么那一时期的苏联、中国、东欧、亚洲等社会主义国家均相继陷入"短缺经济"?有许多学者试图从市场经济角度,以市场经济比计划经济更能发挥市场在资源配置上的"基础"作用为"理由",试图对上述现象做出解释。其真实原因,是出自生产力,出自生产力发展的客观规律。应该说上述数字给出了一个直截了当的回答,轻工业产品、农产品的供应太少,当然就形成"短缺经济"。

5.1957年,在何祚庥、罗劲柏合写的《马克思主义再生产理论的数学分析(二)》中,已经以长长的演算证明,如果第一部类以尽可能的高投入持续增长,最终必定导致"生产发生了中断"①。乍一看来,这是一个很奇怪的意想不到的结论!原因在于第一部类的优先增长,还要求有来自第二部类的生活资料的充足供应。而"短缺经济"就会造成整个国家经济停止发展!

接下去,何祚庥和罗劲柏又撰写了《马克思主义再生产理论的数学分析(三)》②,用一系列算式,进一步讨论了第一部类生产和第二部类生产如何协调发展,最后得出结论说:在社会主义制度下,一个工业落后的国家迅速转变成为工业先进国家的过程是:

(1)在开头几年必须迅速地发展生产资料的生产,但在保证迅速发展生产资料的生产的同时,还应相应地发展消费资料的生产。

(2)当生产资料在国民经济中占有较大比重后,应该比以前较多地注意到发展消费资料的生产。但就社会生产发展总的趋势来讲,应该是在生产资料优

① 何祚庥、罗劲柏:《马克思主义再生产理论的数学分析(二)》,《力学学报》1957年第1卷第2期,第109页。

② 何祚庥、罗劲柏:《马克思主义再生产理论的数学分析(三)》,《力学学报》1958年第2卷第3期,第255～275页。

先发展而迅速高涨的情况下,第二部类生产以不断接近于第一部类的高速度而迅速发展。

我和罗劲柏真正共同研讨扩大再生产理论是在 1955~1956 年。1956 年,正值钱学森教授由美国归来。由于那时我和罗劲柏均在中共中央宣传部科学处工作,当然就有机会多次和钱学森教授交往。钱学森教授在 20 世纪 30 年代在上海交大求学期间就参加了社会科学研究会,在青年时代已经接触到马克思主义。1956 年回国后,曾多次做过有关导弹、飞机等重大科技问题的学术报告,在报告中常常提到数学方法在理论研究工作中的重大作用。在我听到的他做的学术报告中,至少有两次提到应该将数学应用于马克思主义经济学的研究。1955~1956 年间,我和罗劲柏已写成《扩大再生产理论的数学分析》的三篇初稿。在听到他的倡议后,当即拿了这三篇稿子,向他请教。他读了以后,当即向我们说,欢迎在他主编的《力学学报》上发表这三篇稿子。钱学森教授亲自审读了这三篇稿子,提出了某些修改意见,最后这三篇文章陆续刊登在 1957 年出版的《力学学报》第 1 卷的第 1 期和 2 期,1958 年出版的第 2 卷的第 3 期。有不少朋友问我们,为什么你们有关经济学的文章竟然刊登在《力学学报》上? 其实,这正是前辈学者对后辈学子鼓励和鞭策的结果。钱学森是航空力学方面的大学者,也是"大力学主义"的积极倡导者,对于新鲜事物的提倡更是不遗余力,提出许多极有价值的见解。当然,我更认为,经济学要走向数理经济学,这也是理论物理学的重大发展方向之一。

时光飞逝! 我在青年时期的合作者、学生时代的同学罗劲柏同志早已英年离世,钱学森教授也在 2009 年走完了他的人生历程。我特地写下这段文字,作为对这位前辈大学者鼓励鞭策后辈学子们的纪念。

6. 实在抱歉! 那一时期的何祚庥和罗劲柏实在受教条主义思潮影响太深了! 尽管我们已得出重大结论——在大力发展重工业的同时,必须以接近重工业的发展速度发展轻工业,但我们却不敢宣扬这一重大结论。我们只是小心地、轻描淡写地说,如果认为"在努力发展重工业的同时,不需要相应地发展轻工业了","那也是不对的"①。

最近,由于要重新研究马克思主义政治经济学,我又读了毛泽东 1956 年 4 月 25 日在中共中央政治局扩大会议上的讲话——《论十大关系》。毛泽东已明确指出,"如果没有足够的粮食和其他生活必需品,首先就不能养活工人,还谈什么发

---

① 何祚庥、罗劲柏:《马克思主义再生产理论的数学分析(三)》,《力学学报》1958 年第 2 卷第 3 期,第 192 页。

展重工业?"①——这正是我和罗劲柏经过长长的演算而得出的必然的重大结论。实在遗憾,我们那时太年轻了!太缺乏政治经验了!在1956年,《论十大关系》是党内最高绝密文件,我们也完全不可能看到国家这样的"绝密"。直到1977年,才在《毛泽东选集》第5卷里读到这篇文章。

7. 毛泽东在《论十大关系》的讲话里,还讲了许多语重心长的话。在"重工业和轻工业、农业的关系"问题上,毛泽东说:"你对发展重工业究竟是真想还是假想,想得厉害一点,还是差一点?你如果是假想,或者想得差一点,那就打击农业、轻工业,对它们少投点资。你如果是真想,或者想得厉害,那你就要注意农业、轻工业,使粮食和轻工业原料更多些,积累更多些,投到重工业方面的资金将来也会更多些。"②毛泽东还讨论了"沿海工业和内地工业""经济建设和国防建设""国家、生产单位和个人""中央和地方""汉族和少数民族""党和非党""革命和反革命""党内党外的是非""中国和外国"等"十大关系"。当然,毛泽东所讲内容有一小部分讲的是政治关系,但更多讲的是经济关系,而且讲的是各类生产力如何"统筹兼顾,协调发展""又平衡、又不平衡"等辩证发展的关系。今后政治经济学的研究显然应将经济结构划分为不同部类,对各部类生产力或产业结构之间又促进、又制约等关系进行深入研究。当前的世界经济又进入新的危机,许多国家出现了金融危机。很明显,这是实体经济和金融经济未能协调发展的结果。

8. 从以上各有关对马克思主义经济学的评述中,不难得出如下看法:

(1)马克思主义政治经济学的基石——劳动创造价值的理论,是有坚实的科学基础的理论。问题是需要进一步将马克思主义政治经济学里的计量原则,进一步推向使用价值的计量、脑力劳动的计量,以及如何更科学地对脑力劳动的产物科学技术知识等因素带来的"效率",即劳动生产率的变动带来的效率的变动的计量,等等。

(2)进一步的发展,当然就是要将上述计量的准则用来定性乃至半定量地讨论有关生产力的发展,首先是发展模式的各种问题。

十一、马克思主义政治经济学应如何进一步走向"计量"

1. 一个重大的改进的方向,也是当前要解决的最为重要问题,是如何对使用价值进行计量。

一个可供参考的思维模式,是爱因斯坦如何将牛顿力学改造为狭义相对论。

---

① 毛泽东:《毛泽东选集》第5卷,人民出版社,1977年版,第267页。
② 毛泽东:《毛泽东选集》第5卷,人民出版社,1977年版,第269页。

牛顿力学有一个基本公式:

$$F = ma$$

其中,F = 外力,m = 质量,而 a = 加速度。而狭义相对论仅仅引进了一个修正因子:

$$m = \frac{m_0}{\sqrt{1 - v^2/c^2}}$$

其中,m_0 = 静止质量;m = 质量,也就是牛顿力学计算公式里的质量 m;c = 光速,v = 物体的运行速度。当速度 $v = 0$ 或接近于零时,质量 m 就等于静止质量 m_0。所以,狭义相对论并没有对牛顿力学做任何修改,所修改的仅仅是质量 m 的定义。但是,当 v 接近于光速 c 时,m 的数值就可以比 m_0 大几十倍,上百倍……所以在高速飞行的条件下,狭义相对论和牛顿力学的计算结果,会有相当大的差别!

如上所述,在社会经济发展缓慢时期,马克思曾经做了一大假定[①]:

$$使用价值量 W_S = 交换价值量 W_J \qquad (15)$$

马克思曾在这一假定下,成功地解释了前现代社会出现的诸多现象,包括经济问题以及由经济引起的政治问题,如革命和战争的问题等。那么,在社会经济快速发展时期,这一假定是否仍继续有效? 这就是当前要解决的科学问题。

回答这一问题的难点,在于决定使用价值所"使用"的劳动是具体劳动,它和所生产的产品的自然特性有关。钢铁显然是用重量单位"吨"来计量,而布匹就要用长度单位"米"或"尺"来计量;电能的计量单位是"度",即"千瓦小时"……所以,不相同的产品有不相同的使用价值,有不相同的度量单位。怎样在"量"上进行比较? 这需要深入分析。

其实,在《资本论》中,马克思也谈到使用价值应如何计量的一些准则。

马克思说:"如果生产商品所需要的劳动时间不变,商品价值量也就不变。""但是,生产商品所需要的劳动时间随着劳动生产力的每一变动而变动。""总之,劳动生产力越高,生产一种物品所需要的劳动时间就越少,凝结在该物品中的劳动量就越小,该物品的价值就越小。相反地,劳动生产力越低,生产一种物品的必要劳动时间就越多,该物品的价值就越大。可见商品的价值是与体现在商品中的劳动的量成正比,与劳动的生产力成反比。"[②]

马克思又说:"不管生产力发生了什么变化,同一劳动在同样的时间内提供的

---

① 见本书第 217 页公式(1)。
② 马克思:《资本论》第 1 卷,人民出版社,1975 年版,第 53~54 页。

价值量①总是相同的。但它在同样的时间内提供的使用价值量会是不同的：'生产力'提高时就多些，'生产力'降低时就少些。因此，那种能提高劳动成效从而增加劳动所提供的使用价值量的'生产力'的变化，如果会缩减生产这个使用价值量所必需的劳动时间的总和，就会减少这个增大的总量的价值量。反之亦然。"②（以上着重号均为引用者所加）

如果将马克思上述这两段话用数量关系表示出来，那就是：

$$单位使用价值量 = 单位劳动时间产生的价值量 \times 劳动生产率③ \tag{16}$$

马克思在《资本论》里还有许多章节，都说过类似的意思。马克思说："劳动生产力的提高……能缩短生产某种商品的社会必需的劳动时间，从而使较小量的劳动获得生产较大量使用价值的能力。"④又说："资本主义生产过程实质上同时就是积累过程。我们已经指出，在资本主义的发展中，那个必须单纯再生产即保存的价值量，甚至在所使用的劳动力不变的情况下，也会随着劳动生产力的提高而增加。但是，随着劳动的社会生产力的发展，所生产的使用价值——生产资料是其中的一部分——的量，还会增加得更多。"⑤马克思还说"随着劳动生产率的提高，同一交换价值所代表的使用价值量会增加"⑥，等等。

如果再注意到"交换价值量 = 以社会平均简单必要劳动时间为计量基准的劳动时间"，那么我们将不难得出一个简单的计量公式：

$$使用价值量 = 交换价值量 \times 劳动生产率 \tag{17}$$

需要细致推敲的，是这里所说劳动生产率的概念的"内涵"。

如上所述，我们在积累的一般规律的讨论和研究中，曾经探讨过"劳动生产率"的概念，曾经将劳动生产率 P 定义为：

$$P = \frac{W_J}{C + V} \tag{18}$$

公式（18）即公式（3）的重写；其中，W_J 是指总产品的"交换"价值。所以，在已定义的劳动生产率 P 这一概念的内涵中，已经考虑了由于不变资本 C 和可变资本 V 之间的比例的变化而引起的以简单平均劳动时间为计量单位的交换价值量的变化。而新引进的"使用价值量 = 交换价值量 × 劳动生产率"等式中的"劳动生产

① 这里所说价值量指的是交换价值量。
② 马克思：《资本论》第1卷，人民出版社，1975年版，第60页。
③ 马克思原文是劳动生产力，但由于这里是无量纲量，"力"应改为"率"。参见本书前面第205页。
④ 马克思：《资本论》第1卷，人民出版社，1975年版，第350页。
⑤ 马克思：《资本论》第3卷，人民出版社，1975年版，第243页。
⑥ 马克思：《资本论》第3卷，人民出版社，1975年版，第295页。

率",应该是指由于"知识"的演进,如新工艺、新管理模式、新市场的开拓等等因素而放大的使用价值量。现代机器作业,显然已由传统的动力机、传送机、工具机三种类型的机械,新增加了控制机,后者正成为当代机械工业中的灵魂。完全有可能支配整个机器操作的,是一个小小的芯片,其中却凝集了大量的现代科学知识。也就是说,我们需要引进一个新概念——由脑力劳动所决定的效率放大因子N;而商品的使用价值量为:

$$使用价值量 W_S = 产品交换价值 \times 脑力劳动所产生的效率放大因子 N \qquad (19)$$

这里新引进两个算学符号:W_S代表使用价值S的量,以便和代表着交换价值J的量W_J相区别;而效率放大因子N反映买卖双方的"博弈",亦即公式(19)反映着买卖双方达成交易的条件。

马克思曾经推导过的实现生产和再生产的基本公式[1]是:

$$W_J = C + V + m_J \qquad (20)$$

显然,用使用价值量来衡量社会财富如何积累的基本公式,现在就改写为

$$W_S = W_J N \qquad (21)$$

和

$$W_S = W_J N = m_S + C + V \qquad (22)$$

其中,m_J是以简单平均劳动为计量单位来衡量的剩余价值,m_S是由体力劳动和脑力劳动共同贡献所产生的"剩余"的使用价值,其中包括效率放大因子N的贡献。至于公式(22)中的V,当然是企业所有者付给工人——其中包括在生产线上直接参与生产劳动的工人和工程师,也包括从事生产工艺改进的研发人员,现场调度的总工程师、营销员、总经理等人——的工资。当然,真管事的董事长的工薪也是工资。

上述实现简单生产和再生产的公式,是对于各不同生产领域都正确的公式。在各个不同生产领域中,反映各种具体劳动的特殊性的、由知识贡献的效率放大因子N会随着各个生产领域的特殊性而各有差别。而且,使用价值"量"和效率放大因子的大小,还和需求、商品购买者、购买单位商品凝集的价值以及商品的数量相关。

2. 马克思曾比较深入地分析讨论了商品的使用价值量和需求之间的关系。马克思曾讨论过:"商品可能是一种新的劳动方式的产品,它声称要去满足一种新产生的需要,或者想靠它自己去唤起一种需要。"但社会需要却是可变动的!"某

---

① 见本书第217页公式(2)。

种产品今天满足一种社会需要,明天就可能全部地或部分地被一种类似的产品排挤掉。"而社会对某种商品,如"麻布的需要,是有限度的;如果他的竞争者已经满足了这种需要,我们这位朋友的产品就成为多余的、过剩的,因而是无用的了。""我们就假定他的产品证明自己有使用价值"①。

马克思还说:"说商品有使用价值,无非就是说它能满足某种社会需要。""当我们只是说到单个商品时,我们可以'假定'……它的量已经包括在它的价格中——而用不着进一步考察这个有待满足的需要的量。但是,只要一方面有了整个生产部门的产品,另一方面又有了社会需要,这个量就是一个重要因素了……即社会需要的量。"②而"如果需求和生产量之间的差额更大,市场价格也就会偏离市场价值更远,或者高于市场价值,或者低于市场价值"③。所以,商品"不仅是满足人类需要的使用价值,而且这种使用价值还以一定的量出现在市场上"④。"如果说,个别商品的使用价值取决于该商品是否满足一种社会需要,那么,社会产品量的使用价值就取决于这个量是否符合社会对每种特殊产品的量上一定的需要,从而劳动是否根据这种量上一定的社会需求按比例地分配在不同的生产领域。——我们在论述资本在不同的生产领域的分配时,必须考虑到这一点。——在这里,社会需要,即社会规模的使用价值,对于社会总劳动时间分别用在各个特殊生产领域的份额来说,是有决定意义的"⑤。

所以,在脑力劳动或知识效率放大因子的度量中,还需要将产品转化为商品的营销率或市场占有率计算在内。至于社会产出的总产品(又称为社会财富总量),亦即社会使用价值总量的计量,应该写为:

$$W_S = \sum_{i=1}^{n} W_S^i \tag{23}$$

其中,i 代表各类不同行业。

至于经济增长率,即来自体力劳动、脑力劳动共同创造的总的效率,或称为全劳动生产率 T,就定义为单位劳动投入产生的使用价值量或全劳动生产率。

$$T = \frac{W_S}{C+V} = \frac{W_S}{W_J} \times \frac{W_J}{C+V} = PN \tag{24}$$

而社会平均全劳动生产率即包括体力劳动、脑力劳动均在内的总效率因子。

---

① 马克思:《资本论》第 1 卷,人民出版社,1975 年版,第 125 页。
② 马克思:《资本论》第 3 卷,人民出版社,1975 年版,第 206 页。
③ 马克思:《资本论》第 3 卷,人民出版社,1975 年版,第 207 页。
④ 马克思:《资本论》第 3 卷,人民出版社,1975 年版,第 208 页。
⑤ 马克思:《资本论》第 3 卷,人民出版社,1975 年版,第 716 页。

$$T = \overline{PN} = \frac{\sum_{i=1}^{n} W_S^i P_i N_i}{\sum_{i=1}^{n} W_S^i} \qquad (25)$$

脑力劳动的产品是知识,不论是工程技术知识还是经营管理知识,甚而商业活动也是以知识为中介,促进供给转化为需求,是以"信息"或"知识"服务于买卖双方,并不直接生产商品。……既然任何"知识"都不能直接转化为产品,任何"知识"必须和生产劳动相结合才能制造出产品,创造出使用价值,那么"知识"对于产出只起着"放大"或"缩小"的作用,"知识就是力量"就仅仅和"效率"相关。马克思也说过:"有用的具体的劳动的生产力,它事实上只决定有目的的生产活动在一定时间内的效率。因此,有用劳动成为较富或较贫的产品源泉与有用劳动的生产力的提高或降低成正比。"[1]马克思在这里所说的"有用劳动的生产率",也就是这里新引进的全劳动生产率 T。

由于体力劳动生产率 P 或 P_i,脑力劳动的效率因子 N 或 N_i 都是无量纲量,都是相对值,因而我们就可以在某一年度引入某一不变价格(实际上可看作是由历史的习惯形成的各不同使用价值的产品所凝聚的劳动量的价值),亦即令所有 P_i 和 N_i 都等于1,而在该年度之后的变化发展中,再计入各不同产品"全劳动效率因子"的增加或降低。

下面将利用所推导出的有关使用价值量的各算式,转而探讨大家关心的一些具体问题。

3. 在西方主流经济学中,人们更关注的一个概念是全要素生产率 TFP,即各种生产要素的投入所产生的总效率。由于这一效率因子难以直接计算,其中一个重要因素,是很难计算脑力劳动效率放大因子 N_i,而 N_i 在各个企业、各个部门显然有很大的差别。但是我们要注意到,W_S,m_S 还有 $(C+V)$ 都是可"观测"的量。从基本公式[2]

$$W_S = m_S + (C + V) \qquad (26)$$

可知,如以某一年,如"0"年的 $(C+V)^0$ 作为起始的劳动投入计量单位,就有:

$$\frac{W_S}{(C+V)^0} = \frac{m_S}{(C+V)^0} + \frac{C+V}{(C+V)^0} \qquad (27)$$

显然,$\dfrac{W_S}{(C+V)^0}$ 即主流经济学里的"经济增长率",$\dfrac{m_S}{(C+V)^0}$ 即所谓"全要素生

---

[1]　马克思:《资本论》第 1 卷,人民出版社,1975 年版,第 59 页。

[2]　即本文前面的公式(22)。

产率",而 $\dfrac{C+V}{(C+V)^0}$ 即"劳动＋资本"的增加率。如果进一步按不变资本和可变资本的相对比例来计算 C 和 V 所占份额,就有:

$$\text{"劳动＋资本"的增长率} = \frac{V}{V^0} \times \frac{V^0}{C^0+V^0} + \frac{C}{C^0} \times \frac{C^0}{C^0+V^0} =$$

$$\text{劳动增长率} \times \text{劳动份额} + \text{资本增长率} \times \text{资本份额} \tag{28}$$

也就是:

$$\text{全要素增长率} = \text{经济增长率} - \text{劳动增长率} \times \text{劳动份额} - \text{资本增长率} \times \text{资本份额}$$

其中,经济增长率、劳动增长率、资本增长率以及劳动份额、资本份额等均是可观测量。全要素增长率就可以通过上述公式计算出来。如果是讨论农业或城镇里的房地产业,就需要将土地也计入资本份额之中;而且,在全要素增长率中,还要计及由于土地优劣而引起的使用价值的增大和减小。

由公式(22)和公式(24)还可导出:

$$\frac{m_S}{C+V} = \overline{NP} - 1 = T - 1 \tag{29}$$

而 $\overline{NP}$ 和 T 即现在定义的由脑力劳动和体力劳动共同决定的总效率因子或又称全劳动生产率,在西方主流经济学里定义的全要素生产率就等于我们所定义的全劳动生产率 $T-1$。由于 N 和 P 是共同出现的,其经济学的含义是:体力劳动只有和脑力劳动相结合,才能发挥"效益";知识必须和劳动相结合,才能体现"效率"。因为这里引进的全要素生产率的确是"全要素",所以,不能简单地将全要素生产率等同于其中一个要素,即狭义的科技进步贡献率。

在发达社会里,T 或 NP 的数值可以达到 10 倍甚而 100 倍。在计算机行业里,有一个摩尔定律,每 18 个月,计算机的容积(CPU)和运行速度可提高 1 倍;也就是其全劳动生产率 T 可以平均年递增 $\sqrt[1.5]{2} = 1.587$,即单位投入的年产出递增率,或全要素生产率上升速度可高达 58.7%。结果是:每三年其总产值翻一番! 在行业获得如此丰厚"利润"的条件下,当然有可能从产生的剩余使用价值 m_S 中,拿出相当大的份额,提高劳动者的工资福利,也就是既不会出现绝对贫穷,甚而也可以不出现相对贫穷。反之,在发展缓慢甚而发展停滞的社会,不论其执政者是社会主义者还是资本主义者,都必然导致无产者的日益贫穷,马尔萨斯的结论将不可避免。

所以,新的生产和再生产公式(22)就从一个侧面证明了"发展是硬道理",生产力是比阶级斗争更为重要的推动历史前进的动力。

4. 近50年来,新古典经济学也出现了新思维,即认为经济学还要研讨科技进步对经济发展的贡献。传统的经济学里,主要研究的是"三要素":土地、劳动和资本。在农业生产过程中,劳动和土地是最重要的因素;在工业生产中,劳动和资本是最重要的因素。由工农业组成的国民经济体系,当然就要研究土地、劳动和资本。马克思的《资本论》所探讨的也是"三要素"之间的相互关系。

从经济增长的角度说,经济增长率或生产增长率都和投入的"三要素"有关。如果认为描述经济增长的生产函数仅仅是"三要素"组成的函数,在"较短"时间内必定可以"线性化"成为"线性"的增长函数——按照边际效用理论,即数学上的一次微分——那么,经济增长率应该等于"三要素"增长率之和。实际上远非如此! 实际情况是:真实的增长曲线,按时间增长的曲线,往往或正或负地偏离"土地、劳动和资本"三者增长率之和。20 世纪 50 年代,索洛(Robert Merton Solow)提出一个生产函数增长方程,试图将"偏离"解释为来自技术进步的贡献。后来,人们又将这种偏离作为全要素生产率的定义。

在学术界发生争议的,是对全要素生产率的内涵的界定存在一些分歧。我现在写的这篇文章,表明这里引进的全要素生产率因子($NP-1$)的确是"全要素",其中既包括来自因子 P 中所蕴含的剩余价值率 β 和资本有机构成 δ 等因素的影响,也包括来自因子 N 中所蕴含的技术进步、劳动组织、资源(包括土地)利用、营销效益、资本运作等多种因素的综合作用。N 是"总效率"因子。也就是说,这里讨论和提出的新发展的劳动价值论,可能为全要素生产率的内涵提供一个劳动"实体"论的解释。

由公式(23)不难看出,其中的 W_S 既是产出的社会总财富,又称社会产品总产值。C 是资本投入,或不变资本投入。V 是脑力劳动和体力劳动均包括在内的劳动投入,马克思称它为可变资本,亦即工资。m_S 是包含增值税在内的利润,在政治经济学里,可称之为剩余使用价值,又称为净产值;在世界上较广泛流行的主流经济学里,在某一地区、某一国家产出的净产值就称为 GDP,即国内生产总值。

5. 进一步要做的工作是:检验这里用新提出的劳动价值论对使用价值的计量公式是正确还是错误,是否还有某种尚未发觉的重大缺点。为此,建议:

第一,利用新导出的公式(22),重新探讨马克思扩大再生产理论所分析的第一部类和第二部类的相互关系。

第二,利用公式(22)分别探讨各特殊领域的特殊发展模式及其和基本工业间的关系,如服务业(含金融业),科技、教育、卫生等各部门在经济领域中的作用。首先是为什么在当代资本主义社会会出现金融危机。

第三,一个重大的有待深入探讨的问题是:各不同社会经济发展水平的市场间如何进行贸易?为什么不同市场间的贸易尤其是国际贸易是大问题?一个不可避免的事实是:不同市场间的贸易,其实是按交换价值来进行计量的,这就会引起许多新的有待深入讨论和研究的问题。

科学创新：
发展马克思主义政治经济学的必由之路 *

何祚庥　　庆承瑞

一、中国的经济和政治的建设，必须走科学创新之路，马克思主义政治经济学，或社会主义市场经济的政治经济学的创立，也必须走科学创新之路

1. 中国的政治和经济正在探索走出一条通向中国特色的社会主义的新路。中国既不能走封闭僵化的老路，也不能走改旗易帜的邪路。

2. "路"的探索，离不开政治经济学的指导。恩格斯在《卡尔·马克思〈政治经济学批判〉》中指出，德国无产阶级政党的"全部理论内容是从研究政治经济学产生的，它一出现，科学的、独立的、德国的经济学也就产生了。这种德国的经济学本质上是建立在唯物主义历史观的基础上的"①。所以，正在探索和研究中的中国社会主义市场经济的政治经济学也必须走出一条真正体现科学社会主义的指导思想、理念和理论的新路。抱残守缺，固守马克思在《资本论》第1卷里的文本，包括一切论点、结论甚而术语、文字、词句，而不知任何创新、改变和发展，必将走向"封闭僵化"的老路；照搬照抄，盲目追随经济学市场原教旨主义的一切教条，而丧失任何警觉、警惕，必将走上改旗易帜的邪路。

总之，我们必须在唯物主义历史观的基础上，创造适合于中国实际的、真正的中国政治经济学。

3. 科学创新之路何在？首先必须科学地、有批判地评价前人的成就，特别是

---

* 本文为未刊稿，原稿完稿于 2014 年。其中大部分文字后经删改，以《一个可将劳动价值论和边际效用论统一在一个方案的数理经济学模型》为篇名，于 2015 年发表在《当代财经》该年第 4 期，该文曾收入本书第 1 版，本增订版未收选。

① 马克思、恩格斯：《马克思恩格斯选集》第 2 卷，人民出版社，1972 年版，第 116 页。

科学社会主义的政治经济学和以边际效用学说为核心的西方主流经济学这两大经济学理论体系的得失成败。

二、两大经济学理论体系有不少相似之处，但也有严重的分歧，特别是价值理念上有严重分歧，各有成败得失，它们能否取长补短？能否走向统一？

1. 政治经济学要回答两大问题：①社会公平；②发展效率。这是所有经济学的共性。马克思主义政治经济学对"公平"问题的回答是：劳动，也就是"社会平均简单必要劳动"或"社会平均简单必要劳动强度×劳动时间"，是衡量"公平"问题的唯一尺度。价值量唯一地决定于劳动量。价值不包含除劳动以外的其他生产要素的"任何一个原子"①。

劳动价值论的最大优点是为社会公平给出了一个最为公平合理的衡量的尺度。时间是对每个人最公平的测量的单位，每个人每天都同等地共有 24 小时的时间。社会生活中，有多少不合理地占有别人劳动，有多少剥削量，这成为阶级社会中划分阶级的基础。有了劳动，有了这一公平而合理的"秤"，就能有效地称量何谓剥削，其剥削量以及剥削的份额是多少。

2. 马克思主义政治经济学也没有忽视发展效率问题，而是认为：

（1）凝聚在单位商品价值量的社会必要劳动时间不是永恒不变的，它随着社会劳动生产率，也就是劳动产生某种产品使用价值能力的效率的变化而变化。

（2）劳动生产率越高，则单位劳动时间所生产的商品的使用价值量就越多，但所形成的价值总量并不因此而改变；而与此同时，单位商品的价值量，同生产该商品的劳动生产率成反比，与包含在商品中的社会必要劳动时间成正比。

（3）最为重要的结论是：从全社会总量来看，无论劳动生产率怎样变化，只要全社会所投入的社会劳动总量不变，所形成的社会价值总量也不变。或者说，劳动创造的价值守恒。价值守恒定律有一个物理学的依据，即"人类劳动力在生理学意义上耗费"②的能量必定守恒。劳动生产率将影响到使用价值。单位劳动所产生的商品的使用价值和劳动生产率成正比。

但是，在马克思主义劳动价值论里，却有一个未明确回答的问题：社会所产生的使用价值总量，也就是社会物质财富总量是否即等于各类各种商品使用价值量的总和？人们是否也能定义一个以社会平均简单必要劳动为衡量尺度的社会平均劳动生产率？又怎样观测或计算社会平均劳动生产率？

---

① 马克思：《资本论》第 1 卷，人民出版社，1975 年版，第 50 页。

② 马克思：《资本论》第 1 卷，人民出版社，1975 年版，第 60 页。

3. 新古典主义经济学的最大缺失是几乎完全回避了有关社会公平的问题。新古典综合经济学对社会公平问题的回答是:作为经济学的科学体系只回答效率问题,被称为实证经济学;而社会公平问题却要由规范经济学来回答。萨缪尔森就明确说,"经济学的作用就在于尽最大的努力使实证的科学与规范的判断相分离"①。"由于这类问题涉及伦理、价值而非事实本身,其答案也就无所谓正确或错误,它们只能靠政治辩论和决策来解决"②。"作为一门科学,经济学并不能答好这类伦理性和规范性问题……这是一个只能由投票箱去回答的政治问题"③。

4. 由于新古典主义经济学仅着重探讨"效率"问题,不探讨或有意回避价值的"本源"以及衡量价值的"尺度"问题,所以新古典主义经济学往往只着重于讨论"效用",着重于对使用价值的分析,甚而仅着重于近期市场上"效用"的变化,于是又被称为"边际效用分析"。

但我们也需要看到:新古典主义经济学在解释市场经济的效率问题时,确实取得了不少成就。所以邓小平说:"社会主义要赢得与资本主义相比较的优势,就必须大胆吸收和借鉴人类社会创造的一切文明成果,吸收和借鉴当今世界各国包括资本主义发达国家的一切反映现代社会化生产规律的先进经营方式、管理方法。"④(着重号为引用者所加)理论,即规律的总结和概括。那么,以劳动价值论为核心的马克思主义政治经济学是否也应借鉴和吸收以理论形态表现出来的"一切反映现代化社会化生产规律的"理念、概念、论据、证明、方法等涉及效率问题的"先进"的"科学"的"理论"的内容?

5. 由于资本主义社会里的主流经济学亦即新古典主义经济学往往只讨论发展"效率",很少涉及社会"公平",资本主义制度下所出现的与公平相关的重大经济问题长期不能解决。马克思、恩格斯将这类经济学研究称为庸俗经济学。其特点往往只从"现象"学的观点从事经济学的研究,忽视对隐藏在基本理念后的"本质"的探讨。尤其是,资本主义社会的市场经济体系是否存在无偿占有他人劳动的剥削?被称为资产阶级经济学的学者们往往有意或无意地掩盖这种问题及其

---

① 保罗·萨缪尔森、威廉·诺德豪斯:《经济学》第 18 版,萧琛译,人民邮电出版社,2007 年版,第 345 页。

② 保罗·萨缪尔森、威廉·诺德豪斯:《经济学》第 18 版,萧琛译,人民邮电出版社,2007 年版,第 7 页。

③ 保罗·萨缪尔森、威廉·诺德豪斯:《经济学》第 18 版,萧琛译,人民邮电出版社,2007 年版,第 33~34 页。

④ 邓小平:《邓小平文选》第 3 卷,人民出版社,1993 年版,第 373 页。

所对应的不合理现象,典型的事例是贯串于西方经济学中的"三位一体"学说。

6. 但我们也要看到,当代中国某些思想僵化的马克思主义学者群体,却走向了另一个极端。他们固守恩格斯在十九世纪所说的,"经济学研究的不是物,而是人与人之间的关系,归根到底是阶级和阶级之间的关系"①一句话中表达的理念而不知发展变化,甚而添加了"马克思主义政治经济学……研究的……不是人与自然之间的关系"的字句②。(着重号为引用者所加)

这就完全背离邓小平对马克思主义理论的最新发展:"马克思主义最注重发展生产力……社会主义阶段的最根本任务就是发展生产力,社会主义的优越性归根到底要体现在它的生产力比资本主义发展得更快一些,更高一些,并且在发展生产力的基础上不断改善人民的物质文化生活。"③

这一"马克思主义理论研究和建设工程重点教材"所讨论的政治经济学,既讨论了适用于资本主义社会的政治经济学,同时还讨论了社会主义社会的政治经济学。但这本教材仍然沿用历史上的恩格斯的提法,而未能"与时俱进"。

7. 特别还要看到的是,现时代已由"革命和战争"的时代转入"和平和发展"的时代。正如邓小平在一次谈话中所深刻指出的:"现在世界上真正大的问题,带全球性的战略问题,一个是和平问题,一个是经济问题或者说发展问题。和平问题是东西问题,发展问题是南北问题。……南北问题是核心问题。"④

在江泽民同志代表党中央所做的"七一"讲话中,也说到"世界要和平,人民要合作,国家要发展,社会要进步,是时代的潮流……和平与发展是时代的主题……和平与发展是相辅相成的。世界和平是促进各国共同发展的前提条件,各国的共同发展是保持世界和平的重要基础。"⑤

事实是,不论是和平问题还是发展问题,都既是"阶级和阶级之间的关系"的问题,同时也都还要取决于如何"解放生产力和发展生产力"这一决定社会历史发展的更为重大的问题。

① 恩格斯:《卡尔·马克思〈政治经济学批判〉》,《马克思恩格斯文集》第2卷,人民出版社,2009年版,第604页。
② 《马克思主义政治经济学概论》编写组:《马克思主义政治经济学概论》(马克思主义理论研究和建设工程重点教材),人民出版社、高等教育出版社,2011年版,第3页。
③ 邓小平:《邓小平文选》第3卷,人民出版社,1993年版,第63页。
④ 邓小平:《和平和发展是当代世界的两大问题》,《邓小平文选》第3卷,人民出版社,1993年版,第105页。
⑤ 江泽民:《在庆祝中国共产党成立八十周年大会上的讲话》,《江泽民文选》第3卷,人民出版社,2006年版,第296~297页。

8. 显然,我们应该"与时俱进"地发展马克思主义,尤其需要"与时俱进"地发展作为无产阶级政党"全部理论"基础的"政治经济学的研究"。而因此,研究中的中国的马克思主义的政治经济学,应该由以研究"阶级与阶级之间的关系"为中心,转向以研究中国和世界各国如何"共同发展"为中心,当然其中也包括中国和世界各国间"阶级与阶级关系"在内的新政治经济学。否则,强调"阶级斗争",将十分妨碍中国的马克思主义者和世界各国合作探索,走出一条既不同于"老路",也不同于"邪路"的建设中国特色社会主义的政治经济学的"新路"。

9. 中国共产党人面临的挑战是:在中国有待建立的社会主义市场经济的政治经济学,将如何体现出邓小平等中国共产党人对历史唯物主义理论的最新发展?又如何从理论的高度科学地解决公平和效率的问题?当代中国仍处于生产力正在迅速发展之中的初级阶段。仍处在初级阶段的社会主义市场经济,是否也会出现类似于资本主义发达国家曾出现过的各种消极"现象"?当代正在推行的社会主义市场经济制度将如何体现出邓小平所说的社会主义的"本质"?如何既做到不断"解放生产力,发展生产力",同时还要逐步做到"消灭剥削,消除两极分化,最终达到共同富裕"等反映社会主义"本质"的"五大特征"?

与此相关的重大理论问题是:何谓剥削?如何计算剥削量?何谓新生资产阶级?其相关的剥削量是多少?实行人民民主专政的政治制度的新中国是否会产生新生资产阶级?……新生资产阶级是否属专政对象?何谓权力寻租?是"绝对的权力,造成绝对的腐败",还是"绝对的剥削,造成绝对的腐败"?又如何将上述研究成果具体体现在政府或各种管理机关拟定的方针、政策、条令、法规甚而宪法里面?

而尤为重要的是,我们能否也向西方经济学学习,即不仅定性地探讨和回答上述理论问题,而且还要走向定量,从而能为建设中国特色社会主义给出更严密可靠的建议和回答?

10. 更重要的必须回答的重大理论问题是:两大经济学体系能否统一?可能在什么样的理论基础上谋求统一?

现在在西方经济学里,也出现了寻求两者统一的呼声。萨缪尔森在离世前就写了一篇文章:《一个折中主义者的宣言》①。马克思主义在原则上不认同"折中主义",但主张从本质和现象相统一的角度,寻求两者"优点"的结合,用科学创新弥补或解决双方的"缺失"。

---

① 保罗·萨缪尔森、威廉·诺德豪斯:《经济学》第19版,萧琛译,商务印书馆,2012年,第ⅩⅩⅤ页。

从马克思主义政治经济学来看,西方经济学,包括早年马歇尔所归纳和总结的古典经济学,直到萨缪尔森等人所发展的新古典综合经济学,其最大的缺失,就是均奉行着反映资本家意识形态的"三位一体"的公式。这个公式认为,利润是资本服务的报酬,地租是土地服务的报酬,工资是劳动服务的报酬。而因此,剥削者和被剥削者间的对立关系不见了,人们所看见的似乎是土地所有者、劳动者、资本家各显其能,各得其所,一派和谐景象! 所以,马克思、恩格斯把这类掩盖剥削关系的经济学统称为庸俗经济学! 因为这种学说完全掩盖着资本家占有工人创造的剩余价值的本质! 而同时我们还要看到的,是这类经济学在研究和探讨当代重大经济问题时,是不是也有所成就,甚而是重大成就。否则邓小平就不会提出,"必须大胆吸收和借鉴人类社会创造的一切文明成果"了! 这里有两个关键词,一是"大胆",另一是"一切"。

但另一个同样重要、必须明确回答的重大理论问题是:当代学者,特别是当代中国的学者,在研究、探讨或总结、坚持马克思主义政治经济学的重大理论问题时有无缺失,或有无重大的原则性的缺失? 而如果在原则性问题、重大理论问题上存在着原则性的重大缺失的话,就显然无法在这些研究的基础上,引领我们走上一条通向中国特色社会主义的"新路"。我们是很赞成从本质和现象相统一的角度,来寻求两大经济理论的融合和统一的。

下面将分三个方面,探讨一下当代中国的某些马克思主义学者在研究、总结和坚持马克思主义政治经济学时的一些重大缺点、缺失。

三、当代中国政治经济学研究的重大缺失之一是:未能"与时俱进"地将"科学技术是第一生产力"的理论明显地引入可计量的政治经济学的研究

1. 当代政治经济学有一个很显然的大失误,未能及时地将科技进步引入劳动价值论;而"科学技术是第一生产力"①已成为指导中国经济社会快速发展的"第一"重要的指导思想。与此对比,自 20 世纪 50 年代以来,新古典综合经济学却将"人力资源、自然资源、资本形成、技术变革和创新",统称为"经济增长的四个轮子"②。

我赞成在马克思主义政治经济学的计量公式中,也要"与时俱进"地引入"科技进步"。但这一重大理论问题却一直未能在中国的新政治经济学的研究中得到

---

① 邓小平:《邓小平文选》第 3 卷,人民出版社,1993 年版,第 274 页。

② 保罗·萨缪尔森、威廉·诺德豪斯:《经济学》第 18 版,人民邮电出版社,2008 年版,第 484~487 页。

妥善的解决!

2. 在当代中国共产党人,许多领导人、学者的讲话、著作以及各类文件、决议中,从来都十分关注"科教兴国"的战略。邓小平多次说"科学技术是第一生产力"①。又说,"马克思讲过科学技术是生产力……现在看来这样说可能不够,恐怕是第一生产力"②。到了1992年,又在著名的"南方谈话"中说:"经济发展得快一些,必须依靠科技和教育。""我说,科学技术是第一生产力。……要提倡科学,靠科学才有希望。……每一行③都树立一个明确的战略目标,一定要打赢。"④

3.20年来,中国的马克思主义政治经济学的研究,却停留在仅用"劳动创造价值"的理论来解释当代社会经济发展。而早在2001年的7月1日,时任中国共产党中央委员会总书记的江泽民同志就提出:"马克思主义经典作家关于资本主义社会的劳动和劳动价值的理论,揭示了当时资本主义生产方式的运行特点和基本矛盾。……我们应该结合新的实际,深化对社会主义社会劳动和劳动价值理论研究和认识。"⑤同年8月31日,江泽民又在《科学对待马克思主义》的讲话中提出:"党的十五届五中全会提出要深化对劳动和劳动价值理论的认识,这次'七一'讲话进一步提出了这个问题,是有深刻含义的。"⑥

4. 按照古典劳动价值论,"不论劳动生产率如何变化",劳动创造的"价值量"依然"守恒";然而,这一价值守恒定律的打破,其影响或后果牵涉到整个政治经济学的价值体系!因而这一难点也就长期难以解决!

当然,在马克思主义学者群中,也确有一些朋友不认同马克思"劳动创造的价值的必定守恒"的提法。例如,丁堡骏和于馨佳在《评何祚麻对马克思劳动价值论的"发展"》这篇批评长文中,就对何祚麻断言马克思曾"导出劳动创造价值守恒的定律"批评道,"我们(即丁、于两位老师)认为是一个错误命题"⑦。问题是,这一"守恒"的理念,不仅是劳动价值论的基石,而且是马克思自己明确将这一守恒的理念上升到定律的。

① 邓小平:《邓小平文选》第3卷,人民出版社,1993年版,第274页。
② 邓小平:《邓小平文选》第3卷,人民出版社,1993年版,第275页。
③ 我以为,这里指"行行出状元"的三百六十行,其中当然也包括政治经济学这一行!
④ 邓小平:《在武昌、深圳、珠海、上海等地的谈话要点》,《邓小平文选》第3卷,人民出版社,1993年版,第377~378页。
⑤ 江泽民:《在庆祝中国共产党成立八十周年大会上的讲话》,《江泽民文选》第3卷,人民出版社,2006年版,第286~287页。
⑥ 江泽民:《江泽民文选》第3卷,人民出版社,2006年版,第343页。
⑦ 丁堡骏、于馨佳:《究竟是发展,还是背离和庸俗化了马克思科学的劳动价值论——评何祚麻对马克思劳动价值论的"发展"》,《政治经济学评论》,2014年第2期,第91~116页。

《资本论》第1卷第15章第1节第一句话就说:"劳动力价值和剩余价值是由三个规律决定的。"其中第一个规律是:"第一,不论劳动生产率如何变化,从而不论新产品量和单个商品的价格如何变化,一定长度的工作日总表现为相同的价值产品。"①(着重号为引用者所加)所以,所谓马克思所说第一定律,其实是说"不论劳动生产率如何变化",劳动者所创造的"劳动力价值(V) + 剩余价值(m)"总是"相同"的,也就是守恒的意思。如用数学公式来表示,也就是:

$$V + m = 常数 \tag{1}$$

在马克思概括的"劳动力价值和剩余价值的第一定律"里,的确没有直接说,转移到产品价值 W 的价值量里还有不变资本 C。但既然认为"死劳动" C 仅仅反映着机器和原材料中已凝结的劳动所创造的价值的"转移",C 的数值当然也就"在劳动生产率发生变化的条件下保持不变",或者说,就必有:

$$C = 常数 \tag{2}$$

两者相加,也就必有:

$$W = V + m + C = 常数 \tag{3}$$

也就是"不论劳动生产率如何变化",必定出现"劳动创造的价值必定守恒"的定律。

价值守恒定律是劳动价值论的基石。缺少这一守恒律,就缺少了衡量或计算价值量或剩余价值量的基准,也就失去了衡量或度量何谓"社会公平"的"基准"。

5. 然而,不引进"科技进步",只局限于用劳动价值论来解释当代社会经济,必定和人类创造的"社会物质财富"总量不断增长的事实严重冲突!

原因是,人们在应用马克思劳动价值论解释社会经济的各种事实时,往往隐含着另一未加"证明",但并非在任何情况下均正确的假定,亦即认为反映使用价值性能的

$$社会物质财富总量 = 社会生产总价值量 \tag{4}$$

而当代许多实际的经济问题的计量,如 GDP 等数值,却往往以使用价值或效用为计量单位。而如果公式(4)这一等式"成立",那么某一国家的社会物质总财富的增长比值将等于国内社会生产总产值(W_J = 总人口 × 就业率 × 人均年投入的社会平均必要劳动强度 × 劳动时间)的增长比值。

以美国为例。美国的经济统计数据显示,1900 ~ 2008 年,用不变价格计算的

---

① 马克思:《资本论》第1卷,人民出版社,1975 年版,第568 页。

实际 GDP 的数值,"从 20 世纪初至今,产出量已增长了 34 倍"[①]。而由《世界经济千年史》所提供的美国数据看,同期的美国人口"才增长了约 3. 65 倍"[②]。按照古典劳动价值论,如果社会物质财富总量等同于来自劳动者投入的总劳动量所产生的价值,2008 年美国社会的财富将应是 1900 年的 3. 65 倍。这和真实数字相差达 $34 \div 3.65 = 9.32$ 倍[③]!

中国发展的数据是:自 1978 年党的十一届三中全会以来,用不变价格计算的人均 GDP 实际年平均增长速度高达 6. 64%;或者说,1978 ~ 2008 年,中国人均 GDP 增长了 $(1 + 0.0664)^{30} = 6.9$ 倍[④][⑤]。

6. 在劳动价值论发展的历史上,曾有一个"价值向生产价格转形的'百年难题'"。其实,用劳动价值论解释生产价格转形为市场价格的难题,并不是因为有了科学技术的飞速进步才发生的困难。张忠任所著《价值向生产价格转形问题的历史与研究》一书中说,"李嘉图考察工资涨落对价值的影响时,就觉察了工资涨落和价值的背离,李嘉图却视为'暂时的例外'。……而李嘉图的论敌马尔萨斯等人很容易就指出价值和价格的背离不是例外,而是通例!"[⑥]

在我们看来,如果仅局限于劳动价值论,就必有价值守恒律。而任何不同生产部门间的价值向生产价格的"转形",如果只限于价值的"转移",必定导致"转形"后的"平均利润总额等于剩余价值的总额""按价值计算的成本总额等于按生产价格计算的成本总额""全社会的生产价格总额必定等于价值总额"[⑦]。也就是说,任何形式的"转形"都不可能打破这一价值守恒律! 这是物理学深入研究过的所谓"第一类永动机"的"悖论"问题。而在科学技术飞速进步的条件下,这一"转形"为市场价格而产生的价格和价值的背离可高达十倍、百倍甚而千倍之多!

7. 其实,不仅是马克思的劳动价值论,古典经济学也遭遇了如何解释近 100

---

① 保罗·萨缪尔森、威廉·诺德豪斯:《宏观经济学》第 19 版,萧琛译,人民邮电出版社,2012 年版,第 71 页。

② 安格斯·麦迪森:《世界经济千年史》,伍晓鹰、许宪春译,北京大学出版社,2003 年版,第 238 页。

③ 何祚庥:《必须将"科技×劳动"创造使用价值的思想引入新劳动价值论的探索和研究》,《政治经济学评论》,2014 年第 1 期,第 72 ~ 100 页;何祚庥:《必须将科技进步引入马克思主义政治经济学的定量的研究》,《江西财经大学学报》,2014 年第 2 期(总第 92 期),第 5 ~ 21 页。

④ 这里用的是 GDP 的实际增长率,如用名义增长率,30 年来增加了 95 倍!

⑤ 何祚庥:《马克思主义政治经济学也要"与时俱进"(上)》,《学术界》,2013 年第 7 期,第 12 页。

⑥ 张忠任:《百年难题的破解——价值向生产价格转形问题的历史与研究》,人民出版社,2004 年版,第 18 页。

⑦ 张忠任:《百年难题的破解——价值向生产价格转形问题的历史与研究》,人民出版社,2004 年版,第 45 ~ 46 页。

年来发达国家经济快速增长的难题。大约在 20 世纪五六十年代,索洛、斯旺、萨缪尔森等人相继推出新古典增长模型,对科技进步导致的经济快速增长现象加以解释。其"诀窍"就在于引进了索洛模型,引进了无量纲的"技术变革因子"A,而 A 的数值可由观测值来测定。美国经济学家索洛举证说,1909～1949 年,美国农业以外部门的劳动生产率增长了 1 倍。其中技术进步因素,也就是 A 的贡献占 87.5%,而劳动和资本只占 12.5%①。而由于有了索洛模型,西方古典经济学可以解释某些发达国家出现的经济快速增长现象,从而"延长"了古典经济学的生存和使用寿命。

8. 需要向中国的马克思主义学者"汇报"的是,"科学技术是生产力"的思想,而且是"第一生产力"的思想,其实是来自马克思。早在 1993 年,我参加编写"学习党的基本路线丛书",其中有一本是《科学技术是第一生产力》②,其中摘录了马克思、恩格斯、列宁等人在各种场合说过的有关科学技术"决定"生产力的论述、字句、文辞等。现在抄几段:

"劳动生产力是随着科学和技术的不断进步而不断发展的。"③

"生产力的这种发展,归根到底总是来源于……智力劳动特别是自然科学的发展。"④

"科学是一种'无穷无尽的生产力'。"⑤

"机器生产的原则是把生产过程分解为各个组成阶段,并且应用力学、化学等等,总之就是应用自然科学来解决由此产生的问题。这个原则到处都起着决定性的作用。"⑥

"随着大工业的发展,现实财富的创造较少地取决于劳动时间和已耗费的劳动量,较多地取决于在劳动时间内所运用的动因的力量,而这种动因自身——它们的巨大效率——又和生产它们所花费的直接劳动时间不成比例,相反地却取决于一般的科学水平和技术进步,或者说取决于科学在生产上的应用。"⑦

---

① M. R. Solow:"Technical Change and the Aggregate Production Function",*The Review of Economics and Statistics*,1957,39(3):312 – 320.

② 何祚庥:《科学技术是第一生产力》,西南财经大学出版社,1993 年版。这本小册子现已收入本书。见本书第 278～330 页。

③ 马克思、恩格斯:《马克思恩格斯全集》第 23 卷,人民出版社,1972 年版,第 664 页。

④ 马克思、恩格斯:《马克思恩格斯全集》第 25 卷,人民出版社,1974 年版,第 97 页。

⑤ 马克思、恩格斯:《马克思恩格斯全集》第 1 卷,人民出版社,1960 年版,第 616 页。

⑥ 马克思、恩格斯:《马克思恩格斯全集》第 23 卷,人民出版社,1972 年版,第 505 页。

⑦ 马克思、恩格斯:《马克思恩格斯全集》第 46 卷下册,人民出版社,1980 年版,第 217～218 页。

值得注意的是,这几段话有好几个"取决于"。一个是"较少地取决于劳动时间和…劳动量",另一个"较多地取决于……一般的科学水平和技术进步",并且说"巨大效率和直接劳动时间不成比例"。这岂不就是我们在这里给出的计量公式:

社会现实财富=科学水平和技术进步×用劳动时间表示的"已耗费的劳动量"　　(5)

至于资本家或资本所付出的代价,则是:"科学的力量也是不费资本家分文的另一种生产力。"①

"另一种不费资本分文的生产力,是科学力量。"②

为什么资本主义国家中的资本家或资本可以攫取剩余价值,攫取超额利润,其原因或秘密就在于他们做的是"无本买卖",是"不费分文"地从现代社会文明里取得"科学的力量"!难道中国的劳动人民不应向他们学习,不该将这一用之有效的因素也放到新政治经济学的计量的研究里面吗?

非常遗憾的是,当代很多中国学者学习和应用马克思劳动价值论,却仍然停留在"土地、劳动和资本"三要素的水平!

9. 为解释如上所述的大难题,有相当一些朋友建议将劳动价值论的表述形式改为"简单劳动+复杂劳动"创造价值,或改为"以体力劳动为主+以脑力劳动为主"两种形式不同的劳动"共同"创造价值。其所遭遇的问题是:如何应用两种"度量衡"不相同的"尺"对价值进行计量? 如何确定衡量这两种劳动的"尺"的相对比值? 为什么这两种劳动产生的价值量可以相加? 如此等等,不一而足!

有些朋友尝试用教育费用的增加来回答这两类劳动的相对比值。但这类的分析只能给出两种形式不同的劳动力价值的相对比值,并不能由此给出两种形式不同的劳动所创造的价值的相对比值! 其结果只好在复杂劳动和简单劳动的相对比值上引入一个未能科学确定的待定系数! 最后也只好说:如马克思所指出的,"是在生产者背后由社会过程决定的","似乎确由习惯决定的"!③

而在我们看来,所谓社会过程或习惯所决定的,其实是由简单劳动和复杂劳动所产生的使用价值的相对比值来决定两类劳动的相对比值。至于以脑力劳动为主的劳动,其作用是,对以体力劳动为主的劳动所创造的价值贡献了一个放大倍数。所以,更合理的办法,是改为由"脑力劳动×体力劳动"或"科技×劳动"创

①　马克思、恩格斯:《马克思恩格斯全集》第47卷,人民出版社,1979年版,第553页。
②　马克思、恩格斯:《马克思恩格斯全集》第46卷下册,人民出版社,1980年版,第287页。
③　马克思:《资本论》第1卷,人民出版社,1975年版,第58页。

造使用价值。这里所说的"脑力劳动",既包括生产劳动所耗费的脑力劳动,也包括在流通过程或交易过程甚而还有消费过程中所耗费的脑力劳动。因为市场的功能是将价值转形为衡量使用价值的市场价格。

10. 也有些朋友建议将劳动创造价值论改为"劳动×科技"创造价值论。但这一"修改"立即和马克思所明确主张的"作为价值,一切商品都只是一定量的凝固的时间"[①],"作为(交换)价值,商品只能有量的差别,因而不包含任何一个使用价值的原子"[②]等经典式的论述相冲突! 换句话说,所有这些修改均和"劳动创造的价值必定守恒"的定律相冲突!

人们可不可以取消或修改"劳动创造价值守恒定律"? 我们的回答是:不可以! 因为这将涉及如何科学地定义衡量社会公平的那杆"秤"。鲁迅在回答九斤老太所提出的"一代不如一代"的质疑时,就敏锐地指出:那是由于"秤砣"在"悄悄地"改变。——"九斤老太"也就变了"七斤少女"。但是在经济学如何计量的问题上,人们只能有一杆"公平之秤"。

所以,解决劳动价值论和科技进步的事实相冲突的问题,其唯一的解决这一逻辑困难的办法,是认同

$$使用价值量 = 价值量 \times 广义科技效率因子 \tag{6}$$

用我们多次写过的数学公式来表达,也就是:

$$使用价值量(W_S) = 价值量(W_J) \times 广义科技效率因子(N) \tag{7}$$

其中,W_S 和 W_J 是用同一尺度来衡量的有量纲量,而 N 是无量纲量。当然,有某些朋友,如丁堡骏教授,曾坚决反对这里给出的可计量的公式(7),理由是"效率"一定是由计量单位来测定的,因而认为"效率因子说是违背科学常识的";他们并质疑:"试问'新论'作者,在物理学里,在公式路程 = 时间×速度中,我们能不能说速度是时间的效率因子?"[③]

其实,在物理学研究中,效率这个概念往往是无量纲量。如热机效率、发电厂里的热能转化为电能的效率,或又称热力学效率,通常表述为某一无量纲的因子 $\left(\dfrac{T_1 - T_2}{T_1}\right)$。当然,某一发电厂的热能转化为电能的效率,有时也用计量单位表示为每发 1 度电,其消耗的煤的数量是多少。如中国目前的火力发电厂,其平均燃

---

① 马克思:《资本论》第 1 卷,人民出版社,1975 年版,第 53 页。
② 马克思:《资本论》第 1 卷,人民出版社,1975 年版,第 50 页。
③ 丁堡骏、于馨佳:《究竟是发展,还是背离和庸俗化了马克思科学的劳动价值论? ——评何祚庥对马克思劳动价值论的"发展"》,《政治经济学评论》,2014 年第 2 期,第 107 页。

耗约是每度电 330 克标准煤,而发达国家已下降到 300 克以下。但是,每度电和 300 克标准煤,均是用不同单位来表示完全相同的量纲;二者相除,就必定是无量纲量。所有这些,均是物理学里的常识。至于丁堡骏、于馨佳质问我们:"在物理学里……我们能不能说速度是时间的效率因子?"我们可以肯定地回答:不能认为速度是时间的效率因子。中国的高速铁路可以将运行速度提高到 340 公里/小时的快速,而过去的正点运行的"快车"却只能达到 70 公里/小时的速度。时间效率是指时间的利用率。而有了高速列车,乘客的时间利用率提高了 $340 \div 70 \approx 5$ 倍。这里,速度的量纲彼此相消。所以时间效率就一定是无量纲量。

请恕我直言,某些经济学家往往弄不清楚这里所说的量纲和计量单位在概念上的差别! 只不过丁堡骏教授往往喜欢用他所"掌握"的"有限"的物理学"知识",批评某位经济学家——也许其中也包括物理学家——不懂"马克思的思想方法""甚至对普通物理学常识一窍不通"[1]!

当然,我们也能理解为什么大家对这里定义的广义科技效率因子会发生误解。在通常的经济学研究中,往往将劳动生产率定义为:

$$劳动生产率 = 用不变价格所定义的实物总量 \div 劳动时间 \qquad (8)$$

在麦迪森的《世界经济千年史》一书中,劳动生产率,即每小时创造的 GDP,就定义为 1 990 国际美元/每小时。而马克思多次讲过,不管劳动生产率发生什么变化,"同一劳动在同样的时间内提供的价值量总是相同的。但它在同样的时间内提供的使用价值量会是不同的"[2]。实际上,这里的劳动生产率 = 广义科技效率因子×用不变价格表示的每小时单位社会平均必要劳动强度所创造的价值量。当然,这里已"假定"每小时单位社会平均必要劳动强度是某一固定的数量。

但是,也有某些朋友仍不同意上述见解,因为马克思的劳动价值论没有明确回答不同花色品种的商品的使用价值量是否"有可加性"。其实,这完全可以用我们新建议的上述理论公式来回答。因为公式(6)、公式(7)等新引进的"广义科技效率因子"是无量纲量,而价值量是有量纲量,已由"劳动创造的价值守恒定律"证明价值量具有可加性。无量纲量乘了有量纲量后的使用价值当然可以"有可加性"!

之所以一些朋友不同意我们所提的上述见解,是因为在他们看来,所谓使用价值,就是西方主流经济学里的"效用",而效用属主观范畴,充满着主观性和任

① 丁堡骏:《马克思劳动价值理论与当代现实》,经济科学出版社,2005 年版,第 255 页。
② 马克思:《资本论》第 1 卷,人民出版社,1975 年版,第 60 页。

意性;因而认为何祚庥等人所建议的广义科技效率因子,其实是充满着主观性和任意性的广义科技效率因子!

这就涉及当代许多马克思主义学者在学习和应用劳动价值论时所产生的重大缺失之二:没有或较少对价值理论的另一侧面——使用价值的"质"和"量"的理念进行深入的分析,当然也就未能科学地评价流行于西方经济学里的"效用"学说。

四、当代马克思主义学者研究和探讨政治经济学的重大缺失之二是:未能科学地、有分析地评价"效用"概念的合理性、科学性,当然也就未能将使用价值量的概念引入现代马克思主义政治经济学

1. 在当代中国,有不少研究马克思主义政治经济学的学者均反对并竭力批评流行于西方的效用价值论。例如,丁堡骏教授在《马克思劳动价值理论与当代现实》这本小册子中说:"以萨伊和马尔萨斯为代表的英法资产阶级庸俗经济学,在价值论上攻击古典经济学的劳动价值论,代之以生产费用论、供求论和效用论。"①

需要澄清的是,马克思、恩格斯均在很多经济学的著作中严厉批评过庸俗经济学。这主要是指隐藏在西方主流经济学的生产费用论里的概念、理论……以及数学公式后面,贯串着掩盖资本主义生产关系的"三位一体"的学说。但丁堡骏却扩大到全部的西方经济学,将西方经济学里的"三论"——生产费用论、供求论以及效用论,均一概斥之为庸俗经济学!这就未免以偏概全,流于粗疏武断了!他在他的小册子里,竟然写下如此毫无根据的词句,一再批评和指责"边际效用价值论者所谓的'效用',没有任何客观事实为依据,纯系边际效用价值论者的主观杜撰"②。(着重号为引用者所加)

2. 然而,丁堡骏教授所痛斥的西方主流经济学引入的"效用"的概念,其实就是马克思主义价值理论中的"使用价值"。中国以及国外的马克思主义学者,均有不少人认同"使用价值"即西方经济学中的"效用"。最近,我读到由日本早稻田大学藤森赖明教授和早稻田大学经济学博士李帮喜讲师合作撰写的《马克思经济学与数理分析》一书,这一著作就直接指出:使用价值的概念"跟效用的概念极为相近"③。马克思、恩格斯有关政治经济学的许多论述中,也多次讲过"使用

---

① 丁堡骏:《马克思劳动价值理论与当代现实》,经济科学出版社,2005年版,第29页。
② 丁堡骏:《马克思劳动价值理论与当代现实》,经济科学出版社,2005年版,第116页。
③ 藤森赖明、李帮喜:《马克思经济学与数学分析》,社会科学文献出版社,2014年版,第1页。

价值即效用"的意思。请看下面摘自《资本论》或《马克思恩格斯全集》中一些字句。

在《资本论》的第 1 卷,就有两处文字认为使用价值和效用是相同的意思。如在《资本论》第 1 卷,讨论"劳动过程和价值增殖过程"的第 5 章中,就有如下字句:"服务无非是某种使用价值发挥效用。"①在讨论"协作"的第 11 章中,又有"工作日可以生产更多的使用价值,因而可以减少一定效用所必要的劳动时间。"②《资本论》第 2 卷第 10 章,讨论"固定资本和流动资本的理论"时,更有"不管它们的……使用价值如何,不管它们的效用如何"③的字句。《资本论》第 3 卷第 38 章在讨论"级差地租"时又说:"如果一个使用价值不用劳动也能创造出来,它就不会有交换价值,但作为使用价值,它仍然具有它的自然的效用。"④在被称为《资本论》的第 4 卷——《剩余价值理论》的第 1 册第四章"关于生产劳动和非生产劳动的理论"中,还有如下的词句:"劳动能力的使用价值对资本家本身来说,不在于它的实际使用价值,不在于某种具体劳动的效用"⑤。在马克思亲自修订的《资本论》第 1 卷法文版"片断",讨论"商品"的第 1 章中,还有"作为具体的有用劳动,它生产使用价值或效用……商品要成为价值,首先必须是效用"的词句⑥。(以上着重号均为引用者所加)

3. 更有意义的是,在马克思、恩格斯对未来社会的解读里,竟然主张要用"社会效用大小"作为衡量未来社会经济发展的尺度,甚而还说"不需要著名的'价值'插手其间"!马克思在其名著《哲学的贫困》里就说:"在没有阶级对抗和没有阶级的未来社会中,用途大小就不会再由生产所必要的时间的最低额来确定,相反地,花费在某种物品生产上的时间将由这种物品的社会效用大小来确定。"⑦更有意思的是恩格斯在《反杜林论》中说:"社会一旦占有生产资料并且以直接社会化的形式把它们应用于生产……它必须按照……各种消费品的效用……最后决定这一计划,人们可以非常简单地处理这一切,而不需要著名的'价值'插手其间"。又在同页的下面,对著名的"价值"的注解中说:"在决定生产问题时,上述的对效用和劳动花费的衡量、正是政治经济学的价值概念在共产主义社会中所能

---

① 马克思:《资本论》第 1 卷,人民出版社,1975 年版,第 218 页。
② 马克思:《资本论》第 1 卷,人民出版社,1975 年版,第 365 页。
③ 马克思:《资本论》第 2 卷,人民出版社,1975 年版,第 229 页。
④ 马克思:《资本论》第 3 卷,人民出版社,1975 年版,第 728 页。
⑤ 马克思:《剩余价值理论》第 1 册,人民出版社,1975 年版,第 147 页。
⑥ 马克思、恩格斯:《马克思恩格斯全集》第 49 卷,人民出版社,1982 年版,第 186 页。
⑦ 马克思、恩格斯:《马克思恩格斯全集》第 4 卷,人民出版社,1958 年版,第 105 页。

余留的全部东西……"①(以上着重号均为引用者所加)

但不幸的是,很多学者却将效用和边际效用等有关概念视为和劳动价值论相冲突的,绝对不可接受的对立面!可以说,丁堡骏教授等人对"效用论"的尖锐指责、攻击,实在和马克思、恩格斯等人的意思相差太远太远!

4. 然而,在中国既研究马克思主义政治经济学,又研究西方经济学的学者群中,也不乏头脑清醒人士!对马克思主义政治经济学有深刻研究的著名学者樊纲教授,在《现代三大经济理论体系的比较与综合》一书以及他所撰写的其他系列文章中,就明确提出:"效用"即"抽象使用价值"②。为什么樊纲教授要在使用价值前面加上"抽象"一词,原因是:正如人们引入抽象劳动的概念后那样,从不同性质的具体劳动中抽出相同的"质",从此,劳动就可以相加减。而当人们引入"抽象使用价值"的概念以后,其逻辑的推论必然是:从具体的使用价值中抽出相同的"质"以后,"效用"也可以相加减。这就回答了使用价值有无"可加性"的质疑。

樊纲教授还解释了为什么人们可以引入"抽象使用价值"的概念,在不同商品的使用价值中有哪些相同的"质"。樊纲说:"正如马克思所说,'就使用价值看,交换的双方都能得利益'。可见,对一个人来说,不同物品的不同使用价值是可以,而且事实上正是被按照某种共同的尺度来加以度量和比较的;而可以通约、比较这个事实,则正说明不同的使用价值对一个人来说存在着同质的东西。"③

樊纲教授还进一步讨论,"这个同质的东西是什么呢?""那就是各种商品都能为一个人带来需要的满足。正像马克思将体现在不同种具体劳动中的人的脑、肌肉、神经、手等等的生产耗费称作抽象劳动一样,按照同样的方式,可将各种不同的使用价值能为一个人所带来的生理、心理或社会的满足,称为'抽象使用价值'。正如具体劳动是不可比的而抽象劳动是可比的一样,不同的具体的使用价值是不可比的,但体现在具体使用价值中的抽象使用价值是可以在量上进行通约、度量和比较的。抽象使用价值构成各种使用价值的共同的质,它的量构成对不同使用价值进行度量比较的统一尺度。在西方正统经济学中,所谓'效用'(utility),也可译为'有用性',其实正是这里的抽象使用价值"④。

樊纲还评论说:"为不同种劳动找到统一的度量尺度即抽象劳动,是马克思的

---

① 马克思、恩格斯:《马克思恩格斯选集》第 3 卷,人民出版社,1972 年版,第 348 页。
② 樊纲:《现代三大经济理论体系的比较与综合》,上海人民出版社,2006 年版,第 187 页。
③ 樊纲:《现代三大经济理论体系的比较与综合》,上海人民出版社,2006 年版,第 188 页。
④ 樊纲:《现代三大经济理论体系的比较与综合》,上海人民出版社,2006 年版,第 188~189 页。

功绩;而为不同使用价值找到统一的度量尺度,即效用,是'边际革命'的产物,是边际效用学派的功绩。而遗憾的是,无论是边际革命的赞成者还是反对者,至今都没有认识到它的这种意义。"①

我们完全赞成并强烈支持樊纲教授这一分析,因为所持论据"充分、有理"。我们所能做的补充是,人们完全可用价值"作为对不同商品的使用价值进行度量比较的统一尺度",只不过要在"价值"的尺度上乘上某一对"不同"使用价值的"不同"的主观评价因子,如我们在公式(7)中所引进的广义科技效率因子 N。

5. 有不少朋友反对樊纲教授"效用即抽象使用价值"的新提法,认为这一"抽象"带有强烈的主观性,以及由主观性带来的任意性。在这些朋友看来,樊纲教授的提议,只是以新的形式,宣扬长期存在于西方经济学中的主观唯心论!

严厉批评樊纲教授提出的"抽象使用价值"概念的代表人之一,也是丁堡骏教授。他在《马克思劳动价值论与当代现实》这一"国家重点图书"中,写了长长的一段话,严厉批评说,"某些中国学者所美化的'抽象使用价值',却没有任何客观事实为依据,纯系边际效用价值论者的主观杜撰"②!丁堡骏还批评这种"抽象"是某些经济学家的"主观思维的产物",是一种"离不开不同消费者个人的主观意志"的"主观评价",而"因此,无法形成客观的、抽象的使用价值",并断言"对使用价值或效用进行抽象毫无经济学意义"③。

然而,从马克思主义必须坚持的唯物主义哲学的立场来看,这一批评大错特错!马克思主义唯物主义哲学认为,所谓客观世界,其中也包括着人的主观认识活动。哲学上的主观唯心论仅仅是说,凡是某种不能正确地反映客观世界的理论、观点、学说,是一种主观唯心主义的理论、观点或学说;并不是说,研究人们的精神活动,研究人们的大脑所产生的主观现象、主观思维的学说都必然走向主观唯心论。列宁在《唯物主义和经验批判主义》这一巨著中,有一段说得极为深刻的话:"物质和意识的对立,也只是在非常有限的范围内才有绝对的意义,在这里,仅仅在承认什么是第一性的和什么是第二性的这个认识论的基本问题的范围内才有绝对的意义。超出这个范围,这种对立无疑是相对的。"④

恩格斯在《自然辩证法》一书里,指出过物质运动有五种基本运动形式;其中最高级的运动形式,是大脑的思维运动。

① 樊纲:《现代三大经济理论体系的比较与综合》,上海人民出版社,2006年版,第189页。
② 丁堡骏:《马克思劳动价值论与当代现实》,经济科学出版社,2005年版,第117页。
③ 丁堡骏:《马克思劳动价值论与当代现实》,经济科学出版社,2005年版,第173页。
④ 列宁:《列宁选集》第2卷,人民出版社,1995年版,第108～109页。

当然,精神现象的主观性的确会带来个人喜好不同的随意性。但是不同个体所感受的"效用"的随意性,并不会导致某一社会群体所感受的社会"效用"的统计平均值也是主观的和随意的。每个个体会按照自己的感受、意愿,对"效用"做出不同的评价,包括正面的评价和反面的甚而是扭曲了的评价,但亿万人群在一定时期内对"效用"的评价,包括对商品的价格和需求及其相互关系的评价,却完全是客观的,不以人们意志为转移的客观实在,是完全可认识的,可统计的,甚而是可检验的。所以,"效用"或"抽象使用价值",也完全是可认识的、可统计的、可检验的某种客观事物。

可能有某些人对"效用"的评价完全"歪曲"——在中国以及全世界都有不少人对毒品的效用评价十分不正确!在中国还有多达几亿的烟民。但是,不能因这些人群对客观事物的认识的不客观,因而否认这种歪曲了的认识仍是不以人们的意志为转移的客观实在。在经济学研究中,有毒品经济学、烟草经济学的研究。同样,战争,特别是非正义战争,可能为人类带来极大的负面"效用"。但是,政治经济学学者不能因为这是负面的、扭曲的"效用",因而放松了对军事经济学、国防经济学的研究,也决不能将这类研究斥之为主观的唯心主义的政治经济学!

其实,马克思就认为,价值是价格的统计平均值。马克思所说的抽象劳动,是指社会平均简单必要劳动,其实也是一种统计平均值。同样,"效用"的具体表现,往往是"价格×需求量",也是某些社会群众对某种商品使用价值的评价的统计平均值。

6. 但是,樊纲教授虽然正确地指出了"交换价值理论是联结价值理论与使用价值理论的中间环节"①,但却未能具体给出这一"联结价值理论与使用价值理论的中间环节"究竟是什么。樊纲教授引用了马克思在《资本论》第 1 卷第 62 页所给出的一个计量的代数式,"简单的、个别的或偶然的(交换)价值形式:x 量商品 $A = y$ 量商品 B,或 20 码麻布 = 1 件上衣"后,却将"这里的等号,解释为只能在理论上读作'等价于'或'与……相交换',并不是数学上的等号"。而"为了避免混淆,与后面的数学符号相区别,这里将其改写为' $< = >$ ',即改为 $xA < = > yB$ "。

樊纲教授称"这个公式为'交换价值形态'的公式"②。

从数学来看,所谓"等价于"或"与……相交换"的符号,亦即" $< = >$ ",并不是数学上可用作计算的等式。或者说,这一符号在数学上没有意义!而如果认为

① 樊纲:《现代三大经济理论体系的比较与综合》,上海人民出版社,2006 年版,第 181 页。
② 樊纲:《现代三大经济理论体系的比较与综合》,上海人民出版社,2006 年版,第 181 页。

使用价值和价值间有可通约性,也就是使用价值可以用价值来度量,或认为价值是使用价值的计量单位,就完全可改写为可计算的算式,也就是我们在本文前述公式(7)所表示的

$$使用价值量(W_S) = 价值量(W_J) \times 广义科技效率因子(N) \tag{7}$$

其中,广义科技效率因子可以由可观测量来决定。在有了公式(7)后,樊纲教授所关心的理论困难,就可以用新给出的价值和使用价值间"可通约"的公式(7)来解决!

容易看出,在樊纲教授所给出的"交换价值形态"的公式 $xA < = > yB$ 中,x 和 y 分别是商品 A 和 B 的数量,而 A 和 B 却是市场上各单位商品的售价,即由货币表示的价值,也就是各单位商品所具有的效用或使用价值 W_S,它们可分别用 W_S^A 和 W_S^B 来表示。而 W_S^A 和 W_S^B 又可以表示为

$$W_S^A = W_J^A N^A \tag{9}$$

$$W_S^B = W_J^B N^B \tag{10}$$

其中,W_J^A 和 W_J^B 分别是用"劳动"表示出的单位商品 A 和 B 的价值,而 N^A 和 N^B 却是商品 A 和商品 B 的广义科技效率因子,通常有 $N^A \geq 1$,$N^B \geq 1$。所谓交换价值形态公式 $xA < = > yB$,其实就是

$$xA = xW_S^A = xW_J^A N^A = yB = yW_S^B = yW_J^B N^B \tag{11}$$

而因此,樊纲教授所说 $xA < = > yB$ 的公式,就可进一步改写为:

$$xW_J^A N^A = yW_J^B N^B \tag{12}$$

马克思曾为商品的交换价值给出过一个经典的定义:"交换价值首先表现为一种使用价值同另一种使用价值相交换的量的关系或比例。"[1]马克思还说过:"潜藏在商品中的使用价值的内部对立,常常通过外部对立,即通过两个商品的关系[2]表现出来。所以,一个商品的简单的价值形式,就是该商品中所包含的使用价值和价值的对立的简单表现形式"[3]。(着重号为引用者所加)现在这一"关系或比例",亦即其相应的"表现形式",就写成下列两个等式:

$$xW_S^A = yW_S^B \tag{13}$$

$$xW_J^A N^A = yW_J^B N^B \tag{14}$$

这样,新写出的两个等式就完全支持了樊纲所指出的"交换价值本身既是价

① 马克思:《资本论》第1卷,人民出版社,1975年版,第49页。

② 亦即交换关系。

③ 马克思:《资本论》第1卷,人民出版社,1975年版,第76页。

值表现形式,也是使用价值表现形式"的判断①。而因此,"马克思的失误在于片面地认为交换价值形态仅仅是价值形式……而没有认识到它同时也是使用价值形式"②。(着重号为引用者所加)我们支持樊纲教授指出的这一"马克思的失误"。

7. 在我们已发表的四篇文章③中,又进一步指出:这一广义科技效率因子(N),将由两类效率因子"$N_S N_E = N$"所组成。其中,N_S是描述生产技术进步的狭义的科技效率因子 N_S,而 N_E 是在商品流通过程中实现的商业交易效率因子。由劳动创造的商品价值是 W_J,而商品的使用价值或市场上成交的售价是 W_S。所以,使用价值和价值之间的相对比值应是 N_S 和 N_E 的乘积,也就是:

$$W_S = N_S N_E W_J = N W_J \qquad (15)$$

而由于这一关系式的引进,古典劳动价值论也就进一步发展为"劳动创造价值"和"科技×劳动创造使用价值"的新劳动价值论。或者说,在新劳动价值论中,其基本计量公式除仍保留可用作"价值分析"的公式

$$W_J = C + V + m_J \qquad (16)$$

以外,还要增加一个能描述使用价值或社会物质财富增长或用作使用价值分析的新公式:

$$W_S = N W_J = C + V + m_S \qquad (17)$$

这里的 N,即如上所述的广义科技效率因子。

公式(7)、公式(13)、公式(14)、公式(15)、公式(16)和公式(17)只用到初等数学里的小代数,但和物理学里的热力学的公式却十分相似,包含着丰富的经济学的内涵。本来"效用"或"抽象使用价值"即使在新古典综合经济学里,也是未完全说清楚的概念;虽有"基数论"或"序数论"试行回答,但连某些新自由主义学者都认为欠缺说服力。而樊纲教授明确给出的"效用即抽象使用价值"的新提法就给效用的研究,提供了新的科学的基础。

第一,"效用"也是"价值"理念的一种"抽象"。"效用"的多寡、大小也要一

---

① 樊纲:《现代三大经济理论体系的比较与综合》,上海人民出版社,2006 年版,第 182 页。

② 樊纲:《现代三大经济理论体系的比较与综合》,上海人民出版社,2006 年版,第 183 页。

③ 何祚庥:《马克思主义政治经济学也要"与时俱进"》,《学术界》,2013 年第 7 期第 5~28 页,第 8 期第 5~43 页;何祚庥:《必须将"科技×劳动"创造使用价值的思想引入新劳动价值论的探索和研究》,《政治经济学评论》,2014 年第 1 期,第 72~100 页;何祚庥:《必须将科技进步引入马克思主义政治经济学的定量的研究》,《江西财经大学学报》,2014 年第 2 期(总第 92 期),第 5~21 页;何祚庥:《"生产价格是供求均衡所决定"的吗——评茅于轼、陈平之争》,《学术界》,2014 年第 4 期,第 109~117 页。这四篇文章现已全部收入本书。

杆公平合理之"秤"去称量,其最简便而且人们最容易获得的现成的"尺",即是"社会平均简单必要劳动强度×劳动时间",因为每一个人都有一根最公平合理的"尺",即每天 24 小时。

第二,"效用"也是对"可使用性"的一种描述。当然,"可使用性"离不开主体的"感受",离不开主体对消费品——包括生产性消费品和生活性消费品——用量的多寡、大小的"评价",同时还要计及主体,即使用者,需要付出多少代价,才能换回主体希望得到的"效用"。所以,"可使用性"必定也是对支出的"抽象劳动"而换回的"效用"多少的一种"评价";或者说,"可使用性"可以归结为和"抽象劳动"相乘的无量纲量,也就是这里提出的广义科技效率因子 N。所以,效用或抽象使用价值和价值 W_J 的关系,就可以写成前述公式(7):

$$W_S = W_J N \tag{7}$$

8. 为什么空气和水对生命头等重要,而它的市场价格是零?理由是:它们都是自然物,可以"不劳而获";因为其价值是零,即使乘上某个接近于 ∞ 的自然数,其售价仍然是零!为什么改革开放前某部电影的观众总量可高达上亿人次,在大操场放映的票价才 0.05 元,而现在的电影票价高达 30~60 元,但观众却寥寥无几?原因是,票价的高低既取决于观众的人数,也取决于劳动所决定的电影的制作成本;亦即票价要大于或至少要等于每位观众所分摊到的"电影制作成本"。至于决定效用的"市场效率因子",却取决于观众的闲暇时间和工作时间的比值,这在近几十年间未有重大变化。因而实际的票价就和观众的人数多少成反比。而这如果仅用稀缺决定效用的陈旧概念,将无法给出解释!

在劳动价值论发展的历史上,有一个著名的葡萄酒"疑难",即葡萄酒储存久了,其市场售价会自然而然地增加,但这里仅添加了微不足道的劳动。不少前辈设计出种种"价值转移"的方案,使陈酒的售价比新酒高很多,而"新酒+陈酒"的价值总量却总是"守恒"。但问题是,一瓶"路易十八时期"的红酒在中国市场上却可以卖出 10 万美元的"天价",而中国的"张裕"牌红葡萄酒每瓶却最多只能卖出 20 元人民币!为什么凝聚在当代中国红酒中的"劳动"竟能飞越重洋,超越历史"转形"到"路易十八时期"的法国红酒上去?!现在就完全可由公式(7)给出完满的解答!

五、中国马克思主义学者的更大失误——故步自封,不求进取,从概念到概念,从理论到理论,理论严重脱离实际,因而中国的马克思主义政治经济学的研究长期停留在 19 世纪的水平

1. 樊纲教授所指出的马克思的"失误",来自《资本论》第 1 卷第 1 章第 3 节的小标题，即"价值形式或交换价值"①的提法，也就是"没有认识到交换价值同时也是使用价值形式"②。但如果仔细研读一下《资本论》，马克思并不是在一切场合均将交换价值仅归结为价值形式，有时不经意地也将交换价值当作使用价值形式。

如上文所述，马克思曾为交换价值给出一个经典式的定义："交换价值首先表现为一种使用价值同另一种使用价值相交换的量的关系或比例。"③而如果认为交换价值不是同时又是使用价值形式的话，就无从定义"一种使用价值同另一种使用价值相交换"的价值量的比例是多少！

马克思又说，卖者的"产品对他来说仅仅是交换价值。这个产品只有通过货币，才取得一般社会公认的等价形式，而货币又在别人的口袋里。为了把货币吸引出来，商品首先应当对于货币所有者是使用价值"④。

马克思在别的场合也多次说过类似的意思。当然马克思的确在很多场合"片面地认为交换价值形态，仅仅是价值形式"，而且"在马克思的术语中，交换价值与价值形式是同义语"⑤。

"马克思的失误"并未妨碍马克思、恩格斯等人继续对"使用价值形式"做进一步研究。如本文第四部分所引，马克思就多次使用过"效用"一词；恩格斯更认为，在未来社会甚而要用"社会效用大小"作为衡量的"尺度"。还有，斯大林在研究经济发展的基本规律时，说资本主义经济发展的基本规律是"取得最大限度利润"，而社会主义的基本经济规律是"最大限度地满足整个社会经常增长的物质和文化的需要"⑥。需要即一种对"效用"的评价。不过，我们都要看到，"马克思的失误"的确"妨碍"了中国的"马克思主义"学者们对劳动价值论的深入研究。

2. 请看 2011 年出版的一本"马克思主义理论研究和建设工程重点教材"——《马克思主义政治经济学概论》，此书第 1 章第 1 节的第一部分——"商品二因素"中，就几乎完全是按照"马克思的失误"来解释"商品是使用价值和价值的统一"。此书后面又说："一个物可以有使用价值但不含有价值……例如空

---

① 马克思：《资本论》第 1 卷，人民出版社，1975 年版，第 61 页。
② 樊纲：《现代三大经济理论体系的比较与综合》，上海人民出版社，2006 年版，第 153 页。
③ 马克思：《资本论》，第 1 卷，人民出版社，1975 年版，第 49 页。
④ 马克思：《资本论》，第 1 卷，人民出版社，1975 年版，第 125 页。
⑤ 樊纲：《现代三大经济理论体系的比较与综合》，上海人民出版社，2006 年版，第 183 页。
⑥ 斯大林：《苏联社会主义经济问题》，《斯大林文集》（1934～1952 年），人民出版社，1985 年版，第 628 页。

气、天然草地、野生林等等。"①其实,更准确的说法,不是不含有价值,而是这些自然物含有的价值等于"零",否则就何来价值和使用价值的统一? 事实是,一旦引入了劳动,自然物的价值就会由零转化为非零的价值;而如果"不含有价值",那么任何劳动的介入,也不会由"不含有价值"增值为非零的价值。

此书还说:"一个物可以有用,而且是人类劳动产品,但不是商品,耗费在其中的劳动不形成价值(?),比如人们用自己生产的产品来满足自己的需要或无偿地提供给他人消费,这种产品就只有使用价值,而不是商品。要生产商品,不仅要生产使用价值,而且为'别人'生产使用价值……并且产品必须通过'交换',把使用价值转到使用的人的手里。"②(问号为引用者所加)这简直是对"半边天"即妇女同胞们的家务劳动的蔑视! 其实,一个家庭主妇如果自己没有时间参加家务劳动,就一定会请服务员提供家务服务。这是一种"替代"效应。而"替代",实质上也是一种交换,即效用或使用价值的交换。

3."马克思的失误","促使"另一些马克思主义学者全盘否定存在于西方经济学中行之有效的"效用论"和"边际效用论",盲目地斥之为"资产阶级庸俗经济学"。丁堡骏教授就批判说,"边际效用价值论者所谓的'效用',没有任何客观事实为依据,纯系边际效用论者的主观杜撰"③;又说,"作为使用价值是客观存在的,但作为使用价值的抽象或抽象使用价值却不是客观存在的"④。这完全是对唯物论极大的误解! 既然承认使用价值是客观存在的,那么由客观存在里抽取出的使用价值的抽象,当然也是客观存在的! 如果丁堡骏这一批判成立,那么马克思由具体劳动抽象出的抽象劳动,也变成"某些……经济学家主观思维的产物,没有任何客观经济过程作为其思维的依据"⑤了。

《马克思主义政治经济学概论》也对"效用论"带有偏见。例如,此书在讨论"马克思、恩格斯预见的未来社会"时,认为未来"社会也能直接计算出各个部门所需要的社会劳动时间",因此,"人们可以非常简单地处理这一切,而不需要著

---

① 《马克思主义政治经济学概论》编写组:《马克思主义政治经济学概论》,人民出版社、高等教育出版社,2011 年版,第 35 页。

② 《马克思主义政治经济学概论》编写组:《马克思主义政治经济学概论》,人民出版社、高等教育出版社,2011 年版,第 35 页。

③ 丁堡骏:《马克思劳动价值理论与当代现实》,经济科学出版社,2005 年版,第 116 页。

④ 丁堡骏:《马克思劳动价值理论与当代现实》,经济科学出版社,2005 年版,第 173 页。

⑤ 丁堡骏:《马克思劳动价值理论与当代现实》,经济科学出版社,2005 年版,第 173 页。

名的'价值'插手其间"①。这后续的一段话,当然是抄自恩格斯的《反杜林论》;但如果前文所引也属《反杜林论》同样一段话,将二者相对照的话,却并非《马克思主义政治经济学概论》所引用的"社会也能直接计算出各个部门所需要的社会劳动时间",而是"它必须按照……各种消费品的效用最后决定这一计划。人们可以非常简单地处理这一切,而不需要著名的'价值'插手其间"。结果,"效用"的概念就该书巧妙地排除在"未来社会"之外!

4. "马克思的失误""促使"丁堡骏教授等"马克思主义学者"坚决反对"效用论";其逻辑的发展,也必然会坚决反对同样被他们视为"庸俗经济学"的"供求论"。"供求论"中的需求函数,必定要用到"效用"的概念。既然"效用"是庸俗经济学者的"主观杜撰",那么"供求论"理所当然地也是庸俗经济学者的"主观杜撰"。所以在丁堡骏等人看来,西方经济学"往往抽象地②分析供给和需求,在供求量的波动问题上做数学游戏……从而彻底地倒向了供求均衡价格论",因而"西方经济学却陷入了这些表面经济现象的泥潭里不能自拔"③!

但事实是,马克思却是完全支持"供求均衡价格论"的!

例如,马克思在《资本论》的第 3 卷第 10 章,即整整一章,专门讨论"市场价格和市场价值"的相互关系问题。其中有多个段落讨论到供给和需求如何决定市场价格,又如何使市场价格和市场价值相一致。而且,马克思还多次谈到供求是否会走向均衡,为什么要研究市场的供求均衡。下面给出几段马克思写得极好的有关论述。

"显然商品和货币这二者都是交换价值④和使用价值的统一,但……在买和卖的行为上,这两个规定分别处在两端,商品(卖者)代表使用价值,货币(买者)代表交换价值。商品要有使用价值,因而要满足社会需要,这是卖的一个前提。另一个前提是,商品中包含的劳动量要代表社会必要的劳动,因而,商品的个别价值(在这样的前提下,也就是出售价格)要同它的社会价值相·致。"⑤

马克思还讨论了卖者的供给和买者的需求的变动对市场价值的影响⑥:"为了使种类相同,但各自在不同的……条件下生产的商品的市场价格,同市场价值

---

① 《马克思主义政治经济学概论》编写组:《马克思主义政治经济学概论》,人民出版社、高等教育出版社,2011 年版,第 76 页。

② 按照丁堡骏的观点,抽象 = 主观杜撰!

③ 丁堡骏:《马克思劳动价值理论与当代现实》,经济科学出版社,2005 年版,第 161 页。

④ 在马克思常用术语中,价值和交换价值是相互通用的,此处其实是指价值,下面不再注出。

⑤ 马克思:《资本论》第 3 卷,人民出版社,1975 年版,第 203 页。

⑥ 这相当于市场上的均衡价的变动。

相一致,而不是同市场价值相偏离,即既不高于也不低于市场价值,这就要求各个卖者互相施加足够大的压力,以便把社会需要所要求的商品量,也就是社会能按市场价值支付的商品量提供到市场上来。如果产品量超过这种需要,商品就必然会低于它们的市场价值出售;反之,如果产品量不够大,就是说,如果卖者之间的竞争压力没有大到足以……商品就必然会高于它们的市场价值出售。"①

马克思还讨论了何谓供求均衡,也讨论了为什么在经济学里必须研究供求均衡。马克思说,"如果商品都能够按照它们的市场价值出售,供求就是一致的"②。虽然"供求实际上从来不会一致,如果它们达到一致,那也只是偶然现象,所以在科学上等于零,可以看作没有发生过的事情。可是,在政治经济学上必须假定供求是一致的。为什么呢?这是为了对各种现象要在它们的合乎规律的、符合它们的概念的形态上来进行考察;也就是说,要撇开由供求变动引起的假象进行考察。另一方面,为了找出供求变动的实际趋势,就要在一定程度上把这种趋势确定下来。因为各式各样的不平衡具有互相对立的性质,并且因为这些不平衡会彼此接连不断地发生,所以它们会由它们的相反的方向,由它们互相之间的矛盾而互相平衡。这样,虽然在任何一定的场合供求都是不一致的,但是它们的不平衡会这样接连发生……以致就一个或长或短的时期的整体来看,供求总是一致的;不过这种一致只是作为过去的变动的平均,并且只是作为它们的矛盾的不断运动的结果。由此,各种同市场价值相偏离的市场价格,按平均数来看,就会平均化为市场价值,因为这种和市场价值的偏离会作为正负数互相抵消。这个平均数决不是只有理论意义,而且对资本家来说还有实际意义;因为投资要把或长或短的一定时期内的变动和平均化计算在内"③。(着重号为引用者所加)

这是一段讲得极好的论述。这简直是六十六年前在清华大学念物理学的学生们,在聆听王竹溪老师上热力学的"第一堂课"!物理学里的热力学,就是以研究热力学平衡态为研究的出发点的。然而,热力学中的"绝对"平衡态只在理想状态中存在。所以热力学还要研究不平衡热力学。但是,如何定义"不平衡"?这就要首先把"平衡态"研究得很清楚。

为什么我们也支持西方经济学里对"一般均衡论"的研究?因为这是研究一切"不均衡"现象的出发点。

---

① 马克思:《资本论》第 3 卷,人民出版社,1975 年版,第 202 页。
② 马克思:《资本论》第 3 卷,人民出版社,1975 年版,第 211 页。
③ 马克思:《资本论》第 3 卷,人民出版社,1975 年版,第 212 页。

可是,有相当一些"庸俗马克思主义学者"[①],不掌握也不理解马克思所说的这种研究科学问题的正当方法,反而将这种研究方法斥之为庸俗经济学! 丁堡骏教授在他的《马克思劳动价值理论与当代现实》一书里,也多次引用过"供求实际上从来不会一致"[②],"真正的困难在确定供求一致究竟是指什么?"[③]等论,但他却用来批判"资产阶级经济学则是以'供求实际上从来不会一致'为前提……因而陷入了供求变动所造成的假象的重围之中,不能使科学前进一步"[④]。因而"西方经济学却陷入了这些表面经济现象的泥潭里不能自拔"[⑤]。丁堡骏还批评中国一些学者"提出要用均衡价格论来补充马克思劳动价值论"[⑥],因而和西方经济学一样也"陷入了这些表面经济现象的泥潭里不能自拔"[⑦]! 这就是这些"庸俗马克思主义学者"的认识水平!

实际上,马克思和恩格斯都是十分主张用供求均衡论来支持劳动价值论的。请看下面所引马克思和恩格斯说过的一些话:

"如果供给和需求互相平衡,则商品的市场价格……相当于由生产它们所必需的劳动量来决定它们的价值。但供给和需求必定要经常趋向于相互平衡……所以……一切种类的商品,平均说来总是按它们各自的价值,即它们的自然价格出售的。"[⑧]

马克思还说:"当供给和需求相互平衡而停止发生作用的时候,商品的市场价格就会同它的实在价值一致,就会同它的市场价格绕之变动的标准价格一致。所以在研究这个价值的本质时,我们完全不用谈供给和需求对市场价格发生的那一种一时的影响。"[⑨](着重号为引用者所加)

恩格斯在《雇佣劳动与资本》1891年单行本的导言里,曾写过一段很重要的话:"当经济学作为科学出现的时候,它的首要任务之一就是要找到隐藏在这种表面支配着商品价格的偶然情况后面,而实际上却自己支配着这种偶然情况本身的规律。在商品价格不断变动及其时涨时落的摇摆,它要找出这种变动和摇摆所围

---

① 这是我们新发明的一个新名词。
② 丁堡骏:《马克思劳动价值理论与当代现实》,经济科学出版社,2005年版,第129页。
③ 丁堡骏:《马克思劳动价值理论与当代现实》,经济科学出版社,2005年版,第161页。
④ 丁堡骏:《马克思劳动价值理论与当代现实》,经济科学出版社,2005年版,第129页。
⑤ 丁堡骏:《马克思劳动价值理论与当代现实》,经济科学出版社,2005年版,第161页。
⑥ 丁堡骏:《马克思劳动价值理论与当代现实》,经济科学出版社,2005年版,第161页。
⑦ 丁堡骏:《马克思劳动价值理论与当代现实》,经济科学出版社,2005年版,第161页。
⑧ 马克思:《工资、价格和利润》,《马克思恩格斯选集》第2卷,人民出版社,1972年版,第177页。
⑨ 马克思:《工资、价格和利润》,《马克思恩格斯选集》第2卷,人民出版社,1972年版,第167页。

绕的稳定的轴心。""一句话,它要从商品价格出发,找出作为调节价格的规律的商品价值,价格的一切变动都可以根据价值来加以说明,而且归结到底都以价值为依归。"①(着重号为引用者所加)

问题是,人们能否用供求均衡论,亦即用供求曲线把马克思和恩格斯在不同场合所说的这几段话,真正显示出来。

5. 如果认真考察一下西方经济学里的一般均衡论,不难发现西方经济学流行的边际效用模型也是有严重缺点的。西方经济学的供需均衡模型中,往往只看见"边际效用",即曲线斜率对均衡的影响;往往只讨论由于供给量和需求量的变动而引起的均衡。而按照马克思和恩格斯的观点,更重要的是还要讨论供给和需求的变动对均衡的影响。西方经济学的著作往往认为供给量和需求量的变动是沿曲线滑动,而供给和需求的变动是指供给曲线和需求曲线在坐标上的平行移动。或者说,人们至少必须把决定供求量、需求量、供给和需求的变动的4个参量均引入一致均衡模型之中,而现在流行于西方主流经济学里的一致均衡模型,却往往只看到"边际效用"的变动所形成的均衡! 这就需要较细致地考察一下流行于西方经济学里的逻辑结构。

在茅于轼教授所著《经济学和它的数理基础——择优分配原理》一书中,在用效用函数推导供给曲线时,就有如下一段文字:

"令 u 表示某人在一定时期内从消费商品所获得的效用总量,由于我们暂时按基数效用理论来解释,因而 u 被认为是一个可以度量的量,它的大小显然与某人在一定时期内消耗的各种商品的数量 $x_1, x_2, \cdots, x_n$ 有关,即:

$$u = f(x_1, x_2, \cdots, x_n) \tag{18}$$

"现考察第 i 种消费品的消耗量 x_i 如何提供给该人以效用。当其他消费品的消耗量固定在某一值时,u 与 x_i 的关系正如公式(18)所定义过的,应为:

$$u(x_i) = \int_0^{x_i} \frac{\partial f}{\partial x_i} \mathrm{d}x_i \tag{19}$$

"$u(x_i)$ 函数具有三个特点,即由公式(19)有:

$$u(0) = 0 \tag{20}$$

"人有多多益善的心理:

$$\frac{\mathrm{d}u}{\mathrm{d}x_i} \geq 0 \tag{21}$$

---

① 恩格斯:《〈雇佣劳动与资本〉1891 年单行本导言》,《马克思恩格斯选集》第 1 卷,人民出版社,1972 年版,第 342 页。

"边际效用递减:

$$\frac{\mathrm{d}^2 u}{\mathrm{d}x_i^2} \geqslant 0 \text{[1]} \tag{22}$$

"假设某人对于第 i 种商品已感到厌倦时,他可以抛弃它,不一定非把它用掉不可,故有公式(21),即边际效用不会变成负的。……

"因此,边际效用实在是一个非常易于接受的概念,它就是商品提供的用场。"[2]

为什么我们在一般均衡模型里看不到 $u(0)$ 对"一致均衡"的贡献?原因就在于在边际效用模型里必然应包含的 $u(0)$,却是通过公式(20),人为地令 $u(0) = 0$!但问题是,茅于轼"导出"的公式(20),实际上只是"假定"$u(0) = 0$,并没有能证明 $u(0) = 0$。原因是,公式(19)中的被积函数是偏微分 $\frac{\partial f}{\partial x_i}$,而 $u(0)$ 按公式(18)的定义其实是 $f(x_1, x_2, \ldots, x_i = 0, x_n) \mid_{x_1, x_2, \cdots, x_n} = 0$。但公式(19)中的 $u(x_i) = \int_0^{x_i} \frac{\partial f}{\partial x_i} \mathrm{d}x_i$,在积分并取上下限后,表达式变成

$$u(x_i) - u(0) = f(x_1, x_2, \ldots x_i, x_n) - f(x_1, x_2, \ldots x_i, x_n) \mid_{x_i = 0}$$

当它积分上限取 $x_i = 0$ 后,这才有公式(20)的结果。

而按原来的公式(18),$u(0)$ 并不为 0。

所以,茅于轼声称可推导出公式 $u(0) = 0$,这完全是人为的假定!这一假定就使得在一般均衡模型的计算中完全排除了 u 轴上截距,即 $u(0)$ 对均衡的贡献!正是这一错误,将劳动价值论排除在"供需均衡论"之外!

同样"妙"的是,在茅于轼教授所介绍的供需均衡论里,也看不到需求曲线在需求轴上的截距对供需均衡的贡献[3]。原因来自流行于西方经济学里的萨伊定律。萨伊定律说,"通过完全自由竞争,供给会自动创造对其自身的需求";也就是说,市场所能容纳的供给量无限大。反映在需求曲线上,就是需求曲线永远不会和描述需求的轴相交。这当然是非常错误的假定。有了这一假定,自由竞争市场上也就必然永远不会出现生产过剩等经济危机!所谓"凯恩斯革命",就是用有限需求论取代无限需求论这一大假定!

---

① 原文如此,疑为茅于轼教授笔误,应改为 $\frac{\mathrm{d}^2 u}{\mathrm{d}x_i^2} \leqslant 0$。

② 茅于轼:《经济学和它的数理基础——择优分配原理》,暨南大学出版社,2008 年版,第 56 页。

③ 对这一数学问题更详细的说明,请参见本书第 284~286 页。

茅于轼一书当然也不得不引入这一大假定。问题是,茅于轼竟把这一假定,又说成仿佛是推导出的结果! 在茅于轼的《经济学和它的数理基础——择优分配原理》一书里,还有如下一段话:

"经济学的数理分析,从本质上看,是把价格看成是择优分配得到的统一边际值。从消费来看,严格地说,我们不能将价格看成是一种有限供应的商品在消费者之间分配,使全体消费者所得的总效用为最大而得出的统一边际效用。如果能够这样考虑,这的确是一个最简便的方法,但这样考虑问题有一个根本的缺陷,即不同人的主观效用无从比较,更不能相加,因而全体消费者的总效用也就不存在。"①

因为"总效用也就不存在",所以这一需求曲线和需求轴就不会相交,所以也不会有"有限需求"对一致均衡的影响! 这就是那些新自由主义学者捧得极高的一般均衡论的理论基础!

6. 还有一个也被中国的新自由主义学者吹捧得极高的"帕累托最优"。理由是,自由市场经济中的"边际效应"之间的竞争,必然达到边际效用的"一般均衡",也就必然自动出现"帕累托最优"!

如果略为仔细一些考察一下他们的推导,原来这里又引进了一个"前提",这就是茅于轼一书中所说的:"如何在商品总量有限,各个家庭收入有差别的情况下,使商品的分配达到帕累托最优的境界?"而回答是:"除非损及某部分人的效用值,否则不可能使任何一个家庭的效用有所提高。这样,我们得到一个重要结论,即各个家庭任意两种商品之间的边际替代率都必须相等。"②

萨缪尔森《经济学》一书也说,所谓"帕累托最优"或"帕累托效率","其出现的条件是,社会无法进一步组织生产或消费,以增进某个人的满足程度,而同时却不会减少其他人的福利。或者说有效率的情况是指:无法在不使别人的境遇变得更糟的情况下让某个人变得更好。今天,我们已经懂得:在一定条件下,包括完全竞争,市场经济会显示出配置效率。在这样一个制度中,经济作为一个整体是有效率的,没有一个人的境遇可以在不使他人的境遇变得更糟的情况下变得更好"③。

---

① 茅于轼:《经济学和它的数理基础——择优分配原理》,暨南大学出版社,2008 年版,第 162～163 页。

② 茅于轼:《经济学和它的数理基础——择优分配原理》,暨南大学出版社,2008 年版,第 163 页。

③ 保罗·萨缪尔森、威廉·诺德豪斯:《经济学》第 18 版,萧琛译,人民邮电出版社,2008 年版,第 246 页。

茅于轼和萨缪尔森的这两段话均写得"学院气十足",很多人难以看懂! 但如果把这两段话"翻译"一下,所谓"帕累托最优"境界,是说富人和穷人都平等地以同等的"边际效用率"而均衡地上升,但是绝不能用剥夺富有者私有财产的方法,使所有人在私有财产近似均等的条件下,以同等的"边际效用率"而均衡地上升! 而根据这样的理念,中国的新自由主义学者往往激烈攻击1949年后中国所推行的"平均地权"的政策,认为这完全是一种错误的背离帕累托最优的一种政策。

下面将介绍一个试行将两大经济理论体系一在一个理论框架中的方案:线性的"供需均衡模型新解"①。

六、一个新的尝试:对"线性供需模型新解"的再研究

1. 在西方经济学的教科书里,通常用供给曲线和需求曲线描述市场价格的涨落,用"交汇点",也就是"均衡点",描述"均衡价格"和"均衡量"。在教科书里,还常常给出如下的示意图(见图1):

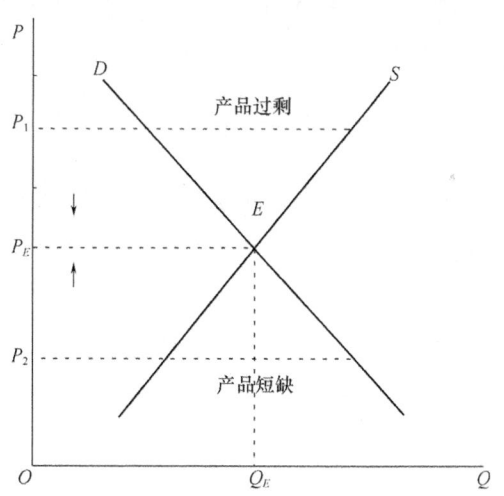

图1 均衡价格的决定

图1中纵轴 P 代表商品的市场价格(Price),横轴 Q 代表商品的交易数量(Quantity);直线 D 代表需求(Demand),直线 S 代表供给(Supply),而交汇点 E 代

---

① 何祚庥:《"生产价格是供求均衡所决定"的吗? ——评茅以轼、陈平之争》,《学术界》,2014年第4期,第109～117页。

表着均衡点(*Equilibrium*)。当然,这两根直线所以会出现"均衡点",是来自市场不同"力量"完全的自由竞争。按照萨缪尔森的说法,亦即"没有一家企业或一位消费者足以影响整个市场的价格"[①]。

在一个完全竞争的市场中,市场机制将会使商品的需求量 Q_D 和供给量 Q_S 沿着需求曲线和供给曲线的斜率变动。在"直线"近似下,这两根直线可表示为下列的联立方程式:

$$Q_D = -nP_D + a_D \qquad\qquad (23)$$

$$P_S = mQ_S + b_S \qquad\qquad (24)$$

公式(23)和公式(24)中的斜率 n 和 m,即西方经济学教科书所说的边际效用。但这里所写的联立方程式和西方经济学教科书里所写的公式有一点小差别:更明显地"标出"这两根直线分别在 P 轴和 Q 轴上的"截距",从而更便于讨论"截距"所代表的"物理"内涵[②]。解析几何的知识告诉我们,如果要在图上完整地定义一根直线,那就必须要有两个参数:一个是斜率,另一个就是截距。而如果要完整地定义两根直线,那就必定要有四个参数。在物理学的研究里,曲线只描写物理量变化的走向,而"物理"的内涵往往包容在参数里面!由于公式(23)、公式(24)比通常的一般均衡模型多了两个参数,因而这一新修改的模型,就可能包含着新的"物理"!

由于图 1 只是一个示意图,现在为了更明显地给出公式(23)和公式(24)的截距,可将图 1 改绘成图 2 的形式:

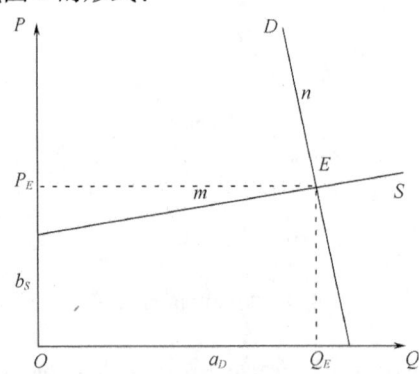

图 2 比较接近真实变动趋势的示意图

① 保罗·萨缪尔森、威廉·诺德豪斯:《经济学》第 18 版,萧琛译,人民邮电出版社,2008 年版,第 31 页。

② 实际也就是"经济"内涵。

图 2 中的 m,n 是直线方程即公式(23)、公式(24)中的斜率,而 m,n 这两个参量,则反映着这一简单的线性模型的"边际效用",但却略去了边际效用"递减"或变化的含义;一般情况下,有 $m \geq 0$,并有 $n \geq 0$,只在特殊情况下,才"反常"地超出适用范围。但是,新添加的截距 b_S 和 a_D 就比"纯"边际效用理论多出了新的"物理"内涵。所谓"马克思革命""凯恩斯革命",也就可以进入仅讨论"边际革命"的经济学里。

2. 纵轴上的截距 b_S,反映着生产者所出售产品的最低售价。b_S 可以是"生产成本 + 利润",也可以是没有利润的"纯生产成本",当然也可以是"生产成本 + 超额利润",并且有 $b_S \geq 0$。显然,生产者只会在极特殊的情况下,才会以低于其成本的价格抛售其所生产的产品;且如果市场只愿以低于其生产成本的价格接受其生产的产品,生产者必定停止生产。在图上明确地给出截距 b_S 有极大的好处,那就是可以通过对 b_S 值的分析,弄清楚各类企业不同成本的结构,以及价值的构成等对市场均衡价、均衡量的影响。

(1)在古典经济学里,b_S 是"成本价格 + 利润",或"成本价格 + 超额利润"[1]。

(2)在马克思主义的政治经济学里,b_S 由不变资本 C、可变资本 V、剩余价值 m_J 所构成,也就是 $b_S = W_J / Q_S$,即出厂的单位产品里凝结的价值;而 Q_S 是产品的供给数量[2]。

(3)在本文已介绍过的新提出的"科技 × 劳动"创造使用价值的新政治经济学里,单位产品出厂时产品所具有的使用价值 $b_S = W_S / Q_S$,而 $W_S = m_S + C + V$,并有 $W_S = N_S \times W_J$。其中 W_S 是使用价值,m_S 是剩余使用价值,而 N_S 是生产产品的狭义科技效率因子。

有了这一新解读的截距 b_S,就可将科技进步也引入对均衡价格的决定之中,其作用类似于新古典主义经济学里索洛模型引入的参数"A";因而人们将能应用"科技 × 劳动"创造使用价值的新理论,重新解释新古典增长模型。

3. 横轴上的截距 a_D,反映着市场上的购买者愿意购进的最大购买量。在古典经济学里,有不少学者相信萨伊定律,往往认为产品售价 $P_D = 0$ 时,消费者有无限大的购买的欲望。这里引进的截距 a_D,其实是对市场售价 P_D 和需求数量 Q_D 的"极限"行为的一种描述。市场上的农产品绝不会以 $P_D = 0$ 的价格抛售。卖家宁可把牛奶倒入大海,也不愿过分压低售价。所谓 $Q_D = $ 最大需求 a_D,实际上是 P_D

---

① 马克思:《资本论》,第 3 卷,人民出版社,1975 年版,第 44,221 页。

② 马克思:《资本论》,第 3 卷,人民出版社,1975 年版,第 33 页。

趋近于0时的极限值,也就是用"极限"对市场上实际的购买力总表现为有限的购买力的一种描述。而且,按照凯恩斯模型,为走出经济危机,政府往往采取各种刺激需求、开拓新市场等宏观调控政策。如果微观经济学里的需求数量 $Q_D = \infty$,就必然和宏观经济学里的"有限需求"发生尖锐冲突。所以,需求数量 Q_D 要受到市场容量的有限性,亦即购买人群的有限性、购买力的有限性等因素形成的饱和消费容量的限制。图2中的截距——最大需求量 a_D 必定是有限值,并恒有 $a_D \geq 0$。

在图上明确标出截距 a_D,在讨论各种现实的经济问题时,也有一大好处,那就是可以通过对 a_D 的分析,深入探讨何谓发挥市场在资源配置中的基础性、决定性作用,可以更加注意如何完善既有市场、开拓新兴市场,可以定量地分析各不同发展阶段上的各类商品的市场需求以及需求结构,可以"预先"估计产品可能在市场上占有多大份额,可以定量描述何谓"供大于求"、何谓"求大于供",等等。这也更便于人们理解为什么在市场经济里会经常出现生产过剩、就业偏低等怪现象;反过来,也更便于人们深入理解为什么在计划经济里会出现经济短缺、效益低下等不良经济效果。

4. 在供求达到均衡的条件下,图2中的两条线的交汇点是均衡值。有均衡数量 Q_E,并有 $Q_D = Q_S = Q_E$;有均衡价格 P_E,并有 $P_S = P_D = P_E$。其具体数值是:

$$Q_E = \frac{a_D - nb_S}{1 + mn} = \frac{a_D \left(1 - n\frac{b_S}{a_D} \right)}{1 + mn} = a_D M_E \tag{25}$$

$$P_E = \frac{b_S + ma_D}{1 + mn} = \frac{b_S \left(1 + m\frac{a_D}{b_S} \right)}{1 + mn} = b_S N_E \tag{26}$$

但这里新引进了两个经济量,即市场实现比值(M_E):

$$M_E = \frac{Q_E}{a_D} = \frac{1 - n\frac{b_S}{a_D}}{1 + mn} \tag{27}$$

和市场交易效率因子(N_E):

$$N_E = \frac{P_E}{b_S} = \frac{1 + m\frac{a_D}{b_S}}{1 + mn} \tag{28}$$

也可以将上述两个公式改写为:

$$Q_E = \frac{a_D}{1 + mn} - \frac{nb_S}{1 + mn} \tag{29}$$

$$P_E = \frac{b_S}{1 + mn} + \frac{ma_D}{1 + mn} \tag{30}$$

或者说,均衡量 Q_E 和均衡价 P_E 的大小、高低,将由描写边际效用的斜率 m 和 n,描述劳动投入的截距 b_s 和描述有限需求的截距 a_D 所共同决定。

有趣的是,虽然公式(23)至公式(30)只是由 4 个最简单的参数 m,n,b_s,a_D 决定的两根直线以及它们的交点来解答,但却比西方经济学里的边际效用模型包含着待发掘的更丰富的经济内涵。

5. 在萨缪尔森《经济学》的教科书中,有专门的章节讨论"经济学的逻辑",告诫"初出茅庐"的年轻学者,"必须警惕经济推理中各种常见的思维谬误"。萨缪尔森还列举了下列三类常见的谬误:

(1)后此谬误。"如果我们仅仅因为一件事发生在另一件事之前,就想当然地认为前者是后者的原因,那么,我们就犯下这里所说的后此谬误。"恩格斯在《自然辩证法》里也曾讨论过这类"后此谬误",即仅仅根据一个现象在前,另一个现象在后,即"想当然"地做出两个现象存在因果关系的结论。恩格斯还以"今天早晨太阳的升起,并不是明天早晨太阳也会升起的原因"为例,说明"单凭观察所得的经验,决不能充分证明必然性"[1]。所以,西方经济学和马克思主义政治经济学在研究方法上是彼此相通和互相认同的。

(2)不能保持其他条件不变的错误。"切记:当你分析一个变量对于经济体系的影响时,一定要保持其他条件不变。"但问题是,经济学里的客观事实,并不能等同于实验室里可控的单因素的实验,真正执行起来,往往存在不少困难!

(3)合成谬误。"如果你认为对局部来说成立的东西,对总体也必然成立,那你就犯了'合成谬误'。"

萨缪尔森还举出若干案例"说明不注意经济学逻辑会使你犯什么样的错误,这些错误有时会使你付出昂贵的代价"[2]。

问题是,萨缪尔森并没有能给出一个如何避免这类"单因素分析导致错误"的有效方法。而从我们来看,经济学的研究应该向理论物理学学习。在理论物理学的研究中,人们常常构建某些综合了多种因素,但又是"可精确求解"的物理模型,从而可以对各种因素以及各因素之间的复杂关系、对各类经济现象进行较深入但又是综合的研究和分析。现在我们研究并尝试提出的"线性供需均衡模型新解",只是引入这类研究方法的一种尝试。

---

① 恩格斯:《自然辩证法》,于光远等译编,人民出版社,1984 年版,第 99~100 页。

② 保罗·萨缪尔森、威廉·诺德豪斯:《经济学》第 18 版,萧琛译,人民出版社,2008 年版,第 5~6 页。

当代西方经济学是以仅有两个参数 m 和 n 的边际效用模型为"出发点",而展开它的全部理念和建立全部体系的。那么,一个大胆的设想是:我们能否以这里探讨的涉及四个参数 m, n, b_S, a_D 的"线性供需均衡模型新解"为基础,重新探索、建立一个"新"的政治经济学?

下面先试图探讨一个新问题,这一"供需均衡模型新解",还可能包含哪些新"物理"?

第一,公式(29)所决定的均衡量 Q_E 和公式(30)所决定的均衡价 P_E,是包含四个参数 m, n, b_S, a_D 的严格解。这就完全修改了长期存留于"边际效用模型"的理念,即认为供给量和需求量的变动,也就是公式(29)和公式(30)中的 m, n,或又称为"边际生产力",是改善或决定"永远是稀缺的"资源配置形式最重要的因素这一基本理念,转而同时必须考虑厂家出厂的最低生产价格 b_S 和市场可以接受的最大需求量 a_D。一共是四个因素,综合地决定着稀缺的资源的配置形式。而由此,马克思的劳动价值论和凯恩斯的有限需求论,就可能进入决定市场交易的两根曲线,从而将仅讨论局部因素的一般均衡论,改为讨论全局因素的一般综合均衡论。而如果引入马克思的劳动价值论来解释截距 b_S,那么单位产品生产价格的高低,将唯一地由投入的"死劳动 + 活劳动"决定 b_S 蕴含的生产价值的大小。这样,萨伊等人所提出的"资本—利润、土地—地租,劳动—工资"的三位一体公式,就被排除在市场供需均衡模型之外!反映在供给曲线上,土地、劳动和资本将分别由所投入的劳动(包括死劳动 + 活劳动在内)的多少决定它们各自的 b_S,并决定着曲线的变化和走向。而如果对资本或土地所添加的劳动是零,那么它们的生产价值 $b_S = 0$。因此,"边际生产力"也就要改为"劳动生产力";与此同时,"边际收益"也就要改为"按劳收益"。

第二,更有意思的是,这一供需模型还能反过来回答或解决马克思主义政治经济学在转向讨论市场如何由价值决定市场价格和市场价值时所遇到的一些困难。马克思《资本论》第3卷用专门的一章即第10章讨论"市场价格和市场价值"的关系。由于19世纪的经济学均较少地应用现代数学,因而在定量地讨论价值和价格的关系时,就不免会引起一些不同理解,并诱发激烈的争论。而现在,采用这一"供需均衡模型新解",就能回答长期在古典政治经济学里争论不休的何谓生产价格、何谓(生产)价值、何谓市场价格、何谓市场价值等未明确解决的一些问题。

显然,"供需均衡模型新解"的公式(26),易改写为

$$P_E = b_S N_E \qquad (31)$$

它可进一步分拆为如公式(32)所示的两项:

$$P_E = b_S + b_S(N_E - 1) \tag{32}$$

在古典劳动价值论里,已知 b_S,也就是单位产品出厂的价值 W_J/Q_S,代表来自生产劳动所创造的单位产品的价值。均衡价 P_E 中的 $b_S(N_E - 1)$,显然就是产品转化为商品,即产品售出时还要计入的来自流通领域里的商业劳动添加的附加价值。

而因此,从这里新提出的"供需均衡模型新解"来看,所谓生产价格,即单个企业产品的最低售价,而生产价值 b_S 是同一行业的所有企业出厂的生产价格的加权平均值。市场价格是各不同企业产品在市场上实现的售价,而市场价值却是各不同企业产品在市场实现的售价的加权平均值,也就是均衡模型中均衡价 P_E。如用公式来表示,就有:

$$\text{市场均衡价格} = \text{均衡价} P_E \equiv \text{市场价值} \tag{33}$$

6. 在古典劳动价值论里曾存在所谓"第一种含义"和"第二种含义"的社会必要劳动时间的争论。如用《资本论》第 1 卷里的概念来表示, b_S 是生产劳动所产生的价值,或又称为"第一种含义"的社会必要劳动时间所创造的价值;而均衡价 P_E 就应为《资本论》第 3 卷里讨论市场价值时又提出的市场价值,还可以理解为"第二种含义"的社会必要劳动时间所创造的价值。

对于何谓"第二种含义"的社会必要劳动时间所创造的价值,马克思曾做过如下解释:"不仅在每个商品上只使用必要的劳动时间,而且在社会总劳动时间中,也只把必要的比例量使用在不同类的商品上。这是因为条件仍然是使用价值。但是,如果说个别商品的使用价值取决于该商品是否满足一种需要,那么,社会产品总量的使用价值就取决于这个总量是否满足适合于社会对每种特殊产品的特定数量的需要。……在这里,社会需要,即社会规模的使用价值,对于社会总劳动时间分别用在各个特殊生产领域的份额来说,是有决定意义的。"[1]马克思又说:社会"必要劳动时间在这里包含着另一种意义。为了满足社会需要,只要有这样多的劳动时间才是必要的。在这里界限是通过使用价值表现出来的"[2]。(着重号为引用者所加)

把马克思这两段话总结一下:价值的概念本来仅由所投入的生产劳动所决定,也就是"第一种含义"的劳动所创造的价值;但当产品进入市场以后,在供求

---

[1] 马克思:《资本论》第 3 卷,人民出版社,1975 年版,第 716 页。
[2] 马克思:《资本论》第 3 卷,人民出版社,1975 年版,第 717 页。

规律的影响下,也就是在"社会需要"或"使用价值"的影响下,价值会转化并增值为市场价值。这就产生一个问题:这一增值从何而来？按照"供需均衡模型",这一"增值"显然来为满足社会需要,或由生产价值转化为使用价值时还应添加的,必须计及生产价值转化为市场价值时所添加的商业劳动所创造的价值以及剩余价值。

由此可见,所谓"第二种含义"和"第一种含义"的差别,就在于是否承认流通过程也创造价值。在《资本论》研究的初期,特别是在第 1 卷里,马克思是一直否认流通过程中商品由价值转形为使用价值所付出的劳动也可以创造价值的。直到《资本论》第 3 卷又提出"第二种含义"的社会必要劳动时间后,马克思本人也"与时俱进"地有所改变,但没有来得及详加论证、解说。问题是,在中国有一大批马克思主义学者,包括丁堡骏教授在内,只知仔细研读《资本论》第 1 卷,而往往不能理解马克思在《资本论》第 3 卷以及其他后来的著作中,在理论、观点上的演变和发展。

例如,前面提到的那本"马克思主义理论研究和建设工程重点教材"《马克思主义政治经济学概论》中,就明确说:"在商业活动中,除了生产过程在流通领域内的继续外,如商品的运输、保管、包装等活动,纯粹的商品买卖活动是不能创造价值和剩余价值的。所以,商业利润不能来源于纯粹的商品买卖。"①然而,不论在中国还是在全世界,都存在着广大的第三产业从业者,而事实上,在发达国家中,被称为产业工人的工人阶级,其人数正在迅速减少,从事服务行业的从业人员正在迅速增加,怎么能将几乎占人口大多数的劳动者从事的劳动排除在劳动所创造的价值的概念之外?! 这根本不是什么马克思主义的"立场、观点和方法",这完全是过时的、狭隘的"工团主义"! 然而,这本作为"重点教材"的《马克思主义政治经济学概论》,却是中国一大批马克思主义学者集体创作的"力作"! 我们在这里提出的"线性供需均衡模型新解",也是一种"拨乱反正",也许可作为对多年争论的一种澄清。

7. 如果转到"新"劳动价值论,也就是将劳动价值论进一步发展为"科技×劳动"创造使用价值论,相应地,在公式(23)至公式(30)中,如果引入"科技×劳动"创造使用价值的理论,就还将出现新"物理"。这里对公式(23)至公式(30)所做的唯一的修改,是将截距 b_s 重新定义为 b'_s,这时,b'_s 是产品出厂的最低价格,它和

---

① 《马克思主义政治经济学概论》编写组:《马克思主义政治经济学概论》,人民出版社、高等教育出版社,2011 年版,第 152～153 页。

使用价值 W_S 的关系是:

$$b'_s = W_S/Q_S = N_S W_J/Q_S = b_S N_S \quad (34)$$

而因此,均衡价格为:

$$P_E = b'_s N_E + b'_s(N_E - 1) = b_S N_S + b_S N_S(N_E - 1) \quad (35)$$

前一项 $b_S N_S$ 是生产领域贡献的使用价值,后一项 $b_S(N_E-1)$ 是市场交易过程添加的商业劳动产生的使用价值。但是

均衡价格 P_E = 市场价值 $b_S N_E$ × 狭义科技效率因子 N_S = 价值 b_S × 广义科技效率因子 N

$$(36)$$

其中,N_E 是市场交易效率因子,而 $N = N_E N_S$ 是广义科技效率因子。而均衡价格 P_E 和价值的关系就可以写成:

$$P_E = b_S N_S \times \frac{1 + ma_D/b_S N_S}{1 + mn} = \frac{b_S N_S + ma_D}{1 + mn} \quad (37)$$

公式(35)、公式(37)意味着有多种因素共同决定均衡价格 P_E。其中既有劳动所决定的价值,也有"劳动×科技"所决定的生产价格,而生产价格再乘上交易效率因子 N_E 后,就转为市场使用价值。

但是,由于有了科技进步,有了 N_E,"生产+交易"导致的利润率 P 将增大为

$$P = \frac{P_E}{b_S} = N_S \times \frac{1 + ma_D/b_S N_S}{1 + mn} = \frac{N_S + ma_D/b_S}{1 + mn} \quad (38)$$

8. 当然,"新"劳动价值论也还能影响到均衡量 Q_E 的数值。如果将公式(34)中的 b'_s 替代公式(29)中的 b_S,那么:

$$Q_E = \frac{a_D}{1 + mn} - \frac{nb'_s}{1 + mn} = \frac{a_D - nb_S N_S}{1 + mn} \quad (39)$$

这里值得特别注意的是,公式(37)中的分子是 $b_S N_S$ 和 ma_D 的相加,而公式(39)的分子却是 a_D 减去 $nb_S N_S$ 项。一旦出现重大科学技术革命,也就是一旦 $N_S \gg 1$,或者说 N_S 可以是很大很大的一个数值,那么,市场上实现的均衡量 Q_E 将不断缩小,甚而不排除可以是负值!所以,公式(39)所蕴含着的新"物理"是:随着生产技术的不断改进,如果企业所投入的包括死劳动和活劳动在内的 b_S 并不相应减少,而同时政府或垄断企业却并不采取鼓励需求的措施,仍维持公式(39)中 a_D 的数值不变,就一定会出现生产过剩!不排除可出现全面的、长时期的大危机,如1929~1933年曾出现过的经济大衰退!

而所谓"凯恩斯革命",其实质性的措施也就是:①否定了萨伊定律,引进了有限需求,即存在最大需求量 a_D;②主张政府有必要出手干预市场,干预需求。也就是通过政府干预,对公式(37)和公式(39)均引入一个新需求量 a'_D,令 $a'_D =$

$a_D M_D$，并有 $M_D \gg 1$。显然，这一 M_D 也就是由政府出面，对市场需求量 a_D 新引入一个市场需求干预因子 M_D。而如果 $M_D \gg 1$，新导出的均衡价格和均衡量的公式分别是：

$$P_E = \frac{b_s N_s + m a_D M_D}{1 + mn} \tag{40}$$

$$Q_E = \frac{a_D M_D - n b_s N_s}{1 + mn} \tag{41}$$

不难看出，不仅仅 Q_E 的数值实现了增长，同时，还有 P_E 的数值也出现了增长！至于国内社会生产总产值 W_s，将有：

$$W_s = P_E \cdot Q_E = \frac{b_s N_s + m a_D M_D}{1 + mn} \cdot \frac{a_D M_D - n b_s N_s}{1 + mn} \tag{42}$$

显然，国内社会生产总产值 W_s 和国内生产总值 M_s 均以 M_D 平方的速度快速增长。所以，公式（42）清晰地显现出政府对市场干预或进行宏观调控的巨大作用。而反过来，如果政府采取的调控措施不到位，或调控措施不科学，也完全可能出现 $M_D < 1$。这就要求政府既是一个领导有方的强势政府，同时也必须是一个讲究科学决策、深得民心的开明政府！

9. 凯恩斯主义和后来发展出的后凯恩斯主义的差别是："凯恩斯主义认识到有效需求不足的主要根源在于投资需求的不足，后凯恩斯主义者还认识到了有效需求不足与资本主义分配关系之间的联系。"[1]所以，凯恩斯主义较注重资本市场的调控，后凯恩斯主义就偏重于劳动市场，即工资的调控。在理论上，后凯恩斯主义还在一定程度上吸收了马克思主义的观点，注意到"分配取决于阶级力量的对比，取决于市场均衡之外的争论和权力的斗争"[2]。所以，新推导出的公式（40）和公式（41）将能对研究"不同"市场引进不同大小的需求调控因子 M_D 所产生的不同影响进行探讨和分析。但是，这里"新"引进的劳动价值论和"科技 × 劳动"创造使用价值论，不仅能从需求来探讨"市场均衡之外的争论和权力的斗争"，还能从来源上，也就是从资本市场和劳动市场的 b_s 和 b'_s 的差别上来探讨与分配和生产关系相联系的"阶级力量的对比"等相关的理论问题。这样，在研究和探讨社会公平问题时，就彻底摒弃了所谓"资本—利润，土地—地租，劳动—工资的……

---

① 樊纲：《现代三大经济理论体系的比较与综合》，上海三联书店、上海人民出版社，2006 年版，第 146 页。

② 樊纲：《现代三大经济理论体系的比较与综合》，上海三联书店、上海人民出版社，2006 年版，第 242 页。

三位一体"的理念①。而且,这一供需均衡模型新解又较后凯恩斯主义前进了一大步!

10. 更有意义的是,这一供需均衡模型新解还为理解科斯提出的交易成本理论或制度成本理论提供了新视角。由这里新导出的公式(40)容易看清楚由公式(28)所定义的交易效率因子N_E可改写为:

$$N'_E = \frac{P_E}{b_S N_S} = \frac{1 + m \dfrac{a_D M_D}{b_S N_S}}{1 + mn} \tag{43}$$

所以,在估算交易成本对制度成本的影响时,就既要计及内部性变量,同时还要计及外部性变量。而更有意义的是,在讨论制度成本时,还要看到"制度"影响下的商品的数量Q_E,也就是制度对市场价值的"成本"可表达为:

$$制度影响下的市场价值的成本 = \frac{P_E}{Q_E} = \frac{b_S N_S}{a_D M_D} \times \frac{1 + n \dfrac{a_D M_D}{b_S N_S}}{1 - m \dfrac{b_S N_S}{a_D M_D}} \tag{44}$$

这一公式的特点是,"制度"影响下的市场价值"成本"仅是 n, m 和 $\dfrac{a_D M_D}{b_S N_S}$ 三个因素,并不是六个因素;这一线性供需模型新解给出的公式(44)新引进 a_D, b_S, M_D 和 N_S 四个因素,但它们却以固定的互相制约的形式组合在一起。

科斯定理说:"只要产权设计适当,市场就可以在没有政府直接干预的情况下解决外部性问题。"②这就是说,政府所要做好的事情是"只要适当地配置产权"。而正如斯蒂格利茨所指出的:"然而,应用科斯定理的机会极其有限,因为达成一项协议的成本可能非常高。"③科斯定理的另一应用,是计算制度成本,而交易成本的高低、大小就成为判别制度好坏的依据。但所有这些问题的研究,都牵涉到如何计算交易成本的问题。新导出公式(43)、公式(44)表明,交易成本以及制度效率的测算均受"外部性"变量的影响。所有这些新因素,均将影响今后的产权配置学和制度经济学的研究。而且,从理论上来看,不仅仅市场上的最低售价 b'_S 和最大需求量 a'_D 是宏观可控的,而且,这两根直线相交的斜率 m, n 也完全可能受到各种市场内部因素的影响而改变,如受"定价权"之争,边际效用的递增、递减

①　马克思:《资本论》第3卷,人民出版社,1975年版,第938页。

②　约瑟夫·E. 斯蒂格利茨、卡尔·F. 沃尔什:《经济学》第4版,上册,黄险峰、张帆译,中国人民大学出版社,2011年版,第408页。

③　约瑟夫·E. 斯蒂格利茨、卡尔·F. 沃尔什:《经济学》第4版,上册,黄险峰、张帆译,中国人民大学出版社,2011年版,第409页。

等因素的影响而改变。当然也还有政府和社会等外部性影响。所以边际斜率 m 和 n 也完全可能改变为 m' 和 n'。

11. 总之,从我们来看,这一线性供需模型新解,已初步将当代经济学研究里得到较多认同的五大理论——劳动价值论、边际效用论、有限需求论、科技进步论以及交易成本论,用引入类似物理学"参数"的方式,试行统一在一个讨论市场价格和交易量关系的"供需均衡模型新解"之中。在这一模型新解的基础上,有望进一步采纳、吸收前人获得的许多成就,并比较评判其成败得失。

当然,这一模型在数学形式上还是最简单的线性模型;但人们将不难将其推广到非线性的供需均衡模型上去,只不过其数学形式比较复杂。但在非线性效应不很重要的条件下,上述线性模型所得到的基本结论均将在非线性模型中保留不变。而更重要的是,在研讨由线性模型改为非线性模型的问题时,如果非线性效应显著地影响到供需均衡的种种特性,就还有可能带来一些新的"物理"内涵。

下面举出两例,表明这类"非线性供需均衡模型"的研究将有广阔的发展前景。

七、非线性供需均衡模型研究的两个例证

1. 例证之一:评茅于轼教授在"18 亿亩耕地红线"上的错误。

正如我们在《生产价格仅是供求均衡所决定的吗?》一文中所指出的,茅于轼教授在一篇字数还不到2 000字的短文《交易费用是生产价格的成本》中,一而再、再而三地反对"为了粮食安全"而制定的 18 亿亩红线。他甚而批评那些不支持"这一主张"的人,包括"在座同学的 80%",包括"国家制定政策的人","并不真正懂得经济学"[①]。

不过,从现在正在研讨中的新政治经济"物理"学特别是从这一"线性供需模型新解"来看,很可能"并不真正懂得经济学"的人恰好是茅于轼教授!

市场交易会出现价格的涨落。"供不应求就会涨价","供过于求就会落价"。价格的涨落也的确可能"调整到供需均衡"。但需要指出,并不是价格的涨落必定可以"调整到供需均衡"。可能性不等于现实性。市场可以"调整到供需均衡",是有条件的。

市场所以可以"调整到供需均衡",其前提是,反映供给量和需求量变动的两根曲线有交点,描述两根曲线的数学方程式有解。而如果交点不出现在第一象限

---

① 何祚庥:《生产价格仅是供求均衡所决定的吗? ——评茅于轼、陈平之争》,《学术界》,2014 年第 4 期,第 109 页。该文已收入本书。

的"物理区",非"物理区"里的纯数学解答就没有实际意义。

试问当今中国为什么必须制定一个保护耕地面积的18亿亩红线？其最基本的原因,是当前中国农民掌握的农业生产技术只能在一亩耕地上平均生产 300～400 公斤粮食。袁隆平的"千斤稻",并不能在所有耕地上普遍推广。而 14 亿的中国人,每年大体上要消耗约 6 亿吨粮食。在中国的农业市场上,至少必须确保有 6 亿吨粮食的供给。粮食属刚性需求,反映在供需图上,需求曲线将具有截距 a_D,表现为一根垂直于横轴的直线

$$Q_D = a_D \qquad (45)$$

在供应量绝对短缺的条件下,即使"一个东西供不应求就会涨价,涨价以后供给量会增长",但如果市场能供给的粮食总量 Q_S 的最大值是 Q_0,而且有 $Q_0 < a_D$,那么不论粮价如何高涨,其供给和需求曲线必定表现为如图 3 所示的形式:

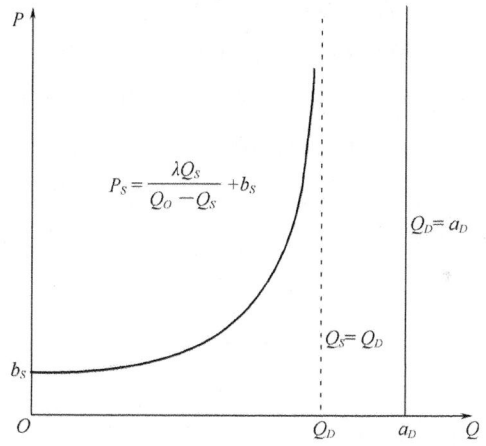

图 3　粮食短缺市场供给曲线和需求曲线示意图

图 3 中的直线是公式(45)所描述的刚性需求 $Q_D = a_D$。而供给曲线可以表现为用双曲线逼近的算式:

$$P_S = \frac{\lambda Q_S}{Q_0 - Q_S} + b_S \qquad (46)$$

其中,Q_0 是市场所能提供的总供应量,λ 是决定曲线斜率大小的某一常数,在 Q_S 接近于 0 的条件下,将有

$$\frac{\lambda}{Q_0} = m \qquad (47)$$

公式(46)所描述的供给曲线的特点是:当 Q_S 的数值接近于 0 的时候,P_S 趋近 b_S,即截距仍为 b_S,斜率仍为 m;而当 Q_S 逐渐增长时,也就是需求量 Q_S 不断增长

时,市场上的价格 P_S 会不断上涨;当 Q_S 接近 Q_o 时,P_S 的具体数值会趋向于 ∞ 。

最终供给曲线即公式(46)将会以

$$Q_S = Q_o \tag{48}$$

的直线为渐近线,却永远不会和公式(45)所代表的需求直线相交。也就是,在"第一象限"的"物理区"内不会有均衡解!

粮食短缺,是否可以从国际市场上买到? 当然有望从国际市场上买到一定数量的粮食。问题是,中国的人口是世界人口的1/5,国际市场的粮食交易总量才约是2亿吨,而中国的需求至少是6亿吨! 未来学家布朗就曾问过:"谁来养活中国?"

当然,如果在未来的中国市场上,农业生产技术有突破性进展,每年粮食单位面积(亩)的平均产量超过了400公斤,即不论出现丰收还是歉收,水灾还是旱灾,每一年都达到400公斤以上的平均产量,那么18亿亩的红线就未必不能打破。

问题是,我们的农业生产技术距这一水平还有一段长长的距离。

下面将讨论另类非线性曲线对供需均衡模型的影响。

2. 例证之二:双曲线的特点是必定存在渐近线,因而可利用这一特性来探讨短缺经济,但另一类最简单的非线性曲线是用抛物线来描绘可以向后弯转的供给曲线。

"直线"近似的进一步改进,是引入边际递减效应,其最简单的修改是加上一个二次式的修正项。因此,Q 和 P 的二元一次的线性联立方程式组可改为联立二元二次方程式组:

$$Q_D = a_D - nP_D - sP_D^2 \tag{49}$$

$$P_S = b_S + mQ_S + tQ_S^2 \tag{50}$$

当然,也可以改写为如下形式:

$$Q_D = a_D - nP_D - sQ_D^2 \tag{51}$$

$$P_S = b_S + mQ_S + tP_S^2 \tag{52}$$

公式(49)和公式(51)中的 s 和 n 将同是"减号",也就是售价或需求量的增加,将导致需求量上升速率的减少。公式(50)和公式(52)中的 t 也和 m 一样,恒为正值,随着需求量或售价的增加,售价的上升速率将变大。当然,公式(49)~公式(52)均是抛物线,其特点是经过某一极值后,走向会弯转。

公式(49)和公式(50),或公式(51)和公式(52)均是二元二次的联立方程式,可应用初等代数学求解四次方程式的方法,求出精确解。在过去中学里的教科书《范氏大代数》以及通用的数学手册里,都可以查到四次方程式的精确解。可利用这些精确解来细致地讨论这些非线性项贡献的大小。也可以将公式(49)

和公式(50),或公式(51)和公式(52)扩展成为包含更高的非线性三次方和四次方的修正项。一般情况下,这里所新添加的非线性项其贡献均较小,也就是说,这些非线性修正项将不会修改从公式(23)和公式(24)的直线型供需均衡模型所得出的"物理学"的或"经济学"的结论。

而如果上述非线性修正项变得较大,甚而占到主导的地位,那么,由公式(23)和公式(24)所得到的各种"经济学"结论就要有所修改。例如,一个显然将出现的修改是,两组抛物线有可能出现多于1个,亦即2~4个交汇点。很可能,在2~4个交汇点中,只有一个是稳定的均衡点,而其他多出的解就有可能是亚稳状态的均衡解。而因此,一个小扰动就可能破坏处在亚稳状态下的均衡!为简化所讨论的问题,可以令需求曲线仍维持直线的形式,而供给曲线就改写为如公式(52)所示的抛物线,这时,市场上的联立方程组将改为由公式(23)和公式(52)

$$Q_D = a_D - nP_D \tag{23}$$

$$P_S = b_S + mQ_S + tP_S^2 \tag{52}$$

所定义的联立方程式。但一根直线和一根抛物线的联立方程式将有两个交汇点。只要将公式(23)中的 Q_D 代入公式(52)的 P_S 的方程式中,就可由新得出的一元二次方程式求出它的普遍解。在所选参数合适的情形下,公式(50)和公式(52)就将出现如萨缪尔森和诺德豪斯《经济学》(第18版)一书所讨论过的供给曲线可以向后弯转的图形。

第一个图(图4)来自该书讨论"生产要素市场"的第12章,此图说明所有生

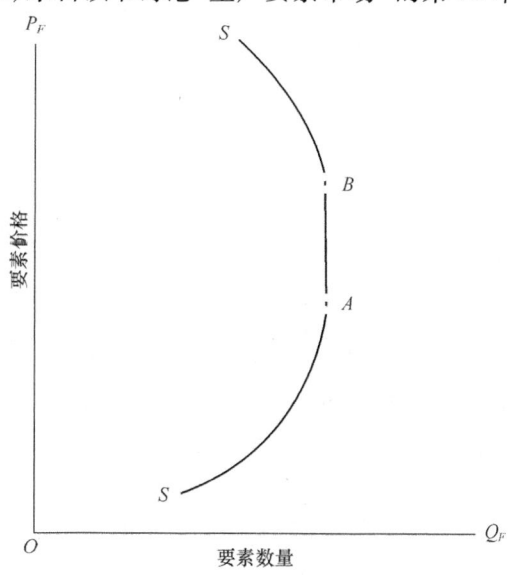

图4 生产要素的供给曲线

产要素的供给曲线均有可能向后弯转。

萨缪尔森解释说:"生产要素的供给依赖于要素的特性和所有者的偏好。一般地说,供给与价格呈正相关关系,如图中 A 点以下区域所示。对于供给固定的要素,如土地,供给曲线是完全没有弹性的,如图中从 A 到 B 部分所示。在特殊情况下,要素价格上升会大大增加所有者收入,如劳动或石油,这些要素的供给曲线可能会向后弯曲,如图中 B 点以上部分所示。"①

第二个图(图 5)来自讨论"劳动市场"的第 13 章,劳动力供给曲线可以向后弯转。

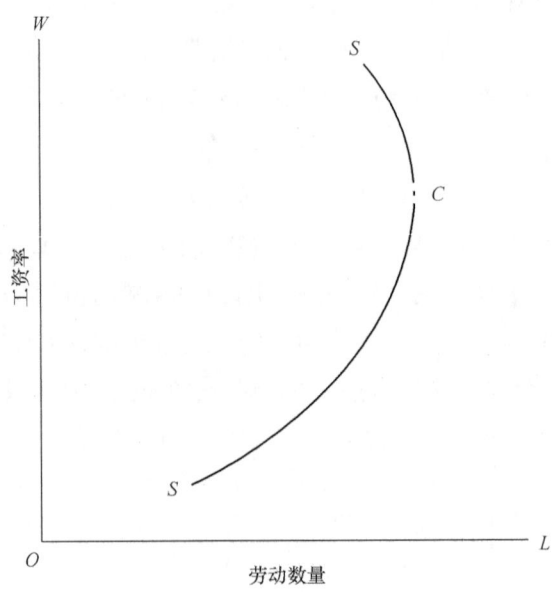

图 5　工资和劳动的供给曲线

萨缪尔森解释说,此图的特征是,"随着工资的增长,工人的工作时间有可能减少。在临界点 C 以上,提高工资率会减少劳动的供给量,因为收入效应超过了替代效应。这是为什么呢? 因为在更高的工资水平下,工人负担得起更多的闲暇,尽管所放弃的以工资计的每小时闲暇变得更加昂贵"②。

---

① 保罗·萨缪尔森、威廉·诺德豪斯:《经济学》第 18 版,萧琛译,人民邮电出版社,2008 年版,第 205 页。

② 保罗·萨缪尔森、威廉·诺德豪斯:《经济学》第 18 版,萧琛译,人民邮电出版社,2008 年版,第 216 页。

不难看出，《经济学》一书所给出的这类向后弯转曲线，与其说这类图形适用于劳动力供给，不如说这类向后弯转的曲线将更适用于资本或资金市场的供给。资本市场所固有的投机性，无疑将使该市场出现多种多样形式的非线性的供给曲线；而且资本或资金市场上的需求曲线，往往也呈现多种多样的非线性形式。

第三个图(图6)是新画的，由《经济学》一书取出另一根向后弯转的曲线①，再添加一根新直线形的需求曲线，从而成为两根曲线相交的图。

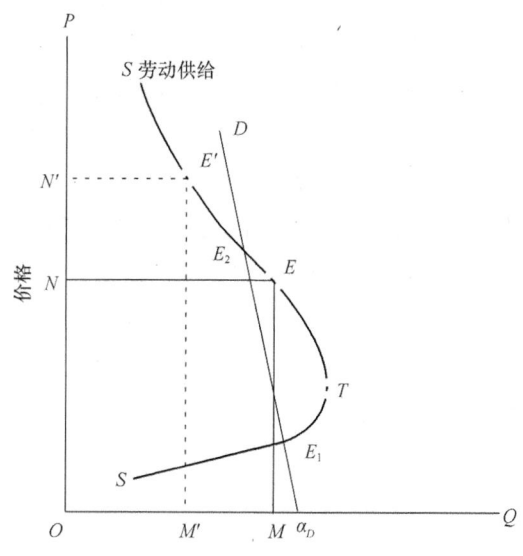

图6　带有双解的供求曲线

此图的特点是必然出现两个均衡点 E_2 和 E_1。如果用公式(52)的抛物线描写向后弯转的曲线，就可利用它们的严格解，讨论"双解""单解""无解"等不同形式的均衡呈现出的特性。

可以设法证明：在上述两个均衡点 E_2 和 E_1 的解中，其中有一组解是小扰动下稳定的，另一组解是小扰动下不稳定的。在冯金华所著《马克思主义经济学的数学原理》的最后一章，即第八章"产品市场和劳动市场的一般均衡"中②，有一个如何区别小扰动下稳定均衡和不稳定均衡的普遍方法，值得学习参考。

利用冯金华给出的区分方法，将不难证明交点 E_1 的均衡解是稳定的，交点 E_2

---

①　保罗·萨缪尔森、威廉·诺德豪斯：《经济学》第18版，萧琛译，人民邮电出版社，2008年版，第137页。

②　冯金华：《马克思主义经济学的数学原理》，上海人民出版社，2010年版，第211～240页。

的均衡解是小扰动下不稳定的。因此,这类非线性供需均衡模型的研究,将有助于回答为什么在股市等一些资本市场上会出现暴涨、暴跌等大起大落现象!

当然,非线性供给曲线和需求曲线的交汇,也完全有可能出现两个以上在小扰动下仍保持着稳定的均衡点。这类均衡点有可能在一个较长的时期内,其小涨小落仍保持着似均衡态,也就是这类市场会出现虚假的繁荣。但一旦出现某些强大的外部性的冲击,就完全可能突然地由某个似均衡态跳到绝对稳定的均衡点。因而这些问题的研究将十分有助于讨论为什么在某些发达国家会出现"黑色星期五",从而在一段较长时间内陷于某种时间上较长的金融危机或经济危机。

总之,上述这些可能,将从一个侧面说明:在研究马克思主义政治经济学理论问题时,需要经济学家、物理学家、数学家等各类人士通力合作。当然,这里的供需均衡模型的研究还只是初步的。很希望有兴趣的朋友们参加进来,特别是共同合作开展非线性问题的研究,这将是有丰富内涵的待开拓的新领域。

必须将科技进步引入
马克思主义政治经济学的定量的研究 *

何祚庥

引论

马克思主义理论必须与时俱进,马克思主义理论体系的基础——政治经济学更需要与时俱进。这是当代马克思主义者或科学社会主义者不能回避的重大理论问题。因为"要跟上时代前进步伐,就不能身体已进入二十一世纪,而头脑还停留在过去"[①]。

早在 13 年前的 2001 年 8 月 31 日,江泽民在国防大学军队高级干部理论研讨班上,就提出一个要"科学对待马克思主义"的问题。江泽民说:"我深深感到,当今世界和我们所处的时代,同过去相比发生了很多深刻变化。……我们必须与时俱进,继续丰富和发展马克思主义。如果因循守旧、停滞不前,我们就会落伍,我们党就有丧失先进性和领导资格的危险。"[②]

江泽民还说:"我们一定要看到《共产党宣言》发表一百五十多年来世界政治、经济、文化、科技发生的重大变化……要充分估计这些变化带来的影响。"[③]而早在 2001 年 7 月 1 日,江泽民还曾说:"我们应该结合新的实际,深化对社会主义社会劳动和劳动创造价值理论的研究和认识。"[④]

而要看到的是,自《资本论》第 1 卷发表以来,马克思主义政治经济学理论在

---

  * 本文原刊于《江西财经大学学报》2014 年第 2 期(总第 92 期)。

  ① 习近平:《顺应时代前进潮流,促进世界和平发展——在莫斯科国际关系学院的演讲》,《新华每日电讯》,2013 年 3 月 24 日。

  ② 江泽民:《江泽民文选》第 3 卷,人民出版社,2006 年版,第 335 页。

  ③ 江泽民:《江泽民文选》第 3 卷,人民出版社,2006 年版,第 339 页。

  ④ 江泽民:《江泽民文选》第 3 卷,人民出版社,2006 年版,第 286～287 页。

解释19世纪至20世纪中叶的资本主义社会、经济、政治甚而文化领域中诸多现象时,均获得重大成功。特别是在解释早期资本主义社会以及当代资本主义社会所必然出现的种种消极现象方面,有令人信服的说服力;迄今还没有任何一种经济学理论可以取代马克思主义政治经济学。但是,马克思主义政治经济学毕竟是19世纪的产物,那一时代经济学所探讨的问题,是"土地、劳动和资本";而现代的政治经济学就必须讨论由于科学技术的巨大进步所带来的社会政治经济的"复杂性",包括结构、发展以及相互关系上的重大变化,尤其必须从定性研究走向定量研究。下面将尝试讨论一个重大理论问题——如何将科技进步引入马克思主义政治经济学理论的定量研究。

一、建议将"科技 × 劳动"创造剩余使用价值的"新"劳动价值论引入政治经济学

马克思主义政治经济学的一个显著缺点是未能走向量化,而经济学必须是定量或至少是半定量的科学。近来,我国某些物理学工作者尝试将"统计物理"中的"局部均衡"等若干理念引入马克思主义政治经济学的研究,特别是政治经济学如何走向计量的研究。

早在1955~1956年,已有两位青年物理学工作者何祚庥和罗劲柏,在著名经济学家于光远教授和著名科学家钱学森教授激励之下,对马克思主义政治经济学如何走向计量做过一些初步研究。1957~1958年,何祚庥和罗劲柏先后撰写了《马克思主义再生产理论的数学分析(一)》《马克思主义再生产理论的数学分析(二)》《马克思主义再生产理论的数学分析(三)》三篇科学论文,对马克思提出的扩大再生产的马克思—列宁理论模型进行了详尽的数学分析,先后发表在钱学森教授主编的1957~1958年的《力学学报》上。这三篇文章指出,人们"在大力发展重工业的同时,必须以接近重工业的发展速度,发展轻工业",而如果第一部类以尽可能高的投入持续增长,最终必定导致"生产发生了中断"[1]。原因在于,消费资料的生产和生产资料的生产必须保持一定的比例关系。如果生产资料的生产被压低在一个很低下的水平上,那么消费资料的生产就只能以很低的水平来进行;而如果缺乏消费资料的充足供应,生产资料的生产也就不能持续扩大。所以,片面追求重工业的高速增长,必定导致消费品供应不足,出现短缺经济,最终使"生产发生了中断"。

---

① 何祚庥、罗劲柏:《马克思主义再生产理论的数学分析(一)》,《力学学报》,1957年第2期,第190页。

典型的案例是苏联的解体和戈尔巴乔夫所推行的"全面改革"的失败。戈尔巴乔夫虽然"声称"要在苏联进行"全面改革",但实际上仍以90%的力量发展重工业,仅以8%的力量发展轻工业。而单一发展第一部类的结果,必定导致短缺经济,使"生产发生了中断"!它对其后局势发展的影响不言而喻!

遗憾的是,尽管我们那时已经得出和苏联以及我国经济发展密切相关的重大推断,但那时的何、罗二人却始终不敢宣扬这一重大结论!

直到1977年,我们才从《毛泽东选集》第5卷里,读到在1956年还属于绝密文件的《论十大关系》一文。毛泽东在该文已明确指出:"如果没有足够的粮食和其他生活必需品,首先就不能养活工人,还谈什么发展重工业?"①毛泽东还说:"你对发展重工业究竟是真想还是假想,想得厉害一点,还是差一点?你如果是假想,或者想得差一点,那就打击农业轻工业,对它们少投点资。你如果是真想,或者想得厉害,那你就要注意农业轻工业,使粮食和轻工业原料更多些,积累更多些,投到重工业方面的资金将来也会更多些。"②

然而毛泽东所说的这些极重要的意见,并未在中国的实际工作中认真付诸实施,以致后来的中国和苏联的经济一样,出了大问题!

何祚庥和罗劲柏对"第一部类和第二部类生产"的数学分析,完全是沿用马克思、列宁给出的早期的计量算式,而"现时代"就必须将科技进步引入"新"政治经济学的研究。20世纪五六十年代,古典经济学或又称资本主义经济学有一项值得称赞的成就,这就是罗伯特·索洛等人将科技进步引入经济学。他们引入"衡量单位总投入和总产出的生产率指标",又称为"全要素生产率(TFP)";这样,古典经济学就由三要素"土地、劳动和资本",加上"科学技术",成为"四个轮子"的新古典经济学,从而相当成功地解释了不少近现代经济发展现象。

但是,马克思主义政治经济学里的"活劳动+死劳动"创造价值的学说,却依旧停留在"三要素"的水平。

当代科学技术的重大突破是,世界已进入"第三次工业革命"。关键是计算机技术和智能控制机的发明,使可用于作战和生产的机器人得以出现。

马克思早就预见到,"当工作机不需要人的帮助,就能完成加工原料所必需的一切运动,而只需要人从旁照料时,我们就有了自动的机器体系。"(着重号为引用者所加)马克思还举出,"现代造纸工厂可以说是生产的连续性和应用自动原

---

① 毛泽东:《毛泽东选集》第5卷,人民出版社,1977年版,第267页。
② 毛泽东:《毛泽东选集》第5卷,人民出版社,1977年版,第269页。

理的范例。"①其实,20世纪30年代旧中国的上海,也已开始步入自动化的历程。1940年,我曾和我的一些兄弟姊妹们参观已几乎全都自动化的上海阜丰面粉厂;仅最后一道工序有少数工人"从旁照料",完成面粉包装。

当代社会已出现不少"无人"工厂。"全厂只有一个调度员负责管理全厂的生产"。日本的千叶制铁所,是一大型轧钢厂,甚而连仓库管理、钢铁买卖,也都是和计算机打交道②。

据2011年8月1日《第一财经时报》报道,"富士康科技集团董事长郭台铭对媒体表示,目前富士康有1万台机器人,明年将达到30万台,三年后机器人的使用规模将达到100万台。未来富士康将增加生产线上的机器人数量,可以完成简单重复的工作,取代工人。"

现代机器人甚而已完全取代"人从旁照料",已出现完全无人驾驶的"无人飞机""无人坦克",可完全取代士兵的"无人射击手"。有人预言,不出10年,将在高速公路上行驶着无人驾驶,能自动避免各种车祸事故的小轿车。

当代数字通信技术的进展是十分惊人的!在计算机以及半导体技术领域,有一个摩尔定律。每18个月计算机的中央处理器(CPU)和运转速度上升一倍,亦即其生产成本下降一半!或者说,每3年单位劳动创造的计算机的性能会扩大4倍,6年会增长16倍。现在中国市场上的手机用量已是世界第一,而计算机技术在各种生产领域中的应用才刚刚开始。所谓"第三次"工业革命,实际上就是由计算机技术构成的人工智能技术和可再生能源在各个工业领域里的应用。这一过程至少将持续发展30~50年!

当代正在发生的能源革命,是"风能 + 太阳能 + 水能 + 智能电网"的可再生能源对传统能源的革命;其核心技术,其实是"数据"的传输、处理和控制。

如果人类社会的发展,仅仅由"活劳动 + 死劳动"创造价值的话,将难以解释这些已出现和即将出现的事实。那么,人们能否在劳动价值论的基础上,也建立一个由"土地、劳动和资本"乘上"科学技术"进步,使之发展成为"四要素"的新政治经济学?

首先需要简单归纳一下马克思主义政治经济学的逻辑框架。

---

① 马克思:《资本论》第1卷,人民出版社,2004年版,第438页。

② 何祚庥:《必须将"科技×劳动"创造使用价值的思想引入新劳动价值论的探索和研究》,《政治经济学评论》,2014年第1期,第72~100页。

二、马克思怎样论证劳动创造价值学说

马克思《资本论》第 1 卷探讨的是:价值来自劳动,价值的计量单位是社会平均劳动量,即:

$$社会平均劳动量 = 社会平均劳动强度 × 劳动时间 \qquad (1)$$

劳动价值论有一个经验的依据,即简单商品交换的实现,是人们最广泛接受的"公平"的交换。原因是:①交换的双方有"等同"交换的需要;②交换必定是等量的社会平均劳动交换等量的社会平均劳动。所以劳动就成为衡量价值,或者说衡量交换是否公平的尺度。

简单商品交换进一步发展为供给和需求双方用"一般等价物",即"货币"为中介媒介的市场交易。市场交易仍能保证简单商品交换所必须满足的等量劳动交换等量劳动的"公正性",市场的交易成本也比直接交换低,所以市场交易就逐渐取代简单商品交换。

价值在市场上表现为市场价格。《资本论》第 3 卷有一整章讨论商品价值怎样转化为市场价格,又如何由市场价格决定价值。有些人批评马克思在第 10 章的分析中出现了"数学混乱",并由此诱发了不必要的"两种市场价值",即劳动决定市场价值还是需求决定市场价值的争论。实际上,马克思是用市场竞争必定导致供求均衡的规律来解释市场价值;或者说,在市场达到供求均衡的条件下,"两种市场价值"的解读都是正确的。马克思的逻辑是,"供求实际上从来不会一致",而商品的"价值是它们的价格围绕运动的重心,而且价格的不断涨落也是围绕这个重心来拉平的"[1]。市场竞争将导致"市场价格和市场价值的偏离","各种同市场价值相偏离的市场价格,按平均数来看,就会平均化为市场价值"[2]。而"供求一致",就使"生产部门相同、种类相同、质量也接近相同的商品按照它们的价值出售"[3]。

后来,马克思在 1865 年撰写、1895 年发表的《工资、价格和利润》这篇文章中,又对价值、市场价格和供求平衡的关系进行了详尽的讨论。马克思明确说,"供给需求必定要经常趋向于相互平衡";而"如果供给和需求互相平衡,则商品的市场价格……相当于生产它们所必需的劳动量来决定它们的价值"。马克思还说,"一切商品的价值只是由于不断变动的市场价格趋于平衡才能实现,而这种趋于平衡又是供给和需求不断变动的结果"[4]。

---

[1]　马克思:《资本论》第 3 卷,人民出版社,2004 年版,第 199 页。
[2]　马克思:《资本论》第 3 卷,人民出版社,2004 年版,第 212 页。
[3]　马克思:《资本论》第 3 卷,人民出版社,2004 年版,第 201 页。
[4]　马克思、恩格斯:《马克思恩格斯选集》第 2 卷,人民出版社,1972 年版,第 177 页。

其实,人们完全可用古典经济学里常用的供求曲线的变动,来理解马克思对价值、市场价格和供求平衡关系的论述。图1是摘自萨缪尔森《宏观经济学》用供给曲线、需求曲线的演变等概念给出的图解①。

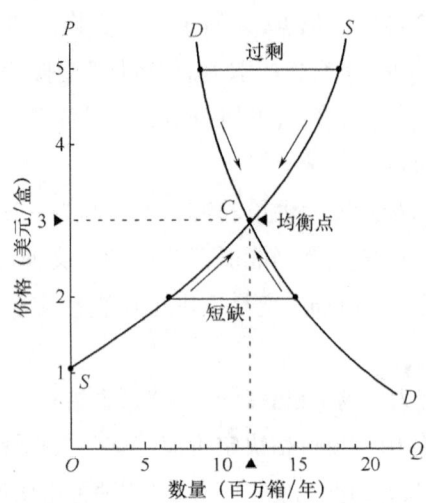

图1 市场均衡发生在供给曲线与需求曲线的交点

图1解释了为什么随供求涨落会出现"均衡";也解释了为什么"供给和需求可以说明为什么一种商品的市场价格会涨到它的价值以上,或降到它的价值以下",而且"当供给和需求相互平衡因而停止发生作用时,市场价格就符合它的实际价值"②。

"均衡点"是需求曲线和供给曲线的交汇。它一方面决定了均衡价格表示出的商品的交换价值,同时又决定了均衡价格表示出的商品的使用价值。也就是说,"均衡点"反映了使用价值等于交换价值,其表达式为:

$$使用价值 =(交换)价值 \qquad\qquad (2)$$

在中共中央组织部编写的《党政领导干部公开选拔和竞争上岗考试大纲》一书中,又进一步说,价值的本质是③:

---

① 保罗·萨缪尔森、威廉·诺德豪斯:《宏观经济学》第19版,萧琛译,人民邮电出版社,2012年版,第50页。

② 马克思、恩格斯:《马克思恩格斯选集》第2卷,人民出版社,1995年版,第167页。

③ 中共中央组织部考试与测评中心:《党政领导干部公开选拔和竞争上岗考试大纲》,党建读物出版社,2009年版,第429～430页。

耗费在某种商品或供给意义上的社会必要劳动时间 =

分配在某种商品或需求意义上的社会必要劳动时间　　　　　　　　（3）

这里不仅仅讲供给和需求要均衡，而且还说需求者愿意用何种代价，即需求者愿意从他的劳动所得中拿出多少劳动份额（也就是"分配"）来交换生产者在某一商品里"耗费"的社会劳动；"意愿"也要"均衡"。容易看出，所谓"愿意"和"意愿"可以在一定条件下"等同"，也就蕴含了这种"等同"仍存在某种可变动的相对性。

有不少马克思主义学者批评马歇尔提出的边际效用学说为主观唯心论，进而又批评古典经济学里的"一般均衡论"。其实，马歇尔所讲的主观"效用"的"主观性"，也是某种"客观"需求的反映，只不过人们的反映会有较大的涨落、偏差，但其平均数仍带有客观性。实际上，马克思所批评的是古典经济学的"庸俗性"，亦即用供求决定价格，价格即是价值，而完全回避了价值的实体是劳动。

马克思在《工资、价格和利润》里曾明确批评这种庸俗唯物论："你们如果以为劳动和其他任何一种商品的价值归根到底仿佛是由供给和需求决定的，那你们就完全错了。供给和需求只调节着市场价格一时的变动。供给和需求可以说明为什么一种商品的市场价格会涨到它的价值以上或降到它的价值以下，但决不能说明这个价值本身。""供给和需求是相互平衡的，或如经济学者所说，是相互抵消的。""当这两个相反的力量相等的时候，它们就相互抑制而停止发生任何一方面的作用。""当供给和需求相互平衡而停止发生作用的时候，商品的市场价格就会同它的实在价值一致，就会同它的市场价格绕之变动的标准价格一致。所以在研究这个价值的本质时，我们完全不用谈供给和需求对市场价格发生的那种一时的影响。这点无论对于工资来说，或对于其他一切商品的价格来说，都是一样的。"①

但是，不能因为马克思批评"均衡论"是停留在表面现象、不深入探求其本质的"庸俗"唯物论，就反对应用均衡论来解释劳动创造价值学说。其实，"均衡论"反而有助于正确确定商品价值。

三、马克思怎样从劳动价值论推导计算商品成本和价格的数学公式

劳动价值论有一个重大推论：劳动创造的价值量守恒。也就是马克思所说，"不管生产力发生了什么变化，同一劳动在同样的时间内提供的价值量是相同

---

① 马克思、恩格斯：《马克思恩格斯选集》第 2 卷，人民出版社，1972 年版，第 167 页。

的"①,而"如果生产商品所需要的劳动时间不变,商品价值量也就不变"②。价值守恒定理有一个物理学的依据,"人类劳动力在生理学意义上耗费"③的能量也是"守恒"量。

我们将劳动价值学说应用于劳动生产过程,那么,土地、阳光和水是自然物,劳动在其中创造的价值是零,所有权应归全民所有。劳动创造的机器、厂房等不变资本 C 和劳动力的价值 V——亦即不是劳动的价值,在马克思的劳动价值论里,劳动和劳动力的概念是严格区分的——会一起转移到物质产品;但劳动力所生产的剩余劳动会创造剩余价值 m。

由上述劳动创造价值的分析和所推导出的价值守恒定理,在《资本论》第 3 卷,马克思顺理成章地导出,"生产的每一个商品 W 的价值的公式":

$$W = C + V + m \qquad (4)$$

"如果我们从这个产品价值 W 中减去剩余价值 m,那么,在差额中剩下的,只是一个在生产要素上耗费的资本价值 $C + V$ 的等价物"④。而如果"我们把成本价格称作 K,$W = C + V + m$ 这个公式,就转化为 $W = K + m$ 这个公式,或者说,商品价值 = 成本价格 + 剩余价值"⑤。但这里必须补上一个逻辑上的漏洞,也就是必须讨论为什么"资本价值 $C + V$"可以转化为产品的"成本价格"。因为公式(4)讨论的是商品的价值,而如果要用公式(4)来讨论社会财富或使用价值的积累,就必须用到本文第二部分,在供求均衡条件下导出的公式(2),即

$$\text{使用价值} = (\text{交换}) \text{价值} \qquad (2)$$

后,才能用 $(C + V)$ 来解释商品的"成本价格";并且在后面的推导中,才能用剩余价值来解释利润的来源。于是,马克思接着又说⑥:如果我们把利润叫作 P,那么

$$W = C + V + m = K + m \qquad (5)$$

这个公式,就变成

$$W = K + P \qquad (6)$$

也就是

$$\text{商品价值} = \text{成本价格} + \text{利润} \qquad (7)$$

公式(6)或公式(7)即西方主流经济学广泛使用的计算商品价格的数学公

① 马克思:《资本论》第 1 卷,人民出版社,2004 年版,第 60 页。
② 马克思:《资本论》第 1 卷,人民出版社,2004 年版,第 53 页。
③ 马克思:《资本论》第 1 卷,人民出版社,2004 年版,第 60 页。
④ 马克思:《资本论》第 3 卷,人民出版社,2004 年版,第 30 页。
⑤ 马克思:《资本论》第 3 卷,人民出版社,2004 年版,第 30~31 页。
⑥ 马克思:《资本论》第 3 卷,人民出版社,2004 年版,第 44 页。

式。只不过马克思是从劳动是价值的"实体"的理念导出公式(6)和公式(7);而资产阶级学者却将利润的来源归结为资本的"功能",即"钱能生钱"!

有不少古典经济学家,如萨缪尔森批评马克思对公式(7)的推导是多余的"兜圈子"。而上述推导,正好说明劳动价值论是科学的学说,也正好说明政治经济学和古典经济学里的计量公式虽然在表观上一致,但在对经济实体的解读上却有原则性的区别。

实践表明,公式(2)和公式(4)是理论上相当完满的两个公式。它成功地解释了世界各国,包括中国的古代社会和早期的资本主义经济。中国的发展表明,"在1368年至1968年这600年当中,中国的人口增加了10倍,耕地增加了5倍,单产增加了2倍……但人均粮食产量却维持不变","国家经济规模的扩大或缩小,主要依赖于人口的增加或减少",因为"技术进步非常缓慢"①。

俄国十月革命和中国革命的成功,进一步表明政治经济学还能完满地解释政治变动。中国的革命、中国的土地改革,完全是在剩余价值学说指引下而获得了巨大成功。实践证明,后来在全国各地推行的土地财政,正是来自中国共产党人在早期制定的没收地主土地、收归国有的政策产生的巨大效益。

在古典经济学的"三位一体"的理念里,"土地、劳动和资本"是"产权"的"三要素";"三要素"各自以它们的服务,"同等"地为经济发展,或者说,"同等"地为"利润"的产生做出贡献。马克思却认为三者的贡献有"实质性"的差别,原因就在于这三者的"实体"也有重大差别。正是这"三者"的重大差别,导致经济发展过程往往同时还伴生着复杂、尖锐的阶级斗争。

马歇尔等人去掉斯密、李嘉图等人历来沿用的"政治经济学"中的"政治"两字,改用"经济学"这一名称。马歇尔除了将"三位一体"的理念引入他的"经济学"以外,又引入"线性化"的,只能应用于经济短期发展的边际效用"近似"。马克思导出的公式(3)中的 W 和 m 完全可以是 C 和 V 的非线性函数,而研究长期发展的经济学显然是高度复杂的"非线性"科学! 两大学派从此走上不同路径!

对峙的双方不时出现"隔空骂阵"。多数学者挂"免战牌","不争论"。而2009年萨缪尔森和诺德豪斯在其新著《宏观经济学》中,却写下了如下一段话:"然而,并没有一种神奇的药可以'治愈'宏观经济所遭受的所有创伤。2007~2009年,当美国面临产出和就业的急剧跌落时,当局采取了各种货币政策和财政政策,但仍然不能完全抵消金融冲击所产生的巨大影响。迄今为止,我们所掌握

---

① 林毅夫:《解读中国经济》,北京大学出版社,2012年版,第2页。

的宏观经济知识,也只能够用于阻止经济萧条的来临,而绝对无法让经济衰退销声匿迹。"(着重号为引用者所加)因此,萨缪尔森又再次呼吁"折中",并写下了《一个折中主义者的宣言》,明确承认"我们的知识体系当然还不够完善",而"我们的使命……还在于我们始终怀着一种公正博大的胸怀去阐释来自左翼和右翼的各种批评意见"①。而不幸的是,"宣言"刊出后不久,已94岁高龄的萨翁,竟在同年的12月13日与世长辞!

马克思主义原则上反对折中主义,但赞成认识客观真理的过程是对立面斗争的统一,或黑格尔的"正反合"。理由是,客观真理只有一个。那么,"我们的使命"自然是,能否在前人提出的"正命题""反命题"的基础上,走向新的"综合",走向"合命题"?

四、新出现的问题:我们能否将"知识"或"科技"也引入劳动价值论?

随着时代的发展,人类社会已进入信息社会,脑力劳动已成为相对独立的劳动。在办公室里,人们只要用着计算机,就能从网络提取大量信息,并分析、整理、综合、概括成为有使用价值的知识产品。西方未来学家奈比斯特甚而说:"在信息社会里,价值的增长不是通过劳动,而是通过知识实现的。劳动价值论……必须被'知识价值论'所取代。"②美国未来学家托夫勒甚而说:"马克思讲过'劳动价值论',我们现在大可搞一套'信息价值论'。"③

唯物主义反对脱离劳动的"知识价值论",认为知识不能独立产生价值。斯大林在《马克思主义和语言学问题》这一著作里,就明确地说:"假如语言能够生产物质资料,那么夸夸其谈的人就会成为世界上最富的人了。"④

所以,从唯物主义来看,"孤立"的知识创造价值论不能"成立";但知识和劳动相"结合","知识×劳动"或"科技×劳动"协同创造社会财富的"新"价值论就完全成立。问题归结为怎样在公式(2)和公式(4)里,真的"乘上"科技?

公式(2)和公式(4)是研究简单生产商品时期,单位劳动时间生产商品的"效率"不变或"效率"有缓慢的变化,但市场涨落、商品价格会更迅速地走向"均衡"时导出的公式。如果劳动生产率"快速"变化,价值、使用价值和剩余价值等概念的相互关系也要相应变化。

---

① 保罗·萨缪尔森、威廉·诺德豪斯:《宏观经济学》第19版(中文版),萧琛译,人民邮电出版社,2012年版。

② 约翰·奈比斯特:《大趋势》,中国社会科学出版社,1984年版,第15~16页。

③ 阿尔文·托夫勒:《预测与前提》,国际文化出版公司,1984年版,第22页。

④ 斯大林:《斯大林文集》(1939~1952年),人民出版社,1985年版,第573页。

其实,马克思在《资本论》第3卷,已对这一发展前景,"超前"地做了解释。马克思说,在未来的"更高级的社会形态内,在一定的剩余劳动时间内,社会究竟能生产多少使用价值,将取决于劳动生产率";又说:"社会的现实财富和社会再生产过程扩大的可能性,并不取决于剩余劳动时间的长短,而是取决于剩余劳动的生产率和这种剩余劳动借以完成的优劣程度不等的生产条件。"①(着重号为引用者所加)

把马克思这段论述引申一下,我们完全可以认为,经典劳动价值论所讨论的是劳动如何创造(交换)价值;而"新"劳动价值论就还要进一步讨论"劳动×科技"如何创造社会财富或创造使用价值。在《资本论》里,马克思一直认为,"使用价值即物质财富"②。

马克思在《资本论》第1卷里还说过:"如果生产商品所需要的劳动时间不变,商品价值量也就不变。""但是,生产商品所需要的劳动时间随着劳动生产力的每一变动而变动。""总之,劳动生产力越高,生产一种物品所需要的劳动时间就越少,凝结在该物品中的劳动量就越小,该物品的价值就越小。相反地,劳动生产力越低,生产一种物品的必要劳动时间就越多,该物品的价值就越大。可见商品的价值是与体现在商品中的劳动的量成正比,与劳动的生产力成反比。"③(着重号为引用者所加)

对于价值和使用价值的关系,马克思还说:"不管生产力发生了什么变化,同一劳动在同样的时间内提供的价值量是相同的。但它在同样的时间内提供的使用价值量会是不同的;'生产力'提高时就多些,'生产力'降低时就少些。而因此,那种能提高劳动成效的'生产力'的变化,会增加劳动所提供的使用价值量;……反之亦然。"④(着重号为引用者所加)总之,"劳动生产力的提高……能缩短生产某种商品的社会必需的劳动时间,从而使较小量的劳动获得生产较大量使用价值的能力。"⑤"随着劳动生产率的提高,同一交换价值所代表的使用价值量,……会增加。"⑥注意,在马克思时代,"力"和"率"往往用同一个词。

将马克思上述论述用数量关系表示出来,那就是:

---

① 马克思:《资本论》第3卷,人民出版社,2004年版,第928页。
② 马克思:《资本论》第1卷,人民出版社,2004年版,第56页。
③ 马克思:《资本论》第1卷,人民出版社,2004年版,第53~54页。
④ 马克思:《资本论》第1卷,人民出版社,2004年版,第60页。
⑤ 马克思:《资本论》第1卷,人民出版社,2004年版,第366页。
⑥ 马克思:《资本论》第3卷,人民出版社,2004年版,第295页。

单位劳动时间产生的使用价值量＝单位劳动时间产生的价值量×劳动生产率　（8）

或者说：

$$使用价值量\,W_S = 交换价值量\,W_J × 劳动生产率 \tag{9}$$

现代机器作业,已由传统的动力机、传送机、工具机三种类型的机械,添加了智能控制机。智能控制机极大地节约了凝集在产品中的劳动,极大地提高了生产劳动产生使用价值的效率。智能控制机已成为当代机械工业中的灵魂。或者说,公式(9)可以改写为：

$$产品的使用价值量\,W_S = 凝集在产品中的劳动或交换价值量\,W_J × 科技效率因子\,N \tag{10}$$

这里新引进的算学符号 W_S,代表着使用价值 S 的使用价值量,以便和代表着交换价值 J 的交换价值量 W_J 相区别;而知识或科技进步产生的效率因子 N,既反映着生产者生产产品效率的提高,也反映着买卖双方为达成交易,同样需要降低交易成本并使得交易效率提高。

马克思曾从经典劳动价值论导出实现生产的基本公式(4)。现将其改写为：

$$W_J = C + V + m_J \tag{11}$$

这一新表述的公式(11)和前文的公式(4),完全是相同的公式。只不过这里的公式(11)明确标出是劳动生产的"交换价值"的计量公式。而如果要讨论社会财富是如何积累的,就要进一步将其扩展为用使用价值量 W_S 表示经济发展的公式：

$$W_S = m_S + C + V \tag{12}$$

而 W_S 和 W_J 的关系是：

$$W_S = W_J N \tag{13}$$

公式(11)~公式(13)中,m_J 是以简单平均劳动为计量单位的剩余价值,m_S 是由"科技×劳动"贡献的"剩余"使用价值。N 是科技效率因子。C 仍是不变资本,其中包括新引入机器体系的智能控制机等知识成本。公式(11)和公式(12)中的 V,即《资本论》第1卷讨论过的,包括付给"现在不一定要亲自动手,只要成总体工人的一个器官"的"总体工人"的工资①。总体工人将包括在生产第一线直接参与生产劳动的工人和现场调度的工程师、总工程师,也包括从事生产工艺改进的研发人员、营销人员、部门经理和总经理等人,还包括真管事的监事、董事、董事长等企业家。

容易看出,由公式(12)也能顺利导出古典经济学里计算商品价格的公式(6)

---

① 马克思:《资本论》第1卷,人民出版社,2004年版,第82页。

和公式(7)。只不过反映商品价值的"实体",已改为由公式(13)表示的使用价值 W_s。利润的"实体"是剩余使用价值 m_s。

五、在科技持续进步、科技效率因子 N 不断变动的条件下,市场经济能否也出现"均衡点"?"新"均衡点又将反映哪些"价值"的"本质"?

萨缪尔森和诺德豪斯所著《宏观经济学》,以 1900~2008 年美国出现的经济快速增长为例,给出一张在不同时期的有两组"均衡点"的示意图(见图2)①。

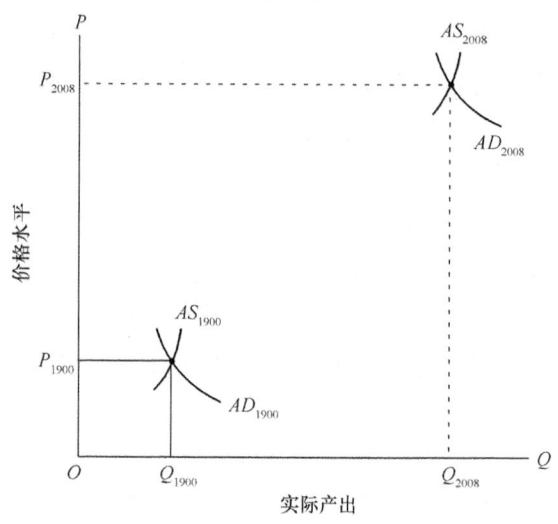

图2　潜在产出的增长决定了长期经济绩效

图2明确标出两组供求曲线的"均衡点":一组是1900年出现的"均衡点",另一组是2008年出现的"均衡点"。这两组"均衡点",都是供给方和需求方通过"博弈"达到的"均衡"。但这两组"均衡点"都不是图1里的"均衡",那是一种"静态"或"准静态"的"均衡",这是"stationary"或"动稳"状态的"均衡点"。在物理学里,"博弈"的双方,可出现不随时间变化的"静态"均衡,也完全可以出现随时间变化的"动稳"(stationary)状态的"均衡"。

为什么经济发展过程会出现这种"动稳"状态的"均衡"? 这并不是很容易回答的问题。从物理学来看,这可能要用一整套能描述经济发展不均衡现象或事实的动力学方程式,也许还要用上能描述不平衡经济现象的统计物理学才能最终获

①　保罗·萨缪尔森、威廉·诺德豪斯:《宏观经济学》第19版,萧琛译,人民邮电出版社,2012年版,第71页。

得解决。但既然实际生活已经有这种"动稳"状态的"均衡点"存在,那么,我们能否用公式(11)加上新导出的公式(12)、公式(13)对上述"新"均衡点做一些解释?

恩格斯在1891年发表的《雇佣劳动与资本》单行本的导言里,曾写过一段很重要的话:"当经济学作为科学出现的时候,它的首要任务之一,就是要找出隐藏在这种表面支配着商品价格的偶然情况后面,而实际上却自然支配着这种偶然情况本身的规律。在商品价格不断地时而上涨、时而下降的变动和波动中,它要找出这种变动和波动所围绕的稳定的轴心。一句话,它要从商品价格出发,找出作为调节价格的规律的商品价值,价格的一切变动都可以根据价值来加以说明,而且归结到底都以价值为依归。""结果古典政治经济学就发现了,商品的价值是由商品所包含的、为生产该商品所必需的劳动来决定的。"①(着重号为引用者所加)

在19世纪,马克思和恩格斯曾"找出隐藏在……支配着商品价格的偶然情况后面……稳定的轴心",这就是由"必需的劳动来决定的""商品价值"。那么我们是否也能遵循马克思和恩格斯曾用过的找出"稳定的轴心"的方法,用我们新导出的"科技×劳动"创造的剩余使用价值论,对上述图2的两组"均衡点"也提出一个新的说明或解释?

显然,在提出"新的说明或解释"之前,我们还需要看到,在市场达到均衡的条件下,不仅是某一种商品供需价格均衡、供需总量均衡,而且是各类商品 i 的数量和价格均达到均衡,或又称为"细致(Detail)均衡"。也就是,上述普遍适用的公式(12)、公式(13),还应加上一个上标 i,亦即有

$$W_S^i = m_S^i + C^i + V^i \tag{14}$$

并有

$$使用价值量 = (交换)价值量\ W_j^i \cdot 科技效率因子\ N^i \tag{15}$$

公式(14)和公式(15)所描述的商品 i 的市场价值,不仅仅取决于商品 i 供需双方间的竞争,而且还有别种商品 $j,k,l,\cdots$ 和商品 i 之间的竞争。然而,这类使用价值不相同的商品 $i,j,\ldots$ 的售价相互竞争的结果,必定导致各不同类商品 i 均会出现"均衡点",反映出商品 i 所具有的不同的科技效率因子 N^i,不同的均衡价格,以及与"均衡点"相对应的市场份额。所以,公式(14)中的 W_S^i 其实是各单位商品 i 的均衡价格"乘"交易数量。

而如果进一步将所有不同类商品的总使用价值 W_S^i 加起来,显然就有:

---

① 马克思、恩格斯:《马克思恩格斯选集》第1卷,人民出版社,1972年版,第342页。

$$社会财富总量\ W_S \equiv 使用价值总量\ W_S$$

$$= \sum_i W_S^i$$

$$= \sum_i W_J^i N^i \tag{16}$$

其中，W_S^i 表示某类商品 i 的总使用价值，W_J^i 代表凝聚在某种商品 i 中的总价值，并有 $W_S^i = W_J^i N^i$。各不同商品 i 各有数值不相同的科技效率因子 N^i。为了解释图 2 中的两组均衡点，还需要求出一个社会平均科技效率因子。公式（13）即

$$W_S = W_J N \tag{13}$$

式中的 N 即新定义的社会平均科技效率因子，并有

$$N = \bar{N} = \frac{W_S}{W_J} = \frac{\sum_i W_S^i}{W_J} = \frac{\sum_i W_J^i N^i}{W_J} = \sum_i \frac{W_J^i N^i}{\sum_k W_J^k} \tag{17}$$

其中，$W_J = \sum_k W_J^k$，而公式（17）中 $\dfrac{W_J^i}{W_J}$ 的比值，表示商品 i 以劳动为计量单位所得出的市场占有份额。

理论上，不排除 N^i 或 $\bar{N}$ 小于 1。当 N^i 或 $\bar{N}$ 的数值在短期内迅速缩小时，某一生产部门或整个国民经济就出现衰退、萧条，甚而是危机。

在我们应用公式（11）、公式（12）、公式（13）以及公式（17）解释图 2 出现的两组"均衡点"时，还需要注意到，由公式

$$W_S = W_J N = W_J \bar{N} \tag{18}$$

和由公式（17）所定义的 $N, \bar{N}, N^i$ 等科技效率因子却是由"脑力劳动"贡献的，导致"劳动生产率"放大的效率因子。而在古典政治经济学里，已知"劳动生产率"的定义，却是

$$P = \frac{W_J}{C + V} \tag{19}$$

也就是列宁所说"表示不变资本比可变资本增长得较快"的"劳动生产率"[1]。由于现在已改用使用价值的公式

$$W_S = m_S + C + V \tag{12}$$

来表示经济的增长，新定义的劳动生产率就要写为

$$T = \frac{W_S}{C + V} = \frac{W_J \cdot N}{C + V} = PN \tag{20}$$

---

[1] 列宁：《卡尔·马克思》，《马克思恩格斯选集》第 1 卷，人民出版社，1972 年版，第 20 页。

由于这里的 T 是将古典政治经济学定义的劳动生产率 P 放大了 N 倍,实际上是将来自脑力劳动的科技效率因子和来自体力劳动并以社会平均劳动为计量单位的劳动生产率 P 捆绑在一起的"新"劳动生产率,所以又称为"全劳动生产率"。

再注意到图 2 所表示的两个"均衡点"均是以国内生产总值即 GDP 为计量尺度的"均衡点"。而国内生产总值,或内涵略为不同的国民收入,即公式(12)中的"利润",亦即剩余使用价值 m_S。如果说,在古典政治经济学里,人们通常将利润率 P'[①]定义为

$$P' = \frac{m_J}{C+V} \tag{21}$$

现在就需要引入一个"新"定义的利润率 L,亦即有:

$$L = \frac{m_S}{C+V} = \frac{W_S}{C+V} - 1 = T - 1 \tag{22}$$

容易看出,公式(20)中的 T 和公式(22)中的 $(T-1)$ 均是经济体系里的可观测量,因为人们可以利用公式(12)中的可观测量 m_S 和 $(C+V)$ 求出 T 和 $(T-1)$。$(T-1)$ 即通常经济学教科书给出的全要素生产率。萨缪尔森和诺德豪斯的《经济学》给出的定义说:"全要素生产率(Total Factor Productivity)也叫多要素生产率,是衡量单位总投入的总产出的生产率的指标。分子是总产出(即 GDP),分母是资本、劳动和资源的加权平均数。全要素生产率的增长率常常被视为科技进步率。"[②]

全要素生产率被新古典主义经济学家经常用来解释:为什么某些国家出现经济快速增长,另一些国家却陷入某种陷阱。也就是说,全要素生产率是标志经济发展的最重要指标。所以,归根结底,"科学技术是第一生产力"!

由于现在修改后的新政治经济学可以导出描写科技进步的全要素生产率,当然我们不难应用公式(20)和公式(22)来解释图 2 即萨缪尔森、诺德豪斯《宏观经济学》所给出的两组"均衡点"。

图 2 反映的是,美国"从 20 世纪初至今,产出量已增长了 34 倍";也就是两组"均衡点"中的 GDP 的相对比值是 34 倍。由《世界经济千年史》提供的美国经济发展数据可知,同期的美国人口才增长了约 3.65 倍。按照古典"劳动价值论",如

---

① 这是马克思在《资本论》里所用的符号。参见马克思:《资本论》第 3 卷,人民出版社,2004 年版,第 58 页。

② 保罗·萨缪尔森、威廉·诺德豪斯:《经济学》第 18 版,萧琛译,人民邮电出版社,2008 年版,第 658 页。

果使用价值等于马克思所导出的公式(4),即增长将源于"生理性支出的劳动"创造的价值,美国经济的发展将源于人口的增长。那么,2008 年美国社会的财富,应是 1900 年的 3.65 倍。这和真实数字相差 34 ÷ 3.65 = 9.32 倍! 也就是说,不可能用古典劳动价值论来解释两个"均衡点"。

但我们还要注意到,马克思的劳动价值论并不是以劳动人口为计量单位,而是以社会平均劳动时间为计量单位。1900 年的美国已实行了 8 小时工作制,每周约工作 6 天。现在已下降到每周工作 5 天。为准确计算劳动创造的价值,我们还需要对劳动时间进行校正。有兴趣的是,《世界经济千年史》还给出一个从 1900 年到 2008 年,以劳动时间为计量单位,美国人"每工作小时创造的 GDP"约增加 11.3 倍的数字[①]。假定美国 1900 ~ 2008 年失业率大体维持不变,或仅有小涨落,那么,"人均"产出量和"单位劳动时间"产出量的相对比值,应是 9.32 ÷ 11.3 = 0.825。注意到工作日的修正,即 5 ÷ 6 = 0.833,正好和 0.825 相自洽。所以,计算劳动生产率更准确的计量单位,是马克思所定义的单位劳动时间。从单位劳动时间产出的 GDP 来看,从 1900 年到 2008 年,美国单位劳动时间新增加的社会财富相对比值是

$$(T^{2008} - 1) \div (T^{1900} - 1) = \frac{m_S^{2008}}{C^{2008} + V^{2008}} \div \frac{m_S^{1900}}{C^{1900} + V^{1900}} = 11.3 \tag{23}$$

至于图 2 所反映的两个均衡点,即 GDP^{2008} 和 GDP^{1990} 之相对比值 34,将来自下列"三个"因素的乘积,也就是:

$$美国人口增长的 3.65 倍 \times 每周劳动时间缩短为 \frac{5}{6} \times$$

$$全要素生产率增大的 11.3 倍 = GDP 增大的 34 倍 \tag{24}$$

于是,我们将能同样地从"商品价格不断地时而上涨、时而下降的变动和波动中","找出这种变动和波动所围绕的稳定的轴心";而这一相对"稳定的轴心",即我们所引进的"劳动×科技"创造的"剩余使用价值"。显然,这一"新劳动价值论"既能解释为什么 20 世纪以来世界经济出现了高速增长,又能解释近 30 年来为什么中国也出现了高速增长——其增长的"源泉"或发展的"动力"是"科技×劳动"。

但是,这里还有一个有待更加细致地考察的理论问题。这里用以解释图 2 所示两组均衡点的公式(23)和公式(24),只是说在产品市场竞争条件下,各类商品 $i, j, k \ldots$ 会在价格、份额以及科技效率因子 N^i 均出现某种"动稳状态"下的均衡,

---

① 安格斯·麦迪森:《世界经济千年史》,伍晓鹰、许宪春译,北京大学出版社,2003 年版,第 348 页。

也就是前文所说的细致均衡。但这里所讨论的细致均衡,并不等同于古典经济学或新古典经济学里曾讨论过的,在各不同生产领域 $i,j,k...$ 里的各个生产要素的边际效用均相等的一致均衡。但如果市场竞争下的资本市场确实是资本可以完全自由流动的市场,那么,资本市场上的竞争和流动,将会出现利润率的"平均化",也就是市场竞争会导致各不同生产领域 $i,j,k...$ 里的全劳动生产率或全要素生产率(T^i-1)均相等。这时,平均利润率将导致

$$\bar{T}-1 = \frac{m_s^i}{C^i+V^i} = \frac{m_s^j}{C^j+V^j} = \cdots = \frac{m_s^n}{C^n+V^n} \tag{25}$$

也就是将出现市场利润率平均化的规律,它会推动各不同生产领域里的各个生产要素的边际效用均走向相等的"一致均衡"状态。这时,市场将呈现一种有趣的现象,如果有两类商品 i 和 j,其售价完全相同,因而拥有商品 i 和 j 的主人,可以不经过"一般等价物"中介实现商品直接的等价交换,这时任意两组商品 i 和 j 之间的等价交换就可以有:

$$m_s^i = m_s^j = \cdots = m_s^n \tag{26}$$

$$W_j^i N^i = W_j^j N^j = \cdots = W_j^n N^n \tag{27}$$

由于公式(25)中的 m_s^i 必定等于 $W_s^i-(C^i+V^i)$,也就是说,由商品在等价交换条件下的公式(25),将能导出

$$C^i+V^i = C^j+V^j = \cdots = C^n+V^n \tag{28}$$

$$m_s^j = m_s^j = \cdots = m_s^n \tag{29}$$

公式(27)、公式(28)、公式(29)清晰地表明,商品 i 和 j 之间直接实现的"等价"交换,是等量的"科技×劳动"交换等量的"科技×劳动",并不是前文讨论过的等量劳动交换等量劳动。但这种"交换",仍是可接受的衡量市场交换是否"公平"的相对公正的尺度。因为公式(27)也可以看作是等量的劳动力价值的一种交换。

而如果在未来社会里真正实现教育公平,即"每个人"都有同等受教育的机会,"每个人"都享有同等的优良教育的条件,也就是劳动者智力和体力的素质均处在同等水平,有可能那时的劳动市场上的每一位劳动者将有

$$N^i = N^j = \cdots = N^n = 社会平均科技效率因子 \tag{30}$$

同时就有

$$W_j^i = W_j^j = \cdots = W_j^n \tag{31}$$

但这可能是十分漫长的,需要上千年甚而是上万年以上的时间才能实现的理想。但一旦真正实现了公式(30)和公式(31),那么市场上的任何两个人之间的

商品直接交换,仍是等量劳动交换等量劳动;也就是仍回到马克思的"出发点",一个真正公平的、真正平均分配的共产主义社会的实现。

应该承认,古典经济学的一大"成就"是"一般均衡理论"的建立。这一理论从"理性经济人"假说、"边际效用"近似以及"完全"的自由竞争理论出发,"的确"证明了在充分自由的市场经济的"博弈"下,最终可以达到帕累托最优(Pareto Optimality),或又称帕累托效率(Pareto Efficiency)状态。其前提是,每一位市场上的当事人都是最理性的、掌握信息最完全的、最聪明的决策者,每一位市场上运作的主体都会选择投资回报率的"均衡"增长。问题是,正如萨缪尔森等所著《经济学》一书所指出的:"帕累托效率⋯⋯出现的条件是,社会无法进一步组织生产或消费,以增进某个人的满足程度,而同时却不减少其他人福利。或者说,有效率的情况是指,无法在不使得人的境遇变得更糟的情况下让某个人变得更好。"①

这就是说,古典经济学或新古典经济学所定义的帕累托最优,其前提是必须保持当前利益格局不变;而因此,各利益相关人"边际效用"的"均衡"增长就是"最优"! 很明显,这是"既得利益者"的"最优",不是"一切人"的同等"公平"的"最优"。为什么现在有相当一些新自由主义者拼命否认有"剥削",拼命鼓吹建筑在"自由、平等、博爱"基础上的"帕累托效率",其实质是保护"既得利益者"。

萨缪尔森在 2009 年 2 月"一个折中主义者的宣言"里,曾期望未来的经济学理论能"确保全球经济恢复到充分就业的理想境界"。其实萨缪尔森的期望,仍是维护"既得利益者"的"充分就业",并不是"一切人"同等"最优"的"充分就业"。

所以,这里提出的基于"平均利润率"的实现而呈现出的"一致均衡"状态,并不等同于古典经济学或新古典经济学所追求的帕累托最优。这里导出的公式(11)、公式(12)、公式(13)以及由平均利润率而导出的公式(25)、公式(26)、公式(27)、公式(28)、公式(29)、公式(30)、公式(31)等,并没有涉及公式(12)中的利润亦即剩余使用价值应如何分配,才是最"公平"而"合理"的分配。所以,何谓帕累托最优,还是一个有待探讨的问题。这里,新提出的理论问题是:如果社会认同,可以引入"使某些利益集团境遇变得较坏,而更多的人的境遇可以更快地变好"的话,人们将如何定义"新帕累托最优"?

改革是一场革命。改革,就不能不触动既得利益者。改革,也就必须打破保

---

① 保罗·萨缪尔森、威廉·诺德豪斯:《经济学》第 18 版,萧琛译,人民邮电出版社,2008 年版,第 246 页。

护"既得利益者"的帕累托最优。

六、"新"劳动价值论和"新"社会财富增长论的"新"公式,为"科学技术是第一生产力"的理论提供了新的经济学的理论依据和计量基础

"新"劳动价值论和古典劳动价值论最大的不同点,是在交换价值 W_J 和使用价值 W_S 的关系上,引进了科技效率因子 N,亦即有

$$使用价值量\ W_S = 交换价值量\ W_J × 科技效率因子\ N \qquad (9)$$

其特殊情况,即当 $N=1$ 时,公式(9)将还原到古典劳动价值论里的公式(2)。人类社会总是因时而进,科技效率因子也总是持续改变。所谓 $N=1$,只不过取某一十分缓慢进步时期中的 N 作为衡量未来发展的基准。甚而劳动的尺度"社会平均劳动强度",其实也是以某一十分缓慢进步时期的社会为计量的参照系。例如,《世界千年经济史》中的统计数据,就是以 1990 年国际美元的购买力作为计量的基准。更重要的是:N 将包含哪些经济学的内涵? 或者说,何谓科技进步?

在政治经济学里,对于何谓"科技",我们更赞成的是如下的定义:"科学是关于自然、社会和思维的知识体系。"[①]"技术是一种关于怎样组织各种投入要素,生产和使用某种产品的知识。"[②]前一定义和林毅夫教授所给的定义略为不同的是,后者增加了"和使用"三个字。因为 N 是将"生产"和"使用"联结起来的 N。而

$$使用价值量\ W_S = 交换价值量\ W_J × 科技效率因子\ N \qquad (9)$$

有些朋友建议 N 应改称知识效率因子 N,因为知识的内涵比科技宽泛,更有利于发展知识经济。问题是,知识可以包含伪科学、伪技术,而科技必须是真科技、好科技,能适应地区特点的有内生优势的科技。这里给出的"科技效率因子 N",也当然必须是真科技、好科技。其中最重要的是"能综合地应用来自自然科学、社会科学和人文科学的各种知识"的真科技、好科技。所以,中国的教育必须包含有"综合教育"。当前推行的教育改革首先必须纠正"文理分家"。

在各类人才的培养中,更为重要的是创新型人才的培养。各种生产要素都对社会生产力的发展有贡献,而所有生产要素一般均存在所谓"边际效用递减律"。如果不对各种生产要素的"边际效用"持续激活改进,"效用"就必定递减。而创新却可以大幅度延缓"边际效用"的递减。尤其是"全新"领域的开拓和创新,就可以从"全局"上摆脱边际"效用"的递减。为什么在《资本论》里所详细探讨过的"平均利润率"下降的规律,却"未见持续下降"? 原因就在于,当代经济已出现持

---

① 夏征农主编:《辞海》,上海辞书出版社,1989 年版,第 4568 页。
② 林毅夫:《解读中国经济》,北京大学出版社,2012 年版,第 41 页。

续不断的新领域的创新,某些发达国家甚而已建立起能够持续发展的创新机制和创新体制。

所以,大力加强科学研究,其优先的任务是开拓新领域、开拓新需求、开拓新市场,而不是仅限于服务于眼前的生产。而且,在各类人才的培养和教育中,最重要的是培养和选拔敢于"创新"和善于"创新"的人才,特别是能率领一大批科技人员和经营管理人员共同向某一战略性新兴科技领域赢取重大突破的"帅才"。在当今快速发展的社会中,要以"改革和创新"作为发展的动力,而且要以改革服务于创新。"因循守旧""萧规曹随"式的"人才",不是当今最需要的人才。

在新政治经济学里,新推导出的公式

$$W_S = m_S + C + V \tag{12}$$

$$W_S = M_J N \tag{13}$$

其实是可以普遍应用的公式。公式(13)中的 N,就既能应用于宏观经济,也能应用于微观经济。

对于微观经济,亦即每一特殊生产领域 i,都会有一个特殊的 N^i,而 N^i 其实是许多"子"因素 N^i_j 的乘积,即有:

$$N^i = N^i_1 N^i_2 \dots N^i_j \dots N^i_n \tag{32}$$

如果说"劳动过程"由"三要素",即"劳动力 + 劳动工具 + 劳动对象"所构成的话,"技术"就是不断组织、优化"三要素"之组合,生产使用价值的知识。这里包括"从产出交换价值,到转为使用价值"的全过程。其中有聚集要素、合理组织、优化控制、制成产品、检验检测、保养维修、节约成本、产出产品、投入市场、售后服务以及技术改造、升级换代等,涉及微观管理的各环节。需要综合地应用来自自然科学、社会科学、人文科学的各种知识。所有这些微观科技效率因子的乘积,也就是"看不见的手"的微观管理。

对于宏观经济中的 N,当然就是来自"看得见的手"的宏观调控。N 也将由一系列宏观调控的"子"因子 N_j 所构成,如人口红利、改革红利、开放红利、宏观投资红利、结构调整红利、科技进步红利、科技发展战略重大创新红利……。N 也是一系列"子"因子的乘积:

$$N = N_1 N_2 \dots N_j \dots N_n \tag{33}$$

当然,最重要的是科技进步红利,而最最重要的是那些能影响发展全局的科技发展战略的重大创新所带来的"红利"。1993 年,世界上最大的发达国家美国的总统克林顿登高一呼,倡议美国及全世界大力兴建信息高速公路。这一重大科技创新及其决策,对推动美国以及世界经济的发展,起了极其巨大的作用。历史上,我国曾做过"两弹一星"的重大决策,为巩固国防做出了巨大贡献。但自推行改革开放、科研经费呈现大幅度增长以来,世界上最大的发展中国家——中国,却未见出台这种重大科技举措。

1992年,邓小平在著名的"南方谈话"中说:"要提倡科学,靠科学才有希望。"为此,邓小平曾提出一个具体的战斗目标:"每一行都树立一个明确的战略目标,一定要打赢。"[1]这里说的"每一行",是"行行出状元"的"三百六十行"。不幸的是,中国的自然科学界从未对这一战斗"号召"组织过任何讨论和研究,更未见任何行动贯彻落实!甚而在中国最具有优势的马克思主义领域,人们也只是提出"守土有责,守土负责,守土尽责"。原因是,根本没有"明确的战略目标",当然也就谈不上"一定要打赢"。现在已经到了彻底改变的时候了。

新推导出的公式(12)和公式(13)当然也能用来研究和分析中国不同地区发展的区域经济。中国有960万平方公里的土地,有300万平方公里的海洋。中国太大了,中国的情况也千差万别。中国的三沙市,其发展战略当然不能和内陆地区等同。中国的福建省和中国的新疆维吾尔自治区,不但在人口、环境、资源、气候等自然因素上有重大差别,甚而在政治环境、人文因素上也有重大差别。所以,必须区分不同情况具体而深入地探讨各不同地区的发展模式。

所以,对于中国经济的发展来说,除了已有的"两手抓"以外,各区域、各地方政府还应伸出"第三只手"——宏观调控、微观管理和区域统筹。所以"第三只手"其实一共是"三只手","三只手"要齐抓共管,使政府的决策、企业的管理和地区的特点相结合。这里,又会有一系列可能属于中观或介观的科技效率因子 N_j^i。

毛泽东在《论十大关系》中说:"中央要发展工业,地方也要发展工业。……至于农业和商业,更需要依靠地方。""我们的国家这样大,人口这样多,情况这样复杂,有中央和地方两个积极性,比只有一个积极性好得多"[2]。"处理好中央和地方的关系"[3],必定是未来政治体制改革的最大亮点。

上述社会财富增长的计量公式充分表明,建设有中国特色的社会主义,不论是"解放生产力"还是"发展生产力",都必须持续地以不断提高"全劳动生产率 T"为"第一奋斗目标"。而"社会主义之所以能战胜资本主义,归根结底,在于社

---

① 邓小平:《邓小平文选》第3卷,人民出版社,1993年版,第378页。
② 毛泽东:《毛泽东选集》第5卷,人民出版社,1977年版,第275页。
③ 毛泽东:《毛泽东选集》第5卷,人民出版社,1977年版,第276页。

会主义能造成新的高得多的劳动生产率"①。所以,不仅仅"贫穷不是社会主义",而且"发展太慢也不是社会主义"②!

　　此外,新劳动价值论当然还能为分析和研究现代社会,分析和研究当代世界的两大问题——"和平和发展"问题,为解剖当代中国出现的各阶级、各阶层的变动,推进当代中国的经济、政治、科技体制改革,为如何逐步实现"消灭剥削、消除两极分化,最终实现共同富裕"等目标,提供新的视角和尺度。但这已不是本文拟探讨的内容,我们以后将另行撰文探讨和研究。

---

①　列宁:《列宁选集》第 4 卷,人民出版社,1960 年版,第 16 页。
②　邓小平:《邓小平文选》第 3 卷,人民出版社,1993 年版,第 255 页。

必须将"科技×劳动"创造使用价值的思想引入新劳动价值论的探索和研究[*]

何祚庥

一、当代科学技术的发展,使人类社会再也不能忽视现代科技在促进生产力中的伟大作用

著名诺贝尔物理学奖获得者杨振宁教授在一次演讲中说,20 世纪有两大历史性事件:一是科学技术广泛应用于生产,使 20 世纪生产力比 19 世纪增加了十倍至几十倍;二是中国的崛起。当然,杨振宁着重谈的是中国的崛起对未来社会发展的重大意义,但杨振宁在演讲中的确是将科学技术的广泛应用放在中国的崛起的前面。

20 世纪五六十年代,新古典经济学有一项值得称赞的成就,这就是罗伯特·索洛等人将"科学技术"引入经济学;他们引入"衡量单位总投入和总产出的生产率指标",又称为"全要素生产率(TFP)"。这样,经济学研究就由三要素"土地、劳动和资本"加上了"科学技术",成为四要素,进而相当成功地解释了不少经济现象。但是,当代马克思主义政治经济学的劳动价值学说却依旧停留在"三要素"的水平。

当代科学技术的重大突破,导致世界已进入第三次工业革命。关键技术是计算机和自动控制机的发明,甚而已出现可用于作战和生产的机器人。

"1974 年,在通产省的主持下,日本建成了一座多品种小批量生产的'无人化工厂',这个工厂生产的机械产品有 50 个品种,包括减速器、阀门等,每天 24 小时工作,其生产能力相当于每天工作 8 小时的 400 台机床。这个工厂在直接加工的车间现场作业中,已经实现了无人生产。该厂在全厂控制中心只有一人监视全厂

---

[*] 本文原刊于《政治经济学评论》2014 年第 1 期。

各车间的生产情况。"①（着重号为引用者所加）

"瑞典也建成了一座年产消毒牛奶1亿升的全自动化牛奶加工厂。在这个工厂里，操纵系统以计算机为基础，计算机根据管理中心的指令，把信号传送给执行机械。执行机械是由操纵泵、分离机、均质机、过滤器以及运输包装机械组成的自动机器体系。这个工厂的加工车间从开始接收生奶，直到消毒灭菌后包装，已全部实现了现场无人化操作，全厂只有一个调度员负责管理全厂的生产。"②（着重号为引用者所加）

再举一个例子③：

"我的孩子是软件工程师，专门从事大型软件的制作。1992年，日本的软件公司请他去交流，然后又请他参观了千叶制铁所，是个轧钢厂。千叶制铁有1.9米的轧机，轧出的钢材最宽可达1.9米。我们国家没有1.9米的轧机，我国武钢最大的轧机也就是1.7米④。我的孩子参观后，高度吃惊地说：轧钢厂整个一条生产线有一两千米，空空荡荡，看不到人，全是计算机管理；而且，这个千叶制铁所'三班倒'，连管理人员一共只有80个人！（着重号为引用者所加）

"我大吃一惊！生产自动化竟高到这种程度！但怎么可能连仓库管理人员才只有80个人呢？你总得记账算账吧。仓库管理是要把钢铁卖出去的！我的孩子说，他们买卖钢铁是跟计算机打交道。顾客要买2万吨钢材，计算机会告诉你多少钱；买10万吨，计算机又告诉你多少钱。越多越便宜。买的时候要从银行转账。只要计算机的记录表示钱收到了，计算机就会自动把门打开。你运钢材的车子就可以开进去，可以开动自动吊车把钢材吊到你的车子里面。如果你买2万吨钢材，吊够数了，你再想超出，没门儿，计算机就不听你指挥了。大家知道，钢材是烧不掉运不走的，所以仓库管理人员极少。

"当然，如果中国要跟日本购买100万吨钢材，那就不是和计算机谈判了，要跟经理去谈判。这就是日本自动化、现代化的情况。整个日本工业正在实现改组，将进入后工业时代。什么叫作后工业时代？就是由人员装配的时代到自动化操纵的时代。"

马克思早就预见："当工作机不需要人的帮助，就能完成加工原料所必需的一

---

① 刘绮菲：《脑力劳动计量研究》，中国财政经济出版社，1999年版，第293页。
② 刘绮菲：《脑力劳动计量研究》，中国财政经济出版社，1999年版，第293~294页。
③ 何祚庥等：《中国能源战略思考》，北京师范大学出版社，2009年版，第192页。
④ 这是说的是1992年中国的轧钢厂的情形。现在国内已有1.9米的轧机。1.9米和1.7米最大的差别是，汽车用的钢材必须出自1.9米的轧机。

切运动,而只需要人从旁照料时,我们就有了自动的机器体系。"(着重号为引用者所加)马克思还举例说,"现代造纸工厂可以说是生产的连续性和应用自动原理的范例"①。其实,20世纪30年代旧中国的上海,就已开始步入自动化的历程。1940年,我曾经有机会和我的一些兄弟姊妹参观上海阜丰面粉厂。当时该厂也已几乎全都自动化,参观时直到最后一道工序,才有少数工人操纵机器"从旁照料",最后完成面粉包装。

据2011年8月1日《第一财经时报》报道,"富士康科技集团董事长郭台铭在深圳出席员工联欢晚会时对媒体表示,目前富士康有1万台机器人,明年将达到30万台,三年后机器人的使用规模将达到100万台。未来富士康将增加生产线上的机器人数量,可以完成简单重复的工作,取代工人"。

现代机器人甚而已完全取代人"从旁照料",已出现完全无人驾驶的"无人飞机""无人坦克",还有可完全取代士兵的"无人射击手"。已经出现预测,不出10年,无人驾驶、能自动避免各种事故的小轿车将在高速公路上行驶。

当代数字通信技术的进展是十分惊人的!在计算机以及半导体技术领域,有一个摩尔定律,每18个月计算机中央处理器(CPU)的运转速度上升1倍,亦即其生产成本下降一半!或者说,每3年,单位劳动创造的计算机的性能会扩大4倍,6年会增长16倍。现在中国市场上的手机用量已是世界第一,而计算机技术在各种生产领域中的应用才刚刚开始。所谓第三次工业革命,至少还将持续发展30~50年!当代正在发生的能源革命,即"风能+太阳能+水能+智能电网"的可再生能源对传统能源的革命,其核心技术其实是数据的传输、处理和控制。

如果人类社会的发展仅仅由"劳动创造价值"的话,将难以解释这些即将出现的事实。

在《资本论》第1卷,马克思曾用"活劳动+死劳动"创造价值的学说,推导出"劳动创造价值守恒"的定律:"不论劳动生产率如何变化,不论产品和单个商品的价格如何变化,一定长度的工作日总表现为相同价值的产品。"②

在《资本论》第3卷,马克思已"超前"地给出了解释。马克思说,在未来的更高级的社会形式中,"在一定时间内,从而在一定的剩余劳动时间内,究竟能生产多少使用价值,取决于劳动生产率……社会的现实财富和社会再生产过程不断扩大的可能性,并不是取决于剩余劳动时间的长短,而是取决于剩余劳动的生产率

---

① 马克思:《资本论》第1卷,人民出版社,1975年版,第418页。
② 马克思:《资本论》第1卷,人民出版社,1975年版,第568页。

和这种剩余劳动借以完成的优劣程度不等的生产条件。"①(着重号为引用者所加)

把马克思这段论述引申一下,我们完全可以认为:经典劳动价值论所讨论的是劳动如何创造(交换)价值。而"新"劳动价值论就还要进一步讨论,"劳动×科技"如何创造社会财富或创造使用价值。在《资本论》里,马克思一直认为,"使用价值即物质财富"②。

在《资本论》里,马克思有很多有关使用价值量和劳动生产率的关系的论述。

马克思说:"它的价值量可能同时下降。这种对立的运动来源于劳动的二重性。生产力当然始终是有用的、具体的劳动的生产力,它事实上只决定有目的的生产活动在一定时间内的效率。因此,有用劳动成为较富或较贫的产品源泉,与有用劳动的生产力的提高或降低成正比。相反地,生产力的变化本身丝毫也不会影响表现为价值的劳动。既然生产力属于劳动的具体有用形式,它自然不再能同抽去了具体有用形式的劳动有关。因此,不管生产力发生了什么变化,同一劳动在同样的时间内提供的价值量总是相同的。但它在同样的时间内提供的使用价值量是不同的:生产力提高时就多些,生产力降低时就少些。因此,那种能提高劳动成效从而增加劳动所提供的使用价值量的生产力变化,如果会缩减生产这个使用价值量所必需的劳动时间的总和,就会减少这个增大了的总量的价值量。反之亦然。"③

马克思又说,"如果生产商品所需要的劳动时间不变,商品价值量也就不变"。"但是,生产商品所需要的劳动时间随着劳动生产力的每一变动而变动。""总之,劳动生产力越高,生产一种物品所需要的劳动时间就越少,凝结在该物品中的劳动量就越小,该物品的价值就越小。相反地,劳动生产力越低,生产一种物品的必要劳动时间就越多,该物品的价值就越大。可见商品的价值是与体现在商品中的劳动的量成正比,与这劳动的生产力成反比。"④(以上着重号为引用者所加)

马克思还举出一些事实:"如果生产一件上衣所需要的一切有用劳动的生产力不变,上衣的价值量就同上衣的数量一起增加。如果一件上衣代表 x 个工作日,两件上衣就代表 $2x$ 个工作日,依此类推。假定生产一件上衣的必要劳动增加

① 马克思:《资本论》第3卷,人民出版社,1975年版,第926页。
② 马克思:《资本论》第1卷,人民出版社,1975年版,第56页。
③ 马克思:《资本论》第1卷,人民出版社,1975年版,第59页。
④ 马克思:《资本论》第1卷,人民出版社,1975年版,第53~54页。这里所说的"劳动生产力"一词,应改为"劳动生产率",在马克思时代,"力"和"率"在词义上常常是相通的。

一倍或减少一半。在前一种场合,一件上衣就具有以前两件上衣的价值,在后一种场合,两件上衣就只有以前一件上衣的价值,虽然在这两种场合,上衣的效用和从前一样,上衣包含的有用劳动的质也和从前一样。但生产上衣所耗费的劳动量有了变化。""更多的使用价值本身就是更多的物质财富,两件上衣比一件上衣多。两件上衣可以两个人穿,一件上衣只能一个人穿,依此类推。"[1]

马克思在《资本论》里还有许多章节都说过类似的意思。下面再引一些。马克思说:"劳动生产力的提高……能缩短生产某种商品的社会必需的劳动时间,从而使较小量的劳动获得生产较大量使用价值的能力。"[2]又说:"资本主义生产过程实质上同时就是积累过程。……但是,随着劳动的社会生产力的发展,所生产的使用价值——生产资料是其中的一部分——的量,还会增加得更多。"[3]还说:"随着劳动生产率的提高,同一交换价值所代表的使用价值量……会增加。"[4]……

如果将马克思上述这些话用数量关系表示出来,那就是:

$$\text{单位劳动时间产生的使用价值量} = \text{单位劳动时间产生的价值量} \times \text{劳动生产率} \qquad (1)$$

或者说:

$$\text{使用价值量 } W_S = \text{交换价值量 } W_J \times \text{劳动生产率 } N \qquad (2)$$

需要细致推敲的,是这里所说劳动生产率的概念的内涵。

我们在《马克思主义政治经济学也要"与时俱进"》的长文中[5],在积累的一般规律的讨论和研究中,曾经探讨过马克思在《资本论》里引进的劳动生产率 P 的概念,也就是劳动生产率 P 应定义为:

$$P = \frac{W_J}{C + V} \qquad (3)$$

其中,C 是不变资本,V 是可变资本,而 W_J 是指总产品的交换价值。公式(3)所定义的劳动生产率 P,即列宁所说"表示不变资本比可变资本增长得较快"的"劳动生产率"[6]。所以,在这里定义的劳动生产率 P 是以简单平均劳动时间为计量单位,所产生的交换价值量 W_J 的效率。而新引进的"新"劳动生产率公式(2)所回答的是使用价值 W_S 和交换价值 W_J 之间的"放大"因子关系。在这里新引进的公

① 马克思:《资本论》第1卷,人民出版社,1975年版,第59页。
② 马克思:《资本论》第1卷,人民出版社,1975年版,第350页。
③ 马克思:《资本论》第3卷,人民出版社,1975年版,第243页。
④ 马克思:《资本论》第3卷,人民出版社,1975年版,第295页。
⑤ 何祚庥:《马克思主义政治经济学也要"与时俱进"》,《学术界》,2013年第7期、第8期。
⑥ 列宁:《卡尔·马克思》,《马克思恩格斯选集》第1卷,人民出版社,1972年版,第20页。

式(2)中的劳动生产率 N,应该是指由于"知识"或"科技"的进步等因素形成的使得使用价值量放大的效率因子。

现代机器作业,显然已由传统的动力机、传送机、工具机三种类型的机械新增加了控制机,后者正成为当代机械工业中的灵魂。完全有可能支配整个机器操作的是一个小小的芯片,其中却凝集了大量的现代科学知识。控制机将极大地节约凝集在产品中的劳动,极大地提高生产劳动产生使用价值的效率,从而也就有:

$$\text{使用价值 } W_S = \text{交换价值 } W_J \times \text{科技效率因子 } N \tag{4}$$

这里新引进的数学符号 W_S 代表着商品的使用价值 S 的量,以便和代表着交换价值 J 的量 W_J 相区别;而脑力劳动产生的效率放大因子 N,既反映着生产者直接生产效率的提高,也反映着买卖双方达成交易时也需要降低交易成本,有交易效率。

马克思曾推导过的实现生产和再生产的基本公式:

$$W_J = C + V + m_J \tag{5}$$

而这里新提出的用使用价值量 W_S 来衡量社会财富如何积累的基本公式,现在就改写为:

$$W_S = W_J N \tag{4}$$

和

$$W_S = W_J N = m_S + C + V \tag{6}$$

其中,m_J 是由简单平均劳动为计量单位来衡量的剩余价值,m_S 是由体力劳动和脑力劳动共同贡献所产生的"剩余"的使用价值,其中包括着效率因子 N 的贡献。C 仍是不变资本,其中包括将引入机器体系中的控制机器的知识成本。公式(6)中的 V,当然是企业所有者付给"总体工人"的工资。

马克思在《资本论》里考察单个劳动过程走向协作劳动过程时说:"正如在自然机体中头和手组成一体一样,劳动过程把脑力劳动和体力劳动结合在一起了。"当"产品从个体生产者的直接产品转化为社会产品,转化为总体工人……的共同产品"后,"总体工人的各个成员较直接地或者较间接地作用于劳动对象。因此,随着劳动过程本身的协作性质的发展,生产劳动和它的承担者即生产工人的概念也就必然扩大。为了从事生产劳动,现在不一定要亲自动手;只要成为总体工人的一个器官,完成他所属的某一种职能就够了"[1]。(着重号为引用者所加)

显然,总体工人将包括在生产线上直接参与生产劳动的工人和工程师,也包括从事生产工艺改进的研发人员、现场调度的总工程师、营销员、总经理等人,还

---

[1] 马克思:《资本论》第 1 卷,人民出版社,1975 年版,第 556 页。

包括真管事的董事、董事长。

上述简单生产和再生产的公式,是对于各不同生产部门都正确的公式。在各不同生产部门 i 中,反映各种具体劳动的特殊性,由知识或科技贡献的一个新效率因子 N^i,会随着各个生产领域 i 的特殊性而各有差别。而且,使用价值量 W_S 和效率放大因子 N^i 的大小,还和需求、商品购买者、购买单位商品凝聚的价值量以及商品的数量相关。

那么不同类型商品的使用价值量又如何计量,它们的使用价值量又能否相加呢?

二、为什么性能不同的产品或种类不同的商品使用价值量也可以有统一的计量标准?

使用价值可以计量:两尺布的使用价值是一尺布的两倍,两吨钢的使用价值是一吨钢的两倍。但马克思所讨论的使用价值的"可计量性"显然只限于性质相同的同类商品。在上述引文中,马克思只说"如果一件上衣代表 x 个工作日,两件上衣就代表 $2x$ 个工作日……假定生产一件上衣的必要劳动增加一倍或减少一半。在前一种场合,一件上衣就具有以前两件上衣的价值;在后一种场合,两件上衣就只有以前一件上衣的价值。"但是,从马克思来看,"更多的使用价值本身就是更多的物质财富……两件上衣可以两个人穿,一件上衣只能一个人穿"。虽然马克思认同劳动生产率是"决定有目的的生产活动在一定时间内的效率",也认同"有用劳动成为较富或较贫的产品源泉与有用劳动和生产力的提高或降低成正比"①,但马克思所讲的"有用劳动"显然是指有"使用价值"的"具体"劳动。其衡量单位是"一件"或"两件"上衣,其"使用性"就表现为可供"一个人穿"或"两个人穿"。所以,马克思虽然也会认同前文所写出的

$$W_S = W_J N \tag{4}$$

的计量公式,但只认为仅对相同花色品种的产品适用,不能推广到类别不同的商品。更准确一些说,马克思所认同的公式还要加上一个 i,即:

$$W_S^i = W_J^i N^i \tag{7}$$

其中,使用价值量 W_S^i 和脑力劳动效率因子 N^i 都是和某种商品 i 的物理性能直接相关的计量单位,如"一件上衣""一个人穿"之类。一个重大质疑是,请问:"一尺布" + "一吨钢" = 多少吨尺?!

---

① 马克思《资本论》第 1 卷,人民出版社,1975 年版,第 59 页。马克思已较严格地证明劳动创造的价值量守恒,这只是以上衣为特例的一种表述。

马克思在《资本论》里多处讲到社会财富、物质财富、商品总量等概念,认为这是和使用价值、商品价值相等的概念。马克思的确又用"社会财富""使用价值"等概念衡量工人阶级走向富裕或贫穷。马克思在《资本论》第 1 卷第 1 篇第 1 章第 1 节的第 1 句话就说:"资本主义生产方式占统治地位的财富,表现为'庞大的商品的堆积'。"接下来又说:"物的有用性使物成为使用价值。""但这种有用性……离开了商品体就不存在。""每一种有用物……都可以从质和量两个角度来考虑。""在考察使用价值时,总是以它们的量的规定性为前提。"①马克思在后来的论述中,还有多处说"使用价值即物质财富"②,又说过,"商品作为使用价值……构成物质财富的一种特殊的要素"③。而"庞大的商品的堆积"显然包括"衣食住行用"等各种性能不同的商品。这就产生了一个必须回答的理论问题:这些花色品种不相同的商品的"可使用性"将如何计量,构成"占统治地位的财富"的总量又是多少?

西方主流经济学,或又称资产阶级经济学,一般用"效用价值论"回答"使用性"可否"相加减"这一难题,而且发展出一整套"边际效用"理论。在通常的西方主流经济学教科书里,往往只谈价格,用价格衡量"效用"的大小。它们不谈或很少谈价值,实际上是用价格取代价值。马克思主义学者就将这派人士的主张称为"效用价值论"。

但是,价格和价值的概念并不完全等同。所以,不少马克思主义学者反对用"效用"来描述使用价值的"可使用性",理由是"使用价值没有共同的抽象的质"。下面引用某些学者对"效用价值论"所做的批评。

有一本专著——《高级政治经济学》,是主张马克思主义政治经济学的学者们编纂的。此书有一节专门讨论"马克思的价值理论",其中有一段话说:

"新古典派总是在效用价值论上做文章,混淆使用价值和价值。近年来,在我国,主张效用价值论者也不乏其人。例如,有的人在肯定马克思的劳动价值论的同时,还指出马克思的价值理论具有片面性,即没有考虑到使用价值在价值决定中的作用。而他则提出了一个新颖的思维方法,即认为各种商品的使用价值虽然不同,但如同从不同种的劳动找出它们的同质性即抽象劳动那样,也可以运用抽象力找出不同使用价值的共同的质,即他所说的'抽象使用价值',也即各种商品

---

① 马克思:《资本论》第 1 卷,人民出版社,1975 年版,第 47 ~ 48 页。
② 马克思:《资本论》第 1 卷,人民出版社,1975 年版,第 56 页。
③ 马克思:《资本论》第 1 卷,人民出版社,1975 年版,第 153 页。

的使用价值虽然不同,但都能为一个人带来需要的满足,或者都有效用。这样,在商品交换时,既可以用抽象劳动来通约,也可以用'抽象使用价值'或'效用'来通约,进行量度和比较。于是,他提出了'价值和使用价值同时在价格决定中起作用的二元论',并由此提出了他的价值理论和使用价值理论相统一的价格理论。显然,这是异想天开站不住脚的。"

接着,此文又说:"在一张羊皮 = 2 斗米的交换价值等式中,除非它表明它们的价值相等同时效用也相等以外,无法说明它们的价值相等而效用不等或者效用相等而价值不等时交换价值等式如何能成立。"[1](以上着重号均为引用者所加)

认真思考一下,上述批评理由并不很充足。因为使用价值也可以有抽象的"共性"。试论证如下:任何使用价值都必须满足人类的需要;只有"能"满足人类需要的物品,才能成为有使用价值的产品或商品。所以,使用价值"可使用性"的"共性"是满足人类的需要。"满足需要"不仅有"质",而且有"量"。马克思就说,每个人要"穿一件上衣"。肚子饿了,成年人可能要吃三个馒头,而老人或小孩仅需吃一个馒头。

但人类不仅需要有"能满足不同需要"的商品,而且需要对"不同类别商品"的需求数加以计量,从"量"上计算"不同类别商品"在数量上必须满足的比例关系。"我"干了一天活,收到一笔和劳动力"价值"相当的报酬。报酬是用来消费的,用来购买不同种类商品的"使用性"的;是用报酬去解决"衣食住行用",还是用于"子女培养教育",或者放在银行里存起来,这就不得不要求确定种类不同商品使用性的"量"的"比例"关系。在西方经济学里,有一个恩格尔系数,就是专门讨论"吃"在总消费中占多大比例,用以描述人们的富裕程度和消费行为间的关系。在市场经济里,人们实际上已引进了一个方便而且是客观成立的衡量单位——市场价格。当然,市场价格的高低,由供求双方共同决定。

但是,批评者并不认同上述"理由",认为:不同类别的使用价值的"使用性"是用不同计量单位来测量的,布可以用"尺"来衡量,米可以用"斤"来衡量;但找不到某种物理量,作为衡量商品"使用性"的共同计量单位。

其实,市场价格的衡量单位是"一般等价物",即货币。因为这是"一般等价物",当然就有可能用货币的"一般"性作为衡量的单位。虽然类别不同的使用价值有"不能等同的计量单位",但不能因此就认为在"两种不同计量单位"间"就此"不能用"一般等价物"来建立量的关系。二斗米的售价可以是 100 元,五尺绢

---

[1]　张宇、孟捷、卢荻:《高级政治经济学》,中国人民大学出版社,2012 年版,第 120 页。

的售价可能也是 100 元。那么,人们当然可以认同二斗米的价值＝五尺绢的价值,也可以认同二斗米的使用价值＝五尺绢的使用价值。

但是,"效用价值论"的批评者还有一个"更"基本的批评,理由是"古典派和边际学派认为商品的有用性是来自人的消费感受",而"感受属主观范畴"。但"效用和需要有赖各人的主观感受和评价,因人因时而异,且边际效用有随数量增多而逐渐降低的趋势,因此没有统一的社会计量标准"①。既然"效用"不能有"客观"的计量单位,那么"效用价值论"只不过是随心所欲的假设!

上述"批评"似乎有理,其实完全不能成立。

一个显见的理由是:即使效用属"主观"范畴,但未必"主观"范畴就不可以有客观标准。"主观"效用是"客观"需求的反映。"主观"可以"正确"地反映"客观",也可以"不正确"地反映客观。"不正确"地反映会导致没有"客观"标准,"正确"地反映当然可有"客观"标准。至于边际效用递减的趋势,完全是客观存在的事实。边际效用在数学上属微分的概念,是效用增长和费用增长的相对比值。边际效用和边际效用递减这两者是完全不同的概念。相对比值会增加或减少的事实,正好说明"效用"可以计量。

现代科技甚而已对许多"主观"感受"程度"进行较精确的测量。"主观"感受有六大感官,"眼、耳、鼻、舌、身、意"。对这些感官的"主观"感受程度,现代科技均找出不少测量方法和测量仪器,对感官的"主观"感受程度进行科学的测量。

以眼睛的感受程度来说,有些人患近视;有些近视者还夹杂着散光,眼球偏离球体,形成某种程度的椭球化。老年人视力会蜕化成老花眼,有些老人会患白内障,视力模糊。但现代科技完全可对视力感受程度做精确的测量,可用眼镜、隐形眼镜,甚而换一个水晶体进行视力矫正,白内障还可完全用激光去障。

再以耳朵的感受程度来说,有人患先天性耳障,不少老人出现听力下降。现代科技也完全可以对听力程度进行测量,并给予适当补偿。最近我听力出现下降,决定配一个助听器。一个性能极好、具有某些智能功能的助听器——由丹麦,一个小而发达的国家制造的助听器——就此装进耳朵里面!我国尚不会制造这种助听器!当前中国已进入老龄化社会,60 岁以上的"老人"占人口的 1/4,总人数达 3 亿之多!据统计,未来中国 3 亿老人需要配助听器的将高达 1 亿人左右,约占中国 14 亿人口的 7％。这是何等大的消费市场!仅助听器的产值就可能高达 2 万亿元人民币之多,而且需要有配套的高级医疗人员专门从事助听器验配、

---

① 张宇、孟捷、卢荻:《高级政治经济学》,中国人民大学出版社,2012 年版,第 122 页。

追踪服务等业务①，如以人均服务对象为 600 人计，为 1 亿的"失聪人"服务的从事专业销售的辅助配套人员就至少需要 16 万人！这充分表明"主观"范畴"没有客观标准"的理论，完全没有科学根据！

至于客观存在的"需求"，当然也可以计量，否则就不会出现生产过剩，出现供给超过需求的经济危机。当代市场经济的发展现实已对"效用"的"不可知论"做了完满的回答。

不可否认的是，人们对需求的主观感受即效用。"效用"即"主观"对"客观"的反映，当然有一定的"主观性"。正是由于有不同人群的"主观性"存在，所以市场价格会或高或低。但是，对大多数人群来说，在不同人群的"主观性"后面，市场价格仍有能正确反映"需求"一面的"共性"。其"共性"的测量单位，是市场供需均衡条件下由供需双方共同决定的市场价格，或称均衡价格。从马克思主义理论来看，均衡价格即劳动创造的价值的表现。只不过西方主流经济学往往害怕劳动创造价值学说会诱发公众对资本主义社会的质疑，因而拒绝认同！而马克思主义经济学家又往往坚持批评"效用价值论"是唯心论。我认为，现在已到了统一解决这一理论上的冲突的时候了。下面试讨论这一长期困扰人们思想的复杂问题。

三、为什么市场涨落达到供求平衡条件下的均衡价格即是劳动价值论所定义的价值？

首先讨论简单商品交换。简单商品交换是两个人之间交换价值的"交换"，其计量单位是"劳动"，说得细致一点，是劳动决定的"交换价值"。但是，交换双方之所以"实现"交换，还因为交换"双方"有相互交换产品或商品的"使用性"的需求。如果交换中的一方不需要某种产品或商品，即使"拟"交换的双方对凝集在产品或商品中的劳动量的评价一致，也不会实现"交换"。为要实现交换，实际上还要引进另一假定，即甲和乙同时还认同彼此的需求程度也相等，所以才发生甲、乙之间的直接交换。当然，甲、乙之间认定的交换条件可能和甲、丙之间不同，也可能和乙、丙之间不同。但多数的、密集的、频繁的相互交换，必定最终会认同用某种价格表示某种商品的"使用性"和另类商品的"使用性"的相对比值，"习惯"会促使人们"认同"这是一种公允的价格。可以由多次的两个人之间直接交换来认定这种交换价值，当然也可以通过市场，通过不同人群间的交换来认定其交换价格。但是，市场必须保证"多元"交换的公正性。多元交换的"公正性"有一个判据，即经过"多元"交换后，最后还原到"等同"于双方的"直接"交换的"量"，仍等同于简单商品交换；否则，这一

---

① 这是"多对一"的服务，差不多要 5 位工作人员同时服务于每一位顾客。

市场交易就不会为人们接受和认同。

那么,为什么市场上多数人的多元的间接的交换还原到两个人之间的"直接"交换时,仍能保证两个人都满意的公正性? 商品的使用价值"量"或价值"量"的表现形式之一,是用货币表示的商品的价格。价格受供求法则支配,表现为时高时低。但是在供求达到均衡的条件下,价格会凝集到某个稳定的"均衡点"。当然,在供需双方力量对比出现变动的情况下,这一均衡点的数值会有所移动;但在简单再生产占主导地位的社会里,各种商品的供应量和需求量均大体上维持不变,其市场价格的均衡点也将大体上维持不变。下面是摘自萨缪尔森在《宏观经济学》一书中用供给弹性、需求弹性等概念给出的一张图①(见图1)。

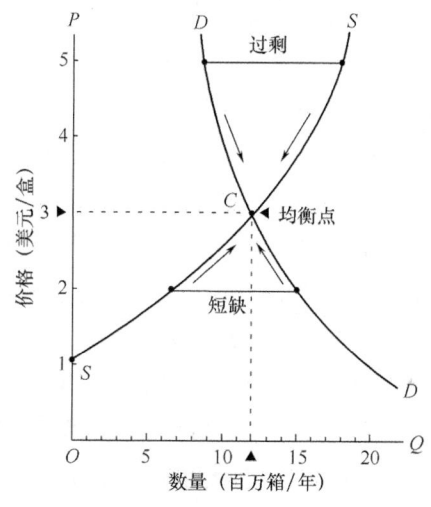

图1　市场供求与均衡

图1解释了为什么在供求法则支配下市场会出现"均衡点"。

所以,在"中共中央组织部考试与测评中心"组织一大批中国学者所撰写的《竞争上岗考试大纲》中,关于劳动价值学说对市场达到"均衡点"所包含的"内涵",有一段讨论:"马克思对劳动价值有过两种不同含义:耗费在某种商品中的社会必要劳动时间,是供给意义上的社会必要劳动时间。""要使一个商品按照它的市场价值出售,也就是说,按照它包含的社会必要劳动来出售,耗费在这种商品总量上的社会劳动的总量,就必须同这种商品的社会需要的量相适应,即同有支付能力的社会需要相适应。"换句话说,"只有供求均衡的社会劳动时间,才是真

①　保罗·萨缪尔森、威廉·诺德豪斯:《宏观经济学》第19版,萧琛译,人民邮电出版社,2012年版,第50页。

正的社会必要劳动时间"①。(着重号为引用者所加)

我认为这段讨论是正确的,它科学地分析、澄清了边际效用学者和马克思主义学者的分歧。马克思也讨论过"均衡点"。马克思在《工资、价格和利润》中说:"你们如果以为劳动和任何一种商品的价值归根到底是由供给和需求决定的,那就完全错了。供给和需求只调节市场价格一时的变动。供给和需求可以说明为什么一种商品的市场价格会涨到它的价值以上或降到它的价值以下,但决不能说明这个价值本身。假定说,供给和需求是相互平衡的,或如经济学者所说,是相互一致的。当这两个相反的力量对等时,它们就相互牵制,彼此都不向对方发生作用。当供给和需求相互平衡因而停止发生作用时,商品的市场价格就符合它的实际价值,就符合市场价格随之变动的那个标准价格,所以在研究这个价值的本质时,我们完全不必讨论供给和需求对市场价格的一时的影响。"②

在同一文中,马克思又说:"如果供给和需求互相平衡,则商品的市场价格相当于它们的自然价格,即相当于由生产它们所必需的劳动量来决定它们的价值。但供给和需求必定要经常趋向于相互平衡,市场价格的变动,市场价格的背离价值,市场价格的上涨和下落,都是互相抵消和互相补偿的;所以……一切种类的商品,平均说来总是按它们各自的价值,即它们的自然价格出售的。"③(以上着重号均为引用者所加)

马克思的这两段话一方面批评了边际效用学者的"庸俗性",亦即这些学者误用供求现象来"定义"何谓价值,实际上,供求法则仅仅是给出"均衡点"的具体的数值;另一方面,又指出千百万亿次的市场买卖,供需双方的博弈,最终必定导致市场价格出现均衡点。均衡点所反映的均衡价格的"本质",就是劳动所决定的价值。马克思的这段话,实际上已回答和解决了边际效用学者和马克思主义学者之间的"分歧"。把测定价值的方法和决定价值的本质这两种不同的概念混为一谈,这就是庸俗经济学者"庸俗性"所在。有相当一些资产阶级经济学者利用这一"庸俗性"见解为资本主义制度辩护,认为在资本主义制度下的市场经济不存在任何剥削。但是,不能因为这些学者的"庸俗性"因而拒绝承认供求弹性、需求弹性等概念是科学的概念。

但是,这里还有一个要"科学地"回答的问题。公式(7)其实是说,每一种商品 i,都可以有

---

① 中共中央组织部考试与测评中心:《党政领导干部公开选拔和竞争上岗考试大纲》,党建读物出版社,2009 年版,第 429 ~ 430 页。

② 马克思、恩格斯:《马克思恩格斯选集》第 2 卷,人民出版社,1972 年版,第 167 页。

③ 马克思、恩格斯:《马克思恩格斯选集》第 2 卷,人民出版社,1972 年版,第 167 页。

使用价值量 W_S^i = 单位商品 i 的均衡价值 × 市场成交数量 =（交换）价值量 W_J^i （8）

但由于上面所指出的,种类不同的商品,其使用价值以及交换价值都可以用"一般等价物"来计量,所以种类不同的商品的使用价值量也可以相加、相减。如对公式(8)的各类商品 i 求和,就可得到公式(2)和公式(4)的特例,即有

$$\sum_i W_S^i = \sum_i W_J^i \tag{9}$$

和

$$使用价值 \ W_S =（交换）价值 \tag{10}$$

其中,劳动生产率 N 在这里当然就设定为1,亦即在长时期的发展中,劳动生产率 N 均大体上维持不变。

容易看出,上述"价值决定市场价格"的分析仅仅是价值规律在简单商品社会里的直接应用,仅能适用于简单商品生产的社会。在社会经济快速发展的时期,在供需双方十分激烈的竞争和博弈下,就将出现新的"可能"。

西方经济学曾经较深入地讨论过一个问题:在社会经济持续快速发展的条件下,是否也能出现一个相对稳定的"新"的"均衡点"?

萨缪尔森、诺德豪斯所著《宏观经济学》曾以 1900～2008 年美国出现的经济快速增长为例,给出一张在不同时期的供求条件下所出现的两组"均衡点"的示意图(见图2)[1]。

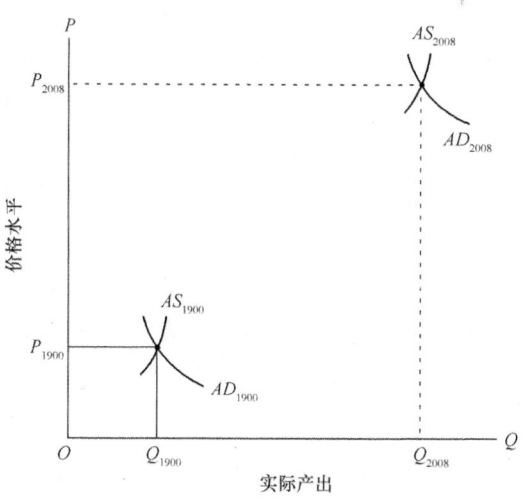

图2　潜在产出的增长与长期经济绩效

---

① 保罗·萨缪尔森、威廉·诺德豪斯:《宏观经济学》第 19 版,萧琛译,人民邮电出版社,2012 年版,第 71 页。

图 2 明确标出了两组供求曲线的"均衡点":一组是 1900 年的供求曲线所决定的"均衡点",另一组是 2008 年的供求曲线所决定的"均衡点"。所以,在社会经济快速发展的条件下,市场经济是可以出现新的"均衡点"的! 只不过这种"均衡点"是供给方和需求方通过动态"博弈"达到的一种"均衡",是一种"动态"的但仍然相对稳定的"稳态"均衡,即"stationary"或"动稳状态"下的均衡。在物理学里,"博弈"的双方在"静态"可以出现均衡;在双方都快速发展的条件下,也完全可以出现"动态"的或"稳态"(stationary)的"均衡"。

萨缪尔森和诺德豪斯还用美国经济快速增长的实际数字对"均衡点"做了一个解释[①]:

"美国宏观经济这出'戏'的最后一幕,应是自 1900 年以来近一个世纪的产出和价格的增长。从 20 世纪初至今,产出量已经增长了 34 倍。如何解释这个长期经济增长现象?

"进一步研究美国经济增长可知,20 世纪美国经济年均增长率是 3.5% 左右。这一增长的部分原因在于,这个时期大量的资本、劳动甚至土地等投入的迅速增长导致了生产规模的扩大。同样重要的原因在于,新产品(如汽车)和新工艺(如计算机技术)的开发与应用带来的生产效率的提高。此外还有些看不见的因素,例如管理技术和服务水平(包括生产线改进和快速交货等技术革新)的提高,也对经济增长起了重要作用。

"在过去的半个世纪中,宏观经济政策在改善商业周期的状况方面发挥了核心作用。宏观经济学的发现与应用,以及对货币政策和财政政策重要性的肯定与局限性的思考,降低了商业周期的波动性,迎来了一个'黄金增长'(the Great Moderation)时期。财政政策,特别是货币政策的运用,使 80 年代、90 年代失业率下降,确保了价格水平的稳定。

"一个世纪以来,劳动、资本、效率的提高导致了经济潜在生产率的极大提高,表现在图 2 中的总供给将远远地向右移动。"(着重号为引用者所加)

那么,怎样理解图 2 的"双均衡点"的本质? 它们反映出何种经济的实质或经济的规律?

恩格斯在《雇佣劳动与资本》1891 年单行本的导言里,曾写过一段很重要的话:"当经济学作为科学出现的时候,它的首要任务之一,就是要找出隐藏在这种表面支配着商品价格的偶然情况后面,而实际上却自然支配着这种偶然情况本身

---

① 保罗·萨缪尔森、威廉·诺德豪斯:《宏观经济学》第 19 版,人民邮电出版社,2012 年版,第 71 页。

的规律。在商品价格不断地时而上涨,时而下降的变动和波动中,它要找出这种变动和波动所围绕的稳定的轴心。一句话,它要从商品价格出发,找出作为调节价格的规律的商品价值,价格的一切变动都可以根据价值来加以说明,而且归结到底都以价值为依归。"于是,"结果古典政治经济学就发现了,商品的价值是由商品所包含的、为生产该商品所必需的劳动来决定的。"[1](着重号为引用者所加)

在马克思时代,马克思和恩格斯找出了"这种……稳定的轴心",也就是"调节价格的规律的商品价值"。那么我们是不是也可以遵循马克思和恩格斯曾用过的找出"稳定的轴心"的方法,对"动稳"状态下出现的"新均衡点"提出一个新的说明或解释? 是不是可以引进公式(4)这个新等式来解释这一在"动稳"状态下新出现的"均衡点"呢?

$$\text{使用价值量 } W_S = (\text{交换})\text{价值量 } W_J \times \text{科技效率因子 } N \qquad (4)$$

图2反映的是,"从20世纪初至今,产出量已增长了34倍"。而由《世界经济千年史》所提供的美国经济发展的数据可知,同期美国的人口才增长了约3.65倍[2]。按照古典"劳动价值论",如果价值仅仅是由体力劳动者投入的劳动创造的,2008年美国社会创造的财富将应是1900年的3.65倍。这和真实数字相差达9.32倍(34÷3.65)! 而如果人们以美国在1900年美元的不变价格为计量单位,也就是令公式(2)中的 $N^{1900}=1$,那么对2008年以每位劳动者为计量单位,科技效率"放大"因子 $N^{2008}=34÷3.65=9.32$。

《世界经济千年史》第348页还给出一个1900~2008年以劳动时间为计量单位的美国人"每个工作小时创造的GDP"约增加11.3倍的数字[3]。如假定美国1900~2008年其失业率大体上维持不变,或仅有小涨落,那么,人均产出量和单位劳动时间的产出量的相对比值是 $9.32÷11.3=0.825$。注意到1900年美国已实行了8小时工作制,每周约工作6天,现在已下降到每周工作5天。 $5÷6=0.833$,正好和 $9.32÷11.3=0.825$ 相自洽。所以,计算劳动生产率更准确的计量单位,是马克思所定义的单位劳动时间。从单位劳动时间产出的GDP来看,美国产生的 $W_S÷W_J=N=11.3$。这里出现的 $N=11.3$,就只能归结于科技效率因子的放大效应,也就是美国的单位劳动时间产出的GDP共增长了11.3倍。

上述数据充分表明,马克思讨论过的"价值决定价格,价格围绕价值上下波

---

[1] 马克思、恩格斯:《马克思恩格斯选集》第1卷,人民出版社,1972年版,第342页。

[2] 安格斯·麦迪森:《世界经济千年史》,伍晓鹰、许宪春译,北京大学出版社,2003年版,第238页。

[3] 安格斯·麦迪森:《世界经济千年史》,伍晓鹰、许宪春译,北京大学出版社,2003年版,第348页。

动"的学说仍是科学的学说,只不过新出现的均衡点代表的市场价格将围绕"1900 年的(交换)价值×科技效率因子 N = 2008 年的新使用价值量"而上下波动。这从一个侧面说明,这里建议的"科技×劳动"或"知识×劳动"创造使用价值的"假说"在逻辑上是自洽的。

不难看出,在市场达到"动态"均衡的条件下,按照公式(8)进行的市场交换再"还原"到两个人之间的交换时,仍能保证两个人的"直接"交换仍然满足双方都满意的市场的公正性。这又从另一个侧面表明公式(8)是正确的公式。

也许还要讨论的一个问题是:种类不同的商品 i,会出现不同的科技效率因子 N^i。在社会经济快速发展、劳动生产率快速变化的条件下,各类商品的 N^i 会发生变化的程度各自不同!于是,原来处于均衡状态的均衡点也必然要发生改变,市场上的成交数量也要随之而调整。那么,在不断发生变动的情况下,如何对使用价值量进行计量,就要成为还要重新讨论的问题了!

新的"稳定的轴心"是由社会平均简单必要劳动所确定的价值,再"乘上"科技效率因子 N^i。这也就是马克思在许多文献里所讨论过的使用价值量正比于劳动生产率。但科技效率因子 N^i 是变动中的,它的实际数字不仅依存于技术,而且和商品出售量即成交数量密切相关。

但如果仔细研究分析一下马克思谈到使用价值量时的有关论述,其"计量"当然仍是以"不同种类商品不同物理性能"作为计量单位。马克思在谈到劳动生产率时,也是用物理性能不同的"尺度"衡量单位劳动所制造的产品的使用价值量。但是,当商品交换的双方以购买者或出售者的身份在市场上交易时,双方都要求用"售价"亦即"价格"标志某一类商品 i 中的使用价值量。由于供需双方所能供应和需要的使用价值量都在迅速增长之中,供需双方的博弈虽然也会形成市场价格的某个均衡点,但均衡点 i 的具体数值不仅会受到商品 i 的供需状况的影响,而且还有别种商品 $j,k,l,\ldots$ 和商品 i 之间的竞争。然而,这类使用性能不相同的商品相互竞争的结果必定导致各不同类商品会各自占有不同的市场份额,而且都各自凝集在某一均衡点,其中各自凝结着在某一特定商品 i 中的劳动。如果用 N^i 代表科技效率因子,这一均衡点或"稳定的轴心"表示的市场价格,显然仍满足下列关系:

$$处于均衡点的市场价格\ i \equiv 使用价值\ i = 价值\ i \times 科技效率因子\ N^i \tag{11}$$

如果将各类商品 i 的单位价格乘以交易数量,就得到同类商品总价格。如果再将所有不同类商品的总价格加起来,也就有

$$社会财富总量 \equiv 使用价值总量 = \sum_i W_S^i = \sum_i W_J^i N^i \tag{12}$$

其中,W_S^i 表示某类商品 i 的总价格所代表的使用价值量,W_J^i 代表着凝聚在某种商品 i 中的价值量并有 $W_S^i = W_J^i N^i$。如果引入一个社会平均科技效率因子 N,令

$$W_S \equiv \sum_i W_S^i \tag{13}$$

$$W_J = \sum_i W_J^i \tag{14}$$

就有:

$$N = \frac{W_S}{W_J} = \frac{\sum_i W_S^i}{W_J} = \frac{\sum_i W_J^i N^o}{W_J} = \frac{\sum_i W_J^i N^i}{\sum_i W_J^i} \tag{15}$$

其中,分子求和号下每项 N^i 的系数即 $\dfrac{W_J^i}{W_J}$ 的比值反映出市场上的占有率。图 2 中两组数值不同的均衡点的比值 N,即这里定义的在 2008 年度的社会平均科技效率因子 N^{2008} 和在 1900 年度的社会平均科技效率因子 N^{1900} 之间的相对比值。

理论上,不排除 N^i 或 N 小于 1。而且,当 N^i 或 N 的数值在短期内迅速缩小时,某一生产部门或整个国民经济就出现衰退、萧条,甚而是危机。

但是,不论供求双方在快速发展过程中如何激烈地博弈,公式(8)和公式(12)中定义的 N^i 和公式(15)所定义的 N 如何快速地"变化",在供求均衡的条件下,两个人之间的商品交换过程,即使是来自快速变化的市场,来自 N^i 和 N 值的快速变化,却仍然能满足交换双方凭借市场这一媒介所实现的交换价值,仍是等量劳动交换等量劳动。当然,公式(15)中的 N,是社会平均的科技效率因子 N,并不是某一单独生产部门中的 N^i。所以,公式(12)和公式(15)对公式(8)的推广,的确是相当合理的一种推广。

在我们导出上述使用价值 = 价值×科技效率因子的新等式即公式(2)和公式(4)等类似的公式后,发现这个马克思主义政治经济学的重大问题原来已在学者间展开了热烈讨论,有许多学者先后提出了不同的解决方案。

近来,承中国人民大学张宇教授送给我由张宇、孟捷、卢荻主编的《高等政治经济学》新著,此书的第二篇对近年来国内外学者对有关劳动价值论和剩余价值论的许多论述做了评述和总结,并特别介绍了程恩富教授等人所提出的"劳动生产率与商品价值量……互成正比变化"的理论[1]。评述者认为,程恩富教授该文对"'成正比'问题做了迄今为止最深入的讨论","是从近年来深化劳动和劳动价

---

[1] 程恩富、马艳:《马克思"商品价值量与劳动生产率变动规律"新探》,《财经研究》,2002 年第 9 期。

值论的讨论中产生的重要成果"①。最近,又收到程恩富教授赠送的《经济理论与政策创新》一书,其中也收录了该文。由于程恩富教授提出的方案和这里新建议的方案"差距太大",所以只好争鸣。

在我们看来,程恩富教授所提出的价值和劳动生产率"成正比"的建议,完全背离了劳动创造价值论。在《资本论》中,马克思曾明确说:"不管生产力发生了什么变化,同一劳动在同样的时间内提供的价值量总是相同的。"②(着重号为引用者所加)

马克思所说的,是十分明确的价值和劳动生产率"成反比"的理论,和程恩富教授的建议完全不同!评述者说,"问题是,要正确地……解读句中的'同一劳动'一语,这里的'同一劳动'既可以指生产同种使用价值的劳动,也可以指劳动的复杂程度不受技术变革的影响……这样一来,'同一劳动'就成了一种限定,它意味着,马克思在此假设,生产力的发展并没有改变劳动本身的复杂程度,而在这个假定下,上面这句话,就不能被用来批评'成正比'的观点。"③这里所引评述者的这段话有点费解,但含义是清楚的,即支持者希望重新解释"同一劳动"的含义,支持程恩富教授"成正比"的方案。然而这是徒劳的!就在《资本论》第1卷同一页,马克思接着又说:"但它在同样的时间内提供的使用价值量会是不同的:生产力提高时就多些,生产力降低时就少些。因此,那种能提高劳动成效从而增加劳动所提供的使用价值量的生产力变化,如果会缩减生产这个使用价值量所必需的劳动时间的总和,就会减少这个增大的总量的价值量。反之亦然。"④其实,在《资本论》的第1卷、第2卷、第3卷中,有多处均说的是类似的意思,无法做另类解读!

马克思的劳动价值论是以产品间的直接交换也就是简单商品交换必定是等量劳动的交换为基础的。如果假定产品甲的劳动生产率较高,产品乙的劳动生产率较低,而按照程恩富所说,两个人的不同产品的直接交换又是乘上效率因子后的"等价"交换,那么必定导致两个人之间的交换不是等量劳动的交换。这完全背离了劳动价值论最基本的出发点!其实,马克思的劳动创造价值的学说从而必定导致的劳动创造的价值必定守恒的学说还有一个物理学上常用的能量守恒定律的根据,即在生理学意义上,"人类劳动的耗费"的"能量"也必定"守恒"。马克

① 张宇、孟捷、卢荻:《高级政治经济学》,中国人民大学出版社,2012年版,第181页。
② 马克思:《资本论》第1卷,人民出版社,1975年版,第60页。
③ 张宇、孟捷、卢荻:《高级政治经济学》,中国人民大学出版社,2012年版,第182页。
④ 马克思:《资本论》第1卷,人民出版社,1975年版,第60页。

思曾说:"一切劳动"是"人类劳动力在生理学意义上的耗费……它形成价值。"①所以,生理学意义上劳动耗费的能量也必定守恒的推论也就成为劳动价值守恒的物理学的基础。

更有意思的是,程恩富还批评卫兴华建议的使用价值和劳动生产率成正比的假说,是把"使用价值或社会财富与价值割裂开来",批评"这些学者的解释虽然坚持了马克思的一个理论原则,却丢掉了马克思的另一个理论原则"! 其实,程恩富教授主张的价值和劳动生产率成正比的学说才真的"丢掉了马克思的另一个理论原则",而且是丢掉了劳动价值学说最基本的原则。

需要和程恩富同志商榷的是,他对卫兴华教授也提出的"使用价值和劳动生产率成正比"的假说的批评。

程恩富引用了卫兴华教授在《关于深化对劳动和劳动价值理论的认识问题》一文中的一段话:"国内外关于国民生产总值或国内生产总值的统计,是以不变价格计算的。它实际是使用价值量的指标,或者说是反映使用价值量的价格指标,而非价值量指标。劳动生产率提高,与单位商品价值成反比,但与同一劳动时间创造的使用价值成正比;在价格不变情况下,与价格的增加也成反比。"②

其实,如果将卫兴华教授所写的这段话和我们所写的公式(4)仔细比较一下,就不难看出,公式(4)实际上即是卫兴华教授所说的意思。我们唯一不能认同的是这段话里的最后一句话:"劳动生产率提高……在价格不变情况下,与价格的增加也成反比。"按照公式(4),这里的"反比"一词应改为"正比"。因为卫兴华教授已经认同"价格"是"反映使用价值量的价格指标",而既然认同"劳动生产率……与同一劳动时间创造的使用价值成正比",那么,其理所当然的结论是:劳动生产率的提高与价格的增加成正比。不知什么原因,这里用了"反比"一词!

但是,卫兴华教授这段大体上正确的建议却遭到程恩富教授的批评和反对。程恩富说:"这种解释与马克思的价值理论并不一致,因为无论如何,含有价值的商品价格都是以它的价值为基础,是它的价值的表现形式,以不变价格计算的国民生产总值在剔除了币值变动因素和非价值表现的价格之后,从较长的时间来观察,其基础仍是价值。这些学者的解释虽然坚持了马克思的一个理论原则,却丢掉了马克思的另一个理论原则。"程恩富教授还说:"一些学者认为,价值并不是计量社会财富的尺度,而是商品交换的基础,是在两种商品相交换时,用来证明两

---

① 马克思:《资本论》第1卷,人民出版社,1975年版,第60页。
② 程恩富:《经济理论与政策创新》,中国社会科学出版社,2013年版,第72页。

者在量上是相等的,而不是用来衡量社会财富多与穷,因此计量国民生产总值的标准不是价值。""这种解释是将使用价值和价值相分离,商品是使用价值和价值的统一体,两者不可分离,商品的使用价值是价值的物质承担者,没有使用价值的东西就不会有价值。两种商品在交换时,即一种使用价值与另一种使用价值交换时,唯一能够计量两者在量上差异的东西就是价值,因为它的实体是一种同质量的抽象劳动。可见将使用价值或社会财富与价值割裂开来,把价值视为与使用价值无关的东西也违背了马克思劳动价值论的基本前提。"[①]

其实,这样的批评是无的放矢。卫兴华教授明明说:"劳动生产率提高,与单位商品价值成反比,但与同一劳动时间创造的使用价值成正比。"这明明是说:

$$使用价值 = 价值 \times 劳动生产率 \tag{16}$$

这一点也没有"违背马克思劳动价值论的基本前提",也没有将"使用价值或社会财富与价值割裂开来"。卫兴华教授仅仅用"劳动生产率"为中介,用"正比"和"反比"等概念将价值和使用价值"间接"地联系起来。间接联系不等于割裂!

反而是程恩富教授认为:"价值并不是计量社会财富的尺度……计量国民生产总值的标准,不是价值。"——这才是明确地把"使用价值或社会财富"与"价值"割裂开来了!

程恩富教授还批评卫兴华教授,"把价值视为与使用价值无关的东西"也"违背了马克思劳动价值论的基本前提"。但是,真正背离马克思劳动价值论"基本前提"的是所谓"价值和劳动生产率""成正比"的假说。在讨论科学问题时,需要梳理清楚所持论据是否符合论证的基本逻辑!

箭在弦上,这里我们当然要捍卫新提出的"使用价值 = (交换)价值 × 劳动生产率"的观点。这就不得不尖锐地反对程恩富教授的"假设"了!

但我并不完全反对程恩富教授所做的研究。程恩富教授曾较仔细地研究了劳动力价值的形成和转移,即随着社会经济的快速发展,不同社会里的劳动力价值会不断增长,指出这一因素在"活劳动创造价值假设"中不可忽略。这也是人们在研究实际问题时所不可忽略的因素。

马克思曾指出:"较复杂的、比重较高的劳动,是……比社会平均劳动较高级较复杂的劳动,是这样一种劳动力的表现,这种劳动力比普通劳动力需要较高的教育费用,它的生产要花费较多的劳动时间,因此它具有较高的价值。既然这种劳动力的价值较高,它也表现为较高级的劳动,也就在同样长的时间内物化较多

---

① 程恩富:《经济理论与政策创新》,中国社会科学出版社,2013年版,第72页。

的价值。"①

马克思还说:"在每一个价值形成过程中,较高级的劳动总是要化为社会平均劳动。例如一日较高级的劳动化为 x 日简单的劳动。"②又说:"要改变一般的人的本性,使它……成为发达的和专门的劳动力,就要有一定的教育或训练……劳动力的教育费随着劳动力性质的复杂程度而不同。因此,这种教育费……就包括在生产劳动力所耗费的价值总和中。""劳动力的价值可以归结为一定量生活资料的价值。因此,它也随着这些生活资料的价值即生产这些生活资料所需要的劳动时间量的改变而改变。"③

人类社会是不断进步的。所谓进步,首先就是人类素质,也即劳动力素质的进步。高素质的劳动力自身的价值和它所创造的使用价值总是比低素质劳动力自身的价值以及它所创造的使用价值高出很多。马克思所发明的劳动价值学说从来是以社会平均简单劳动为最基本计量单位的。而随着社会的进步,社会平均简单劳动也会演化成较高级、较复杂的劳动,但如果说发达社会仍是以"社会平均简单劳动"来描述,这就要看到不同时代的"社会平均简单劳动"可以有不同的"生理学上的支出"。或者说,人们在用劳动创造价值学说讨论、计算不同时代人类创造的使用价值、计算国民财富时,也还要看到不同时代的"社会平均简单劳动"的区别。

马克思在讨论国际经济问题时说:"国家不同,劳动的中等强度也就不同;有的国家高些,有的国家低些。于是各国的平均数形成一个阶梯,它的计量单位是世界劳动的平均单位。因此,强度较大的国民劳动比强度较小的国民劳动,会在同一时间内生产出更多的价值。""一个国家的资本主义生产越发达,那里的国民劳动的强度和生产率,就越超过国际水平。因此,不同国家在同一劳动时间内所生产的同种商品的不同量,有不同的国际价值,从而表现为不同的价格,即表现为按各自的国际价值而不同的货币额。"④

马克思在这里讨论的是劳动强度,但同样也适用于人类素质提高的劳动效率。现在,发达国家中已出现体力劳动为主的劳动和脑力劳动为主的劳动合流的趋势。很多工作在生产一线的劳动者,其任务往往也只限于在"现场"敲电脑。其劳动方式已经和办公室里的劳动方式没有实质性的区别! 1986 年,我在瑞士

---

① 马克思:《资本论》第 1 卷,人民出版社,1975 年版,第 223 页。
② 马克思:《资本论》第 1 卷,人民出版社,1975 年版,第 224 页。
③ 马克思:《资本论》第 1 卷,人民出版社,1975 年版,第 195 页。
④ 马克思:《资本论》第 1 卷,人民出版社,1975 年版,第 614 页。

日内瓦工作约一年,可以说,在瑞士已消灭三大差别。我们见到的体力劳动是某些"有色"人群用机器清扫大街,其最后一道工序是放水冲刷街道,一些散落的树叶被大水冲到下水口。清洁工的任务是将这些已集中的树叶放入运送垃圾的车辆。但是,他们的工资收入也和我们这些教授差不多!在研究国际经济、国际贸易时,绝不能忽略各国家的国民劳动力价值的提高或降低带来的巨大影响。

四、新劳动价值学说将为建设中国特色社会主义提供新观点、新理论

"科技×劳动"创造使用价值的学说和 19 世纪建立的"活劳动 + 死劳动"创造价值的学说是并行而不悖、相互关联而又相互补充的学说。这一新的劳动价值论将具有以下一些优点:

第一,新劳动价值论完全继承了经典劳动价值论的科学内涵。新劳动价值论仍然支持劳动是创造价值唯一泉源的基本观点。只不过对使用价值或物质财富进行计量时,要乘上科技效率因子或知识效率因子 N。新劳动价值论仍然坚持马克思主义学者对庸俗经济学者、对庸俗经济学的批评,但又充分吸取了庸俗经济学提出的供求法则决定均衡点的观念,指出其所谓"庸俗性",主要是回避了产生均衡点的本质。因此,资本和土地仍然不是劳动的产物,资本和土地仅仅是生产使用价值的要素之一,原则上它们能贡献的剩余价值是零。马克思在《资本论》第 3 卷对庸俗经济学派提出的"三位一体的公式"进行的批判和批评,至今也仍然是正确的。但是,由于新劳动价值学说"多出"了科技效率因子 N,这就将为重新研究当代发达社会里的阶级关系和各种社会矛盾的变动提供了新的视角。

第二,更重要的是,新劳动价值论为重新呼唤科技创新在社会经济发展中的重大作用,给出了可量化的描述经济快速发展的算式。过去,劳动所创造的剩余价值,仅计算来自"生理支出的体力劳动"所产生的剩余价值 m_J,其计量公式是:

$$m_J = (P-1)(C+V) \tag{17}$$

其中,C 是不变资本,V 是可变资本,P 是古典政治经济学里所定义的劳动生产率。在新政治经济学里,由于要计入新增加的科技效率因子 N,所以,新定义的剩余价值 m_S,就要改为

$$m_S = (T-1)(C+V) \tag{18}$$

其中,T 是新定义的全劳动生产率,而且,$(T-1)$ 即是新古典经济学里的全要素生产率,而

$$T = PN \tag{19}$$

这一全劳动生产率把原来的政治经济学里定义的劳动生产率 P 放大了 N 倍。在简单再生产条件下,P 的数值往往仅比 1 略大一点,或在 1 左右徘徊;现在乘上 N,

就可能放大几倍、几十倍,在探讨新剩余价值 m_s 时,这一因素不可忽略!

第三,新政治经济学为进一步深入细致分析各类创新理论(如熊彼特提出的讨论技术进步的"长波"理论、"短波"理论等)在研究经济发展中的作用提供了新的可能。新引进的科技效率因子 N,将很容易描写"长波"和"短波"效应的影响。

对于何谓"科技",我们更赞成的是如下的定义:"科学是关于自然、社会和思维的知识体系"[1],而"技术是一种关于怎样组织各种投入要素,生产和使用某种产品的知识"[2]。一个重大的猜想是,人们是否能由此建立政治经济学的"子"学科,专门讨论创新的政治经济学?

科技效率因子 N 包含着丰富的内涵。有来自微观层面"看不见的手"贡献的 N_j^i,N 的上标 i 指不同生产部门或不同企业,下标 j 指不同的企业 i 中的不同人群分工、不同的工作,其所贡献的便是 N_j^i,而且有,$N^i = N_1^i N_2^i \ldots N_j^i \ldots N_n^i$。更重要的,还有来自宏观层面的"看得见的手"的宏观调控。这里包括如何从宏观上激活微观层面的各种微观科技效率因子 N^i,还包括宏观层面的各种各样的宏观科技效率因子 N_j,如来自宏观调控的改革红利、开放红利、人口红利、政府直接投资红利……所以,利用各类科技效率因子 N_j^i 所做贡献的大小涨落,可以深入地比较和评估各类政策措施、管理措施、技术措施以及经营、销售等业务带来的客观效果包括成败得失。

当然,在所有这 N^i 的组合中,最为重要的是科技创新。正如邓小平多次指出的,"经济发展得快一点,必须依靠科技和教育"[3]。现在我国的经济发展正面临诸多问题,增速呈逐步下滑趋势。有些人认为这是由于"市场化改革尚不到位";有些人更认为是"政治体制改革未能真正启动";还有些人认为是"收入差距急剧扩大"、"环境不断恶化"加上"贪污腐败"等因素,致令民众呼唤的经济结构调整未能有效到位;等等。

而从新政治经济学来看,上述各种"药方"的共同特点是:均未能弄清楚,哪些生产力才是真正合乎民众要求、适应中国情况的真正先进的生产力。直到现在,各级领导包括社会公众均未能弄清楚我国经济结构究竟应做何种转变。不少经济学家呼唤"在转变发展方式中实现稳增长","呼唤各行各业都要为实现'中国梦'而奋斗"。问题是,中国的发展方式究竟应具体向什么生产领域转变?其

① 夏征农主编:《辞海》,上海辞书出版社,1989 年版,第 4568 页。
② 林毅夫:《解读中国经济》,北京大学出版社,2012 年版,第 41 页。
③ 邓小平:《邓小平文选》第 3 卷,人民出版社,1993 年版,第 377 页。

发展方式又如何具体实现转变？科学从来是"具体"的科学。已见到的这些"药方"的特点都是"绕着科技走"！

新劳动价值论除了呼唤科技充当"发展是硬道理"的新动力外，更重要的是，新推导出的公式(12)和公式(15)为深入研究探讨我国经济结构的调整和转变提供了新的可能。

首先是有可能比较深入地研究各类"二元"经济结构间又矛盾又统一的辩证关系。

早在19世纪，马克思在《资本论》第2卷曾构造了一个"二元"经济发展模型，对当时经济面临的重大发展问题，即"如何实现工业化问题"做过深入的研究。马克思将全部社会生产分为两大部类：第一部类，生产资料的生产；第二部类，消费资料的生产。也就是在经济学的研究里首先将产业划分为不同类型，研究它们在整个经济生活中的不同地位和作用及其演变，从而比较科学而严密地分析探讨了社会总资本的再生产和扩大再生产的一般发展规律。显然，马克思实际上是首先开拓结构经济学研究的人。马克思在《资本论》第2卷较详尽地讨论了两大部类如何实现生产和扩大再生产后，说了一句很重要的话："为了从简单再生产过渡到扩大再生产，第一部类的生产要能够少为第二部类制造不变资本的要素，而相应地多为第一部类制造不变资本的要素。"①也就是说，马克思已经认识到，在扩大再生产过程中，生产资料的第一部类要比第二部类优先增长。列宁先后在两处称赞这一扩大再生产的理论为"极其重要而新颖"的理论②。

二元模型的突出的优点是：①它比较简单，有可能在数学上严格求解，从而可以利用解出的数学公式，对二元经济结构中错综复杂的关系做深入的定性的和半定量的分析和探讨。②二元经济的分析其实是多元经济分析的基础。在深入研究了各个类型的二元经济后，人们就有可能进一步探讨多元经济结构所遇到问题。

1955～1956年，当时同在中共中央宣传部科学处工作的罗劲柏和我曾共同撰写了《马克思主义再生产理论的数学分析(一)》《马克思主义再生产理论的数

---

① 马克思：《资本论》第1卷，人民出版社，1975年版，第560页。
② 列宁：《卡尔·马克思》，《马克思恩格斯选集》第1卷，人民出版社，1972年版，第14页，第17页。

学分析(二)》《马克思主义再生产理论的数学分析(三)》三篇系列文章①。这三篇文章指出,人们"在大力发展重工业的同时,必须以接近重工业的发展速度,发展轻工业";而如果第一部类以尽可能的高投入持续增长,最终必定导致"生产发生了中断",原因就在于"消费资料的生产总是离不开生产资料,假如生产资料的生产被压低在一个很低下的水平上,那么消费资料的生产就只能以很低的水平来进行生产。相反,人们手中掌握着的生产资料越多,才能获得越多的消费资料。在每一年度的扩大再生产中,生产资料总是分成两部分,一部分用来增加生产资料的生产,另一部分用来生产消费资料。前一部分生产资料是会不断地'繁殖'的,后一部分生产资料却被人们消费掉。这个情形正和母鸡生蛋一样,如果人们保留下来准备孵化的鸡蛋越多,那么将来所能得到的鸡蛋也就越多;反之,如果在目前把所有的鸡蛋都吃掉,那么日后就得不到鸡蛋。从这里也可以看出那些片面地要求减低我国重工业发展速度的意见是何等地错误。从我们的计算看来,这种意见实质上不过是'杀蛋取鸡'的政策"②。

遗憾的是,尽管我们那时已经得出和苏联以及我国经济发展密切相关的重大推断,但那时十分年轻、毫无政治修养的我们都始终不敢宣扬这一重大结论!

直到1977年,我们才从《毛泽东选集》第5卷里读到在1956年属绝密文件的《论十大关系》一文。毛泽东在该文中已明确指出:"如果没有足够的粮食和其他生活必需品,首先就不能养活工人,还谈什么发展重工业?"毛泽东还说:"你对发展重工业究竟是真想还是假想,想得厉害一点,还是差一点?你如果是假想,或者想得差一点,那就打击农业轻工业,对它们少投点资。你如果是真想,或者想得厉害,那你就要注意农业轻工业,使粮食和轻工业原料更多些,积累更多些,投到重工业方面的资金将来也会更多些。"③

虽然我们在那一时期的讨论中还是沿用古典的劳动价值论,沿用马克思、列宁建立和发展的第一部类生产和第二部类生产的二元模型,也就是认为公式(7)中的第一部类和第二部类的 $N^1 = N^2 = 1$;但由于那一时期重工业的生产技术进步缓慢,轻工业的生产技术虽然变革较快,但既然在苏联、中国等社会主义国家均不

---

① 何祚庥、罗劲柏:《马克思主义再生产理论的数学分析(一)》《马克思主义再生产理论的数学分析(二)》《马克思主义再生产理论的数学分析(三)》,《力学学报》,1957年第1卷第1期,第109～130页;1957年第1卷第2期,第184～192页;1958年第2卷第3期,第255～275页。

② 罗劲柏、何祚庥:《马克思主义再生产理论的数学分析(二)》,《力学学报》,1957年第2期,第189页。

③ 毛泽东:《毛泽东选集》第5卷,人民出版社,1977年版,第267页,第269页。

着重发展轻工业,轻工业一直属于缓慢发展的产业,其生产技术进步与否,也就无关发展的大局。所以,社会主义国家以及同时也是以发展重工业为主的其他国家,单一发展第一部类的结果,必定导致"生产发生了中断"! 中国是世界上人口众多的国家,其对生活用品的需求又特别巨大。1958 年的"大炼钢铁"又采用了"小土群"等极为落后的古老技术,而那一时期正值"顶吹氧气,转炉炼钢"等新技术蓬勃发展时期!"大跃进"的失败,加速导致中国的"生产发生了中断"! 至于苏联,直到戈尔巴乔夫下台以前,虽然曾启动所谓政治和经济的"全面"改革,而实际上仍以 90% 的力量发展重工业,仅以 8% 的力量发展轻工业。其结果是,民众最不满意的短缺经济的发展模式没有任何改变! 接下来的事情是,苏联和东欧推行的苏维埃体制全面垮台!

不过,我们也不能认为发展中国家在发展的初期就一定不能优先发展重工业。发展中国家更短缺的是各种生产技术。在国际垄断集团仍然控制着国际经济的条件下,发展中国家如果不能独立自主地建立起自己的经济基础,任何经济体制都不可能真正促进经济的发展。中国经济如果没有 50 年代的"156 项",就不会有今天出现的经济的快速腾飞。

上述社会主义国家在经济政策上出现的历史曲折,当然就启示我们:需要更系统、更周密地研究和剖析各种二元经济,深入研究科技进步在缓解或解决发展二元经济的困难及其在解决又矛盾又统一的经济结构中的作用。当今中国是"多元"经济结构;而解剖"多元"经济结构,首先是从解剖"二元"经济结构入手。

30 年来,中国经济有巨大的发展,但也面临新的"转折点"。30 年来,中国以无比丰富、优质而价廉的劳动力和发达国家的"高科技"相结合,因此,"中国制造"风靡全球。实际上,这些号称"高科技"的产业其实仅是某些"难点",特点是"高科技",大量工作仍是装配、组合等简单劳动。中国以"改革 + 开放"把"高科技 × 劳动"创造使用价值的"新"生产力充分释放出来了!

但中国经济也正面临新的三大困难:第一,中国拥有 14 亿人口,占世界人口的 1/5,是世界人口大国。中国必须自力更生地发展农业,解决巨大人口所带来的吃穿用问题。一旦农业发生危机,世界上将没有任何一个国家能够弥补中国的缺失! 第二,中国人口数量巨大,中国的耕地却严重不足。中国的人均耕地才约有 1.2 亩! 第三,中国一方面只有数量有限的耕地,另一方面约占可耕地面积 1/3 的地区又面临人均用水量严重不足! 中国能分到的人均用水量只有世界平均值的 1/4,而中国华北等干旱地区又只有中国人均用水量的 1/4! 虽然中国已经以

"只占世界耕地的7%的面积,养活了占世界20%的人口",但如果当代中国再要实现跨越式前进,必将面临不可逾越的困难和障碍!

中国政府已经全部豁免了历时达2 000年之久的农业税,接着又硬性规定,中国的发展将绝对不能逾越18亿亩耕地的"红线"。那么,急需占用大量土地实现现代化的中国又如何可持续地发展? 这就是当前中国即将走上新的城镇化道路所面临的巨大的难题。

这里能够提供的一种思维模式是:充分利用新提出的"科技×劳动"的新劳动价值论,充分利用新推导出来的、有可能是相当正确的公式,深入分析农村和城市两个市场间的二元经济又矛盾又统一的辩证发展关系,尤其是充分发挥这一二元模型里新引进的科技效率因子 N^i 所具有的潜力。

中国的农业能否充分利用现代高新技术,走上一条统筹兼顾、协调而可持续发展的新路? 一个显见的可能是:中国将优先发展能大幅度提高单位面积产量的高效农业,大力度推行节水农业,而完全不必过分介意推行节水农业和提高单位面积产量所带来的巨大成本。理由是:将在中国发展的以提高单产为最主要目标的节水高效农业,将大量节约广大农村占用的耕地,大量节约农业用水,大量节约落后农业生产方式所占用的劳动力。据2013 年 7 月 30 日发布的社科院"蓝皮书"估计,"在 2030 年前,我国还有 3.9 亿农民需要市民化",而"我国农业转移人口的市民化状况不容乐观"! 而一旦这些"被"技术所束缚了的农业生产力"被"解放出来,必将极大地促进中国的工业化、城镇化,也包括同时带来的约 4 亿农民的"市民化"。这就需要利用新政治经济学所发展的二元模型,深入细致地评估各种重大政策措施的利害得失,探讨我国应采取何种重大科技措施。

中国面临的另一重大问题是,必须科学地解决中国已经面临的和平与发展的问题。有可能 10 年后中国的 GDP 将跃居世界第一。与此同时,中国的综合国力却未必能超越世界排名第一的美国,甚而还未必能超过我们的东邻——日本。这就出现了如何同时实现经济建设和国防建设"双跨越"的难题。

一个显见的问题是,中国的快速经济发展必将使得其他也要发展的国家和中国争夺资源、争夺市场、争夺发展空间。中国将以多少力量投入于国防建设、增强综合国力建设? 中国将投入于哪些必不可少、关系十分重大的高科技项目加强国防建设,捍卫世界和平,同时又充分利用这些新发展的高科技并将其应用于和平发展中的中国经济?! 未来中国也可能面临"新"法西斯"狂人"的嫉妒和挑衅,挑起新的国际战争——至少局部的地区性的冲突很可能将不可避免! 我们必须做好应对这些突然事变的充分准备!

当然,当代中国还面临其他"二元"经济发展问题。当前已在中国出现的重大问题之一,是虚拟经济和实体经济如何协调发展。中国的实体经济正在迅速发展之中,但确实又面临国际虚拟经济恶性发展的干扰。美国、欧洲还有日本等发达国家正谋求将2007年以来出现的全球性的金融危机转嫁到中国,而中国的部分地区、部分产业为应对国际金融危机,又将相继将大量流动资金投入于某些明显未必有发展前景的金融产业或其他虚拟经济领域。所有这些国际关系问题,如中美关系、中日关系、中国和若干资源大国的相互关系,还有如中俄关系、中澳关系、中加关系、中国和金砖国家的相互关系等问题,均要求建立一个能包括科技进步在内,能深入讨论这些复杂问题的二元经济模型,进而深入研究未来技术发展带来的可能。

中国的"地大物博,人口众多"极易导致中国区域经济的发展高度"不平衡"。所以,中国未来的经济发展必定面临情况十分复杂的地区经济问题。例如,少数民族地区和中国内陆的经济在结构上如何互补,又如何相互促进? 民族关系问题很容易"被"看成是政治问题,其实更深层的原因是经济问题。

中国面临的特殊、重大而又必须妥善解决的区域经济问题,是台湾地区经济和福建地区经济如何协同、协调地发展问题。中国台湾地区有2 300万人口,土地面积共约3.6万平方公里;福建省约有3 500万人口,土地面积约12万平方公里。台湾地区的经济比较发达,却面临发展空间有限的困难;福建属发展中地区,但在发展空间以及资源蕴藏量方面有大量回旋余地。福建地区和台湾地区具有自然环境相近、气候资源相近、居民语言相近、生活习俗相近等重大"共性"。所以,未来的两个地区的发展必定是资源互补、技术互补、发展空间互补。这已是在未来的发展中必须具体解决的特殊、重大的"二元"经济问题。大陆地区和台湾地区关系问题经济问题,解决好了,有利于政治关系问题的妥善解决。

总之,在"科技×劳动"创造使用价值的新劳动价值学说的引领下,相信上述包括科技进步在内的"二元"经济结构的研究会得到各方面的支持和发展。兹事体大,这绝不是少数理论物理学者所能单独胜任的工作! 我们把近些年来自己的探索和思考特此提了出来,中国的科技界(当然其中也包括我们这些理论物理学者)、经济学界,中国的学者群能否携手合作,共同开拓这一待发展的科技经济学?

"生产价格是供求均衡所决定"的吗？

——评茅于轼、陈平之争[*]

何祚庥

一、茅于轼教授和陈平教授的"分歧"何在？

在网上读到陈平教授和茅于轼教授围绕经济学展开的激烈争论。在 2014 年第 1 期的《学术界》，又读到包括茅于轼、陈平教授在内的许多学者关于科斯的学术思想、理论评价的不同意见。不过，《学术界》并没有完全介绍"茅、陈之争"，反而是陈平教授在《科斯问题和普里戈金视角：来自工业和科学的实践经验》一文中，对于"茅、陈之争"有如下评价："茅于轼和我都认为企业的本质是创造价值，而非节省交换成本。"[①]

其实，他们两位之间存在着明显的分歧。分歧就在于茅于轼全盘肯定科斯所提出的"交易费用是生产价格的成本"[②]，而陈平却认为茅于轼不了解"科斯交易成本理论的局限"，认为"科斯注意的真实世界，是没有创新竞争的世界"[③]，科斯倡导的"制度经济学把交易作为经济分析的基本单位"，而"单位交易不是实体"，所以新制度经济学的故事越讲越虚拟化[④]。

陈平教授在《科斯问题和普里戈金视角：来自工业和科学的实践经验》一文中写道："为什么我一开始读科斯的企业理论就不能接受？因为科斯说企业本质是节省交易成本，其隐含的假设是所有工业品都可以在市场上买到，差别只有价

---

* 本文原刊于《学术界》2014 年第 4 期（总第 191 期）。另见《清华政治经济学报》2014 年第 3 卷第 12 期。

① 陈平：《科斯问题和普里戈金视角：来自工业和科学的实践经验》，《学术界》，2014 年第 1 期，第 29 页。

② 茅于轼：《交易费用是生产价格的成本》，《学术界》，2014 年第 1 期，第 5 页。

③ 陈平：《科斯问题和普里戈金视角：来自工业和科学的实践经验》，《学术界》，2014 年第 1 期，第 29 页。

④ 陈平：《科斯问题和普里戈金视角：来自工业和科学的实践经验》，《学术界》，2014 年第 1 期，第 33 ~ 34 页。

343

格或成本。"而事实上"我在科学院做实验,西方市场上连普通的示波器都不许卖给中国……今天西方仍然对中国禁运高科技的核心技术",而事实上"中国人做原子弹的成本只有美国人的百分之一"。陈平教授还说:"我的疑问和曹正汉也是相通的:难道科学家和企业家的创造才能也能在市场上买来?"①

至于茅于轼教授,当然是十分认同科斯所做的杰出贡献,"交易费用是生产价格的一个成本"。问题是,科斯仅仅将"交易费用"作为生产价格的"一个"成本。而茅于轼却泛化为"交易费用是生产价格的成本"。两者的差别,在于茅于轼去掉了"一个"两字。

茅于轼说:"我这里特别要强调价格有什么用场,我们这里所说的价格不是劳动价格,跟那个毫无关系,我们所说的价格是供需均衡的价格,一个东西供不应求就会涨价,涨价以后供给增加、需求减少,供不应求就没有了,变成供求均衡了。反过来,是供过于求就会落价,所以当一切商品价格都调整到供需均衡的时候,就产生了一个飞跃,这个飞跃就是一般均衡。一般均衡的意思就是所有的价格都使得供需达到均衡,这个时候你拿钱一定能买到东西,你有东西一定能卖成钱,这一点非常、非常、非常重要。我们在超市可以买粮食,可以买牙膏,为什么你能买粮食、能买牙膏? 供需均衡定价,买到粮食是供需均衡定价的结果,不是 18 亿亩耕地保护的结果。供需均衡保证我们钱能买到东西,你的东西能卖成钱。你说买粮食是 18 亿亩耕地保护了,那买牙膏是靠什么保障的? 好几千种商品,有好几千条红线吗? 一条都没有。就是供需均衡定价产生了一般均衡。这个时候钱能买任何一样东西,在一般均衡的价格上。"

茅于轼还说:"GDP 可以计算的前提是有一般均衡,是所有商品都能够拿钱买得到,不需要票证,不需要审批,没有身份的限制,完全自由的交换,钱能买到东西,东西能变成钱。于是,你所有的东西都放在同一个尺度上做比较,这个尺度就是价格,这个价格是交换形成的供需均衡价格,跟劳动价格没关系的。"

"这个道理清楚不清楚? 我觉得挺清楚的,可是不见得每个人都懂,我猜想我们的同学 80% 都认为为了粮食安全需要一条红线,我们国家制定政策的人也是这么规定的,很可惜他们并不真正懂得经济学。在座的各位同学,我想你们把这个问题想清楚了,你们在经济学上就入了门了。"②

① 陈平:《科斯问题和普里戈金视角:来自工业和科学的实践经验》,《学术界》,2014 年第 1 期,第 33～34 页。
② 茅于轼:《交易费用是生产价格的成本》,《学术界》,2014 年第 1 期,第 6 页。

"由于有了一般均衡价格，我们可以比较各式各样的可交换商品的价格。特别是可以比较一个企业生产是创造财富还是消灭财富。……改革以前很多劳动是消灭财富的，因为他没有一般均衡，没有一个合理的价格，他一切决策全都错了。他不知道一个商品该进口还是该出口，进出口完全是混乱的，整个社会全部陷入了巨大的混乱，因为没有一个一般均衡价格。所以讲价格是非常重要的，而产生价格是通过交易产生的，而交易是有成本的，这个成本就是交易成本。"（以上着重号均为引用者所加）

在这段不算很长的论述中，茅于轼教授先后三次谈到"18 亿亩红线"，三次批评劳动价值学说，认为价格和劳动没有关系甚而认为那些"为了粮食安全需要一条红线"的人们"并不真正懂得经济学"。我也是"不懂得经济学"的人之一。在读了"茅、陈之争"之后，我恍然大悟，原来茅教授之所以坚持反对"18 亿亩红线"，原因是他"真正懂得"了科斯，"真正懂得"科斯所说"供需均衡决定价格"。而陈平教授更看重的是"资源和产权的空间多样的演化理论"，是普里戈金讲的"从无序到有序""从原来没有的状态到产生新的结构"[1]。而我却是赞成陈平教授的！因为世界经济也确实正在不断产生新的结构，产生资源利用、开发的多样性，同时也就产生产权结构的多样性。事实胜于雄辩！世界经济已经由第一产业，走向第二、第三也许还有第四产业。我也恍然悟到：毛病就出在茅教授所倡导的经济学，是假想的、脱离真实情况的经济学！

下面提供一个既可以讨论和分析市场交易，又可以讨论和分析经济结构，并由二者共同决定均衡价格的最简单的经济模型。

二、我们能否由供给曲线和需求曲线的交汇，用数学将多样化的结构真正演示出来？

西方经济学的教科书通常用供给曲线和需求曲线描述市场价格的涨落，用交汇点，也就是"均衡点"描述"均衡价格"。教科书里还常常给出如下示意图（图1）。

图 1 中的 P 代表着商品的市场价格（Price），Q 代表着商品的交易数量（Quantity）；D 代表需求（Demand），S 代表供给（Supply）；而 E 代表着均衡点（Equilibrium）。当然，这两根直线之所以会出现均衡点，原因在于市场不同力量完全自由的竞争；按照萨缪尔森的说法，亦即"没有一家企业或一位消费者足以影响

---

① 陈平：《科斯问题和普里戈金视角：来自工业和科学的实践经验》，《学术界》，2014 年第 1 期，第 32 页。

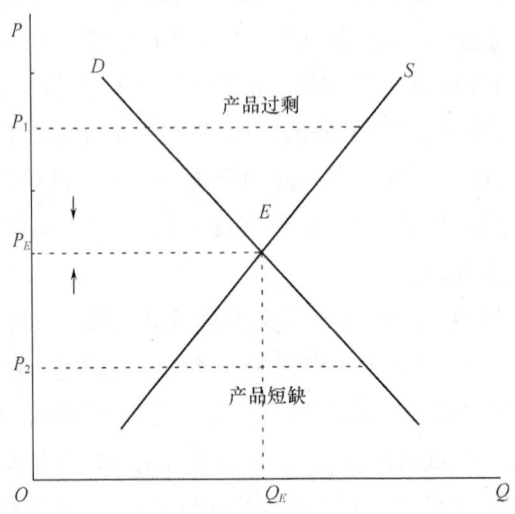

图1　均衡价格的决定

整个市场的价格"①。

　　在一个完全竞争的市场中,市场机制将会使商品的需求量 Q_D 和供给量 Q_S 沿着需求曲线和供给曲线的斜率变动。在"直线"近似下,这两根直线可表示为下列的联立方程式:

$$Q_D = - P_D \times n + a_D \tag{1}$$

$$P_S = Q_S \times m + b_S \tag{2}$$

　　公式(1)和公式(2)与经济学教科书所写公式有一点小差别:更明显地标出这两根直线分别在 P 轴和 Q 轴上的截距,从而更便于讨论截距所代表的"物理意义",也就是陈平教授所说的结构的多样化。由于图1只是一个示意图,而现在为了更明显地给出公式(1)和公式(2)中的截距,可将图1改绘成下列形式(图2)。图2中的 m,n,是反映供需竞争的两根直线公式(1)和公式(2)的斜率。在一般情况下,有 $m \geq 0$,并有 $n \geq 0$。只在特殊情况下,才会"反常"地超出所适用的范围。

　　 P 轴上的截距 b_S,将反映着生产者所愿出售的最低售价,可以是"生产成本 + 利润",也可以是没有利润的纯生产成本,并且有 $b_S \geq 0$。而显然,生产者只会在

　　① 保罗·萨缪尔森、威廉·诺德豪斯:《经济学》第 18 版,萧琛译,人民邮电出版社,2005 年版,第 31 页。

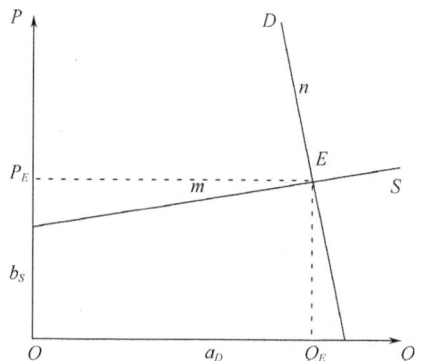

图2　比较接近真实变动趋势的示意图

极特殊情况下,才会以低于其成本的价格抛售其所生产的产品;而如果市场只愿以低于其生产成本的价格接受其所生产的产品,生产者必定停止生产。

　　在图上明确地给出截距 b_S,有一个极大的好处,那就是通过对 b_S 值的分析,可以弄清楚各类企业不同的成本结构。古典经济学认为 b_S 是"成本价格 + 利润"①。从马克思主义政治经济学来看,b_S 由不变资本 C、可变资本 V 和剩余价值 m 构成②。在我们新提出的正在研究中的新政治经济学里,就会认为古典政治经济学里的剩余价值 m,最好改为剩余使用价值 m_S;而按照我们新提出的"科技 × 劳动"创造剩余使用价值 m_S 的新理论,就有 $m_S = N \times m$,N 是科技效率因子③。总之,有了截距,就可以明显地看出劳动对均衡价格的影响。

　　至于 Q 轴上的截距 a_D,却反映着市场上购买者愿意购进的最大购买量。在市场经济学里,有不少学者往往认为消费者有无限大的购买的欲望。其实,需求量要受到购买人群的有限性、购买力的有限性出现饱和的消费容量的限制。所以,图2中的截距,即最大购买量 a_D 必定是有限值,并恒有 $a_D \geq 0$。

　　在图上明确标出截距 a_D,在讨论各种现实的经济问题时,也有一个极大的好处。那就是通过对 a_D 的分析,有望"预先"估计产品可能在市场上占有多大份额,可以深入讨论何谓"供大于求"、何谓"求大于供"等错综复杂的问题。也更便于人们理解为什么在市场经济下会经常出现生产过剩、就业偏低等怪现象;反过来,也便于人们深入理解为什么在计划经济下会出现经济短缺、效益低下等不良经济效果。

①　马克思:《资本论》第 3 卷,人民出版社,1975 年版,第 33 页。

②　马克思:《资本论》第 3 卷,人民出版社,1975 年版,第 44 页。

③　何祚庥:《马克思主义政治经济学也要与时俱进》,《学术界》,2013 年第 7 期、第 8 期。

在供求达到均衡的条件下,将有均衡值 $Q_D = Q_S = Q_E$,$P_S = P_D = P_E$,其具体数值是:

$$Q_E = \frac{a_D - nb_S}{1 + mn} = \frac{a_D(1 - n\frac{b_S}{a_D})}{1 + mn} = a_D \times m_E \tag{3}$$

$$P_E = \frac{b_S + ma_D}{1 + mn} = \frac{b_S(1 + m\frac{a_D}{b_S})}{1 + mn} = b_S \times N_E \tag{4}$$

但这里新引进了两个"经济量":

$$m_E = \frac{1 - n\frac{b_S}{a_D}}{1 + mn} \tag{5}$$

$$N_E = \frac{1 + m\frac{a_D}{b_S}}{1 + mn} \tag{6}$$

有趣的是,虽然公式(3)至公式(6)只是最简单的两根直线的交汇解,但却包含着待发掘的丰富的经济的内涵。

这一交汇解是由 4 个参数 m,n,b_S,a_D 决定的,亦即不仅仅是由斜率 m 和 n 决定的,要加上生产成本 b_S 和最大需求量 a_D 的数值,才能共同决定均衡数量 Q_E 和均衡价格 P_E。而显然,当人们在探讨均衡价格将由哪些因素决定时,就再不能如茅于轼所说,仅仅还原为"一个东西供不应求就会决定涨价,涨价以后供给增加,需求减少,而反过来,是供过于求就会落价……",或者说"价格是供需均衡决定的价格",而"当一切商品价格都调整到供需均衡的时候,就产生了一个飞跃,这个飞跃就是一般均衡"。

市场经济是可以出现一般均衡状态的,但市场经济所出现的一般均衡并不能简单地还原为仅仅由供需均衡所决定。真实市场经济里的一般均衡,还决定于产业结构、需求结构的多样化;也就是说,人们在探讨"一般均衡"的状态时,还要考虑到 b_S 和 a_D 的多样化。

在经济学的研究里,经济学家们经常用图和数来表现经济现象和经济数量间的关系。西方经济学通常是用两类图形分别表示沿单根曲线的"滑动",亦即用沿斜率 m,n 的"滑动"来表示需求量和供给量的变动;用一组曲线的"移动",通常是用形状相同的曲线作"平行"移动,来表示需求和供给的变动。容易看出,这类"平行"移动,也就是截距 b_S 和 a_D 的数值大小有所变化。

在萨缪尔森和诺德豪斯合著的《经济学》一书中,有一个"小方格",用来特别警示人们要注意区分"需求"的移动和"需求量"的移动:"切勿混淆沿着曲线的移动和曲线的移动。必须注意,不要把需求的变化(表现为需求曲线的移动)与需求量的变化(表现在价格变化之后,需求量在同一条需求曲线上移动到不同的点)相混淆。当影响需求曲线的一种因素发生变化时,需求会发生变化。……但是,购买量的增加并不是来自于需求的增加,而是来源于价格的下降。这一变化体现为沿着需求曲线的移动,而不是需求曲线本身的移动。沿着需求曲线移动意味着价格变动时其他条件保持不变。"①

其实,就图和数的关系来说,完全可用一个公式来表现多种图形。萨缪尔森再三警示人们,要注意区分供给量、需求量的改变和供给、需求的改变,它们是两种性质不同的改变。而显然,公式(3)、公式(4)以及公式(5)、公式(6)中的 m,n 表示着供给量和需求量的改变,而 b_S,a_D 却表示着供给和需求的改变。人们在探讨多样化的供给和需求结构,以及由于供给量和需求量的变动,从而形成均衡数量 Q_E 和均衡价格 P_E 时,完全可用4个参数,亦即不仅限于只应用斜率 m,n 统一地进行探讨。

经济学之所以还必须讨论产业结构、产权结构的多样化,就在于均衡点不仅仅由供给量和需求量的变化所决定,还要由供给和需求的变化所决定。也就是至少要取决于4个参数 m,n,b_S,a_D 的排列组合,以及它们的相互影响所带来的种种错综复杂的变化。茅于轼所提出的许多经济主张之所以错误,就在于他所懂的经济学,是只讲边际效用的经济学,是只强调需求量和供给量沿斜率 m,n 而变动的经济学,是一种脱离真实情况的、不分析供给和需求结构的片面的或表面的经济学。

举一个例子。由公式(3)至公式(6)所决定的均衡量 Q_E 和均衡价 P_E,其实均要由4个物理量 m,n,b_S,a_D 所构成。公式(3)表示均衡量 $Q_E = a_D \times m_E$,其中,a_D 是市场所能容纳的最大需求量,而 $m_E = (1 - n\dfrac{b_S}{a_D})/(1 + mn)$。由于公式(3)中的 m,n,b_S,a_D 均是正值,所以必有 $m_E \leqslant 1$。m_E 所反映的"物理"是:市场上实现的均衡量 Q_E,必定是最大需求量 a_D 的一个小于1的无量纲的相对百分比 m_E。

实际的市场也许有例外,也有可能出现 $m_E > 1$。我记得有一段时期,中国曾大量进口伊拉克蜜枣。很抱歉,不太受欢迎。那是特殊条件下形成的 $m_E > 1$。需要看到的是,均衡量 Q_E 之所以实现,取决于两个因素:一个是有需求,其最大的需

---

① 保罗·萨缪尔森、威廉·诺德豪斯:《经济学》第18版,萧琛译,人民邮电出版社,2005年版,第31页。

求量是 a_D；另一个是有市场交易、市场竞争，或者如茅于轼所说，交易量"是通过谈判形成的"相对比值 m_E。也许可以将 m_E 称为市场实现因子。

公式(4)表示的是另一组物理量，也就是均衡价 $P_E = b_S \times N_E$。其中 b_S 是企业所售产品的最低售价。在完全自由竞争的市场中，企业决定出售的产品的

$$最低售价 \ b_S = 生产成本 + 平均利润 \tag{7}$$

在垄断市场或半垄断市场中，强势垄断企业会要求

$$最低售价 \ b_S = 生产成本 + 垄断利润 \tag{8}$$

而 $N_E = (1 + m\dfrac{a_D}{b_S})/(1 + mn)$。在 m, n, b_S, a_D 为正值的条件下，可以普遍地证明必有 $N_E \geqslant 1$。由于这一证明较长，这里不再给出。容易看出，N_E 反映了均衡价和最低售价的相对比值。市场所实现的供求均衡，必定是 N_E 大于 1 的均衡。而为什么市场实现的成交价必有 $N_E \geqslant 1$？一个最合理的解释是，市场交易是要计入成本的。这里要计入商品的储存、保管、运输、谈判、收款、记账等商业劳动，当然也应计入陈平教授所说"企业可以打广告促销，提升价值空间"所耗费的商业劳动。如果说按照科斯的说法，"交易费用是形成价格的一个成本"的话，那么交易费用就可以量化为

$$交易费用 \ b_E = 交易成本 \ b_E = b_S \times (N_E - 1) \tag{9}$$

而"生产费用 + 交易费用"即市场上的均衡价格 Q_E，并有：

$$Q_E = b_S + b_E \tag{10}$$

容易看出，均衡价格或市场平均成交价既包括"发现、利用价格"的交易成本 b_E，也包括"生产、创造价值"的生产成本 b_S。所以，科斯说，"交易费用是形成价格的一个成本"，这是对的。茅于轼说，"交易费用是生产价格的成本"，这是错的。茅于轼不仅删去"一个"两字，而且把"交易"等同于"生产"！

下面将用这一明确引进截距 b_S 和 a_D 后的经济模型来讨论有极大争议的所谓"18 亿亩红线"的问题。

三、为什么多年研究经济学的茅于轼教授会弄出反对"18 亿亩红线"的大笑话？

如上所述，茅于轼在一篇字数还不到 2 000 字的短文《交易费用是生产价格的成本》中，一而再、再而三地反对"为了粮食安全"而制定的"18 亿亩的红线"。他甚而批评那些不支持"这一主张"的人，包括"在座同学的 80%"，包括"国家制定政策的人"，"并不真正懂得经济学"。不过，从我们看来，很可能"不真正懂得经济学的人"，恰好是茅于轼教授本人！

市场交易会出现价格的涨落。"供不应求就会涨价"，"供过于求就会落价"。价格的涨落也的确可能"调整到供需均衡"。但需要指出，并不是价格的涨落必定可以"调整到供需均衡"。可能性不等于现实性。市场可以"调整到供需均衡"，是有条件的。市场之所以可以"调整到供需均衡"，其前提是反映供给量和需求量变动的两根曲线有交点，描述两根曲线的数学方程式有解答。即以反映供给和需求的两根直线来说，平行线不会相交，也就不会出现均衡点；非平行的两根直线的确一定会出现"交点"，但如果"交点"不出现在第一象限的物理区，纯理论的数学的解答就没有"物理"的意义。

试问当今中国为什么必须制定一个保护耕地面积的"18亿亩红线"？其最基本的原因，是当前中国农民掌握的农业生产技术只能在一亩耕地上平均生产300～400公斤粮食。袁隆平的"千斤稻"并不能在所有耕地上普遍推广。而14亿中国人每年至少要消耗约6亿吨粮食。在中国的农业市场上，至少必须确保有6亿吨粮食的供给。粮食属刚性需求，反映在供需图上，需求曲线将表现为一根垂直的直线，即：

$$Q_S = a_D \tag{11}$$

在供应量出现绝对短缺的条件下，即使"一个东西供不应求就会涨价，涨价以后供给量会增长"，如果市场能供给的粮食总量 Q_S 是某一固定的数量 Q_O，而且有 $Q_O < a_D$，那么不论粮价如何高涨，其供给和需求曲线必定表现为如图3的形式。

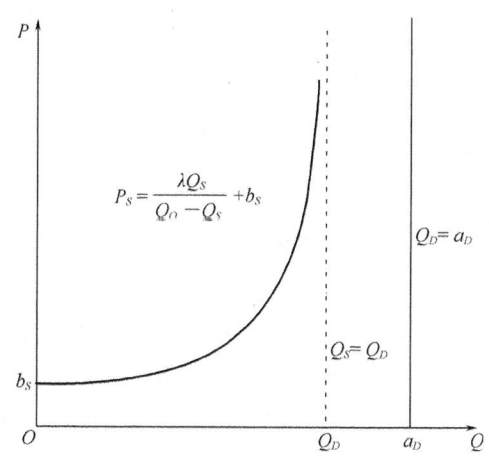

图3　粮食短缺市场供给曲线和需求曲线示意图

图3中的直线是公式(11)所描述的刚性需求 $Q_S = a_D$。而供给曲线将表现为

下列数学形式：

$$P_s = \frac{\lambda Q_s}{Q_o - Q_s} + b_s \tag{12}$$

其中，Q_o 是市场所能提供的总供应量，λ 是决定曲线斜率大小的某一基数，在 Q_s 接近于 0 的条件下，将有：

$$\frac{\lambda}{Q_o} = m \tag{13}$$

公式(12)描述的供给曲线的特点是，当 Q_s 的数值接近于 0 时 $P_s = b_s$，即截距仍为 b_s；当 Q_s 也就是需求量不断增长时，市场上的价格 P_s 会不断上涨；而当 Q_s 接近 Q_o 时，P_s 的具体数值会趋向于 ∞。最终供给曲线即公式(12)将会以 $Q_s = Q_o$ 这条直线为公式(12)的渐近线，却永远不会和公式(11)代表的需求直线相交。也就是，在第一象限的物理区内不会有均衡解！

粮食短缺，是否可以从国际市场上买到？当然有望从国际市场买到一定数量的粮食。问题是，中国的人口是世界人口的 1/5，国际市场有无足够粮食弥补中国居民的刚性短缺？现在国际市场交易的粮食年交易总量约 2 亿吨，而中国的需求至少是 6 亿吨！布朗就曾问："谁来养活中国？"

当然，如果在未来的中国市场上，农业生产技术有突破性进展，每年粮食平均每亩产量超过了 400 公斤，即不论出现丰收还是歉收，水灾还是旱灾，每一年都达到 400 公斤以上的平均产量，那么 18 亿亩的红线就未必不能打破。

问题是，我们的农业技术距这一水平，还有一段长长的距离。

胡鞍钢教授就认为，除 18 亿亩红线外，还应保证有足够数量的农业用水和调节供需的储备粮。

当然，除茅于轼教授外，坚决反对"18 亿亩红线"的，还有好几位知名经济学家。为什么当今中国会出现这样一批自以为"真正懂得经济学"的"经济学家"？原因是，不知道创新发展，只知道照搬照抄来自国外的某些经济学说——据说是万古不变的教条。

茅于轼教授曾在网上刊登过一篇文章，讨论"经济学是不是科学"。茅教授说："经济学一门分支称为数理经济学，就是把数学引进了经济学。于是经济学就有了数学的特点，即'放之四海而皆准'，而且'万古不变'。"茅教授把数学引进经济学是对的，但不能因此就认为经济学的"特点"就是"放之四海而皆准"，而且"万古不变"。原因是，经济学是物质科学，不是数学。

我支持陈平教授，经济学绝对是复杂性科学。

技术革命及其挑战

——从于光远对马克思主义理论研究的两大贡献说起*

何祚庥

于光远同志自称为"死不悔改"的马克思主义者。"死不悔改"有两层含义：

1. 光远同志自青年时代参加共产主义运动，参加中国共产党所领导的革命活动之日起，就一直坚持并奉行马克思主义的理论，虽历经各种艰难曲折，但直到去世，也就是"至死"，仍毫无"悔改"之意。于光远的老伴孟苏同志说："光远同志在晚年做了修改，简化为'不悔'的马克思主义者。"我想这更为确切。

光远同志博学多才。他的博学多才也有一个特点，就是不论什么感兴趣的问题或新出现的事物，他总要用马克思主义的思维模式去研究一番。他的研究对象可以是打麻将，也可以是养苍蝇。据曾陪他一起出国讲学的李惠国同志回忆：光远同志在国外演讲时，曾大谈特谈培育苍蝇的经济效益，而且是用马克思主义理论来探讨饲养苍蝇的效益；理由是蝇蛆高蛋白，产量大，生长快，是价廉物美的饲料。换句话说，光远同志始终认为马克思主义是科学的革命的理论，且这样优秀的理论应该付诸应用，不断扩充其应用范围。

为什么我愿意在这里强调光远同志所奉行的"不断扩充马克思主义应用范围"的哲学？因为确有一些人却总是愿意把马克思主义局限在一个狭小的范围。

举一个例子。中国有一批政治经济学者，老是强调政治经济学主要是研究生产关系，不以生产力为主要研究对象。理由是，这是恩格斯明确讲过的话。我们的质疑是：为什么当代政治经济学的研究不能随着时代的需求，而扩展到新问题、新领域？为什么要用恩格斯的话故步自封、画地为牢？

2. 光远同志所说的"死不悔改"，还有另一层意思：既然马克思主义是科学，就应改按照科学的准则来对待马克思主义，也就是科学是让人们研究的，允许人

* 本文原刊于《科学文化评论》2015 年第 12 卷，第 6 期。

们批评讨论并不断发展的。不能把马克思主义当成让人们信奉的教条,只允许人们对其顶礼膜拜,不准人们研究和发展,或只允许少数人垄断式地研究和发展!为什么当代的青年学子纷纷对课堂上讲授的马克思主义理论表现出强烈的厌烦情绪?原因就在于我们的理论宣讲工作实在太教条,太死啃书本,根本不敢接触、回答现实问题、敏感问题。

光远同志的一生之所以被不少人误解,原因就在于他还坚持主张用科学的准则——其实这也是科学社会主义的基本准则——来重新探讨马克思主义理论的成败得失!这也是他的"死不悔改"的重要内容。

我以为,这就是在纪念这位"不悔"的马克思主义的先驱者时,必须正确解读的两重含义。

在上述"死不悔改"的思想指导下,光远同志对马克思主义理论的研究,还有两项也许还未"广为人知"的重要贡献。

一、人工自然及其发展

光远同志曾提出:我国的自然辩证法,要由天然自然辩证法的研究,发展为人工自然辩证法的研究。光远同志用词是很考究的。人工自然≠人化自然!人化自然容易被曲解为人们可以按照自己的意志任意塑造自然界。

恩格斯在《自然辩证法》中指出,自然界有五种运动基本形式,力学的、物理的、化学的、生物的(即生命的运动形式)、思维的,而自然界最高的运动形式是思维的运动形式。但是,光远同志还指出,由于出现了"人",人有"双手"和"大脑",也许还应加上"心脏",在人和自然的关系上,就出现了新型的更为高级的运动形式。人可以认识和改造自然界。所以自然辩证法除研究上述五种运动基本形式的自然哲学以外,还要研究人类如何认识自然界,如何利用这些认识探索改造自然界的方法和技艺。这就是科学哲学和技术哲学。进一步就要付诸行动,走向具体实现改造自然界,也就是按照人类生存和发展的需要改造自然界的实践的哲学。这就是李伯聪等同志研究的工程哲学。它的更重要的发展,也就是产业哲学,或生产力的发生、发展、变化的哲学。

在当前,人类正面临新的重大技术革命,有些朋友称之为"第三次"或"第四次"技术革命。新出现的重大技术包括:

1."机器人"将完全包揽"社会平均简单必要劳动",包括工人、农民、店员、服务人员、教师、科研人员从事的重复性劳动,甚而还能取代新闻记者排版面、写新闻——特别是撰写《人民日报》一类报纸所需的新闻,可以做到又快又好,而且绝对不会出现政治错误!这一革命带来的重大后果是:由"社会平均简单必要劳动"所构成的"活劳动"将等于零,由活劳动创造的剩余价值当然也是零,也就是"剥削"的概念将退出历史舞台。这就为社会主义本质之一的"消灭剥削",找出了具体的实现的途径。

2. "互联网 + ……"将极大地扩大市场。日本的马桶盖,从技术来看,实在算不上什么了不得的技术发明,但是从市场需求来看,有了"互联网 + 马桶盖",就成为一种很重要的市场创新。而如将这一思维模式推广到社会生活各领域,那么,"互联网 + ……"就能大大激活市场的潜力,激发出许多的新的科学创新和市场创新。

里夫金曾说,"互联网 + ……"将导致边际成本持续下降到零。我想应改为,将导致单位商品的交易成本持续地大幅度下降,而交易成本中的活劳动会趋向于零。这样说,可能会更准确一些。但如果的确做到这一点,那么就将真正实现那位百岁经济学家科斯的设想:"只要交易成本为零,产权或所有制的区别将不再是重要的。"

3. 出现了可再生能源的革命。人类将不再需要消耗存在于地球上的能源,但仍然可以从太阳能获得持续发展的动力。这也就是普里戈津所说的"要输入外熵"。

据我们所知,太阳的生存寿命将至少是 40 亿年,仅中国的大陆地面年接受的太阳能总能量就是中国年消耗的一次能源总能量的 500 倍!而地球上拥有的核能,包括海水中的氘却最多只能支持人类持续利用几千万年!可再生能源的出现,事实上构成了永不再消耗地球能源的"永动机"。

总之,三大技术革命将完全改变人和自然的关系,将会极大改变社会生产力的内涵,当然也将冲击现有的生产关系。首当其冲的,是中国的劳动力密集行业。工业、农业、服务业,科、教、文、体、卫等各行业中环境恶劣、高风险、高重复性或需高强度体力和脑力支出的部分,将逐步大量地改为由机器人操作。因而中国的普通劳动人口即将面临严重的就业问题、教育问题。中国的人口和计划生育委员会完全不必担忧所谓刘易斯拐点将为中国的人口政策带来的强烈的干扰!当然,更严重的是未来的分配问题,可能还有所有制问题,二者将如何逐步有序改变,使中国的社会主义建设向更高阶段发展。

因此,自然辩证法的研究也就必然要延伸到历史唯物主义,严重冲击未来的发展中的历史唯物主义。所以,自然辩证法的研究就成为马克思主义理论进一步发展的基础。缺少了这一大块,就不成为系统而完整的现代马克思主义。而很遗憾的是,不知出于什么理由,中国的教育部,将"自然辩证法"这一发展中的领域和马克思主义的组成部分请出了研究生的必修课程体系。

二、唯生产力论

光远同志对历史唯物主义还有另一重要贡献。在我国打倒"四人帮"，拨乱反正的初期，光远同志在一次座谈会上曾就"唯生产力论"说了如下意见：

"必须澄清什么是历史唯物主义的'物'的概念。辩证唯物主义中的'物'是物质，世界统一于物质，所以称为'唯物论'。

"那么，什么是历史唯物主义中的'物'？这里的'物'，是生产力还是生产关系？而显然，历史唯物主义里的'物'，是生产力，是推动历史前进的真正的实体，所以历史唯物论，也就是'唯生产力论'。"

至于他自己，当然就是唯生产力论者。这是一段振聋发聩、振奋人心的谈话。光远同志这段话精辟地阐述了历史唯物主义的精神实质。

需要声明一下，上述光远同志的这段讲话并没有记录稿，我是凭记忆，拍脑袋而整理出来的。光远同志有一个特点，常常"即席"讲一些很精辟的对后辈极有启发的意见，而未必均写成文稿！研究于光远思想，似也应包括这方面的内容。

后来，大约是 1977 年 8 月，光远同志将自己的讲话整理成一篇文章——《我承认自己是"唯生产力论"者》。前几天，我请胡冀燕同志将这篇文章找了出来，其中最重要的一段话是：

"在哲学中，承认意识是第一性的，我们叫它'唯心论'；承认物质是第一性的，我们称它'唯物论'。承认在社会生活中，在社会发展中，生产力的发展起决定作用，是第一性的，理所当然地可以称之为'唯生产力论'。'唯生产力论'是马克思主义的历史唯物主义中的一个重要观点，这本来就不错。"

也许有些朋友们会问，这样一来，会不会陷入苏哈诺夫等人提出的"告别革命论"？于光远还引了列宁的批评，说告别革命论者根本不懂得"马克思说革命时期要有极大的灵活性"，简直"迂腐到了极点"！光远同志又说，列宁还指出，实现社会主义需要一定的生产力水平，这是"无可争议的论点"。所以，光远同志所写《我承认自己是"唯生产力论"者》的短文，实在是一篇准确阐述历史唯物主义的精神实质，阐述列宁主义精粹的重要文章。在纪念光远同志百年诞辰之际，我也想推荐给大家。

我还想就光远同志谈的历史唯物主义的精神实质问题多说几句话。另一位前辈哲学家吴江同志曾将我叫到他的家里，我们就当代马克思主义哲学许多重大问题，进行了一次较深入的讨论。吴江同志还给了我一篇他写的重要文章——

《论历史的动力》。在这篇文章中,吴江同志指出①,在马克思主义传播到中国的早年时期:"在历史发展动因这个问题上,在马克思主义内部,早就有两种不同的甚至是对立的观点存在着:一种着重于阶级斗争,一种着重于生产力的发展程度。这两种不同的观点(乃至由此形成不同的立场)直接影响到一个革命政党对于斗争形势的估计和策略的制定,政党之间或政党内部的许多纷争由此引起。例如,对于十月革命的评价,对'左'的空想共产主义行动的批评等。当马克思主义传到中国,一开始就表现出这种分歧,拿李大钊在 1919 年 5 月所写的《我的马克思主义观》做例子,这篇文章的第七章的第七节有这样一段话:'马氏学说受人非难的地方很多,而唯物史观与阶级竞争说的矛盾冲突,算是一个最重要的点。盖马氏一方既确认历史……的原动力为生产力,一面又说从来的历史都是阶级竞争;一方否认阶级的活动……可以由此决定经济行程的效力,一方又说阶级竞争的活动可以……决定社会进化全体的方向。'"

这里值得特别推荐的是"这两种不同的观点……直接影响到……许多纷争"这句话。为什么当今中国存在着"左"和右之间的激烈的纷争? 我个人认为,这同样是来源于对历史唯物主义解读的分歧。中国的"左"派热衷于推进"国进民退",而中国的右派又竭力主张"民进国退"。其实,这两种观点都没有抓住历史唯物主义的实质是"唯生产力论"。历史唯物主义并不是像某些同志所理解的那样,可以用所谓的"生产关系标准"取代生产力标准,或认为这两者至少是并立的"二元"的标准。

早在 1977 年拨乱反正时期的初期,光远同志就说出了他对历史唯物主义理论的深刻的理解。到了 1978 年,光远同志也就自然而然地介入了中国全面推进改革开放的活动。而光远同志在 1977 年的上述重要阐述,也就引领我们这些后辈学子纷纷相继走上"拨乱反正"之路。这就是这位"不悔"的马克思主义者,对马克思主义理论的误解的澄清所做的极为重大的贡献。

---

① 吴江:《吴江文稿》上卷,中央编译出版社,2009 年版,第 154～155 页。

机器人革命:中国即将面临的真正重大的挑战 *

何祚庥

世界已开始进入机器人时代。中国也必将迈向机器人时代。这是世界和中国科技界的共识。但是,中国应在"何时"迈向机器人时代? 人们却没有共识! 原因是:中国科技界没有掌握足够的根据,评估机器人是否将带来重大经济效益。

新的动向是,在台湾地区的中国企业家已认识到,"现在"就需要迈向机器人时代!

下面介绍 2015 年 3 月 5 日中国新闻网一则报道《企业家郭台铭宣誓将向"云移物大智网 + 机器人"大方向前进》的摘要:

"据台湾《工商时报》报道,为迎向工业 4.0 时代,鸿海集团董事长郭台铭今年登高一呼,宣誓将朝向'云移物大智网 + 机器人'大方向前进。"

"郭董更是铁口直断,未来是 Manufacture,指整合、创新、设计、制造的大转型,而且'未来机器人工业一定会大过汽车工业'。"

"德国掀起 4.0 工业革命,吸引全球企业前往朝圣。就连郭台铭也认同工业 4.0 是未来企业成长趋势,并早在去年底,就将工业 4.0 列为鸿海未来发展重点。"

"郭台铭 26 日在团拜时,爆料和诺基亚已在密切合作中。其中诺基亚主攻的是核心通信技术和品牌,其他全由鸿海负责,物联网(IoT)、专利、下一代网络无线技术均含括在内。"

"所谓'云移物大智网 + 机器人'指的是云端计算、移动装置、物联网、大数据、智能生活、智慧工作网络再加上机器人,其中郭台铭尤其看好机器人的前景,并扬言未来机器人工业一定会大于汽车工业。"

"郭台铭指出:'产品愈来愈精密,光人手无法独立制造,加上年轻一代不愿

---

* 本文为未刊稿,完稿于 2015 年。

进工厂，未来大陆缺工的状况一定会愈来愈严重，工业自动化势在必行，也是鸿海未来努力方向。工业自动化的目的，不是取代人力，而是要利用机器人帮人工作，让人可以轻松工作，鸿海全球共计100多万名员工，如要达到7成用机器人、自动化取代，恐怕还须3年的时间。'"

"面临转型期，郭台铭表示，一定要提升竞争力，加码投资也是必须的。郭台铭允诺，今年将扩大在台投资。"

"至于市场关心的电信市场，未来会否有新进度？被询及如有5G标案，鸿海集团会不会再参与竞标？郭董则豪气地回答'当然会！因为这是一条不归路'。"

这里需要略做解答的是，何谓"4.0工业革命？"

"1.0"是蒸汽机革命，即人手的延长。"2.0"是电气化革命，即心脏的延长。"3.0"是电脑的革命，是大脑的延长。"4.0"当然是大脑、心脏、人手三者延长的综合。

郭台铭讲话的重要性还在于，不仅是制造业的生产、管理走向机器人化，而且其市场、营销，包括云端计算、移动装置、物联网，大数据、智能生活、智慧工作网络、5G技术等中间环节，也走向机器人化。

郭台铭还宣称，由他直接管理和经营的"鸿海全球共计100多万名员工"，将在"3年的时间"改成"7成用机器人"。

这对于中国迅速发展中的劳动力密集行业，包括脑力劳动力密集行业来说，显然将面临巨大的冲击！现在已完全可用机器人取代餐厅接待员，家庭服务员，科学实验室实验员，新闻、电讯稿撰写人等脑力劳动者和体力劳动者所承担的工作，甚而战场作战也将大量用机器人！

为什么美国以及安倍经济学支配下的日本，都在呼唤实体经济的回归？当然不是中国式的劳动力密集行业的回归，而是"现代机器人+现代生产技术"的新式实体经济的回归。而一旦美国、德国及日本等国真正实现了由机器人主导的实体经济的回归，中国的经济发展必定蒙受重大冲击！中国现有约2.7亿的农民工，必将面临空前严重的就业困难！中国的教育将如何面对2.7亿农民工的再教育、再提高?！其实，不仅是城市工作的农民工，而且14亿的民众都面临再教育、再提高的问题。这可是史无前例的冲击！有些人竟然还在竞相呼吁废除计划生育政策！请问你们有什么本领，能为这些新增加的就业人口找到就业门路?！

这一即将出现的动向，显然已冲击到中国的科技界。可以说，中国科技界对这一即将迅速到来的"机器人革命"，也是毫无准备。现在世界各国的大型工业实验室均已大量采用机器人从事实验操作。每一个机器人可连续工作24小时，可取代中国实验室里的 4 位实验员。但是,作为中国最高科学研究机构的中国科学院,却至今没有任何一个研究所的实验室"雇用"机器人进行操作! ——原因是,根本没有学会如何运用机器人来协助工作!

至于中国的思想界、理论界、学术界,更是对这一新形势毫无认识!

举一个例子。中国的马克思主义政治经济学者最热心研究和争论的问题之一,是政治经济学的研究对象。《马克思主义政治经济学概论》的"导论"就有专门的第 1 节:"马克思主义政治经济学的研究对象"。此书就这一专题进行了约几万字的长篇讨论后,最后却仍回到恩格斯在 19 世纪给出的一个定义:"经济学研究的不是物,而是人和人之间的关系,归根到底是阶级和阶级之间的关系。"——而问题是:现在即将出现的"物"是机器人,这新出现的"物"将大量取代"人"的体力劳动和脑力劳动! 或者说,"物"将大量改变"人和人之间的关系","物"也将大量改变"归根到底是阶级和阶级之间的关系"。而这一教材却仍然奉恩格斯在 19 世纪所说"经济学研究的不是物"的说法为圭臬! 为什么中国的马克思主义政治经济学的研究不能扩大到当代社会面临的诸多新的政治经济现象?

习近平总书记 2015 年 2 月 14 日在延安瞻仰中共七大会址时说:"马克思主义必须同中国实际相结合,实现中国化、时代化。"又说,"实践创新和理论创新无止境","我们要与时俱进,推进马克思主义不断发展"。这一"时代化"的新提法,显然还包括人类即将进入的"机器人时代"。

马克思主义必须"时代化""与时俱进",这是习近平最近提出的新思维。这一思维模式也必然将引起所有热衷于实现中国梦的各个领域、各位学者强烈的关注!

怎样走好科技创新这步先手棋?*

何祚庥

最近,习近平总书记在上海考察时做了一个极好的讲话:要"走好科技创新先手棋"。

怎样才能"走好"? 这里提供一篇可供参考的文章——《创新驱动产业转型:美国政府 20 世纪 80 ～ 90 年代的经验与启示》[①]。文中指出:"日本和西欧的迅速发展,美国产品的国际竞争力下降,传统产业优势渐失,使美国的产业界在世界市场的竞争力受到了严重的影响。""为此,从里根政府开始,到克林顿执政,美国政府审时度势,敏锐地察觉到在应用技术上的落后,持续推动了一系列以产业技术为核心的政策,开始了向以信息技术为代表的'新经济'的重大产业转型的过程。""到了 20 世纪 90 年代,美国又引领了以信息技术为代表的'新经济'发展,实现了高新技术产业发展、传统产业高新技术改造和服务业高素质扩张等转型。"

那么,里根政府和克林顿政府究竟做了些什么?

里根政府主要是"立法",而克林顿执政后,克林顿政府连续不断地向社会公布了一系列科技政策文件(见表 1),大力宣传科技对国家繁荣和经济增长的意义,将科技提到了一个空前的高度,以争取公众对科技投入的支持。大家知道,克林顿是为信息高速公路产业群而登高一呼的领军人。国际社会对克林顿对美国经济及至世界经济发展的贡献做了高度评价。所以,在如何"走好"这步"先行棋"的"招数"的问题上,中国政府很需要向克林顿政府学习。

如果说,里根和克林顿执政时期的"创新驱动产业转型"的特点,是向信息化迈进的话,那么,在 21 世纪的二三十年代,现阶段的产业转型,无疑是将进一步由

---

* 本文为未刊稿,完稿于 2014 年。

① 徐峰:《创新驱动产业转型:美国政府 20 世纪 80 ～ 90 年代的经验与启示》,《世界科技研究与发展》,2014 年第 36 卷第 2 期,第 205 ～ 209 页。

信息化转向智能化。理念上,信息化和智能化是不等同的。如果说信息技术的核心是"信息、通信和计算"的话,那么,智能技术的核心就还要有"智能"的机器人及时对所收集的信息加以分析、归纳、整理,同时还要决策"指挥",采取"行动",及时反应"处理"。

表1 克林顿政府的主要创新政策

年份	名称	主要内容
1993	《技术促进经济增长》	发表国家技术政策声明
1994	《面向可持续发展的未来技术》	提出国家环境技术的立场
1994	《为了国家利益发展科学》	发表国家科学政策声明
1995	《通向可持续发展未来的桥梁:国家环境技术战略》	提出国家的环境技术战略
1995	《国家安全科学技术战略》	提出安全科技的优先领域
1995	《支持研究与开发以促进经济增长》	反对削减研究与开发的投资
1996	《为了国家利益发展技术》	明确国家技术政策
1997	《塑造21世纪的科学与技术》	制定美国政府面向21世纪的科技战略
1997	《计算、信息和通信:21世纪的技术》	确定信息技术的政策
1997	《投资我们的未来:21世纪美国儿童的国家研究计划》	推进儿童和青年的研究机遇
1999	《信息技术研究:投资我们的未来》	提出扩大政府对信息技术的研发投资
1999	《国家运输科技战略》	提出美国运输目标的研发战略
2000	《确保21世纪美国科学、技术和工程劳动力》	讨论科技人力开发战略

为什么在科索沃战争中,美国用精确打击导弹击中了中国的领馆?原因就在于美国不仅有精确定位的领馆的信息,而且还"及时"地确定了导弹在飞行过程中的位置、速度、航向以及导弹和空气的相互作用等信息,并"及时"地加以"处理";也就是导弹里有一个小型机器人,能根据所收集的信息,"及时"对导弹的飞行轨迹进行"调整"。

再举一个例子。为什么Tesla(特斯拉)蓄电池一举突破了传统电池技术里的容量小、寿命短、安全差、售价贵等重大缺点?原因在于对电池包中的每一块电池变化中的信息均"及时"收集、整理并"及时"对充放电的策略做出调整,所以大幅度提高了Tesla蓄电池的各种性能。

再举一个更重要的例子。为什么发达国家的研发工作比我们快得多?原因就在于实验里的一些常规操作已转化为由智能机器人"及时"操作,而且能24小时不间断地连续工作。而我们的实验室,却只知道用一些水平不太高的实验员,而且实验员实际上每天仅工作6小时!

　　智能机器人,这是正在蓬勃发展中的新兴技术,也是所谓"第三次工业革命"中的最为关键的核心技术,而我们却至少落后30年!

　　科技如棋局。我们期待着相关部门推出"高招",争取科技创新的棋局上的"先手"。

论生产力发展的规律 *

何祚庥

一、"三个代表"究竟在哪些方面比前人更进一步？

研究和探讨江泽民总书记提出的"三个代表"重要思想，需要有多种角度。这里只是从一个自然科学工作者的角度来谈一点个人的认识。

在研究和探讨"三个代表"重要思想以前，有必要首先问一下：江泽民同志提出的"三个代表"究竟在哪些方面比前人更进一步？

最合适的比较是考察它和邓小平同志提出的"三个有利于"标准的关系。

早在 1992 年，邓小平同志在《在武昌、深圳、珠海、上海等地的谈话要点》中就提出，判断改革开放得失成败的标准，"应该主要看是否有利于发展社会主义社会的生产力，是否有利于增强社会主义国家的综合国力，是否有利于提高人民的生活水平"[①]。这就回答了当时改革开放中一些有争议的问题。2000 年初江泽民同志提出并在以后多次强调："我们党必须始终代表中国先进生产力的发展要求，代表中国先进文化的前进方向，代表中国最广大人民的根本利益。"[②]

现在把"三个代表"和"三个有利于"比较一下，可以看出：

第一，如果说邓小平同志强调要发展生产力的话，那么江泽民同志则更突出强调要发展先进生产力，也就是说中国共产党不仅要一般地推动生产力的发展，尤其要积极地推进先进生产力的发展。"先进"一词是这一理论的核心。

第二，毛泽东同志在《论联合政府》这一著作中，曾经提出："中国一切政党的政策及其实践在中国人民中所表现的作用的好坏、大小，归根到底，看它对于中国人民的生产力的发展是否有帮助及其帮助之大小，看它是束缚生产力的，还是解

---

* 本文原刊于《科学中国人》2004 年第 5 期（总第 113 期）。

① 邓小平：《邓小平文选》第 3 卷，人民出版社，1993 年版，第 372 页。

② 江泽民：《江泽民文选》第 3 卷，人民出版社，2006 年版，第 128 页。

放生产力的。"①邓小平同志则强调了综合国力。实际上,"综合国力"这一概念,据基辛格的考证,是毛泽东同志在《论持久战》的著作中首先提出来的。为什么半殖民地半封建的旧中国能打败在经济实力以及军事实力远超过中国的日本?因为综合国力不仅包括经济和军事,还包括精神、文化等因素,如政治凝聚力、人心向背、得道多助失道寡助等因素。归根结底,国力的较量是综合国力的较量,所以邓小平同志就进一步提出了"综合国力"的标准。但是,由于"综合国力"的概念中,有相当一部分内容和"生产力"的概念重合,容易淡化人们对精神文明以及科学、教育等文化因素的高度重视,因而江泽民同志就进一步强调了"文化"的重要性,也就是中国共产党人不仅在现阶段要"以经济建设为中心",而且随着时间的推移,要越来越重视"文化建设"。从长远发展来看,文化建设或精神文明建设,是和经济建设或物质文明建设同等重要而在将来会更加重要的建设。所以江泽民同志又在文化问题上,强调了要发展先进文化,要"代表中国先进文化的前进方向",意义深远。

第三,毛泽东在《论联合政府》这一著作中曾说:"共产党人的一切言论行动,必须以合乎最广大人民群众的最大利益,为最广大人民群众所拥护为最高标准。"②江泽民同志更强调中国共产党人"必须始终代表中国最广大人民的根本利益"。因为首要关注的是根本利益,而不仅仅是眼前利益,要关注的是最广大人民,而不是少数人和小团体利益,要始终关注人民群众的利益,而不是忽冷忽热,半途而废,所以,搞地方主义或部门主义是要不得的,短期行为主义或眼前利益主义也是要不得的,冷热病是要不得的,背离人民群众的根本利益,谋一己之私,更是要不得的。尤为重要的是新加上的"中国"这个形容词。中国共产党人首先还是把中国的事情办好,现在不去侈谈代表"世界"人民的利益。其他国家的人民也不见得会承认中国共产党人成为他们的代表。强调"中国"这两个字,这意味着首先从中国的实际出发,把中国建设成繁荣富强的国家,才能维护世界和平,才能更有效地尽到国际主义的义务。

当前的国际形势复杂而多变,中国正在迅速地变化发展。强调中国的变化发展是向先进生产力和先进文化的方向去发展,并且要始终不渝地反映中国最广大人民的根本利益,这就是这一讲话最主要的精神实质。

所以,我以为江泽民同志提出的"三个代表"重要思想是深刻的、深入的,是

---

① 毛泽东:《毛泽东选集》第3卷,人民出版社,1966年版,第1028页。
② 毛泽东:《毛泽东选集》第3卷,人民出版社,1966年版,第1045页。

对马克思主义的坚持、运用、继承和发展。

二、何谓先进生产力?

历史唯物主义的基本理论认为,人类社会发展的历史是生产力不断发展的历史。党的十三大报告说:"社会生产力是决定社会历史发展的最终决定力量。"一个必然的问题是,什么是社会生产力发展的动力? 或者说,什么是生产力发展的终极原因? 或者说,生产力有无相对于生产关系而独立存在的独特的规律? 过去人们一提到生产力发展的规律,通常理解为要通过调整或变革生产关系来发展生产力,往往较少地注意到生产力还有它独特的发展规律。总的说来,这一问题还未引起广泛注意。

早在 1962 年 1 月 30 日,毛泽东同志在"七千人大会"上做了著名的讲话,其中说:"在社会主义建设上,我们还有很大的盲目性……拿我来说,经济建设工作中间的许多问题还不懂……我注意得较多的是制度方面的问题,生产关系方面的问题,至于生产力方面,我的知识很少。社会主义建设,就我们全党来说,知识都非常不够。"①

江泽民同志在"七一"讲话里鲜明地提出,"党的理论、路线、纲领、方针、政策和各项工作,必须努力符合生产力发展的规律","社会主义现代化必须建立在发达生产力的基础之上";江泽民同志甚至又对人类社会发展的历史做出如下概括:"人类社会的发展,就是先进生产力不断取代落后生产力的历史进程。"②我以为,这是基于人类发展生产力的历史所做出的经典的概括。

人们多年来形成了习惯性的思维模式,总是认为通过不断调整生产关系及其体制来发展生产力。其中典型的思维模式是"文化大革命"中的"抓革命,促生产"、"阶级斗争一抓就灵"。最近一些年,某些人的思维模式是"一包就灵"或"一股就灵";还有一些人眼睛总是盯在体制改革上,以为只要体制理顺了,生产力就会自动地升上去。我历来不赞同这个看法,因为生产力有自己的发展规律,如果不搞清楚这一点,我们在制定经济方针、政策时就会发生很多错误。体制改革作为推动生产力发展的动力,这是正确的,因为在当前条件下,我们所奉行的体制,的确不完全适应生产力的发展。但是体制改革到一定阶段就需要定型。邓小平同志在 1992 年"南方谈话"中提道:"恐怕再有三十年的时间,我们才会在各方面形成一整套更加成熟、更加定型的制度;在这个制度下的方针、政策,也将更加定

---

① 薄一波:《若干重大决策与事件的回顾》下,中共党史出版社,2008 年版,第 1030 ~ 1031 页。

② 江泽民:《江泽民文选》第 3 卷,人民出版社,2006 年版,第 272 ~ 274 页。

型化。"①江泽民同志也说："我们进行改革的根本目的,就是要使生产关系适应生产力的发展,使上层建筑适应经济基础的发展,使我国社会主义社会的各方面都形成比较成熟、比较定型的制度。"②所以体制改革不能老改,到一定时期就要定型,否则在基层工作的同志们会无所适从。这就要求我们更加关注生产力发展的规律,要依靠和利用生产力发展的规律,来推进我们的经济建设。

所谓先进生产力,就是要在深入研究生产力发展的规律的基础上,发掘出其中最有生命力,最有发展前景,最符合于广大人民群众意愿的内涵,而中国共产党人就应该成为它们的"发展要求"的代表。

那么,生产力的发展将遵循哪些基本规律呢? 下面将试着概括为以下四条基本发展规律。

三、生产力发展的第一个规律:生产力是在不断满足居民需求的基础上变化发展的

生产的目的总是为了满足居民的需要,如果居民不需要的话,就不必生产了。所以发展生产力的最基本的问题是讨论生产与消费或供给与需求的关系,这个问题讲起来简单,但是做起来并不一定简单。

斯大林在《苏联社会主义经济问题》的著作里,曾经表述过一个现代资本主义的基本规律:"用剥削本国大多数居民并使他们破产和贫困的办法,用奴役和不断掠夺其他国家人民特别是落后国家人民的办法,以及用旨在保证最高利润的战争和国民经济军事化的办法,来保证最大限度的资本主义利润。"③可以说,这一基本规律的表述,从一个侧面说明了在资本主义制度下,对最大利润的追求如何干扰了生产力是在不断满足居民需求基础上变化发展这一规律的实现的。但是,也终究因为满足居民需求是生产力必须遵循的规律,所以垄断资本财团只能为实现现实的最大利润,或者压缩一部分生产力,或者采取种种办法来刺激居民的需求。

有趣的是,斯大林还表述过一个社会主义的基本经济规律:"用在高度技术基础上使社会主义生产不断增长和不断完善的办法,来保证最大限度地满足整个社会经常增长的物质和文化的需要。"④从现在的认识来看,这一基本规律与其说是社会主义基本经济规律,不如说这是生产力的发展规律。只是斯大林一直认为,

---

① 邓小平:《邓小平文选》第 3 卷,人民出版社,1993 年版,第 372 页。
② 江泽民:《江泽民文选》第 3 卷,人民出版社,2006 年版,第 120 页。
③ 斯大林:《斯大林文集》(1934～1952 年),人民出版社,1985 年版,第 627 页。
④ 斯大林:《斯大林文集》(1934～1952 年),人民出版社,1985 年版,第 628 页。

在苏联所推行的社会主义生产关系及其计划经济体制,和苏联社会的生产力是没有矛盾的,所以这一生产力的发展规律,在社会主义制度下能够"畅通无阻"地得到"实现"。实际情况却未必能像斯大林所设想的那么简单。

"理论"上,计划经济能够涵盖全部的国民经济,但实际上,居民的需求并不能如实并迅速地反映到中央计划部门;生产计划是容易做出的,生产一吨钢要多少吨铁矿、多少度电、多少吨煤,会产生多少吨矿渣,这在计划部门是不会算错的,是可以做出很好的生产规划的,但问题是老百姓的需求,包括其他生产部门的需求,怎样反映到计划部门? 这一点就不好解决,这也是计划经济体制的弱点。例如,人们穿着的衣服颜色有白色的、黑色的和黄色的,如果现在国际流行色为蓝色,则人人都去购买蓝色的服装,这种需求反映到计划经济体制里就很难体现,甚至生产部门所需的钢材的花色品种,也很难统一由中央计划部门加以规划,尤其是在需求迅速变动的时期。此外,计划经济体制还有一个重大弱点,计划经济体制往往是垄断体制,在垄断体制下,理论上可以避免重复建设,但实际上往往严重地削弱了竞争,从而限制了技术的进步。斯大林期望"用在高度技术基础上使社会主义生产不断增长和不断完善",但垄断体制却使这一期望落空。

当然市场机制也有弱点,尤其是对长期的潜在的需求不容易看得很清楚。非常重要的一点是需求是在不断变动的,请十分注意这一点。人们常常把需求看作是静态的,其实需求并不是静态的,而是在不断变化的。眼前的需求可以通过市场价格的涨落进行调节,当然对长期的需求也会有所"感觉",但是这种真实的需求要十年二十年之后才能反映出来,十年二十年之后,有了市场信息再来把供给加以改变,把生产力的配置加以改变,来适应这个市场需求,就为时已晚。在纯粹的市场体制下,短期需求或微观方面的需求反映比较直接,宏观方面的需求市场就不能很好地反映,所以就还需要国家的宏观指导。也就是说,我们现在的体制是社会主义市场经济,是市场经济再加上国家的宏观指导,希望通过"看不见的手"(亦即市场的需求)和"看得见的手"(亦即国家的宏观指导)来把生产和消费、供给和需求有机地结合起来。我讲的这些问题与"姓资""姓社"无关。不论是在资本主义所有制还是在社会主义所有制下,生产力的发展都要解决生产和消费或供给和需求的相互关系问题,只不过这一问题或者较顺畅地得到解决,或者不甚顺畅地得到解决。

举一个现实的例子。我们这几年搞市场经济,也出现了一些问题,那就是生产过剩、需求不足,所以中央经济工作会议把扩大内需作为这几年的基本政策,要通过采取积极的财政政策来刺激有效需求。这就是生产力的发展要不断满足居民需求的规律起作用的结果。

另外,我们应看到这样一件非常重要的事情:需求是不断变化的。老百姓的生活不断富裕之后,就会逐渐产生新的需求。刻画这一需求发生变化的一个指标是恩格尔系数。恩格尔系数就是要统计一下居民的消费支出当中有百分之几十用于解决居民吃的问题。如果一个国家的恩格尔系数是 70% ~ 80% ,这个国家就是比较落后的国家;如果一个国家吃的支出占到 30% ~ 40% ,这个国家就是中等发达的国家;占到 20% 以下,这个国家绝对是发达国家。我们现在的居民生活水平有很大的提高。新中国成立初期,居民的收入几乎都是用于吃。例如,在改革开放前,人们收入的 80% ~ 90% 都是用于吃的。这些年我国的恩格尔系数明显下降,现在用于吃的开支已下降到 50% 以下。例如北京市,据我了解,恩格尔系数现在已经下降到约 37% 。也就是说,居民的收入提高以后,对开支都有一个打算,首先是解决吃的问题,然后才有其他的开支。

除了恩格尔系数之外,还可以定义一个新的系数,即精神消费系数,它是居民用于精神消费的支出占全部消费支出的百分比。居民用于买书、买报、学习、教育、收听广播电视和获取信息等的消费支出都叫作精神消费的支出,这部分支出不是为了满足物质需要,而是为了满足精神生活的需要。以这部分支出定义的系数,其变化及其含义恰好与恩格尔系数是相反的。生活越富裕,这个系数就越来越大,这部分支出所占居民全部消费支出的比重也越来越大。中国历史上管子说过,"衣食足而知荣辱",即吃饭穿衣满足之后,人们才讲究他们的精神生活;又说,"仓廪实而知礼节",即仓库中的粮食充足以后,老百姓才讲礼仪道德。这是管仲很著名的一段话,它反映了人们总是先满足吃穿用的需求,然后才讲精神生活。现在发生的问题是:我们的居民在逐渐富裕之后,用于精神生活的开支占消费总支出比重多少,应该成为一个重要的系数;过去这个比重微不足道,现在这个比重就很值得研究,因为这样一些变化说明居民富裕了以后,其消费结构是不断变化的。这一需求反映到生产力上,也就是产业结构需要不断调整。如果在某一时期居民主要的需求是吃和穿的话,那农业就是第一位的;如果居民除了吃穿之外,住房、坐车等支出占的比重较大,那工业、建筑业就上升到最重要的地位;如果服务性的需求,包括生活性的服务和生产性的服务成为主导的需求,那么服务性行业就成为国民经济的主要支柱。——这就是在产业结构分类中,人们通常所说的第一产业、第二产业和第三产业。

这里需要讲一件事情。现在人们通常使用的第一产业、第二产业和第三产业的分类,在名词的翻译上并不准确。原名应该为第一次产业、第二次产业和第三次产业。上世纪 70 年代末期，我与罗劲柏同志向国内介绍这一分类时，翻译作第一次产业、第二次产业和第三次产业。但是中国人的习惯不喜欢讲五个字的名词，所以就简化为第一产业、第二产业和第三产业。但是为什么原文要有个"次"字呢？因为"一次""二次""三次"的概念，反映了产业结构的历史发展的规律。首先，为满足吃的需求，所以第一次产业就发展起来，成为国民经济的主导产业，在一定时期农业就显得很重要。有了较发达的农业之后，慢慢地居民吃和穿的需求就开始满足了，等到吃和穿的需求满足之后，别的需求如住、行、用等需求就开始变得重要了。因此，就要求发展工业，工业就成为第二次产业。随着工业的发展，就出现了第三次产业，即服务行业。服务行业有两类，一是生产性服务，还有生活性服务。有了生产性服务，才能让第一产业、第二产业迅速发展，如种子集中供应，还有金融、保险等。所以一些国家为了进一步发展第一产业和第二产业，就开始发展服务行业。同时居民还有生活性质的服务，例如，人们看病的需求，获取信息的需求，等等。从这个意义上讲，随着第一产业、第二产业发达到一定程度，第三产业就开始兴起。现在在发达国家中，第三产业占国民经济的 70%，第二产业占国民经济的 20%，第一产业只占国民经济的百分之几。我国农业占国民经济的 20%～30%，工业占 40%～50%，而服务行业只占 20%～30%，所以我国的第三产业比较薄弱，但如果需求量不断变化的话，产业结构不调整，就不能满足老百姓的需求。

需要看到这一点：产业结构是在居民需求变化的基础上调整的，而中国当前居民的需求正在迅速变化。对于这个形势需要有深刻的认识，如果不认识这个形势，就不懂得为什么现在我们的产业结构需要不断进行调整。产业结构有调整的话，一些行业就需要"下马"，一些行业就会"上马"，一些产品会淘汰出局，一些产品会更新换代。这件事情是必然产生的。而且，随着产业结构的调整，就会发生劳动者的失业和就业的问题。所以产业结构的调整，或者说，随着产业结构的调整而引起的相应行业的职员和工人不断地下岗、转岗，是历史发展的必然规律，这与姓"资"还是姓"社"无关。不论在资本主义制度下还是在社会主义制度下，都会发生下岗和转岗的问题。任何一种产业都会有上升和下降的时期，而当它上升到一定时候，满足了老百姓的需求之后，就只会缓慢地发展了。这是由老百姓的需求结构决定的。需求的变化决定了产业结构需要不断地调整。这是社会进步必然的结果。

四、生产力发展的第二个规律：生产力是在科学技术进步的基础上不断发展的

随着科学技术的进步，我们的生产力会发生重大的调整与重大的变革。从历史发展的角度看,人类学会用火以后,就进入了石器时代,亦即懂得用石头作为工具。石器时代随着加工程度的不同,又分为旧石器时代和新石器时代。石器时代之后,人类社会又进入青铜时代。石器加工只是就地取材,而青铜却可以按需求加工,有各式各样的模具,可以满足各式各样形状的需求,同时青铜也具有一定的强度。青铜时代之后,就进入了铁器时代。为什么在许多地方不能由石器时代直接进入铁器时代?非常重要的原因是,铁的熔点比青铜高,青铜冶炼的温度一般为700℃~800℃,而铁要1 000℃以上。当时的人们做不出温度达1 000℃以上的炉子。石器时代体现的是原始公社低下的生产力。青铜时代有一个重大的变革,即原始公社解体,人类进入奴隶制时代。铁器时代却促使人们从奴隶制进入封建制。由此可以看出,生产力是在科学技术发展基础之上变化的。更为重要的变化是生产技术进入蒸汽机时代。蒸汽机出现后,引起了第一次产业革命,人类进入资本主义时代。在资本主义时代,生产力又有重大的变革。人类继进入蒸汽机时代后,又进入电气时代。后来又从电气时代进入原子能时代,这几年又进入计算机时代。资本主义社会的特点是生产力所依赖的生产技术不断地发生变化,不断地发生生产技术的变革,而这种改变归根结底是由科学技术进步造成的。所以应该看到生产力发展的第二个重要的规律:生产力是在科技进步的基础上不断向前发展的。

恩格斯曾经在《奥地利末日的开端》一文中,指出蒸汽机所起的革命的作用。对于奥地利的哈布斯堡王朝来说,"的确,法国革命、拿破仑和七月风暴都支持过来了。但是却支持不住蒸汽。蒸汽开辟了穿过阿尔卑斯山脉和波希米亚森林的道路,蒸汽使多瑙河失去了作用,蒸汽彻底摧毁了奥地利的野蛮,因而也就摧毁了哈布斯堡王朝的根基。欧美的公众现在可以高兴地看到梅特涅和整个哈布斯堡王朝怎样为蒸汽机轮撕碎,奥地利君主国又怎样为自己的机车辗裂,这是非常有趣的场面"[1]。

所以,恩格斯说,马克思把科学"看成是最高意义上的革命力量"[2]。邓小平说:"科学技术是第一生产力。"[3]江泽民说:"科学技术的突飞猛进,给世界生产力和人类经济社会的发展带来了极大的推动。""科学技术是第一生产力,而且是先进生产力的集中体现和主要标志。"[4]

---

[1] 马克思、恩格斯:《马克思恩格斯全集》第4卷,人民出版社,1958年版,第521页。
[2] 马克思、恩格斯:《马克思恩格斯全集》第19卷,人民出版社,1963年版,第372页。
[3] 邓小平:《邓小平文选》第3卷,人民出版社,1993年版,第274页。
[4] 江泽民:《江泽民文选》第3卷,人民出版社,2006年版,第275页。

但需要看到的是,科学技术对于生产力的促进,有两个方面:一是极大地促进了有效供给,有效地降低了成本;二是极大地促进了有效需求,亦即能提供大量价廉而物美,并且为大多数普通居民所能够买得起的产品。过去一谈到科技进步对生产力的促进作用,往往只看到它提高生产效益的一面,而较少地看到它促进居民需求的另一面。为什么近些年来帝国主义国家"腐而不朽,垂而不死"?一个重要原因是由于科技的进步而扩大了市场,从而使资本主义国家高度发达的生产力还有继续发展的余地。当前在发达国家里的核心技术,亦即电脑技术所用到的芯片,其生产遵循着所谓摩尔定律,亦即每18个月生产成本将降低一半,而一切用到电脑技术的各种产品的成本将大幅度降低,这无疑极大地促进了市场需求。自"9·11"事件以来,美国经济蒙受重大打击,从而陷入新的衰退。在当前,这一经济衰退是属于U型衰退,还是属于V型衰退,是一个有争议的问题。但是,要估计美国包括国际经济未来的发展,除了进行经济的分析以外,还要看到这些国家的科技实力,因为"9·11"事件并不改变长期支配芯片技术发展的摩尔定律!

到目前为止,一些同志还不甚理解科学技术发展的规律以及科学技术如何应用到生产实践的规律,但是我们必须学会如何利用科学技术来发展生产力,否则就无从实现现代化。

五、生产力发展的第三个规律:生产力是不断地趋向社会化而变化发展的

社会发展史的知识告诉我们:资本主义社会的基本矛盾是占有的私人性和生产的社会性之间的矛盾。资本主义社会是私有制占主导地位的制度,但是生产力的发展具有强烈的社会性,于是生产的社会性与占有的私有性就发生严重的冲突。由于资本主义制度本身不可能彻底解决这个矛盾,它所能做的,是私有的占有形式在不断地改变,以尽可能适应不断增强中的生产力的社会性,这就推动了资本主义社会的不断发展。

所谓生产力的社会性,也就是随着生产力的发展,组成生产力的各要素的社会联系越来越紧密,相互关系也越来越复杂。封建时代的小农经济是一家一户的经济,可以和相邻的住户不发生任何经济关系。所谓"鸡犬相闻、老死不相往来",说的就是这种小农经济的特征。但随着生产力的迅猛发展,"一家一户"的手工业显然不能满足需求。开始是出现在生产领域里的专业分工和在分工基础上的协作,进一步就发展为社会领域的分工和协作。这种分工和协作明显地提高了效益,可见生产力的社会化是一种不可阻挡的发展趋势。

过去我们把生产力的社会性理解为规模极大的大生产,也就是每一种生产都分拆成许多过程,每一位劳动者只做一个局部,生产是在分工基础上复合成的"大生产"，甚至工人的吃穿用等家庭生活需求也纳入"大生产"的体制之中，此即所谓鞍钢办社会的模式。为什么工人阶级是领导阶级，因为工人是与大生产相联系的，农民虽然在人数上占大多数，但是不能成为领导阶级，因为农民是与小生产相联系的。所以说，工人阶级是最具有发展前途的阶级。

但是新的观念就要看到，所谓生产的社会性，还要通过商品交换，把整个社会联结在一起。商品经济越发达，就意味着社会化大生产越发达，社会化的联系就越紧密。这是因为生产力总是由各个生产要素组成的，而生产力发展有赖于各个生产力要素的优势组合。有的地方劳动力便宜，有些地方资金充足，有的地方劳动工具先进，有的地方原材料物美价廉，有些地方科学技术发达，等等，必须把生产力各个要素的优点都集合在一起，才能成为第一流的生产力。从这个意义上讲，第一流的生产力不是一个单位、一个地区所能实现的，这样一种关系只能通过商品交换的买卖关系来建立，通过买卖关系更容易发掘不同部门、不同地区、不同企业之间的优势，并利用这些优势要素来组成优势生产力。这种优势生产力往往不能在一个地区实现，往往要超越县、市、省，甚至要在世界范围内才能实现。也就是说，这种生产力要素的优势组合越来越社会化，越来越从一个地区、一个市、一个省、一个民族、一个国家扩展到直至世界的范围。生产的社会化具有不以人的意志为转移的客观规律的性质，这一点我们是逐渐才认识到的。所以如果需要搞项目的话，就要打破那种自给自足的观念，应该发掘或构建本地区优势的生产力要素，再与别的地区甚至别的国家优势的生产力要素相结合，然后才能形成本地区优势的生产力。这是一个非常重要的思维模式，凡是按照这种思维模式发展本地区经济的，本地区经济就一定会发达。

举一个例子，1976年粉碎"四人帮"后，冶金工业部即提出一个"跃进"规划，要从日本进口现代化设备，在上海建设宝山钢铁厂（以下简称"宝钢"）。现在大家都认为宝钢的贡献很大，名列中国的十大企业之内。但在当时建宝钢却遭到普遍的反对。就在1980年的人代会上，代表们纷纷质询："为什么要在既不产煤，也不出铁的上海建宝钢？""宝山县是一片沙滩地，而将200万吨钢材打入地下，太浪费！""这纯粹是因为冶金工业部贪图上海生活条件优越，这严重背离艰苦奋斗的精神！"当时的唐克部长向人大代表解释说，"这是为了便于从海上进口澳大利亚的铁矿"。于是人大代表就更有意见了，质问道："为什么要用澳大利亚铁矿，不用中国铁矿？""如果澳大利亚断绝供应，宝钢不成了'死'钢！"总之，人大代表严厉批评冶金部背离自力更生精神，最后，冶金部不得不停止和日本商谈中的第二期进口合同的谈判。实际情况是，澳大利亚铁矿含铁量高达68%，而鞍钢所用本国矿砂含铁量才 28%，我国根本没有优质富铁矿。地质部科技人员曾花费极大力气找优质铁矿，但没有找到，这是"主观能动性"也解决不了的。由澳大利亚进口铁矿还有一个优越性，50 万吨级的大船直通宁波，再转运上海，水运远比陆运成本低廉。事实上，澳大利亚从未断绝过铁矿的供应，因为澳大利亚立国之本，一是羊毛，二是铁矿。实行生产力的社会化，不仅有利于中国，也有利于澳大利亚。

生产力各要素的优势组合必定取代或淘汰劣势组合，这是不以人们的意志而转移的客观规律。为什么当今世界各国出现了那么多的跨国公司，而且不少跨国公司已经成为主导世界经济的企业？为什么世界经济要走向全球化？其根本的原因就在于生产力的发展必然趋向于愈来愈紧密的社会化。

我曾经去过若干经济迅速发展的地区。一些在地方上主持经济工作的同志非常善于灵活应用这种发展模式，非常善于发掘本地的和外地的优势要素，并将二者组合到一起。实现这种优势组合，其前提是必须有发达的通信网络，便捷的交通运输，而且还要有能源的集中供应，因为社会化的基本模式是信息交流、商品交换，这都离不开能源、通信和交通。所以全国各地都流行"若要富，先修路"这样的思维模式。

我见到过不少在地方上工作的同志，他们都很聪明，往往仅抓住了生产力一个要素，就形成了自己的优势。我曾去过江苏省的泰兴市，这个市重点发展化学工业，国际化工业的托拉斯，包括杜邦都到那里去投资。为什么化学工业能在那里发展起来？除了必须有能源、交通、通信以及中国所特有廉价而优质的劳动力以外，他们还发现发展化学工业必须具备两个条件：一个是"上游"问题，一个是"下游"问题。"上游"是各种气体供应问题，如氯气、氢气、氧气、氮气、一氧化碳等，谁也不会从遥远的国外用钢瓶将这些气体运到泰兴，泰兴市为此办了一个很大的气体供应厂；"下游"问题是污染问题，这方面的问题泰兴市全部包揽下来，集中解决，而且产生了效益。当泰兴市着重解决了这两个问题后，各种化工企业包括国际化工托拉斯都愿意去投资。这些地方上的同志非常善于利用生产力要素优势组合的规律，解决了某一项特殊需要，就形成独特优势，别人都愿意来参加"组合"。

有些在地方上工作的同志甚至只抓住某一项生产要素，亦即市场，就能实现兴市。如浙江省的义乌市搞小商品市场，全国的小商品都要到那里去"集散"，甚至俄罗斯和美国也要来。那里不仅已成为中国的小商品集散地，也成为世界关注的小商品集散地。搞小商品市场有什么好处？好处大大的。因为有几十万外来商贩住在义乌市，他们要吃、要住。这增加了不少需求，因而就促进了义乌市经济的发展。又如浙江海宁市,虽然不产皮革,但却办了一个皮革市场,已成为国际化的皮革商品集散地。

生产力的某些要素是优势还是劣势,其实是相对的。可能在某些组合下是劣势,而在另外的组合下反而有某种优势。前一时期,报上说要对某些国有不良资产进行拍卖,立即博得了海外人士的欢迎,因为在海外某些财团或企业看来,这些"不良"资产经过某些加工改造,反而是有潜在力量的一种优势。

现在某些地区热衷于搞市场分割,保护他们的"地方"工业,其实是地方保护主义,这是一种短视的"自杀"政策。

六、生产力发展的第四个规律:生产力的发展受到环境的制约,牺牲环境将最终导致生产力萎缩

生产力的发展会带来环境污染,而"人类只有一个地球",所以生产力的发展还必须解决一个和环境协调的问题。当前人类面临六大问题:环境污染,生态破坏,资源枯竭,能源危机,气候反常,人口爆炸。如果居民眼前的需求与人民的根本利益出现矛盾,这样的生产力的"发展"是不能持久的。关于这方面的问题,已有很多前人充分讨论过。这里只简略地概括为生产力发展所必须遵循的第四个规律。

由于生产力的发展可能带来环境污染,所以我们绝不能搞"先污染、后治理"。环境破坏了再治理,往往要付出 10 倍以上的代价,甚而达到不可治理的程度。前一时期有机会去昆明,昆明的 500 里滇池已被污染,臭气直袭昆明城。不幸的是,滇池的污染已几乎是不可治理的污染。国家和云南省已拿出几十亿人民币加以治理,但离见效还很远。因为滇池属高原内陆湖泊,把水换一遍至少要 50 ~ 70 年!"先污染、后治理",最终受害的还是我们自己!

但是,在生产力发展和环境相协调的问题上,事情还有另一个方面。我们的经济正在高速发展,我们的能源供应主要是烧煤,所以就会大量释放二氧化碳。而完全不产生废气是不现实的。于是,国际上就借此攻击我们是头号污染大国,想以此来限制我们的经济发展。事实上我国根本不是"头号"污染大国,头号污染大国是美国。第一,中国的二氧化碳释放量约是 30 亿吨,而美国高达 50 亿吨。第二,乍一看,我国二氧化碳释放量高达 30 亿吨,而日本、德国等国才 10 亿吨,但我国人口比日本、德国多得多。他们不是讲要尊重人权吗?人人有同样生存和发展的权利,同理,人人也都享有同量排放污染的权利。美国人的人均二氧化碳排放量是 20 吨,我们才 2.5 吨,约是美国的 1/8,还不到世界人均 3.3 吨的排放量。按人均排放量来排名的话,我们远在发达国家的后面。第三,中国的工业化时间才约 15 年,而他们至少是 200 年,他们在历史上积累起来的排放量要比我们大得多。所以,在释放二氧化碳的问题上,首先是美国要有所克制,其他发达国家也要有所克制,至于中国,理应还有增长的余地。所以,最后京都会议达成协议,发达国家,首先是美国,要削减 5%。问题是:小布什耍赖,不干!

当然,废气不仅污染世界环境,造成温室效应,废气中的酸雨也影响我们自己。所以我是赞成要逐步削减或限制煤的燃烧量的,要尽可能向水能、风能、原子能等干净的能源转移。我有一个预期:希望到了 2050 年,煤、水能、原子能各占我国能源消耗的 1/3。

需要提醒社会公众的是:我国的人口多达 13 亿人,将来可能达 16 亿人。我国的有效生存空间(指能住人的地区)又特别窄小。我国每平方公里的人口,在农村约是 1 000 人,在城市至少是 10 000 人。人口密度之高,居世界前列!别人污染了环境,还可以换一个地方,而我们就只有占国土面积 12% 的平原!

所以,中国在发展生产力的时候,就需要特别注意到和环境相协调的问题。

七、中国的先进生产力——代表中国最广大人民根本利益的生产力

在当代中国,哪些是具有发展前景的先进生产力?这要结合中国的具体情况,并且要综合地应用以上所讨论的有关生产力发展的四个基本规律来解答。比如说比尔·盖茨靠微软公司,在美国可以成为世界的首富,但在中国,它就不可能成那么大的气候。微软公司的软件技术,在世界上无疑是超一流的。问题是中国没有那么多的网民,没有那么大的软件市场,也没有基础那么雄厚的芯片技术作为微软公司的后盾。

作为一个实例,下面就来综合地运用以上所讨论的有关生产力发展的规律,具体探讨一下在中国发展知识经济的问题。

八、中国是否应发展知识经济,中国将怎样发展知识经济?

当代世界的发展动向是知识经济的崛起,即人们现在靠计算机来工作,软件产业的经济比重越来越大。例如,北京市决定重点发展知识经济,海淀区中关村为重点知识经济发展区。但是知识经济是否是一种先进生产力呢?为什么要发展知识经济呢?知识经济在未来经济发展中居什么样的地位呢?这应该成为重点探讨的问题。

第一,知识经济的概念成立不成立?知识经济是否只是某种泡沫经济?这是在一些人群中出现的疑问。马克思主义讲历史唯物主义,而唯物主义说,"物质是第一性的,精神是第二性的"。

"知识经济也是生产力,而且在当代经济生活中成为最重要的生产力。"这件

事情对于马克思主义成立不成立？有些同志直截了当地提出了质疑,并成为反对发展知识经济的一个重要的理由。

其实,马克思曾明确指出:"一切生产力即物质生产力或精神生产力。"①所以在马克思看来,生产力并不专指物质生产力,也包括精神生产力,这是马克思主义生产力概念中非常重要的内涵。现在我们的社会公众有一种误解,认为生产力只是物质生产力,不包括精神生产力。然而这是不正确的。为什么精神生产力能包含到历史唯物主义的"物",或生产力的概念中去？这需要做一些回答。

非常重要的一点是,物质与意识的对立是相对的,在特定条件下,物质与意识的对立才是绝对的。列宁在《唯物主义与经验批判主义》一书中曾尖锐地指出:"物质与意识的对立,也只是在非常有限的范围内才有绝对的意义,在这里,仅仅在承认什么是第一性的和什么是第二性的这个认识论的基本问题的范围内才有绝对的意义。超出这个范围,物质和意识的对立无疑是相对的。"②也就是说,我们讲"物质第一性,意识第二性"时,是在讨论认识论问题时,并且是在讨论认识论基本问题时,对立才是绝对的。如果我们讨论的不是认识论基本问题,而是别的问题,它们的对立就是相对的。也就是说,精神也是一种物质现象。精神是大脑的思维活动。大脑是物质的,大脑的一种活动叫作精神。如果我们讨论"思维和存在,谁是第一性,谁是第二性",这时存在是第一性的,思维是第二性的;但是如果我们现在讨论生产力,在生产力中就既有物质生产力,也有精神生产力,物质生产力与精神生产力的关系就不是第一性与第二性的关系,精神生产力并不是物质生产力的反映。所以在这个意义上讲,物质和精神之间的关系不涉及第一性与第二性的问题。

第二,恩格斯在《自然辩证法》一书中讲:"物质运动有五种基本形式:第一种运动形式是机械运动形式,第二种运动形式是物理运动形式,第三种运动形式是化学运动形式,第四种运动形式是生物运动形式或生命运动形式,第五种运动形式是思维运动形式。"所以思维或精神运动也是物质运动形式的一种。生产力从机械运动形式上升到物理运动形式,上升到化学运动形式,上升到生物运动形式,再上升到精神运动形式,这是物质的运动形式由低级向高级发展,或生产力的内涵由物质运动的低级形式向物质运动的高级形式发展。在这种意义上讲,世界的经济从第一产业、第二产业和第三产业又发展出知识经济,这件事情不仅不违反

---

① 马克思、恩格斯:《马克思恩格斯全集》第46卷上册,人民出版社,1979年版,第173页。
② 列宁:《唯物主义与经验批判主义》,人民出版社,1960年版,第139~140页。

马克思主义唯物论,而且还深化了马克思主义历史唯物论。

为什么生产力所包含的物质运动形式不断地由低级发展成高级?非常重要的一个原因是需求在变化。前面讲过,我们从恩格尔系数发展并定义了一个新的系数,叫作精神消费系数。这个精神消费系数反映了老百姓对精神的需求。精神生产力的发展首先是为了满足居民从事生产、消费等活动所带来的精神需求。这就是知识经济崛起的背景。

知识经济包括哪几个部分呢?例如电视机、软件、教育、科学研究、新闻出版等等都属于知识经济。医药卫生也属于知识经济。很多人奇怪医药卫生怎么能是知识经济呢?医药卫生的关键在于诊断,看看你的身体有什么病态没有。大夫给你诊断一下,也就是居民要求对自己身体状况有所了解,知道后才能给你做治疗,所以这属于知识经济。应该说诊断活动是医药卫生工作中的主导的活动。在发达国家中,居民用于医疗的开支占很高的比重。例如美国 20 世纪 90 年代的数据显示,医药费用的支出占国内生产总值的 12% ;最近新的数据显示,这项支出占国内生产总值的 18% 。美国的国内生产总值为中国国内生产总值的 8 倍,它用于医疗消费的费用比我国的国内生产总值还要大。为什么美国人的医疗消费如此浩大呢?非常重要的一点是美国人"怕死"。当然还有一个重要的原因是美国人喜欢打官司,而医生又常常成为打官司的对象,如果医生诊断错误,患者告到法庭,法庭的判决可能为 500 万美元或 1 000 万美元的赔款。所以美国的医师时刻警惕患者来打官司,把患者记录做得很周全,作为将来打官司的根据,来证明自己的诊断是否有错误。另外一个重要的措施是,每个患者来了之后,都要从头到脚用最现代化的科学技术给你诊断一遍,如核磁共振、CT 断层分析等等。这些都是要花钱的。某年我到美国走路时不小心把脚给崴了,红肿得厉害,由于害怕骨折,所以到美国的医院去看病。按照惯例,医生要从头到脚地给我做一遍检查,虽然我购买了保险,但是保险只保费用的 90% ,个人需要支付 10% ,这是一笔不小的费用。经过我一再地"恳求"之后,他才同意只给我拍一个片子,开些药品。这就是医疗支出费用急剧增长的背景原因。所以从这个意义上来讲,美国医疗费用支出确实属于知识经济,而因此,知识经济会占美国整个国内生产总值的60% ~70% 。

由此可以看出,随着时代的发展,居民对信息和知识的需求会越来越大,而对物质的需求却是有限的。《庄子·逍遥游》说:"鹪鹩巢于深林,不过一枝;鼹鼠饮河,不过满腹。"鹪鹩指的是树上的小鸟,小鸟在树上有一个横枝就够了;鼹鼠指的是小老鼠,小老鼠到河里喝水,喝饱了就够了。这也说明物质的需求是有限的。

当然也有畸形发展的需求，如马科斯夫人要3 000双女鞋，但那是例外。至于人们大脑皮层能够接受的信息，可以说是无限的；到现在为止，人的大脑接收的信息量还远远不足容量的1%。所以人们对信息的需求、对知识的需求将会随着社会经济的发展而越来越增长。

另外还要看到，随着知识经济的发展，物质生产部门同样也会得到迅速的发展。例如，我的孩子到日本谈协作，到了东京之后，日本人请他参观东京千叶县的千叶制铁所，也就是轧钢厂。日本轧钢厂用的轧机宽度为1.9米，而当时我国只有1.7米的轧机，汽车用的钢板均要由1.9米的轧机来轧制。我的孩子回到中国后说，当时他发现了一个奇怪的现象：一公里半的生产线上空空荡荡看不见人。于是他好奇地问工厂一共有多少工人？回答是实行"三班倒"加上仓库管理员一共是80个人。为什么会这么少呢？这是因为使用了计算机进行管理，包括做买卖也是和计算机打交道，所以仓库里只需要值班人员即可。而据我对我国武钢的了解，由国外进口的武钢的1.7米的轧机，实行"三班倒"，不包括仓库管理人员在内，一共是2 400人。由此可以看出，双方的劳动生产率相差至少30倍。这就是科技进步的结果。日本的工业正在发生深刻的改组，从装配线时代过渡到后工业化时代。所谓后工业化时代，就是向自动化迈进，亦即进而为电脑操作的时代。所以整个日本的工业都在改组，所有的设备都是软件控制。因此日本的软件行业高度发达，仅日本东京从事软件行业的人数就有100万人。20世纪90年代软件行业年产值在1 000亿美元以上。所以，知识经济的发展，一方面是产值巨大，另一方面也是对传统工业的一个巨大促进。由此可以看出，知识经济有两方面的作用，第一是满足了老百姓的精神需求，第二是极大地促进了传统工农业等各行业的进步。知识经济本身又有很高的产值。在当代社会当中，知识经济是处在重要地位的新经济。

我个人认为，知识经济是新发展出来的产业，我们给它起名为第四次产业，也就是从第三产业当中分化出来的一个新的产业。第三产业的特征是服务性行业，而服务性行业有各种物质的或劳务形式的服务，现在发展出一种知识性的服务，这就是知识经济。

自"知识经济"的观念引入中国以后，中国要不要大力发展知识经济的问题，就成了有重大争议的问题。前一时期，有非常尖锐的不同意见。一种意见说，知识经济是一种新型的经济，中国应该迎头赶上，急起直追，大力发展知识经济。另一种声音却说，中国尚处在工业化阶段，中国工业化的任务尚未完成，知识经济是"未来"的经济，对于中国现实所处的阶段，应该有冷静的认识，因而对大力发展知识经济表示怀疑。

其实,第一,要看到,产业结构是在需求基础之上实现的,这个需求不能跳跃。如果说现在匆忙地过渡到精神消费为主,这显然是不现实的。所以中国现在的确还处在工业化阶段。但是,第二,工业化的办法不一定还沿用人家曾走过的技术途径。这就是说,需求结构是不能跳跃的,但是满足需求的方式,采用的技术路线,可以是多种多样的。或者说,实现工业化的技术是可以跨越的。举一个例子,同样是电话系统,旧式的电话用的是铜线,现在的中国就理所当然地用光纤,光纤有更为宽阔的频谱,有更强的通话能力。所以,党的十五届五中全会做出结论说:"中国要实现工业化,要以信息化带动工业化。"这就把生产力的两个发展规律结合起来了:需求决定产业结构,但是满足需求的生产力还可以在新的科学技术基础上来实现。

另外要看到的是,我国居民在需求上有一个特殊性,亦即随着生活初步富裕之后,中国人对知识的需求比历史上走过来的国家来得要早。为什么中国人对知识对信息的需求比西方来得早一些呢?这是因为现代技术能够提供价廉物美的信息工具,这就促使中国人对知识和信息的需求有所提前。以电视机为例,包括农村,家家户户都有一到两台电视机。美国是在普及了黑白电视以后,经过一段较长的时期才走进彩电时代的,而我国却直接进入普及彩电的时代,全国彩电至少有两亿多台,也就是中国人已拿出8 000亿元人民币来支持彩电事业。中国人现在正在普及电话,全国已拥有3亿多部电话;随着家用电话的普及,手机开始超常发展,全国手机拥有量已超过1.5亿万部,每月还在以500万部的速度增长,并将很快赶上家用电话的普及率。所以中国信息产业来得特别快。同时,随着生活日趋富裕,居民对教育的需求也在增加,目前北京已经放开高等教育,北京市的任何人只要愿意,都可以进入大学读书。

所以,有关产业结构的发展问题,还是归结到十五届五中全会所做的概括:"要以信息化带动工业化。"这就是中国共产党人在分析研究了中国的现实需求以后,对于知识经济的争议所给出的科学的回答,这一回答,把中国需要发展先进科学技术和适应居民的需求有机地结合起来了。

九、中国共产党人将怎样代表中国先进生产力的发展要求?

先进生产力不是自发地或自动地生长、发展的。江泽民同志说:"全党同志无论在什么岗位上,都要对自己所从事的工作经常加以检查和总结,看看是不是符合先进生产力的发展要求,符合的就毫不动摇地坚持,不符合的就实事求是地纠正。"江泽民同志还说,在如何促进先进生产力的发展上,要充分发挥工人、农民、知识分子和其他劳动群众以及全体人民的"积极性、主动性、创造性"。他还指出,"我们必须敏锐地把握""未来的科技发展还将产生新的重大飞跃……这个客观趋势,始终注意把发挥我国社会主义制度的优越性,同掌握、运用和发展先进的科学技术紧密地结合起来……努力实现我国生产力发展的跨越"①。

先进生产力和落后生产力之间的斗争,将是十分尖锐复杂的。在先进生产力和落后生产力的"后面",总隐藏着一部分人群的实际利益,因而就出现有不同人群间的利益冲突。在如何正确处理先进生产力和落后生产力间的斗争的问题上,江泽民同志还十分动情地说:"我们必须坚持不懈地发展先进的生产力。对于仍然存在的不适应先进生产力和时代发展要求的一些落后的生产方式,既不能脱离实际地简单化地加以排斥,也不能采取安于现状、保护落后的态度,而要立足实际、创造条件加以改造、改进和提高,通过长期努力,逐步使它们向先进适用的生产方式转变。"②

当然,中国共产党人要成为"中国先进生产力的发展要求"的代表,就不仅要推动或促进先进生产力的发展,还要解决相应的生产关系以及体制方面、政策方面的种种问题。所以,江泽民同志还说,"要通过改革和发展","不断完善社会主义的生产关系和上层建筑,不断为生产力的解放和发展打开更广阔的通途","使我国形成发达的生产力"③。

中国共产党人必须学习、领会江泽民同志所提出的这些思维模式,并付诸实践,从而加速实现我国即将面临的世纪性的跨越。

---

① 江泽民:《江泽民文选》第3卷,人民出版社,2006年版,第274~275页。
② 江泽民:《江泽民文选》第3卷,人民出版社,2006年版,第275页。
③ 江泽民:《江泽民文选》第3卷,人民出版社,2006年版,第274、276页。

科学技术是第一生产力*

何祚庥

引言

近几年来,人们热衷于讨论马克思主义理论的坚持和发展的相互关系的问题。有些人强调在发展中坚持,有些人强调在坚持中发展。其实这是一个相对真理和绝对真理的相互关系的问题。

检验相对真理和绝对真理相互关系理论的领域之一是物理学。典型的例子是牛顿力学发展为狭义相对论。牛顿力学所讨论的是宏观低速运动的力学规律。熟悉牛顿力学的同志们都知道,牛顿第二定律可表述为:

$$F = \frac{dp}{dt} = \frac{d}{dt}(mv) \tag{1}$$

其中,F 是作用力,p 是动量,m 是质量,v 是速度。到了狭义相对论中,上述牛顿第二定律只有小小的改变,那就是:

$$F = \frac{dp}{at} = \frac{d}{dt}\left(\frac{mv}{\sqrt{1 - \frac{v^2}{c^2}}}\right) \tag{2}$$

这一式子和牛顿力学所不同的是,就是牛顿力学中的

$$F = mv \tag{3}$$

这一算式,要修改为:

$$F = \frac{mv}{\sqrt{1 - \frac{v^2}{c^2}}} \tag{4}$$

的算式,其中,c 是光速。在宏观低速运动的条件下,如果有 $\frac{v^2}{c^2} \ll 1$,那么公式(4)

---

*　这是应西南财经大学出版社之邀,为该社"学习党的基本路线丛书"撰写的一本小册子《科学技术是第一生产力》的书稿,1993 年 12 月由该社出版发行。现删去原书附录和目录前的"作者的话",按原书名收入本书。

中分母内的 $\dfrac{v^2}{c^2}$ 就可以略去,公式(4)就还原为公式(3)。如果所讨论的力学运动

是宏观高速运动,亦即 $\dfrac{v^2}{c^2} \sim 1$,那么公式(4)分母中的 $\dfrac{v^2}{c^2}$ 就绝对不能忽略!

力学运动规律的发展的经验表明:牛顿力学,在新的物理条件下,即宏观高速运动的条件下,需要有进一步的发展,不发展就不能和新的科学实验相符合;但是狭义相对论并不排除牛顿力学,当运动速度 $\dfrac{v}{c} \ll 1$ 时,狭义相对论就自动还原为牛顿力学。这是因为牛顿力学是已有大量科学实验检验并证明为正确的科学。"新"的理论,如果废除了牛顿力学,那么就必然在宏观低速运动的条件下,为科学实验所否定、所排斥。

我国著名理论物理学家周培源教授对于物理学研究中又坚持又发展的关系曾做出如下的概括:"在理论工作中,要坚持实践的观点,实践是检验真理的唯一标准。一个新理论提出来,第一,要看它能不能说明旧理论已经说明的现象;第二,要看它能不能说明旧理论不能解释的现象;第三,还要看它能不能预言还未注意到或将要发生的新现象。要看是否符合这三点。"①

马克思主义理论的发展也将遵循同样的规律。那就是新理论不仅能解释新出现的新现象,而且还能解释旧理论已说明的现象,并且还能预言那些即将出现的新现象。其原因是因为马克思主义是科学,是人类的社会实践所充分检验并证明为正确的科学。

就在人们热心于探讨马克思主义应如何坚持和发展的同时,一个新的伟大的理论诞生了,那就是邓小平同志 1988 ~ 1989 年所提出的"科学技术是第一生产力"的理论。这一新理论最为实质性的贡献,就是在什么是决定社会历史发展的最终决定力量的问题上,给了一个新的回答:"现代自然科学和现代工业一起变革了整个自然界,结束了人们对于自然界的幼稚态度和其他的幼稚行为。"②

如果说在历史上人们把生产力的构成要素归结为三要素,亦即

$$生产力 = 劳动者 + 劳动工具 + 劳动对象 \tag{5}$$

的概括的话,那么在"科学技术是第一生产力"的理论里,生产力将表述为:

$$
\begin{aligned}
生产力 &= 精神要素 \times 物质要素 \\
&= (科学技术 + 经营管理 + \cdots) \times (劳动者 + 劳动工具 + 劳动对象)
\end{aligned}
\tag{6}
$$

---

① 1978 年 8 月 3 日周培源在庐山基本粒子会议开幕式上的讲话。
② 马克思、恩格斯:《马克思恩格斯全集》第 7 卷,人民出版社,1959 年版,第 241 页。

这是对有关生产力构成要素这一问题在新的历史条件下所做的新的概括。

这一新的概括既能解释现代生产力何以会高速大幅度地向前发展,也能解释为什么在早期的社会中,生产力水平比较低下,因为在那一时期,精神因素只能看作是乘上一个数字较小的系数,而且是随时间变化的缓变函数。

所以,"科学技术是第一生产力"的理论,确实是马克思主义理论的一个新发展,而且是重大发展。历史唯物主义理论所探讨的是社会历史发展的基本规律。其中生产力是一切社会发展的最终决定的力量的原理,是历史唯物主义理论中最为核心的基本原理。现在这一基本原理有所发展,有所突破,其实质是将自觉的能动性,如科学技术,引入历史唯物主义理论中的物,亦即生产力之中。这不能不认为是继马克思将能动性,亦即实践导入于唯物主义理论中以来,在唯物主义学说中的又一重大发展。

在自然科学里,能够与这一重大发展相比拟的史例,是狭义相对论的出现。力学运动的规律是自然界运动的基本规律,牛顿力学是这一基本规律的总结和概括。狭义相对论不仅修正了牛顿力学的基本公式,而且还突破了牛顿力学的时空观。至于邓小平同志所概括和总结的"科学技术是第一生产力"的理论,那就是历史社会领域内基本规律的发展了。

本文拟探讨和回答的问题是:

(1)"科学技术是第一生产力"的理论是怎样提出的;

(2)"科学技术是第一生产力"的理论是否是科学的理论,是否是马克思主义理论中必然的组成部分;

(3)"科学技术是第一生产力"的理论在哪些方面发展了马克思主义;

(4)"科学技术是第一生产力"的理论对研究当代资本主义社会,推进我国社会主义建设,推进历史唯物主义理论和社会经济问题的研究的重大指导意义。

一、"科学技术是第一生产力"的理论的提出

"科学技术是生产力",这是马克思主义的重要而又基本的观点。"科学技术是第一生产力",这是邓小平同志基于20世纪的科学技术在现代经济生活中呈现出的突出的作用,对当代经济、社会发展的新趋势和新经验所做的新的概括。

"科学技术是生产力"的思想源于马克思的《资本论》《政治经济学批判》等著作。多年以来,马克思这一极重要的思想并没有在马克思主义的研究中得到充分论述和发挥。在早期研究马克思主义的理论著作中,科学,其中主要是自然科学,一直被列入社会意识形态,甚而是上层建筑范围。例如,早在1921年,在布哈林的《历史唯物主义理论》一书中,就不仅认为自然科学理论本身属于上层建筑,而

且连"科学上的实验仪器,国家机关里的房屋,大炮、算盘、图表等等,艺术中的画笔、乐器等等",都属于上层建筑。又如,上世纪三十年代,在苏联哲学界经历了一场哲学上的大论战后出现的一本巨著——米丁教授所著的《历史唯物论》,就将科学划入上层建筑。形成这一划分的部分原因,是因为"科学"一词当然包括社会科学在内。社会科学中的某些主要的内容,无疑应列入上层建筑。

1950年,斯大林发表著名的《马克思主义和语言学问题》的著作,首次提出语言没有阶级性的观点。这在马克思主义理论中,是一次突破,从某种意义上说,起了一定的思想解放的作用。因为在那一时期,有关社会经济问题的各个范畴无一不打上阶级的标志,甚而连生产力的概念也要标出是无产阶级的还是资产阶级的。斯大林在《马克思主义和语言学问题》的著作中指出:"语言和上层建筑是根本不同的。语言不是某一个社会内部这种或那种基础,旧的或新的基础所产生的,而是千百年来社会历史和各种基础历史的全部进程所产生的。语言不是某一个阶级所创造的,而是整个社会,社会各阶级世世代代的努力所创造的。……语言可以一视同仁地既为旧的衰亡的制度服务,也为新的上升的制度服务;既为旧基础服务,也为新基础服务;既为剥削者服务,也为被剥削者服务。""上层建筑和语言还有一个根本区别。上层建筑同生产、同人的生产活动没有直接联系。上层建筑是通过经济的中介,通过基础的中介同生产仅仅有间接的联系。……语言则相反,它是同人的生产活动直接联系的,不仅同生产活动,而且同人的工作的一切领域中的任何其他活动都有直接联系。"①

斯大林在这一著作中所用到的分析这一问题的方法,很快地被人们移用到其他领域,从而提出自然科学有无阶级性的问题。1953年,由胡乔木同志为中共中央所起草的《关于纠正"技术一边倒"口号提法错误的指示》中指出:"在大规模建设时期,我们正是要提倡重视技术。斯大林说:'在改造时期,技术决定一切。'这对我们今天还是适用的。""技术问题和政治问题不同,并没有阶级和阵营的分别,技术本身是能够同样地为各个阶级和各种制度服务的。在技术上并不存在不是倒向这边就一定倒向那一边的问题。"

又如,1956年,陆定一同志在所撰写的《百花齐放,百家争鸣》的文章中曾写道:"自然科学包括医学在内是没有阶级性的","在某一种医学学说上,生物学或其他自然科学的学说上贴上什么'封建''资本主义''社会主义''无产阶级''资

---

① 斯大林:《斯大林文集》(1934~1952年),人民出版社,1985年版,第549~552页。

产阶级'之类的阶级标签……是错误的。我们切勿相信。"①1957年,毛泽东同志也说:"自然科学分两个方面,就自然科学本身来说,是没有阶级性的。但是谁人去研究和利用自然科学是有阶级性的。"

实际上,在马克思主义的经典著作中,包括列宁和斯大林的著作,从来都反对给自然科学贴上阶级的标签。恩格斯在《反杜林论》中曾经指出:可以把整个认识领域分成三大部分,"第一个部分包括研究非生物界以及或多或少能用数学方法处理的一切科学,即数学、天文学、力学、物理学、化学","第二类科学是包括研究生物机体的那些科学",第三部分是"按历史顺序和现在的结果来研究人的生活条件、社会关系、法律形式和国家形式以及它们的哲学、宗教、艺术等等这些观念的上层建筑的历史科学"②。因此,我们也可以把它们归结为两大类:一类是"上层建筑的历史科学",另一类是区别于上层建筑领域的自然科学。

1922年9月27日,列宁看到当天的《真理报》上刊登了某一"理论家"普列特涅夫鼓吹"阶级的数学""阶级的天文学"的文章,即给当时任《真理报》总编辑的布哈林去了一封信:"给您寄去今天的'真理报'。真不明白为什么要把普列特涅夫用各种炫耀博学的时髦字眼来虚张声势的小品文这类昏话登载出来。我标出了两处,打上了许多问号。作者应该学习的不是'无产阶级'科学,他应该进行普通的学习。难道'真理报'编辑部不打算向作者指出他的错误吗?要知道,这是伪造历史唯物主义!玩弄历史唯物主义!"③

斯大林也曾严厉批评过:"有个时候,我国有过这样的'马克思主义者',他们断言十月革命后在我国保留下来的铁路是资产阶级的,我们马克思主义者利用这样的铁路是不体面的事,需要把它挖掉,建筑新的'无产阶级的'铁路。他们因此获得了一个外号,叫作'穴居野人'。"④

十年动乱期间,"四人帮"及其追随者为了扩大他们所期望的"加强"无产阶级的"全面专政"的范围,不断宣称自然科学或科学技术为上层建筑,这就在理论上和实践上引起了很多混乱。例如,"四人帮"的追随者在《思想评论》一文里就说:"自然科学各学科,特别是数学、物理学……以及其他工程技术部门,长期以来,一直是资产阶级的独立王国。"⑤1975年9月1日,《文汇报》又在一篇报道中

---

① 《人民日报》,1956年6月13日。
② 马克思、恩格斯:《马克思恩格斯选集》第3卷,人民出版社,1972年版,第126~128页。
③ 列宁:《列宁全集》第35卷,人民出版社,1959年版,第557页。
④ 斯大林:《斯大林文集》(1934~1952年),人民出版社,1985年版,第558页。
⑤ 《文汇报》,1971年6月19日。

把科学技术列入上层建筑领域。1976年,"四人帮"的御用写作班子,以"池恒"为笔名,发表了《从资产阶级民主派到走资派》的文章,又一次把科学技术与文艺一起列为上层建筑。

还有一篇由袁任平署名的《科技领域必须坚持无产阶级专政》的文章,竭力鼓吹"无产阶级必须在科技领域实行全面专政",批判"科技界右倾翻案风的鼓吹者却公然宣称:'不能把文化教育等上层建筑的口号套到科技界来。'"①。

1975年8月,在邓小平同志的支持下,一些科技界的领导同志,科技工作者,理论工作者,根据马克思对生产力有关问题的论述,由科学院党组草拟了一个文件,起初题为《关于科技工作的几个问题(汇报提纲)》,后来改称《中国科学院工作汇报提纲》。在这个提纲中,写上了"科学技术也是生产力"的语句。这在那一时期,令人耳目一新。

1978年,邓小平同志在《在全国科学大会开幕式上的讲话》中,引用了马克思曾讲过的"生产力中也包括科学"②的话,并指出,"科学技术是生产力,这是马克思主义历来的观点"③。

1988年,邓小平同志在一次讲话中又提出:"马克思讲过科学技术是生产力,这是非常正确的,现在看来这样说可能不够,恐怕是第一生产力。"④

1989年,邓小平同志又讲道:"科学技术是第一生产力,科学是了不起的事情,要重视科学,最终可能是科学解决问题。"⑤

1992年,邓小平同志在视察南方的重要谈话中又说:"经济发展得快一点,必须依靠科技和教育。我说科学技术是第一生产力。近一二十年来,世界科学技术发展得多快啊!高科技领域的一个突破,带动一批产业的发展。我们自己这几年,离开科学技术能增长得这么快吗?要提倡科学,靠科学才有希望。近十几年来我国科技进步不小,希望在九十年代,进步得更快。每一行都树立一个明确的战略目标,一定要打赢。高科技领域,中国也要在世界占有一席之地。"

这就在马克思主义的历史上,第一次提出了"科学技术是第一生产力"的学说。

但是,由于在过去的马克思主义的文献中,或者把科学列入社会意识形态,或

---

① 袁任平:《科技领域必须坚持无产阶级专政》,《自然辩证法》,1976年第2期(总12期),第1页。
② 马克思、恩格斯:《马克思恩格斯全集》第46卷下册,人民出版社,1980年版,第84页。
③ 邓小平:《邓小平文选》(1975～1982),人民出版社,1983年版,第84页。
④ 邓小平:《邓小平同志论教育》,人民教育出版社,1990年版,第174页。
⑤ 转引自江泽民:《1989年12月19日在全国科学技术奖励大会上的讲话》。

者略为清醒一些,列为社会认识的领域(其中可以没有阶级性),现在却列入生产力的范围,并且一直上升为第一生产力,于是有人对于这样一个大转变,就提出了疑问:这一新提法是不是马克思主义的科学论断,是不是马克思主义所应坚持和发展的基本观点呢? 这就是在当前理论研讨和在实际工作中发生争论的热点之一。

二、"科学技术是第一生产力"的理论是马克思主义的科学理论

1. "科学技术是生产力,这是马克思主义历来的观点"。

自从邓小平同志重申马克思所提出的"科学技术是生产力"的论断以后,有些同志怀疑,这是不是从马克思主义文献中的冷僻的角落中翻出来的一种含糊不清的说法,未必是马克思主义的基本观点!

不! 除了邓小平同志曾引用过的"在这些生产力中也包括科学"这样明确的文字以外,在马克思的许多著作中,包括正式发表的著作和待发表的草稿中,都有不少有关"科学技术是生产力"这一思想的明确的论述。

"劳动生产力是由多种情况决定的,其中包括:工人的平均熟练程度,科学的发展水平和它在工艺上应用的程度,生产过程的社会结合,生产资料的规模和效能,以及自然条件。"[1]这是马克思把科学和技术列入生产力范围的明确的叙述。《资本论》第 1 卷是马克思亲自撰写、核定并正式发表的著作,而且是马克思的代表性著作。

"科学的力量也是不费资本家分文的另一种生产力。"[2]

"另一种不费资本分文的生产力,是科学力量。"[3]

"在固定资本中,劳动的社会生产力表现为资本固有的属性:它既包括科学的力量,又包括生产过程中社会力量的结合,最后还包括从直接劳动转移到机器即死的生产力上的技巧。"(或译作"社会的劳动生产力作为资本所固有属性而体现在固定资本里面,这里所谓社会的劳动生产力,首先是科学的力量,其次是在生产过程内部联合起来的社会力量,最后是从直接劳动转移到机器转移到死的生产力上的技巧。")[4]

科学是一种"无穷无尽的生产力"[5]。

---

① 马克思、恩格斯:《马克思恩格斯全集》第 23 卷,人民出版社,1972 年版,第 53 页。

② 马克思、恩格斯:《马克思恩格斯全集》第 47 卷,人民出版社,1979 年版,第 553 页。

③ 马克思、恩格斯:《马克思恩格斯全集》第 46 卷下册,人民出版社,1980 年版,第 287 页。

④ 马克思、恩格斯:《马克思恩格斯全集》第 46 卷下册,人民出版社,1980 年版,第 229 页。

⑤ 马克思、恩格斯:《马克思恩格斯全集》第 1 卷,人民出版社,1960 年版,第 616 页。

"一般社会生产里（如科学）的力量。"［或译作"一般社会生产力（如科学）。"］①

提高劳动生产力的"主要形式是：协作、分工和机器或科学的力量的应用等等"②。

以上这些是散见于马克思许多著作中的有关科学技术是生产力的直接的论述。至于散见于各种著作中蕴含着"科学技术是生产力"这一思想的间接论述，那就不胜枚举。例如，在《资本论》第 1 卷里就到处可见："大工业把巨大的自然力和自然科学并入生产过程。"③"大工业的原则是……把每一个生产过程本身分解成各个构成要素，从而创立了工艺学这门完全现代的科学。社会生产过程……分解成为自然科学的自觉按计划的和为取得预期有用效果而系统分类的作用。"④"科学、巨大的自然力、社会的群众性劳动都体现在机器体系中。"⑤

由此可见，科学技术是生产力，是马克思主义历来的观点。

2. "科学技术是第一生产力"的理论也是马克思主义经典著作中所蕴含着的观点。

"科学和技术是生产力"的进一步发展，是认为"科学和技术是第一生产力"。什么是"第一"？这里的"第一"蕴含着什么内容？其实，"第一"就是最重要的意思，或者说起决定性作用的意思，也就是说在生产力的发展中，科学和技术起着决定性作用。

在马克思的有关著作中，将能发现有不少的有关"科学技术决定论"的论述：

"劳动生产力是随着科学和技术的不断进步而不断发展的。"⑥

"生产力的这种发展，归根到底总是来源于……智力劳动特别是自然科学的发展。"⑦

如果说马克思在上述段落中还只是一般地说生产力的发展是"伴随着"或"特别是"来自自然科学的发展的话，那么下列的论述，就明确地指出了科学技术的决定性作用。

"机器生产的原则是把生产过程分解为各个组成阶段，并且应用力学、化学等

① 马克思、恩格斯：《马克思恩格斯全集》第 26 卷第 1 册，人民出版社，1972 年版，第 422 页。
② 马克思、恩格斯：《马克思恩格斯全集》第 47 卷，人民出版社，1979 年版，第 290 页。
③ 马克思、恩格斯：《马克思恩格斯全集》第 23 卷，人民出版社，1972 年版，第 424 页。
④ 马克思、恩格斯：《马克思恩格斯全集》第 23 卷，人民出版社，1972 年版，第 533 页。
⑤ 马克思、恩格斯：《马克思恩格斯全集》第 23 卷，人民出版社，1972 年版，第 464 页。
⑥ 马克思、恩格斯：《马克思恩格斯全集》第 23 卷，人民出版社，1972 年版，第 664 页。
⑦ 马克思、恩格斯：《马克思恩格斯全集》第 25 卷，人民出版社，1974 年版，第 97 页。

等,总之就是应用自然科学来解决由此产生的问题。这个原则到处都起着决定性的作用。"①(着重号为引用者所加)

"随着大工业的发展,现实财富的创造较少地取决于劳动时间和已耗费的劳动量,较多地取决于在劳动时间内所运用的动因的力量,而这种动因自身——它们的巨大效率——又和生产它们所花费的直接劳动时间不成比例,相反地却取决于一般的科学水平和技术进步,或者说取决于科学在生产上的应用。"②(着重号为引用者所加)

请看这里的"现实的财富的创造……取决于一般的科学水平和技术进步……取决于科学在生产上的应用",请看这里的所谓"到处都起着决定性的作用"的"应用科学技术来解决……产生的问题"的"原则"等等的提法。这也就是在某些人著作中所批判过的资产阶级的"科学技术决定论"。然而这却是马克思所持有的观点。

到了20世纪,国际科学和技术的竞争更为激烈。列宁就曾尖锐地指出:"应该懂得,没有机器,缺乏纪律性,在现代社会中是不能生存的——或者是必须拥有高度技术装备,或者是被人消灭。"③

正是在国际科学技术激烈争夺的背景下,1978年,邓小平同志基于马克思主义的基本原理和历史的以及当代的经验事实,明确指出:"现代科学技术正在经历着一场伟大的革命。近三十年来,现代科学技术不只是在个别的科学理论上、个别的生产技术上获得了发展,也不只是有了一般意义上的进步和改革,而是几乎各门科学技术领域都发生了深刻的变化,出现了新的飞跃,产生了并且正在继续产生一系列新兴科学技术。……当代的自然科学正以空前的规模和速度应用于生产,使社会物质生产的各个领域面貌一新。特别是电子计算机、控制论和自动化技术的发展,正在迅速提高生产自动化的程度。同样数量的劳动力,在同样的劳动时间里,可以生产出比过去多几十倍几百倍的产品。社会生产力有这样巨大的发展,劳动生产率有这样大幅度的提高,靠的是什么?最主要的是靠科学的力量、技术的力量。"④(着重号为引用者所加)

邓小平同志在1978年召开的全国科学大会上提出的这些基本思想,已包含

---

① 马克思、恩格斯:《马克思恩格斯全集》第23卷,人民出版社,1972年版,第505页。
② 马克思、恩格斯:《马克思恩格斯全集》第46卷下册,人民出版社,1980年版,第217~218页。
③ 列宁:《列宁全集》第27卷,人民出版社,1958年版,第177页。
④ 邓小平:《在全国科学大会开幕式上的讲话》,《邓小平文选》(1975~1982),人民出版社,1983年版,第84页。

了"科学技术是第一生产力"这一科学论断的许多前提。这一理论的提出,对于指导我国当前社会主义建设,加深对资本主义社会的理解,推动国际共产主义运动,无疑将具有极为重要的现实意义和深远的理论意义。

三、"科学技术是第一生产力"的理论是邓小平同志在新的历史条件下对当代社会生产力发展规律的新的概括

邓小平同志所提出的"科学技术是第一生产力"的理论不是简单地重申或复述马克思、恩格斯、列宁有关生产力的理论,而是在新的历史条件下,进一步研究和探讨了生产力发展所具有的规律性。如果说,在历史上,在奴隶制和中世纪封建制时代,科学技术还没有成为第一生产力的话,那么到了18～19世纪,科学技术便展示出空前的活力;而到了20世纪,特别是第二次世界大战之后,就越来越显示出科学技术在推进生产力发展中的第一位的作用。近20年来的统计资料表明,在发达国家的国民生产总值的总增长率中,来自科学技术进步的占了60%～70%。当然,也有一些不同的核算。换言之,"科学技术是第一生产力"是一个历史唯物主义的命题。

在邓小平同志的论述中,除了早在1978年就已经指出当代生产力的发展和劳动生产率的提高"最主要的是靠科学的力量、技术的力量"以外,还由于邓小平同志注意到20世纪的科学技术在推动生产和社会生活方面,出现了一系列新的特点。

1.20世纪的生产力的发展,已出现了科学技术推动生产进步的新模式。

20世纪的科学技术在推动工农业生产前进的作用上,已出现了一种新的机制或新的模式,亦即由科学原理的确立,进而发展为应用技术的开拓,又进而发展为新产品的研制和开发。如果说,18～19世纪的科学技术的应用,是由于"社会上一旦有技术上的需要",亦即主要是由"生产→技术→科学"这一发展模式来促进科学和技术的进步的话,那么到了20世纪,这一机制便反过来,而主要是"科学→技术→生产"的发展模式,亦即由科学和技术决定了生产,决定了新的市场,决定了新的社会需求,推动生产的发展。如果说18世纪的蒸汽机的发明是工匠们或技术人员在吸收前人技艺基础上做出重大改进(实质上是改进)的话,那么20世纪出现的电动机、电灯、电话以及广播、电视等等,那就是法拉第、麦克斯韦等一大批科学明星在实验室里潜心工作的结果,正如邓小平同志所指出的:"现代科学为生产技术的进步开辟道路,决定它的发展方向。许多新的生产工具、新的工艺,首先在科学实验室里被创造出来。一系列新兴的工业,如高分子合成工业、原子能工业、电子计算机工业、半导体工业、宇航工业、激光工业等,都是建立在新

兴科学基础上的。"①(着重号为引用者所加)显然,这是一种促进生产力发展的新机制、新模式,而且是当代生产占主导地位的一种机制和模式。马克思主义者在研究现代生产力发展的规律上,不能不注意到这一新事物。

2. 现代科学技术已发展成为一个规模宏大的体系。

以上这一机制和模式的出现,意味着现代科学技术已发展成为一个博大的、有着明确分工并相互协调的科学技术体系。按照近代人们对科学研究的分类,共有以下三类研究和开发(或称为 R&D):第一类是所谓基础研究,亦即所从事的是不具有立即服务于实际目的的理论和实验的研究,如粒子物理、半导体物理的研究等;第二类是所谓应用研究,亦即对某一具有特定的应用性目的的理论的和实验的研究,如受控热核反应的研究;第三类是所谓开发研究,亦即指近期见效,甚而是当年见效的新产品、新设计、新工艺的开拓和研究。典型的例子如高清晰度电视机的研制,等等。

经验证明,这三类性质不同的研究,缺一不可。必须使这三者以一定的比例而相互联结起来成为科学技术的整体,并且如接力棒式地由一环而传递到另一环。这样才能保持科学技术的持续不断的兴旺发达。基础研究不仅关系到研究和开发的后劲,而且在现实的生产技术问题的研究中也常常需要提高到纯粹的理论研究的高度,才能从更高的角度解决所面临的问题。基础研究也可能产生直接的经济效益。我国研制成功正负电子对撞机后,国外纷纷向我国订购高能加速器部件,已经取得价值达数百万美元的经济效益,还可能有新的更大的订购合同,而我国建造一台对撞机的全部费用,其中包括大型粒子探测器和同步辐射的光束线,仅为 2.4 亿元人民币! 所以,世界各国除了以极大力量发展开发研究和应用研究以外,都以相当大的力量致力于基础研究,其在 R&D 中的份额,往往占到15% ~20%。没有基础研究,就没有科学→技术→生产这一新的促进生产力发展的新模式、新机制。

我国是发展中国家,但正如江泽民同志所强调指出的:"要重视和切实加强基础研究。"②这是因为:"不论是现在或者今后,还会有许多理论研究,暂时人们还看不到它的应用前景。但是,大量的历史事实已经说明:理论研究一旦获得重大

---

① 邓小平:《在全国科学大会开幕式上的讲话》,《邓小平文选》(1975~1982),人民出版社,1983 年版,第 84 页。

② 江泽民:《高度重视和大力发展科学技术》,《经济日报》,1991 年 8 月 8 日。

突破,迟早会给生产和技术带来极其巨大的进步。"①

3. 世界各国相继建立起一种大科学的体制。

为了推进以上三种类型的研究和开发,在各发达国家中已建立起各不同层次、各不同领域的实验室和研究所。不仅仅在各个企业中建立有实验室、中间试验室、中间工厂等,而且还建立了或者分散于各高等学校,或者集中到国家规模的大实验室、大研究中心,甚而还成立了各种跨国的科学研究中心。其从事专业研究和开发的队伍可达到几十万人,几百万人,甚而上千万人。这就是某些同志所强调的大科学,无疑的是,现代科学技术已进入这种大科学时代。

为了推进这种大科学的体制,世界各国还常常成立各种国家规模的管理科学的机构,或计划机构,或国家基金会,以推动和组织研究和开发的进行,甚而由国家领导人亲自负责和主持这一工作。

世界各发达国家还竞相增加在科学和教育(亦即科学的后备)等领域内的投入。单只研究和开发的费用便占国民生产总值(GNP)的 2% ~ 3%(我国仅为 0.7%),并有不断上升的趋势。而在企业中用于开发新产品、新工艺、新设计的费用一般占总营业额的 5%,有些高达 8%(我国约为 0.5%),并可计入生产成本。

如果说 19 世纪的马克思曾说过资本家可以利用科学力量而不费分文的话,那么恩格斯却在《政治经济学批判大纲》中,批评某些经济学家只看到"土地、资本和劳动","想也想不到"除这些"要素以外的发明和思想这一精神要素"。恩格斯还指出:"在一个超越于利益的分裂的合理制度下,精神要素当然就会列入生产要素中,并且会在政治经济学的生产费用项目中找到自己的地位。到那时我们自然就会满意地看到科学领域的工作也在物质上得到了报偿,看到仅仅詹姆斯·瓦特的蒸汽机这样一个科学成果,在它存在的头五十年中给世界带来的东西就比世界从一开始为发展科学所付的代价还要多。"②(着重号为引用者所加)

请看恩格斯所说的这段话是何等的精彩,何等的切中时弊啊!恩格斯不仅看到在"生产要素"中将包含有科学技术这一"精神要素",而且还预见到"精神要素"在未来的发展中将在"生产费用项目中找到自己的地位"。恩格斯对 19 世纪经济学家的这些批评,对于 20 世纪的,那些坚持认为"科学是与他无关的"③经济学家们,也是一个极好的批评。

---

① 邓小平:《在全国科学大会开幕式上的讲话》,《邓小平文选》(1975 ~ 1982),人民出版社,1983 年版,第 84 页。

② 马克思、恩格斯:《马克思恩格斯全集》第 1 卷,人民出版社,1960 年版,第 607 页。

③ 马克思、恩格斯:《马克思恩格斯全集》第 1 卷,人民出版社,1960 年版,第 607 页。

4. 科学技术已成为一项新的产业——科技产业。

随着现代经济生活的发展,科学和技术已进一步由现代工业、农业的附庸物而发展为一项新的产业,即科技产业。科技产业所出产的产品,亦即科技产品,可以出售和转让,亦即商品化。在我国尚不发达、不完善的技术市场上,于1991年成交的技术商品的数额,已高达94亿元人民币之多[①]!

当前经济生活中的一个突出现象,是所谓软件工业的兴起。在日本,仅东京一个地方,从事软件开发的公司就有7 000家之多,其规模分别由几十人到几千人左右。日本软件工业的总营业额已高达10万亿日元,其从事软件工业的在业人员达100万人之多,而且还痛感人员的短缺!

为什么日本在经济发展中,对软件行业的发展有如此迫切的需要?这首先因为现代工业的发展已步入所谓后工业时代,亦即从装配线的时代过渡到各种自动化、控制机操作的时代。以日本的千叶制铁所的一个1.9米热轧生产线为例,由于这一生产线实行了高度自动化、信息化的管理,所以这些生产车间的计算机终端数比工人还多,三班工人总数仅80人。从原材料进入到产品进库全部自动化。仓库也无人管理,买主取货时,只需将卡车直开入仓库,办好一切订货、付款等手续后,自动天车就会为卡车装货。全部工人的工作只是在控制室内操作计算机终端!现代工业显然已出现这一趋势,即除了充分利用人手的延长——机器以外,还充分利用了人脑的延长——计算机,来大大促进生产力的发展。与此对比的是,我国武钢1.7米热轧机生产线上的全部工作人员多达2 400人!

研究当代经济生活的马克思主义者,不能不看到科学技术在推动生产力发展方面起着如此巨大的作用。所以,科学和技术,其中包括基础研究,不仅是生产力,而且是第一生产力。

四、"科学技术是第一生产力"的理论是历史唯物主义基本原理的重大发展

1. "科学技术是第一生产力"的理论丰富和发展了有关生产力构成因素的学说。

历史上,在生产力构成因素问题上,有三要素和两要素之争。在许多介绍历史唯物主义理论的教科书上,都说生产力的构成因素是劳动力、劳动工具和劳动对象。在20世纪30年代,由苏联学者米丁教授所写的《历史唯物论》中就写道:"社会的生产力,就是用于社会的物质生活生产和再生产及为此所必需的劳动工具的生产和再生产的生产过程的一切原素的综合,简单而扼要地讲,社会生产力

---

① 《人民日报》,1992年1月13日。

就是物质资料的生产过程所必需的一切原素的综合,这些原素就是生产工具(或劳动工具)、劳动力和劳动对象。"①(着重号为引用者所加)

可是,当我们遍查马克思有关生产力构成因素的论述,发现马克思从未明确讲过生产力的三要素。所讲过的仅是:"劳动过程的简单要素是:有目的的活动或劳动本身,劳动对象和劳动资料。"②在许多历史唯物主义教科书中以及米丁的《历史唯物论》中,所引用的都是这一段话。然而生产力的概念并不能归结为劳动过程,而且在劳动过程的内涵中,劳动本身也不等于劳动力或劳动者。

两要素的学说来自斯大林,"用来生产物质资料的生产工具,以及有一定的生产经验和劳动技能来使用生产工具,实现物质资料生产的人——所有这些因素共同构成社会的生产力"③。(着重号为引用者所加)把斯大林的定义和米丁的定义相比较,其差异是去掉了劳动对象。

斯大林之所以要进行这一修改,是为了避免"把不断提高和发展的社会生产力同自然界在长时期内很少变化的自然力混淆起来"④。然而康斯坦丁诺夫这一解释并不令人信服。虽然自然资源或自然力,在长时期内只有很少的变化,但是自然资源转化为可资利用的资源,自然力转化为可资利用的自然力,和劳动工具、劳动等要素一样,都是不断变化中的历史范畴,都是人化的,而且有着巨大的变化,并且随着科学和技术的发展而不断提升。生产力的概念反映着人和自然界的矛盾。抽去矛盾的一方,如劳动对象,就不成其为矛盾。事实上,劳动对象的不断发生变化,这一事实本身也反映出人在解决人和自然界的矛盾中所达到的水准。

事实是,马克思曾讨论过有关生产力构成的许多要素,其中既包括物的要素,即通常所说三要素,也包括精神要素,如分工和协作,经营和管理,劳动者素质的提高,科学技术的应用,等等。前面曾经引用过在《资本论》第1卷中有关"劳动生产力……"的那一段话:"劳动生产力是由多种情况决定的,其中包括:工人的平均熟练程度,科学的发展水平和它在工艺上应用的程度,生产过程的社会结合,生产资料的规模和效能,以及自然条件。"其中就包含了五种因素之多。《资本论》第1卷是马克思自己撰写并正式发表的代表作,有趣的是,马克思在这里不仅将科学技术"在工艺上应用的程度",而且将"科学的发展水平"列为五个因素之一。马克思还讲过:管理本身就"是一种生产劳动,是每一种结合的生产方式中必

---

① 米丁:《历史唯物论》,沈志远译,生活·读书·新知三联书店,1949年版,第97页。
② 马克思、恩格斯:《马克思恩格斯全集》第23卷,人民出版社,1974年版,第202页。
③ 斯大林:《斯大林文集》(1934~1952年),人民出版社,1985年版,第218页。
④ 康斯坦丁诺夫:《马克思主义哲学原理》,人民出版社,1959年版,第437页。

须进行的劳动"①。

"通过协作提高了个人生产力,而且是创造了一种生产力"②。在前面还曾经引用过的一段话是:提高劳动力的"主要形式是:协作、分工和机器或科学的力量的应用等等"。

所以,在马克思有关生产力的构成要素的学说里,决不限于三要素。恩格斯曾明确认为"精神要素当然就会列入生产要素"③;马克思也曾写道:"科学,作为社会发展的一般精神成果,在这里也同样表现为直接并入资本的东西……而作为资本的生产力发挥作用。"④马克思还写道:"科学这种既是观念的财富同时又是实际的财富的发展,只不过是人的生产力的发展即财富的发展所表现的一个方面,一种形式。"⑤(着重号为引用者所加)

所以,在生产力的构成因素中,只看到物的因素是不够的,排斥精神因素在生产力发展中的作用是偏狭的。当然,精神因素必须和物质因素相结合,科学技术也必须由一般的生产力转化为现实的生产力。但是不能因此就认为科学技术只是"影响生产力的因素,而不是生产力"。事实上,劳动过程中的三要素,劳动者、劳动工具和劳动对象,都有一个由一般生产力转化为现实生产力的过程。从哲学上说,实现转化的前提是必须具有同一性,没有同一性就不能转化。只不过科学技术的转化要经过一些较复杂的环节。

有些同志把生产力发展中的精神要素和物质要素之间的关系概括为

生产力 = 精神要素 × 物质要素

$$= (科学技术 + 经营管理 + \cdots) \times (劳动者 + 劳动工具 + 劳动对象) \qquad (7)$$

其特点是将生产力构成要素的内涵明确分为精神要素和物质要素两个不同的方面,并且形象地说明了精神因素和物质因素在生产力发展中的不同地位和作用。这比较符合马克思原来的意思。有趣的是,这一新的概括,不仅仅能解释在 20 世纪何以生产力有高度发展,而且能解释早期社会生产力何以水平低下,因为在早期社会中,虽然劳动者的劳动强度甚大,但那时的精神因素的贡献较小,如果仅仅看到物的要素,如劳动力的消耗,物资的消耗,就不能得到科学的说明。

2. "科学技术是第一生产力"的理论丰富发展了"科学技术第一"和"人的因

① 马克思、恩格斯:《马克思恩格斯全集》第 25 卷,人民出版社,1974 年版,第 431 页。
② 马克思、恩格斯:《马克思恩格斯全集》第 23 卷,人民出版社,1972 年版,第 362 页。
③ 马克思、恩格斯:《马克思恩格斯全集》第 1 卷,人民出版社,1960 年版,第 607 页。
④ 马克思、恩格斯:《马克思恩格斯全集》第 49 卷,人民出版社,1982 年版,第 115 页。
⑤ 马克思、恩格斯:《马克思恩格斯全集》第 46 卷下,人民出版社,1980 年版,第 350 页。

素第一"的相互关系的学说。

在历史上,在生产力的两要素或三要素的学说中,都曾经讨论过人的因素和物的因素相互关系的问题。生产力的两要素,还有三要素,归结起来,不外是人的因素和物的因素。在人的因素和物的因素的相互关系上,哪一种因素更为重要一些呢?马克思曾指出:"最强大的一种生产力是革命阶级本身。"①列宁回答说:"主要生产力即工人和农民。"②斯大林却比较看重物。斯大林认为:"生产力的变化和发展,首先是从生产工具的变化和发展开始的。"但是斯大林又指出:"生产工具的发展和改善是由参加生产的人来实现的,而不是与人无关的,所以,生产工具变化和发展了,生产力的最重要的因素——人也随着变化和发展,人的生产经验、劳动技能以及运用生产工具的本领也随着变化和发展。"③毛泽东指出:"工具是人创造的。"④"人民群众有无限的创造力。他们可以组织起来,向一切可以发挥自己力量的地方和部门进军,向生产的深度和广度进军。"⑤总的说来,还是"人的因素第一"。

那么试问"科学技术是第一生产力"的提法和"人的因素第一",究竟是什么关系呢?对此,邓小平同志回答说:"历史上的生产资料,都是同一定的科学技术相结合的,同样,历史上的劳动力,也都是掌握了一定科学技术知识的劳动力。我们常说,人是生产力最活跃的因素。这里讲的人,是指有一定的科学知识、生产经验和劳动技能来使用生产工具、实现物质资料生产的人。石器时代,青铜器时代,铁器时代,十七世纪,十八世纪,十九世纪,人们使用的生产工具,掌握的科学知识、生产经验和劳动技能,都大不相同。今天,由于现代科学技术的日新月异,生产设备的更新,生产工艺的变革,都非常迅速。许多产品,往往不要几年的时间就有新一代的产品来代替。劳动者只有具备较高的科学文化水平,丰富的生产经验,先进的劳动技能,才能在现代化的生产中发挥更大的作用。在我们的社会里,广大劳动者有高度的政治觉悟,他们自觉地刻苦钻研,提高科学文化水平,从而必将在生产中创造出比资本主义更高的劳动生产率。"⑥邓小平同志还指出:"列宁多次强调指出:工人一分钟也不会忘记自己需要知识的力量。没有知识,工人就

---

① 马克思、恩格斯:《马克思恩格斯全集》第4卷,人民出版社,1958年版,第197页。
② 列宁:《列宁全集》第32卷,人民出版社,1958年版,第222页。
③ 斯大林:《斯大林文集》(1934～1952年),人民出版社,1985年版,第220页、224页。
④ 毛泽东:《在中国共产党第八届中央委员会第二次全体会议上的讲话》,1956年11月19日。
⑤ 毛泽东:《中国农村社会主义高潮的按语〈多余劳动力找到了出路的按语〉》。
⑥ 邓小平:《邓小平文选》(1975～1982),人民出版社,1983年版,第85页。

无法自卫;有了知识,工人就有了力量。这个真理在今天更加显出它的重要性。我们要掌握和发展现代科学文化知识和各行各业的新技术新工艺,要创造比资本主义更高的劳动生产率,把我国建设成为现代化的社会主义强国,并且在上层建筑领域最终战胜资产阶级的影响,就必须培养具有高度科学文化水平的劳动者,必须造就宏大的又红又专的工人阶级知识分子队伍。"①

所以,从邓小平同志看来,所谓"人的因素第一",其首要的和集中的表现,也就是"科学技术第一"。同时科学技术也是要靠人去创造的,所以,所谓"科学技术第一"也就是"人的因素第一"。当然,这里所说的人,既包括掌握现代科学技术的劳动者,也包括真正推进科学技术的科技工作者。

如果我们借用一下上面介绍过的有关生产力构成因素的公式,那么在略去其中的次要因素后,就有:

$$生产力中的第一因素 = 科学技术 × 劳动者 \tag{8}$$

这一概括反映出"人的因素第一"和"科学技术第一"间的相互关系,亦即这两者必须是"乘法",必须相互结合。

3. "科学技术是第一生产力"的理论进一步将能动性导入历史唯物主义。

在生产力的内涵中包含有科学技术,包含有精神因素,会不会使历史唯物主义走向二元论,甚而是唯心论? 这涉及如何区分历史唯物主义和历史唯心主义的问题。

马克思主义认为,世界按其本质来说是物质的,精神也只是物质的产物。世界上形形色色的现象,其中包括精神现象,只不过是运动着的物质的不同形态。恩格斯曾经说过:"我们自己所属的物质的、可以感知的世界,是唯一现实的;……物质不是精神的产物,而精神却只是物质的最高产物。"②恩格斯还指出:"不可能把思维同思维着的物质分开。物质是世界上所发生的一切变化的基础。"③(着重号为引用者所加)列宁曾经说过:"世界图景是物质运动和'物质思维'的图景。"④所以,世界统一于物质,其中包括"物质思维",这就是马克思主义唯物主义

---

① 邓小平:《邓小平文选》(1975～1982),人民出版社,1983年版,第101页。

② 马克思、恩格斯:《马克思恩格斯选集》第4卷,人民出版社,1972年版,第223页。

③ 马克思、恩格斯:《马克思恩格斯选集》第3卷,人民出版社,1972年版,第384页。有趣的是,在斯大林的《论辩证唯物主义和历史唯物主义》的著作中,也引证了恩格斯的这段话,但却误认为"马克思在谈到物质和思维问题时说道:'不可能把思维同思维着的物质分开。物质是世界上所发生的一切变化的基础。'"[见《斯大林文集》(1934～1952年),人民出版社,1985年版,第209页。]但不论在苏联学者还是在中国学者的研究著作,或出版者的注解中,均未曾见到公开指出斯大林的这一"笔误"。

④ 列宁:《列宁选集》第2卷,人民出版社,1972年版,第361页。

哲学最基本的观点。

但是,在马克思主义哲学中,又强调区分物质的第一性和精神的第二性。精神现象虽然是物质的产物,但毕竟是特殊的物质——大脑的产物,这就产生了"物质的思维"和"思维中的物质"相互关系的问题。毛泽东曾经提出一个问题:"人的正确思想是从哪里来的?"某些同志的"思想、意见、政策、方法、计划、结论、滔滔不绝的演说,大块的文章,是从哪里来的?"对此,唯物主义哲学回答说:"人的正确思想,只能从社会实践中来……人们的社会存在,决定人们的思想。"①这就是说,物质是第一性的,精神是第二性的,思想是物质的反映,其中包括正确的反映,也包含不可避免的歪曲的反映,这一物质和精神的相互关系,是哲学的基本问题之一。凡是否认这两者的联系,颠倒了这两者的关系的,或者是二元论,或者是唯心论。

但我们要注意的是,这里探讨的物质和意识的对立,是从谁先谁后,谁是反映者,谁是被反映者,这两者的相互关系来立论的。正如列宁所深刻指出的:"物质和意识的对立,也只是在非常有限的范围内才有绝对的意义,在这里,仅仅在承认什么是第一性的和什么是第二性的这个认识论的基本问题的范围内才有绝对的意义。超出这个范围,物质和意识的对立无疑是相对的。"②

列宁对于"物质和意识的对立"的相对性和绝对性这一问题的分析,是马克思主义唯物论哲学中极为重要的基本观点之一。比如说,孔子的思想是孔子所处的时代的社会存在的反映。春秋时代的社会存在是第一性的,孔子的思想是第二性的。但是当冯友兰先生研究中国哲学史时,孔子的思想是第一性的,冯友兰先生所撰写的《中国哲学史》是第二性的。哲学史"并不是一个百依百顺的女孩子,可以给她这样打扮,那样打扮"。为什么属于精神现象的孔子的思想,却是第一性的被反映者,因为这里所回答的认识论基本问题,并不是询问孔子思想和当时社会环境的相互关系如何,而是冯友兰先生的哲学著作是否真实反映了孔子的思想,所以孔子的思想也可以是第一性的。

所以,在马克思主义的唯物主义哲学中,其物质的概念的内涵,就既包括自然界,又包括人,既不能见物不见人,也不能见人不见物。在探讨或涉及自然界和人的关系等问题时,就得承认自然界的先在性,即先有自然界,后有人。在探讨社会历史等问题时,就得承认人的客观实在性,人也是物质的概念的内涵之一。

---

① 毛泽东:《思想方法工作方法论文选》,中央文献出版社,1990年版,第439~440页。
② 列宁:《列宁选集》第2卷,人民出版社,1972年版,第147~148页。

马克思主义哲学和旧唯物主义哲学的重要区别之一,就是在唯物主义体系中导入实践。这不仅仅是因为没有这种导入,唯物主义就丧失了能动性,而且还因为没有这种导入,旧唯物主义就无法扩展到社会历史的领域,从而建立起历史唯物主义的理论。马克思在《关于费尔巴哈的提纲》一文的第一条中指出:"从前的一切唯物主义——包括费尔巴哈的唯物主义——的主要缺点是:对事物、现实、感性,只是从客体的或者直观的形式去理解,而不是把它们当作人的感性活动,当作实践去理解,不是从主观方面去理解。"①列宁也曾指出,"人类的实践不仅具有现象的意义,而且还具有客观实在的意义",又说,"人类参加到绝对物中去"②。费尔巴哈的错误之一,就在于"他没有把人的活动本身理解为客观的活动","仅仅把理论的活动看成是真正人的活动","他不了解'革命的''实践批判的'活动的意义"③。

但是,如果因为实践不仅在认识论里有极重要的地位,而且在社会历史的领域内具有本体论的意义,从而夸大了实践在整个物质世界中的作用,用"实践本体论"或"实践一元论"去代替"物质一元论",那就要滑向二元论,甚而是唯心论的立场上去了。

马克思主义哲学虽然十分强调"把能动性从唯心主义于中夺过来,并导入唯物主义的体系中"④,但是并不赞成把唯心主义哲学体系中所发展的那种"抽象的能动性"也导入唯物主义体系之中。马克思曾深刻地指出:和一切以往的唯物主义相反,"唯心主义却发展了能动的方面,但只是抽象地发展了,因为唯心主义当然是不知道真正现实的、感性的活动本身的"⑤。在马克思主义的唯物主义体系中所导入的能动性,是包含在实践中、主观符合于客观的、能正确指导实践活动进行的那种能动性,而不是那种"抽象的""不知道真正现实"的能动性,如"人有多大胆,地有多大产"等。

科学活动和技术活动是社会实践活动的重要形式之一,其直接目的是深化人类对自然界及其规律的认识,其根本目的仍然是改造自然界,改造客观世界。在历史上,科学和技术的认识活动,是淹没在生产实践活动之中的。只是到了16世纪,科学活动和技术活动才逐渐地由生产活动中分化出来,发展成为一种独立的

---

① 马克思、恩格斯:《马克思恩格斯选集》第1卷,人民出版社,1972年版,第16页。
② 列宁:《列宁选集》第2卷,人民出版社,1972年版,第103~104页。
③ 马克思、恩格斯:《马克思恩格斯选集》第1卷,人民出版社,1972年版,第16页。
④ 列宁:《列宁选集》第2卷,人民出版社,1972年版,第103页。
⑤ 马克思、恩格斯:《马克思恩格斯选集》第1卷,人民出版社,1972年版,第16页。

实践活动形式。科学技术的这种分化和演化,无论对于科学技术的发展以及生产的发展,都是一种进步。如果历史唯物主义的基本原理,是认为"生产活动是最基本的实践活动,是决定其他一切活动的东西"①,那么当科学实验活动从生产实践活动分化出来以后,就至少要认为科学实验活动和生产实践活动是"最基本的实践活动,是决定其他一切活动的东西";到了 20 世纪,如果进一步再认识到科学活动和技术活动在生产力的发展中起决定作用,那就必须认为"科学技术是第一生产力"。

科学活动和技术活动虽然是从生产实践活动中逐渐分化出的一种独立的实践活动,但不能因此就认为生产实践是第一性的,而科学活动或技术活动是第二性的。科学或科学知识是自然界及其规律在人们头脑中的反映,技术或技术知识是多门自然科学在生产实践中的综合运用。

为什么说"科学技术是第一生产力"的理论是历史唯物主义的理论,不是什么"历史唯心主义"的理论? 第一,历史唯物主义理论中的物,本来就是包含有能动性在内的物;第二,科学技术是第一生产力的理论,只不过是进一步指出这一"能动性"主要表现在科学和技术;第三,科学和技术所体现出来的能动性,当然不是什么抽象地发展了的"不知道真正现实的"那种能动性,而完全是主观符合于客观,认识和实践相结合的那种能动性;第四,科学和技术所体现出来的能动性,是超出第一性的和第二性的相互关系的问题的一种能动性,并不等同于第二性的事物在一定条件下对第一性的事物的反作用。所以,邓小平同志提出科学技术是第一生产力,这是进一步将自觉的能动性引入于历史唯物主义,进一步突出了历史唯物主义理论中的物,是蕴含有能动性,和能动性相结合的物。

4."科学技术是第一生产力"的理论发展了历史唯物主义的基本原理。

历史唯物主义的一个基本原理是认为生产力是一切社会发展的最终决定力量。生产力决定生产关系,从而决定包括社会意识在内的上层建筑。生产关系和上层建筑只有适应生产力发展的水平和状况,才能促进生产力的发展。

"科学和技术是第一生产力"的理论中所蕴含的并且是最为实质性的贡献,就是在社会历史发展史观的问题上,对于什么是最终决定社会发展的决定性力量的问题,给了一个新的更为明确的回答,那就是"现代自然科学和现代工业一起变革了整个自然界,结束了人们对于自然界的幼稚态度和其他幼稚行为"②。或者

---

① 毛泽东:《毛泽东选集》第 1 卷,人民出版社,1991 年版,第 282 页。
② 马克思、恩格斯:《马克思恩格斯全集》第 7 卷,人民出版社,1959 年版,第 241 页。

说,科学"日益使自然力服从于人类"①。或者说,技术进步"是其他一切进步的动因,前进的动因"②。邓小平同志却认为:"最终可能是科学解决问题。"这就为历史唯物主义的基本原理赋予了一种新的现代化的形式。

为什么邓小平同志对于历史唯物主义的基本原理要赋予一种新的现代化的形式? 这除了因为自 20 世纪以来,科学技术在促进生产力的发展中显现出强大的力量以外,还由于科学技术本身就是一种革命的力量,科学技术将不断涤荡着来自旧社会的精神污染,并且还积极参与旧的生产关系、上层建筑的变革。恩格斯在《在马克思墓前的讲话》一文中曾指出:"在马克思看来,科学是一种在历史上起推动作用的、革命的力量。"③在这一讲话的草稿中,他已指出:马克思"把科学首先看成是历史的有力的杠杆,看成是最高意义上的革命力量,而且他正是把科学当作这种力量来加以利用。"④毛泽东说:"阶级斗争、生产斗争和科学实验,是建设社会主义强大国家的三项伟大革命运动。"⑤这是毛泽东同志对于马克思所说的科学技术是革命的力量的这一思想的继续。恩格斯在《奥地利末日的开端》一文里,描绘了在奥地利君主国所经过的一个有趣的场面。恩格斯指出:奥地利和梅特涅对"法国革命、拿破仑和七月风暴都支持过来了,但却支持不住蒸汽。蒸汽开辟了穿过阿尔卑斯山脉和波希米亚森林的道路,蒸汽使多瑙河失去了作用,蒸汽彻底摧毁了奥地利的野蛮,因而也就摧毁了哈布斯堡王朝的根基。欧美的公众现在可以高兴地看到梅特涅和整个哈布斯堡王朝怎样为蒸汽机轮撕碎,奥地利君主国又怎样为自己的机器辗裂。这是非常有趣的场面"⑥。所以,科学技术一方面推动了生产力的发展,一方面又确实起着和生产力相似的作用,即不断地摧毁旧的生产关系。正如江泽民同志所指出的那样,科学技术"不仅可以极大地提高生产力,而且必将引起生产关系和上层建筑的深刻变化"⑦。

事实证明,科学技术已成为推动社会历史全面进步的关键因素或决定性因素:

一是科学技术进步极大地扩大了人们物质生活的需求。社会物质生产的发

---

① 马克思、恩格斯:《马克思恩格斯全集》第 1 卷,人民出版社,1960 年版,第 616 页。
② 列宁:《列宁选集》第 2 卷,人民出版社,1972 年版,第 818 页。
③ 马克思、恩格斯:《马克思恩格斯选集》第 3 卷,人民出版社,1972 年版,第 575 页。
④ 马克思、恩格斯:《马克思恩格斯全集》第 19 卷,人民出版社,1963 年版,第 373 页。
⑤ 《人民日报》,1964 年 7 月 14 日。
⑥ 马克思、恩格斯:《马克思恩格斯全集》第 4 卷,人民出版社,1958 年版,第 521 页。
⑦ 江泽民:《在中国科学技术协会第四次全国代表大会上的讲话》,1991 年 5 月 23 日。《中国科学技术协会第四次全国代表大会文件》,人民出版社,1991 年版,第 1 页。

展,归根结底是以不断地满足日益增长着的物质和文化的需要为目的。科学技术的发展,使得不论在满足人的基本需要,如在满足"生、老、病、死""衣、食、住、行"等物质生活需要方面,有着全新的面貌,而且在精神生活需要,如在满足"眼、耳、鼻、舌、身、意"等要求方面,开掘出了许多意想不到的需求。科学技术的进步扩展了人类的活动空间,扩大了人类的交往方式,丰富了人类的生活内容,增进了人类的健康,延长了人类的寿命,并为人类实现自己的价值,亦即进行创造性的活动,如科学活动、艺术活动等,提供了物质的和精神的基础。科学技术的进步还不断地促进了消费领域的扩展,消费水准的提高,消费结构的更新。正如列宁所指出的那样,科学进步或"技术进步必然引起生产的各部分的专业化,社会化,因而使市场扩大"①。人类正是在不断解决生产与消费的矛盾,不断满足市场需求的基础上,不断地推动生产的进步,生产力的进步。

二是科学技术极大地提高了劳动生产率,促进了生产力的发展。这首先表现在生产工具的不断完善上。"工欲善其事,必先利其器",这是古代劳动人民从事生产劳动所熟知的一句格言。到了近代大机器工业中,就把"自然科学并入生产过程","第一次使自然科学为直接的生产过程服务"②,"第一次把物质生产过程变成科学在生产中的应用"③。其次是促进社会生产的产业结构、产品结构以及劳动力结构不断变化,如第一产业、第二产业、第三产业等,劳动密集型、资源密集型、资金密集型、技术密集型甚而是信息密集型等不同形式。再次是显著地改善了劳动条件,改变了人在劳动过程中的地位和作用,使人类的体力劳动甚而是某些脑力劳动逐渐为现代生产手段所代替。现代科学技术既改变了人和物相结合的方式,又改变了劳动者自身的素质。

三是科学技术进步促进生产关系和上层建筑的变革。科学技术进步不断推动着生产力的发展,而社会生产力的发展最终将引起生产关系以及上层建筑的变革。生产关系和上层建筑也只有适应生产力的发展,其中包括适应科学技术的发展,才能使生产力不断得到发展。我国正在全国范围内组织起来的科技"攻关"的大协作,正在建立的科学技术的市场,正在进行的科学技术体制的改革,正是为了建立一个能适应于社会主义社会的生产力和社会主义国家的综合国力发展的生产关系和上层建筑。

---

① 列宁:《列宁全集》第 1 卷,人民出版社,1984 年版,第 85 页。
② 马克思、恩格斯:《马克思恩格斯全集》第 23 卷,人民出版社,1963 年版,第 424 页。
③ 马克思、恩格斯:《马克思恩格斯全集》第 1 卷,人民出版社,1960 年版,第 430 页。

四是科学技术还将推动民主意识的觉醒,文化教育的繁荣和普及,精神文明的现代化。科学技术的发展有赖于科学意识的觉醒,科学意识的觉醒必然伴随民主精神的发扬。真理面前人人平等的精神必然呼唤人与人之间关系上平等的精神。科学的昌盛,学术的繁荣,需要一个政治民主的环境。民主的精神,稳定的秩序,需要以理智、务实、科学的思维方法作为基础。科学技术的发展必然以教育的发展为基础,又有力地推动着教育的发展。科学和技术还将影响文学和艺术等领域,现代科学技术为新的艺术形式提供了新的手段,新的技巧,并且向人民群众提供了新的传播手段,实事求是、不畏艰险、勇于探索、勤于思考等科学精神、科学态度的发扬,更将深刻地影响到社会风尚和道德观念。

五是科学技术推动着人类认识能力、智力水平的提高。科学和技术都具有强大的认识功能,它们既是人类以往认识和改造自然所取得的成果,又为人类继续扩展和深化自己的认识水平,提供了新的起点和新的手段。马克思曾经指出:"自然科学是一切知识的基础。"①1941 年 1 月 31 日,毛泽东同志在给毛岸英和毛岸青的信中说:"唯有一事向你们建议,趁着年纪尚轻,多向自然科学学习,少谈些政治。政治是要谈的,但目前以潜心多习自然科学为宜,社会科学辅之。"②

科学技术的发展还推动哲学和思维方式的进步。哲学在很大程度上是由那一时代的科学水平所决定的。恩格斯曾指出:"随着自然科学领域中每一个划时代的发现,唯物主义必然要改变自己的形式。"③如果说在人类发展的历史上,是劳动创造了人类的话,那么在现代条件下,说得更为确切一些,是脑力劳动和体力劳动共同创造了人类。

上述所有事实表明:科学技术既是促进社会物质文明的动力,也是促进精神文明的动力。科学技术是推动人类历史的火车头。

五、"科学技术是第一生产力"的理论是当代有关科学技术在社会经济发展中的地位和作用的理论的澄清和总结

1. "科学技术是第一生产力"的理论是对马克思主义发展历史上曾争议过的"什么是生产力发展的终极原因"的问题的讨论的澄清和总结。

在马克思主义发展的历史上,曾经广泛地讨论过一个很有名的理论问题:什么是生产力发展的终极原因?

---

① 马克思:《机器、自然力和科学的应用》,人民出版社,1978 年版,第 208 页。
② 毛泽东:《毛泽东书信集》,人民出版社,1983 年版,第 166 页。
③ 马克思、恩格斯:《马克思恩格斯选集》第 4 卷,人民出版社,1972 年版,第 224 页。

在历史上,普列汉诺夫在《论马克思主义的基本问题》里,曾经把历史唯物论概括为五个层次的"公式":A,生产力的状况;B,生产力所决定的经济关系;C,在"经济基础"上建立的社会政治组织;D,部分决定于经济,部分决定于建立在经济上的社会政治组织的社会人的心理;E,反映这种心理特点的各种意识形态。普列汉诺夫既然认为生产力是"基础的基础",那么显然就会进一步探求:什么是生产力发展的动力? 什么是生产力发展的终极原因?

考茨基在《唯物史观》一书中写道:"物质生产力发展的基础只是自然认识的发展的另一表现。因此,实在的基础,亦即人类意识形态的物质基础的最深刻的基础就是精神过程,也就是认识自然的过程。"这里所说的"认识自然的过程",也就是指自然科学。

布哈林在《历史唯物论问题的提法》一书中写道:"生产力之所以决定社会的发展,是因为生产力表现着这一确定的实在的和整体的社会和它的环境间的相互关系,而环境和体系间的相互关系是决定任何体系运动的动力。"在《历史唯物论》一书中进一步写道:"社会和自然的相互关系的真实的物质的标志是社会劳动工具的体系,即社会的技术,物质的生产力和社会劳动生产率就表现在这种技术上。"①这就是说,决定生产力发展的动力是"社会的技术"。

可是,随着考茨基和布哈林被批评为右倾机会主义者和修正主义者,考茨基的回答被批评为唯心论,因为他竟然把生产力发展的原因归结为"精神过程",布哈林的观点被批评为机械论或外因论,因为他试图从"环境"来寻找社会发展的原因。

在 20 世纪二三十年代,在苏联的许多学者中,也还有卢宾、孔恩、培桑诺夫、托勃洛夫斯基等人,持有和考茨基、布哈林等人相接近或相同的观点。

苏联著名哲学家米丁教授在《历史唯物论》一书中,对上述观点做了系统的分析和评述,他写道:"马克思主义是根据着社会发展的内部和外部条件的辩证的统一,但是它指出内部条件在这里起着决定的作用,所以我们必须以内部条件为根据,才能正确地估定外部的自然环境条件的意义。……社会发展的阶段愈高,经济组织愈来愈复杂,那么人类所用来作为劳动对象和劳动工具的自然条件本身的性质,就愈不靠自然本身来决定,而愈要靠现存的经济组织的特质来决定了。

---

① 以上所引普列汉诺夫等人的论述,均转引自米丁:《历史唯物论》,沈志远译,生活·读书·新知三联书店,1949 年版,第 46 页、94 页、95 页。

这样,在这种自然和社会的辩证的统一中,起决定作用的是社会而不是外界的自然。"①根据上述内部因素起主要的决定性作用的观点,米丁就进一步回答说:"生产力和生产关系的矛盾是每一历史的生产方式的原动力。"②"生产力是全部社会生产过程的内容和基础,表现着人对自然的积极作用的生产能力及其各个因素的水平。生产关系就是同一生产过程的特殊的形式,人与人的关系的特殊形式,内容和形式的发展中的一切统一,总是它们的相互渗透同时又相互排斥,也就是两个对立面的辩证的相互贯通和相互斗争。"③米丁的这些话实际上是说,生产力和生产关系是一对矛盾,亦即内容和形式的矛盾,既不能脱离生产关系来看待生产力,也不能脱离生产力来考察生产关系;生产关系变化发展的动因在于生产力,而生产力发展的原因在于生产关系;生产力和生产关系的矛盾,就是历史发展的动力。

米丁在这一著作中还批评了生产力具有特有的发展规律的观点。米丁批评了卡列夫首先提出的生产力有"本身发展的逻辑"的观点,还批评了卢宾所主张的存在着生产力和生产关系的"双重逻辑"的看法。米丁写道:"生产力和生产关系并不是两种独立的、各自按照自身特有法则发展着的力量或实体。生产力不是独立地、独自地和它相适应的生产关系以外存在着。同时,生产关系也不是像普列汉诺夫的'五层公式'那样,被认为是在生产力之上的一种'上层建筑'或'次级层次'。"因为"发生于物质生产条件的历史上的一定生产关系……是一定生产力状况的社会形式",而"生产力发展的一般法则,在每一历史的社会形态之下,总具有特殊的历史的一定性"。所以,"每一种确定的生产方式,确定的社会形态,确定的社会生产机制的发展法则,同时包括和表现着生产力的发展和生产关系的发展"。"这里并不存在着两种平行的法则"④。

米丁的著作在马克思主义学者中有深远的影响。米丁书中所持的有关生产力和生产关系紧密联系的观点,也有一定的合理性。更由于历史上曾经发生过反对第二国际和孟什维克所主张过的"生产力论"的斗争,所以米丁的著作所持的观点几乎是所有第三国际的成员都支持的"正统"的观点,因而在马克思主义的"正统"文献中,就几乎没有什么人去探讨生产力发展的独特规律了。

然而需要提出质疑的是,在社会历史发展的过程中,是否确实不存在生产力

---

① 米丁:《历史唯物论》,沈志远译,生活·读书·新知三联书店,1949年版,第91页。
② 米丁:《历史唯物论》,沈志远译,生活·读书·新知三联书店,1949年版,第145页、152页。
③ 米丁:《历史唯物论》,沈志远译,生活·读书·新知三联书店,1949年版,第139~140页。
④ 米丁:《历史唯物论》,沈志远译,生活·读书·新知三联书店,1949年版,第140~141页。

和生产关系各自发展的特殊规律？就生产关系的演变来说，历史上所谓奴隶制、封建制等等生产方式的变化，也就是生产关系按照一定的历史顺序在发展；至于生产力，就显然有以技术发展水平为标志的各不同发展阶段，如旧石器时代、新石器时代、青铜时代、铁器时代……蒸汽机时代、电气时代、原子能时代以及所谓信息时代等。虽然在历史上人们观察到一定的生产关系和一定的生产力发展水平相对应的关系，但那是生产关系一定要适合生产力发展水平的规律所导致的结果。但是，适合并不是机械地或死板地一一对应，历史上出现过相当程度的"超前"或"滞后"的情况，不能因为生产力和生产关系间存在着对应关系，就认为生产力和生产关系间不存在继承和发展的特殊规律。

生产力所反映的是社会和自然界之间的矛盾，而生产关系所反映的主要是在所有制关系上的人和人之间的矛盾。在质上不同的矛盾，具有由各自矛盾特殊性质所决定的特有的规律。虽然生产力和生产关系彼此紧密联系，但不能因此就否定了在质上不同的各自具有的特殊规律。任何规律都是某种抽象，不能因为两者相互联系密切就否定这种抽象。规律的特点是可重复性。生产力的发展，或生产关系的发展，都表现出某种可重复的特点。生产力的发展规律涉及多方面的内容，如不同物质生产部门要按照一定的比例来发展的规律；第一产业、第二产业和第三产业间的比例随时间演变的规律；各不同生产类型，如劳动密集型、资源密集型、资金密集型、技术或高技术密集型等各类型生产力在时间发展上的衔接和转化、在空间上的延伸和扩展等；又如人口或劳动力的迁移、乡村向城市的转化，等等。实际上，不论是在资本主义或是社会主义的国家中，任何一个主管宏观调节的经济部门都不能不对这些规律性问题进行深入的研究。所以，米丁在其著作中所强烈主张的"不存在两种平行的法则"的观点，其实是不能成立的。

生产力和生产关系确实构成哲学上的内容和形式之间的辩证关系，但不能因此就否定了内容有独立发展的规律。文学的发展和一定的文学形式的创造分不开，例如格律诗的规则的出现在一定程度上促进了诗的创作，但是，诗人如何利用一定的形式去表现和反映社会生活，也还有它自身演变的规律，如唯美主义、自然主义之争议，浪漫主义、现实主义的争鸣，等等。

就考茨基和布哈林对科学和技术的表述来说，的确存在着原则性的缺点。布哈林说"环境和体系间的相互关系是最终决定任何体系运动的动力"，也确实反映了某些"机械论"或"外因论"的观点，因为这里没有反映出体系，亦即社会、亦即人对自然界的认识和改造这种能动性。考茨基说"实在的基础……物质基础的最深刻的基础就是精神过程，也就是认识自然的过程"，这也确实是唯心论，因为这里颠倒了物质和精神之间的关系。但是米丁的批评也有原则性的缺点,即不能因为布哈林曾说过技术是"环境和社会相互关系"的标志,还有"环境和社会相互关系"是生产力发展的动力,就因而否认技术是生产力发展的动力,或至少是动力之一。"大前提"和"小前提"都是错误的前提,但是,两个错误的前提,其逻辑的推论却未必不正确!米丁批评考茨基"物质基础的基础是精神过程"是唯心论,这当然是正确的,但是考茨基还说过"物质生产力发展的基础只是自然认识发展的另一表现",至少在这句话里并没有颠倒物质和精神的第一性和第二性间的关系,而是说精神过程,亦即自然认识过程,和物质过程,亦即物质生产力发展的基础,有同一性。为什么科学和技术可以在生产力和发展中起决定作用?原因就在于科学和技术是自然规律的正确的反映,所以反过来就能应用于改造自然界。米丁的批评就把科学技术的能动作用连同"唯心论"和"机械论"一起都丢掉了!

"科学技术是第一生产力"的理论的深刻之处,就在于把能动性赋予生产力本身,这就科学地回答了什么是社会生产力发展的动力。

2. "科学技术是第一生产力"的理论也是近代许多有关科学技术在社会历史发展中的地位和作用的理论的概括和总结。

由于科学技术在社会生活中的地位和作用越来越重要,所以在西方研究社会经济问题的著作中,也大量地出现了科学技术在推动社会经济的进步方面起着决定性作用的思想。

有些经济学家设法"计算"科技进步对社会经济发展的贡献,如美国经济学家丹尼森指出:在美国 1948～1969 年的全部国民收入增长中,减去全部投入量的增长,还有一个 45.5% 的"余额",其中有 30.9% 是来自科学技术的进步[①]。

美国经济学家罗斯托在其《经济成长的阶段》一书中认为,一切国家的经济成长,都要经过 6 个发展阶段:①传统社会;②为起飞准备前提;③起飞阶段;④成熟阶段;⑤高额群众消费;⑥追求生活质量等。他还认为,在经济成长的全过程中,科学技术的发展和应用都具有决定性作用。经济成长的基础是新的科学技术成果的采用和传播,经济成长就是不断地、有效地把新技术吸收到经济之中,"起飞的决定性因素是在一个能扩展其效果的环境中引进新的技术"。

美国经济学家刘易斯认为,任何国家的经济增长都来自三个因素:①人们对

---

① 丹尼森:《美国经济增长核算(1929～1967)》。这一节有关西方社会学家、经济学家对科学技术的社会功能的叙述,大多转引自《自然辩证法概论》(吴延涪等主编,高等教育出版社,1991 年版),部分摘自原书。

经济增长的欲望和从事经济活动的努力;②知识的增长和运用;③资本的积累。在以上三种因素中,知识的增长和运用尤为重要。因为"如果人们不知道如何生产出更多的东西——在技术知识迅速发展之前,这是人类的正常状况——那么他就不可能用自己的资源生产出更多的东西"。所以,"技术知识的发展速度是最终限制国民收入增长率的因素"①。

美国社会学家贝尔提出了"后工业社会"的概念。他认为,"技术一直是区分社会时代变化的主要力量之一";随着科学技术的发展,工业社会将进入"后工业社会"的阶段,也就是将由装配线时代,过渡到由控制机控制全部生产的阶段;在19世纪和20世纪初期,一个国家的力量在于其工业能力,而到了第二次世界大战以后,一个国家的科学能力已成为其潜力和力量的一种决定因素,体现着科学技术和经济发展的研究和开发(R&D)已经成为衡量某一国家实力标准;所以,在后工业社会里,科学技术的发展成为推动经济增长和社会变迁的最重要力量,科学技术知识,尤其是理论知识,将越来越起着重要的作用。"理论知识正日益发展成一个社会的战略源泉。"②

美国社会学家托夫勒提出了"第三次浪潮"的概念。他认为,今天我们又一次处于一个历史性的技术飞跃发展时期的边缘,科学技术的进步已经掀起人类文明的"第三次浪潮"。第二次浪潮的传统工业"主要以简单的电力机械原理为基础"。今天,电子工业、宇航工业、海洋工程和遗传工程正迅速兴起,它们是在迅速突破中的量子电子学、信息论、分子生物学、海洋工程学、核工程学、生态学以及空间科学的综合科学理论基础上发展起来的,它们很可能成为"第三次浪潮"时代的主要工业骨干。如果说在第二次浪潮中科学技术的发展仅仅是经济发展的条件,那么"第三次浪潮"实际上就是科学技术密集化的浪潮,科学技术的发展就是经济的发展,二者之间已完全融合③。

美国社会学家奈斯比特在《大趋势》一书中指出,"事实上我们已经进入了一个以创造和分配信息为基础的经济社会",亦即进入了"信息社会";在工业社会里,最重要的战略资源是资本,在信息社会里,最重要的战略资源是信息,"知识是我们经济社会的驱动力";他还引用美国企业管理学家彼得·德鲁克的话说,"知识生产力已成为生产力、竞争力和经济成就的关键因素。知识已成为最主要的工

---

① 刘易斯:《增长与波动》,华夏出版社,1987年版,第218页。
② 贝尔:《后工业社会的来临》,商务印书馆,1984年版,第211页。
③ 托夫勒:《第三次浪潮》,生活·读书·新知三联书店,1982年版,第192~198页。

业,这个工业向经济提供生产所需要的重要中心资源"①。奈斯比特在《2000 年大趋势》一书中又进一步认为:"生物信息反馈系统和电子信息反馈系统是互为辅助的。目前人们正在用计算机来解开生命之谜,而生物学正成为新的信息软件和信息系统的典范。"②

以上这些只是西方经济学家、社会学家有关科学技术在社会经济生活中的作用的某些看法的片段。有趣的是,国际上的一些政治家也加入了鼓吹科学技术重要性的行列,而且这些政治家还将其列入竞选纲领。

1988 年,在美国总统的竞选中,总统候选人布什和杜卡基斯曾就科学技术问题进行辩论,实际上这两位候选人并没有什么"分歧意见",他们的辩论只是就谁能将科学技术说得更为重要而进行比赛。

布什说:"科学技术是保持美国经济活力的源泉。为了推动技术进步,必须采用一个创新的计划:增强全国的研究与发展投资,政府和企业都必须在研究与发展上奉献更多的资源,联邦政府应当增加对研究与发展的投资……必须加强对国内外知识产权的保护,以鼓励创新。""美国明天的劳动力将取决于美国今天产生的技术。"

杜卡基斯说:"最近一项研究表明,科学技术进步占美国国民生产总值增长率的 2/3 或 1/2。……如果打算从美国民族的创造力获益,就必须设计出使科研思想迅速由实验室流向市场的机制。"

英国前首相撒切尔夫人在英国皇家学会成立 328 周年纪念日的演讲中着重指出:"不重视知识分子的国家,不重视科学技术的国家,必定走向灭亡。""当今,所有取得了成功的国家,都是把科学技术和知识的推广和普及放在了优先的地位。它们这样做,并非是因为它们比较富裕,而是因为事实已经充分证明,科学技术知识的有效使用对国家经济的振兴和繁荣是至关重要的。""为了让大家认识科学的重要性,英国政府决定在唐宁街的首相府的显著位置悬挂过去和当代杰出科学家画像,以表彰他们对国家繁荣和提高人民文化知识水平所做的非凡的贡献。"她还说:"基础科学决不可忽视,这是一个具有挑战性的问题。从整个国家来说,政府必须从经济上支持基础科学知识的发展。""要支持那些具有强烈的好奇心,并在为科学发展做出贡献方面处于领先地位的人们。要充分利用有天赋的人们在他们工作中求胜和取得荣誉的天性。这是知识分子能量的巨大源泉。"

①　约翰·耐斯比特:《大趋势》,中国社会科学出版社,1984 年版,第 41～51 页。
②　约翰·耐斯比特:《2000 年大趋势》,经济日报出版社,1990 年版,第 233 页。

"为了利用好这有限的资金,应鼓励研究人员了解国外基础科学发展的动向和趋势。"她还说:"科技界应走出研究室和实验室,深入到各个企业,同工业界密切结合起来,加速科学技术研究成果的实用化、商品化和工业化,缩短科研成果转变为生产力的周期。要防止研究完全来自应用和认为优秀的科学技术不可能来自为了经济或其他有用目的的工作的错误倾向。"她还说:"科学家应具有工业概念,实业家应具有科学头脑,双方都有责任去认识科学思想发展后的实际价值。……只有当工业界和科学界互相了解、认识,并互相学习和取对方之长补己之短,整个英国知识分子的能量才能得以充分发挥。科学原理的商业化主要应该是工业界本身利益之所需。但基础科学在研究过程中有重大发现时,工业界有责任帮助科学界识别其商业应用价值,以便尽快发挥其应有的作用。"①(着重号为引用者所加)撒切尔夫人的讲话在英国科学界、经济界、工业界等引起了强烈的反响,一些大学生、教授、企业家纷纷撰文表示支持,并呼吁政府应尽快照此落实。

所以,科学技术进步在社会经济的发展中将起决定性作用,这已经是世界上有识见的政治家、经济学家以及社会学家的"共识"。这首先是因为"事实胜于雄辩"。

所以,"科学技术是第一生产力"的理论的提出,也是对当代有关"科学—经济—社会"的发展的许多新观点、新理论的概括和总结。但是马克思主义理论的深刻之处,就在于为科学技术在社会经济发展中的地位和作用的问题给予了科学的规定,这就是科学技术是第一生产力。科学和技术在推动人类物质文明和精神文明的进步方面虽然起着极重要的甚而是决定性的作用,但是科学技术作为一种生产力所推动社会历史进步的机制和作用,早已体现在马克思于1859年为他的名著《政治经济学批判》所写的有历史意义的序言中,对历史唯物主义的实质所做的天才的表述:

"人们在自己生活的社会生产中发生一定的、必然的、不以他们意志为转移的关系,即同他们的物质生产力的一定发展阶段相适合的生产关系。这些生产关系的总和构成社会的经济结构,即有法律的和政治的上层建筑竖立其上并有一定的社会意识形式与之相适应的现实基础。物质生活的生产方式制约着整个社会生活、政治生活和精神生活的过程。不是人们的意识决定人们的存在,相反,是人们的社会存在决定人们的意识。社会的物质生产力发展到一定阶段,便同它们一直在其中活动的现存生产关系或财产关系(这只是生产关系的法律用语)发生矛

---

① 布什、杜卡基斯、撒切尔夫人的讲话,均引自1989年1月13日《中国科学报》。

盾。于是这些关系便由生产力的发展形式变成生产力的桎梏。那时社会革命的时代就到来了。随着经济基础的变更,全部庞大的上层建筑也或慢或快地发生变革。在考察这些变革时,必须时刻把下面两者区别开来:一种是生产的经济条件方面所发生的物质的、可以用自然科学的精确性指明的变革,一种是人们借以意识到这个冲突并力求把它克服的那些法律的、政治的、宗教的、艺术的或哲学的,简言之,意识形态的形式。我们判断一个人不能以他对自己的看法为根据,同样,我们判断这样一个变革时代也不能以它的意识为根据;相反,这个意识必须从物质生活的矛盾中,从社会生产力和生产关系之间的现存冲突中去解释。无论哪一个社会形态,在它们所能容纳的全部生产力发挥出来以前,是决不会灭亡的;而新的更高的生产关系,在它存在的物质条件在旧社会的胎胞里成熟以前,是决不会出现的。所以人类始终只提出自己能够解决的任务,因为只要仔细考察就可以发现,任务本身,只有在解决它的物质条件已经存在或者至少是在形成过程中的时候,才会产生。"①

"科学技术是第一生产力"的理论所做的添加是:①这里所探讨的社会生产力的状况中包含有科学技术,而且在现代社会条件下,科学技术是第一生产力;②生产力和生产关系以及上层建筑的适应和冲突,包含有科学技术和生产关系、上层建筑的适应和冲突;③在社会精神领域中,不仅有带有阶级性的社会意识形态,而且还有中性的,不带有阶级性的社会认识的领域。

所以,在"科学技术是第一生产力"的理论里,并不取消存在于资本主义社会里的尖锐矛盾,也不抹杀阶级的压迫和剥削。科学技术是第一生产力,生产力是一切社会发展中的最终决定力量。在生产关系和上层建筑必须适合于生产力的发展的意义下,生产力是最终决定力量。但是这绝不等同于只要生产力发展了,生产关系和上层建筑可以不经过社会冲突或社会革命,就能自动地适合于生产力。

当代资本主义国家中的经济学家、社会学家以及未来学家虽然也看到了科学技术在社会经济发展中极为重要的作用,甚而决定性的作用,但却有意或无意地掩盖存在于资本主义社会中的痼疾:压迫和剥削。他们把资本主义社会中的矛盾说成是生产和消费的矛盾,用于偷换存在于资本主义社会的生产的社会性和占有的私人性的矛盾,于是就竭力鼓吹用技术革命来解决这些矛盾,用技术革命来代替社会革命。他们还鼓吹资本主义和社会主义都是工业社会,它们将走"趋同"

---

① 马克思、恩格斯:《马克思恩格斯选集》第2卷,人民出版社,1972年版,第82~83页。

发展的道路,共同进入既非资本主义,也非社会主义的"后工业社会";鼓吹只要科学技术得到发展,存在于资本主义国家内的剥削者和被剥削者的矛盾、发达国家和广大第三世界国家间的矛盾就能自动地解决。有些人露骨地攻击马克思主义的劳动价值论"过时"、唯物史观"过时",罗斯托在他的《经济成长的阶段》一书中,甚而以"非共产党宣言"为该书的副标题,充分暴露出其敌视劳动人民的反共立场。

毛泽东同志曾经深刻地指出,就自然科学本身来说,是没有阶级性的,但是谁人去研究和利用自然科学,是有阶级性的。毛泽东同志还指出:"美国确实有科学,有技术,可惜抓在资本家手里,不抓在人民手里,其用处就是对内剥削和压迫,对外侵略和杀人。"①所以,科学技术虽然是中性的事物,但是现实的生活是,只"抓在资本家手里,不抓在人民手里",所以,在资本主义国家里,科学的力量或技术的力量往往成为"资本的力量",不能幻想资本家会"利用自然科学"来为人民服务,为广大第三世界服务。"趋同论"之所以错误,就在于这是幻想,是企求有朝一日这些资本家会大发善心的幻想。

由于科学技术的进步,资本家确有可能开拓新的市场,降低成本,提高效益,从而更巧妙地从劳动人民和科技人员那里榨取剩余价值,甚而高额的剩余价值。这就有可能"从这些超额利润中,可以拿出一部分来收买工人领袖和工人贵族这个上层","在工人中间也造成一些特权阶层,并使他们脱离广大的无产阶级群众"②。恩格斯在1858年10月7日给马克思的信中说:"英国无产阶级实际上日益资产阶级化了……即除了资产阶级,还要有资产阶级化的贵族和资产阶级化的工人阶级。自然,对一个剥削全世界的民族来说,这在某种程度上是有道理的。"③(着重号为引用者所加)自第二次世界大战以来,由于国际工人运动的广泛发展,国际资产阶级就除了在本国收买了一个"资产阶级化的无产阶级"以外,还注意在社会主义国家的邻近地区,制造少数的富裕地区、富裕国家,以及相对富裕的工人阶级,以抑制社会主义运动的发展。这就是自第二次世界大战以来,在某些发达资本主义国家中,在邻近社会主义国家的少数落后地区和国家中,其人民生活水准得以迅速改善的根本原因。但是,国际垄断资产阶级所统治的却是全世界的劳动群众。不能说科学技术的进步对于发达国家和少数地区的劳动人民生

---

① 毛泽东:《毛泽东选集》第4卷,人民出版社,1991年版,第1495页。
② 列宁:《列宁选集》第2卷,人民出版社,1972年版,第736页、825页。
③ 马克思、恩格斯:《马克思恩格斯选集》第4卷,人民出版社,1972年版,第338页。

活的改善毫无作用,但这种改善主要是国际阶级斗争导致的结果。

"科学技术是第一生产力"的理论的深刻之处,就在于一方面高度评价了科学技术在推动社会经济体系的进步中的决定性作用,另一方面又和各种各样的"阶级斗争熄灭论""社会主义和资本主义的趋同论"划清了界限。

六、驳所谓"科学技术是第一生产力"的说法"不科学论"和对某些不同意见的评述

这里有两种不尽相同的情况:一是直截了当地认为"科学是生产力的说法不科学";另一种是囿于流行于马克思主义理论文献中的传统看法,不能随着马克思主义理论的发展而有所发展。下面分别就这些观点做一些评述。

1. 驳"科学是生产力"的"不科学论"。

"科学技术是第一生产力"的理论是马克思主义基本原理的重大发展,但是,在我国流行的科学文献中,确有一些文章认为:"'科学是生产力'这一说法并不科学。"①最近,同一作者在一次会议的发言中,又重申:"这一说法并不科学。"②

试问究竟是谁的说法并不科学呢?

考察这位作者认为"科学是生产力这一说法不科学"的理由之一,是认为这不是马克思的原话。他写道:"科学是生产力的观点来源于马克思1857~1858年写的《政治经济学批判》草稿。可是马克思的原话是'固定资本的发展表明,一般社会知识''变成了直接的生产力'。这一表述完全正确,它说明科学知识在一定条件下可以转变成生产力,但并不意味着它本身就是生产力。"(文Ⅱ)

认为一个马克思主义观点的提出必须有"马克思的原话",这一说法本身就有些"并不科学"了。而如果认为马克思没有讲过"科学是生产力"或类似的意思,那就更加"并不科学",因为这是马克思主义有关历史文献的事实。

至于说"科学知识在一定条件下可以转变成生产力,但并不意味着它本身就是生产力",这一论证也不科学。有关生产力的各个构成要素都有一个由一般生产力转变为现实生产力的过程。我国农村有大量的剩余劳动力,这些剩余的劳动力必须具备一定的条件,实现劳动力、劳动工具和劳动对象的"三结合",才能由潜在的或一般的生产力转化为现实的生产力。但不能因此就否认劳动力是生产力的基本构成因素之一。从哲学上说,实现转化的前提是必须具有同一性,没有

---

① 《关于科学技术发展规律的思考》,见《科技史的启示》,内蒙古人民出版社,1988年版,第5页。以下简称文Ⅰ。

② 《关于科学意识和现代化建设的几个基本认识问题》,见《在自然辩证法的旗帜下开拓创新——中国自然辩证法研究会二届二次理事会扩大会议文件》,1991年5月,第40页。以下简称文Ⅱ。

同一性就不能转化。只不过科学技术的转化要通过较多的中间环节。

文Ⅰ和文Ⅱ的作者还提出如下一个理由:"在19世纪中叶,对技术整体的独立研究尚未开始('尚未开始'?!)①人们往往把科学和技术混为一谈,反映在马克思这部草稿中,基本上没有出现'技术'这个词,而是用'科学'代替了'技术'。我们今天就没有必要回到130年前的水平,把科学和技术混同起来,简单地论断,'科学是生产力'。"(文Ⅱ)

这未免有点"强词夺理"!在19世纪中叶,人们在使用"科学"一词时,把技术的含义也包括在内,这是可以理解的,甚而在近代人的文章中,也不乏如此用法。但是总不能说马克思所使用的"科学"一词仅仅等同于技术,亦即这里仅包含着"技术"一词的含义,却不包含着"科学"一词的含义!至于文Ⅱ说130年前的马克思"把科学和技术混同起来",就更是极不严肃的怪论。信手一翻,在1867年出版的《资本论》的第1卷里,马克思就以明确的语句写道:"劳动生产力是随着科学和技术的不断进步而不断发展的。"②马克思还写道:"科学日益被自觉地应用于技术方面。"③这更说明科学和技术具有不同的含义。而在马克思1857~1858年写的《政治经济学批判》的草稿里,就又立刻可以看到"现实财富的创造……取决于一般的科学水平和技术进步"④的字句。在约130年前的马克思和恩格斯的著作里,有的是把科学和技术并列在一起的段落,怎么能说马克思"把科学和技术混同起来"?

文Ⅰ和文Ⅱ的作者还提出一个理由:科学研究的"着眼点在求得客观自然规律的'知'",至于"'用'属于行动和操作,是区别于'知'的'做'";"关于做的方法和诀窍,就通称为'技术',是生产力的一个重要组成部分。而科学只有通过技术才能转变为生产力,它本身不是生产力"。(文Ⅰ)

这是极明显地在认识论上把"知"和"行"(亦即"做")对立起来!例如,怎么能够认为"做的方法和诀窍"仅仅是"做"而不包含"知"?!又如,怎么能够认为在社会生产力的概念中,仅仅包含着"做",而不凝集着"知"?!更为重要的是,文Ⅰ和文Ⅱ的作者没有看到科学和技术不仅仅是从属于认识领域内的某种精神活动,而首先是某种社会力量。在上述有关马克思论述科学技术是生产力的引文中,我们可以多次看到马克思经常使用"革命的力量"和"科学力量"的字眼。显然,在

---

① 括号内为引用者注。
② 马克思、恩格斯:《马克思恩格斯全集》第23卷,人民出版社,1972年版,第634页。
③ 马克思、恩格斯:《马克思恩格斯全集》第23卷,人民出版社,1972年版,第831页。
④ 马克思、恩格斯:《马克思恩格斯全集》第46卷,人民出版社,1980年版,第217~218页。

现代大工业和大农业的构成中,不仅仅有劳动者,有机器,而且有规模庞大的科学实验室;指挥和控制生产进行的,有各种测试手段和控制仪表以及计算机和软件等等。如果说在19世纪中叶,资本家可以"不费分文"而占有"科学的力量"的话,那么在20世纪就不得不进行这种生产性的投入,以取得科学技术这种不可或缺的"革命的力量"。

文Ⅰ和文Ⅱ的作者批评人们"忽视了科学作为一种客观而严密的知识体系和思想体系"(见文Ⅱ),而这是"见物不见人"。这当然是正确的。可是,为什么科学仅仅能成为"知识体系和思想体系",而不能又是生产力的一部分呢? 马克思说,"科学这种既是观念的财富同时又是实际的财富的发展,只不过是人的生产力的发展即财富的发展所表现的一个方面,一种形式"①。为什么要抹杀科学"既是观念的财富同时又是实际的财富"这样的"一身而二任焉"的事实呢? "见物不见人"是一种片面的哲学,而反过来,"见人不见物"难道就是全面的哲学?

2. 驳科学技术"不是生产力的构成要素"。

这是我国不少学者持有的观点。如有的同志认为:科学技术只是"影响生产力的因素",而不是"生产力的构成要素"②。又如在一篇题为《科学技术是第一生产力与历史唯物主义的基本观点》③的署名文章中,认为科学技术只是"生产力发展中的促进要素",而不是"生产力构成上的基本要素","两者虽有密切联系,但并非一回事。"其理由是:"因为纵观人类历史各个阶段,其生产力都要具备这些基本要素④;同时,只要具备了这些基本要素,就构成了社会生产力。……相反的,如果我们把科学技术列在其中,也看作是生产力构成上的基本要素,那就会得出18世纪产业革命发生前,由于尚未形成科学理论,在那数千年的人类历史发展中不存在生产力的荒谬结论。这是不符合历史事实的,是违背历史唯物主义的基本观点的。因为如果这种说法能够成立,那么生产力岂不是从天而降或者成为少数科学家、天才人物头脑的产物了吗? 这当然是荒唐可笑的。"⑤

这就发生了一个逻辑上的自给性的问题:不成为生产力构成因素的科学技术,却又成为"促进生产力发展的首要因素",而且还是"第一生产力"!

类似的问题也还表现在对"劳动力是生产力中最活跃因素"的分析上,同一

① 马克思、恩格斯:《马克思恩格斯全集》第46卷下,人民出版社,1980年版,第34~35页。
② 《光明日报》,1991年8月18日。
③ 以下简称《观点》。
④ 按:指劳动者、劳动工具和劳动对象三要素。
⑤ 见《真理的追求》,1991年第11期,第19页。

文章认为"科学技术本身也是人创造的……脑力劳动者也是劳动者的一部分,而且随着科学技术的发展将成为主要一部分。他们同直接生产者、同体力劳动者一起构成了生产力中人的因素……把科学技术的发展同生产力中人的因素的作用分开,把科学技术是第一生产力同生产力基本构成上人是最活跃因素对立起来,是不科学的。"①

这就又产生了一个逻辑上的自给性问题,作者文中反复强调的是科学技术"显然不是把它列入生产力构成要素范围内",但又认为科技工作者"同体力劳动者一起构成了生产力中人的因素",试问为什么科学技术不是生产力构成要素,其相应的科学技术工作者却又成为生产力基本构成因素中"人的因素"的一部分?!

产生这一逻辑混乱的原因,在于这一文章固守传统的生产力三要素的观念,而未能理解邓小平同志有关科学技术是第一生产力的理论,不仅仅强调了科学技术在生产力发展中的重要作用,而且还发展了马克思主义有关生产力构成的学说。

正如我们在上面所指出的,马克思从未讲过生产力的三要素,马克思和恩格斯都讲过生产力要素中包含有"精神要素"。马克思仅仅讲过:"劳动过程的简单要素是:有目的的活动和劳动本身,劳动对象和劳动资料。"然而劳动过程和生产力并不是等同的概念。"有目的的活动或劳动本身"并不等同于劳动者。"有目的的活动"一词也包含了精神活动在内。

《观点》一文作者曾正确地写道:"历史唯物主义认为,生产力就是人们通过有意识有目的劳动改造自然界生产物质生活资料的能力,它表现着人类对自然界的一种能动关系。这种能动关系的状况如何,改造自然界能力的大小,就现代而言,它取决于科学技术的发展。"②(着重号为引用者所加)这是写得很正确的一段话,实际上作者已经说到"生产力中也包括科学"的科学论断了。但是奇怪的是,这一文章并不由此得出结论——科学技术也是生产力的构成要素之一,而是认为"如果我们把科学技术……看作是生产力构成上的基本要素,那就会得出 18 世纪产业革命发生前,由于尚未形成科学理论,在那数千年的人类历史发展中不存在生产力的荒谬结论。"

《观点》的作者是过分执着于"18 世纪……尚未形成科学理论"了!近代科学始于 16 世纪末叶的伽利略,但是这并不等于说在 16 世纪以前,就没有任何科学

---

① 见《真理的追求》,1991 年第 11 期,第 21 页。
② 见《真理的追求》,1991 年第 11 期,第 17 页。

技术。中国人民的朋友李约瑟教授,写了一部巨著《中国科学技术史》,记载的中国科学技术大多是 16 世纪以前的,也记载着这些科学技术对当时生产力的种种贡献。按照《观点》一文的说法,岂不是此书全是编造!

3. 基础研究是不是第一生产力?

这是当前研讨"科学技术是第一生产力"的理论中最有争议的问题之一。有些人反对科学技术是生产力的提法,原因之一,是认为这一提法将有害于基础研究。也有些同志赞成"科学技术是生产力"而且是"第一生产力",但也认为"许多基础理论研究还不能归入生产力","就一项一项基础理论研究工作而言,当然不能说每一项都可以变成生产力"。"马克思和邓小平的这一论点的意义,在于强调科学在生产力中的重要地位和作用,并不包含把科学全部归入生产力的意思,也不包含轻视不能归入生产力的那一部分基础理论研究的意思。"①

然而这一理解并不正确。

我们都在一个革命队伍里从事革命工作。在革命队伍里的每一位工作人员在从事穿衣吃饭这些生活琐事的时候,恐怕也很难认为这是直接从事"革命工作",那么服务于这些"琐事"的炊事员、公务员岂不就要排斥在"革命队伍"以外?很多人书橱里存放着一本《康熙字典》,但人们真正查找过的汉字恐怕还不到字典收藏量的 1%!岂不就要认为《康熙字典》没有价值?!

上段引文的作者在该文曾正确地写道:"科学是一个有机的整体。……基础理论研究提高作为一个整体的科学的水平,通过作为一个整体的科学技术的各个环节,作用于生产力的发展。所以,它是以间接的、潜在的方式转化为生产力的,是为生产力的未来发展进行探索,提供科学储备的。"②这里既说到了为未来生产力的发展"提供科学储备",也说到了"以间接的、潜在的方式转化为生产力"。试问如果基础理论研究不从属于生产力的话,那么它们又怎能作为"未来生产力的科学储备",又怎能"以间接的,潜在的"方式转化为现实的生产力?

在人类社会发展的早期,科学活动或技术活动是依附于生产劳动过程中的。到了 16 世纪末叶,科学活动,然后是技术活动,才逐步地从生产劳动中分化出来,成为独立的社会实践形式,亦即近代科学实验的诞生。这一分化无论对于推动科学技术的发展还是生产劳动的前进,都是巨大的进步。如果说在 16 世纪以前,在生产力的范畴里,包含有萌芽状态的科学技术活动,而当它们得到充分发展,成为

---

① 《一段历史公案和几点理论思考》,《自然辩证法研究》,1991 年第 11 期,第 2 页。
② 《一段历史公案和几点理论思考》,《自然辩证法研究》,1991 年第 11 期,第 2 页。

独立的实践活动以后,却反而要"革出教门",这岂不是"咄咄怪事"!

问题是在于,"科学是一个有机的整体","现代科学为生产技术的进步开辟道路,决定它的方向。……一系列新兴的工业……都是建立在新兴科学基础上的"。"大量的历史事实已经说明:理论研究一旦获得重大突破,迟早会给生产和技术带来极其巨大的进步。"(着重号为引用者所加)早在1956年,周恩来同志就已指出:"没有一定的理论科学的研究基础,技术上就不可能有根本性质的进步和革新。""如果我们还不及时地加强对于长远需要和理论工作的注意,那么,我们就要犯很大的错误。"①

所以,基础研究,不仅是生产力,而且是第一生产力。

马克思曾指出:"对脑力劳动的产物——科学——的估价,总是比它们的价值低得多。"②这是当前待解决的重大的认识上分歧的问题之一。

4. 应该停止对"科学技术决定论"或"唯科学主义"或"科学至上主义"的批评。

这也是有争议的至今尚未得到澄清的一种"批评"。还在"文化大革命"时期,在批判所谓"右倾翻案风"的"运动"中,在一篇由康立、延风所署名,题为《〈汇报提纲〉出笼的前前后后》的"批邓"的文章中,就写道:"他们强调科学是生产力的首要因素,目的是为了排斥阶级斗争这个纲。"他们"死死抱住"科学技术是生产力,是为了"鼓吹唯生产力论,大肆贩卖唯生产力论","从这个唯生产力论的论点中,可以引出一条与党的基本路线相对抗的反革命修正主义路线"③。

随着"阶级斗争为纲"的时代的结束,所谓"生产力论",或"唯生产力论",也就恢复了名誉。因为"生产力论"就是历史唯物论,历史唯物论中的"物",就是生产力。但是,随着"科学技术是第一生产力"的理论的提出,"科学技术决定论"或"科学技术是生产力发展的决定性力量"的理论并没有随之而恢复名誉。在当前出版的某些书刊中,仍然批评那种"作为一种历史观"的"科学技术决定论",亦即认为"当前西方社会发生巨大变化,包括社会关系、权力结构、价值观念和思想文化等方面的变化,其根源都出自科学技术"④,"他们从科学技术决定论出发……竭力鼓吹'趋同论',以此来否定马克思主义的唯物史观,否定马克思主义所揭示

---

① 周恩来:《关于知识分子问题的报告》,《周恩来选集》下卷,人民出版社,1984年版,第183页。
② 马克思、恩格斯:《马克思恩格斯全集》第26卷第1册,人民出版社,1972年版,第377页。
③ 《评〈关于科技工作的几个问题〉》,人民出版社,1976年版,第28,34页。
④ 吴延涪等主编:《自然辩证法概论》,高等教育出版社,1991年版,第321页。

的社会历史发展的规律"①。然而这完全是一种错误的批评。强调科学技术在生产力发展中的决定性作用,强调生产力、生产关系以及上层建筑等等的变化,"其根源都出自科学技术",这完全是"科学技术是第一生产力"的理论所持有的观点,但这和资产阶级学者所竭力鼓吹的"趋同论",毫无共同之处,不能因为现在正在进行对"趋同论"的批判,因此就转过来批评"作为一种历史观"的"科学技术决定论"。

此外,在新出版的某些哲学教科书中,我们也能读到如下一些段落:"在现代,科学对社会生产力发展所起的作用越来越大,资产阶级学者对此做出唯心主义的解释,以至提出什么'科学技术决定论',孤立地考察和片面地夸大了经济发展中精神因素的作用。……在劳动过程中精神因素的作用和在社会发展中科学的作用用的增长,都不能改变社会生产力的物质性质。"②正如我们在前面所指出的,强调科学技术在发展生产力、在推动社会前进中的决定性作用,是要求人们尊重科学、尊重技术,亦即在尊重客观规律的基础上,充分发挥精神的能动作用。这绝不是什么"片面夸大经济发展中的精神因素",更不是什么"资产阶级学者……的唯心主义解释"。

当今中国所面临的问题是,科学技术远远没有成为"第一生产力",科学意识、科学精神远远没有在人民群众中生根发芽,传统的不重视、不尊重科学的观念,可谓根深蒂固。所以,在今天的中国,实在需要停止对"科学技术决定论"或"科学主义"的批评。这既有害于当前的经济建设,也并不科学。

七、"科学技术是第一生产力"的理论对观察和研究当代资本主义社会,推进我国社会主义现代化建设和改革开放,进一步发展历史唯物主义和社会经济等方面的理论,有重大的指导意义

正如我们在引言中所指出的,"科学技术是第一生产力"的理论是历史唯物主义基本原理的重大发展。这一新理论不仅修正了传统的马克思主义理论中有关生产力构成要素的学说,而且进一步把自觉的能动性引入历史唯物主义中的物。这就启示我们在研究社会历史的时候,要充分看到能动性在推动社会历史中的作用,而且在各项实际工作中,要充分发挥革命人民的自觉的能动性。在自然

① 吴延涪等主编:《自然辩证法概论》,高等教育出版社,1991年版,第316页。需要指出的是,这一《自然辩证法概论》修订版,曾聘请本文作者为该修订版的顾问;这一修订版较原书有很大的改进,但抱歉的是,本书作者未能看出这一修订版包含有不恰当地批评"科学技术决定论"的段落,是未能尽到顾问之责的,在批评此书的某些错误时,是应当进行自我批评的。

② 韩树英主编:《马克思主义哲学纲要》,人民出版社,1993年版,第283~288页。

科学里,能够与这一重大发展相比拟的是狭义相对论。狭义相对论不仅修正了牛顿力学的基本公式,而且还突破了牛顿力学旧有的时空观。

正如物理学史发展的经验告诉我们的那样,由于相对论所引起的时空理论的突破是如此的重要和基本,所以在物理学,甚而旁及于其他自然科学的领域,一时之下,都来探讨力学运动规律的突破对物理学、自然科学各领域所带来的影响。毫无疑义的是,在历史唯物主义领域内所出现的新的突破,也将激发起对当代存在的许多重大社会经济问题、我国社会主义建设各问题、社会科学领域中各有关问题等等问题的重新研究。

下面将分别简略地阐述一下由于这一重大理论的出现,所激发出的新的问题的若干初步认识。

1. "科学技术是第一生产力"的理论,为分析和研究当代世界政治、经济等问题,提供了一个新的准则。

首先,在研究当代资本主义世界的政治、经济等等问题时,要充分考虑到科学技术对政治、经济以及社会各问题的影响。例如,在如何评价国力的问题上,要考虑到综合国力,亦即在研究和分析当代世界各国的实力时,不能只看人均国民生产总值(GNP)。这不仅仅因为在人均 GNP 的核算中,要用到只为便于进出口贸易结算,但并不一定反映货币实际价值的汇率,而且因为科学、教育(亦即科学技术的储备)等等因素,同样是反映国力的重要因素。江泽民同志指出:"从世界范围看,各国之间的竞争,说到底是综合国力的较量。当今世界各国综合国力的提高,在很大程度上取决于科学技术的进步。国际经济竞争已越来越表现为科学技术和人才的竞争。我们要在竞争中取胜,就要下决心发展科学技术,促进经济和社会的发展。"①中东某些石油国家,如科威特、沙特阿拉伯等,在人均 GNP 方面甚而超过了最发达的资本主义国家,但是人们并不因此而认为这些国家将从属于第一世界,因为它们没有先进的科学和教育。"科学技术是第一生产力"的理论,就为这种更为科学一些的综合国力的评估的方法,提供了理论基础。

"科学技术是第一生产力"的理论,还为观察、分析和研究当代资本主义经济发展问题,提供了一种新的视角,那就是在估算或预测某些发达资本主义未来经济的发展时,不能仅考察现有资金的投入和产出之间的关系,不能仅看到当前市场的需求,还需要看到在科学技术方面的投入及其对未来市场的影响。现在发达的资本主义国家的经济,虽然也表现出某些经济衰退的现象,但就总的形势来看,

---

① 江泽民:《高度重视和大力发展科学技术》,《经济日报》,1991 年 8 月 8 日。

应该认为战后各发达资本主义国家的经济正处于相对稳定的时期。这固然和第二次世界大战以来各个国家所采取的经济政策有关,也和各个国家科学技术方面的大量投入有关。

"科学技术是第一生产力"的理论,还为研究和分析当今政治格局,提供了一种新观点。这除了要看到现代战争本质上是科学技术之间的战争以外,还由于随着科学技术的发展,世界各国都出现了一大批从事科学技术、从事科学技术教育的工作者,以及一大批掌握现代科学技术的直接的生产劳动者。这是在当前经济生活中迅速扩大的阶级或阶层。马克思主义的政治战略家们不能不看到自第二次世界大战以来,这种政治结构上的变化。战后世界各国的工人运动所以陷入低潮,这和资本主义进入相对稳定时期的事实有关,也和一些马克思主义者在政治战略上未能适当地转变有关。

"科学技术是第一生产力"还为研究和探讨资本主义国家中的文化问题,意识形态领域中的思想斗争问题,提供了一种新的背景。那就是国际资产阶级可以利用他们手中所掌握的强大宣传工具——广播、电视、新闻、出版以及在国际范围内组织起来的通信网络、卫星传播等手段,肆意将他们的意识形态,他们的价值观强加在广大的尚未觉悟的人民群众身上。真正代表人民、代表社会主义方向的声音,却湮没在大量的资产阶级的一片叫卖声中。

科学技术是中性的事物,自然科学并没有阶级性。但生活的现实是,科学技术却掌握在国际资产阶级手中。国际资产阶级可以利用科学技术,"对内剥削和压迫,对外侵略和杀人"[1]。国际资产阶级正力图在科学技术的领域内,保持他们的垄断地位,他们竭力遏制和限制革命人民掌握和发展科学技术。这就是在科学技术领域,在国际各社会力量间所展开的争夺和斗争。

总之,在分析和研究国际各政治力量的实力对比时,不能不注意到国际资产阶级在占有科学技术方面所具有的极大的优势,不能不看到革命人民在科学技术方面所处的暂时的劣势。

但是,国际资产阶级可以充分利用科学和技术,落后国家、发展中国家、新兴的社会主义国家和广大的第三世界也可以利用科学技术。落后的新兴的发展中国家在利用科学技术问题上的优势之一,是可以避免重复去走那些在发达国家里曾经走过或正在走着的那些"弯路",可以直接采用已在实践中证明行之有效的科学技术,而且还可能在一定条件下超越那些现成的技术。第二次世界大战以

---

[1] 毛泽东:《毛泽东选集》第4卷,人民出版社,1991年版,第1495页。

来,曾经有许多落后国家大量采用了转炉顶吹氧气的炼钢技术,从而使钢的产量和质量在较短时期内迅速赶上那些用平炉炼钢的发达国家。在当今光纤通信技术已高度发达的情况下,一些落后国家显然已没有必要去追踪那些在淘汰中的通信技术。

正如列宁所指出的那样,"垄断决不能全面地、长久地排除世界市场上的竞争","用改良技术的办法可能降低生产成本和提高利润,这种可能性是促进着各种变更的",因而"技术的加速发展,又使国民经济各部门不相适应的因素、混乱和危机的因素日益增加"①。这就出现了资本主义发展的不平衡性。第二次世界大战后,日本和德国之所以能迅速赶上美国,某些发展中国家之所以能够迅速得到发展,重要原因之一,是充分利用了现代科学技术。

要看到的是,科学技术这种商品的特点,是科学技术的"出售",发明者并不失去知识,只失去在某种约定条件下的使用权。所以,知识是不能垄断的。科学技术的发展就必然和经济上的垄断体制相矛盾,也必将激发起后进国家和先进国家之间的尖锐冲突。"科学技术是第一生产力"的理论,就提醒我们要从对第一生产力的争夺和竞争的角度,去认识和理解这些矛盾和冲突。

2."科学技术是第一生产力"的理论,为建设有中国特色的社会主义,为我国的改革开放,指明了方向。

生产力是决定社会历史发展的最终决定力量,所以,在社会主义建设的多项任务中,要把发展生产力摆在第一位。科学技术是第一生产力,所以,在发展生产力的各项任务中,要把科学技术摆在第一位。这是我们在学习和研究"科学技术是第一生产力"的理论以后,所应得出的极为重要的结论。

江泽民同志1991年5月23日在《在中国科协第四次全国代表大会上的讲话》中指出:"1988年,邓小平同志总结了二次大战以来特别是七八十年代世界经济发展的新趋势和新经验,进一步鲜明地提出科学技术是生产力,而且是第一生产力。这一论断丰富和发展了马克思主义关于科学技术和关于生产力的学说,揭示了科学技术对当代生产力发展和社会经济发展的第一位的变革作用,对于我国的社会主义现代化建设具有重大而深远的意义。"②

实际上,远在邓小平同志明确提出"科学技术是第一生产力"的理论以前,在党中央所制定的有关发展经济建设的政策中,已经将科学技术提到"第一"的地

---

① 列宁:《列宁选集》第2卷,人民出版社,1972年版,第818页、751页。

② 《中国科学技术协会第四次全国代表大会文件》,人民出版社,1991年版,第1~2页。

位。早在 1964 年 12 月 21 日,周恩来总理在三届人大政府工作报告中就指出:
"今后发展国民经济的主要任务,总的说来,就是要在不太长的历史时期内,把我
国建设成为一个具有现代农业、现代工业、现代国防和现代科学技术的社会主义
强国,赶上和超过世界先进水平。"①1963 年 1 月 29 日,周恩来同志还曾指出:"我
们要实现农业现代化、工业现代化、国防现代化和科学技术现代化,把我们祖国建
成为一个社会主义强国,关键在于实现科学技术现代化。"②

邓小平同志也有类似的论述。1977 年,邓小平同志一复出工作,就立即提
出:"我们要实现现代化,关键是科学技术要能上去。"又说:"不抓科学、教育,四
个现代化就没有希望。"③1978 年,邓小平同志指出:"四个现代化,关键是科学技
术的现代化。没有现代化的科学技术,就不可能建设现代农业、现代工业、现代国
防。没有科学技术的高速度发展,也就不可能有国民经济的高速度发展。"④1987
年,邓小平同志又指出:"发展科技和教育是我们发展战略的'第一位'。"⑤1988
年,邓小平同志又说:"从长远看,要注意教育和科学技术。否则,我们已经耽误了
20 年,还要再耽误 20 年,后果不堪设想。"⑥

为什么在党中央制定的发展经济的政策中,一再认为,要"把发展科学技术和
教育事业放在首要位置,使经济建设转到依靠科技进步和提高劳动者素质的轨道
上来"⑦,这是因为我国的社会主义建设正处在所谓社会主义原始积累的阶段。
社会主义的原始积累,不能依靠剥削农民,也不能依靠侵略或压迫第三世界。社
会主义的积累,只能依靠节约,亦即自力更生,艰苦奋斗,勤俭建国。然而经验又
证明,如果在社会主义建设中,对广大劳动人民的生活需求过度紧缩,将导致社会
秩序动荡不安,甚而触发政治危机。这也就是说,在发展经济的问题上,必须实行
农业为基础,农轻重相结合,而这就将降低积累的速度。"科学技术是第一生产
力"的理论,就为社会主义积累的来源问题指明了方向。我国的社会主义建设,不
能走所谓出售资源的道路,不能只发展劳动密集行业,不能靠"引进"来购买一个
现代化国家,而是只能走"依靠科学技术进步和提高劳动者素质"来发展经济的
道路。必须向科技索取效益,向教育索要人才。这是唯一现实而有效的途径。如

① 周恩来:《周恩来选集》下卷,人民出版社,1984 年版,第 439 页。

② 周恩来:《周恩来选集》下卷,人民出版社,1984 年版,第 412 页。

③ 邓小平:《邓小平文选》(1975～1982),人民出版社,1983 年版,第 37 页、65 页。

④ 邓小平:《邓小平文选》(1975～1982),人民出版社,1983 年版,第 83 页。

⑤ 新华社讯,1987 年 11 月 11 日。

⑥ 《邓小平同志论教育》,人民教育出版社,1990 年版,第 174 页。

⑦ 《中国共产党第十三次全国代表大会文件汇编》,人民出版社,1987 年版,第 17 页。

果说"四项原则是立国之本""改革开放是强国之路"的话,那么"科学技术是富国之源",或者说"科学和教育是富国之源"。

在如何实现四个现代化的问题上,1964 年 12 月 21 日,周恩来同志在三届人大政府工作报告中曾提出如下设想:"为了实现这个伟大的历史任务,从第三个五年计划开始,我国的国民经济发展,可以按两步来考虑:第一步,建立一个独立的比较完整的工业体系和国民经济体系;第二步,全面实现农业、工业、国防和科学技术的现代化,使我国经济走在世界的前列。"周恩来同志还指出:"第三个五年计划时期,是实现上述第一步任务的一个关键时期。这个时期的工作做好了,再经过大约两个五年计划的时间,就可以有把握地使我国建立起一个独立的比较完整的工业体系和国民经济体系。"①注意到周恩来同志设想是用 15 年的时间来实现"第一步",而提出这一"两步走"的设想是在 1964 年,即距今 28 年!

最近江泽民同志在《高度重视和大力发展科学技术》的讲话中也指出:"实现四化,科学技术是关键。我们的农业现代化、工业现代化、国防现代化,没有一项能离开科学技术现代化。从这个意义上讲,只有依靠科学技术进步,才能促进和保证四化的实现。"②江泽民同志还提出一个经济建设如何实现第二步战略目标的设想:"坚持科学技术是第一生产力,把经济建设真正转移到依靠科技进步和提高劳动者素质的轨道上来,是一场广泛而深刻的变革。这不仅可以极大地提高生产力,而且必将引起生产关系和上层建筑的深刻变化。党的十一届三中全会决定全党工作的重点转移到社会主义现代化建设上来,这是一次具有战略意义的转变。把经济建设真正转移到依靠科技进步和提高劳动者素质的轨道上来,是十一届三中全会决定的工作重点转移的进一步深化,是把这个转移推到一个更高的阶段,同样具有战略意义。如果说,把全党工作重点转移到以经济建设为中心的轨道上来保证了第一步战略目标的实现,那么,我们把经济建设进一步转移到依靠科技进步和提高劳动者素质的轨道上来,必将保证第二步战略目标的实现,同时将为实现第三步战略目标奠定坚实的基础。"③

这是令人十分感兴趣的"第二次战略转移"的设想。注意到前述在国外一些学者研究科技进步和经济发展的许多著作中,大多数学者都提到经济的"起飞"有一个"不断地、有效地把新技术吸收到经济之中"的阶段,或者是"科学技术的

---

① 周恩来:《周恩来选集》下卷,人民出版社,1984 年版,第 436 页。

② 见 1991 年 8 月 8 日《经济日报》。

③ 江泽民:《1991 年 5 月 23 日在中国科学技术协会第四次全国代表大会上的讲话》,《中国科学技术协会第四次代表大会文件》,人民出版社,1991 年版,第 2~3 页。

发展成为推动经济增长和社会变迁的最重要的力量"的阶段,应该认为江泽民同志提出的这一新的设想,是正确反映了我国生产力发展的规律的一种设想。

"科学技术是第一生产力"的理论,也为我们进一步调整生产关系,搞好改革开放,指明了航向。改革不仅要以解放工业、农业、商业等生产力为重要目标,还要以解放第一生产力为第一目标;开放不仅要引进资金,引进先进的管理经验,尤其要引进先进的科学技术。如果说正如党的第十三次全国代表大会报告指出的那样,"社会主义社会的根本任务是发展生产力。在初级阶段,为了摆脱贫穷和落后,尤其要把发展生产力作为全部工作的中心。是否有利于发展生产力,应当成为我们考虑一切问题的出发点和检验一切工作的根本标准",那么,在这一生产力标准中,首先就是指科学技术,或至少要包含有科学技术。

早在 1979 年 10 月 30 日,邓小平同志在一次讲话里就曾指出,"对实现四个现代化是有利还是有害,应当成为衡量一切工作的最根本的是非标准。"[1]最近,邓小平同志在视察南方发表的重要谈话中,又将判断改革开放得失成败的标准规定为:"应该主要看是否有利于发展社会主义社会的生产力,是否有利于增强社会主义国家的综合国力,是否有利于提高人民的生活水平。"显然,在综合国力的含义中,一项重要内容就是科学技术。所以,在搞好改革开放的问题上,是否有利于科学技术的发展,也是判断改革开放得失成败的标准之一。

科技进步和经济发展是互为因果,相互促进的。没有科学技术的高速度的发展,也就不可能有国民经济的高速度发展;反之,没有国民经济对科学技术的迫切需要,也就不可能有科学技术的迅速发展。所以经济体制的改革要和科技体制的改革"同步",科技体制的改革要和经济体制的改革"协调"。

在经济发展的问题上,我国将建立社会主义的市场经济,将实行计划经济与市场经济相结合的经济体制和运行机制。计划和市场,是调节经济的两种不同的手段,是促进生产力社会化的两种不同的机制。采用计划和市场相结合,是为了最大限度地调动全国各族人民的最大积极性,并避免在经济建设的全局上出现生产和消费的严重脱节。计划还是市场,这不是区别社会主义还是资本主义的标志,区别社会主义和资本主义的主要标志,是所有制和分配原则,是公有制为主还是私有制为主,是按劳分配为主还是按资分配为主。社会主义不等同于计划经济,市场经济并不就是资本主义。

科技进步是为经济发展服务的。科技进步也必然具有计划调控和市场调节

---

① 邓小平:《邓小平文选》(1975～1982),人民出版让,1983 年版,第 181 页。

的两种模式。不能认为计划调控是社会主义模式,而市场调节是资本主义模式;同样,不能认为计划调控是所谓"死硬僵化"的模式,而市场调节却是"改革开放"的模式。计划和市场,是促进科技进步的两种不同手段,有各自服务于经济建设的不同目标和适用范围。两弹的过关,正负电子对撞机的研制,是国家计划确定的重大科研任务;而101生发精的开发研究,就来自市场,尤其是国际市场的需求。"扬此抑彼,顾此失彼"的看法或做法是片面的、偏颇的。

但是,不论是计划调控还是市场调节,科技进步促进经济发展的前提,是必须建立某种能不断容纳、吸收先进科学技术以促进经济发展的经济体制。我国的经济体制改革,首要的是以建立"依靠科技进步不断提高劳动生产率"的有效机制为最主要目标。资本主义经济制度有许多弊端,但是在一些发达资本主义国家的经济体制中却存在着许多促进科技进步的有效机制。资本主义经济所以尚有一定活力,垂死的帝国主义所以"垂而不死",重要原因之一,是因为它们仍然存在促进科技进步、提高劳动生产率的有效机制。我国的经济改革能否建立不断促进科技进步,不断提高劳动生产率的有效机制,从而建立起比资本主义国家更高的劳动生产率,这是涉及社会主义经济能否生存和发展、社会主义经济能否最终取代资本主义经济的关键性问题。江泽民同志在全国科协第四次代表大会上的讲话中指出:"国际间的竞争,说到底是综合国力的竞争,关键是科学技术的竞争。在科学技术上落后,就会被动挨打。"[1]"我们要想在竞争中取胜,就要下决心发展科学技术,促进社会经济的发展。"[2]我国的经济体制改革能否取得最终的胜利,其标志就在于能否有效地推进这种"科学技术的竞争"。

值得探讨的一个问题是,为什么资本主义的生产方式中能够存在着促进科技进步的活力? 资本主义经济发展的一个特点,是存在着平均利润率,亦即在价值规律的作用下,形成各生产领域的利润率的平均化,并且有不断下降的趋势。这就迫使企业主不得不努力改进生产技术,以追求相对的剩余价值,甚而是超额的剩余价值。特别是在激烈的国际竞争的背景下,一些"非法渠道"获得超额利润的手段,在很多方面都被堵死,因而科学技术上的争夺,就几乎成了合法竞争的唯一方式。所以在一些大的企业集团里,在科技的发展上都采取高投入的政策。其投入的范围不仅是当年见效的开发研究,而且还涉及远期见效的应用研究,甚而是不知其具体效益所在的基础研究,因为"今天的知识即是明天的应用"。

---

① 《中国科学技术协会第四次全国代表大会文件》,人民出版社,1991年版,第2页。

② 江泽民:《高度重视和大力发展科学技术》,《经济日报》1991年8月8日。

上述促进科技进步的机制当然是市场经济的产物,但却未必是资本主义经济所独有的专利。我国设想中的社会主义经济体制是社会主义的市场经济,在拟议中的计划与市场相结合的运转体制里,我们是否也能建立起类似的促进科技进步的机制? 在社会主义市场经济里实现平均利润率,就必须制定合理的价格政策。价格是按照价值,还是按照价值的转化形式——生产价格来制定? 或者说,是按工资利润率制定价格(实际就是价值),还是按资金利润率制定价格(实际就是按生产价格)? 这在我国历史上是一个有争议的问题。去年,在中央工作会议上,李鹏同志提出,要改变价格形成机制,逐步使国家管理的产品按生产成本,平均利润率来确定价格。这在我国实行的计划调控中,是一项突破。这一政策,是符合客观规律的。

在资本主义社会,平均利润率的实现是由于市场的调节。其前提是资金的有效运转和劳动力的顺畅流动。中国的社会主义市场经济,在资金和劳动力的流通方面,将采取何种政策? 资金和劳动力是否也将成为商品,或具有"商品"的外壳? 现在在国有企业中感到极大困扰的"三角债"和"铁饭碗"等"三铁一大"的问题,反映出在如何建立社会主义市场经济的问题上,还需要有理论上的突破。

当然,在社会主义市场经济中如何实现平均利润率的问题,可以同时运用计划和市场这两种调节机制。资本主义经济实现利润率的平均化,前后用了 100 ~ 200 年的时间。我们有双重手段,也许会更快一些。一个重大问题是:我国将建立起什么样的节约资金和节约劳动的体制? 没有这种节约资金、节约劳动的优化机制的建立,那就既谈不上经济效益,也无从促进科技进步,更不能真正发挥"科学技术是第一生产力"的作用!

"科学技术是第一生产力"的理论,还为上层建筑的改革,科技领导部门的改革,提供有益的启示。上层建筑是为经济基础服务的。"科学技术是第一生产力"的理论就提醒我们,国家政权机关不仅要为经济的发展制定相应的法律、法规、条例等等,还要为科技的发展制定相应的法律、法令、法规等等。

例如,我国当前研究与开发(R&D)的费用约占国民生产总值的 0.7%,而在 1985 年仅为 0.5%。这远小于发达国家在科技领域的投入(一般为 2.0% ~ 2.5%),也小于某些发展中国家(如印度为 1.0% ~ 1.2%),更远远小于韩国的 3.3%! 还需要有法律或法规的规定来保证有足够的投入。应当逐步增加 R&D 占 GNP 的相对比重,直至接近并适当超过先进国家水平。增加科技的投入,还必须在开发研究、应用研究和基础研究间保持恰当的比例,以保证科学技术长期、稳定、持续和协调地发展。为了发挥科学技术的"第一生产力"的作用,参考世界各国的经验,基础研究的投入应约占全部 R&D 的 15%～20%。有关科技经费的投入问题,可参见《关于国际科技投资战略的探讨及其对我国的启示》①。

应当制定一些政策和法规来鼓励企业在 R&D 上的投入,按照国外发达国家的经验,各企业的成本核算中均规定包含有用于研究和开发的费用,其相对比例占总营业额的 5%,有些高达 8%～10%! 我国仅为 0.5%,而且在很多企业中不能列入成本!

但是在当前我国市场经济体制还很不完善的情况下,R&D 的增加的主通道将主要来自各级政府机构,这是各落后国家迅速发展科技工作共同采取的政策,也是经验证明行之有效的政策。尤其是那些对国计民生攸关的重大科学研究项目,就远非一个企业或企业集团所能承担。我们赞成从国民经济发展的全局的角度,选定十个或几十个重大开发研究项目(其可能产生的经济效益将达几百亿或几千亿人民币),实行科研、中间试验、生产的一体化。这是我们在六七十年代推进国防尖端技术行之有效的经验,为什么不移用于经济建设?

科学技术的竞争,说到底是人才的竞争。不培养出一支有高度政治觉悟的、有高度科学素养的科技队伍,没有一套足以调动科学技术人员积极性的政策,并付诸行动,就很难取得竞争的胜利。

要"尊重知识。尊重人才。要反对不尊重知识分子的错误思想"②。马克思说过:"资本主义生产方式的特点,恰恰在于它把各种不同的劳动,因而也把脑力劳动和体力劳动……分离开来,分配给不同的人。但是,这一点并不妨碍物质产品是所有这些人的共同劳动的产品……这一分离也丝毫不妨碍:这些人中的每一个人对资本的关系是雇佣劳动者的关系,是在这个特定意义上的生产工人的关系。所有这些人不仅直接从事物质财富的生产,并用自己的劳动直接同作为资本的货币交换,因而不仅把自己的工资再生产出来,并且还直接为资本家创造剩余价值。"③这是马克思对于科技知识分子的阶级属性问题十分明确的规定:他们是雇佣劳动者,是生产工人,而且还直接为资本家创造剩余价值。邓小平同志更进一步指出:在社会主义历史时期中,知识分子"已经是工人阶级的一部分","是社会主义社会的劳动者"④。

---

① 何祚庥、朱梅:《关于国际科技投资战略的探讨及其对我国的启示》,《中国科学院院刊》1990 年第 2 期,第 172 页。另见本文原书《科学技术是第一生产力》(西南财经大学出版社,1993 年版)附录。

② 邓小平:《尊重知识,尊重人才》,《邓小平同志论教育》,人民教育出版社,1990 年版,第 25 页。

③ 马克思、恩格斯:《马克思恩格斯全集》第 26 卷第 1 册,人民出版社,1972 年版,第 444 页。

④ 邓小平:《邓小平文选》(1975～1982),人民出版社,1983 年版,第 86 页。

邓小平同志还预测了由于科学技术的发展,在劳动的"结构"上所引起的变化:"随着现代科学技术的发展,随着四个现代化的进展,大量繁重的体力劳动将逐步被机器所代替,直接从事生产的劳动者,体力劳动会不断减少,脑力劳动会不断增加,并且越来越要求有更多的人从事科学研究工作,造成更宏大的科学技术队伍。"①又说:"将来,脑力劳动和体力劳动更分不开来。"②

邓小平同志还提出一个非常值得注意的思想:"要把'文化大革命'时的'老九'提到第一。……作为一个方针,一个战略措施,从长远来说,这个问题到了着手解决的时候了。"③既然"科学技术是第一生产力",那么,其逻辑的必然的结论,科技知识分子将不再是"老九",而是也要提到第一的地位,这就是今天中国在政治格局上正在发生或即将发生的变化。

学习"科学技术是第一生产力"的理论,还"必须提高全民的科技意识",学会运用现代科学技术的力量,来推进和加强我国的各方面工作,如国防建设、政权建设、思想文化教育、体育卫生、文学艺术以及群众团体的工作等等。

中东海湾战争的经验证明,现代化战争离不开现代科学技术。在国防战线上的一位军事指挥员说得好:"如果离开了现代科学技术,那将会出现如下情况:敌人看得见我们,而我们却看不见敌人;敌人要攻击我们,就一定能打中目标;而我们却只能用大约估计的情况,用一定的概率分布去打击敌人;敌人攻击我们,预期对我们造成多大的破坏,就能造成多大的破坏,而我们却只好虚耗弹药,把大量钢铁堆在敌人的阵地上。怎么能说科学技术不是第一生产力?"

海上和陆上的缉私活动经验证明:如果我们的缉私快艇赶不上走私船只的速度;如果我们的缉私队伍乘坐的是老式的吉普车,而罪犯作案工具却是高速行驶的奔驰车;如果我方公安人员只能凭借固定的电话线进行联络通信,而在逃的作案犯却使用直接对讲的无线电话筒,那么我们的政权机关怎么能有效地打击那些走私犯、贩毒犯?

政治思想工作、文化教育工作、文学艺术工作、节制生育工作以及体育卫生等等,也都离不开现代科学技术。仅仅是"彩电下乡"这一件事情,就为广大的农村、乡镇的广大的劳动群众的现代化意识的提高,起了何等巨大的作用!电视教育的普及就为迅速提高全民的文化素质开拓了光辉的前景。

---

① 邓小平:《邓小平文选》(1975~1982),人民出版社,1983年版,第86页。
② 邓小平:《邓小平同志论教育》,人民教育出版社,1990年版,第25页。
③ 邓小平:《邓小平同志论教育》,人民教育出版社,1990年版,第175页。

马克思主义学说历来认为,消灭工人和农民、城市和乡村,脑力劳动和体力劳动之间的对立,"只有消灭工业的资本主义性质才有可能"①。至于消灭三大差别,"将要在由社会主义逐渐过渡到共产主义的过程中得到克服"②。毛泽东同志也曾指出:"严重的问题是教育农民。"③在马克思、恩格斯时代,电灯、电报、电话尚未广泛应用,更没有什么无线电广播、电视,所以,三大差别的消灭问题,就至少要到共产主义社会。但是在现代科学技术高度发达的条件下,三大差别的消灭问题,无疑就要简单得多,容易得多。

工人运动、青年运动以及妇女运动,也离不开现代科学技术。工人运动、青年运动以及妇女运动,当然是无产阶级革命运动中的一部分。无产阶级只有解放全人类,才能最后解放无产阶级自己。但是,仅有工人阶级的当家做主,还不等于无产阶级的最后解放。如果工人阶级仍然为繁重的体力劳动所束缚,仍然每天至少要从事8小时的生产劳动,那就远远谈不上马克思、恩格斯所说的劳动是"自主活动"④,更说不上劳动"不再是奴役人的手段,因此,生产劳动就从一种负担变成一种快乐"⑤。妇女运动如果仅仅做到了妇女在法律上保证"男女平等""同工同酬",但是妇女却不能从厨房中,从家务劳动中解放出来,那么妇女的解放也仍然是一句空话。有关老龄问题、妇婴问题的解决,也有赖于科学技术的发展。"科学技术是第一生产力"的理论,意味着无产阶级的革命运动还应该和科学技术的革命运动相结合。

学习"科学技术是第一生产力"的理论,还向我们提出一个如何在社会主义建设中充分发挥主观能动性或自觉的能动性的问题。毛泽东同志历来认为认识的主体是阶级,是政党,而不仅是个人。在《实践论》这篇著作中,毛泽东同志总结了无产阶级对于资产阶级的认识过程,中国人民对于帝国主义的认识过程,并指出:"无产阶级和革命人民改造世界的斗争,包括实现下述的任务:改造客观世界,也改造自己的主观世界——改造自己的认识能力,改造主观世界同客观世界的关系。"⑥在《论持久战》中又提出:"思想等等是主观的东西,做或行动是主观见之于客观的东西,都是人类特殊的能动性。这种能动性,我们名之曰'自觉的能动

① 马克思、恩格斯:《马克思恩格斯选集》第3卷,人民出版社,1972年版,第335页。
② 罗森塔尔、尤金:《简明哲学辞典》,生活·读书·新知三联书店,1973年版,第387页、第389页、第616页。
③ 毛泽东:《毛泽东选集》第4卷,人民出版社,1991年版,第1414页。
④ 马克思、恩格斯:《马克思恩格斯选集》第1卷,人民出版社,1972年版,第74页。
⑤ 马克思、恩格斯:《马克思恩格斯选集》第3卷,人民出版社,1972年版,第333页。
⑥ 毛泽东:《毛泽东选集》第1卷,人民出版社,1991年版,第273页。

性',是人之所以区别于物的特点。一切根据和符合于客观事实的思想是正确的思想,一切根据于正确思想的做或行动是正确的行动。我们必须发扬这样的思想和行动,必须发扬这种自觉的能动性。"①

邓小平同志把科学技术引入生产力,并认为是"第一生产力",那就是"自觉的能动性"不仅建立在对社会发展规律的深刻认识上,而且还建筑在对自然发展规律的深刻掌握上。最近邓小平同志在上海表示:"希望上海人民思想更解放一点,胆子更大一点,步子更快一点。"②他在视察南方时发表的重要谈话中又说:"看准了的,就大胆地试,大胆地闯。""大胆地试,大胆地闯",当然是发挥人的能动性作用。但是,这里所讲的"试"和"闯",其前提是"看准了的"。这就是说,"主观见之于客观"的这种"能动",其前提是"主观符合于客观",是要"看准"。说"科学技术是第一生产力",是因为这是理论和实践相结合,是思想符合于客观。

在我国社会主义建设中,如果全国人民都能发挥出这种"自觉的能动性",必将大大加快我国的有中国特色的社会主义的建设。

3."科学技术是第一生产力"的理论,为历史唯物主义的研究,社会科学各领域的研究,提出了许多有待深入研究的问题。

"科学技术是第一生产力"的理论将极大地影响到历史唯物主义的研究,这些研究具体包括:

首先是有关生产力发展的阶段性,生产力在空间和时间上扩展和发展规律的研究,各不同类型的生产力在科学技术的推动下的相互转化和转移的研究,等等。

其次是科学技术作为"第一生产力"和生产关系、上层建筑的辩证关系的研究,现代科学技术(如计算机及机器人、控制机及自动化技术等等)对未来生产的劳动结构、劳动组织、劳动管理以及经营、销售的变化等的研究,科技企业、科技市场在整个经济生活中的作用的研究,等等。

"科学技术是第一生产力"还将激起人们对人民群众和个人在历史上作用的研究。人民是群众创造历史的主体,将不再局限于体力劳动者,还要加上广大的科技工作者;少数英雄人物、历史人物,将不再局限于政治家、军事家,还包含有杰出的科学家,教育家……

由于知识分子的队伍越来越大,知识分子已不能再笼统地归入于小资产阶

① 毛泽东:《毛泽东选集》第 2 卷,人民出版社,1991 年版,第 145 页。
② 见 1992 年 3 月 11 日《解放日报》。

级。知识分子本来并不是一个阶级,而是阶层。现在就更需要根据各类知识分子在生产劳动中的地位,做更为细致的阶级分析,如科技知识分子、管理知识分子、文学艺术知识分子、政治法律知识分子等等。科技革命和阶级斗争,科技革命和社会革命,等等,也是待研究的问题。

科技革命和社会生活方式,将是极有趣并极为重要的研究课题,可以研究现代科学技术对家庭生活、社会交往的影响,信息在社会生活各方面的作用,等等。

科学技术对文化教育、文学艺术、新闻出版等等也将产生强烈的影响。这首先是因为计算机、电视机、录音录像设备,以及迅速便捷的声、像、通信等等技术的出现,将极大地改变上述行业的面貌。有些人甚至预言,书刊将转化为录像带,甚而将转化为普及到家庭的电子通信网络中的激光储存盘。

认识活动将不再是个体的认识活动,将完全发展为社会的认识体系。因为在如此便捷的声像等信息的电子网络系统中,通过检索,便能得到所需要的一切。"秀才不出门,便知天下事"。在科学技术不发达的古代,这完全是空想。在现代的以及未来的生活中,这将是现实。

由于"科学技术是第一生产力"的理论的出现,历史唯物主义的科学体系将重新安排,历史唯物主义的教科书将重新改写。

"科学技术是第一生产力"的理论也将激发对政治经济学的若干问题的重新研究:劳动将不再局限于简单劳动、复杂劳动,而且还要加上科学劳动;商品也不再是实物形态的商品,而且还有知识形态的商品;科学技术的投入和产出,科学技术和政治经济学各要素之间的关系,等等,也都需要研究和重新研究。

发展科学技术,"基础在教育"[1]。"科学技术是第一生产力"的理论,必将唤起人们对教育在社会发展中的地位和作用的重新研究。教育将既是上层建筑,又是生产力,将具有"一身而二任焉"的性质。有些同志甚而认为现在列作第三产业之中的科学和教育,将进一步从第三产业中分化出来,成为第四产业。到下个世纪,在整个产业结构中,"教育将成为第一位的产业"。

总之,正如狭义相对论的出现激发起对现代物理学、现代自然科学许多理论问题的重新研究一样,"科学技术是第一生产力"的理论,也将激发起对历史唯物主义理论,对社会科学许多理论问题的重新研究。

4. 结语。

"科学技术是第一生产力"的理论进一步将能动性引入历史唯物主义关于生

---

① 邓小平:《邓小平同志论教育》,人民教育出版社,1990 年版,第 54 页。

产力是社会历史发展的决定性力量的原理,这是历史唯物主义基本原理的重大发展。邓小平同志的研究和探讨为我们树立了一个典范,即如何在马克思主义学说中,吸收现代自然科学的成就,丰富和发展马克思主义。

高举科学旗帜，弘扬科学精神[*]

何祚庥

八十年前，中国爆发了反对帝国主义和封建主义的"五四"爱国运动。"五四"运动高举着两面大旗：一是呼唤民主，要求在中国发扬民主精神，其实质的要求是在中国建立能反映大多数人呼声的政治制度；二是呼唤科学，要求弘扬科学精神，破除愚昧迷信，其实质的要求，是发展经济，改变中国贫穷、落后的状况。然而就当时中国的实际情况来说，阻碍经济发展的主要因素是存在于旧中国的半殖民地半封建的生产关系，所以，自"五四"以后，以中国共产党人为代表的中国先进分子主要致力于民主政治的追求。

中国人民经过长期的斗争，终于建立了人民民主政权。目前，中国当然需要继续发扬社会主义民主，但更重要的任务却是发展经济。"高举科学旗帜，弘扬科学精神"，应该成为更值得我们关注的话题。

一、科学和技术是推动社会历史前进的动力

"五四"运动所呼唤的科学，主要是指世界观、方法论层面的科学精神，知识、技术层面的现代科学更多的是被作为启蒙的工具提及。八十年过去了，我国人民对于科学技术功能的认识在不断深化。今天我们的认识应提到这样一个高度，即：科学技术是推动社会历史前进的动力。

我一直赞成将历史唯物主义概括为以下三条基本原理：

第一条基本原理是，人民群众是历史的主人。因为不论从事革命还是建设，都必须依靠广大人民群众的支持，而人民群众始终是推动各种形式社会实践前进的第一重要力量。正如毛泽东同志所概括的："人民，只有人民，才是创造世界历史的动力。"

历史唯物主义的第二条基本原理是，社会生产力是决定社会历史发展的最终

---

* 本文原刊于《求是》杂志 1999 年第 9 期。

决定性力量。人民群众有多种多样的社会实践活动,"人类的生产活动是最基本的实践活动,是决定其他一切活动的东西"①。就"生产力和生产关系的矛盾"来说,"生产力是主要的",并且"一般地表现为主要的决定的作用",而"生产关系"只是"在一定条件之下,又转过来表现为主要的决定的作用","谁不承认这一点,谁就不是唯物论者"②。

历史唯物主义的第三条基本原理是自 1988 年以来,由邓小平同志所阐发的"科学技术是第一生产力"。这是因为,"经济发展快一点,必须依靠科技和教育","要提倡科学,靠科学才有希望"③,"科学技术的发展和作用是无穷无尽的"④,"最终可能是科学解决问题"⑤。需要指出的是,马克思、恩格斯、列宁等经典作家也有过类似的表述:"现代自然科学和现代工业一起变革了整个自然界"⑥;技术进步"是其他一切进步的动因,前进的动因"⑦;恩格斯甚而还说,马克思"把科学首先看成是历史的有力的杠杆,看成是最高意义上的革命力量"⑧。为什么从马克思、恩格斯、列宁直到邓小平都如此高度评价科学技术在社会历史发展中的作用? 这是因为"现代科学为生产技术的进步开辟道路,决定它的发展方向"⑨。

科学技术对于社会发展的强大推动作用,自 19 世纪尤其是 20 世纪以来日益显著。资本主义国家的生产关系不适应于规模庞大的生产力发展的需要,社会主义终将代替资本主义这个历史发展的总趋势是不会改变的。但是战后一些资本主义国家的经济为什么还有新的发展呢? 一个重要原因就是在科学技术的帮助下开拓出了新的市场需求。第二次世界大战中,德国、日本的工业和经济差不多完全被战争摧毁,然而五十年来,这两个国家都重新崛起,那主要是因为,战争摧毁的只是这两个国家的经济;高度熟练的劳动者,大批高水平的科技人员、管理人员,熟悉经济工作的政治家仍在。有了以科学技术武装起来的人才,就能弄到资金,弄到装备,就能使经济有效地运转起来。所以,科学技术的确是自 20 世纪以

---

① 毛泽东:《毛泽东选集》第 1 卷,人民出版社,1991 年版,第 282 页。
② 毛泽东:《毛泽东选集》第 2 卷,人民出版社,1991 年版,第 325 页。
③ 邓小平:《邓小平文选》第 3 卷,人民出版社,1993 年版,第 377 ~ 378 页。
④ 邓小平:《邓小平文选》第 3 卷,人民出版社,1993 年版,第 17 页。
⑤ 邓小平:《邓小平文选》第 3 卷,人民出版社,1993 年版,第 313 页。
⑥ 马克思、恩格斯:《马克思恩格斯全集》第 7 卷,人民出版社,1959 年版,第 241 页。
⑦ 列宁:《列宁选集》第 2 卷,人民出版社,1995 年版,第 660 页。
⑧ 马克思、恩格斯:《马克思恩格斯全集》第 19 卷,人民出版社,1963 年版,第 372 页。
⑨ 邓小平:《邓小平文选》第 2 卷,人民出版社,1993 年版,第 87 页。

来凸显出来的推动社会历史前进的动力。知识经济的产生为这一点做了最好的诠释。

二、科学精神、科学思想是最根本的精神力量

"科学技术是第一生产力"理论的进一步发展，是"科教兴国"战略的提出。"兴国"既包括物质文明建设，也包括精神文明建设。"兴国"之所以要靠科学，因为科学精神、科学思想是最根本的精神力量。

何谓科学精神？"五四"运动所提倡的是以反迷信、反神权、反专制、反盲从、反武断为主要内容的科学精神。1940年，毛泽东在讲到"民族的科学的大众的文化"时，对"科学"的内涵做过如下概括："它是反对一切封建思想和迷信思想，主张实事求是，主张客观真理，主张理论和实践一致的。"①这是对科学精神的比较完整的概括。

在抗日战争时期，革命的主要任务是反帝反封建，所以毛泽东强调"反对一切封建思想和迷信思想"。到了1978年，邓小平强调要突破林彪、"四人帮"所设置的思想、理论禁区，要"解放思想，破除迷信"，"只有解放思想，坚持实事求是，一切从实际出发，理论联系实际，我们的社会主义现代化建设才能顺利进行"，并指出这"是个思想路线问题，是个政治问题，是个关系到党和国家的前途和命运的问题"②。这是邓小平同志在新的历史时期对科学精神的阐述。

总结起来，可以将科学精神概括为如下四个特征：

特征之一是"主张实事求是"，亦即认识要从"实事"而不是从"虚事"出发，找出事物发展的规律。所以，认识的前提，是虚实之辨而不是以假乱真；然后再从真实事物的变化发展中，找出隐藏在事物背后的规律。

特征之二是"主张客观真理"，亦即认为所认识到的真理，是可重复的，可检验的，而不是由少数人所体验、所认可的主观真理。

特征之三是"主张解放思想，破除一切迷信"，它提倡凡事要问一个"为什么"，问一个其理由何在，其根据何在？迷信却要求人们无条件地信奉、服从。

特征之四是"主张理论与实践一致"，认为人们在求出事物的发展规律以后，并不是认识的终结，还要回到实践中去，由实践来检验理论，由实践不断地提出新问题，不断前进，不断创新。

这里应该鲜明地提出一个新的命题：科学精神、科学思想是最根本的精神力

---

① 毛泽东：《毛泽东选集》第2卷，人民出版社，1991年版，第707页。

② 邓小平：《邓小平文选》第2卷，人民出版社，1994年版，第143页。

量。科学,尤其是自然科学的发生、发展一开始就是由生产所决定的。正是在生产需求的推动下,自然科学形成了科学的体系。由自然科学各部门从科学研究的实践中提炼出来的科学精神、科学方法,不仅反作用于自然科学的发展、创新,而且进一步影响到人们对社会现象的研究,由此而产生了社会科学,其中最主要的是马克思主义的科学。在马克思主义诞生以前,社会"科学"只是一些经验材料的积累,只是对社会发展的片段的零星的经验性的认识。马克思主义问世以后,社会历史发展的有序可寻的规律被发现了。不仅社会经济的发展和体制的转变得到合乎逻辑的解释,而且也由此大体上把握住了政治以及文化变化发展的脉络。

科学精神是真理的助产士,而真理一经被群众掌握,就会产生改天换地的巨大力量。试问20世纪较之19世纪有哪些空前的成就?我以为,一是由于自然科学空前的发展,发掘出许多新的生产力,从而极大地提高了人民生活水准;二是在马克思主义指导下,反映大多数人利益而不是只为少数人发财致富的社会主义运动有了空前的发展——尽管这一运动目前遭遇了某些暂时的挫折。在促成这些历史上空前的进展方面,科学精神功不可没。

三、马克思主义包括邓小平理论都是科学

当代自然科学,马克思主义、列宁主义、毛泽东思想及其最新发展——邓小平理论,都是遵循科学精神、运用科学方法而形成的科学思想、科学成果。所以,不仅自然科学是科学,马克思主义是科学,邓小平理论也是科学。

邓小平理论是中国共产党人遵循科学精神,运用科学方法,充分吸取中国社会主义建设实践正反两方面的经验总结出来的建设中国特色社会主义的科学理论。高举邓小平理论的旗帜,就要毫不动摇地坚持党在社会主义初级阶段的基本路线,把以经济建设为中心同四项基本原则、改革开放这两个基本点统一于建设中国特色社会主义的伟大实践。历史唯物主义认为,生产力是最终决定社会历史发展的力量。已经掌握了政权的中国人民必须"以经济建设为中心","各项工作都要服从和服务于这个中心"。为了在中国能更迅速地发展生产力,必须积极进行改革开放,充分发挥各种所有制包括国外私人资本的积极作用,并在经济体制上从传统的计划经济转变为社会主义市场经济。为了防止经济上深层次的变动影响到政治和意识形态,必须坚持四项基本原则,并将此作为立国之本,以保持大局的稳定,保持社会主义的政权永不变色。这就是在许多文件中再三强调的:要处理好"改革、发展、稳定"这三者的辩证关系。

有相当一些人总是感到"坚持四项基本原则"和"积极推进改革开放"有矛

盾。其实，前者说的是政治，后者说的是经济。马克思主义当然认为政治是经济的集中表现。但是，马克思主义又看到政治和文化相对于经济的独立性，政治、文化和经济各自具有相互不能取代的独特的规律。在中国革命的历史上，毛泽东曾经注意到资产阶级民主主义革命客观上是为资本主义的发展扫清道路，即经济的规律是不能跨越的；但是，资产阶级民主主义革命又可以由无产阶级来领导，并且获得成功，即政治又有相对于经济而独立发展的规律，中国革命正是利用了这种特殊的规律取得了胜利。

马克思主义理论当然认为上层建筑是由经济基础决定的。所以，社会主义的政治制度必须有自己的经济基础，公有制就是我国社会主义制度的经济基础。为此，我国也就"必须坚持公有制为主体"。可以说，这是我国为保证走社会主义道路所构造的第一道防线——经济防线。马克思主义还认为，上层建筑绝不是消极地中立地反映着基础，上层建筑一出现，就成为极大的力量，积极促进自己基础的形成和巩固。为此，在政治制度上，就必须坚持四项基本原则，可以说，这是为保证我国走社会主义道路所构造的第二道而且是更重要的防线——政治防线。

当今中国所面临的问题是，世界资本主义正处在相对稳定并且仍有较大发展的时期，中国共产党人能否再一次利用"政治相对于经济而独立发展的规律"，能否在一个相当长的时期内，以至几百年，维护政权的社会主义性质不变，进而取得社会主义的完全的胜利？这是人们所特别关注的重大问题。"社会主义经历一个长过程发展后必然代替资本主义。这是社会历史发展不可逆转的总趋势"①。这就是中国共产党人基于科学的分析对于中国未来发展的一种估计。这种估计能不能变为现实，取决于代代相传的共产党人长期不懈的努力！

在当前条件下，强调"马列主义、毛泽东思想是科学""邓小平理论是科学"，具有特殊重要意义。为什么我国的建国方略要以马列主义、毛泽东思想和邓小平理论为指导思想？因为"马克思主义是科学"。为什么我们坚信遵循着马列主义、毛泽东思想和邓小平理论所指引的道路前进，中国的革命和建设将无往而不胜？因为我们依靠的是科学的思想，科学的理论，而不是什么一厢情愿的主观愿望。

四、"学习科技知识要坚持不懈，破除封建迷信、消除各种伪科学反科学现象，也要坚持不懈"

这是江泽民同志在省部级主要领导干部金融研究班结业式上的讲话中谈到

---

① 邓小平：《邓小平文选》第3卷，人民出版社，1993年版，第382～383页。

的重要思想。

领导干部学习科学技术知识不仅在于弥补自身知识结构上的缺陷,更重要的是,要深入领会科学精神,掌握科学方法,将科学引入决策,将决策变成有科学根据的、民主的、有法律和制度保障的过程。在一些重大问题的决策上,有一些领导干部为什么会犯错误? 就是因为他们缺乏科学精神,缺乏科学思维能力,凭感情和经验而不是理性做决断,从而在来自自己部下的,或来自社会方方面面人士的不负责任、无真知灼见的意见和建议面前丧失了辨别能力。

科学离不开经验,然而科学高于经验,它是人类理性思维的产物。那种完全违背科学精神的经验主义认识论,是应当纠正的。

许多信奉、传播各种封建迷信、伪科学、反科学假象的人们往往以自己的经验为依据,那就是"眼见为实"。但是,"眼见"有时却未必"实"。两根直线是否平行,就不是一眼可以看清楚的。两根会在近处相交的直线,我们可以仅凭肉眼就判断它们不是平行线。但是,两根会在 5 公里以外相交的直线是不是平行线,就不是一眼可以看清楚的,需要通过严格的数学证明或科学测量来判定。可是,某些深信"眼见为实"的同志却反对这一点。他们说,原则不是出发点,不能用不符合哪一个原理而去否定某一个事实。不错,"原则不是研究的出发点",这是恩格斯在《反杜林论》里说过的话。但是,恩格斯所批评的"原则",是指杜林在头脑里先验地构造出来的未经实践验证的"原理""体系"。这和人们运用科学的理论,如质量守恒定律、能量守恒定律等等来批判地审查某些"实事"是真还是假,完全是两回事。自然科学所确定的这些基本定律,是由大量的精密的科学事实来确定的。违反这些定律,首先就意味着要推翻那些由高度精密实验所反复验证了的事实。可是在一些深受经验论影响的同志看来,他们的"亲眼所见"才是"事实",而那些被精密的科学事实所反复验证过的科学定律倒成了先验的"原则"!

正如毛泽东在《实践论》里所批评的:"以为只有感性认识可靠,而理性认识是靠不住的,这便是重复了历史上的'经验论'的错误。这种理论的错误,在于不知道感觉材料固然是客观外界某些真实的反映(我这里不来说经验只是所谓内省体验的那种唯心的经验论),但它们仅是片面的和表面的东西,这种反映是不完全的,是没有反映事物本质的。"①

经验主义还会动摇人们对于马克思主义和社会主义的信念。在当前确有一股认为马克思主义已经"过时"的思潮。在东欧和苏联的事变相继发生后,一些

---

① 毛泽东:《毛泽东选集》第 1 卷,人民出版社,1991 年版,第 291 页。

深受经验主义思想影响的人们就匆忙地做出"马克思主义正在死亡,马克思主义已经死亡"的结论。然而东欧和苏联事变所以发生,究竟是奉行马克思主义所致,还是因为未能科学地坚持马克思主义所致,这是需要科学的缜密的考察才能做出结论的事情。

在我国也出现过类似的情况。1989年政治风波发生后,一些经验主义者做出了或"四个坚持"或"改革开放"已经失败的结论。然而,邓小平同志在深入分析了问题实质后得出结论说,并不是我们的战略目标错了,也不是路线、方针、政策发生了问题,不是错在"四个坚持"本身,而是错在坚持得不够一贯,教育和思想政治工作太差,抓改革开放的一手比较硬,抓严厉打击经济犯罪,包括抓思想政治工作的一手比较软。所以,"要坚定不移地执行党的十一届三中全会以来制定的一系列路线、方针、政策,要认真总结经验,对的要继续坚持,失误的要纠正,不足的要加点劲"①。可见,教条主义或思想僵化是马克思主义的大敌,经验主义,轻视理论,也是马克思主义的大敌。

值此纪念"五四"运动八十周年之际,一个显然的结论是:我们必须高扬科学旗帜,全面实施科教兴国的战略;我们必须弘扬科学精神,捍卫、发展马克思主义,推动自然科学和社会科学研究的全面繁荣。

---

① 邓小平:《邓小平文选》第3卷,人民出版社,1993年版,第308页。

建设有中国特色的社会主义,必须摆脱 空想的"假大空"等假社会主义理念

——纪念中国共产党成立九十周年 *

何祚庥

今天纪念中国共产党成立九十周年。纪念这一伟大节日的最好办法,是共同回顾一下中国共产主义运动的成败得失。

最近读到尼泊尔共产党前总书记马代夫·尼帕尔《谈中共创新与社会主义》的一篇谈话①,深感这一谈话从一个侧面评价了中国共产党人的成败得失。其中说:"中国革命和改革的胜利,极大地丰富了马克思主义和世界共运。1848 年《共产党宣言》到现在已经一个半世纪多了,其间关于共产主义根本特点的辩论一直没有停止过。最早,马克思与恩格斯认为,社会主义革命将在所有国家同时取得胜利,社会主义和共产主义意味着全民所有,消灭私有所有制。但列宁领导的十月革命,证明社会主义可以首先在某个国家取得成功。中国革命和建设的实践证明,社会主义将长期处于初级阶段;在这一阶段,私人企业可以继续得到发展,多种经济形式可以并存。我们认为,这是对社会主义理论的巨大创新和贡献。"

我十分认同这位旁观者对中国共运的评价。

而更有趣的是这位前总书记还说了如下一段话:"如你所知,尼泊尔现在有超过十个共产党。在尼泊尔,有关社会主义道路的讨论也从未间断过。我记得,上世纪八十年代,邓小平同志领导中国改革开放的实践,也使尼泊尔共产党分成两个对立的阵营。一个阵营认为这是离经叛道,社会主义就应当搞全民所有制,不能允许私人企业;另一个阵营,以我们党为首,认为这是社会主义的大胆创新。这

---

* 本文为未刊稿,完稿于 2011 年。

① 见 2011 年 6 月 22 日《环球时报》,原标题为《尼共前总书记尼帕尔专访:中共勇于承担历史责任》。

一争论到现在也没有停止。但我们看到,随着中国经济迅速发展,邓小平同志这一高瞻远瞩的决定在今天越发显得正确。"

为"社会主义道路"之争,尼泊尔共产党出现了两个对立的阵营,可见这一"争论"影响之深,分歧之大!如果回顾一下历史,在中国共产党内,也激烈地存在着"道路"之争。只是在早期是毛泽东,后来是邓小平,统一了全党的认识,我们党没有分裂成几个共产党。

为什么共产主义运动会在激烈的"道路"之争的声浪中,最终走向统一?原因就在于"马克思主义是科学",马克思主义也最"尊重科学,依靠科学"来认识和研究社会主义运动的各项问题。马克思、恩格斯对社会主义理念的最大贡献,是《社会主义从空想到科学的发展》。自此以后,许多历史上著名的空想的社会主义者纷纷集合在"科学"的社会主义旗帜之下,国际共产主义运动也就此面目一新。

为什么邓小平所提出的建设中国特色的社会主义的理论也得到全党、全中国最广大人民群众以及国际社会先进人物的广泛支持和热烈拥护?其最重要的原因,是因为这一理论继承和发展了马克思、恩格斯所一再倡导的,社会主义要从"空想"走向"科学发展"的理念。不可否认的事实是,介入、卷入社会主义运动中的先进分子,是"来自五湖四海"的人群。在"何谓社会主义""何谓马克思主义"等问题上,必然伴随或带来许多不科学甚而反科学等的"假大空"式的理念。但是,历史的发展必定是,科学战胜空想,实事求是战胜"假话、大话、空话"。

邓小平说:"什么叫社会主义,什么叫马克思主义?我们过去对这个问题的认识不是完全清醒的。"[1]

邓小平对"何谓马克思主义"的澄清是:"马克思主义最注重发展生产力。"[2]"马克思主义的基本原则就是要发展生产力。"[3]也许有人认为,这只是重复说马克思曾说过的意思。但如果和另一段话比较一下——"马克思主义有千条道理,归根到底,就是一句话:'造反有理。'"——就立刻可以看出邓小平这句话的重要了。

其实,在抗日战争时期,毛泽东曾于 1945 年在《论联合政府》一文中,甚为鲜明地提出:"中国一切政党的政策及其实践在中国人民中所表现的作用的好坏、大

---

① 邓小平:《邓小平文选》第 3 卷,人民出版社,1993 年版,第 63 页。
② 邓小平:《邓小平文选》第 3 卷,人民出版社,1993 年版,第 63 页。
③ 邓小平:《邓小平文选》第 3 卷,人民出版社,1993 年版,第 116 页。

小,归根到底,看它对于中国人民的生产力的发展是否有帮助及其帮助之大小,看它是束缚生产力的,还是解放生产力的。"

更重要的是邓小平运用"马克思主义最注意发展生产力"这一"基本原则",对"何谓社会主义"所做的澄清。这集中表现在邓小平为"社会主义的本质"所做的规定:"社会主义的本质,是解放生产力,发展生产力,消灭剥削,消除两极分化,最终达到共同富裕。"①极有意思的是,这里的这样一个有关社会主义"本质"的五条,竟没有讲到社会主义是公有制还是私有制。我曾经听见一位多年研究马克思主义的理论家在一次讨论会上说:"小平同志为什么不在生产关系上讲几句话?结果为'什么是社会主义'争论不休。"

其实这正是邓小平在"什么是社会主义"的问题上,"认识""完全清醒"之所在。因为如果"马克思的基本原则就是要求发展生产力",就必然要应用这一历史唯物主义的"基本原则"来研究、分析社会主义历史经济问题,包括发展阶段的划分;那么,在社会主义发展的问题上,必定是"社会主义阶段的最根本任务就是发展生产力","社会主义的优越性归根到底要体现在它的生产力比资本主义发展得更快一些、更高一些,并且在发展生产力的基础上不断改善人民的物质文化生活","社会主义要消灭贫穷,贫穷不是社会主义。"②邓小平后来又说:"发展太慢也不是社会主义。"③。后来还说:"对于我们这样发展中的大国来说,经济要发展得快一点,不可能总是那么平平静静、稳稳当当。要注意经济稳定、协调地发展,但稳定和协调也是相对的,不是绝对的。发展才是硬道理。这个问题要搞清楚。如果分析不当,造成误解,就会变得谨小慎微,不敢解放思想,不敢放开手脚,结果是丧失时机,犹如逆水行舟,不进则退。"④

其实,邓小平所讲的"社会主义的本质",既适用于"初级"阶段的社会主义,也适用于今后的"中级""高级"阶段的社会主义。因为如果未来的社会主义是走向"共同贫穷",走向"发展太慢",但却打着"社会主义"的"旗号",这仍然不是我们所赞同的科学的社会主义。

为了高速度地发展生产力,邓小平讲了一句名言,"不管白猫、黑猫,抓到老鼠就是好猫"。在中国的理论界,曾为"猫论"引起激烈的争议。

在中国思想界,更引起激烈争议的,是如下的一段话:

---

① 邓小平:《邓小平文选》第3卷,人民出版社,1993年版,第373页。
② 邓小平:《邓小平文选》第3卷,人民出版社,1993年版,第63~64页。
③ 邓小平:《邓小平文选》第3卷,人民出版社,1993年版,第255页。
④ 邓小平:《邓小平文选》第3卷,人民出版社,1993年版,第377页。

"走社会主义道路,就是要逐步实现共同富裕。共同富裕的构想是这样提出的:一部分地区有条件先发展起来,一部分地区发展慢点,先发展起来的地区带动后发展的地区,最终达到共同富裕。"①。1983 ~ 1992 年,邓小平曾就"共同富裕"问题多次说过类似的话。

我们的认识和理解是,这一走向共同富裕的客观规律,将分三步走:第一步,允许和提倡一部分人、一部分地区先富起来;第二步,先富裕起来的人、地区,带动、帮助其他人、其他地区也走向富裕,也就是"逐步"扩展,并以较大幅度"逐步"增加富裕的人群和地区;第三步,"逐步"并"最终""达到共同富裕"。而如果跳过"先富带动后富、先富帮助后富"这一"中间"步骤,提出今后要"做好共同富裕大文章",是否将属于"超越"历史阶段?!

最近,在 2011 年 6 月 28 日的《环球时报》读到一篇《共同富裕,当今中国"中心课题"》的文章。这篇文章说:"不仅要把'共同富裕'看作社会主义市场经济体系发展中的规范性价值目标,同时还必须把它看作新时期中国市场经济可持续发展的工具性目标。"这里用了一则难以读懂的晦涩的"名词"——"工具性目标",实际上是要将"共同致富"作为"当今中国'中心课题'"。

其实,邓小平早在 1990 年已经说过,"共同富裕——我们从改革一开始就讲——'将来总有一天'要成为中心课题"②。1992 年针对共同富裕问题又说:"什么时候突出地提出和解决这个问题,在什么基础上提出和解决这个问题,要研究。"③我们的质疑是:邓小平同志所说的"将来总有一天",是不是"等同于"走过 19 ~ 21 年后,即 2011 年的"当今"?!

同一文章还激烈地批评当今中国已走向"两极分化"。"中国基尼系数的加速恶化与大大超过警戒线,表明中国两极分化已十分严重";概括是"中国人民大学研究团队利用不同方法对我国基尼系数进行了测算……各种测算方法都表明中国的基尼系数已严重超过国际公认的 0.4 的警戒线"。

其实,基尼系数所讨论的是贫富差距的"相对值",这和"两极分化"的概念并不"搭界"。

1985 ~ 1992 年,邓小平曾多次谈到"防止两极分化""消除两极分化"。

问题是,邓小平所说的"防止两极分化""消除两极分化",是"不会导致富的

---

① 邓小平:《邓小平文选》第 3 卷,人民出版社,1993 年版,第 373 ~ 374 页。
② 邓小平:《邓小平文选》第 3 卷,人民出版社,1993 年版,第 364 页。
③ 邓小平:《邓小平文选》第 3 卷,人民出版社,1993 年版,第 374 页。

越富,贫的越贫"①。"如果富的愈来愈富,穷的愈来愈穷,两极分化就会发生"②。

　　如果研究一下我国推行改革开放的实际,事实是,我国在推行改革开放的初期,就已经注意到,中国的工业化进程不能走资本主义的"原始积累"的道路。我国进城打工的人群,一般要比农村中参加劳动的人群收入要高出 5～10 倍。其结果是,确有一小部分"贫者"先富起来,成为"快速"富裕的人群;而另外的大部分"贫者"只是"慢吞吞""较慢"地"走向"富裕,距离"富裕"还有一段较长、较远的距离。这就是基尼系数所刻画的差距;但这和"两极分化"不"搭界",这里并未出现"贫者愈贫"。

　　总的来说,我国正处在"全面建设小康社会"的阶段,尚未走上"繁荣、富裕"的阶段。但不能因此说,"共同富裕的目标不仅没有得到实现,反而呈现渐行渐远的发展态势"。——坦率地说,《环球时报》所刊登的这一《共同富裕,当今中国"中心课题"》的文章中的论述,尤其是其中激烈批评"中国两极分化已十分严重"的段落,是在新时期新出现的"左"的思潮。

　　"居安还要思危"! 我们不能不关注于这一可能出现的,新一轮的"折腾"!

　　对于自然辩证法研究,无疑也应"最注意发展生产力";其"战略重点,一是农业,二是能源和交通,三是教育和科学"③;也许还应加上信息。自然辩证法应该为实现上述战略重点,做出自己的贡献。

---

①　邓小平:《邓小平文选》第 3 卷,人民出版社,1993 年版,第 372 页。

②　邓小平:《邓小平文选》第 3 卷,人民出版社,1993 年版,第 374 页。

③　邓小平:《邓小平文选》第 3 卷,人民出版社,1993 年版,第 9 页。

也谈如何科学地区分"背离"与"发展"

——对马克思主义政治经济学研究方法的一点探讨 *

何祚庥　张晓芳

2014 年 1 月，《政治经济学评论（季刊）》2014 年第 1 期刊登了何祚庥所写的《必须将"科技×劳动"创造使用价值的思想引入新劳动价值论的探索和研究》这篇讨论性的长文①。作为作者，我们很欢迎各界学者进行不同角度的学术讨论。三个月后，有朋友打电话说《政治经济学评论（季刊）》2014 年第 2 期，刊登了一篇"讨论"的文章，并似乎不仅限于学术讨论的态度和方法。经查阅，一篇将"何祚庥"的名字列入副标题的文章——《究竟是发展，还是背离和庸俗化了马克思科学的劳动价值论？——评何祚庥对马克思劳动价值论的"发展"》②似乎就是朋友所指了。

一、对一处"错引"的澄清及向读者致歉

在讨论的开始，想先就一处误会澄清一下。在"何文"中，为了阐述马克思对劳动生产率的理论解释与该理论出现后和社会经济发展的现实是否相符合等情况，引用了马克思在《资本论》第 3 卷中的一段话：在未来的更高级的社会形式中，"在一定时间内，从而在一定的剩余劳动时间内，究竟能生产多少使用价值，取决于劳动生产率……社会的现实财富和社会再生产过程不断扩大的可能性，并不取决于剩余劳动时间的长短，而是取决于剩余劳动的生产率和这种剩余劳动借以完成的优劣程度不等的生产条件。"③但是，在用拼音输入法录入上述引文时，却将"使用"二字误输入为"剩余"二字，在此向读者真诚致歉，同时感谢"评文"作者指出了这一处引文失误。

＊　本文为未刊稿，完稿于 2014 年。

①　何祚庥：《必须将"科技×劳动"创造使用价值的思想引入新劳动价值论的探索和研究》，《政治经济学评论》，2014 年第 1 期，第 72～100 页。以下简称"何文"。

②　以下简称"评文"。

③　马克思：《资本论》第 3 卷，人民出版社，1975 年版，第 926 页。

447

然而"评文"接下来对这一"错引"的评论却着实让人大跌眼镜。"评文"严厉批评"何文""干脆就在引证马克思著作内容时做了手脚"！"神不知鬼不觉地把马克思著作中白纸黑字写得明明白白的东西，硬是通过不规范的引证方法歪曲为与马克思原著意思相反的观点"，"对马克思的批判该有多么的不公正"①。

首先我们谈一下这段"错引"是否真的有如此之大的"威力"，能够"歪曲马克思原著意思"，引到"相反的观点"上去。从上下文看，"何文"在错引了马克思所说"社会究竟能生产多少剩余（正确的引文应为使用）价值，将取决于劳动生产率"那句话后，接下去立刻说："我们完全可以认为：经典劳动价值论所讨论的是劳动如何创造（交换）价值，而'新'劳动价值论就还要进一步讨论，'劳动×科技'如何创造社会现实财富或创造使用价值。在《资本论》中，马克思一直认为，'使用价值即物质财富'。"②

在这段话中，论据与论点以及下一步将讨论的问题都表述得比较清楚，即"何文"试图用"错引"的文字来作为论点"科技×劳动创造使用价值"的论据之一（论据之二是"在《资本论》，马克思一直认为，'使用价值即物质财富'"）。如果将"错引"改正过来，即将"社会究竟能生产多少剩余价值，将取决于劳动生产率"改为"社会究竟能生产多少使用价值，将取决于劳动生产率"，能够更好地支持论点"科技×劳动创造使用价值"，是不言而喻的，更加谈不上"不公正"地"批判"马克思了。

在另一段评论中，"评文"还严厉批评道："'新论'显然有意删除了马克思的一段原话：'劳动生产力是由多种情况决定的，其中包括：工人的平均熟练程度，科学的发展水平和它在工艺上应用的程度，生产过程的社会结合，生产资料的规模和效能，以及自然条件。'"而正是由于"新论""隐匿"了这段话，因而"'新论'整篇文章都在指责马克思只有劳动创造使用价值"！"否则读者便会发现'新论'指责马克思把劳动看作是使用价值唯一泉源，马克思是被冤枉的。"③

"何文"作者真的有意这样做吗？稍微留心何祚庥已发表的几篇文章，就应该看到：何祚庥曾多次引用过《资本论》第1卷第53页的这段话，来说明马克思主

---

① 丁堡骏、于馨佳：《究竟是发展，还是背离和庸俗化了马克思科学的劳动价值论？》，《政治经济学评论》，2014年第2期，第100页。

② 何祚庥：《必须将"科技×劳动"创造使用价值的思想引入新劳动价值论的探索和研究》，《政治经济学评论》，2014年第1期，第75页。

③ 丁堡骏、于馨佳：《究竟是发展，还是背离和庸俗化了马克思科学的劳动价值论？》，《政治经济学评论》，2014年第2期，第104页。

义理论中有关劳动生产力的概念,并曾经给出过一个"生产力的表述":

生产力 = 精神要素 × 物质要素

= (科学技术 + 经营物理 + …) × (劳动者 + 劳动工具 + 劳动对象)

其理论依据之一,就是引用了《资本论》第 1 卷里有关劳动生产力的"五因素"的论述①。所谓通过"隐匿"来"指责",是"评文"完全不符合实际的个人想象。

当然,我们能够理解"评文"在对"使用价值"与"交换价值"概念的解释上持有不同观点。但对这一段明确给出出处的引文错误,实在不应该"小题大做"。为了证明作者自己的臆想,更加不应该如此"空穴来风"。

这让我不禁想起了"文革"所特有的文风、学风。那就是不仅你说过的话要"批",你没有说过的话也要"批"!他会"批"你为什么不引用这句话!会"批"你为什么故意删去这段话而不加引用。总之,其目的就是要将你"批倒""批臭"!

我们当然愿意相信"评文"作者并非怀有这样的恶意。但"神不知鬼不觉"地"做了手脚",故意"隐匿"这一事实是为了掩盖"自己的偷换概念行为"之类的提法,实在是很容易让人产生如此联想。

二、如何批判地吸收西方经济学的有益成果

首先,需要澄清对马克思政治经济学的理论和概念的一种错误的解读方式。

马克思在《工资、价格和利润》中说:"你们如果以为劳动和其他任何一种商品的价值归根到底仿佛是由供给和需求决定的,那你们就完全错了。供给和需求只调节着市场价格一时的变动。供给和需求可以说明为什么一种商品的市场价格会涨到它的价值以上或降到它的价值以下,但决不能说明这个价值本身。假定说,供给和需求是相平衡,或如经济学者所说,是相互抵消的。当这两个相反的力量相等的时候,它们就相互抑制而停止发生任何一方面的作用。当供给和需求相互平衡而停止发生作用的时候,商品的市场价格就会同它的实在价值一致,就会同它的市场价格绕之变动的标准价格一致。所以在研究这个价值的本质时,我们完全不用谈供给和需求对市场价格发生的那种一时的影响。"②

"评文"对马克思这一段话的解读是这样的:"马克思……强调:如果供求平衡,那么供求这两种力量的作用互相抵消,就不再起作用了。因此,供求平衡并不能说明此时具体的价格量是多少。"(着重号为引用者所加)然而这是一种奇怪的解读!马克思正是在这里指出在"供求平衡"时,"商品的市场价格就会同它的实

---

① 何祚庥:《科学技术是第一生产力》,西南财经大学出版社,1993 年版,第 29~31 页。已收入本书。

② 马克思、恩格斯:《马克思恩格斯选集》第 2 卷,人民出版社,1972 年版,第 167 页。

在价值一致",而如果将这句话解读为"供求平衡并不能说明此时具体的价格量是多少"的话,又何从判断"市场价格就会同它的实在价值一致"?

在这里有必要澄清一个基本的事实:马克思说"当这两个相反的力量相等的时候,它们就相互牵制,而停止发生任何一方面的作用",这里有特定的作用对象,即它们"任何一方面"。而这两种力量之所以会"相互抵消",原因就在于这两种"力量"都正在"起作用"。这与"评文"所理解的"两种力量的作用相互抵消,就不再起作用"具有本质的区别。

更奇特的是,"评文"为了坚持他们所持有的理念,还特别添加了一段引文:"如果说'新论'所引证的马克思的那两段文字还不够明确的话,那么我们看一看马克思在《资本论》第3卷对这同一个问题的更加明确的说明。马克思说:'如果有两种力量按照相反的方向发生相等的作用,它们就会互相抵消,而不会对外界发生任何影响,在这种条件下发生的各种现象,就必须用另外的作用,而不是用这两种力量的作用来解释。如果互相抵消,它们就不再说明任何事情,就不会对市场价值发生影响,并且使我们更加无从了解,为什么市场价值正好表现为这样一个货币额,而不表现为另外一个货币额。资本主义生产的实际的内在规律,显然不能由供求的互相作用来说明(完全撇开对这两种社会动力的更深刻的分析不说,在这里不需要做出这种分析),因为这种规律只有在供求不再发生作用时,也就是互相一致时,才纯粹地实现。'"①而接着就说:"这里马克思运用物理学牛顿第一定律说明价格决定和价值规律。"②

为什么"评文"要添加这一段新的引文?从"评文"的上下文来看,原来"评文"是为了进一步说明这种不当的理解,在随后新添加、引用的马克思的另一段话里,更强调说明"起作用"的对象是"外界"。接着"评文"就用他们所理解的牛顿第一定律来解释!而且说成是"马克思运用物理学牛顿第一定律"来说明"起作用"的对象是"外界"!

作为一个受过一定物理学研究训练的人来讲,这里不得不指出的是:牛顿力学讨论的是关于机械运动,亦即低级运动形式的规律。"在外力作用为零的条件下,静者恒静,动者恒动"是牛顿第一定律的经典表述。这与"评文"的理解"如果有两种力量按照相反的方向发生相等的作用,它们就会互相抵消,而不会对外界

① 丁堡骏、于馨佳:《究竟是发展,还是背离和庸俗化了马克思科学的劳动价值论?》,《政治经济学评论》,2014年第2期,第113页。"评文"在这里对原文存在严重错引。

② 丁堡骏、于馨佳:《究竟是发展,还是背离和庸俗化了马克思科学的劳动价值论?》,《政治经济学评论》,2014年第2期,第113页。

发生任何影响,在这种条件下发生的现象就必须用另外的作用而不是用这两种力量的作用来解释"①(着重号为引用者所加)完全是风马牛不相及;更严重的是,这样的"昏话"竟然被说成是"马克思的逻辑"②!

其实,不仅仅牛顿第一定律和"评文"所说"昏话"不搭界,牛顿力学的其他两个定律均和"评文"的解读无关!牛顿第三定律说"作用等于反作用,大小相等,方向相反",其中关键之处是"作用在不同物体上"。"不同物体"并不是"外界"。

牛顿第二定律是说,如果作用在某一物体上的综合的外力之和是 F,那么这一物体的运动状态将由

$$F = ma$$

来描述,其中,m 是物体的质量,而 a 是描述物理运动状况的加速度。请注意:这里所说的 F 是外力的"综合"。也就是"如果有两种力量按照相反的方向发生相等的作用"③时,其"综合"的外力 $F = 0$。虽然这一"综合"的外力 $F = 0$,但它们仍是作用在"同一"物体上的"外力",只不过它们对"物体"的运动状态的影响是"零"。即在此种条件下,这一物体将保持着"动者恒动,静者恒静"的状态。这其中的关键问题是:第一,既然牛顿第二定律始终说的是作用在"同一物体"上,此作用力当然也就"不会对外界发生任何影响"④。第二,即使这两者互相"不"抵消,即 $F \neq 0$ 的"外力"作用在"同一物体"上时,却是不论这"两种力量"是否"会相互抵消",它们也不会对"同一物体"以外的任何"外界"发生任何影响!

总之,"评文"所说的"牛顿第一定律",既不是第一定律,也不是第二定律,更不是第三定律。

最近又偶然看到"评文"作者还有一篇发表于十年前的谈牛顿力学的文章——《不懂得牛顿,何谈爱因斯坦》,内容是"评晏智杰对马克思劳动价值论的'发展'"。我们的质疑是:"评文"是否真的读懂了牛顿力学? 而"不懂得牛顿",又"何谈""马克思运用物理学牛顿第一定律说明……"! 这样的研究方法与文风,难道不需要反思吗?

---

① 丁堡骏、于馨佳:《究竟是发展,还是背离和庸俗化了马克思科学的劳动价值论?》,《政治经济学评论》,2014 年第 2 期,第 114 页。

② 丁堡骏、于馨佳:《究竟是发展,还是背离和庸俗化了马克思科学的劳动价值论?》,《政治经济学评论》,2014 年第 2 期,第 113 页。

③ 丁堡骏、于馨佳:《究竟是发展,还是背离和庸俗化了马克思科学的劳动价值论?》,《政治经济学评论》,2014 年第 2 期,第 114 页。

④ 丁堡骏、于馨佳:《究竟是发展,还是背离和庸俗化了马克思科学的劳动价值论?》,《政治经济学评论》,2014 年第 2 期,第 114 页。

然而,双方更大的分歧是如何评价马克思政治经济学与庸俗经济学的本质区别。

"何文"中引用了马克思的两段话,一段话是:"马克思在《政治经济学批判》中说:'你们如果以为劳动和任何一种商品的价值归根到底仿佛是由供给和需求决定的,那就完全错了。供给和需求只调节市场价格一时的变动。供给和需求可以说明为什么一种商品的市场价格会涨到它的价值以上或降到它的价值以下,但决不能说明这个价值本身。假定说,供给和需求是相平衡,或如经济学者所说,是相互抵消的。当这两个相反的力量相等的时候,它们就相互抑制而停止发生任何一方面的作用的时候。当供给和需求相互平衡因而停止发生作用的时候,商品的市场价格就会同它的实在价值一致,就会同它的市场价格绕之变动的标准价格一致。所以,在研究这个价值的本质时,我们完全不必讨论供给和需求对市场价格发生的那种一时的影响。'①"

另一段话是:"在《工资、价格和利润》中,马克思又说:'如果供给和需求互相平衡,则商品的市场价格相当于它们的自然价格,即相当于由生产它们所必需的劳动量来决定的它们的价值。但供给和需求必定要经常趋向于相互平衡……市场价格的变动,市场价格的背离价值,市场价格的上涨和下落,都是互相抵消和互相补偿的;所以……一切种类的商品,平均说来总是按它们各自的价值,即它们的自然价格出售的。'"②

还有一段话在上文中引用过,即马克思在《资本论》第3卷所说的:"资本主义生产的实际的内在规律,显然不能由供求的互相作用来说明(完全撇开对这两种社会动力的更深刻的分析不说,在这里不需要做出这种分析),因为这种规律只有在供求不再发生作用时,也就是互相一致时,才纯粹地实现。"

可以看出,在这里,马克思和恩格斯并非不认同市场经济学里所谓"供给曲线"与"需求曲线"的相交,从而必然达到"均衡点"的分析,而是还注意到了这一"均衡点"背后的"纯粹"的本质,即由劳动所决定的价值,而这一本质则被研究资产阶级经济学的学者所完全忽略了。这一点正是马克思政治经济学与庸俗经济学理论的本质区别。

然而,从"评文"来看,"马克思劳动价值论和边际效用价值论之间既不是可

---

① 马克思、恩格斯:《马克思恩格斯选集》第2卷,人民出版社,1972年版,第167页。

② 马克思、恩格斯:《马克思恩格斯选集》第2卷,人民出版社,1972年版,第177页。

以互相替代,也不是可以相互补充的,而是根本对立的关系"①。从而批评"'新论'试图要调和均衡价格论和马克思劳动价值论"②。(着重号为引用者所加)但是,从我们所引马克思诸多论述来看,马克思首先是注意到均衡价格论,并且用均衡价格论解释劳动如何决定价值。

只承认现象,不承认隐藏在现象后面的本质的观点和研究方法,就是庸俗经济学所固有的先天特征。它的庸俗性就在于它们总是"笼统"地谈服务:利润是资本服务的报酬,地租是土地服务的报酬,工资是劳动服务的报酬。这涉及著名的"三位一体"的公式。而这样一来,包括封建地主在内的土地所有者、资本家和劳动者这"三位"之间的对立关系就此不见了。存在于资本家、地主和劳动者这"三位"之间的,仅仅是和谐的"一体"。但是庸俗经济学在炮制这个公式时,却丝毫没有感到这里的"三位"是根本不能叠加为"一体"的三个部分! 这也就是马克思所说,"庸俗经济学所做的事情,实际上不过是对于局限在资产阶级生产关系中的生产当事人的观念,当作教义来加以解释、系统化和辩护"③。但是,不能因此认为庸俗经济学对"现象"的分析也是"错误"的。

只有认清了庸俗经济学与马克思政治经济学的根本区别,才能够避免误入"只承认现象,不承认隐藏在现象后面的本质的观点和研究方法"的怪圈。

接下来,就可以谈谈马克思政治经济学批判地吸收西方经济学有益成果的必要性与可能性了。

邓小平在"南方谈话"里鲜明地提出:"总之,社会主义要赢得与资本主义相比较的优势,就必须大胆吸收和借鉴人类社会创造的一切文明成果,吸收和借鉴当今世界各国包括资本主义发达国家的一切反映现代生产规律的先进经营方式、管理方法。"④(着重号为引用者所加)

当然,应当清醒地认识到:这里的"吸收",是有批判的、有分析的"吸收",我们在大胆吸收或借鉴这些成果和规律时,必须要剔除一切为资产阶级生产关系辩护的那些"附加"的理念和解释。

也就是说,我们坚决拒绝这一切为资产阶级生产关系做辩护的解释,不等于

---

① 丁堡骏、于馨佳:《究竟是发展,还是背离和庸俗化了马克思科学的劳动价值论?》,《政治经济学评论》,2014 年第 2 期,第 114 页。

② 丁堡骏、于馨佳:《究竟是发展,还是背离和庸俗化了马克思科学的劳动价值论?》,《政治经济学评论》,2014 年第 2 期,第 113 页。

③ 马克思:《资本论》第 3 卷,人民出版社,1975 年版,第 923 页。

④ 邓小平:《邓小平文选》第 3 卷,人民出版社,1993 年版,第 373 页。

我们应当拒绝或拒不利用蕴藏于庸俗经济学或边际效用理论里的一切符合于市场经济现实的有用的解释和说明，如供给曲线和需求曲线之均衡等。

斯大林在《苏联社会主义经济问题》的名文里，曾经说："马克思主义把科学规律——无论指自然科学规律或政治经济学规律都一样——了解为不以人们意志为转移的客观过程的反映。"①又强调说："对于经济发展规律，对于政治经济学规律……也如同在自然科学中一样，经济发展的规律是反映不以人们的意志为转移的经济发展过程的客观规律。人们能发现这些规律，认识它们，依靠它们，利用它们以利于社会。"②

斯大林还嘲笑过"这样的'马克思主义者'"，"他们断言十月革命后在我国保留下来的铁路是资产阶级的，我们马克思主义者利用这样的铁路是不体面的事，需要把它挖掉，建筑新的'无产阶级的'铁路。他们因此获得一个外号，叫作'穴居野人'"③。如果仅仅因为这是"庸俗经济学者们"发现的，只能利用在局部范围，亦即仅适用于短期行为的"边际效用""边际效用递减律"等，在中国的"马克思主义学者"就一定要拒绝"认识它们，依靠他们，利用它们以利于社会"，这岂不就是斯大林批评过的"穴居野人"！

好在中国已经有很多马克思政治经济学研究者认可了这一点。在高鸿业教授所主编的《西方经济学》（第五版）的第96页，就明确说："必须指出，我们并不反对效用的存在，甚至在一定限度内承认边际效用递减的事实。"高鸿业教授也是一位主张马克思主义的经济学家，但并没有因此就完全否定存在边际效用的事实。

如果"评文"也能够正确地理解"何文"的观点的话，就应该发现：在"供求理论"与"纯粹地实现"理论之间的关系问题上，我们两者是有共同的出发点的。"古典政治经济学就发现了，商品的价值是由商品所包含的、为生产该商品所必需的劳动来决定的。"④在马克思时代，马克思和恩格斯曾共同"找出了这种……稳定轴心"，也就是"调节价格的规律的商品价值"，而且是"相当于由生产它们所必需的劳动量来决定它们的价值"⑤，也就是马克思所称的"价值的本质"。

---

① 斯大林：《斯大林文集》（1934~1952年），人民出版社，1985年版，第598页。

② 斯大林：《斯大林文集》（1934~1952年），人民出版社，1985年版，第599页。

③ 斯大林：《斯大林文集》（1934~1952年），人民出版社，1985年版，第558页。

④ 马克思、恩格斯：《马克思恩格斯选集》第1卷，人民出版社，1972年版，第342页。

⑤ 何祚庥：《必须将"科技×劳动"创造使用价值的思想引入新劳动价值论的探索和研究》，《政治经济学评论》，2014年第1期，第87页。

正是因为马克思劳动价值学说坚持"劳动创造价值"的基本理论,并科学地揭示了"供求均衡"论的"庸俗性",才为当代马克思主义政治经济学的发展和应用指明了方向。何祚庥在 2014 年 7 月《学术界》杂志上发表的一篇论文中提出了我们一直在努力构建的新的政治经济学模型。在这个模型中,我们不仅利用供需均衡理论揭示了社会经济发展的一般现象,而且提出了劳动创造价值量化的数理基础①。

三、什么是"学好用好"马克思主义政治经济学

中共中央总书记、国家主席、中央军委主席习近平在 7 月 8 日主持召开的经济形势专家座谈会上强调:实现我们确定的奋斗目标,必须坚持以经济建设为中心,坚持发展是党执政兴国的第一要务,不断推动经济持续健康发展;发展必须是遵循经济规律的科学发展,必须是遵循自然规律的可持续发展;各级党委和政府要学好用好政治经济学,自觉认识和更好遵循经济发展规律,不断提高推进改革开放、领导经济社会发展、提高经济社会发展质量和效益的能力和水平。这一观点的提出是非常有针对性的。

我们是坚持唯物论的学者,我们认为客观真理只有一个,科学工作者的任务就是不断地追求真理。科学理论是对某种经验现象或事实的科学解说和系统解释。它是由一系列特定的概念、原理(命题)以及对这些概念、原理(命题)的严密论证组成的知识体系。科学理论是从实践中来,得到实践的不断确证,再用以指导实践的概念集合,在从实践中来到实践中去的这一过程中,随着时代的不断发展,随着社会实践的不断深化,这套概念的集合必须随之发展变化。

既然正如唯物论所揭示的,正确的理论和思想都是"从客观实际出发"而建立起来的,那么发展科学理论的最终依据也必须是"客观实际"。这就决定了现当代学者在试图发展马克思主义政治经济学时所最终依据的必须是"客观实际",而不能仅仅停留在"权威论述"或引经据典的层面上。斯大林曾经说过,"这些同志曲解了马克思的立场","因为他们不是以马克思主义者的态度去引证马克思,而是以不深入问题实质的书呆子的习气去引证马克思"②。斯大林还说,"马克思主义作为科学是不能停滞不前的……马克思主义在自己的发展中不能不以新的经验、新的知识丰富起来……马克思主义不承认绝对适应于一切时代和时期的不变的结论和公式",最后又说,"马克思主义是一切教条主义的敌人"。(着

---

① 何祚庥:《生产价格仅是供求均衡所决定的吗?》,《学术界》,2014 年第 4 期,第 109 页。

② 斯大林:《斯大林文集》(1934～1952 年),人民出版社,1985 年版,第 582 页。

重号为引用者所加)

1930 年,毛泽东也写过一篇名文:《反对本本主义》。毛泽东除了严厉批评"以为上了书的就是对的……不谓共产党内讨论问题,也还有人开口闭口'拿本本来'"这种错误的心理以外,还说,"本本主义的社会科学研究法也同样是最危险的,甚至可能走上反革命的道路,中国有许多专门从书本上讨生活的从事社会科学研究的共产党员,不是一批一批地成了反革命吗? 就是明显的证据"。所以,从毛泽东看来,"本本主义"也是"马克思主义的敌人"。

在当前中国,存在着许多亟待回答和澄清的重大政治经济学理论问题。例如,马克思主义政治经济学是否已经过时? 马克思主义政治经济学是否只能用来指导中国的政治建设,是否还能用来指导中国的经济建设? 或者说,中国的未来必须用另外的理论,也就是"完全的民主政治 + 完全的自由竞争的市场经济"的理论来"代替"? 而对所有这些重大政治经济理论问题科学、完整、准确地回答,都要求我们首先要做到科学、完整、准确地理解、掌握和运用马克思的劳动创造价值的学说。

那么,如何才叫科学、完整、准确地理解、掌握和运用呢?"学好和用好"的衡量标准是什么? 会啃书本,将马列主义背得滚瓜烂熟,是学好马克思主义了吗? 处处以"权威""经典"自居,回避社会现实经济现象,抱残守缺,是用好马克思主义了吗? 马克思曾经批评那些一生"都在搞马克思主义"的马克思的"模仿者"说:"关于这种马克思主义……'我只知道我自己不是马克思主义者'。"[1]恩格斯在《反杜林论》里说,"政治经济学本质上是一门历史的科学,它所涉及的是历史性的即经常变化的材料"[2]。恩格斯还嘲笑过杜林先生所发现的所谓"真正的真理是根本不变的……""最后的终结的真理"[3]。1868 年 3 月 6 日,在《马克思致路·库尔曼》的信中,马克思也批评杜林先生"这是一个极为傲慢无礼的家伙,他俨然以政治经济学中的革命者自居"[4]。

不过,也许依然会有一些先生认为这里的"引文"不够确切,因为长期以来他们已经习惯地以经典的政治经济学的"捍卫者"自居! 然而,"左"的"革命者"的表现形式之一,也可以是"捍卫者"! 你看! 连马克思和恩格斯都说"政治经济学本质上是一门历史的科学",难道我们不该以同样的历史的精神和科学的态度来

---

① 马克思、恩格斯:《马克思恩格斯选集》第 4 卷,人民出版社,1972 年版,第 476 页、474 页。

② 马克思、恩格斯:《马克思恩格斯选集》第 3 卷,人民出版社,1972 年版,第 186 页。

③ 马克思、恩格斯:《马克思恩格斯选集》第 3 卷,人民出版社,1972 年版,第 124 页。

④ 马克思、恩格斯:《马克思恩格斯选集》第 4 卷,人民出版社,1972 年版,第 365 页。

研究和发展新时期的马克思主义政治经济学吗？这不正是马克思主义的活的灵魂吗？

毛泽东曾在《改造我们的学习》里批评过一位当时在延安地区很有名的经济学教授，"教经济学的不引导学生研究中国经济的特点"，"经济学教授不能解释边币和法币"①。当代中国的马克思主义者必须时刻谨记这样的警示：马克思主义政治经济学的发展必须面向中国经济建设的实际，这是当务之急；马克思主义学者对当代中国的重大政治经济理论问题、对当代中国的重大经济社会现实问题做出具体而完整的回答，这是当务之急。是否能够科学完整地解决这些问题，就是现时期是否学好用好马克思主义政治经济学的标准。

在当今中国，既不能走"封闭僵化的老路"，也不能走"改旗易帜的邪路"。不论是"老路"还是"邪路"，都正如"1992 年，邓小平同志在南方谈话中说，'不坚持社会主义，不改革开放，不发展经济，不改善人民生活，只能是死路一条'"②。马克思主义的政治经济学的"捍卫者"，不坚持用马克思、恩格斯所倡导的科学的批判精神来研究马克思主义，不促进社会经济发展，不有利于改善人民生活，也只能是死路一条。

---

① 毛泽东：《毛泽东选集》第 3 卷，人民出版社，1953 年版，第 756 页。
② 习近平：《关于〈中共中央关于全面深化改革若干重大问题的决定〉的说明》，《人民日报》，2013 年11 月 16 日。

谈马克思主义政治经济学中的
几个认识论问题上的争议

——由"何丁之争"谈起 *

张晓芳　　何祚庥

2014年1月,《政治经济学评论(季刊)》2014年第1期刊登了何祚庥所写的《必须将"科技×劳动"创造使用价值的思想引入新劳动价值论的探索和研究》[1]一文(以下简称"新论");当年4月,《政治经济学评论(季刊)》2014年第2期刊登了丁堡骏和于馨佳两位老师撰写的《究竟是发展,还是背离和庸俗化了马克思科学的劳动价值论?——评何祚庥对马克思劳动价值论的"发展"》[2]一文(以下简称"评文")。此后,何祚庥和张晓芳合写了一篇《也谈如何科学地区分"背离"与"发展"——对马克思主义政治经济学研究方法的一点探讨》[3](以下简称"也谈"),作为对"评文"的回答。

在"也谈"中,我们评了"评文"中表现出的"书呆子和死啃书本"等教条主义的思维模式,也就是毛泽东所批评的"拿本本来"[4]"以为上了书就是对的"[5],或陈云所批评的"只唯书"的那种思维模式。这实际上代表了一种认为"马克思的文本是检验真理的唯一标准"的错误思潮。

---

*　本文为未刊稿,完稿于2014年。

①　何祚庥:《必须将"科技×劳动"创造使用价值的思想引入新劳动价值论的探索和研究》,《政治经济学评论》,2014年第1期,第72~100页。

②　丁堡骏、于馨佳:《究竟是发展,还是背离和庸俗化了马克思科学的劳动价值论?》,《政治经济学评论》,2014年第2期,第91~116页。

③　此文未刊出,现已收入本书。

④　毛泽东:《毛泽东著作选读》甲种本,人民出版社,1964年版,第19页。

⑤　毛泽东:《毛泽东著作选读》甲种本,人民出版社,1964年版,第19页。

当然,所谓"拿本本来",其实包含着两类"本本"。一是"唯马克思的'本本'是从",或"唯'马'是从";另一类是"唯全盘西化的'本本'是从",或"唯'美'是从"。前一类思潮是"走封闭僵化的老路",后一类思潮其实是"走改旗易帜的邪路",而我们只能走"建设中国特色社会主义"的"新路"。马克思主义劳动价值论也要"全面深化改革",也要走上一条既坚持"科学社会主义旗帜",也不封闭僵化的"新路"。近来,又读到丁堡骏在2005年所著《马克思劳动价值理论与当代现实》一书,深感此书坚持认为"只要商品生产和商品交换存在,劳动价值论就是科学的,逻辑上是严谨的,无懈可击的"①"科学的一元论"②等说法,就是这类走"封闭僵化"的"老路"的典型。

但是,摒弃这股走"老路"的风气并非易事。邓小平在"南方谈话"里就曾明确指出:"社会主义要赢得与资本主义相比较的优势,就必须大胆吸收和借鉴人类社会创造的一切文明成果,吸收和借鉴当今世界各国包括资本主义发达国家的一切反映现代社会化生产规律的先进经营方式、管理方式。"③这里有两大"亮点",一是"大胆吸收和借鉴……一切文明成果",二是"吸收和借鉴……一切反映现代社会化生产规律"。

然而二十多年过去了,当代的马克思主义学者中还有人持有如此观点,认为"马克思的劳动价值论与边际效用论是根本对立的"④,"马克思劳动价值论和边际效用价值论之间既不是可以互相替代的,也不是可以互相补充的,而是根本对立的关系"⑤。可见从认识到"老路不可走"到真的"走出一条新路来",是非常不易的,仍然需要几代人的接力奋斗;而在这个探索新路的过程中,必须首先厘清认识论上的几个基本问题。

一、何谓"历史唯物主义批判精神"?

这场"何丁之争",尽管所谈论的是经济理论问题,但其所反映出来的,却是对何谓"马克思主义的批判精神",何谓"历史唯物主义批判精神"的重大争议。

早在1942年2月8日,毛泽东在《反对党八股》的演讲中说:

"'五四'时期的生动活泼的、前进的、革命的、反对封建主义的老八股、老教

---

① 丁堡骏:《马克思劳动价值理论与当代现实》,经济科学出版社,2005年版,第262页。

② 丁堡骏:《马克思劳动价值理论与当代现实》,经济科学出版社,2005年版,第165页。

③ 邓小平:《邓小平文选》第3卷,人民出版社,1993年版,第370页。

④ 丁堡骏、于馨佳:《究竟是发展,还是背离和庸俗化了马克思科学的劳动价值论》,《政治经济学评论》,2014年第2期,第108页。

⑤ 丁堡骏、于馨佳:《究竟是发展,还是背离和庸俗化了马克思科学的劳动价值论》,《政治经济学评论》,2014年第2期,第114页。

条的运动,后来被一些人发展到了它的反对方面,产生了新八股、新教条。它们不是生动活泼的东西,而是死硬的东西了;不是前进的东西,而是后退的东西了;不是革命的东西,而是阻碍革命的东西了。……但'五四'运动本身也是有缺点的。那时的许多领导人物,还没有马克思主义的批判精神,他们使用的方法,一般地还是资产阶级的方法,即形式主义的方法……没有历史唯物主义的批判精神,所谓坏就是绝对的坏,一切皆坏;所谓好就是绝对的好,一切皆好。这种形式主义地看问题的方法,就影响了后来这个运动的发展。……另一部分人则走到资产阶级的道路上去,是形式主义向右的发展。但在共产党内也不是一致的,其中也有一部分人发生偏向,马克思主义没有拿得稳,犯了形式主义的错误,这就是主观主义、宗派主义和党八股,这是形式主义向'左'的发展。……

"如果我们今天不反对新八股和新教条主义,则中国人民的思想又将受另一个形式主义的束缚。至于我们党内一部分(当然只是一部分)同志所中的党八股的毒,所犯的教条主义的错误,如果不除去,那么,生动活泼的革命精神就不能启发,拿不正确态度对待马克思主义的恶习就不能肃清,真正的马克思主义就不能得到广泛的传播和发展;而对于老八股和老教条在全国人民中间的影响,以及洋八股和洋教条在全国许多人中间的影响,也就不能进行有力的斗争,也就达不到加以摧毁廓清的目的。"①(着重号为引用者所加)

毛泽东还喜欢把"马克思列宁主义理论和中国革命实际"比喻作"有的放矢"。"'矢'就是箭,'的'就是靶,放箭要对准靶。马克思列宁主义和中国革命的关系,就是箭和靶的关系。……"②那么,什么叫"马克思主义没有拿得稳"? 就是那支"好箭"已拿在手中,但拿时"拿不稳",没有瞄准靶子,左、右摇摆不定,虽然也说要"有的放矢",但也只是从"形式"上装着"有的放矢"的样子,不是偏到"左"面,就是偏到"右"面,并不会命中"中国革命之的"。

当代马克思主义学者当中就有"拿不稳"的鲜活的例子,他们一提起边际效用论,就斥之为主观的经济学,斥之为"某些信奉边际效用价值论的经济学家主观思维的产物,没有任何客观经济过程作为其思维的依托"③。而反过来,一谈到"劳动价值论",就尊之为"劳动价值论就是科学的,逻辑上是严谨的,无懈可击

---

① 毛泽东:《毛泽东选集》第3卷,人民出版社,1953年版,第788~790页。

② 毛泽东:《毛泽东选集》第3卷,人民出版社,1953年版,第777页。

③ 丁堡骏、于馨佳:《究竟是发展,还是背离和庸俗化了马克思科学的劳动价值论》,《政治经济学评论》,2014年第2期,第173页。

的"①,"科学的一元论"②。这不正是毛泽东所批评的"所谓坏就是绝对的坏,一切皆坏","所谓好就是绝是绝对的好,一切皆好","典型"的形式主义的思维方式吗?可以说,"评文"所表现出来的对劳动价值论以及对边际效用论的形式主义的评价,就是毛泽东所说"一部分人……马克思主义没有拿得稳,犯了……形式主义向'左'的发展"的错误。

好在这种犯形式主义错误的学者并不是大多数。由著名马克思主义学者高鸿业教授主编的《西方经济学》一书,就对西方经济学持有一分为二的态度。在此书的第1章,小标题为"对西方经济学应持有的态度"的第4节的最后一句话就说:"本节的论述表明,西方经济学的双重性质可以决定我们对它所应持有的态度,即:在整个的理论体系上或整体倾向性上对它持否定的态度,而在具体内容上应该看到它的有用之处。"又说:"由于当代资本主义的一个显著特点是大规模的社会化生产,所以西方经济学……也会在不同程度上涉及社会化大生产的各个方面……我们还必须对西方经济学中含有的反映现代社会化生产规律的先进经营管理方法加以借鉴和吸收。"③

对于边际效用说,高鸿业等人在《西方经济学》一书中说:"价值论在世界的范围一向是一个有争议的主题……必须提出:我们并不反对效用的存在,甚而在一定限度内承认边际效用递减的事实。我们反对的仅仅是把它们用来决定商品的价值,即效用价值论。此外,无差异曲线④本身是一个有用的分析工具。在合适的情况下,它也可被用来考察我们的经济问题。"⑤这本书并举例说明,市场经济理论里有许多方面"都是很有参考价值",特别还说了如下的两句话:"在微观经济学中,均衡价格理论中的需求弹性和供给弹性的讨论对我们做好经济工作是有参考价值的。"又说:"边际收益与边际成本等概念与理论都有用武之地。"⑥所以,从高鸿业教授等马克思主义学者看来,劳动价值论和边际效用论并不是"根本对立的关系",而是主张也要"加以借鉴的吸收"的。

下面就具体谈谈对马克思劳动价值论以及西方经济学中的效用论的认识问题。

---

① 丁堡骏:《马克思劳动价值论与当代现实》,经济科学出版社,2005年版,第262页。
② 丁堡骏:《马克思劳动价值论与当代现实》,经济科学出版社,2005年版,第165页。
③ 高鸿业:《西方经济学》,中国人民大学出版社,2011年版,第9页。
④ 这是一种效用分析的方法。
⑤ 高鸿业:《西方经济学》,中国人民大学出版社,2011年版,第633页。
⑥ 高鸿业:《西方经济学》,中国人民大学出版社,2011年版,第633页。

二、马克思的劳动价值论有没有缺点？

如果我们的确是遵循着"马克思主义的批判精神"或"历史唯物主义的批判精神"，显然我们也应该用"一分为二"的思维方法来对待马克思的劳动价值学说。

马克思本人就一直用"开放"的精神，对待他在《资本论》第1卷里所做的事情。例如，我们在《也谈如何科学地区分"背离"与"发展"——对马克思主义政治经济学研究方法的一点探讨》中曾指出，马克思在《资本论》第3卷就主张用"供求一致"的"纯粹地实现"①的条件下的"商品的市场价格"来确定"相当于由生产它们所必需的劳动量来决定它们的价值"②。或者说，"当供给和需求相互平衡因而停止发生作用时，商品的市场价格就会同它的实在价值一致"③。

恩格斯在晚年也抛弃了他青年时期在《英国工人阶级状况》一书中所描述的英国工人阶级正在走向绝对贫穷的事实。他在1892年为《英国工人阶级状况》德文版所写的序言里就说，"'至于'这本书里所描写的情况，至少就英国而言，现在很多方面却已成为过去。"④正如樊纲教授在《现代三大经济体系的比较与综合》一书所描述的那样："人们通常用来反对甚至'嘲笑'马克思主义理论的一个问题是所谓'工人阶级不断贫困化'问题；而某些马克思主义者在这个问题上对马克思主义的教条主义的捍卫，有时也的确到了'强词夺理'的程度。"⑤而实际上恩格斯在晚年就做了"自我批评"。

所以，必须承认，马克思主义的劳动价值论并非是"无懈可击"。

只有首先面对这一现实，我们才可能做出进一步的探索。事实上，英国工人阶级是否已走出绝对贫穷问题，不是基本理论体系有什么原则性不足，只是财富分配理论有重大缺点。在马克思劳动价值论里，还存在一个根本性的重大缺点，那就是依据马克思所推导出的劳动创造价值守恒定律，也就是用产品的总价值 W 表示不变资本 C、可变资本 V 和剩余价值 m 之"和"

$$W = C + V + m$$

时，意味着国民生产总值 W 必定和人类参加生产劳动的劳动量成正比。也就是

---

① 马克思：《资本论》第3卷，人民出版社，1975年版，第211~212页。
② 马克思：《工资、价格和利润》，《马克思恩格斯选集》第2卷，人民出版社，1972年版，第177页。
③ 马克思：《工资、价格和利润》，《马克思恩格斯选集》第2卷，人民出版社，1972年版，第167页。
④ 马克思、恩格斯：《马克思恩格斯选集》第4卷，人民出版社，1972年版，第271~272页。
⑤ 樊纲：《现代三大经济理论体系的比较与综合》，上海三联书店、上海人民出版社，2006年版，第93~94页。

必定有如下等式：

$$W = 总人口 \times 就业率 \times 年平均的社会必要劳动时间$$

以美国为例，如我们已经指出的①，在萨缪尔森和诺德豪斯合著的《宏观经济学》中曾以1900～2008年美国出现的经济快速增长为例，给出一张在不同时期的供求条件下，所出现的两组"均衡点"的示意图（见图1）。

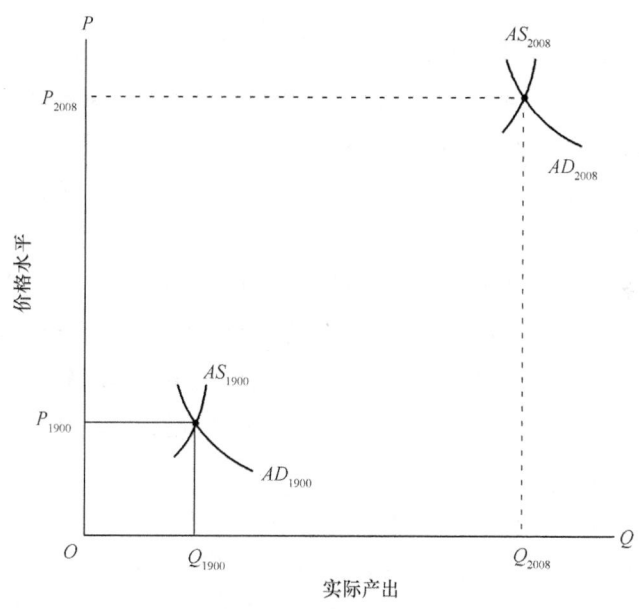

图1　潜在产出的增长决定了长期经济绩效

图1明确标出了两组供求曲线：一组是1900年的供求曲线所决定的"均衡点"，另一组是2008年的供求曲线所决定的"均衡点"②。

图1"反映的是，'从20世纪初至今，产出量已增长了34倍'。而由《世界经济千年史》所提供的美国经济发展的数据，同期的美国人口才增长了约3.65倍。按照古典'劳动价值论'，如果价值仅仅是由体力劳动者投入的劳动创造的，2008年美国社会制造的财富将应是1900年的3.65倍。这和真实数字相差达9.32倍

---

① 何祚庥：《必须将"科技×劳动"创造使用价值的思想引入新劳动价值论的探索和研究》，《政治经济学评论》，2014年第1期，第85,87页。

② 何祚庥：《必须将"科技×劳动"创造使用价值的思想引入新劳动价值论的探索和研究》，《政治经济学评论》，2014年第1期，第85页。

$(34 \div 3.65)!"$①

与美国的快速增长数字相类似的是中国自改革开放以来的快速增长。从1978 年到 2008 年,中国人均 GDP 年平均增长速度甚而高达 6. 64%②。或者说,1978 ~ 2008 年三十年间,中国人均 GDP 共增长了 $(1 + 0. 066\ 4)^{30} = 6.9$ 倍。

这完全无法用古典劳动价值论来解释。这才是马克思劳动价值论所面临的真正的难题。

事实上,这一难题不仅古典经济学或马歇尔等人的边际效用论无法做出解释,甚而"凯恩斯革命"带来的新古典主义经济学也不能很好地解释,只有用五六十年代及以后的索洛、斯旺、萨缪尔森等人所倡议的"新古典综合"经济理论,才能加以解释;其"诀窍"就在于引进了索洛模型,也就是新古典增长模型,引入了描写技术变革的因子"A",引入了全要素生产率。美国经济学家罗伯特·索洛说,1909 ~ 1949 年,美国农业以外部门的劳动生产率增长了 1 倍;其中,技术进步因素,也就是"A"的贡献占 87.5% ,而劳动和资本只占 12.5%③。用萨缪尔森的话来说,当代经济学已发展成为"四个轮子",即土地、劳动、资本加上科技进步,一共是"四个轮子"的经济学④。而马克思的劳动价值论却仍然停留在"土地、劳动和资本"三要素的水平。

所以,在我们所写的系列文章⑤中,也同样引入一个描写科技进步的无量纲的科技效率因子 N。这一科技效率因子 N,将由两类效率因子 $"N_S \times N_E = N"$ 所组成,其中 N_S 是描述生产技术进步的狭义的科技效率因子,而 N_E 是商品流通领域内的商业交易效率因子。由劳动创造的商品(交换)价值是 W_J,而商品的使用价值的总量是 W_S,它们之间的关系是:

$$W_S = N_S \times N_E \times W_J = N \times W_J$$

而极为重要的是,由于这一关系式的引进,古典劳动价值论也就进一步发展

---

① 何祚庥:《必须将"科技×劳动"创造使用价值的思想引入新劳动价值论的探索和研究》,《政治经济学评论》,2014 年第 1 期,第 87 页。

② 何祚庥:《马克思主义政治经济学也要"与时俱进"(上)》,《学术界》,2013 年第 7 期,第 12 页。

③ M. R. Solow:" Technical Change and the Aggregate Production Function",*The Review of Economics and Statistics*,1957,39(3):312 – 320.

④ 保罗·萨缪尔森、威廉·诺德豪斯:《经济学》第 18 版,萧琛译,人民邮电出版社,2008 年版,第 485 页。

⑤ 何祚庥:《马克思主义政治经济学也要"与时俱进"(上)(下)》,《学术界》,2013 年第 7 期,第 5 页;第 8 期,第 5 页。何祚庥:《必须将"科技×劳动"创造使用价值的思想引入新劳动价值论的探索和研究》,《政治经济学评论》,2014 年第 1 期,第 77 页。何祚庥:《必须将科技进步引入马克思主义政治经济学的定量的研究》,《江西财经大学学报》,2014 年第 2 期(总第 92 期),第 5 ~ 21 页。

成"科技×劳动"创造使用价值的新劳动价值论。或者说,在新劳动价值论中,其基本计量公式除了保留可用作"价值分析"的公式

$$W_J = C + V + m_J$$

以外,还要增加一个能描述使用价值或社会物质财富增长的新公式:

$$W_S = N \times W_J = C + V + m_S$$

这里的 N,是广义科技效率因子。

这样一来,一方面,马克思劳动价值论的"改革"完全保持着经典劳动价值论的一切基本观点:①仍然坚持"劳动创造价值"的一元论,用马克思的话,也就是"作为(交换)价值,商品只能有量的差别,因而不包含任何一个使用价值的原子"[①];②仍然继承和坚持了马克思对"三位一体"学说的批评,也就是坚持在当代资本主义社会仍然存在资产阶级、地主阶级对劳动者的剥削。另一方面,对于三十年来中国的人均 GDP 已增长了"7 倍"这一显然的事实,通过引进科学效率因子 N,给劳动价值论带来更强的解释力。这样一来,新劳动价值论就既继承了经典作家对边际效用论的批判,同时又回答了 20 世纪 70 年代萨缪尔森等人对马克思劳动价值论和商品价值向生产价格转形问题的批判。

更重要的是,修改后的新劳动价值论,还将推动我们深入审视社会主义市场经济条件下何谓"消灭剥削,消除两极分化,最终达到共同富裕"等重大理论问题。

三、边际效用论是主观唯心论的理论吗?

西方经济学里的"效用"概念,被不少马克思主义学者认为是"主观"效用,也就是没有任何客观事实为根据的"理论"。正如有人所说:"某些中国学者所美化的'抽象使用价值',却没有任何客观事实为根据,纯系边际效用价值论者的主观杜撰"[②],而所谓"抽象使用价值或效用,是某些信奉边际效用价值的经济学家主观思维的产物,没有任何客观的经济过程作为其思维的依托"[③]。

首先需要讨论的是很基本的哲学概念:何谓客观,何谓主观?何谓物质的第一性,何谓物质的第二性?

列宁在《唯物主义和经验批判主义》里说了一句极为重要的话:"物质和意识的对立,也只是在非常有限的范围内才有绝对的意义,在这里,仅仅在承认什么是第一性的和什么是第二性的这个认识论的基本问题的范围内才有绝对的意义。

---

① 马克思:《资本论》第 1 卷,人民出版社,1975 年版,第 50 页。
② 丁堡骏:《马克思劳动价值论与当代现实》,经济科学出版社,2005 年版,第 116 页。
③ 丁堡骏:《马克思劳动价值论与当代现实》,经济科学出版社,2005 年版,第 252 页。

超出这个范围,物质和意识的对立无疑是相对的。"①在认识论范围,一切精神的活动都是物质的反映,其中当然既包括正确的反映,也包括歪曲的反映。

在本体论的范围内,所有精神现象就都是物质现象,世界统一于物质。世界除了物质以外,再没有任何超物质的事物。恩格斯在《自然辩证法》里说,自然界有五种运动基本形式,即机械的、物理的、化学的、生物的和思维的,而最高级的是人的精神活动,即思维的运动。所以,仅仅在认识论问题范围内,才需要弄清楚谁是主观,谁是客观。

接下来讨论一个问题:购买者的"喜爱程度"是主观的还是客观的?购买者的"喜爱程度",在认识的范围以外,它是人的大脑的高级运动,它仍然是"第一性"的,也就是仍属于"客观"的物质运动。这一"喜爱程度"要受到购买者的购买能力、喜好、习惯等多种因素的影响,对每一位购买者"个体"来说,其"喜爱程度"可以有很大的甚而是完全相反的差别。但这一"客观"的物质的精神活动,仍属人们认识和研究的"对象",仍需找出这些精神活动的变化和发展的客观规律,至少在统计学意义上,完全是客观存在的现象。正如在分子运动学说里,每一个分子的运动方向可以是各向异性甚而是完全相反的,其速度分布可以从零直到无限大,可以说是毫无确定的规律。但是这一分子运动现象,在统计学意义上,却是十分确定的"正态"分布,完全可以由实验来证实和检验各个分子的客观运动所呈现的"正态"分布。

所以,仅仅从字面意义上来理解所谓"喜爱程度",斥之为主观唯心论,是十分不科学的。此"主观"非彼"主观"也!在逻辑学上,这叫作"四名词"错误;用"三段论"进行推理时,一定要注意保持同一名词的一贯含义。目前存在的将"效用论"归为主观唯心论的理解,在认识论上是不科学的。因为事实上仍有一个效用的"可比性"的问题。对人们愿付出的"购买价"应如何解读?为什么有些人愿意出价较高,而另一些人却出价较低呢?

马克思在《资本论》的第1卷,就讨论过"孤岛上的鲁滨逊","不论他生来怎么简朴,他终究要满足各种需要,因而要从事各种有用劳动,如做工具,制家具,养羊驼,捕鱼,打猎等等。……需要本身迫使他精确地分配自己执行各种职能的时间"②。马克思还说,在"一个自由人联合体"内,"鲁滨逊的劳动的一切规定,

---

① 列宁:《列宁选集》第2卷,人民出版社,1960年版,第147~148页。
② 马克思:《资本论》第1卷,人民出版社,1975年版,第93页。

又⋯⋯在社会范围内重演"①。

所以,所谓"效用"或"需要",这和马克思所定义的"社会平均简单劳动"的计量单位一样,都是一种社会统计平均值。对每一位购买者的意向来说,的确是"情人眼里出西施";但是对众多购买者来说,它的统计平均值却具备着客观性,不是某一位个体购买者所能影响或修改的。大量统计出来的购买者的"主观愿望",其实是"客观"的。

不可否认的事实是,在不同的个体中,或不同市场里的行为主体中,其主观评价可以相差很大。用统计学的语言来说,也就是经济学里的许多统计平均值往往有较大的涨落,以至于各不同统计平均值之间的大小多少,有时不能严格区分。或者说,经济学的客观规律,必定是统计学意义下的随机(Stochastical)过程的客观规律。

例如,我们在前面介绍"供需均衡模型新解"时所涉及的均衡价、均衡量,在这一模型中,严格来说,都是统计平均值。在今后的研究中,如果我们引入非线性供求曲线,就完全可能出现两个以上的均衡点。但由于这些均衡点往往都具有较大的"均方根平均值",也就是两个相邻近的"均衡点"实际上并不能严格区分。这类统计学上的"不确定性"(Uncertainty)的研究,也是今后新政治经济学研究中必须关注的重要问题。

---

① 马克思:《资本论》第 1 卷,人民出版社,1975 年版,第 95 页。

所谓"清朝 GDP 世界第一"
是某些人制造的"讹传"吗？[*]

何祚庥

在 2016 年 3 月 1 日《环球时报》的国际论坛版上，读到国防大学教授徐焰少将写的一篇文章，批评"西方学者抛出离谱的荒诞数据……是出于否定中国近现代革命和建设成就的政治需要"，又批评"国内一些非专业的写作者不加分析地引用……以致造成认识混乱"。徐焰少将还举出近年被频繁引用的"清朝 GDP 占世界 1/3"之说，将其作为一个典型案例。

徐焰少将还说："'没有调查就没有发言权'，只可惜这些年有些人只顾吸引眼球，经常不负责任地随意吸引眼球，经常不负责任地随意引用劣质或虚假信息。……人们只有更加注意分辨真伪和打假，才能保障信息传播的良好环境。"

徐焰少将一直是我尊重的军事学者。我经常观看徐焰少将在电视国防频道一些栏目中，分析和回答当代军事理论以及重大战役、战例中许多有重大争议的问题。我一直认为他的分析、研究比较中肯，不乏很精彩的见解，以至于我也是这位少将的"粉丝"。但这次徐少将所写批评"西方学者"的"打假"的文章，我却不敢苟同。

很容易查到，这里就有一位不是"非专业写作者"的作者，他也大量引用过"清朝 GDP 世界第一"的有关数据；而且，这位专业作者还仔细地考证过麦迪森所给数据是否真实。北京大学的著名经济学家林毅夫教授在他《解读中国经济》一书中的第 1~2 页中说：据著名经济史学家安格斯·麦迪森的研究，"在前现代社会的一千多年中，中国曾经是世界上最先进、最强大的国家"，"直到 19 世纪，中国仍雄踞世界经济版图。中国在 1820 年占全球 GDP 的三分之一（图 1）。随着 18 世纪工业革命的兴起，西方快速崛起，发展一日千里，而中国则一落千丈"。

---

* 本文为未刊稿，完稿于 2016 年。

下面是此书给出的中国在全球 GDP 中所占份额的简图(见图 1)。

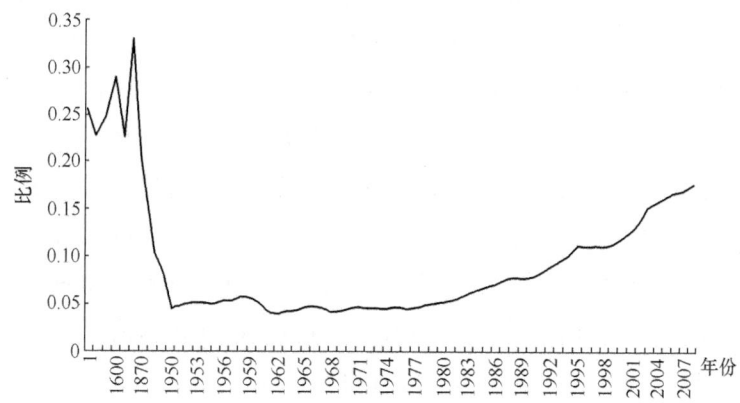

图 1　中国在全球 GDP 中所占的份额

从这一"中国在全球 GDP 中所占的份额"的简图,可以清楚地看出:清朝的"GDP 世界第一"是在 1820 年,约占世界 GDP 的 33%。而 1820 年,是清朝嘉庆皇帝去世的一年,即道光皇帝即位的一年。从 1820 年开始,中国的 GDP 占世界的份额迅速下降;但到了鸦片战争开战的 1840 年,从此图可估计出,可能仍占到世界 GDP 的 30%,所以也仍是世界第一。所以,这完全不是什么"讹传"!

林毅夫所引麦迪森的数据,是否如徐焰少将所说,是出自麦迪森的"猜测"呢? 徐焰少将的理由和依据是,因为当时中国是农业自然经济,"根本无法进行GDP 计算,当时只有清政府年财政收入为 4 000 万两白银的统计!"不然! 林毅夫在同书的第 267~268 页,还给出了美国哈佛大学研究中国经济的权威学者珀金斯(Dwight Perkins)《中国农业的发展:1368~1968》[①]一书所做的从明朝开始,一直到 20 世纪 60 年代,中国农业发展情况的一项研究:"他从中国 2 000 多本县志中,把各种有关生产、人口的数据逐一统计,然后拼成一幅完整的图像。根据他的研究,在 1368~1968 年这 600 年当中,中国的人口增加了 10 倍,耕地面积增加了5 倍,单产增加了 2 倍。由此算出,粮食增产 10 倍,但是人均粮食产量却维持不变。"[②]

林毅夫指出:"这是典型的前现代社会的经济增长特性:人口增加但人均产量并没有增加;国家经济规模的扩大主要依赖于人口的增加;技术进步非常缓慢,在

---

①　D. H. Perkins, *Agricultural Development in China*, 1368~1968, Chicago: Aldine, 1969.

②　林毅夫:《解读中国经济》,北京大学出版社,2012 年版,第 267~268 页。

经济增长中的贡献相对不大。"①

支持这一结论的,还有林毅夫教授所引库兹涅茨《当代经济的增长》一书的如下一段话:"在前现代社会(工业革命前的社会),经济增长的特性是人口增加,经济规模扩大,但是人均收入却基本保持不变。这种增长属于外延性的增长。"②

我一直对林毅夫指出的外国学者对中国封建社会的深入研究持高度的敬意。

第一,这绝对是一项严肃而重要的科学工作。虽然当时中国官方"根本无法进行 GDP 计算",但珀金斯教授却想方设法从中国约 2 000 多本县志找寻有关记载。当时中国地方上的县政府需要向中央政府按一定的税额上缴赋税,就必须对当地的粮食产量、土地面积、居住人口做一定的统计,而很可能在县志就有记载。结果,就"拼成一幅从 1368~1968 年的完整的图像"。

第二,这项重要研究,不仅揭示了从明朝直到 1949 年中华人民共和国成立,在持续发展的 580 年中,"人均粮食产量却维持不变";而且表明从 1949 年直到 1968 年③,"人均粮食产量也维持不变"。也就是,虽然在农村中大力推行了土地革命,但土地革命的后果是农村人口迅速增加,而人均粮食产量却并未增加,面积广大的中国农村仍属于"典型的前现代的社会经济"。

第三,珀金斯等人的这一研究,深刻地揭示了中国封建社会变化、发展的一项独特的规律。在中国发展的历史上,虽然历经农民革命战争,封建王朝间或割据或统一的战争,以及中国所特有的"水旱黄汤"等重大灾害,但这种灾害、割据和战争的后果,主要是通过人口的增长或减少来满足一个社会所必需的生存和发展的条件;再加上受中国的地理条件影响,即地域的四周没有强大的邻国,这就解释了历史上热烈讨论过的一个重大问题:为什么中国封建社会的持续生存时间特别长久。

第四,对于马克思主义理论来说,此项工作还可以说是对"社会平均简单必要劳动"是创造价值的唯一泉源的劳动价值论的极妙的验证。因为如果劳动是创造价值的唯一泉源的话,那么社会总产值必定和某个国家所能投入的"社会平均简单必要劳动"成正比,也就是大体上和人口成正比。所以,珀金斯教授等人对中国社会的深入研究,实际上是对马克思主义的劳动价值论提供了的强有力的实证研究的支撑。

而唯一感到遗憾的是,为什么这一对证明马克思主义理论基础极重要的学术研究,不是出自中国马克思主义学者的贡献?! 还深感遗憾的是,这一研究结果的

---

① 林毅夫:《解读中国经济》,北京大学出版社,2012 年版,第 268 页。
② 林毅夫:《解读中国经济》,北京大学出版社,2012 年版,第 267 页。
③ 其实是直到 1978 年。

正式发表时间,是早在 1969 年,而且已在国外学者群中广泛传播,而中国的学者群却完全不知哈佛大学珀金斯教授等人竟从中国的历史记载中发掘出如此重要的学术成果。更为遗憾的是,当这一重要而严肃的并且十分有利于理解中国前现代社会,有利于证实马克思主义劳动价值论的科学性,有利于证明马克思主义学说完全适用于中国的重大学术成果传到中国后,竟然还有中国的马克思主义学者评价它为"西方学者抛出离谱的荒诞数据"。这实在值得中国的马克思主义学者深入反思:为什么在我们的科学研究工作中,竟然出现如此重大的失误!

徐焰少将还引用了毛主席多次强调的"没有调查就没有发言权"。可是,我们在徐焰少将揭露"讹传"的短文中,还读到徐焰少将在对西方资本主义做了比较深刻的"调查研究"后写下的一段话:"西方资本主义在工场手工业时期的生产力就已大大超过以自然经济为主体的东方。以 18 世纪 70 年代蒸汽机问世为标志的工业革命开始后,英国人均产值在 70 年间又增长了 20 倍。1840 年的英国人口虽只有 2 000 万,总产值却肯定远超中国。"不过,我这里却由麦迪森《世界经济千年史》第 259 页给出的世界 GDP 以及二十个国家和地区 GDP 的估计(0～1998 年)这一表格中查到如下一些数据(见表1)。

表 1　英国与中国的 GDP 数据　　单位:百万 1900 年国际美元

年份	0	1000	1500	1600	1700	1820	1870	1913	1950	1973	1998
英国			2 815	6 007	10 709	36 232	100 179	224 618	347 850	675 941	1 108 568
中国	26 820	26 550	61 800	96 000	82 800	228 600	189 740	241 344	239 903	740 048	3 873 352

资料来源:安格斯·麦迪森:《世界经济千年史》,北京大学出版社,2003 年版,第 259 页。

这就是说,从 1700 年到 1870 年,英国的 GDP 增长了 9.35 倍,从 1820 年到 1870 年增长了 2.76 倍;也就是,绝不是如徐焰少将所说"英国人均产值在 70 年间(即 1800～1870 年)又增长了 20 倍"。而相反,中国的经济从 1820 年到 1870 年却下降了约 17%!所以,1840 年鸦片战争时期的中国,其约占世界 GDP 30% 的数字也仍然是"世界第一";而英国,其"总产值"也绝对不会"肯定远超中国"!徐焰少将可以拿出某些中国文献,举出一定的理由,怀疑麦迪森所给中国的数字是否正确。但如果涉及英国的经济发展数字,那么长期在西方生活的麦迪森教授就更有理由质疑徐少将的数字来源是否正确了。

附录

三篇青年时代的政治经济学习作 *

Ⅰ. 一个简单的说明

Ⅱ. 马克思主义再生产理论的数学分析(一):
为什么不断实现扩大再生产必须优先发展生产资料的生产

Ⅲ. 马克思主义再生产理论的数学分析(二):
生产高速上涨的条件

Ⅳ. 马克思主义再生产理论的数学分析(三):
在实现扩大再生产时第一部类和第二部类所必须满足的上升
比例关系,以及它们的经济意义的分析

---

   *   这四篇文章原刊或重刊于《清华政治经济学报》2014 年第 2 卷第 1 册第 139～202 页。其中第Ⅱ,
Ⅲ,Ⅳ篇曾分别发表于钱学森主编的《力学学报》1957 年第 1 卷第 1 期、第 1 卷第 2 期和 1958 年第 2 卷第 3
期。《清华政治经济学报》在重刊这几篇论文的"编按语"中说,"这三篇文章或许是中国数理政治经济学最
早的文献之一"。

I. 一个简单的说明

何祚庥

一

《清华政治经济学报》编辑部建议将何祚庥和罗劲柏在 1955～1956 年合写的，在钱学森教授 1957～1958 年主编的《力学学报》上刊登的关于《马克思主义再生产理论的数学分析（一）》《马克思主义再生产理论的数学分析（二）》《马克思主义再生产理论的数学分析（三）》这三篇文章，再度在即将出版的《清华政治经济学报》的第 2 卷第 1 册上刊出，并期望我能介绍一下撰写这三篇文章的经历。

这已是 59 年前的往事了。1955 年，我和罗劲柏均在中央宣传部的科学处任职。科学处处长是我国著名经济学家同时也是物理学家的于光远同志。1955 年的中国，正从事"156 项"经济建设，其中绝大多数均是重工业项目。于光远当然会注意到列宁所写《论所谓市场问题》这篇名文，并要我们去读这篇文章。正是在于光远同志的激励之下，我们将列宁所做数字计算改为用数学公式，来讨论这些数学公式所蕴含的政治经济的"内涵"。

1955～1956 年，著名力学家钱学森教授冲破美国官方种种阻挠，回国参加祖国建设，受到举国上下和科技界的极大欢迎。钱学森教授从国外带回许多先进科学理念，在他所做的多次学术报告中，屡次提到"当代"科学发展的特点，是不断地将物理的和数学的方法引入其他科学的领域。在某次学术讲演会上，钱学森教授还具体提出，中国人能否将这种先进的方法引入马克思主义政治经济学的研究？我也是"听众"之一，当即告诉钱教授，我们曾写成有关马克思主义再生产理论的数学分析的三篇文章。钱学森表示大感兴趣，问："你能否拿来给我看看？"回中宣部后，我和罗劲柏同志当即将三篇文章用"恭楷"抄得"端端正正"，呈送钱学森教授审阅。钱教授一读之后，认为写得极好，当即建议在他所主编的《力学学报》上刊出。他还亲自审读了这几篇稿件，并对稿件的写法提了具体意见。例如，我们在原稿里曾沿用马克思和列宁在那一时期对数学算式的表达方式，钱教授建议应改为当代物理学家和数学家习惯用的方法。我们还向他请教:"列宁的原文在数字计算上有错误,是否应在文稿中明确指出、纠正?"他的回答很明确:"应按科学工作惯例,明确指出错误何在,但加上注解。这是科学工作中必须坚持的实事求是的作风。"

我和罗劲柏写了这三篇稿子后,当然曾呈送光远同志并寻求在《经济研究》上刊出。光远一看有如此多的数学公式,也怀疑这三篇稿子是否应送《经济研究》。一听钱学森愿意在《力学学报》的第 1 期、第 2 期上刊出,当即说,"好吧!你们送给他吧!"这就是这三篇稿子为什么会在 1957 年新创办的《力学学报》上刊出的原因。我也因此成为经常向钱学森教授请教各种科学问题的后辈学者之一。

正由于写了这三篇文章,于是在 1956 年制定"发展中国科学技术的十二年规划"期间,出任综合规划组组长的钱学森点名要我去担任综合组的秘书。于是,我又有了向钱学森学习现代科学思想、现代科学方法的机会。

时光飞逝! 现在于光远和钱学森二老均已先后离世。现在写下数语,作为那一时代的青年科技工作者对科学前辈的怀念!

二

也许还需要讨论一个问题,为什么时隔 50 多年后,还要将这三篇早已"过时"的旧作,拿出来重新发表。

近年来,我又回到马克思主义政治经济学的再探讨和再研究上来。2013 年,我在《学术界》杂志的第 7 期、第 8 期上,连续发表了《马克思主义政治经济学也要与时俱进(上)(下)》这篇长文。2014 年,又在《政治经济学评论》第 1 期发表了文章《必须将"科技×劳动"创造剩余使用价值的思想引入新劳动价值论的探索和研究》。这两篇文章的基本思想,一是必须将科技进步引入新劳动价值论,二是政治经济学必须走向定量研究。为此,我在这两篇文章中,均回顾了在 1957 ~ 1958 年发表的那三篇文章。现在摘录其中若干"回顾"。

在《马克思主义政治经济学也要与时俱进》的长文中,我曾写道:"马克思主义政治经济学有一项重大成就……也就是在经济学的研究里,首先将产业划分为不同类型,研究它们在整个经济生活中的不同地位和作用及其演变,从而比较科学而严密地分析探讨了社会总资本的再生产和扩大再生产发展的一般规律。列宁先后在两处称赞这一扩大再生产的理论,为'极其重要而新颖'的理论①。……

---

① 马克思、恩格斯:《马克思恩格斯选集》第 1 卷,人民出版社,1972 年版,第 14 页、17 页。

实际上是马克思首先开拓了结构经济学研究的先声。"

"马克思在《资本论》第 2 卷里,在较详尽地讨论了两大部类如何实现生产和扩大再生产并计算了许多数字后,说了一句很重要的话:'为了从简单再生产过渡到扩大再生产,第一部类的生产要能够少为第二部类制造不变资本的要素,而相应地多为第一部类制造不变资本的要素。'①也就是马克思已经认识到,在扩大再生产过程中,生产资料的第一部类,要比第二部类优先增长。"

"正如列宁在《论所谓市场问题》一文中所说的,'从马克思上述计算数字来看,根本不能得出第一部类比第二部类占优势的结论'。列宁分析了其中的原因,'这些数字计算未予注意的正是技术进步。如马克思在《资本论》第 1 卷中所证明的,技术进步表现于可变资本与不变资本之比例逐渐缩小②,而马克思却假设其比例是不变的'。接着,列宁也用一系列数字,表示 $\frac{V}{C} = \frac{1}{\delta}$,即资本有机构成的倒数,也就是不变资本与可变资本之比持续变大后,生产资料和消费资料及其不变资本增长的情况;列宁还根据他所计算的数字,得出如下结论:在扩大再生产的条件下,'增长最快的是制造生产资料的生产,其次是制造消费资料用的生产资料的生产,最慢的是消费资料的生产'③。"

"1957～1958 年,何祚麻和罗劲柏曾用严密的数学,普遍地证明了下列结论:

第一,不论是资本主义还是社会主义生产,要使扩大再生产能够不断实现,必须优先发展生产资料的生产。

第二,理论上并不排斥在某些年代、某些时期,也可以出现消费资料优先增长的情形,但这种情形不能维持太长,要依据当时的生产资料在国民经济中已达到的比重来确定。

第三,技术的进步、积累的增加、平均利润率的下降等等,都促成生产资料的优先增长。"

"重要的是,这一优先发展生产资料的生产的理论先后为不少经济落后国家奉为快速赶上先进国家的'圭臬'。不仅仅是苏联、中国等社会主义国家奉为发展生产和经济的根本指针;在许多民族独立国家,如印度、埃及、印度尼西亚等国家,在获得民族独立后,纷纷实行优先发展生产资料,亦即优先发展重工业的方针。结果是,在某些国家,如 1929～1939 年的苏联,由于正确实行了这一方针而

---

① 马克思:《资本论》第 2 卷,人民出版社,1975 年版,第 560 页。

② 即资本有机构成 δ 变大。

③ 列宁:《论所谓市场问题》(单行本),人民出版社,1956 年版,第 14～17 页。

大获成功;也有某些国家却面临挫折,或先大获成功,后来遭遇严重的挫折。这就需要对这一理论深入反思和总结了!"

"1952 年,中国从战争破坏中开始建设,也提出了'重工业是我国建设的重点',亦即优先发展重工业的战略。但中国共产党人还注意到'必须处理好''重工业和轻工业、农业的关系'。'决不可以因此忽视生活资料尤其是粮食的生产'[1]。当然,毛泽东还注意到要发展国防工业,中国'不但要有更多的飞机和大炮,而且还要有自己的原子弹。在今天的世界上,我们要不受人家欺负,就不能没有这个东西'[2]。

"应该说,中国推行的'重工业是我国建设的重点'的战略,也是当时唯一可能'行得通'的战略。因为当时的中国,唯一的可能的发展战略,是'一边倒'。实践证明,重工业是发展的重点的方针,取得了不小的成就。1953~1978 年,25 年间,中国的 GDP 共增长了 2.9 倍,平均年递增 $\sqrt[2.5]{2.9} - 1 = 4.35\%$[3]。其间最重要的成就,当然是国防工业、'两弹一星'。"

但是,毛泽东所说,"重工业和轻工业、农业的关系",实际上并没有完全做到"必须处理好"。

"为什么第二次世界大战后的苏联、中国和东欧、亚洲等社会主义国家,均奉行优先发展重工业的方针,又先后均相继陷入'短缺经济'?有许多学者试图从市场经济角度,对上述现象做出解释。"

"其实,马克思主义扩大再生产的理论完全能给出完满的解释。"在何祚庥,罗劲柏合写的《马克思主义再生产理论的数学分析(二)》中,已经以长长的演算证明,如果第一部类以尽可能的高投入持续增长,最终必定导致'生产发生了中断'[4]。乍一看来,这是一个很奇怪的意想不到的结论!原因在于:第一部类的优先增长,还要求有来自第二部类的生活资料的充足供应。而'短缺经济',就会造成整个国家经济停止发展!"

"实在抱歉!尽管我们已得出'生产会发生中断'的重大结论,但我们却不敢宣扬这一重大结论。我们只是小心地轻描淡写地说,如果认为'在努力发展重工业的同时,不需要相应地发展轻工业了','那也是不对的'。"

"最近,由于要重新研究马克思主义政治经济学,又读了毛泽东 1956 年 4 月

---

① 毛泽东:《论十大关系》,《毛泽东选集》第 5 卷,人民出版社,1977 年版,第 268 页。
② 毛泽东:《论十大关系》,《毛泽东选集》第 5 卷,人民出版社,1977 年版,第 271 页。
③ 安格斯·麦迪森:《世界经济千年史》,伍晓鹰、许宪春译,北京大学出版社,2003 年版,第 296 页。
④ 见《力学学报》1957 年第 1 卷第 2 期,第 109 页。

25 日在中共中央政治局扩大会议上的讲话——《论十大关系》。毛泽东已明确指出:'如果没有足够的粮食和其他生活必需品,首先就不能养活工人,还谈什么发展重工业?'[①]——这正是我和罗劲柏经过长长的演算而得出的必然的重大结论。实在遗憾! 我们那时太年轻了! 太缺乏政治经验了! 在 1956 年,《论十大关系》是党内最高绝密文件,我们也完全不可能看到国家这样的'绝密'。直到 1977 年,才在第 5 卷的《毛泽东选集》里读到这篇文章。"

<h2 style="text-align:center">三</h2>

在《必须将"科技×劳动"创造使用价值的思想引入新劳动价值论的探索和研究》的文章里,又进一步强调了研究"二元模型"的重要性:

"早在 19 世纪,马克思在《资本论》的第 2 卷,曾构造了一个'二元'经济的发展模型,对当时经济面临的重大发展问题、如何实现工业化问题做了深入的研究。""二元模型的突出的优点是:①它比较简单,有可能在数学上严格求解,从而可以利用解出的数学公式,对二元经济结构中错综复杂的关系,做深入的定性和定量的分析和探讨;②二元经济的分析其实是多元经济分析的基础,在人们深入研究了各个类型的二元经济后,就有可能进一步探讨多元经济结构所遇到的问题。"

"当今中国是'多元'经济结构的社会。而解剖'多元'经济结构,首先是从解剖'二元'经济入手。"

"这里能够提供的一种思维模式是,充分利用新提出的'科技×劳动'的新劳动价值论,充分利用新推导出来的,有可能是相当正确的公式,深入分析农村和城市'两个'市场间的二元经济又矛盾又统一的辩证发展关系","尤其是充分利用这一'二元模型',深入分析如何同时实现经济建设和国防建设'双跨越'的难题。"

"而当然,当代中国还面临其他'二元'经济的发展问题。当前已在中国出现的重大问题之一,是虚拟经济和实体经济如何协调发展。中国的实体经济正在迅速发展之中,但确实又面临国际虚拟经济恶性发展的干扰。"

"中国的'地大物博,人口众多',极易导致中国区域经济的发展高度'不平衡'。所以,中国未来的经济发展,必定面临情况十分复杂的地区经济问题。"

"而所有这些'关系'问题,均有赖于建立一个能包括科技进步在内,能深入讨论这些复杂问题的二元经济模型,并进行深入的研究。"

---

① 毛泽东:《毛泽东选集》第 5 卷,人民出版社,1977 年版,第 267 页。

"例如，少数民族地区和中国内陆的经济，在结构上如何互补，又如何相互促进？台湾地区经济和福建地区经济，如何协同、协调地发展？这些都是必须'具体'解决的、特殊重大的'二元经济问题'。"

现在即将在《清华政治经济学报》再度刊出的这三篇"旧作"，也许对进一步研讨各类"二元经济问题"有一些"启示"。

Ⅱ. 马克思主义再生产理论的数学分析(一)

——为什么不断实现扩大再生产必须优先发展生产资料的生产

何祚庥　罗劲柏

【提要】这是我们引用数学来讨论马克思主义再生产理论的第一篇文章。在这篇文章中,我们主要从数量关系上较全面地分析了再生产理论中生产资料优先增长的原理的问题。本文共分为六部分。在序言中我们首先论证了经济学中引进数学方法来进行研究的必要性,指出数学方法的引用是使用唯物辩证法来研究政治经济学的必要的要求和补充。在第一节中,我们简单地复述了马克思和列宁所提出的生产资料优先增长的原理,指出这个原理还欠缺严格的数学证明和数量关系上的全面分析。在第二节中,我们探讨了第一部类和第二部类生产进行交换时所必须满足的平衡条件,指出各种不同表现形式的平衡条件实质上只相当于一个公式,但是决定明年度扩大再生产规模的却有 $\Delta C_{\mathrm{I}}^{(1)}, \Delta V_{\mathrm{I}}^{(1)}, M_{\mathrm{I}}^{(2)}, \Delta C_{\mathrm{XI}}^{(1)}, \Delta V_{\mathrm{XI}}^{(1)}, M_{\mathrm{XI}}^{2}$ 六个变数,因而单从平衡条件出发就不能推导出生产资料优先增长的原理。第三节主要是指出在讨论扩大再生产原理的问题时必须从扩大再生产每年都能实现和继续的观点出发,并根据这一观点从数量关系上证明:在技术不断进步的条件下,必须不断优先增长生产资料才能使扩大再生产不致中断;但在一定条件下,在某些年度内,也可以有消费资料优先增长的情形。第四节主要是探讨两大部类上涨的速度之间的比例关系和各种再生产系数(如资本有机构成、剩余价值率、平均利润率和积累率等) 间的关系;指出无论是在资本主义还是在社会主义的现实经济生活中,这些系数的变化趋向都将是导致生产资料的优先增长。第五节我们列出了本文所得到的结论。

序　言

在马克思主义政治经济学中,再生产的理论始终占有极重要的地位。深入地阐明这个理论,无论是对于解剖现代资本主义社会、揭示经济危机的实质,还是对了解社会主义社会、编制国民经济计划,都有极重大的意义。马克思主义再生产理论的一般原理早已由经典作家提出并进行了论证,但是其中有许多具体问题却还有待进一步地阐明和探讨。我们打算分成三篇文章来就这方面的一些问题进行若干探讨。在现在的这篇文章中,我们拟探讨一下"为什么不断实现扩大再生产必须优先发展生产资料的生产"的问题。在以后的两篇文章中,我们再分别地探讨一下"在高速发展生产的条件下,两大部类生产所必须满足的条件"和"实现扩大再生产时,第一部类和第二部类生产之间所应遵循的客观比例关系"的问题。

我们将在这几篇文章中引用若干数学。这是对再生产理论做量的分析时所不可避免的。由于在我国的马克思主义政治经济学研究中,还很少有人引用较多的数学工具,帝国主义国家中,一些为资本主义做辩护的经济学家又常常在他们的著作中采用数学;这样就引起若干人对于经济学中能否引用数学产生疑问。因此,我们拟就这个问题先行略做探讨。

马克思主义政治经济学的研究,主要是依靠唯物辩证法的分析方法;但是并不能因此得出结论,认为经济学研究中要排斥数学方法,相反,数学工具的引进正是使用唯物辩证法的研究方法的要求之一。我们知道,一切事物都有质和量两方面。我们除了应对事物的质的方面进行分析和研究以外,还应对量的方面进行考察。如果事物的量能以数的形式来表达,那么就常常需要把数学引用进来。许多科学部门发展的历史都告诉我们,数学能帮助我们精密地、鲜明地揭示出事物间那些较复杂的、隐蔽的量的关系。我们认为这也就是恩格斯把数学称为"辩证的辅助的工具"的原因[①]。

有些人认为在经济研究中使用数学方法就是把复杂的社会现象"还原"成低级运动,但这种观点是不对的。首先,数学的研究对象就不是"低级运动形式"。数学所考察的是空间和数量的关系,这种空间和数量的关系是很多事物都具备的一种特性;因而当我们对这些事物进行研究时,数学就获得广泛的应用。在运用数学来对复杂的事物进行量的分析时,我们常常需要暂时撇开事物的"质"来考察量,或者是要把现实中量的关系加以简化,只对它的典型情况或理想情况进行分析。但这类数学方法的运用和所谓"把高级运动还原为低级运动"是不同的。因为人们在认识事物时,总是要把有联系的事物分拆开,把复杂的事物条理化,并从中抽取出主要的线索,不这样做,认识就不能前进。马克思和列宁在研究再生产的理论时,也曾假设了一系列的理想条件,并据此做了许多计算。马克思在 1878 年 5 月 31 日写给恩格斯

---

① 恩格斯:《自然辩证法》,人民出版社,1955 年版,第 1 页。

的一封著名的信中还曾提到,他打算把一年来的物价、贴现率等的上升和下降的锯齿形曲线加以数学分析,借此来确定危机的基本规律。由此可见,马克思主义政治经济学的研究绝不排斥数学乃至高等数学的运用。

当然,如果我们在应用数学来进行研究时,只着眼于数学的演算,不去过问这些演算在经济上的意义和数学公式所表示的经济学的实质;或者只顾数学上的"简化"和"方便",不顾现实中这种简化是否有足够的根据,那也是不对的。但是这类错误之发生,并不能由数学来负责,而是应由数学的使用者"简化"或"抽象化"的适合与否来负责。尤其不应该因为要注意避免这类错误而拒绝数学在经济学中的应用。下面三篇文章是我们运用数学方法来分析马克思主义再生产理论的一种尝试。由于这仅仅是一个初步的尝试,我们的文章中所提出的论点和各种数学上的抽象都是值得讨论和批评的,我们欢迎读者们能够不吝地给予我们指正。

一

马克思主义扩大再生产理论中"生产资料的生产优先增长"的原理是由列宁在《论所谓市场问题》一文中进行详尽的探讨的。马克思的《资本论》中,虽然已经包括了提出这个命题的一切前提,可是马克思本人却没有对这个问题进行详尽的分析;在《资本论》第二卷第二十一章中,当他以连续五年的数字来表示扩大再生产时的资本运动和增殖过程时,两大部类生产都是以同等速度向上升的。马克思的计算结果可以列成表 1。从表 1 中可以看出,从第三年起,两大部类生产每年都以 1.1 的比例上升[①]。

表 1 马克思的计算结果

扩大再生产的年度	第一年	第二年	第三年	第四年	第五年	第六年
第一部类产品总价值	6 000	6 600	7 260	7 986	8 784	9 662
两年间第一部类生产增长比例	—	1.1	1.1	1.1	1.1	1.1
第二部类产品总价值	3 000	3 200	3 520	3 872	4 259	4 686
两年间第二部类生产增长比例	—	1.06	1.1	1.1	1.1	1.1

① 两大部类产品总价值在第二年的增长比例不相等,是因为第一年的两大部类产品总价值(6 000 和 3 000)是任意假设的,它们不受什么条件的限制。

列宁注意到了这一点,他在《论所谓市场问题》一文中指出:"从马克思的上述公式来看,根本不能得出第一部类比第二部类占优势的结论。"但他还进一步指出了产生这个情况的原因:"这个公式未予注意的正是技术进步。如马克思在《资本论》第一卷中所证明的,技术进步表现于可变资本与不变资本之比逐渐缩小,而这个公式却把这个比例当作是不变的。"

在同一文章中,列宁还和马克思一样地用一系列的数字来探讨当 $\dfrac{V}{C}$ 这个比值不断缩小时,生产资料、消费资料及其不变资本增长的情况。列宁的计算结果可以列成表2[①]。

从表2可以看出,随着 $\dfrac{V}{C}$ 的不断缩小,第一部类的产品总价值和它的不变资本(亦即生产生产资料的生产资料的价值)比起第二部类都有优先增长的情形。列宁根据以上的数字做出结论说:在扩大再生产的条件下,"增长最快的是制造生产资料的生产,其次是制造消费资料的生产资料的生产,最慢的是消费资料的生产"。

表2　根据列宁《论所谓市场问题》一文所做的重新计算

扩大再生产的年度	可变资本／不变资本 = $\dfrac{V}{C}$		本年用于制造生产资料的生产资料		本年用于制造消费资料的生产资料		本年所消费的消费资料(包括资本家的消费)		本年生产出来的生产资料		本年生产出来的消费资料	
	第一部类	第二部类		增长百分比		增长百分比		增长百分比		增长百分比		增长百分比
第一年	0.25	0.500	4 000	100.0	1 500	100			6 000	100.0	3 000	100.0
第二年	0.236	0.490	4 450	111.3	1 550	103.3	3 000		6 550	109.2	3 070	102.3
第三年	0.217	0.479	4 950	123.8	1 600	106.7	3 070	102.3	7 100	118.3	3 132	104.4
第四年	0.198	0.471	5 467	136.7	1 632	108.8	3 132	104.4	7 657.5	127.6	3 170.5	105.6

---

① 这里列出的数字和《论所谓市场问题》一文中的数字略有出入。该文数字在计算上略有错误。

　　列宁在以上所举出的数字,直到现在为止,还是对这个问题最透彻和最通俗的证明。但是,不论马克思还是列宁,在这里所讨论的只是有限几年扩大再生产的例证。从这些例证中,还不能直接地、逻辑地得出必然的结论;因而就引起这样的问题:实现扩大再生产是否必须第一部类优先增长?为什么在一般情况下常常总是第一部类优先增长?有哪些经济因素影响两大部类上升的比例关系,以及它们是怎样影响的?

　　我们将在下面分别讨论这些问题,但我们首先分析一下马克思主义关于扩大再生产的基本论点。

二

　　为了便于以后进行数学分析,我们先给出本文所用符号所代表的意义。

　　C = 不变资本或社会主义制度下的生产基金(亦即已消耗的生产资料转移到产品中的价值);

　　V = 可变资本或工资(亦即为自己的劳动新创造的产品价值);

　　M = 剩余价值或社会主义制度下的社会纯收入(亦即为社会的劳动新创造的产品价值);

　　W = 社会产品总价值;

　　$\Delta C, \Delta V, \Delta M, \Delta W$ 分别表示第二年实现扩大再生产时,不变资本、可变资本、剩余价值以及社会产品新增加的数额;

　　m = 资本家消费掉的价值,或社会主义制度下,国家用于公众的福利事业的那一部分,亦即 $m = M - \Delta C - \Delta V$;

　　α = 资本有机构成的倒数,亦即 $\dfrac{V}{C}$;

　　β = 剩余价值率或社会纯收入对工资的比值,亦即 $\beta = \dfrac{M}{V}$;

　　γ = 实现扩大再生产时,从 M 中抽取出来的进行积累的比率,亦即 $\gamma = \dfrac{\Delta C + \Delta V}{M}$;

　　p = 利润率或社会主义制度下的盈利率,亦即 $p = \dfrac{M}{C + V} = \dfrac{\alpha\beta}{1 + \alpha}$;

　　K = 社会产品总价值和不变资本(或生产基金)的比值,亦即 $K = \dfrac{W}{C}$。

　　所有上述符号,我们还将依照它们所属的部类的不同,分别在字母的右下角标上 Ⅰ,Ⅱ 的符号;它们在不同年份的数值,在字母的右上角标上(1),(2)等符号。例如，$\Delta C_{\text{I}}^{(1)} = C_{\text{I}}^{(2)} - C_{\text{I}}^{(1)}$，$W_{\text{I}}^{(1)} = K_{\text{I}}^{(1)} C_{\text{I}}^{(1)}$，…依此类推。此外，我们还须用到下列符号：

$r =$ 第一部类不变资本（或生产基金）每年上升的比值，亦即 $r = \dfrac{C_{\text{I}} + \Delta C_{\text{I}}}{C_{\text{I}}}$；

$s =$ 第二部类不变资本（或生产基金）每年上升的比值，亦即 $s = \dfrac{C_{\text{II}} + \Delta C_{\text{II}}}{C_{\text{II}}}$；

$t =$ 第一部类产品总价值每年上升的比值，亦即 $t = \dfrac{W_{\text{I}} + \Delta W_{\text{I}}}{W_{\text{I}}}$；

$u =$ 第二部类产品总价值每年上升的比值，亦即 $u = \dfrac{W_{\text{II}} + \Delta W_{\text{II}}}{W_{\text{II}}}$；

$\mu =$ 第二部类不变资本（或生产基金）和第一部类不变资本的比值，亦即 $\mu = \dfrac{C_{\text{II}}}{C_{\text{I}}}$；

$v =$ 以第二部类产品总价值对第一部类产品总价值的比值，亦即 $v = \dfrac{W_{\text{II}}}{W_{\text{I}}}$；

以上符号按年份的标法和上述相同。下面运用这些符号来分析一下再生产理论。

马克思的再生产理论首先是从分析社会产品价值成分出发的。他在《资本论》中把社会总产品按价值分成三部分，即不变资本、可变资本和剩余价值，也就是说

$$C + V + M = W \tag{1}$$

式中，C 和 V 分别代表资本家在进行生产前用来购买生产资料和劳动力的价值，M 和 W 分别代表经过一年生产后资本家所获得的剩余价值以及产品总价值。

为了不使整个问题复杂化，马克思在这里假定整个社会都是资本主义经济，并且全部的不变资本在一年内全都消耗掉，它的价值全部都转移到年度产品上去。

在实现扩大再生产时，资本家除了要从产品总价值 W 中拿出 C 和 V 作为补偿外，他还要从剩余价值 M 中拿出一部分 ΔC 和 ΔV 来扩大他的生产规模，至于 M 中剩余的 m 却由资本家消费掉，假如我们拿 $C^{(1)}$，$V^{(1)}$，$M^{(1)}$，$W^{(1)}$ 代表第一年生产时的各种价值成分，那么第二年生产的产品价值成分将是

$$(C^{(1)} + \Delta C^{(1)}) + (V^{(1)} + \Delta V^{(1)}) + M^{(2)} = W^{(2)}$$

或者可以写为：

$$C^{(2)} + V^{(2)} + M^{(2)} = W^{(2)} \tag{2}$$

马克思还根据产品的实物形式把社会生产分为两大部类:第一部类是生产生产资料的部门,第二部类是生产消费资料的部门。两大部类生产按价值成分来表示时,就可写为:

$$C_{\mathrm{I}} + V_{\mathrm{I}} + M_{\mathrm{I}} = W_{\mathrm{I}} \tag{3}$$

$$C_{\mathrm{II}} + V_{\mathrm{II}} + M_{\mathrm{II}} = W_{\mathrm{II}} \tag{4}$$

两大部类进行生产时都同时需要生产资料和消费资料。因此,两大部类间产品交换的实现是实现扩大再生产的必要条件。在资本主义制度下,两大部类进行交换时,产品的实物形式和价值形式都必须保持平衡。换句话说,它们的交换在价值形式上必须是等价的。把这种价值的平衡用符号来表示,就是:

$$V_{\mathrm{I}}^{(1)} + \Delta V_{\mathrm{I}}^{(1)} + (M_{\mathrm{I}}^{(1)} - \Delta C_{\mathrm{I}}^{(1)} - \Delta V_{\mathrm{I}}^{(1)}) = C_{\mathrm{II}}^{(1)} + \Delta C_{\mathrm{II}}^{(1)} \tag{5}$$

公式(5)的左边代表第一部类资本家和工人向第二部类购买的消费资料,而右边代表第二部类资本家向第一部类购买的生产资料。

从实物形式来讲,第一部类和第二部类所需的全部生产资料只能从上一年度第一部类的产品取得。为简单起见,我们暂且假定没有生产过剩的情形,那么,我们便有

$$W_{\mathrm{I}}^{(1)} = C_{\mathrm{I}}^{(2)} + C_{\mathrm{II}}^{(2)} \tag{6}$$

的公式,同样,在消费资料方面,也有

$$W_{\mathrm{II}}^{(1)} = V_{\mathrm{I}}^{(2)} + V_{\mathrm{II}}^{(2)} + m_{\mathrm{I}}^{(2)} + m_{\mathrm{II}}^{(2)}$$

$$= (V_{\mathrm{I}}^{(1)} + \Delta V_{\mathrm{I}}^{(1)}) + (V_{\mathrm{II}}^{(1)} + \Delta V_{\mathrm{II}}^{(1)}) + (M_{\mathrm{I}}^{(1)} - \Delta C_{\mathrm{I}}^{(1)} - \Delta V_{\mathrm{I}}^{(1)}) + (M_{\mathrm{II}}^{(1)} - \Delta C_{\mathrm{II}}^{(1)} - \Delta V_{\mathrm{II}}^{(1)}) \tag{7}$$

的公式。

扩大再生产必须扩大生产规模,也就是 $\Delta C_{\mathrm{I}}^{(1)}$, $\Delta C_{\mathrm{II}}^{(1)}$, $\Delta V_{\mathrm{I}}^{(1)}$, $\Delta V_{\mathrm{II}}^{(1)}$ 等不全为零。因此上述三个公式即公式(5)、公式(6)、公式(7)可以写成不等式,例如,公式(5)可以写成①

$$V_{\mathrm{I}}^{(1)} + M_{\mathrm{I}}^{(1)} > C_{\mathrm{II}}^{(1)} \tag{8}$$

不等式(8)就是马克思在《资本论》中以及通常的教科书中所给出的扩大再生产的条件。

初看起来,似乎我们只要利用这些等式和不等式,就可以证明生产资料必须优先增长的原理了,但这是做不到的。因为公式(5)至公式(7)虽然有不同的数

---

① 同理,公式(6)可以写成 $W_{\mathrm{I}}^{(1)} > C_{\mathrm{II}}^{(1)}$,公式(7)可以写成 $W_{\mathrm{II}}^{(1)} > V_{\mathrm{I}}^{(1)} + V_{\mathrm{II}}^{(1)} + m_{\mathrm{I}}^{(1)} + m_{\mathrm{II}}^{(1)}$。

学形式,代表不同的经济意义,但它们在数量关系上却是完全相当的。

要证明这一点,我们只要在公式(5)的两边各加上 $C_I^{(1)} + \Delta C_I^{(1)}$,便马上可以得到公式(6);在公式(5)两边加上 $M_{II}^{(1)} + V_{II}^{(1)}$,并进行移项,便可得到公式(7)。由此可见,这三个不同式子实际上只是一个算式。

当资本家进行明年度的扩大再生产时,他必须把他所获得的剩余价值分成 $\Delta C^{(1)}$,$\Delta V^{(1)}$,$m^{(1)}$ 三部分。但这里的 $M^{(1)}$ 可以有各种不同的分法,因此,对于决定明年度生产规模的 $W_I^{(2)}$ 和 $W_{II}^{(2)}$ 的数值来说,就一共要有 $\Delta C_I^{(1)}$,$\Delta C_{II}^{(1)}$,$\Delta V_I^{(1)}$,$\Delta V_{II}^{(1)}$ 四个变数,再加上明年度的 $M_I^{(2)}$ 和 $M_{II}^{(2)}$ 两个变数,共是六个变数。但是,从两大部类交换平衡的关系出发,却只有一个方程。因此,单纯地从马克思所给出的扩大再生产公式出发,对于生产资料优先增长的问题是不能得出什么明确的结论来的。

实际上,无论是马克思还是列宁所做的计算,都假设了其他经济条件。例如,他们假定:①两大部类剩余价值率 β_I,β_{II} 每年都相等并且都等于 1[①];②第一部类资本家每年以剩余价值的半数用于积累[②];③在可变资本对不变资本的比例(即 α)上,在马克思是假定每部类每年都不变,在列宁却假定他们不断缩小[③]。正是由于马克思和列宁假设了这五个条件,再加上两大部类间的平衡条件,这才使六个变数以及由这六个变数所决定的 W_I,W_{II} 具有完全确定的值,或具有可以比较它们的大小的值。

事实上,在满足交换公式或马克思所揭示的 $V_I^{(1)} + M_I^{(1)} > C_{II}^{(1)}$ 的不等式的条件下,完全可以有消费资料优先增长的情形。例如,假设第一年生产的产品价值有如下分布:

$$C^{(1)} \quad V^{(1)} \quad M^{(1)} \quad W^{(1)}$$
$$I \quad 4\,000 + 1\,000 + 1\,000 = 6\,000$$
$$II \quad 1\,500 + 750 + 750 = 3\,000$$

---

① 这相当于两个条件,即两个方程,也就是 $\frac{M_I}{V_I} = 1, \frac{M_{II}}{V_{II}} = 1$。

② 这相当于另一个方程,即 $\frac{1}{2}M_I = \Delta C_I + \Delta V_I$。

③ 这里相当于两个条件,在马克思是 $\frac{V_I^{(1)}}{C_I^{(1)}} = \frac{V_I^{(2)}}{C_I^{(2)}} = \frac{V_I^{(3)}}{C_I^{(3)}} = \cdots =$ 常数;在列宁是 $\frac{V_I^{(1)}}{C_I^{(1)}} > \frac{V_I^{(2)}}{C_I^{(2)}} > \frac{V_I^{(3)}}{C_I^{(3)}} > \cdots$ $\frac{V_{II}^{(1)}}{C_{II}^{(1)}} > \frac{V_{II}^{(2)}}{C_{II}^{(2)}} > \frac{V_{II}^{(3)}}{C_{II}^{(3)}} > \cdots$。

在第二年实行扩大再生产时,第一部类资本家以半数积累,同时第二年度生产中各成分的比例关系 $\dfrac{V}{C}$,$\dfrac{M}{V}$ 都维持不变,那么,第二年产品总价值将分为:

$$C^{(2)} \quad V^{(2)} \quad M^{(2)} \quad W^{(2)}$$

I 4 400 + 1 100 + 1 100 = 6 600

II 1 600 + 800 + 800 = 3 200

如果第二年扩大再生产时,积累的比例不是 $\dfrac{1}{2}$,而是 $\dfrac{1}{4}$,那第三年的产品总价值将分为:

$$C^{(3)} \quad V^{(3)} \quad M^{(3)} \quad W^{(3)}$$

I 4 620 + 1 155 + 1 155 = 6 930

II 1 980 + 990 + 990 = 3 960

显然,我们有 $\dfrac{W_{II}^{(3)}}{W_{II}^{(2)}} > \dfrac{W_{I}^{(3)}}{W_{I}^{(2)}}$,亦即 $\dfrac{3\,960}{3\,200} > \dfrac{6\,930}{6\,600}$ 的关系,换句话说,我们得到的是消费资料的优先增长。

这样一来,是不是说马克思主义再生产的理论中,生产资料优先增长的原理是错误的呢? 答案当然是否定的。这一方面是因为在现实经济生活中,有许多因素常常要使得第一部类优先增长;而更重要的是,在讨论扩大再生产问题时,不能仅从两个年度间来进行考察。因为我们所考察的再生产,必须是能保证它在今后每年都能继续扩大的[①]。下面我们来较详细地分析这一问题。

三

从上节的讨论已知,实现扩大再生产的一个必要条件是 $V_{I}^{(1)} + M_{I}^{(1)} > C_{II}^{(1)}$。可是我们所要求的并不单是某一年的生产能满足这一条件,而是要使今后的生产

---

① 因为在实现某一年度的扩大再生产时,如果把过多的生产资料投入第二部类,那么在下一年度进行生产时,就只能进行简单再生产或缩小生产。例如,假设第一年度的生产为

$$C^{(1)} \quad V^{(1)} \quad M^{(1)} \quad W^{(1)}$$

I 4 400 + 1 100 + 1 100 = 6 600

II 1 600 + 800 + 800 = 3 200

第二年度实现扩大再生产时,资本家把所有多出来的生产资料都投入第二部类,即 $\Delta C_{II}^{(1)} = W_{I}^{(1)} - C_{I}^{(1)} - C_{II}^{(1)} = 500$,那么第二年生产将为

$$C^{(2)} \quad V^{(2)} \quad M^{(2)} \quad W^{(2)}$$

I 4 400 + 1 100 + 1 100 = 6 600

II 1 600 + 800 + 800 = 3 200

这时,$V_{I}^{(2)} + M_{I}^{(2)} = C_{II}^{(2)}$,资本家只能维持简单再生产。如果要重新扩大第一部类的生产,必须缩小第二部类的生产。

永远都能满足这个条件（即不断实现扩大再生产），这就是说还必须同时满足条件

$$V_{\mathrm{I}}^{(2)} + M_{\mathrm{I}}^{(2)} > C_{\mathrm{II}}^{(2)}$$
$$\vdots$$
$$V_{\mathrm{I}}^{(8)} + M_{\mathrm{I}}^{(8)} > C_{\mathrm{II}}^{(8)}$$
$$\vdots$$

换句话说，对于任意的 λ 年度，都必须满足公式

$$V_{\mathrm{I}}^{(\lambda)} + M_{\mathrm{I}}^{(\lambda)} > C_{\mathrm{II}}^{(\lambda)} \tag{9}$$

以 $V_{\mathrm{I}}^{(\lambda)} = \alpha_{\mathrm{I}}^{(\lambda)} C_{\mathrm{I}}^{(\lambda)}$ 和 $M_{\mathrm{I}}^{(\lambda)} = \alpha_{\mathrm{I}}^{(\lambda)} \beta_{\mathrm{I}}^{(\lambda)} C_{\mathrm{I}}^{(\lambda)}$ 的关系代入公式（9）内，得

$$(\alpha_{\mathrm{I}}^{(\lambda)} + \alpha_{\mathrm{I}}^{(\lambda)} \beta_{\mathrm{I}}^{(\lambda)}) C_{\mathrm{I}}^{(\lambda)} > C_{\mathrm{II}}^{(\lambda)}$$

或

$$\mu^{(\lambda)} = \frac{C_{\mathrm{II}}^{(\lambda)}}{C_{\mathrm{I}}^{(\lambda)}} < \alpha_{\mathrm{I}}^{(\lambda)} + \alpha_{\mathrm{I}}^{(\lambda)} \beta_{\mathrm{I}}^{(\lambda)} \tag{10}$$

从公式 $C_{\mathrm{I}}^{(\lambda)} + V_{\mathrm{I}}^{(\lambda)} + M_{\mathrm{I}}^{(\lambda)} = W_{\mathrm{I}}^{(\lambda)}$ 可知：

$$K_{\mathrm{I}}^{(\lambda)} = \frac{W_{\mathrm{I}}^{(\lambda)}}{C_{\mathrm{I}}^{(\lambda)}} = 1 + \alpha_{\mathrm{I}}^{(\lambda)} + \alpha_{\mathrm{I}}^{(\lambda)} \beta_{\mathrm{I}}^{(\lambda)} \tag{11}$$

或

$$K_{\mathrm{I}}^{(\lambda)} = \frac{W_{\mathrm{I}}^{(\lambda)}}{C_{\mathrm{I}}^{(\lambda)}} = (1 + \alpha_{\mathrm{I}}^{(\lambda)})(1 + p_{\mathrm{I}}^{(\lambda)}) \tag{12}$$

将公式（11）的结果代入公式（10），得

$$\mu^{(\lambda)} = \frac{C_{\mathrm{II}}^{(\lambda)}}{C_{\mathrm{I}}^{(\lambda)}} < K_{\mathrm{I}}^{(\lambda)} - 1 \tag{13}$$

现在把 $C_{\mathrm{II}}^{(\lambda)}$ 和 $C_{\mathrm{I}}^{(\lambda)}$ 用 $C_{\mathrm{II}}^{(1)}$ 和 $C_{\mathrm{I}}^{(1)}$ 以及 r 和 s 的值表示，公式（13）就变为

$$\mu^{(\lambda)} = \frac{C_{\mathrm{II}}^{(\lambda)}}{C_{\mathrm{I}}^{(\lambda)}} = \frac{C_{\mathrm{II}}^{(1)}}{C_{\mathrm{I}}^{(1)}} \times \frac{s^{(1)} \times s^{(2)} \cdots s^{(8)} \cdots s^{(\lambda-2)} \times s^{(\lambda-1)}}{r^{(1)} \times r^{(2)} \cdots r^{(8)} \cdots r^{(\lambda-2)} \times r^{(\lambda-1)}} < K_{\mathrm{I}}^{(\lambda)} - 1 \tag{14}$$

公式（14）所代表的意思是：对于任意的第 λ 年度的生产，在 $C_{\mathrm{I}}^{(1)}, C_{\mathrm{II}}^{(1)}, r, s$ 之间必须满足公式（14）所规定的条件，否则该年度的扩大再生产就不能进行。令 $\dfrac{C_{\mathrm{II}}^{(1)}}{C_{\mathrm{I}}^{(1)}} = \mu^{(1)}$，并且把 $\mu^{(1)}$ 移到右面，公式（14）变为

$$\frac{s^{(1)} \times s^{(2)} \cdots s^{(8)} \cdots s^{(\lambda-2)} \times s^{(\lambda-1)}}{r^{(1)} \times r^{(2)} \cdots r^{(8)} \cdots r^{(\lambda-2)} \times r^{(\lambda-1)}} < \frac{K_{\mathrm{I}}^{(\lambda)} - 1}{\mu^{(1)}} \tag{15}$$

现在我们来讨论 $\dfrac{K_{\mathrm{I}}^{(\lambda)} - 1}{\mu^{(1)}}$ 具有哪些特性。从公式（12）已知 $K_{\mathrm{I}}^{(\lambda)} = (1 + \alpha_{\mathrm{I}}^{(\lambda)})$

$(1+p_{\mathrm{I}}^{(\lambda)})$。就资本主义发展的总趋势来看,由于技术的进步,资本有机构成便要不断提高,平均利润率因之不断下降。换句话说,$\alpha_{\mathrm{I}}^{(1)}>\alpha_{\mathrm{I}}^{(2)}>\cdots>\alpha_{\mathrm{I}}^{(8)}>\cdots>\alpha_{\mathrm{I}}^{(\lambda)}$,$p_{\mathrm{I}}^{(1)}>p_{\mathrm{I}}^{(2)}>\cdots>p_{\mathrm{I}}^{(8)}>\cdots>p_{\mathrm{I}}^{(\lambda)}$。① 就原则上讲,随着技术的进步,$\alpha_{\mathrm{I}}^{(\lambda)}$和$p_{\mathrm{I}}^{(\lambda)}$的数值要逐渐地接近于零(亦即生产逐步自动化)。因此,$K_{\mathrm{I}}^{(\lambda)}$的趋势是逐渐接近于1,因而总有一年(现在就设它是第 λ 年)要使得

$$K_{\mathrm{I}}^{(\lambda)}-1<\mu^{(1)}$$

这是因为$\mu^{(1)}$是某一固定正值的缘故。但究竟 $K_{\mathrm{I}}^{(\lambda)}$要到什么时候才使得

$$K_{\mathrm{I}}^{(\lambda)}-1<\mu^{(1)}$$

则要看$\mu^{(1)}$的具体数值来定。如果$\mu^{(1)}$数值很小(也就是重工业比重很大),时间就可能很长;如果$\mu^{(1)}$较大,时间就可能很短,从上可知,在第 λ 年,

$$\frac{K_{\mathrm{I}}^{(\lambda)}-1}{\mu^{(1)}}<1$$

也就是

$$\frac{s^{(1)}\times s^{(2)}\cdots s^{(8)}\cdots s^{(\lambda-2)}\times s^{(\lambda-1)}}{r^{(1)}\times r^{(2)}\cdots r^{(8)}\cdots r^{(\lambda-2)}\times r^{(\lambda-1)}}<1$$

两大部类的生产上涨比例,只有两种办法可以使得上式得到满足:第一,从第二年起直到第 λ 年止,每年的 r 都大于 s,亦即第一部类不变资本上涨的速度每年都大于第二部类不变资本上涨的速度;第二,在某几年内,r 小于 s(但要使每年都仍能扩大再生产,此点以后再仔细讨论),其他各年的 r 都大于 s,而且使得总的乘积 $r^{(1)}\times r^{(2)}\cdots\times r^{(8)}\cdots r^{(\lambda-2)}\times r^{(\lambda-1)}$ 仍然大于 $s^{(1)}\times s^{(2)}\cdots\times s^{(8)}\cdots s^{(\lambda-2)}\times s^{(\lambda-1)}$。至于其他的一些情形,如第二部类不变资本比第一部类的增长得快,或是两大部类平行发展,都不能使以上关系得到满足。因此,不难得出结论:在技术不断进步的条件下,如果要使扩大再生产能够长期地、不断地维持下去,必须使第一部类不变资本上涨速度大于第二部类不变资本上涨速度,即使在某几年可以有例外,但总的趋势是第一部类不变资本的优先增长,否则扩大再生产就要在某一年发生中断。

由于不变资本 C 都是用来购买生产资料的,因此第一部类不变资本的优先增长,也就是列宁在《论所谓市场问题》一文中所指出的,生产生产资料的生产资料的增长必须大于生产消费资料的生产资料的增长。由此可见,列宁所做的考察是

---

① 这里我们指的是第一部类的平均利润率。当然,在资本主义社会下,它也就等于整个社会的平均利润率,亦即 $p_{\mathrm{I}}^{(\lambda)}=p_{\mathrm{II}}^{(\lambda)}$。

十分正确的。

当然,上面所考察的仅是不变资本的增长比例,还不是产品总价值的增长比例,但是,我们知道

$$v^{(\lambda)} = \frac{W_{\text{II}}^{(\lambda)}}{W_{\text{I}}^{(\lambda)}} = \frac{K_{\text{II}}^{(\lambda)} C_{\text{II}}^{(\lambda)}}{K_{\text{I}}^{(\lambda)} C_{\text{I}}^{(\lambda)}} \tag{16}$$

既然要不断实现扩大再生产,必须

$$\frac{C_{\text{II}}^{(\lambda)}}{C_{\text{I}}^{(\lambda)}} < K_{\text{I}}^{(\lambda)} - 1$$

那也就是说,

$$v^{(\lambda)} = \frac{W_{\text{II}}^{(\lambda)}}{W_{\text{I}}^{(\lambda)}} = \frac{K_{\text{II}}^{(\lambda)} C_{\text{II}}^{(\lambda)}}{K_{\text{I}}^{(\lambda)} C_{\text{I}}^{(\lambda)}} < \frac{K_{\text{II}}^{(\lambda)}}{K_{\text{I}}^{(\lambda)}} (K_{\text{I}}^{(\lambda)} - 1) = K_{\text{II}}^{(\lambda)} \left(1 - \frac{1}{K_{\text{I}}^{(\lambda)}}\right) \tag{17}$$

假如我们令 $\frac{W_{\text{II}}^{(\lambda+1)}}{W_{\text{II}}^{(\lambda)}} = u^{(\lambda)}$,$\frac{W_{\text{I}}^{(\lambda+1)}}{W_{\text{I}}^{(\lambda)}} = t^{(\lambda)}$,不等式(17)就变为

$$v^{(\lambda)} = \frac{W_{\text{II}}^{(\lambda)}}{W_{\text{I}}^{(\lambda)}} = \frac{u^{(1)} \cdot u^{(2)} \cdots u^{(8)} \cdots u^{(\lambda-2)} \cdot u^{(\lambda-1)}}{t^{(1)} \cdot t^{(2)} \cdots t^{(8)} \cdots t^{(\lambda-2)} \cdot t^{(\lambda-1)}} \frac{W_{\text{II}}^{(1)}}{W_{\text{I}}^{(1)}} < K_{\text{II}}^{(\lambda)} \left(1 - \frac{1}{K^{(\lambda)}}\right) \tag{18}$$

和以前的讨论一样,$K_{\text{I}}^{(\lambda)} = (1 + \alpha_{\text{I}}^{(\lambda)})(1 + p_{\text{I}}^{(\lambda)})$,$K_{\text{II}}^{(\lambda)} = (1 + \alpha_{\text{II}}^{(\lambda)})(1 + p_{\text{II}}^{(\lambda)})$。在资本主义的条件下,$\alpha_{\text{I}}^{(\lambda)}$,$\alpha_{\text{II}}^{(\lambda)}$,$p_{\text{I}}^{(\lambda)}$,$p_{\text{II}}^{(\lambda)}$ 都将不断地减小,因之,$K_{\text{II}}^{(\lambda)} \left(1 - \frac{1}{K_{\text{I}}^{(\lambda)}}\right)$ 也将随之而不断缩小。同样,我们就总有一年(设为第 λ 年),使得 $K_{\text{II}}^{(\lambda)} \left(1 - \frac{1}{K_{\text{I}}^{(\lambda)}}\right)$ 小于 $\frac{W_{\text{II}}^{(1)}}{W_{\text{I}}^{(1)}}$。这时,公式(18)就变为

$$\frac{u^{(1)} \cdot u^{(2)} \cdot u^{(3)} \cdots u^{(\lambda-2)} \cdot u^{(\lambda-1)}}{t^{(1)} \cdot t^{(2)} \cdot t^{(3)} \cdots t^{(\lambda-2)} \cdot t^{(\lambda-1)}} < 1$$

和前面所讨论过的情形一样,我们可以做出下列结论:在技术不断进步的条件下,如果要长期地、不断地进行扩大再生产,就必须使生产资料生产增长的速度大于消费资料生产增长的速度,即使在少数年份可以有所例外,但总的情形必须是生产资料不断地优先增长。

现在我们来讨论一下,为什么在实现扩大再生产时,可以在少数几年内有消费资料优先增长的情形。前面已经说过,第一年两部类产品总价值之 $\frac{W_{\text{II}}^{(1)}}{W_{\text{I}}^{(1)}}$ 必须满足:

$$v^{(1)} = \frac{W_{\text{II}}^{(1)}}{W_{\text{I}}^{(1)}} < K_{\text{II}}^{(1)} \left(1 - \frac{1}{K_{\text{I}}^{(1)}}\right)$$

当 K_{I} 和 K_{II} 不断缩小时,我们总可以找到一个第 λ 年,使得

$$K_{II}^{(1)}\left(1 - \frac{1}{K_I^{(1)}}\right) > \frac{W_{II}^{(1)}}{W_I^{(1)}} > K_{II}^{(\lambda)}\left(1 - \frac{1}{K_I^{(\lambda)}}\right)$$

但是,如果$\frac{W_{II}^{(1)}}{W_I^{(1)}}$比$K_{II}^{(1)}\left(1 - \frac{1}{K^{(1)}}\right)$小许多(也就是重工业比重很大时),那么在第$\lambda$年以前,就常常可以有很多年仍然是

$$v^{(1)} = \frac{W_{II}^{(1)}}{W_I^{(1)}} < K_{II}^{(1)}\left(1 - \frac{1}{K_I^{(x)}}\right)$$

x代表第λ年前的年份。因此,虽然在这些年份中$u^{(x)} > t^x$即消费资料优先增长,而且使得

$$\frac{u^{(1)} \times u^{(2)} \times u^{(3)} \cdots u^{(x-2)} \times u^{(x-1)}}{t^{(1)} \times t^{(2)} \times t^{(3)} \cdots t^{(x-2)} \times t^{(x-1)}} > 1$$

但是只要能保持

$$\left(\frac{u^{(1)} \times u^{(2)} \times u^{(3)} \cdots u^{(x-2)} \times u^{(x-1)}}{t^{(1)} \times t^{(2)} \times t^{(3)} \cdots t^{(x-2)} \times t^{(x-1)}}\right)\left(\frac{W_{II}^{(1)}}{W_I^{(1)}}\right) < K_{II}^{(x)}\left(1 - \frac{1}{K_I^{(x)}}\right)$$

那么从第一年到第x年的扩大再生产仍然是能不断实现的,而且只要从第x年到第λ年中各年的$t > u$(也就是生产资料又优先增长),就有可能使

$$\frac{u^{(1)} \times u^{(2)} \times u^{(3)} \cdots u^{(x-1)} \times u^{(x)} \cdots u^{(\lambda-2)} \times u^{(\lambda-1)}}{t^{(1)} \times t^{(2)} \times t^{(3)} \cdots t^{(x-1)} \times t^{(x)} \cdots t^{(\lambda-2)} \times t^{(\lambda-1)}} < 1$$

因而使得以后各年的扩大再生产也能不断实现。这就是说,当生产资料生产在社会总生产中已占有较大比重时(即重工业已较发达时),是可以容许在少数年份内,使消费资料比生产资料增长得较快的。

现在来讨论在社会主义制度下扩大再生产时,两大部类增长比例的问题。

社会主义制度下,许多经济条件都已发生变化。在社会主义生产下,资本主义积累的一般规律将不再产生作用;资本、剩余价值、利润、劳动力价值等表现资本主义关系的范畴已经消失。但是,在社会主义制度下,扩大再生产的问题却仍然保持了与在资本主义制度下相类似的一些特点。这是因为社会主义制度下,社会生产仍然有生产资料和消费资料这两大部类,而社会产品仍然保持了它的价值形式。

社会主义制度下产品按价值形式分为:①已消耗的生产资料转移到产品中的价值(即通常所指的生产基金);②为自己的劳动所创造的产品的价值V(即工资);③为社会的劳动新创造的产品的价值M(即社会纯收入)。在社会主义制度下,仍然有

$$C_I + V_I + M_I = W_I$$

$$C_{II} + V_{II} + M_{II} = W_{II}$$

的公式。和资本主义制度下一样,在 V 和 C 之间存在一个标志技术进步程度的比值 α,在 M 和 V 之间也有个一标志国民收入的分配比例 β;同时,由于实现扩大再生产时,M 也要分为两部分,一部分用于积累,另一部分用于社会的消费(社会文化设施费用、国防和国家管理费用),因此也有标志社会纯收入中积累与消费间的比例 γ。所不同的是,社会主义制度下平均利润率的概念已失去意义[①],当然更无所谓平均利润率下降的趋势。

在社会主义生产下,两大部类间仍然要进行产品交换。这里第一部类给予第二部类的生产资料虽然是通过物资调拨的方式,但是因为经济核算的需要,它仍然保有价值形式。至于第二部类生产中大部分仍是商品生产,价值规律对它仍起作用,因之,两大部类之间仍须满足公式(5)

$$V_I^{(1)} + \Delta V_I^{(1)} + (M_I^{(1)} - \Delta C_I^{(1)} - \Delta V_I^{(1)}) = C_{II}^{(1)} + \Delta C_{II}^{(1)}$$

这一公式。

当然,在社会主义制度下的扩大再生产也满足公式(6)、公式(7)、公式(8)所揭示的关系。

在考察社会主义制度下的扩大再生产时,也必须从连续每年不间断地扩大再生产出发。因此,公式(18)同样适用于社会主义扩大再生产。也就是必须满足

$$v^{(\lambda)} = \frac{W_{II}^{(\lambda)}}{W_I^{(\lambda)}} = \frac{u^{(1)} \times u^{(2)} \times u^{(3)} \cdots u^{(\lambda-2)} \times u^{(\lambda-1)}}{t^{(1)} \times t^{(2)} \times t^{(3)} \cdots t^{(\lambda-2)} \times t^{(\lambda-1)}} \times \frac{W_{II}^{(1)}}{W_I^{(1)}} < K_{II}^{(\lambda)} \left(1 - \frac{1}{K_I^{(\lambda)}}\right)$$

所规定的条件。

和资本主义制度不同的是这时已不存在平均利润率不断下降的趋势,但是根据公式(11),K 值可以表示为

$$K_I^{(\lambda)} = 1 + \alpha_I^{(\lambda)} + \alpha_I^{(\lambda)} \beta_I^{(\lambda)}$$

$$K_{II}^{(\lambda)} = 1 + \alpha_{II}^{(\lambda)} + \alpha_{II}^{(\lambda)} \beta_{II}^{(\lambda)}$$

在社会主义制度下,β 值大体上是不变的[②],至于 α_I,α_{II},却总是随着技术的不断进步而变小,因之,K_I,K_{II} 的值也总是在不断减小。和前面讨论资本主义扩大再生产的情形一样,社会主义扩大再生产也必须满足

① 在社会主义企业中,虽然还保持盈利的概念,但这只是为加强经济核算而用的,同时,这个概念也和整个社会的平均利润率的概念不同。

② 根据苏联共产党第十六次党代表大会到第二十次党代表大会的报告,苏联全部国民收入中,大体都是四分之三用于满足人民的个人需要,四分之一用于社会主义扩大再生产和其他国家与社会的需要,也就是 β 大体上等于三分之一。

$$\frac{u^{(1)} \times u^{(2)} \times u^{(3)} \cdots u^{(\lambda-2)} \times u^{(\lambda-1)}}{t^{(1)} \times t^{(2)} \times t^{(3)} \cdots t^{(\lambda-2)} \times t^{(\lambda-1)}} < 1$$

这就是说,要使社会主义扩大再生产能够不断实现,必须生产资料优先增长。和前面讨论资本主义扩大再生产的情形一样,如果让两部类平行发展($t = u$),或者让第二部类优先发展($u > t$),都将导致扩大再生产的中断。如有些经济学家断言,共产主义社会的生产将是两部类的平行发展,甚至可以做到第二部类优先发展,这是极大的理论错误。如前所述,共产主义生产将意味着技术以更大的速度进步,也就是 K_I,K_{II} 都在迅速下降,那时,如果不保证生产资料优先增长,就将导致扩大再生产的中断。

当然,这里说生产资料的优先增长,并不排斥在少数年份里使第二部类优先增长的情形;如前所述,由于生产的发展使第一部类产品价值在整个社会产品总价值中所占比重达到相当大时,是完全容许在某些年份内让消费资料比生产资料优先增长的。

四

我们在上一节中指出,从生产发展总的趋势来看,不断实现扩大再生产的必要条件是必须优先发展生产资料的生产,但在个别时期内,也不绝对排斥消费资料生产有某些优先增长的情形。至于各种再生产系数(如资本有机构成、剩余价值率等)如何影响先后两年间两大部类上涨速度之间的比例,从上节的讨论是看不出来的。本节将给出 $\dfrac{C_{II}^{(\lambda+1)}}{C_{II}^{(\lambda)}} \Big/ \dfrac{C_{I}^{(\lambda+1)}}{C_{I}^{(\lambda)}}$(即 s^{λ}/r^{λ})和 $\dfrac{W_{II}^{(\lambda+1)}}{W_{II}^{(\lambda)}} \Big/ \dfrac{W_{I}^{(\lambda+1)}}{W_{I}^{(\lambda)}}$(即 $u^{(\lambda)}/t^{(\lambda)}$)对各再生产系数的关系式,从而讨论在现实经济生活中各再生产系数变化的趋势对 $\dfrac{s^{(\lambda)}}{r^{(\lambda)}}$ 和 $\dfrac{u^{(\lambda)}}{t^{(\lambda)}}$ 大小的影响[1]。

我们先讨论 $\dfrac{s^{(\lambda)}}{r^{(\lambda)}}$ 的问题。从第二节已知,可变资本 V 和不变资本 C 之间的比值是 α,因此

$$C_I^{(\lambda+1)} = (C_I^{(\lambda+1)} + V_I^{(\lambda+1)}) \frac{1}{1 + \alpha_I^{(\lambda+1)}}$$

另一方面

$$C_I^{(\lambda+1)} + V_I^{(\lambda+1)} = C_I^{(\lambda)} + V_I^{(\lambda)} + M_I^{(\lambda)} \gamma_I^{(\lambda)}$$

由此得

---

① 因为这里讨论的是最普遍的情形,所以用了第 λ 年。

$$r^{(\lambda)} = \frac{C_{\mathrm{I}}^{(\lambda+1)}}{C_{\mathrm{I}}^{(\lambda)}} = \frac{(C_{\mathrm{I}}^{(\lambda)} + V_{\mathrm{I}}^{(\lambda)} + M_{\mathrm{I}}^{(\lambda)} \gamma_{\mathrm{I}}^{(\lambda)}) \dfrac{1}{1 + \alpha_{\mathrm{I}}^{(\lambda+1)}}}{C_{\mathrm{I}}^{(\lambda)}}$$

$$= \frac{(1 + \alpha_{\mathrm{I}}^{(\lambda)})(1 + p_{\mathrm{I}}^{(\lambda)} \gamma_{\mathrm{I}}^{(\lambda)})}{1 + \alpha_{\mathrm{I}}^{(\lambda+1)}}$$

$$= \frac{1 + \alpha_{\mathrm{I}}^{(\lambda)} + \alpha_{\mathrm{I}}^{(\lambda)} \beta_{\mathrm{I}}^{(\lambda)} \gamma_{\mathrm{I}}^{(\lambda)}}{1 + \alpha_{\mathrm{I}}^{(\lambda+1)}} \tag{19}$$

同理得

$$s^{(\lambda)} = \frac{(1 + \alpha_{\mathrm{II}}^{(\lambda)})(1 + p_{\mathrm{II}}^{(\lambda)} \gamma_{\mathrm{II}}^{(\lambda)})}{1 + \alpha_{\mathrm{II}}^{(\lambda+1)}} = \frac{1 + \alpha_{\mathrm{II}}^{(\lambda)} + \alpha_{\mathrm{II}}^{(\lambda)} \beta_{\mathrm{II}}^{(\lambda)} \gamma_{\mathrm{II}}^{(\lambda)}}{1 + \alpha_{\mathrm{II}}^{(\lambda+1)}} \tag{20}$$

在第二节中曾指出：

$$W_{\mathrm{I}}^{(\lambda)} = K_{\mathrm{I}}^{(\lambda)} C_{\mathrm{I}}^{(\lambda)} = C_{\mathrm{I}}^{(\lambda+1)} + C_{\mathrm{II}}^{(\lambda+1)} \tag{6}$$

上式也可以写为

$$C_{\mathrm{II}}^{(\lambda+1)} = K_{\mathrm{I}}^{(\lambda)} C_{\mathrm{I}}^{(\lambda)} - C_{\mathrm{I}}^{(\lambda+1)}$$

同理

$$C_{\mathrm{II}}^{(\lambda)} = K_{\mathrm{I}}^{(\lambda-1)} C_{\mathrm{I}}^{(\lambda-1)} - C_{\mathrm{I}}^{(\lambda)}$$

把这两式相除，便求得

$$s^{(\lambda)} = \frac{K_{\mathrm{I}}^{(\lambda)} - r^{(\lambda)}}{K_{\mathrm{I}}^{(\lambda-1)} - r^{(\lambda-1)}} r^{(\lambda-1)} \tag{21}$$

将 $r^{(\lambda)}$ 除公式(21)等号两边，得

$$\frac{s^{(\lambda)}}{r^{(\lambda)}} = \frac{K_{\mathrm{I}}^{(\lambda)} r_{\mathrm{I}}^{(\lambda-1)} - r^{(\lambda-1)} r^{(\lambda)}}{K_{\mathrm{I}}^{(\lambda-1)} r^{(\lambda)} - r^{(\lambda-1)} r^{(\lambda)}} \tag{22}$$

根据公式(11)、公式(12)、公式(19)，$K_{\mathrm{I}}^{(\lambda)}$，$r_{\mathrm{I}}^{(\lambda)}$，$K_{\mathrm{I}}^{(\lambda-1)}$，$r_{\mathrm{I}}^{(\lambda-1)}$ 都可以用 α, β，p, γ 等再生产系数表示出来。下面就来具体考察 $\dfrac{s^{(\lambda)}}{r^{(\lambda)}}$ 与这些系数之间的关系。

这里我们只需要分别讨论下列三种情况：①$s^{(\lambda)} < r^{(\lambda)}$，也就是生产生产资料的生产资料比生产消费资料的生产资料增加得快；②$s^{(\lambda)} = r^{(\lambda)}$，也就是两部类生产资料平行增长；③$s^{(\lambda)} > r^{(\lambda)}$，也就是生产消费资料的生产资料比生产生产资料的生产资料增长得快。

由于公式(22)的右边分子和分母中都包括 $r^{(\lambda-1)} r^{(\lambda)}$ 的项，因而上列三种情况仅仅决定于

$$\frac{K_{\mathrm{I}}^{(\lambda)} r^{(\lambda-1)}}{K_{\mathrm{I}}^{(\lambda-1)} r^{(\lambda)}}$$

是小于1，等于1，还是大于1。

在讨论资本主义制度下的扩大再生产时,我们利用公式(12)$K_I^{(\lambda)} = (1 + \alpha_I^{(\lambda)})(1 + p_I^{(\lambda)})$和公式(20),并以此代入公式(22)内,经过化简后得

$$\frac{K_I^{(\lambda)} r^{(\lambda-1)}}{K_I^{(\lambda)} r^{(\lambda)}} = \frac{(1 + \alpha_I^{(\lambda+1)})(1 + p_I^{(\lambda-1)} \gamma_I^{(\lambda-1)})(1 + p_I^{(\lambda)})}{(1 + \alpha_I^{(\lambda)})(1 + p_I^{(\lambda)} \gamma_I^{(\lambda)})(1 + p_I^{(\lambda-1)})} \tag{23}$$

为了分别考察 α, γ, p 对公式(23)的影响,可以让 α, γ, p 中任意两组系数先后两年的值相等,来考察另一组系数先后两年数值变化的趋势对公式(23)的影响。下面分别就各种情形进行讨论。

(1)当 $p_I^{(\lambda-1)} = p_I^{(\lambda)}, \gamma_I^{(\lambda-1)} = \gamma_I^{(\lambda)}$ 时,公式(23)就成为

$$\frac{K_I^{(\lambda)} r^{(\lambda-1)}}{K_I^{(\lambda-1)} r^{(\lambda)}} = \frac{1 + \alpha_I^{(\lambda+1)}}{1 + \alpha_I^{(\lambda)}}$$

这时,容易看出,当 $\alpha_I^{(\lambda)} > \alpha_I^{(\lambda+1)}$ 时,$\frac{s^{(\lambda)}}{r^{(\lambda)}} < 1$;反之,当 $\alpha_I^{(\lambda)} < \alpha_I^{(\lambda+1)}$ 时,$\frac{s^{(\lambda)}}{r^{(\lambda)}} > 1$。

(2)当 $\alpha_I^{(\lambda)} = \alpha_I^{(\lambda+1)}, p_I^{(\lambda-1)} = p_I^{(\lambda)}$ 时,公式(23)便成为

$$\frac{K_I^{(\lambda)} r^{(\lambda-1)}}{K_I^{(\lambda-1)} r^{(\lambda)}} = \frac{1 + p_I^{(\lambda-1)} \gamma_I^{(\lambda-1)}}{1 + p_I^{(\lambda-1)} \gamma_I^{(\lambda)}}$$

这时,当 $\gamma_I^{(\lambda-1)} < \gamma_I^{(\lambda)}$ 时,$\frac{s^{(\lambda)}}{r^{(\lambda)}} < 1$;反之,当 $\gamma_I^{(\lambda-1)} > \gamma_I^{(\lambda)}$ 时,$\frac{s^{(\lambda)}}{r^{(\lambda)}} > 1$。

(3)当 $\alpha_I^{(\lambda)} = \alpha_I^{(\lambda+1)}, \gamma_I^{(\lambda-1)} = r_I^{(\lambda)}$ 时,公式(23)成为

$$\frac{K_I^{(\lambda)} r^{(\lambda-1)}}{K_I^{(\lambda-1)} r^{(\lambda)}} = \frac{1 + p_I^{(\lambda-1)} + p_I^{(\lambda)} + \gamma_I^{(\lambda-1)} p_I^{(\lambda-1)} p_I^{(\lambda)} - (1 - \gamma_I^{(\lambda-1)}) p_I^{(\lambda-1)}}{1 + p_I^{(\lambda-1)} + p_I^{(\lambda)} + \gamma_I^{(\lambda-1)} p_I^{(\lambda-1)} p_I^{(\lambda)} - (1 - \gamma_I^{(\lambda-1)}) p_I^{(\lambda)}}$$

由于式中分子、分母的前四项相等,第五项中 $\gamma_I^{(\lambda-1)}$ 小于1,因而当 $p_I^{(\lambda-1)} > p_I^{(\lambda)}$ 时,$\frac{s^{(\lambda)}}{r^{(\lambda)}} < 1$;反之,当 $p_I^{(\lambda-1)} < p_I^{(\lambda)}$ 时,$\frac{s^{(\lambda)}}{r^{(\lambda)}} > 1$。

从第二节中关于 p 的定义可知,p 的值和 α, β 是相互联系着的:

$$p_I^{(\lambda-1)} = \frac{\alpha_I^{(\lambda-1)} \beta_I^{(\lambda-1)}}{1 + \alpha_I^{(\lambda-1)}}$$

$$p_I^{(\lambda)} = \frac{\alpha_I^{(\lambda)} \beta_I^{(\lambda)}}{1 + \alpha_I^{(\lambda)}}$$

因此,当 $\alpha_I^{(\lambda+1)} = \alpha_I^{(\lambda)}$ 时,如果 $\alpha_I^{(\lambda-1)}$ 也和 $\alpha_I^{(\lambda)}$ 相等,那么当 $\beta_I^{(\lambda-1)} > \beta_I^{(\lambda)}$ 时,$p_I^{(\lambda-1)} > p_I^{(\lambda)}$,因而使得 $\frac{s^{(\lambda)}}{r^{(\lambda)}} < 1$;反之,当 $\beta_I^{(\lambda-1)} < \beta_I^{(\lambda)}$ 时,$p_I^{(\lambda-1)} < p_I^{(\lambda)}$,因而使得 $\frac{s^{(\lambda)}}{r^{(\lambda)}} < 1$。

然而当 $\alpha_I^{(\lambda+1)} = \alpha_I^{(\lambda)}$,并有 $\beta_I^{(\lambda-1)} = \beta_I^{(\lambda)}$ 时,如果 $\alpha_I^{(\lambda-1)} > \alpha_I^{(\lambda)} = \alpha_I^{(\lambda+1)}$,那么便

有 $p_I^{(\lambda-1)} > p_I^{(\lambda)}$，也就是说，$\dfrac{s^{(\lambda)}}{r^{(\lambda)}} < 1$；反之，当 $\alpha_I^{(\lambda-1)} < \alpha_I^{(\lambda)} = \alpha_I^{(\lambda+1)}$ 时，便有 $\dfrac{s^{(\lambda)}}{r^{(\lambda)}} > 1$。

综合上面的讨论，可以看出，下列三组扩大再生产系数

$$\alpha_I^{(\lambda)},\alpha_I^{(\lambda+1)};\gamma_I^{(\lambda)},\gamma_I^{(\lambda-1)};p_I^{(\lambda-1)},p_I^{(\lambda)}$$

当中，如果其中每一组系数都相等（如 $\alpha_I^{(\lambda)} = \alpha_I^{(\lambda+1)}$），那么 $\dfrac{s^{(\lambda)}}{r^{(\lambda)}} = 1$；如果其中任一组的前一系数（如 $\alpha_I^{(\lambda)}$）大于后一系数（如 $\alpha_I^{(\lambda+1)}$），而其他各系数都相等，那么 $\dfrac{s^{(\lambda)}}{r^{(\lambda)}} < 1$；反之，当前一系数小于后一系数时，那么 $\dfrac{s^{(\lambda)}}{r^{(\lambda)}} > 1$。

当把 β 考虑进去时，前面的结论又可以改写为下列三组扩大再生产系数

$$\alpha_I^{(\lambda-1)},\alpha_I^{(\lambda)},\alpha_I^{(\lambda+1)};\gamma_I^{(\lambda)},\gamma_I^{(\lambda-1)};\beta_I^{(\lambda-1)},\beta_I^{(\lambda)}$$

其中，如果每一组系数均相等，那么 $\dfrac{s^{(\lambda)}}{r^{(\lambda)}} = 1$；如果任一组的前一系数大于后一系数，其他各组的系数均相等，那么 $\dfrac{s^{(\lambda)}}{r^{(\lambda)}} < 1$；反之，$\dfrac{s^{(\lambda)}}{r^{(\lambda)}} > 1$。

前面讨论的是某一系数的变化对 $\dfrac{s^{(\lambda)}}{r^{(\lambda)}}$ 的影响，如果前述各组系数中每一组的前一系数都大于后一系数，则总的结果将更使 $\dfrac{s^{(\lambda)}}{r^{(\lambda)}}$ 小于1；反之，将更使 $\dfrac{s^{(\lambda)}}{r^{(\lambda)}}$ 大于1。

我们知道，资本主义发展的趋势是：①随着技术的进步，资本有机构成在不断提高，也就是 α 在逐渐减小（即 $\alpha_I^{(\lambda-1)} > \alpha_I^{(\lambda)} > \alpha_I^{(\lambda+1)}$）；②资本积累的比例在加大（$\gamma_I^{(\lambda)} > \gamma_I^{(\lambda-1)}$）；③平均利润率在下降（$p_I^{(\lambda-1)} > p_I^{(\lambda)}$）。如前面所讨论的，这三种趋势都将使 $\dfrac{s^{(\lambda)}}{r^{(\lambda)}} < 1$。当然，在资本主义生产下，还另有剩余价值率增加（剥削程度加深）的趋势（$\beta_I^{(\lambda-1)} < \beta_I^{(\lambda)}$）。如果这一趋势和前面的几种趋势相反，将使 $\dfrac{s^{(\lambda)}}{r^{(\lambda)}} > 1$，但是，由于资本有机构成提高的趋势超过剩余价值率的增加，总的结果仍然是平均利润率不断下降（$p_I^{(\lambda-1)} > p_I^{(\lambda)}$）。因而，在资本主义生产下，$\dfrac{s^{(\lambda)}}{r^{(\lambda)}} < 1$ 是一种经常出现的情况；即第一部类不变资本增长的速度大于第二部类不变资本增长的速度，是资本主义扩大再生产经常出现的情况。

对于社会主义生产来说，平均利润率下降的规律是失去意义的。社会主义国民收入中为社会的劳动和为自己的劳动的比例（即 β）和社会纯收入中用于扩大再生产的积累比例（即 γ）大体上是维持不变的。但是，在社会主义生产下，技术

进步比资本主义的还快,也就是 α 减小的趋势比资本主义还要快,因此,在社会主义生产中,$\dfrac{s^{(\lambda)}}{r^{(\lambda)}} < 1$ 也是经常出现的情况。

当然,从前面的讨论可以看出,像积累的比例也可以有在个别年份减少的可能,因而可能有 $\dfrac{s^{(\lambda)}}{r^{(\lambda)}} > 1$ 的情形。但正如我们在上节所指出的,这只能是有限年份的情形,而且要看原来两部类生产资料价值的比重而定。因而,从总的趋势说,必然是制造生产资料的生产资料的增长大于制造消费资料的生产资料的增长。

前面讨论的还只是两部类不变资本或生产基金增长之间的关系。下面来讨论两大部类总产值增长之间的关系。

首先,把产品总价值间的关系用算式表示出来:

$$\frac{u^{(\lambda)}}{t^{(\lambda)}} = \frac{W_{II}^{(\lambda+1)}/W_{II}^{(\lambda)}}{W_{I}^{(\lambda+1)}/W_{I}^{(\lambda)}} = \frac{K_{II}^{(\lambda+1)}C_{II}^{(\lambda+1)}/K_{II}^{(\lambda)}C_{II}^{(\lambda)}}{K_{I}^{(\lambda+1)}C_{I}^{(\lambda+1)}/K_{I}^{(\lambda)}C_{I}^{(\lambda)}} = \frac{K_{II}^{(\lambda+1)}K_{I}^{(\lambda)}}{K_{II}^{(\lambda)}K_{I}^{(\lambda+1)}} \times \frac{s^{(\lambda)}}{r^{(\lambda)}} \tag{24}$$

现在的问题是要讨论公式(23)在什么条件下大于 1 或小于 1。

从公式(11)已知 $K_{I}^{(\lambda)} = 1 + \alpha_{I}^{(\lambda)} + \alpha_{I}^{(\lambda)}\beta_{I}^{(\lambda)}$,$K_{II}^{(\lambda)} = 1 + \alpha_{II}^{(\lambda)} + \alpha_{II}^{(\lambda)}\beta_{II}^{(\lambda)}$。将其代入公式(24),得

$$\frac{u^{(\lambda)}}{t^{(\lambda)}} = \frac{(1 + \alpha_{II}^{(\lambda+1)} + \alpha_{II}^{(\lambda+1)}\beta_{II}^{(\lambda+1)})(1 + \alpha_{I}^{(\lambda)} + \alpha_{I}^{(\lambda)}\beta_{I}^{(\lambda)})}{(1 + \alpha_{II}^{(\lambda)} + \alpha_{II}^{(\lambda)}\beta_{II}^{(\lambda)})(1 + \alpha_{I}^{(\lambda+1)} + \alpha_{I}^{(\lambda+1)}\beta_{I}^{(\lambda+1)})} \times \frac{s^{(\lambda)}}{r^{(\lambda)}} \tag{25}$$

和前面的讨论一样,我们假设其他组系数均不变,只考察某一组系数的变化对于公式(25)的影响。

(1)令 $\alpha_{I}^{(\lambda)} = \alpha_{I}^{(\lambda+1)}$,$\alpha_{II}^{(\lambda)} = \alpha_{II}^{(\lambda+1)}$,$\beta_{I}^{(\lambda)} = \beta_{I}^{(\lambda+1)}$,$\beta_{II}^{(\lambda)} = \beta_{II}^{(\lambda+1)}$;这时 $\dfrac{u^{(\lambda)}}{t^{(\lambda)}}$ 就等于 $\dfrac{s^{(\lambda)}}{r^{(\lambda)}}$。根据前面的讨论,我们知道,在下列

$$\begin{cases} \alpha_{I}^{(\lambda-1)}, \alpha_{I}^{(\lambda)} \\ \gamma_{I}^{(\lambda)}, \gamma_{I}^{(\lambda-1)} \\ p_{I}^{(\lambda-1)}, p_{I}^{(\lambda)} \end{cases} \text{ 或 } \begin{cases} \alpha_{I}^{(\lambda-1)}, \alpha_{I}^{(\lambda)} \\ \gamma_{I}^{(\lambda)}, \gamma_{I}^{(\lambda-1)} \\ \beta_{I}^{(\lambda-1)}, \beta_{I}^{(\lambda)} \end{cases}$$

系数组中,只要任何一组系数中的前一系数大于后一系数,其余组系数均不变,那么 $\dfrac{u^{(\lambda)}}{t^{(\lambda)}}$(也就是 $\dfrac{s^{(\lambda)}}{r^{(\lambda)}}$)就大于 1;反之,就小于 1。

(2)当 $\alpha_{I}^{(\lambda-1)} = \alpha_{I}^{(\lambda)} = \alpha_{I}^{(\lambda+1)}$,$\beta_{I}^{(\lambda-1)} = \beta_{I}^{(\lambda)} = \beta_{I}^{(\lambda+1)}$,$\gamma_{I}^{(\lambda-1)} = \gamma_{I}^{(\lambda)}$,以及 $\beta_{II}^{(\lambda)} = \beta_{II}^{(\lambda+1)} = \beta_{II}$ 时,公式(25)就成为

$$\frac{u^{(\lambda)}}{t^{(\lambda)}} = \frac{1 + \alpha_{II}^{(\lambda+1)} + \alpha_{II}^{(\lambda+1)}\beta_{II}^{(\lambda+1)}}{1 + \alpha_{II}^{(\lambda)} + \alpha_{II}^{(\lambda)}\beta_{II}^{(\lambda)}} = \frac{1 + \alpha_{II}^{(\lambda+1)}(1 + \beta_{II})}{1 + \alpha_{II}^{(\lambda)}(1 + \beta_{II})}$$

这时，当 $\alpha_{\text{II}}^{(\lambda)} > \alpha_{\text{II}}^{(\lambda+1)}$ 时，那么 $\dfrac{u^{(\lambda)}}{t^{(\lambda)}} < 1$；反之，当 $\alpha_{\text{II}}^{(\lambda)} < \alpha_{\text{II}}^{(\lambda+1)}$ 时，$\dfrac{u^{(\lambda)}}{t^{(\lambda)}} > 1$。

(3) 现在要讨论当 $\alpha_{\text{I}}^{(\lambda-1)} = \alpha_{\text{I}}^{(\lambda)}$，$\alpha_{\text{II}}^{(\lambda)} = \alpha_{\text{II}}^{(\lambda+1)}$，$\beta_{\text{I}}^{(\lambda-1)} = \beta_{\text{I}}^{(\lambda)} = \beta_{\text{I}}^{(\lambda+1)} = \beta_{\text{I}}$，

$\beta_{\text{II}}^{(\lambda)} = \beta_{\text{II}}^{(\lambda+1)}$，$\gamma_{\text{I}}^{(\lambda-1)} = \gamma_{\text{I}}^{(\lambda)} = \gamma_{\text{I}}$ 时，$\alpha_{\text{I}}^{(\lambda)}$ 和 $\alpha_{\text{I}}^{(\lambda+1)}$ 的大小对于 $\dfrac{u^{(\lambda)}}{t^{(\lambda)}}$ 的影响。我们知

道，当 $\alpha_{\text{II}}^{(\lambda)} = \alpha_{\text{II}}^{(\lambda+1)}$，$\beta_{\text{II}}^{(\lambda)} = \beta_{\text{II}}^{(\lambda+1)}$ 和 $\beta_{\text{I}}^{(\lambda)} = \beta_{\text{I}}^{(\lambda+1)}$ 时，

$$\frac{u^{(\lambda)}}{t^{(\lambda)}} = \frac{1 + \alpha_{\text{I}}^{(\lambda)}(1 + \beta_{\text{I}})}{1 + \alpha_{\text{I}}^{(\lambda)}(1 + \beta_{\text{I}})} \cdot \frac{s^{(\lambda)}}{r^{(\lambda)}}$$

根据式(22)，

$$\frac{s^{(\lambda)}}{r^{(\lambda)}} = \frac{\gamma^{(\lambda-1)}(K_{\text{I}}^{(\lambda)} - r^{(\lambda)})}{r^{(\lambda)}(K_{\text{I}}^{(\lambda-1)} - r^{(\lambda-1)})}$$

根据式(19)，将

$$r^{(\lambda)} = \frac{1 + \alpha_{\text{I}}^{(\lambda)} + \alpha_{\text{I}}^{(\lambda)}\beta_{\text{I}}^{(\lambda)}\gamma_{\text{I}}^{(\lambda)}}{1 + \alpha_{\text{I}}^{(\lambda+1)}}$$

和

$$r^{(\lambda-1)} = \frac{1 + \alpha_{\text{I}}^{(\lambda-1)} + \alpha_{\text{I}}^{(\lambda-1)}\beta_{\text{I}}^{(\lambda-1)}\gamma_{\text{I}}^{(\lambda-1)}}{1 + \alpha_{\text{I}}^{(\lambda)}}$$

的关系式代入上式；这时，当 $\alpha_{\text{I}}^{(\lambda-1)} = \alpha_{\text{I}}^{(\lambda)}$，$\beta_{\text{I}}^{(\lambda-1)} = \beta_{\text{I}}^{(\lambda)} = \beta_{\text{I}}$，$\gamma_{\text{I}}^{(\lambda-1)} = \gamma_{\text{I}}^{(\lambda)} = \gamma_{\text{I}}$

时，就有

$$\frac{s^{(\lambda)}}{r^{(\lambda)}} = \frac{\alpha_{\text{I}}^{(\lambda+1)}(1 + \alpha_{\text{I}}^{(\lambda)} + \alpha_{\text{I}}^{(\lambda)}\beta_{\text{I}}) - \alpha_{\text{I}}^{(\lambda)}\beta_{\text{I}}^{(\lambda)}(1 - \gamma_{\text{I}})}{\alpha_{\text{I}}^{(\lambda)}(1 + \alpha_{\text{I}}^{(\lambda)} + \alpha_{\text{I}}^{(\lambda)}\beta_{\text{I}}) - \alpha_{\text{I}}^{(\lambda)}\beta_{\text{I}}^{(\lambda)}(1 - \gamma_{\text{I}})}$$

将这个式子代入 $\dfrac{u^{(\lambda)}}{t^{(\lambda)}}$ 内，便得

$$\frac{u^{(\lambda)}}{t^{(\lambda)}} =$$

$$\frac{\{\alpha_{\text{I}}^{(\lambda+1)} + \alpha_{\text{I}}^{(\lambda)}(1 + \beta_{\text{I}})[\alpha_{\text{I}}^{(\lambda+1)} - \alpha_{\text{I}}^{(\lambda)}\beta_{\text{I}}(1 - \gamma_{\text{I}})]\} - \alpha_{\text{I}}^{(\lambda)}\{\alpha_{\text{I}}^{(\lambda+1)}(1 + \beta_{\text{I}})(1 + \alpha_{\text{I}}^{(\lambda)} + \alpha_{\text{I}}^{(\lambda)}\beta_{\text{I}}) - \beta_{\text{I}}(1 - \gamma_{\text{I}})\}}{\{\alpha_{\text{I}}^{(\lambda)} + \alpha_{\text{I}}^{(\lambda)}(1 + \beta_{\text{I}})[\alpha_{\text{I}}^{(\lambda)} - \alpha_{\text{I}}^{(\lambda+1)}\beta_{\text{I}}(1 - \gamma_{\text{I}})]\} - \alpha_{\text{I}}^{(\lambda)}\{\alpha_{\text{I}}^{(\lambda+1)}(1 + \beta_{\text{I}})(1 + \alpha_{\text{I}}^{(\lambda)} + \alpha_{\text{I}}^{(\lambda)}\beta_{\text{I}}) - \beta_{\text{I}}(1 - \gamma_{\text{I}})\}}$$

由于上式的分子和分母中后面一项相等，因而 $\dfrac{u^{(\lambda)}}{t^{(\lambda)}}$ 是大于 1 还是小于 1，仅仅

决定于

$$\frac{\alpha_{\text{I}}^{(\lambda+1)} + \alpha_{\text{I}}^{(\lambda)}(1 + \beta_{\text{I}})[\alpha_{\text{I}}^{(\lambda+1)} - \alpha_{\text{I}}^{(\lambda)}\beta_{\text{I}}(1 - \gamma_{\text{I}})]}{\alpha_{\text{I}}^{(\lambda)} + \alpha_{\text{I}}^{(\lambda)}(1 + \beta_{\text{I}})[\alpha_{\text{I}}^{(\lambda)} - \alpha_{\text{I}}^{(\lambda+1)}\beta_{\text{I}}(1 - \gamma_{\text{I}})]}$$

是大于 1 还是小于 1。从这个式子不难看出，当 $\alpha_{\text{I}}^{(\lambda)} > \alpha_{\text{I}}^{(\lambda+1)}$ 时，$\dfrac{u^{(\lambda)}}{t^{(\lambda)}}$ 就小于 1；反

之,当 $\alpha_{\mathrm{I}}^{(\lambda)} < \alpha_{\mathrm{I}}^{(\lambda+1)}$ 时,$\dfrac{u^{(\lambda)}}{t^{(\lambda)}}$ 就大于 1。总起来说:当 $\alpha_{\mathrm{I}}^{(\lambda-1)} = \alpha_{\mathrm{I}}^{(\lambda)}$,$\alpha_{\mathrm{II}}^{(\lambda)} = \alpha_{\mathrm{II}}^{(\lambda+1)}$,

$\beta_{\mathrm{I}}^{(\lambda-1)} = \beta_{\mathrm{I}}^{(\lambda)} = \beta_{\mathrm{I}}^{(\lambda+1)}$,$\gamma_{\mathrm{I}}^{(\lambda-1)} = \gamma_{\mathrm{I}}^{(\lambda)}$ 时,如果 $\alpha_{\mathrm{I}}^{(\lambda)} > \alpha_{\mathrm{I}}^{(\lambda+1)}$,那么 $\dfrac{u^{(\lambda)}}{t^{(\lambda)}} < 1$;反之,如果

$\alpha_{\mathrm{I}}^{(\lambda)} < \alpha_{\mathrm{I}}^{(\lambda+1)}$,那么 $\dfrac{u^{(\lambda)}}{t^{(\lambda)}} > 1$。

(4)现在讨论当其他系数均不变,$\beta_{\mathrm{I}}^{(\lambda)}$,$\beta_{\mathrm{I}}^{(\lambda+1)}$,$\beta_{\mathrm{II}}^{(\lambda)}$,$\beta_{\mathrm{II}}^{(\lambda+1)}$ 数值的变化对 $\dfrac{u^{(\lambda)}}{t^{(\lambda)}}$ 的影响。这时情形比较复杂,需要分别资本主义生产和社会主义生产两种情形来考虑。

在资本主义生产下,由于平均利润率规律的作用[①],两部类每年的利润率是相等的($p_{\mathrm{I}}^{(\lambda)} = p_{\mathrm{II}}^{(\lambda)}$),因而根据公式(24)有:

$$\frac{u^{(\lambda)}}{t^{(\lambda)}} = \frac{K_{\mathrm{II}}^{(\lambda+1)} K_{\mathrm{I}}^{(\lambda)}}{K_{\mathrm{II}}^{(\lambda)} K_{\mathrm{I}}^{(\lambda+1)}} \cdot \frac{s^{(\lambda)}}{r^{(\lambda)}} = \frac{(1+\alpha_{\mathrm{II}}^{(\lambda+1)})(1+p_{\mathrm{II}}^{(\lambda+1)})(1+\alpha_{\mathrm{I}}^{(\lambda)})(1+p_{\mathrm{I}}^{(\lambda)})}{(1+\alpha_{\mathrm{II}}^{(\lambda)})(1+p_{\mathrm{II}}^{(\lambda)})(1+\alpha_{\mathrm{I}}^{(\lambda+1)})(1+p_{\mathrm{I}}^{(\lambda+1)})} \times \frac{s^{(\lambda)}}{r^{(\lambda)}}$$

$$= \frac{(1+\alpha_{\mathrm{II}}^{(\lambda+1)})(1+\alpha_{\mathrm{I}}^{(\lambda)})}{(1+\alpha_{\mathrm{II}}^{(\lambda)})(1+\alpha_{\mathrm{I}}^{(\lambda+1)})} \times \frac{s^{(\lambda)}}{r^{(\lambda)}}$$

根据前面对 $\dfrac{s^{(\lambda)}}{r^{(\lambda)}}$ 的讨论可知,当 $\alpha_{\mathrm{I}}^{(\lambda-1)} = \alpha_{\mathrm{I}}^{(\lambda)} = \alpha_{\mathrm{I}}^{(\lambda+1)}$,$\alpha_{\mathrm{II}}^{(\lambda)} = \alpha_{\mathrm{II}}^{(\lambda+1)}$,$\gamma_{\mathrm{I}}^{(\lambda-1)} = \gamma_{\mathrm{I}}^{(\lambda)}$ 和 $\beta_{\mathrm{I}}^{(\lambda-1)} = \beta_{\mathrm{I}}^{(\lambda)}$ 时,$\dfrac{s^{(\lambda)}}{r^{(\lambda)}}$ 将等于 1,同时 $\dfrac{u^{(\lambda)}}{t^{(\lambda)}}$ 也将等于 1。这就是说,由于平均利润率规律的作用,$\beta_{\mathrm{I}}^{(\lambda)}$,$\beta_{\mathrm{I}}^{(\lambda+1)}$ 以及 $\beta_{\mathrm{II}}^{(\lambda)}$,$\beta_{\mathrm{II}}^{(\lambda+1)}$ 值的变化对 $\dfrac{u^{(\lambda)}}{t^{(\lambda)}}$ 的大小没有什么影响[②]。

在社会主义再生产下,社会按照"按劳取酬,多劳多得"的原则进行分配。因此,在任何一部类中,"社会的劳动"和"为自己的劳动"的比例(即 β)大体上是相等的,否则,就要因为劳动报酬不均衡而引起两大部类间工人的流动。把 $\beta_{\mathrm{I}}^{(\lambda)} = \beta_{\mathrm{II}}^{(\lambda)} = \beta^{(\lambda)}$ 这一因素考虑进去,在社会主义生产下,

$$\frac{u^{(\lambda)}}{t^{(\lambda)}} = \frac{[1+\alpha_{\mathrm{II}}^{(\lambda+1)}(1+\beta^{(\lambda+1)})][1+\alpha_{\mathrm{I}}^{(\lambda)}(1+\beta^{(\lambda)})]}{[1+\alpha_{\mathrm{II}}^{(\lambda)}(1+\beta^{(\lambda)})][1+\alpha_{\mathrm{I}}^{(\lambda+1)}(1+\beta^{(\lambda+1)})]} \times \frac{s^{(\lambda)}}{r^{(\lambda)}}$$

---

① 这里已经假定了两部类的剩余价值有一次再分配。

② $\beta_{\mathrm{I}}^{(\lambda)}$,$\beta_{\mathrm{I}}^{(\lambda+1)}$ 的变化虽然对 $\dfrac{u^{(\lambda)}}{t^{(\lambda)}}$ 的大小没有影响,但正像 $\beta_{\mathrm{I}}^{(\lambda-1)}$,$\beta_{\mathrm{I}}^{(\lambda)}$ 的变化对 $\dfrac{u^{(\lambda)}}{t^{(\lambda)}}$ 的大小产生影响一样,$\beta_{\mathrm{I}}^{(\lambda)}$,$\beta_{\mathrm{I}}^{(\lambda+1)}$ 的变化也会对 $\dfrac{u^{(\lambda+1)}}{t^{(\lambda+1)}}$ 产生影响。

这时，当 $\alpha_{\mathrm{I}}^{(\lambda-1)} = \alpha_{\mathrm{I}}^{(\lambda)} = \alpha_{\mathrm{I}}^{(\lambda+1)} = \alpha_{\mathrm{I}}$，$\alpha_{\mathrm{II}}^{(\lambda)} = \alpha_{\mathrm{II}}^{(\lambda+1)} = \alpha_{\mathrm{II}}$，$\gamma_{\mathrm{I}}^{(\lambda-1)} = \gamma_{\mathrm{I}}^{(\lambda)}$ 和

$\beta_{\mathrm{I}}^{(\lambda-1)} = \beta_{\mathrm{I}}^{(\lambda)}$ 时，$\dfrac{s^{(\lambda)}}{r^{(\lambda)}} = 1$，因而

$$\frac{u^{(\lambda)}}{t^{(\lambda)}} = \frac{[1 + \alpha_{\mathrm{II}}(1 + \beta^{(\lambda+1)})][1 + \alpha_{\mathrm{I}}(1 + \beta^{(\lambda)})]}{[1 + \alpha_{\mathrm{II}}(1 + \beta^{(\lambda)})][1 + \alpha_{\mathrm{I}}(1 + \beta^{(\lambda+1)})]} =$$

$$\frac{\alpha_{\mathrm{II}}(1 + \beta^{(\lambda+1)}) + \alpha_{\mathrm{I}}(1 + \beta^{(\lambda)}) + \alpha_{\mathrm{I}}\alpha_{\mathrm{II}}(1 + \beta^{(\lambda)})(1 + \beta^{(\lambda+1)}) + 1}{\alpha_{\mathrm{II}}(1 + \beta^{(\lambda)}) + \alpha_{\mathrm{I}}(1 + \beta^{(\lambda+1)}) + \alpha_{\mathrm{I}}\alpha_{\mathrm{II}}(1 + \beta^{(\lambda)})(1 + \beta^{(\lambda+1)}) + 1}$$

由于第一部类技术装备的程度总是高于第二部类（即 $\dfrac{C_{\mathrm{I}}}{V_{\mathrm{I}}} > \dfrac{C_{\mathrm{II}}}{V_{\mathrm{II}}}$），因而在一般

情况下，总是 $\alpha_{\mathrm{II}}^{(\lambda)} > \alpha_{\mathrm{I}}^{(\lambda)}$。在这一条件下，显然可见：当 $\beta^{(\lambda)} > \beta^{(\lambda+1)}$ 时，$\dfrac{u^{(\lambda)}}{t^{(\lambda)}} < 1$；反

之，当 $\beta^{(\lambda)} < \beta^{(\lambda+1)}$ 时，$\dfrac{u^{(\lambda)}}{t^{(\lambda)}} > 1$。

综合前面的讨论可以看到：在资本主义制度下，下列各组再生产系数

$$\begin{cases} \alpha_{\mathrm{I}}^{(\lambda)}, \alpha_{\mathrm{I}}^{(\lambda+1)}; \alpha_{\mathrm{II}}^{(\lambda)}, \alpha_{\mathrm{II}}^{(\lambda+1)} \\ \gamma_{\mathrm{I}}^{(\lambda)}, \gamma_{\mathrm{I}}^{(\lambda-1)}; p_{\mathrm{I}}^{(\lambda-1)}, p_{\mathrm{I}}^{(\lambda)} \end{cases}$$

中任何一组的前一系数大于后一系数，其他各组的系数均相等时，$\dfrac{u^{(\lambda)}}{t^{(\lambda)}}$ 将小于 1；

反之，将大于 1。由于 $p_{\mathrm{I}}^{(\lambda-1)} = \dfrac{\alpha_{\mathrm{I}}^{(\lambda-1)}\beta_{\mathrm{I}}^{(\lambda-1)}}{1 + \alpha_{\mathrm{I}}^{(\lambda-1)}}$，$p_{\mathrm{I}}^{(\lambda)} = \dfrac{\alpha_{\mathrm{I}}^{(\lambda)}\beta_{\mathrm{I}}^{(\lambda)}}{1 + \alpha_{\mathrm{I}}^{(\lambda)}}$，所以，当 $\alpha_{\mathrm{I}}^{(\lambda-1)} = \alpha_{\mathrm{I}}^{(\lambda)}$

时，如果 $\beta_{\mathrm{I}}^{(\lambda-1)} > \beta_{\mathrm{I}}^{(\lambda)}$，那么 $p_{\mathrm{I}}^{(\lambda-1)} > p_{\mathrm{I}}^{(\lambda)}$；这也就是说，当下列各组再生产系数[①]

$$\begin{cases} \alpha_{\mathrm{I}}^{(\lambda-1)}, \alpha_{\mathrm{I}}^{(\lambda)}, \alpha_{\mathrm{I}}^{(\lambda+1)}; \alpha_{\mathrm{II}}^{(\lambda)}, \alpha_{\mathrm{II}}^{(\lambda+1)} \\ \gamma_{\mathrm{I}}^{(\lambda)}, \gamma_{\mathrm{I}}^{(\lambda-1)}; \beta_{\mathrm{I}}^{(\lambda-1)}, \beta_{\mathrm{I}}^{(\lambda)} \end{cases}$$

中任何一组的前一系数大于后一系数时，$\dfrac{u^{(\lambda)}}{t^{(\lambda)}}$ 将小于 1；反之，将大于 1。前面已经

提到，在资本主义生产下，$\alpha_{\mathrm{I}}^{(\lambda-1)} > \alpha_{\mathrm{I}}^{(\lambda)} > \alpha_{\mathrm{I}}^{(\lambda+1)}$；$\alpha_{\mathrm{II}}^{(\lambda)} > \alpha_{\mathrm{II}}^{(\lambda+1)}$；$\gamma_{\mathrm{I}}^{(\lambda)} > \gamma_{\mathrm{I}}^{(\lambda-1)}$；

$p_{\mathrm{I}}^{(\lambda-1)} > p_{\mathrm{I}}^{(\lambda)}$ 是经常出现的情况，因而 $\dfrac{u^{(\lambda)}}{t^{(\lambda)}} < 1$ 也应是经常出现的情况。虽然剩余

价值率也在不断提高，有使 $\dfrac{u^{(\lambda)}}{t^{(\lambda)}}$ 小于 1 的趋势，但是，由于资本有机构成的增长，总

的结果仍然是使利润率下降，因而使得 $\dfrac{u^{(\lambda)}}{t^{(\lambda)}}$ 小于 1；也就是说，第一部类产品总价

---

① 注意此处 $\gamma_{\mathrm{I}}^{(\lambda-1)}$，$\gamma_{\mathrm{I}}^{\lambda}$ 的次序倒过来了。

值增长的速度大于第二部类产品总价值增长的速度是资本主义生产经常出现的情况。

根据前面的讨论,在社会主义扩大再生产条件下,下列各组再生产系数

$$\begin{cases} \alpha_{\mathrm{I}}^{(\lambda-1)}, \alpha_{\mathrm{I}}^{(\lambda)}, \alpha_{\mathrm{I}}^{(\lambda+1)}; \alpha_{\mathrm{II}}^{(\lambda)}, \alpha_{\mathrm{II}}^{(\lambda+1)} \\ \gamma_{\mathrm{I}}^{(\lambda)}, \gamma_{\mathrm{I}}^{(\lambda-1)}; \beta^{(\lambda-1)}, \beta^{(\lambda)}, \beta^{(\lambda+1)2} \end{cases}$$

中①,任何一组的前一系数大于后一系数,其他各组系数均不变时,$\dfrac{u^{(\lambda)}}{t^{(\lambda)}}$ 将小于 1;反之,将大于 1。但是,如前面所讨论的,在社会主义生产下,经常出现的情况是:①$\alpha_{\mathrm{I}}^{(\lambda-1)} > \alpha_{\mathrm{I}}^{(\lambda)} > \alpha_{\mathrm{I}}^{(\lambda+1)}, \alpha_{\mathrm{II}}^{(\lambda)} > \alpha_{\mathrm{II}}^{(\lambda+1)}$;②$\gamma_{\mathrm{I}}^{(\lambda)} = \gamma_{\mathrm{I}}^{(\lambda-1)}$;③$\beta^{(\lambda-1)} = \beta^{(\lambda)} = \beta^{(\lambda+1)}$。因此,$\dfrac{u^{(\lambda)}}{t^{(\lambda)}}$ 必须经常小于 1,也就是在社会主义再生产条件下,第一部类产品总价值的增长速度在大多数情况下必须大于第二部类产品总价值增长的速度,即生产资料必须优先增长。

在本节最后一段,我们拟补充证明一下列宁在《论所谓市场问题》中所提出的:增长最快的是制造生产资料的生产资料生产,其次是制造消费资料的生产资料生产,最慢的是消费资料生产。

我们知道,第二部类先后两年产品总价值的比例是:

$$\frac{W_{\mathrm{II}}^{(\lambda+1)}}{W_{\mathrm{II}}^{(\lambda)}} = \frac{K_{\mathrm{II}}^{(\lambda+1)} C_{\mathrm{II}}^{(\lambda+1)}}{K_{\mathrm{II}}^{(\lambda)} C_{\mathrm{II}}^{(\lambda)}}$$

在资本主义生产下:

$$\frac{W_{\mathrm{II}}^{(\lambda+1)}}{W_{\mathrm{II}}^{(\lambda)}} = \frac{(1 + \alpha_{\mathrm{II}}^{(\lambda+1)})(1 + p_{\mathrm{II}}^{(\lambda+1)})}{(1 + \alpha_{\mathrm{II}}^{(\lambda)})(1 + p_{\mathrm{II}}^{(\lambda)})} \times \frac{C_{\mathrm{II}}^{(\lambda+1)}}{C_{\mathrm{II}}^{(\lambda)}}$$

但这时,$\alpha_{\mathrm{II}}^{(\lambda)} > \alpha_{\mathrm{II}}^{(\lambda+1)}, p_{\mathrm{II}}^{(\lambda)} > p_{\mathrm{II}}^{(\lambda+1)}$ 是经常出现的情况,因而

$$\frac{W_{\mathrm{II}}^{(\lambda+1)}}{W_{\mathrm{II}}^{(\lambda)}} < \frac{C_{\mathrm{II}}^{(\lambda+1)}}{C_{\mathrm{II}}^{(\lambda)}} = s^{(\lambda)}$$

在社会主义生产下:

$$\frac{W_{\mathrm{II}}^{(\lambda+1)}}{W_{\mathrm{II}}^{(\lambda)}} = \frac{[1 + \alpha_{\mathrm{II}}^{(\lambda+1)}(1 + \beta_{\mathrm{II}}^{(\lambda+1)})] C_{\mathrm{II}}^{(\lambda+1)}}{[1 + \alpha_{\mathrm{II}}^{(\lambda)}(1 + \beta_{\mathrm{II}}^{(\lambda)})] C_{\mathrm{II}}^{(\lambda)}}$$

但这时,$\alpha_{\mathrm{II}}^{(\lambda)} > \alpha_{\mathrm{II}}^{(\lambda+1)}, \beta_{\mathrm{II}}^{(\lambda)} = \beta_{\mathrm{II}}^{(\lambda+1)}$ 是经常出现的情况,因而

$$\frac{W_{\mathrm{II}}^{(\lambda+1)}}{W_{\mathrm{II}}^{(\lambda)}} < \frac{C_{\mathrm{II}}^{(\lambda+1)}}{C_{\mathrm{II}}^{(\lambda)}} = s^{(\lambda)}$$

---

① 在社会主义生产下,两部类每年的 β 值大体相等。

前面我们还曾证明,不论是在资本主义生产下还是在社会主义生产下,$\dfrac{s^{(\lambda)}}{r^{(\lambda)}} < 1$ 是经常出现的情况,因而

$$\frac{C_{\text{I}}^{(\lambda+1)}}{C_{\text{I}}^{(\lambda)}} > \frac{C_{\text{II}}^{(\lambda+1)}}{C_{\text{II}}^{(\lambda)}} > \frac{W_{\text{II}}^{(\lambda+1)}}{W_{\text{II}}^{(\lambda)}}$$

是经常出现的情况,这也就是列宁所提出的论点。

五

现在把整篇文章所得到的结论总结如下:

第一,不论是资本主义生产还是社会主义生产,从生产发展总的趋势看,要使得扩大再生产能够不断实现,必须优先发展生产资料的生产。任何否认或怀疑这个规律的人都是错误的。

第二,理论上并不排斥某些年代,甚至个别时期可以有消费资料优先增长的情形,但这种情形不能维持太长,而且要看当时生产资料的生产在国民经济中已达到的比重如何。

第三,在资本主义现实经济生活中,经常出现的经济趋势,如技术的进步、积累比例的增加、平均利润率的下降等,都促成生产资料优先增长。

第四,在社会主义再生产中,虽然国民收入中为个人劳动和为社会劳动的比例大体维持不变,而社会纯收入中用于扩大再生产的积累比例也大体维持不变,但是,由于技术迅速进步,仍然要求生产资料必须优先增长。

Ⅲ. 马克思主义再生产理论的数学分析(二)

——论生产高速上涨的条件

何祚庥　罗劲柏

【提要】本文讨论怎样才能使社会产品总价值或消费资料的产品总价值得到高速上涨,证明不论是在有限年代连续扩大再生产情形下,还是在无穷年代连续扩大再生产情形下,要使历年社会产品总价值或消费资料总价值的总和最大,必须在开始的年代以最大速度来发展第一部类的生产,而在以后的年代再加速第二部类的生产。我们在第一篇文章中讨论了不断实现扩大再生产时所必须满足的条件,现在我们转而讨论高速上涨的条件。

在现实经济生活中,决定生产高速上涨的条件是十分复杂的。例如,我国社会主义建设的速度问题,就是一个非常复杂的问题,它要随着具体的时间、地点、条件而变化。但我们现在的文章中,并不打算涉及这方面的全部问题,我们只拟对这个问题进行一般的数量关系的分析,只拟讨论第一部类和第二部类生产应该满足什么条件,才能使生产获得最高速度的增长。至于什么样的比例关系才是社会生产发展的最合理的比例关系的问题,我们打算在另一篇文章中再行讨论。

一

首先讨论一下"生产最大增长"的概念,对于这个问题可以有两种理解:一种是指社会产品总价值获得最大值,另一种是指消费资料的产品总价值获得最大值。对于第一种观点是很容易理解的,社会生产水平的高低总是从产品总价值的大小来衡量的;但第二种观点也有一定的理由,因为生产的最终目的总不外是人民群众的消费,生产资料的生产,其最终也是为了要生产消费资料,因而从人民所能获得的消费资料的多寡来衡量生产的发达与否,也不失为合理的概念。这两种不同的观点,都有相当充足的理由,就我们的意见来说,是更多地倾向于第二种观点的。但为了求全求完备起见,对于这两种不同的观点,我们将分别予以讨论。

对于"生产的最大增长"的问题,是不能只从一个年度的生产来考察的。因为生产要不断发展,上一年度的生产要影响到以后几年的生产。例如,我们只要把某一年的生产都改为生产消费资料,那么就立刻可以使消费资料的生产总值成为最大,但这样一来,第二年的生产就成为不可能。因此,我们在讨论这个问题时,也还是需要从生产的连续不断、每年的生产都能实现的观点出发。换句话说,我们必须讨论 n 年内的产品总价值,即 $W^{(1)} + W^{(2)} + \cdots + W^{(x)}$,或者是 n 年内的消费资料的总价值,即 $W_{II}^{(1)} + W_{II}^{(2)} + \cdots + W_{II}^{(x)}$ 如何才能成为极大(这里我们以 $W^{(\lambda)}, W_{I}^{(\lambda)}, W_{II}^{(\lambda)}$ 分别代表第 λ 年度全部产品以及第一部类和第二部类产品的总价值)。

但是,严格说来,只是讨论 n 年内全部产品总价值或消费资料的总价值在什么条件下才能成为最大值,还不能认为这个问题已经严密地解决了。因为在这种讨论中,虽然能够保证 n 年内生产不会中断,求出 n 年内产品总价值或消费资料的产品总价值成为最大值时所必须满足的条件,但它并不能保证 n 年后的生产不会中断[1],也不能严格地得出在比 n 年更长的时期中,产品总价值或消费资料的产品总价值成为最大值时的条件。因而更严密地证明,应该是讨论在无穷年代的产品总价值或消费资料的总价值如何才能成为最大的问题。这里我们拟先讨论在有限的但足够长的 n 年内如何才能使产品总价值或消费资料的产品总价值成为最大值的情形,因为采用这种办法较易揭示出这个问题的一般特点,然后再在本文第三节中讨论无穷年代中的情形。

二

令 W 为 n 年内或无穷年代内全部产品总价值;W_{II} 为 n 年内或无穷年代内全部消费资料产品总价值;$W_{I}^{(\lambda)}, W_{II}^{(\lambda)}$ 分别代表第 λ 年内第一部类和第二部类的产品总价值;$C_{I}^{(\lambda)}, C_{II}^{(\lambda)}$ 分别代表第 λ 年内第一部类和第二部类生产中所需要的不变资本;$\alpha_{I}^{(\lambda)} = \dfrac{V_{I}^{(\lambda)}}{C_{I}^{(\lambda)}}, \alpha_{II}^{(\lambda)} = \dfrac{V_{II}^{(\lambda)}}{C_{II}^{(\lambda)}}$ 分别代表第 λ 年度内第一部类和第二部类生产中资本有机构成的倒数,其中 V 是指可变资本。

$$p_{I}^{(\lambda)} = \frac{M_{I}^{(\lambda)}}{C_{I}^{(\lambda)} + V_{I}^{(\lambda)}}, \quad p_{II}^{(\lambda)} = \frac{M_{II}^{(\lambda)}}{C_{II}^{(\lambda)} + V_{II}^{(\lambda)}}$$ 分别代表第 λ 年度内第一部类和第二部

---

[1] 关于这个论点的证明,可以参看《力学学报》1957 年第 1 卷第 1 期第 109 页我们所合写的第一篇文章《马克思主义再生产理论的数学分析(一):为什么不断实现扩大再生产必须优先发展生产资料的生产》,这里不再重复。

类生产的平均利润率。其中：M 是剩余价值；$K_{\text{I}}^{(\lambda)} = \dfrac{W_{\text{I}}^{(\lambda)}}{C_{\text{I}}^{(\lambda)}}, K_{\text{II}}^{(\lambda)} = \dfrac{W_{\text{II}}^{(\lambda)}}{C_{\text{II}}^{(\lambda)}}$ 分别代表第 λ 年度第一部类和第二部类生产中产品总价值对于不变资本的比值。不难看出，无论是第一部类还是第二部类的 $K^{(\lambda)}$ 的值，都可写为另一个样子，即 $K^{(\lambda)} = (1 + \alpha^{(\lambda)})(1 + p^{(\lambda)})$。

为了不使整个问题过分复杂化，我们这里仍然采用马克思在《资本论》第 2 卷中假设的条件，即假定全部不变资本都在一年内消耗掉，它的价值全部转移到年产品上去。利用上述的符号，显然有

$$W = (W_{\text{I}}^{(1)} + W_{\text{I}}^{(2)} + \cdots + W_{\text{I}}^{(\lambda)} + \cdots + W_{\text{I}}^{(\lambda)}) + (W_{\text{II}}^{(1)} + W_{\text{II}}^{(2)} + \cdots + W_{\text{II}}^{(\lambda)} + \cdots + W_{\text{II}}^{(\lambda)})$$

$$(1)$$

将 $W_{\text{I}}^{(\lambda)} = K_{\text{I}}^{(\lambda)} C_{\text{I}}^{(\lambda)}$ 和 $W_{\text{II}}^{(\lambda)} = K_{\text{II}}^{(\lambda)} C_{\text{II}}^{(\lambda)}$ 代入公式（1）内，假定每年的 K_{I} 和 K_{II} 的值都是不变的，或者它们的变动很小，以至于我们在实际上可以忽略掉它们的变化[①]，公式（1）即变为

$$W = K_{\text{I}}(C_{\text{I}}^{(1)} + C_{\text{I}}^{(2)} + \cdots + C_{\text{I}}^{(\lambda)} + \cdots + C_{\text{I}}^{(n)}) + K_{\text{II}}(C_{\text{II}}^{(1)} + C_{\text{II}}^{(2)} + \cdots + C_{\text{II}}^{(\lambda)} + \cdots + {}_{\text{II}}^{(n)})$$

$$(2)$$

利用我们在第一篇文章中所求得的实现扩大再生产的基本公式（见《力学学报》1957 年第 1 卷第 1 期我们所合写的第一篇文章中的公式（2））

$$K_{\text{I}} C_{\text{I}}^{(\lambda)} = C_{\text{I}}^{(\lambda+1)} + C_{\text{II}}^{(\lambda+1)}$$

代入公式（1）内，可得

$$W = K_{\text{I}} K_{\text{II}} C_{\text{I}}^{(0)} + (K_{\text{I}} K_{\text{II}} + K_{\text{I}} \cdots + K_{\text{II}})(C_{\text{I}}^{(1)} + C_{\text{I}}^{(2)} + \cdots + C_{\text{I}}^{(\lambda)} + \cdots + C_{\text{I}}^{(n-1)}) +$$
$$(K_{\text{I}} - K_{\text{II}}) C_{\text{I}}^{(n)} \tag{3}$$

令 $\gamma^{(\lambda)}$ 为 λ 年度第一部类不变资本的上升比值，并将 $\gamma^{(\lambda)} = \dfrac{C_{\text{I}}^{(\lambda+1)}}{C_{\text{I}}^{(\lambda)}}$ 的关系式代入公式（3）内，即得

$$W = K_{\text{I}} K_{\text{II}} C_{\text{I}}^{(0)} + (K_{\text{I}} K_{\text{II}} + K_{\text{I}} - K_{\text{II}})(\gamma^{(0)} + \gamma^{(0)} \gamma^{(1)} + \gamma^{(0)} \gamma^{(1)} \gamma^{(2)} + \cdots +$$
$$\gamma^{(0)} \gamma^{(1)} \cdots \gamma^{(n-2)}) C_{\text{I}}^{(0)} + (K_{\text{I}} - K_{\text{II}}) \gamma^{(0)} \gamma^{(1)} \gamma^{(2)} \cdots \gamma^{(n-1)} C_{\text{I}}^{(0)} \tag{4}$$

现在我们来讨论一下 W 的值在什么条件下会成为极大值。在现在的式子中，$\gamma^{(\lambda)}, C_{\text{I}}^{(0)}, K_{\text{I}}, K_{\text{II}}$ 都是正值，其中 $K_{\text{I}}, K_{\text{II}}, C_{\text{I}}^{(0)}$ 还是一个已知的常数值，但却是二连串的变数。现在的问题就是要找出比值 $\gamma^{(\lambda)}$ 需要满足什么条件，才能使得 n 年内的产品总价值 W 能够成为极大值。

---

① 关于每年的 K 值发生变化的情形，见本文第三节。

在公式(4)中，K_{II} 总是要大于 K_{I} 的。我们知道，$K_{\mathrm{I}} = (1+\alpha_{\mathrm{I}})(1+p_{\mathrm{I}})$，$K_{\mathrm{II}} = (1+\alpha_{\mathrm{II}})(1+p_{\mathrm{II}})$。由于第一部类的资本有机构成要比第二部类的高，所以 α_{I} 通常要小于 α_{II}；但又因 p_{I} 和 p_{II} 常常相等，于是我们就总有 $K_{\mathrm{II}} > K_{\mathrm{I}}$ 的关系。公式(4)中的 $\gamma^{(\lambda)}$ 是一连串的变数，但它们的变化范围要受到下列限制，即 $\gamma^{(\lambda)}$ 都要大于1，它们的最小值才等于1(因为我们不讨论生产萎缩的情形)。不难看出，公式(4)中的第一项和第二项永远是正值(这是因为 $K_{\mathrm{II}}K_{\mathrm{I}} + K_{\mathrm{I}} - K_{\mathrm{II}} = K_{\mathrm{I}} + K_{\mathrm{II}}(K_{\mathrm{I}} - 1)$，而 $K_{\mathrm{I}} > 1$ 的缘故)，第三项却永远是负值，因而要使得 W 值为极大值的充分条件就是要使第一项和第二项的数值是极大，第三项的数值是极小，可是算式(4)中，第二项和第三项是相互联系着的，因为在第二项和第三项中，它们都有 $\gamma^{(0)}, \gamma^{(1)}, \gamma^{(2)}, \cdots, \gamma^{(n-2)}$ 的数值。可是第三项中却有一个变数 $\gamma^{(n-1)}$ 是第二项所没有的，对于这个变数，我们是不难先做出结论来的。也就是说，我们应该令 $\gamma^{(n-1)}$ 等于1；或者是等于它的实际上可能的某个大于1的数值 ξ[①]。因为只有这样，才能使第三项的数值尽可能小。

将 $\gamma^{(n-1)} = 1$ 代入公式(4)内，公式(4)即变为

$$W = K_{\mathrm{I}}K_{\mathrm{II}}C_{\mathrm{I}}^{(0)} + (K_{\mathrm{I}}K_{\mathrm{II}} + K_{\mathrm{I}} - K_{\mathrm{II}})(\gamma^{(0)} + \gamma^{(0)}\gamma^{(1)} + \cdots + \gamma^{(0)}\gamma^{(1)}\cdots\gamma^{(n-3)})C_{\mathrm{I}}^{(0)} +$$
$$[K_{\mathrm{I}}K_{\mathrm{II}} + (1+\xi)(K_{\mathrm{I}} - K_{\mathrm{II}})]\gamma^{(0)}\gamma^{(1)}\cdots\gamma^{(n-2)}C_{\mathrm{I}}^{(0)} \tag{5}$$

现在来估计一下 $[K_{\mathrm{I}}K_{\mathrm{II}} + (1+\xi)(K_{\mathrm{I}} - K_{\mathrm{II}})]$ 的数值大约有多大。在公式

$$K_{\mathrm{I}}C_{\mathrm{I}}^{(\lambda)} = C_{\mathrm{I}}^{(\lambda+1)} + C_{\mathrm{II}}^{(\lambda+1)}$$

的两边各除以 $C_{\mathrm{I}}^{(\lambda)}$，我们就得到

$$K_{\mathrm{I}} = \gamma^{(\lambda)} + \frac{C_{\mathrm{II}}^{(\lambda+1)}}{C_{\mathrm{I}}^{(\lambda)}}$$

由于 $C_{\mathrm{II}}^{(\lambda+1)}/C_{\mathrm{I}}^{(\lambda)}$ 的值总是某一正数，因此 $\gamma^{(\lambda)}$ 或是它的某一实际上可能的最小值 ξ，且总要小于 K_{I}。利用 $1 < \xi < K_{\mathrm{I}}$ 的算式，我们就可以得出下列不等式：

$$[K_{\mathrm{I}}K_{\mathrm{II}} + (1+\xi)(K_{\mathrm{I}} - K_{\mathrm{II}})] > [K_{\mathrm{I}}K_{\mathrm{II}} + (1+K_{\mathrm{I}})(K_{\mathrm{I}} - K_{\mathrm{II}})] = K_{\mathrm{I}}^2 + (K_{\mathrm{I}} - K_{\mathrm{II}})$$
$$\tag{6}$$

其中 $(K_{\mathrm{I}} - K_{\mathrm{II}})$ 是负数。

现在我们分成三种情形来讨论：

第一，$[K_{\mathrm{I}}K_{\mathrm{II}} + (1+\xi)(K_{\mathrm{I}} - K_{\mathrm{II}})] > 0$ 的情形。这种情形实际上是很可能发生的。我们知道，K_{I} 和 K_{II} 的数值相差不会太远，$(K_{\mathrm{I}} - K_{\mathrm{II}})$ 加上 K_{I}^2 以后就很可能成为正值，那么 $[K_{\mathrm{I}}K_{\mathrm{II}} + (1+\xi)(K_{\mathrm{I}} - K_{\mathrm{II}})]$ 就更可能成为正值了。但这样

---

① 在 $\gamma^{(n-1)} = 1$ 时，会使得下一年度的扩大再生产成为不可能。

一来,算式(5)中所有各项都成正值,在这时,W 的数值成为极大值的条件就是 $\gamma^{(0)}, \gamma^{(1)}, \cdots, \gamma^{(n-2)}$ 的数值要尽可能地大①,而 $\gamma^{(n-1)}$ 的数值却要尽可能地小,并等于某一实际可能的最小值 ξ。如果把上述数学结论换为通常的语言来表达,那就是说,如果我们要使 n 年内的产品总价值获得最大值,最好的办法就是尽快地增加第一部类的生产,但在最后的一年却把相当大的一部分生产资料投到消费资料的生产里面。

第二,假如 $[K_{\mathrm{I}}K_{\mathrm{II}} + (1+\xi)(K_{\mathrm{I}} - K_{\mathrm{II}})] = 0$,那么这里除了 $\gamma^{(n-1)}$ 以外,$\gamma^{(\lambda)}$ 仍应愈大愈好,和上面不同的是,$\gamma^{(n-2)}$ 可以大也可以小,已对 W 的数值不发生影响。

第三,我们转而讨论 $[K_{\mathrm{I}}K_{\mathrm{II}} + (1+\xi)(K_{\mathrm{I}} - K_{\mathrm{II}})] < 0$ 的情形。这时,和公式(4)一样,公式(5)中前两项是正值,后面一项是负值,同时,公式(5)的第三项中,也只有变数 $\gamma^{(n-2)}$ 是第二项中所没有包括的变数。因此,这时如果要使得 W 的值成为极大,那么 $\gamma^{(n-2)}$ 就要尽可能地小,并且等于某一较小的数值 η,将 $\gamma^{(n-2)} = \eta$ 的值代入公式(5)内,于是我们便得

$$W = K_{\mathrm{I}}K_{\mathrm{II}}C_{\mathrm{I}}^{(0)} + (K_{\mathrm{I}}K_{\mathrm{II}} + K_{\mathrm{I}} - K_{\mathrm{II}})(\gamma^{(0)} + \gamma^{(0)}\gamma^{(1)} + \cdots + \gamma^{(0)}\gamma^{(1)}\gamma^{(2)}\cdots\gamma^{(n-1)})C_{\mathrm{I}}^{(0)} +$$
$$\{K_{\mathrm{I}}K_{\mathrm{II}} + (K_{\mathrm{I}} - K_{\mathrm{II}}) + \eta[K_{\mathrm{I}}K_{\mathrm{II}} + (1+\xi)(K_{\mathrm{I}} - K_{\mathrm{II}})]\}\gamma^{(0)}\gamma^{(1)}\cdots\gamma^{(n-3)}C_{\mathrm{I}}^{(0)} \quad 1 < \eta < K_{\mathrm{I}}$$

$$(7)$$

利用公式(6),可得

$$K_{\mathrm{I}}K_{\mathrm{II}} + (K_{\mathrm{I}} - K_{\mathrm{II}}) + \eta[K_{\mathrm{I}}K_{\mathrm{II}} + (1+\xi)(K_{\mathrm{I}} - K_{\mathrm{II}})] > K_{\mathrm{I}}K_{\mathrm{II}} + (K_{\mathrm{I}} - K_{\mathrm{II}}) +$$
$$\eta[K_{\mathrm{I}}^2 + (K_{\mathrm{I}} - K_{\mathrm{II}})] = \eta K_{\mathrm{I}}^2 + K_{\mathrm{I}}K_{\mathrm{II}} + (1+\eta)(K_{\mathrm{I}} - K_{\mathrm{II}})$$
$$> K_{\mathrm{I}}^2 + K_{\mathrm{I}}K_{\mathrm{II}} + (1+K_{\mathrm{I}})(K_{\mathrm{I}} - K_{\mathrm{II}}) = 2K_{\mathrm{I}}^2 + (K_{\mathrm{I}} - K_{\mathrm{II}})$$

在这时,我们又可分三种情形来讨论:一是 $[K_{\mathrm{I}}K_{\mathrm{II}} + (K_{\mathrm{I}} - K_{\mathrm{II}}) + \eta K_{\mathrm{I}}K_{\mathrm{II}} + \eta(1+\xi)(K_{\mathrm{I}} - K_{\mathrm{II}})] > 0$,二是等于 0,三是小于 0 的情形。对于第一种和第二种情形,显然仍得出相同的结论。对于第三种情形,即假如是小于 0 的,那么我们就可以继续做下去,每一次循环的结果,第三项的数值将要愈来愈大,并且用和上面同样的方法可以证明它们总要大于 $\lambda K_{\mathrm{I}}^2 + (K_{\mathrm{I}} + K_{\mathrm{II}})$ 的数值(其中 λ 是循环的次数)。因此,继续做下去,我们总可以找到一个转折点,使第三项的数值成为正值。

因此,我们不难得出结论:如果要使 W 值成为极大,就必须在开头几年的第一部类生产增加得尽可能地快(亦即 $\gamma^{(0)}, \gamma^{(1)}, \gamma^{(2)}, \cdots, \gamma^{(\eta-\lambda-1)}$ 的值尽可能地大),在末尾几年放慢第一部类生产上涨速度(亦即 $\gamma^{(\eta-\lambda)}, \gamma^{(\eta-\lambda-1)}, \cdots, \gamma^{(n-1)}$ 的

---

① $\gamma^{(0)}, \gamma^{(1)}, \gamma^{(2)}, \cdots, \gamma^{(n-2)}$ 的最大值是什么,我们将在第三篇文章中讨论。

数值要尽可能地小),并且将生产资料投入第二部类,扩大第二部类的生产。至于 λ 的具体数值,却要看 K_{I} 和 K_{II} 的大小才能决定。

现在我们来讨论一下,在什么条件下消费资料的产品总价值才能获得最大值。令 n 年内消费资料的产品总价值 W_{II} 满足如下等式:

$$W_{\mathrm{II}} = W_{\mathrm{II}}^{(1)} + W_{\mathrm{II}}^{(2)} + \cdots + W_{\mathrm{II}}^{(\lambda)} + \cdots + W_{\mathrm{II}}^{(n)} \tag{8}$$

和以上的处理一样,我们先把公式(8)转化成为 $\gamma^{(\lambda)}$ 的函数。将公式 $W_{\mathrm{II}}^{(\lambda)} = K_{\mathrm{II}} C_{\mathrm{II}}^{(\lambda)}, K_{\mathrm{I}} C_{\mathrm{I}}^{(\lambda)} = C_{\mathrm{I}}^{(\lambda+1)} + C_{\mathrm{II}}^{(\lambda+1)}, \gamma^{(\lambda)} C_{\mathrm{I}}^{(\lambda)} = C_{\mathrm{I}}^{(\lambda+1)}$ 代入公式(8)即变成

$$W_{\mathrm{II}} = K_{\mathrm{I}} K_{\mathrm{II}} C_{\mathrm{I}}^{(0)} + K_{\mathrm{II}}(K_{\mathrm{I}} - 1)(C_{\mathrm{I}}^{(1)} + C_{\mathrm{I}}^{(2)} + \cdots + C_{\mathrm{I}}^{(n-1)}) - K_{\mathrm{II}} C_{\mathrm{I}}^{(n)} =$$
$$K_{\mathrm{I}} K_{\mathrm{II}} C_{\mathrm{I}}^{(0)} + K_{\mathrm{II}}(K_{\mathrm{I}} - 1)(\gamma^{(0)} + \gamma^{(0)} \gamma^{(1)} + \cdots + \gamma^{(0)} \gamma^{(1)} \cdots \gamma^{(n-2)}) C_{\mathrm{I}}^{(0)} -$$
$$K_{\mathrm{II}} \gamma^{(0)} \gamma^{(1)} \cdots \gamma^{(n-1)} C_{\mathrm{I}}^{(0)} \tag{9}$$

公式(9)和公式(4)是十分相像的。在公式(9)中,$\gamma^{(\lambda)}$ 为大于 1 的变数,K_{I},$K_{\mathrm{II}}, C_{\mathrm{I}}^{(0)}$ 为某一常数。和公式(4)的情形类似,如果要使 W_{II} 是最大值,公式(9)中的第三项的 $\gamma^{(n-1)}$ 应该等于某一实际可能的最小值 ξ。当 $\gamma^{(n-1)} = \xi$ 时,公式(9)就变为

$$W_{\mathrm{II}} = K_{\mathrm{I}} K_{\mathrm{II}} C_{\mathrm{I}}^{(0)} + K_{\mathrm{II}}(K_{\mathrm{I}} - 1)(\gamma^{(0)} + \gamma^{(0)} \gamma^{(1)} + \cdots + \gamma^{(0)} \gamma^{(1)} \cdots \gamma^{(n-3)}) C_{\mathrm{I}}^{(0)} +$$
$$K_{\mathrm{II}}(K_{\mathrm{I}} - 1 - \xi) \gamma^{(0)} \gamma^{(1)} \cdots \gamma^{(n-2)} C_{\mathrm{I}}^{(0)} \tag{10}$$

当 $K_{\mathrm{I}} \geqslant 1 + \xi$ 时,公式(10)中所有的项都是正值;因而要使 W_{II} 的值成为极大,就必须使所有的 $\gamma^{(0)}, \gamma^{(1)}, \gamma^{(2)}, \cdots, \gamma^{(n-2)}$ 的值成为极大(当 $K_{\mathrm{I}} = 1 + \xi$ 时,$\gamma^{(n-2)}$ 可以等于任意数值)。当 $K_{\mathrm{I}} < 1 + \xi$ 时,那么 $\gamma^{(n-2)}$ 就要等于另一极小值 η,公式(10)就转化为一个包括 $[K_{\mathrm{II}}(K_{\mathrm{I}} - 1) + \eta K_{\mathrm{II}}(K_{\mathrm{I}} - 1 - \xi)]$ 项的算式,这时又可分为三种情形来讨论,而如果这一项又是负值,就还可以继续做下去。不难看出,每一次演算的结果,都将使这一项的数字增加一点。例如,我们现在有

$$[K_{\mathrm{II}}(K_{\mathrm{I}} - \xi)\eta + K_{\mathrm{II}}(K_{\mathrm{I}} - \eta) - K_{\mathrm{II}}]$$

的项。再一次演算的结果,就会包含有

$$[K_{\mathrm{II}}(K_{\mathrm{I}} - \xi)\eta\zeta + K_{\mathrm{II}}(K_{\mathrm{I}} - \eta)\zeta + K_{\mathrm{II}}(K_{\mathrm{I}} - \zeta) - K_{\mathrm{II}}]$$

的项。如此可以继续做下去。由于 $1 < \xi < K_{\mathrm{I}}, 1 < \eta < K_{\mathrm{I}}, \cdots, 1 < \varepsilon < K_{\mathrm{I}}$,所以我们总可以选择一个小于 K_{I} 的某一常数 C,使 $K_{\mathrm{I}} > C > \xi, \eta, \zeta, \delta, \cdots, \varepsilon$。这样,以上这项算式

$$[K_{\mathrm{II}}(K_{\mathrm{I}} - \varepsilon) + \cdots + K_{\mathrm{II}}(K_{\mathrm{I}} - \eta)\zeta\delta\cdots\varepsilon + K_{\mathrm{II}}(K_{\mathrm{I}} - \xi)\eta\zeta\delta\cdots\varepsilon - K_{\mathrm{II}}] > K_{\mathrm{II}}(K_{\mathrm{I}} - C)$$
$$(1 + \cdots + \zeta\delta\cdots\varepsilon + \eta\zeta\delta\cdots\varepsilon) - K_{\mathrm{II}} > K_{\mathrm{II}}[(K_{\mathrm{I}} - C)\lambda_{\mathrm{I}} - 1]$$

由于 λ 以 $1, 2, 3, \cdots, \lambda$ 等整数递增,因而我们总可以在某一年使得这一项成为正

值。这时，$\gamma^{(0)}$，$\gamma^{(1)}$，$\cdots$，$\gamma^{(n-\lambda-1)}$ 的值应该尽可能地大，而 $\gamma^{(n-\lambda)}$，$\gamma^{(n-\lambda+1)}$，$\cdots$，$\gamma^{(n-1)}$ 的数值就应该尽可能地小。

上面数学上的结论，初看起来似乎是很令人奇怪的。为什么我们希望能得到尽量多的消费资料，却反而要尽快地去发展生产资料的生产呢？因为消费资料的生产总是离不开生产资料的，假如生产资料的生产被压在一个很低下的水平上，那么消费资料的生产就只能以很低的水平来进行生产。相反，只有当人们手中掌握着的生产资料愈多时，人们才能获得愈多的消费资料。在每一年度的扩大再生产中，生产资料总是分成两部分，一部分用来增加生产资料的生产，另一部分用来生产消费资料，前一部分生产资料是会不断地"繁殖"的，后一部分生产资料却被人们消费掉。这个情形正和母鸡生蛋一样，如果人们保留下来准备孵鸡的鸡蛋愈多，那么将来所能得到的鸡蛋也就愈多；反之，如果在目前把所有的鸡蛋都吃掉，那么日后就得不到鸡蛋。从这里也可以看出那些片面地要求减低我国重工业发展速度的意见是何等的错误。从我们的计算看来，这种意见实质上不过是"杀鸡取蛋"的政策而已。

三

在本文的第二节中曾经指出，如果我们要使得消费资料的总和获得最大值，我们所应采取的唯一办法就是要尽量地发展第一部类的生产。不过，我们在论证这一观点时，是从有限年代（虽然是相当长的年代）来论证的，并且我们在式子里还假设 K 的数值不变；但严格说来，这种论证方法在逻辑上是不很完整的。现在我们把比较严密的一种论证方法写在下面。

令

$$W_{II} = W_{II}^{(1)} + W_{II}^{(2)} + \cdots + W_{II}^{(\lambda)} + \cdots$$
$$= K_{II}^{(1)} C_{II}^{(1)} + K_{II}^{(2)} C_{II}^{(2)} + K_{II}^{(3)} C_{II}^{(3)} + \cdots + K_{II}^{(\lambda)} C_{II}^{(\lambda)} + \cdots \tag{11}$$

单凭公式（11）显然无法得出结论，但我们知道，在 C_I 和 C_{II} 之间还存在着下列的关系式：

$$K_I^{(\lambda)} C_I^{(\lambda)} = C_I^{(\lambda+1)} + C_{II}^{(\lambda+1)}$$

将 K_I 移在上述关系式的右面，并且从第一年起连续以上述关系式代入，即 $C_I^{(0)} = (C_I^{(1)} + C_{II}^{(1)})/K_I^{(0)}$，$C_I^{(1)} = (C_I^{(2)} + C_{II}^{(2)})/K_I^{(1)}$，$\cdots$，$C_I^{(\lambda)} = (C_I^{(\lambda+1)} + C_{II}^{(\lambda+1)})/K_I^{(\lambda)}$，我们便得如下的级数：

$$C_I^{(0)} = \frac{C_{II}^{(1)}}{K_I^{(0)}} + \frac{C_{II}^{(2)}}{K_I^{(0)} K_I^{(1)}} + \frac{C_{II}^{(3)}}{K_I^{(0)} K_I^{(1)} K_I^{(2)}} + \cdots + \frac{C_{II}^{(\lambda+1)}}{K_I^{(0)} K_I^{(1)} \cdots K_I^{(\lambda)}} + \cdots \tag{12}$$

公式（12）所表示的级数是说 C_{II} 的值可以有相当大的任意的分布，但它们要由公式(12)来约束 $C_{II}^{(1)}$, $C_{II}^{(2)}$, $C_{II}^{(\lambda+1)}$, …数值的分布情形。

例如,每年度的 C_{II} 就不能增加得太快,以至于在有限的年代内,有穷级数

$$\frac{C_{II}^{(1)}}{K_I^{(0)}} + \frac{C_{II}^{(2)}}{K_I^{(0)} K_I^{(1)}} + \cdots + \frac{C_{II}^{(n+1)}}{K_I^{(0)} K_I^{(1)} \cdots K_I^{(n)}}$$

已经等于 $C_I^{(0)}$。而如果在有限的年代内,上述的有穷级数已经等于 $C_I^{(0)}$,那么在今后的 $C_{II}^{(\lambda+1)}$, $C_{II}^{(\lambda+2)}$, …就非等于 0 不可,这也就是说,生产发生了中断。同样,C_{II} 的数值的分布也不能使前面几年的 C_{II} 过大,以至于在以后几年的 C_{II} 的数值只能逐年下降或维持一个常数才能使公式(12)满足。

现在我们来看一看,C_{II} 的数值究竟应如何分布,才能使公式(11)中的数值变得最大。

我们先定性地探讨一下。

从公式(12)可以看出这样的关系:假如 C_{II} 在开头的几年增加很快,那么在以后的几年就只能增加很慢;相反,如果在开头几年增加得很慢,那么在今后无穷的年代里,就可以增加得较快(因为这里的 K_I 永远是大于 1 的数值,在今后的年代内,无穷级数的各项的分母 $K_I^{(0)} K_I^{(1)} \cdots K_I^{(\lambda)}$ 的值要愈来愈大)。可是在公式(11)中,W_{II} 的数值却主要是由今后的无穷年代中的 C_{II} 所决定的(因为这里包含着无穷的不收敛的项,并且所有的 K_I 都是大于 1 的数值)。也就是说,如果我们能在今后的无穷年代内,C_{II} 能够以最快的速度来增加,W_{II} 也就具有最大值,但要做到这点,前几年的 C_{II} 就必须以较缓的速度增长,也就是说,要尽快地发展第一部类的生产。

为了能更具体地指出前几年的 C_{II} 的增长速度怎样地影响了后几年 C_{II} 的增长速度,我们还需要做一些简单的计算。我们这里的数学问题,也就是要求出公式(11)的无穷级数自某一 λ 年起的部分和在什么条件下发散得最快。

假设 C_{II} 每年以下列比值

$$S^{(\lambda)} = \frac{C_{II}^{(\lambda+1)}}{C_{II}^{(\lambda)}} = \frac{\tau K_I^{(\lambda)}}{K_I^{(0)}} \tag{13}$$

增长,而其中 τ 是某一小于 $K_I^{(0)}$ 的常数①。将公式(13)代入公式(12)内,我们就得到

---

① 不论 $r^{(\lambda)}$ 还是 $S^{(\lambda)}$ 的值,总是要比 $K_I^{(\lambda)}$ 为小,因而 τ 的值总要比 $K_I^{(0)}$ 为小。

$$C_{\text{I}}^{(0)} = \frac{C_{\text{II}}^{(1)}}{K_{\text{I}}^{(0)}}\left[1 + \frac{\tau}{K_{\text{I}}^{(0)}} + \left(\frac{\tau}{K_{\text{I}}^{(0)}}\right)^2 + \left(\frac{\tau}{K_{\text{I}}^{(0)}}\right)^3 + \cdots + \left(\frac{\tau}{K_{\text{I}}^{(0)}}\right)^{(\lambda)} + \cdots \right]$$

由于 $\dfrac{\tau}{K_{\text{I}}^{(0)}} < 1$，所以

$$C_{\text{I}}^{(0)} = \frac{C_{\text{II}}^{(1)}}{K_{\text{I}}^{(0)}} \cdot \frac{1}{1 + \dfrac{\tau}{K_{\text{I}}^{(0)}}} \tag{14}$$

以 $K_{\text{I}}^{(0)} C_{\text{I}}^{(0)} = C_{\text{I}}^{(1)} C_{\text{II}}^{(1)}$ 代入公式(14)，并令 $C_{\text{II}}^{(1)}/C_{\text{I}}^{(1)} = \mu^{(1)}$，移项后，便得

$$\tau = \frac{K_{\text{I}}^{(0)}}{1 + \mu^{(1)}} \tag{15}$$

将公式(15)代入公式(13)内，我们便得到

$$S^{(\lambda)} = \frac{K_{\text{I}}^{(\lambda)}}{1 + \mu^{(1)}} \tag{16}$$

现在我们来看看公式(16)所规定的 $S^{(\lambda)}$ 的数值代表什么经济意义。以 $\mu^{(\lambda)} = C_{\text{II}}^{(\lambda)}/C_{\text{I}}^{(\lambda)}$，$r^{(\lambda)} = C_{\text{I}}^{(\lambda+1)}/C_{\text{I}}^{(\lambda)}$，$S^{(\lambda)} = C_{\text{II}}^{(\lambda+1)}/C_{\text{II}}^{(\lambda)}$ 代入公式 $K_{\text{I}}^{(\lambda)} C_{\text{I}}^{(\lambda)} = C_{\text{I}}^{(\lambda+1)} + C_{\text{II}}^{(\lambda+1)}$，即可得出联系三个再生产系数 $\mu^{(\lambda)}$，$r^{(\lambda)}$，$S^{(\lambda)}$ 的公式

$$S^{(\lambda)} \mu^{(\lambda)} = K_{\text{I}}^{(\lambda)} - r^{(\lambda)} \tag{17}$$

从这个公式可以看出，当两大部类以同等速度上升时，它们的上升速度是 $r^{(\lambda)} = S^{(\lambda)} = \dfrac{K_{\text{I}}^{(\lambda)}}{1 + \mu^{(\lambda)}}$。当 $\lambda = 1$ 时，$r^{(1)} = S^{(1)} = \dfrac{K_{\text{I}}^{(1)}}{1 + \mu^{(1)}}$。我们知道，两大部类以同样的速度上升时，第二部类不变资本(或生产基金)对于第一部类不变资本(或生产基金)的比例，即 $\mu^{(\lambda)}$ 是不变的；也就是说，在这时有

$$\mu^{(\lambda)} = \frac{C_{\text{II}}^{(\lambda)}}{C_{\text{I}}^{(\lambda)}} = \frac{C_{\text{II}}^{(1)}}{C_{\text{I}}^{(1)}} \cdot \frac{r^{(1)} r^{(2)} \cdots r^{(\lambda-1)}}{S^{(1)} S^{(2)} \cdots S^{(\lambda-1)}} = \mu^{(1)}$$

换句话说，公式(16)所表示的 $S^{(\lambda)}$ 的值，乃是两大部类等速上升时的上升比值。

现在我们可以来讨论公式(12)中前一部分 C_{II} 和后一部分 C_{II} 上升速度间的相互关系了。假如 C_{II} 在一开始时，就以比 $S^{(\lambda)} = \dfrac{\tau K_{\text{I}}^{(\lambda)}}{K_{\text{I}}^{(0)}} = \dfrac{K_{\text{I}}^{(1)}}{1 + \mu^{(1)}} = \dfrac{K_{\text{I}}^{(\lambda)}}{1 + \mu^{(\lambda)}}$ 的数值为大的速度上升，那么在今后的无穷年代里就将一定不能以比 $S^{(\lambda)} = \dfrac{\tau K_{\text{I}}^{(\lambda)}}{K_{\text{I}}^{(0)}} = \dfrac{K_{\text{I}}^{(\lambda)}}{1 + \mu^{(1)}}$ 的数值为大的速度上升了〔关于这一点，只要从公

式（14）中 $C_{\mathrm{I}}^{(0)}$ 是 $\left(\dfrac{\tau}{K_{\mathrm{I}}^{(0)}}\right)$ 的级数的极限的关系就可以看出］；而且，如果 C_{II} 连续好几年都以 $S^{(\lambda)}$ 大于 $\dfrac{\tau K_{\mathrm{I}}^{(\lambda)}}{K_{\mathrm{I}}^{(0)}}=\dfrac{K_{\mathrm{I}}^{(\lambda)}}{1+\mu^{(1)}}$ 的比值上升，那么在有限的年代内，就会使公式（12）和公式（14）的级数已经等于 $C_{\mathrm{I}}^{(0)}$；也就是说，生产要中断。其实，这种情形也就是消费资料优先增长的情形。可是，如果前面一部分 C_{II} 以小于 $S^{(\lambda)}=\tau K_{\mathrm{I}}^{(\lambda)}/K_{\mathrm{I}}^{(0)}$ 的速度上升，那么在后面的无穷年代内的 C_{II} 就可以以大于 $\tau K_{\mathrm{I}}^{(\lambda)}/K_{\mathrm{I}}^{(0)}$ 的速度上升。显然，前面的 C_{II} 上升得愈慢（这相当于第一部类上升得愈快），后面的 C_{II} 就可能上升得愈快。也就是说，无穷级数的部分和/或 W_{II} 的值将具有最大值。

因此，我们不难得出结论：如果要使人们在无限年代内获得最多的消费资料，那么就必须在开始的几年以尽可能高的速度来发展第一部类生产。

至于在先后两年间第一部类能够增长的最高速度，我们将在第三篇文章中进行分析。

此外，从上面的讨论中，看起来似乎要得出这样的结论，即似乎在努力发展重工业的同时，不需要相应地去发展轻工业了。如果得出这样的结论，那也是不对的。关于轻工业在生产发展中的作用问题，我们将在第三篇文章中进行讨论。

Ⅳ. 马克思主义再生产理论的数学分析(三)

——在实现扩大再生产时第一部类和第二部类所必须满足的上升比例关系,以及它们的经济意义的分析

何祚庥　罗劲柏

【摘要】在这篇文章中,主要是讨论两年之间和多年之间两大部类生产上升比值的相互关系问题。我们给出了一个决定两大部类生产增长速度的公式。根据这些数量关系的分析,我们还论证了国家计划机关得以实现计划领导的理论根据,指出资本主义制度下必然要爆发经济危机的原因,指出军事生产为什么不能最终摆脱危机。根据上述理论,还论证了为什么社会主义可以有比资本主义更快的生产增长速度,讨论了建设社会主义时在生产资料和消费资料增长速度方面一般所应保持的比较合理的比例关系。此外我们还对于轻工业在国民经济中的发展问题进行了若干分析。

　　我们在上两篇文章中曾讨论了不断实现扩大再生产和生产高速增长的条件。现在要更具体地分析一下,在实现扩大再生产时,第一部类生产和第二部类生产上升比值之间应该保持什么样的比例关系,以及在不同社会制度下,第一部类和第二部类生产上升比值的最大值是什么。深入地探讨这些问题将有助于对经济危机理论的理解和国民经济计划的编制。

　　本文将分成五节来叙述。第一节将讨论先后两年之间第一部类和第二部类生产增长比值之间所应遵循的比例关系。第二节和第三节将分别讨论资本主义和社会主义制度下生产增长的最大比值问题,以及连续几年的上升比值间的相互关系。第四节是根据实际的生产增长的情况,对于前三节所探讨的理论进行了若干修正,第五节对于我们现在所采用的理论的一些缺点,进行了一些讨论。

一

令 r^λ 为第一部类不变资本在 λ 年度的上升比值，S^λ 为第二部类不变资本在 λ 年度的上升比值。用数学式子来表示，便得

$$r^\lambda = C_{\mathrm{I}}^{\lambda+1}/C_{\mathrm{I}}^\lambda \tag{1}$$

$$S^\lambda = C_{\mathrm{II}}^{\lambda+1}/C_{\mathrm{II}}^\lambda \tag{2}$$

我们以前发表的两篇文章中所详细探讨过的实现扩大再生产的基本公式[①]如下

$$K_{\mathrm{I}}^\lambda C_{\mathrm{I}}^\lambda = C_{\mathrm{I}}^{\lambda+1} + C_{\mathrm{II}}^{\lambda+1} \tag{3}$$

在公式(3)的两边各除以 C_{I}^λ，将公式(1)中的 $r^\lambda = C_{\mathrm{I}}^{\lambda+1}/C_{\mathrm{I}}^\lambda$ 和公式(2)中的 $C_{\mathrm{II}}^{\lambda+1} = S^\lambda C_{\mathrm{II}}^\lambda$ 的关系式代入，并令 $C_{\mathrm{II}}^\lambda/C_{\mathrm{I}}^\lambda = \mu^{\lambda}$[②]，公式(3)即变为

$$\mu^\lambda S^\lambda = K_{\mathrm{I}}^\lambda - r^\lambda \tag{4}$$

假如我们在公式(3)的两边各除以 C_{I}^λ，因为式(3)中的 $\dfrac{C_{\mathrm{I}}^{\lambda+1}}{C_{\mathrm{I}}^\lambda} = r^\lambda$，第二项的分母 $C_{\mathrm{I}}^\lambda = C_{\mathrm{I}}^{\lambda+1}/r^\lambda$，并且 $C_{\mathrm{II}}^{\lambda+1}/C_{\mathrm{I}}^{\lambda+1} = \mu^{\lambda+1}$，公式(3)即变为

$$K_{\mathrm{I}}^\lambda - r^\lambda = r^\lambda \mu^{\lambda+1} \tag{5}$$

公式(4)和公式(5)分别代表不同的经济意义。公式(4)是说第一部类和第二部类生产的不变资本(或生产基金)上升比值之间，绝不是相互无关的，它们一方面受到历史上已经形成的第二部类和第一部类不变资本之间比例关系(即 μ^λ)的影响；另一方面，它们之间还存在着线性的依赖关系。公式(5)是说在 λ 年度进行生产以后，第一部类和第二部类的不变资本之间的比例关系要换成 $\mu^{\lambda+1}$，但 $\mu^{\lambda+1}$ 的大小却只受 r^λ 大小的影响(此处 K_{I}^λ 暂时假定为常数)。初看起来，公式(4)所得到的结论似乎是很令人奇怪的，似乎 $\mu^{\lambda+1}$ 是应该由 μ^λ，r^λ 和 S^λ 这三个数字来决定的；但如果我们考虑到 μ^λ 和 r^λ，S^λ 之间还存在着公式(4)所规定的关系，那么公式(5)的结果也就是可以理解的了。

为了更便于考察公式(4)和公式(5)所表示的经济上的意义，我们先画出它

---

① 关于 K_{I}^λ，C_{I}^λ，C_{II}^λ 的定义，见《力学学报》第 1 卷第 1 期第 109 页我们所写的《马克思主义再生产理论的数学分析(一)：为什么不断实现扩大再生产必须优先发展生产资料的生产》一文，以下凡不加注明的符号均同此。这个公式的证明可见该文中的公式(6)。

② μ^λ 乘上 $K_{\mathrm{II}}^\lambda/K_{\mathrm{I}}^\lambda$ 之后，即等于第二部类产品总价值和第一部类产品总价值的比值，而这个数字是和国民经济中轻重工业所占的比重问题相联系着的。因此，我们这里所讨论的虽然是不变资本之间的比例，但是它们却很容易转变为第一部类和第二部类产品总价值之间的比例，同时，对于它们进行讨论而得的结论，也很容易转变为对消费资料产品总价值和生产资料产品总价值的相互关系问题的探讨。

的相应的几何图形。

令变量 S^λ 为 x 轴，r^λ 为 y 轴，并以它们为坐标画出代表公式（4）的一根直线。显然，这根直线的斜率是 $-\mu^\lambda$，而它在 y 轴上的截线是 K_I^λ。假如 μ^λ 可以取各种不同的数值，而 K_I^λ 维持不变的话，那么所有的直线都要在 K_I^λ 点上相交①。

图 1 的直线很清楚地表示出了这种关系，即当 μ^λ 的数值为一定时，r^λ 和 S^λ 就不能做任意的选择，它们只能限制在斜率为 $-\mu^\lambda$ 的直线上移动②。

但还要指出：由于 $\lambda-1$ 和 λ 年间所形成的 $r^{\lambda-1}$，$S^{\lambda-1}$ 可以有不同的数值，因而 μ^λ 也不是固定的③。但 μ^λ 本身却要满足若干其他条件，如我们在第一篇文章中，就曾指出 μ^λ 必须满足

$$\mu^\lambda < K_I^\lambda - 1$$

的公式。把这个公式用图表示出来（见图 2），就是说公式（4）所表示的直线的斜率不能是任意的，它必须大于 $1-K_I^\lambda$ 才行（因为直线 AB 的斜率是负值）。也就是说公式（4）所代表的直线 AB 必须在斜率为 $1-K_I^\lambda$，y 轴上的截线为 K_I^λ 的 AC 直线的右上角。

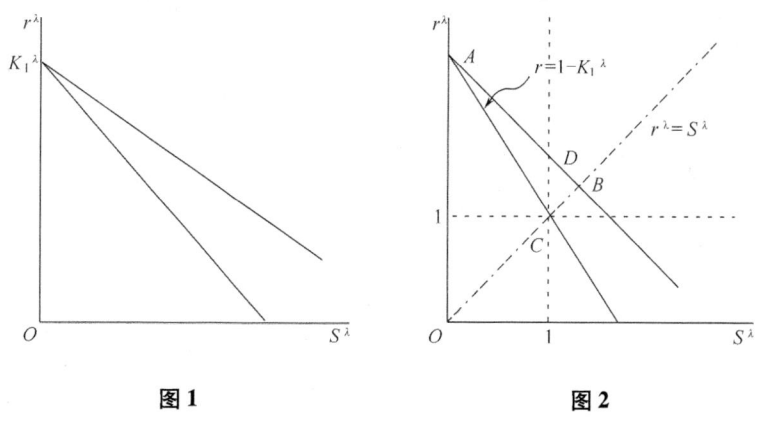

图 1　　　　　　　　　　图 2

非常有意思的是：假如我们通过 O 点做一根 $r^\lambda = S^\lambda$ 直线，那么它和直线 AC 就要在直线上的 C 点相交，并且 C 点的 r^λ 和 S^λ 的数值都是 1④。所谓 $r^\lambda = S^\lambda = 1$

---

① 我们暂时先讨论 K_I^λ 不变的情形。

② r^λ 和 S^λ 还受到 K_I^λ 的影响，K_I^λ 的特点是不断缩小，但我们现在暂时假定它不动；事实上，K_I^λ 的数值的变化也是比较缓慢的，不过，由于它的变动而产生的影响，我们将在后面讨论。

③ 当 $r^{\lambda-1}$ 决定后，μ^λ 也就固定了。

④ 要证明这一点，将 $\mu^\lambda = K_I^\lambda - 1$ 和 $r^\lambda = S^\lambda$ 代入公式（4）即行。

是什么意思呢？这就是说,第一部类的生产和第二部类的生产都是简单再生产；当直线上 AC 的点自 C 点略为向右或向左偏转的时候,就要引起或者是第一部类的缩小生产或者是第二部类的缩小生产,由此可见,直线 AC 代表着简单再生产和扩大再生产之间的界限,直线 AC 确是表示扩大再生产的公式(4)所不能逾越的一个界限。

r^λ 和 S^λ 还必须满足另外一些条件。例如,r^λ 和 S^λ 都必须大于 1,否则就不是两部类都同时扩大再生产而是缩小生产了。另外,我们在上一篇文章中还曾指出,要使得逐年度经常不断地扩大再生产能够实现,必须保证使生产资料的增长优先于消费资料的增长,也就是说,在经常的年代内,r^λ 必须大于 S^λ。

把上述各种限制条件用图来表示时,就是说公式(4)所表示的直线 AB 只能在直线 AC 的右上角移动,并且在每一年度内,r^λ 和 S^λ 只能在斜率 $-\mu^\lambda$ 为一定、范围在 $\angle DCE$ 以内的线段 DB 上移动(见图3)。当然,我们对于以上所说的 r^λ 和 S^λ 所必须满足的条件是不能机械地当作绝对不可逾越的界限来了解的。我们在这里所说的条件,只是说这些条件是不断实现扩大再生产所必须满足的条件。在现实的经济的过程中,当然可以有在某些年份内第二部类比第一部类发展得快的情形出现,也可以有缩小生产或经济潜力未能充分发挥的情形。

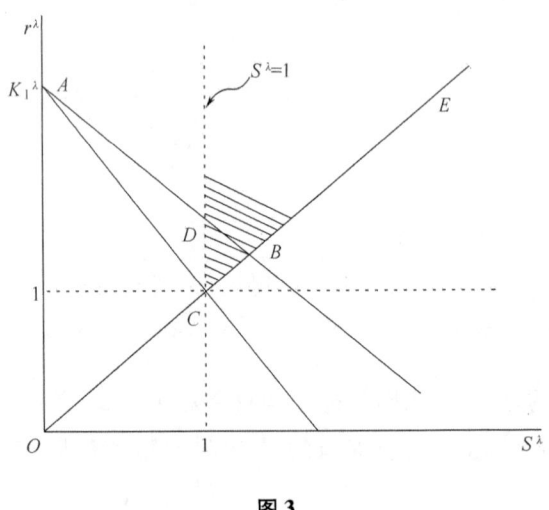

图3

不难看出,我们在上面所讨论的第一部类生产和第二部类生产所必须满足的比例关系,以及这些比例关系所必须满足的条件,对于理解资本主义制度和社会主义制度都有很大意义。在资本主义制度下,由于资本主义私有制的存在,各个资本家都在盲目地为市场而工作着。至于客观存在的扩大再生产所必须遵循的第一、第二部类之间的比例关系是否能满足，他们是不知道而且也是无法预先知道的。因此，在资本主义条件下，生产就只能通过比例关系的失调、脱节，市场的波动，生产的涨落而实现，以致造成全面的经济危机。

在社会主义制度下，由于实行生产资料的公有制，国家计划机关就能够主动地根据客观上所要求的比例关系来调节生产。特别是我们要看到，r^λ 和 S^λ 虽然要满足公式（4）以及其他种种的条件，但它们却有一定的伸缩性（例如，我们在上面曾指出它可以在 $\angle DCE$ 内的线段 DB 上移动）。这种情况就使得我们的国家机关能够根据当时当地的具体情况来主动地根据上述规律来规定第一部类和第二部类生产的上升比值，从而积极地影响客观的经济过程，对于各个经济部门实行计划领导并调节它们的生产。有些人认为，社会主义制度的生产，在国民经济有计划按比例发展的法则要求下，国家计划机关只能消极地反映客观上所要求的比例。从我们的分析来看，这种把经济法则偶像化了的观点，显然是没有经过什么分析而得出的结论。

二

现在我们转而来讨论 r^λ 和 S^λ 所可能达到的最大数值。这是一个比较复杂，但又是很重要的问题。

初看起来，r^λ 所能达到的最大数值是很容易决定的，似乎只要令公式（4）中的 $S^\lambda = 1$，就可以得到 r^λ 的最大值为

$$r^\lambda_{\max} = K^\lambda_1 - \mu^\lambda \tag{6}$$

但如果我们进一步加以研究，便发现 r^λ 的最大数值在某些情形下，虽然满足公式（6），但在另一些条件下却并不能如此简单地决定。

我们在本文的第一部分中，除了指出 r^λ 和 S^λ 应该满足公式（4）所规定的关系以外，r^λ 和 $\mu^\lambda + 1$ 之间还应满足公式（5）所给定的条件（注意，$\mu^{\lambda+1}$ 和 μ^λ 的意义是不同的）。现在所产生的问题是：无论是在资本主义还是在社会主义条件下，$\mu^{\lambda+1}$ 都不能是一个任意的数值（这一点我们在下面即将讨论），它还要满足若干条件，而这就不能不影响 r^λ 的最大数值。

我们先讨论资本主义条件下 $\mu^{\lambda+1}$ 必须满足的条件。在讨论这个问题时，我们还必须从马克思主义再生产的理论的基本论点开始。

马克思主义的再生产理论中曾经指出：为了使扩大再生产能够正常地进行，第一部类生产出的生产资料，必须能供应第一部类和第二部类扩大再生产时对于生产资料的需要；也就是说，两大部类间的交换必须满足：

$$V_{\mathrm{I}}^{\lambda} + \Delta V_{\mathrm{I}}^{\lambda} + (M_{\mathrm{I}}^{\lambda} - \Delta C_{\mathrm{I}}^{\lambda} - \Delta V_{\mathrm{I}}^{\lambda}) = C_{\mathrm{II}}^{\lambda} + \Delta C_{\mathrm{II}}^{\lambda} \tag{7}$$

在公式(7)中,$V_{\mathrm{I}}^{\lambda} + \Delta V_{\mathrm{I}}^{\lambda}$(即 $V_{\mathrm{I}}^{\lambda+1}$)表示明年度进行扩大再生产时给工人的工资,$M_{\mathrm{I}}^{\lambda} - \Delta_{\mathrm{I}}^{\lambda} - \Delta V_{\mathrm{I}}^{\lambda}$ 代表资本家明年度的消费,$C_{\mathrm{II}}^{\lambda} + \Delta C_{\mathrm{II}}^{\lambda}$(即 $C_{\mathrm{II}}^{\lambda+1}$)表示第二部类资本家向第一部类资本家购买的生产资料。

公式(7)所表示的交换的对等的原则是必须满足的。因为资本家和工人都是向市场来购买他所需要的生产资料或生活资料的,不满足这个条件,交换就不能进行(资金由第一部类流向第二部类或者相反的情形暂时不讨论)。在通常的情形下,$M_{\mathrm{I}}^{\lambda} - \Delta C_{\mathrm{I}}^{\lambda} - \Delta V_{\mathrm{I}}^{\lambda}$ 必须是正值,因为第一部类的资本家总是要进行消费的。因此,在资本主义条件下,实现扩大生产就必须满足另一个条件,亦即

$$C_{\mathrm{II}}^{\lambda+1} > V_{\mathrm{I}}^{\lambda+1} \tag{8}$$

如果在公式(8)的两边各除以 $C_{\mathrm{I}}^{\lambda+1}$,公式(8)即转变为[①]

$$\mu^{\lambda+1} > \alpha_{\mathrm{I}}^{\lambda+1} \tag{9}$$

公式(9)的意义是说,在 λ 年度生产终了决定下一年扩大再生产的投资时,新形成的 $\mu^{\lambda+1}$ 必须大于 $\alpha_{\mathrm{I}}^{\lambda+1}$ 才行,否则正常交换就不能进行。

以上所讨论的虽然只是 λ 年度和 $\lambda+1$ 年度间实现扩大再生产的情形。但不难看出,上述讨论也将适用于 $\lambda-1$ 和 λ 年度间实现扩大再生产的情形。因此,对于 μ^{λ} 的数值来说,它应该满足:

$$\mu^{\lambda} > \alpha_{\mathrm{I}}^{\lambda} \tag{10}$$

把公式(10)用图来表示(见图4),就是说本文的第一节中所探讨过的表示 r^{λ} 和 S^{λ} 的关系的公式(4),现在又多了一重限制。现在这根直线(即 AB)只能在斜率为 $1 - K_{\mathrm{I}}^{\lambda}$(即 AC)和斜率为 $-\alpha_{\mathrm{I}}^{\lambda}$(即 AD)的两根直线之间移动。

现在我们来探讨一下 r^{λ} 所能达到的最大值。从公式(5)可得:

$$r^{\lambda} = \frac{K_{\mathrm{I}}^{\lambda}}{\mathrm{I} + \mu^{\lambda+1}} = \frac{(1 + \alpha_{\mathrm{I}}^{\lambda})(1 + p_{\mathrm{I}}^{\lambda})}{1 + \mu^{\lambda+1}}$$

由于 $\mu^{\lambda+1}$ 要受到公式(9)$\mu^{\lambda+1} > \alpha_{\mathrm{I}}^{\lambda+1}$ 的限制,因此,当 $\mu^{\lambda+1}$ 达到其最小值 $\alpha_{\mathrm{I}}^{\lambda+1}$ 时有:

---

① $\alpha_{\mathrm{I}}^{\lambda+1} = \dfrac{V_{\mathrm{I}}^{\lambda+1}}{C_{\mathrm{I}}^{\lambda+1}}$,这就是第 $\lambda+1$ 年资本有机构成的倒数,$\alpha_{\mathrm{I}}^{\lambda+1}$ 的经济意义见我们所写《马克思主义再生产理论的数学分析(一):为什么不断实现扩大再生产必须优先发展生产资料的生产》(见《力学学报》第1卷第1期第109页)一文。

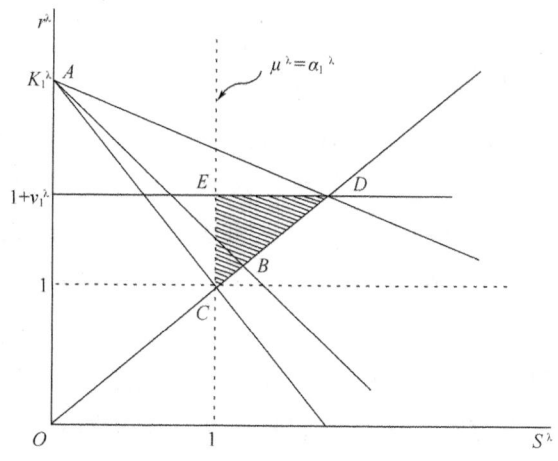

图 4

$$r^\lambda_{\max} = \frac{1 + \alpha^\lambda_I}{1 + \alpha^{\lambda+1}_I}(1 + p^\lambda_I)\tag{11}$$

这就是 r^λ 所可能达到的最大值。

由于在短短的几年内，K^λ_I 的值通常变化得很慢，为简单起见，我们不妨先假定 $\alpha^\lambda_I = \alpha^{\lambda+1}_I$（关于 K^λ_I 发生变化的情形，我们另行讨论）。因而在 K^λ_I 不变的条件下，r^λ 所能达到的最大值将是

$$r^\lambda_{\max} = 1 + p^\lambda_I\tag{12}$$

第一部类不变资本上涨最大比值等于 $1 + p^\lambda_I$ 的这个事实在经济上的意义是很明显的。我们知道，第一部类的剩余价值是 M^λ_I，它的大小等于 $(C^\lambda_I + V^\lambda_I)p^\lambda_I$，而所谓 $r^\lambda = 1 + p^\lambda_I$ 就是说第一部类资本家已经将其所有的剩余价值都投入了生产[①]。不难看出，$r^\lambda = 1 + p^\lambda_I$ 的数值确实是资本主义条件下第一部类生产上涨的一个极限，因为资本家通常总是不能不留下一部分剩余价值来供他们消费的。把以上结果用图来表示时，那么 r^λ 的值必须在 $r^\lambda = 1 + p^\lambda_I$ 这根直线的下面（见图4）。

现在我们来讨论一下 $r^\lambda = 1 + p^\lambda_I$ 的直线会和 $r^\lambda = S^\lambda$ 以及 $\mu^\lambda S^\lambda = K^\lambda_I - r^\lambda$（$\mu^\lambda = \alpha^\lambda_I$）的直线相交在什么地方。非常有意思的是：这三根直线都将相交在同

---

① 公式(11)所表示的 r^λ 的数值，也将是资本家将其所有的剩余价值都投入生产的情形。因为这时 $C^{\lambda+1}_I + V^{\lambda+1}_I = C^\lambda_I + V^\lambda_I + M^\lambda_I$，也就是说 $C^{\lambda+1}_I(1+\alpha^{\lambda+1}_I) = C^\lambda_I(1+\alpha^\lambda_I)(1+p^\lambda_I)$，因而 $r^\lambda = \dfrac{1+\alpha^\lambda_I}{1+\alpha^{\lambda+1}_I}(1+p^\lambda_I)$。

一点 D 上(见图4)。要证明这个结果是很容易的。我们只要把 $r^\lambda = S^\lambda$ 代入公式 $a_I^\lambda S^\lambda = K_I^\lambda - r^\lambda$ 内,便可得到 $r^\lambda = S^\lambda = 1 + p_I^\lambda$。

把这个结果连同前面所给出的限制条件都算在一起,我们可以看出,r^λ 和 S^λ 的数值现在便只能限制在 $\triangle CDE$ 以内的斜率为 $-\mu^\lambda$ 的线段上活动(见图4阴影部分)。而对于 r^λ 的最大值来说,就要看斜率为 $-\mu^\lambda$ 的线段和 $\triangle CDE$ 是相交在 $S^\lambda = 1$ 的直线上,还是相交在 $r^\lambda = 1 + p_I^\lambda$ 的直线上;对前一情形,r^λ 的最大值将由公式(6)$r^\lambda = K_I^\lambda - \mu^\lambda$ 来决定,对于后一情形,r^λ 的最大值将由 $r^\lambda = 1 + p_I^\lambda$ 的值来决定。

现在我们来进一步分析一下公式(8)、公式(9)在经济上的意义。

我们先考察一下为什么公式(8)和公式(9)乃是资本主义条件下实现扩大再生产所必须满足的两个公式。原来当 $\mu^{\lambda+1} < \alpha_I^{\lambda+1}$ 或 $C_{II}^{\lambda+1} < V_I^{\lambda+1}$ 时,第一部类资本家付出的工资将要比第二部类资本家买进的生产资料为多,而表现出来的现象是,第一部类的资本家将感到资金不足。这时,资本家就只好缩小生产或者更疯狂地压低工人的生活水平。

公式(8)和公式(9)所揭示的条件,正是资本主义制度下必然爆发经济危机的重要原因之一(当然还有其他原因,但我们这里不拟涉及它们的全部理论)。我们知道,资本家为了贪得无厌地追求利润,就必然使人民群众的购买力降到最低水平。当劳动人民对消费资料的购买力被压到十分低下的水平时,第二部类资本家就只好不扩大生产或缩小生产。但如果第一部类的生产可以绝对地脱离第二部类而独立地进行生产的话(相对的脱离是可以的),那么全面的经济危机是不会爆发的。但事实上,第一部类的生产总是要和第二部类的生产联系起来的。从公式(8)和公式(9)可以看出,资本主义条件下实现扩大再生产时,第一部类的可变资本必须小于第二部类的不变资本,第二部类的不变资本对于第一部类不变资本的比值必须大于有机构成 $\alpha_I^{\lambda+1}$,而这就使第一部类的生产不能无限制地发展。一旦市场上出现生活资料滞销,第二部类的资本家就不得不缩小生产规模,减少购买生产资料(即 $C_{II}^{\lambda+1}$ 要减少),那么第一部类资本家也就不得不随之而缩小生产,总要使得 $V_I^{\lambda+1}$ 缩小到比 $C_{II}^{\lambda+1}$ 还要小;否则就会发生两大部类之间的交换不平衡,也就是第一部类的产品不能实现,第一部类的资本家将感到资金缺乏。

看起来缩小生产的问题似乎可以由第二部类资本家将他因缩小生产而多余出来的资金投到第一部类的方式来解决。也就是说,这时第二部类的资本家以信贷的方式投资到第一部类(因为这时第二部类资本家已经感到因销路不足产品无法售出,因而他只好采用赊销给第一部类资本家的方式),使公式(7)中 M_I^λ - ΔC_I^λ - ΔV_I^λ 出现负值而使得公式(7)仍旧保持平衡。但第二部类向第一部类进行投资的结果,将要使得 $C_{II}^{\lambda+1}$ 和 $V_I^{\lambda+1}$ 之间的差额更为扩大,使得第二部类不变资本和第一部类不变资本的比值更为缩小;而这样一来,第一部类产品滞销的情况就将比第二部类更加严重。最根本的是第二部类向第一部类进行投资的结果,并不能从此就弥补了第一部类资金的缺额,因为下一年度的生产,由于 C_2 和 C_1 之间比值的悬殊,就需要第二部类资本家投入更多的资金,发展更多的信贷关系[①]。但我们知道,这时第二部类资本家中已经有一部分要因为销路不足而缺乏资金了,这时如果还要十分紧张地供给第一部类以资金,那么就会因为某一个环节的薄弱而引发经济危机。应该指出,在生产过剩的年代,第二部类的资本家可能会把他的资金转移到第一部类去的(因为这时第二部类感到生产无利可图),也就是说,常常是通过信贷的方式越出公式(8)和公式(9)所规定的界限;但这样一来,就会使危机酝酿得更为严重,并且会以突然爆发的形式表现出来。

顺便说说,在有些政治经济学的著作中,常常只说,由于资本主义生产有无限扩大的趋势,而市场上的购买力却不断缩小,因而就必然要爆发危机。但这种说法是不够确切的。因为在工人和劳动人民购买力被压低的同时,随之而来的必然是资本家购买力的扩大,只不过资本家的购买力主要是生产资料而已。因此,笼统地说市场上购买力被压低,不指出由于劳动人民购买力的压低,不指出第一部类生产不能绝对地脱离第二部类生产的事实,是不能更好地解释产生危机的原因的。

虽然,公式(8)和公式(9)不能满足时对于产生经济危机会起重大作用,但是在资本主义社会内,也还有可能出现一些经济条件,使得公式(8)和公式(9)所规定的要求暂时地变得不需要满足。这里所指的主要是军事生产的问题[②]。

在危机将要爆发的时候,资本家常常通过国家收购军火的办法来大量地发展军事工业以延缓危机的到来。这种办法的实质就在于改变第一部类生产和第二部类

[①] 第二部类向第一部类投资的结果,虽然可以使第一部类能扩大再生产,但如果要进行再下年度的生产,第一部类即使只维持简单再生产,也还需要依靠信贷方式或资本转移从第二部类获得同上一年度同样数量的资金,如果还要扩大再生产的话,就需要从第二部类转移更多的资本。

[②] 除此以外,看起来还有一个原因可以使公式(8)和公式(9)经常得到满足,这也就是 $\alpha_I^{\lambda+1}$ 迅速缩小的时候,但是在通常条件下,这种变化是很缓慢的,因而这个界限还是会对经济危机的出现起作用的。但在固定资本更新时期,$\alpha_I^{\lambda+1}$ 的值变化得很快,因而固定资本的更新会对资本主义生产暂时地摆脱危机起一定的作用。

生产的比例关系,从而使扩大再生产得以继续进行。我们知道,所谓军事工业,主要是由第一部类生产转移过去的。例如,生产拖拉机的工厂很容易转移为生产坦克的工厂,生产染料的工厂也很容易转为生产炸药的工厂。但是,军火生产在经济上的作用却和第一部类不同,它不能用来扩大再生产,只能用在战争的消耗上。军事生产资料虽然看起来主要是由国家来购买,但实质上是由国家通过税收而转嫁到劳动人民的身上,因而军事生产看起来好像是走出了流通领域之外,但实质上它的作用相当于第二部类,只不过人民群众被迫购买的不是牛油而是大炮。因此,所谓军事生产在实质上就相当于资本家把若干第一部类的生产转为第二部类。

为了能够更清楚地说明这个问题,我们令 C_q^λ 和 V_q^λ 代表第 λ 年度由第一部类生产转为军火生产的不变资本和可变资本。假如在转移以前,公式(8)和公式(9)已经变得不能满足,亦即有

$$C_{\text{II}}^{\lambda+1} < V_{\text{I}}^{\lambda+1}, \mu^{\lambda+1} = \frac{C_{\text{II}}^{\lambda+1}}{C_{\text{I}}^{\lambda+1}} < \alpha_{\text{I}}^{\lambda+1}$$

那么在转移以后,就可能出现下列关系:

$$C_{\text{II}}^{\lambda+1} + C_q^{\lambda+1} > V_{\text{I}}^{\lambda+1} - V_q^{\lambda+1}, \frac{C_{\text{II}}^{\lambda+1} + C_q^{\lambda+1}}{C_{\text{I}}^{\lambda+1} - C_q^{\lambda+1}} > \alpha_{\text{I}}^{\lambda+1} \tag{13}$$

不难看出,经过上述转移以后,公式(13)所要求的条件确是比较容易满足的,这也就是军事生产之所以能对延缓经济危机起一定作用的原因。但是从公式(13)还可以看出,利用这种办法来逃避危机最终仍然是不可能的。因为军事生产的耗费,仍是要由人民群众来负担的。帝国主义国家固然可以通过冷战,以加重税收的办法,来强制人民购买飞机和大炮,人为地扩大军火工业的市场,但随之而来的必然是人民群众购买力的进一步降低。在人民群众的购买力为一定的条件下,$C_{\text{II}}^{\lambda+1} + C_{\text{II}}^{\lambda+1}$ 的数值就总要被压低在一定的水平,那么随之而来的是 $C_{\text{I}}^{\lambda+1}$ 的数值便总要有一个由公式(13)所决定的最大的限度,也就是说,第一部类生产仍然不能绝对地脱离第二部类而无限地发展。更严重的是,由于军事工业的发展,就会造成 $C_{\text{II}}^{\lambda+1}$ 和 $C_{\text{I}}^{\lambda+1}$ 之间实际上的比例更为悬殊,而国际形势一旦得到缓和,人民不愿意担负扩军备战的重担,两部类的不变资本的比例 $\mu^{\lambda+1}$ 又将回到 $\mu^{\lambda+1} = \frac{C_{\text{II}}^{\lambda+1}}{C_{\text{I}}^{\lambda+1}}$,这时 $\mu^{\lambda+1}$ 将远远地小于 $\alpha_{\text{I}}^{\lambda+1}$,两部类间比例关系的严重失调,将导致危机全面爆发,并使危机的后果更加严重。

三

现在我们转而来讨论社会主义制度下实现扩大再生产时第一部类生产基金

增长的最大极限。

首先我们应看到的是:由于资本主义的私有制而出现的公式(8)、公式(9)所造成的限制在社会主义制度下就变得没有什么作用。

我们知道,上述的两个公式是从第一部类和第二部类生产进行交换时,必须满足等价交换的原则,并且假定第一部类资本家不能尽其所有去投入扩大再生产,而推导出来的。在资本主义制度下,第一部类和第二部类的企业,通常总是分属不同的资本家,因此,等价交换的原则在通常条件下就成为必须满足的原则。但在社会主义制度下,生产是全体国民所公有,因而劳动在国民经济的各不同生产部门间分配的"比例"就将不再由价值法则来调节,国家可以根据反映客观经济过程的国民经济计划来分配资金,可以把第二部类的资金投到第一部类中,以加速生产资料的发展。例如,在社会主义国家中,就常常采用补贴重工业或计划亏损的办法来扶植重工业的成长,但是国家在这里所拿出的资金实际上不是从农民那里取来的就是从轻工业那里取来的。

因此,在社会主义制度下,完全可能出现 $V_{\mathrm{I}}^{\lambda+1} > C_{\mathrm{II}}^{\lambda+1}$ 或者 $\mu^{\lambda+1} < \alpha_{\mathrm{I}}^{\lambda+1}$ 的情况,第一部类生产基金的增长也可能以比 $1 + p_{\mathrm{I}}^{\lambda}$ 较大的速度来扩大再生产。在我们的第二篇文章中曾得到这样的结论:"只有第一部类以最快的速度增长,产品总价值才能获得最大值。"那么在社会主义制度下,可能以比 $1 + p_{\mathrm{I}}^{\lambda}$ 更大的速度来发展第一部类生产的这个结论,就显得十分重要了。它从一个方面说明了为什么社会主义制度能够以比资本主义国家高出很多的速度来进行建设。

不过,在发展速度方面,虽然在社会主义制度下,生产基金有可能以比 $1 + p_{\mathrm{I}}^{\lambda}$ 的比值为大的速度来发展,但总不能没有一个限度,因此,我们还需要从理论上来考察一下,究竟第二部类和第一部类生产基金之比值的最小数值是什么?发展第一部类生产可能的最高速度是什么?

我们在上面已经指出,公式(7)

$$V_{\mathrm{I}}^{\lambda+1} + (m_{\mathrm{I}}^{\lambda} - \Delta C_{\mathrm{I}}^{\lambda} - \Delta V_{\mathrm{I}}^{\lambda}) = C_{\mathrm{II}}^{\lambda+1} = C_{\mathrm{II}}^{\lambda} + \Delta C_{\mathrm{II}}^{\lambda}$$

中 $(m_{\mathrm{I}}^{\lambda} - \Delta C_{\mathrm{I}}^{\lambda} - \Delta V_{\mathrm{I}}^{\lambda})$ 有可能成为负值,这时,第一部类所缺乏的资金就由第二部类来补充。但是第二部类所能拿出的资金也是有限度的,它最多只能等于 $(M_{\mathrm{II}}^{\lambda} - \Delta C_{\mathrm{II}}^{\lambda} - \Delta V_{\mathrm{II}}^{\lambda})$ 的数值(这个数目恰等于第二部类的盈余减去明年扩大投资的数额);最大不能超过 $M_{\mathrm{II}}^{\lambda}$。因此,尽管 $(m_{\mathrm{I}}^{\lambda} - \Delta C_{\mathrm{I}}^{\lambda} - \Delta V_{\mathrm{I}}^{\lambda})$ 可以是负值,但它的绝对值却要小于 $M_{\mathrm{II}}^{\lambda}$。所以我们不难将公式(7)换成下列的式子:

$$V_{\mathrm{I}}^{\lambda+1} \leqslant C_{\mathrm{II}}^{\lambda+1} + (M_{\mathrm{II}}^{\lambda} - \Delta C_{\mathrm{II}}^{\lambda} - \Delta V_{\mathrm{II}}^{\lambda}) \leqslant C_{\mathrm{II}}^{\lambda} + M_{\mathrm{II}}^{\lambda} \tag{14}$$

公式（14）中的等式所表示的是最极端的情形。这时，第二部类实行简单再生产（$S^\lambda = 1$），第一部类工人所收入的工资（即第一部类对于消费资料的需要）恰恰等于第二部类的消费资料总值 M_{II}^λ 减去第二部类的工人所需要的生活资料的数额，亦即 $C_{II}^\lambda + M_{II}^\lambda$。将公式（14）的两边各除以 $C_I^{\lambda+1}$，并且将 $V_I^{\lambda+1}$、m_{II}^λ 换成相应的 α,β 等系数，公式（14）就变成

$$\alpha_I^{\lambda+1} \leqslant \frac{C_{II}^\lambda}{C_I^{\lambda+1}}(1 + \alpha_{II}^\lambda \beta_{II}^\lambda) = \frac{\mu^{\lambda+1}}{S^\lambda}(1 + \alpha_{II}^\lambda \beta_{II}^\lambda)$$

当 M_{II}^λ 全部转入第一部类时，第二部类只能维持简单再生产，即 $S^\lambda = 1$ 时

$$\mu^{\lambda+1} \geqslant \frac{\alpha_I^{\lambda+1}}{1 + \alpha_{II}^\lambda \beta_{II}^\lambda} \tag{15}$$

同理，我们也可以得到

$$\mu^\lambda \geqslant \frac{\alpha_I^\lambda}{1 + \alpha_{II}^{\lambda-1} \beta_{II}^{\lambda-1}} \tag{16}$$

公式（16）指出了在社会主义制度下表示 r^λ 和 S^λ 之间关系的直线（即 AB）$\mu^\lambda S^\lambda = K_I^\lambda - r^\lambda$ 也有一个上限。现在这根直线 AB 只能在斜率为 $1 - K_I^\lambda$（即 AC）和斜率为 $\dfrac{-\alpha_I^\lambda}{1 + \alpha_{II}^{\lambda-1} \beta_{II}^{\lambda-1}}$（即 AD）的两根直线之间移动（见图5）。根据公式（10），在资本主义生产下 $\mu^\lambda > \alpha_I^\lambda$，这相当于图5中的 AD' 直线。由此可见，表示 r^λ 和 S^λ 间关系的 AB 直线，在社会主义生产下比在资本主义生产下有较大的活动范围。

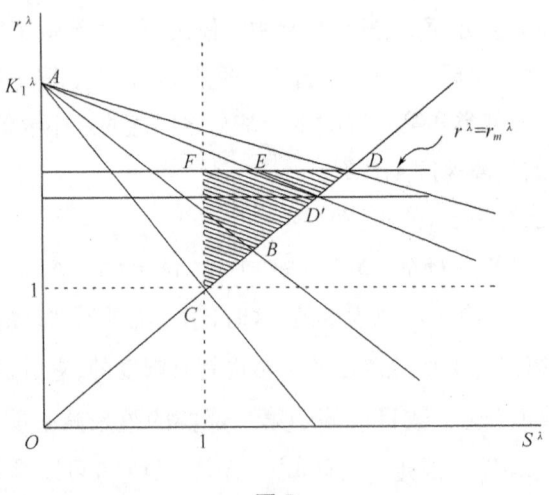

图5

现在我们再来看一看在社会主义制度下第一部类生产上升的最大比值。先

依照讨论资本主义生产时所用的办法将公式(15)的$\mu^{\lambda+1}$代入公式(5),我们便求得r^{λ}的最大值为

$$r_{\max}^{\lambda} = \frac{K_I^{\lambda}}{1 + \dfrac{\alpha_I^{\lambda+1}}{1 + \alpha_{II}^{\lambda}\beta_{II}^{\lambda}}} \tag{17}$$

和资本主义生产一样,OD线与AD线的交点D(见图5)的坐标为

$$r^{\lambda} = S^{\lambda} = \frac{K_I^{\lambda}}{1 + \dfrac{\alpha_I^{\lambda+1}}{1 + \alpha_{II}^{\lambda}\beta_{II}^{\lambda}}}$$

因之,从D做平行于横轴的直线DF,这根线似乎就应该是r^{λ}可能达到的最高限度。我们再看表示r^{λ}和S^{λ}之间关系的AB直线,它和$r^{\lambda} = r_{\max}^{\lambda}$的$DF$线交于$E$点,这就是说,当$r^{\lambda}$采取最大值时,$S^{\lambda}$似乎应该可以以$S_E^{\lambda}$($E$点横坐标)的比值上升。但是前面已经说过,要使$r^{\lambda}$能达到最大值,必须将第二部类的$M_2^{\lambda}$全部投入第一部类,也就是第二部类只能维持简单再生产。可见,要以E点所代表的比例($r_E^{\lambda} = r_{\max}^{\lambda}$;$S_E^{\lambda} > 1$)进行扩大再生产,实际上是不可能的,因为这时将没有足够的生活资料来供应工人。而如果一定要勉强坚持以r^{λ}的最大值

$$r_{\max}^{\lambda} = \frac{K_I^{\lambda}}{1 + \dfrac{\alpha_I^{\lambda+1}}{1 + \alpha_{II}^{\lambda}\beta_{II}^{\lambda}}}$$

的速度来进行扩大再生产,那就要破坏直线所代表的两部类间的比例关系,只能采取F点所代表的比例生产。我们知道,F点是在AB直线的下方,这时将出现

$$W_I^{\lambda} > C_I^{\lambda+1} + C_{II}^{\lambda+1}$$

也就是说,这时由于生活资料的供应不足,不能按E点所代表的规模来扩大再生产,使得一部分生产资料不得不闲置了下来①。因之,虽然

$$r^{\lambda} = \frac{K_I^{\lambda}}{1 + \dfrac{\alpha_I^{\lambda+1}}{1 + \alpha_{II}^{\lambda}\beta_{II}^{\lambda}}}$$

是第一部类生产所可能达到的最大增长速度,但它却不是我们所应采取的合理的最大上涨速度。为什么会产生这些情况呢? 主要是由于我们在上面所讨论的公式中,只考虑到生产资料的分配,没有考虑到消费资料的供应是否可能。我们知

---

① 可以看出,这个事实又是一个说明第一部类生产不能绝对地脱离第二部类生产的例子。这个事实说明了无论在资本主义制度下,还是在社会主义制度下,两部类的生产都必须满足客观比例的要求,否则就要造成生产的脱节。

道,在消费资料供应方面,它必须满足

$$W_{\text{II}}^{\lambda} = V_{\text{I}}^{\lambda+1} + V_{\text{II}}^{\lambda+1} + m_{\text{I}}^{\lambda} + m_{\text{II}}^{\lambda}$$

的公式(其中,m_{I}^{λ} 和 m_{II}^{λ} 是社会主义制度下用于公共福利事业的基金),换句话说,

$$W_{\text{II}}^{\lambda} \geq V_{\text{I}}^{\lambda+1} + V_{\text{II}}^{\lambda+1} \tag{18}$$

但是,要讨论到公式(18)所引起的对于社会主义制度下合理的最大上升速度的数值的影响问题,我们还需要首先从生产的连续不断进行的观点出发,讨论一下在几年之间生产连续上升的各比值的相互关系的问题。

现在我们来具体地分析一下,当 λ 年度的生产以 r^{λ} 和 S^{λ} 的比值上升时,它们将怎样地影响以后的 $r^{\lambda+1}$ 和 $S^{\lambda+1}$,以及 $r^{\lambda+2}$,$S^{\lambda+2}$…的数值。

我们知道,r^{λ} 和 S^{λ} 的数值并不是独立无关的,它们要满足公式(4),即 $\mu^{\lambda}S^{\lambda} = K_{\text{I}}^{\lambda} - r^{\lambda}$。当生产以 r^{λ} 的比值上升以后,新形成的 $\mu^{\lambda+1}$ 的数值却唯一地由本文中公式(5)

$$\mu^{\lambda+1} = \frac{K_{\text{I}}^{\lambda} - r^{\lambda}}{r^{\lambda}}$$

所决定。十分重要的是,新形成的由公式

$$\mu^{\lambda+1}S^{\lambda+1} = K_{\text{I}}^{\lambda+1} - r^{\lambda+1} \tag{19}$$

所代表的直线,具有以下特性。亦即它和 $r^{\lambda+1} = S^{\lambda+1}$ 的直线相交时,它们的交点 $r^{\lambda+1}$ 的数值恰恰和 r^{λ} 的数值相等。要证明这点,我们只要以 $r^{\lambda+1} = S^{\lambda+1}$ 的关系代入公式(19)内,利用 $K_{\text{I}}^{\lambda} = K_{\text{I}}^{\lambda+1}$ 的关系,并利用公式(19),便可得

$$r^{\lambda+1} = S^{\lambda+1} = \frac{K_{\text{I}}}{\mu_{\min}^{\lambda+1} + 1} = r^{\lambda} \tag{20}$$

利用公式(19)所具有的这种特性,我们就很容易利用作图的办法来求出公式(19)所代表的直线了。假如我们令 AL 作为 λ 年度生产增长时 r^{λ} 和 S^{λ} 所满足的直线(即 $\mu^{\lambda}s^{\lambda} = K_{\text{I}} - r^{\lambda}$),令本年度第一部类和第二部类上升比值 r^{λ} 和 S^{λ} 为某一对数值 a 和 b,自 (a,b) 点作一根平行于横轴的 $r^{\lambda} = a$ 的平行线,并且和 $r = S$ 的斜线相交于 B 点。连接 A,B 点即得斜率为 $-\mu^{\lambda+1}$ 的线段 AM。假如我们连续以类似的办法讨论下去,那么 r 和 S 的数值每年都要上升,μ 的数值也要不断变小,直到直线 AP 的斜率等于 μ^{λ} 的极限值时为止[①]。r 和 S 的数值将要沿着图上的"反 z"字形折线,以 $(a,b)(c,d)(e,f)(g,h)$ 的数值而上升。但当斜率到达它的极限

---

① 这里讨论的是 α_1 和 K_{I} 不变的情形。

值,直线变为 AP 时,两大部类的生产基金(或不变资本)将以 (g,g) 的数值以同等速度上升(见图6、图7)。

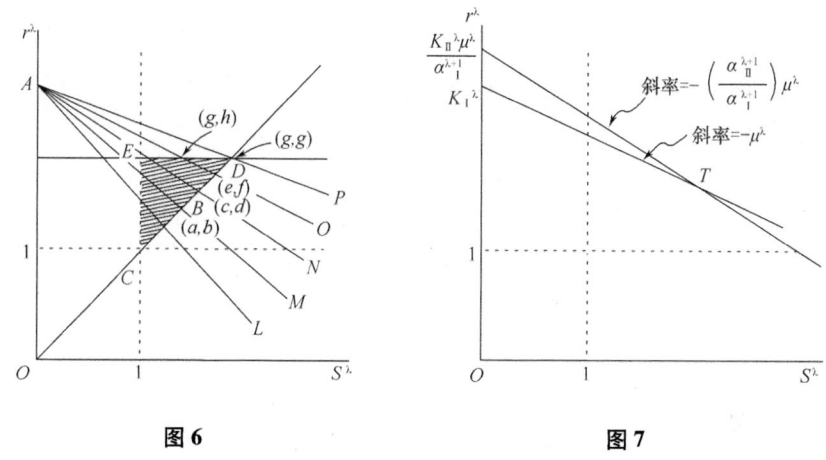

图6   图7

现在我们来讨论在社会主义制度下合理上升最大比值的问题。前面曾经指出,社会生产不断进行时,必须满足公式(18)

$$W_{\mathrm{II}}^{\lambda} \geq V_{\mathrm{I}}^{\lambda+1} + V_{\mathrm{II}}^{\lambda+1}$$

所指示的关系。但这个公式很容易转变为 r^{λ} 和 S^{λ} 的形式。令 $V_{\mathrm{I}}^{\lambda+1} = C_{\mathrm{I}}^{\lambda+1}\alpha_{\mathrm{I}}^{\lambda+1}$, $V_{\mathrm{II}}^{\lambda+1} = C_{\mathrm{II}}^{\lambda+1}\alpha_{\mathrm{II}}^{\lambda+1}$, $W_{\mathrm{II}}^{\lambda} = K_{\mathrm{II}}^{\lambda}C_{\mathrm{II}}^{\lambda}$;$C_{\mathrm{I}}^{\lambda+1} = C_{\mathrm{I}}^{\lambda}r^{\lambda}$, $C_{\mathrm{II}}^{\lambda+1} = C_{\mathrm{II}}^{\lambda}S^{\lambda}$;并且在公式(18)的两边除以 C_{I}^{λ},公式(18)即变为

$$K_{\mathrm{II}}^{\lambda}\mu^{\lambda} \geq \alpha_{\mathrm{I}}^{\lambda+1}r^{\lambda} + \alpha_{\mathrm{II}}^{\lambda+1}\mu^{\lambda}S^{\lambda} \tag{21}$$

公式(21)的意义是说 r^{λ} 和 S^{λ} 除了要满足 $\mu^{\lambda}S^{\lambda} = K_{\mathrm{I}}^{\lambda} - r^{\lambda}$ 的公式以外,它们还须满足公式(21)所规定的不等式,否则就没有足够的消费资料来供应工人。

我们同样可以利用作图的办法把公式(21)表示出来。公式(21)在 y 轴上的截线将为 $\dfrac{K_{\mathrm{II}}^{\lambda}\mu^{\lambda}}{\alpha_{\mathrm{I}}^{\lambda+1}} > K_{\mathrm{I}}^{\lambda}$,它的斜率将为 $-\left(\dfrac{\alpha_{\mathrm{II}}^{\lambda+1}}{\alpha_{\mathrm{I}}^{\lambda+1}}\right)\mu^{\lambda} < -\mu^{\lambda}$。由于公式(21)是一个不等式,因而凡是在直线(21)右上角的 r^{λ} 和 S^{λ} 的数值都不能满足公式(21)所规定的条件。公式(21)和公式(4)将相交在 T 点(见图7)。于是在公式(4)上,自 T 点向下延长的那些线段上的 r^{λ} 和 S^{λ} 的数值,都将是不可能实现的上升比值。

但我们可以看出,T 点的值并不是固定的,它要随着 μ^{λ} 的数值大小而变化,而且这个关系,也将适用于 $r^{\lambda+1}$、$S^{\lambda+1}$ 和 $\mu^{\lambda+1}$ 之间的关系。为了能够确切地指出 $\mu^{\lambda+1}$ 的极限值所造成的对于 r^{λ} 和 S^{λ} 的限制,我们应该求出在 $\mu^{\lambda+1}$ 变动的条件下 T 点的轨迹。

我们先把公式(4)换成$\mu^{\lambda+1}S^{\lambda+1} = K_{\mathrm{I}}^{\lambda+1} - r^{\lambda+1}$，公式(21)换成$K_{\mathrm{II}}^{\lambda+1}\mu^{\lambda+1} = \alpha_{\mathrm{I}}^{\lambda+2}$ $r^{\lambda+1} + \alpha_{\mathrm{II}}^{\lambda+2}\mu^{\lambda+1}S^{\lambda+1}$的形式，然后再用消去法消去这两个公式中的$\mu^{\lambda+1}$，这样$T$点的轨迹便是

$$(\alpha_{\mathrm{II}}^{\lambda+2} - \alpha_{\mathrm{I}}^{\lambda+2})r^{\lambda+1}S^{\lambda+1} - K_{\mathrm{II}}^{\lambda+1}r^{\lambda+1} - K_{\mathrm{I}}^{\lambda+1}\alpha_{\mathrm{II}}^{\lambda+2}S^{\lambda+1} + K_{\mathrm{I}}^{\lambda+1}K_{\mathrm{II}}^{\lambda+1} = 0 \qquad (22)$$

由公式(22)所决定的T点的轨迹是一个双曲线，它们将具有图8的形状(关于这个图形的证明见本文附录一)。双曲线(22)将和直线$r^{\lambda+1} = S^{\lambda+1}$相交于$W$点。由$W$点所规定$r^{\lambda+1}$的数值，即

$$r^{\lambda+1} = \frac{(K_{\mathrm{II}}^{\lambda+1} + K_{\mathrm{I}}^{\lambda+1}\alpha_{\mathrm{II}}^{\lambda+2}) - \sqrt{(K_{\mathrm{II}}^{\lambda+1} + K_{\mathrm{I}}^{\lambda+1}\alpha_{\mathrm{II}}^{\lambda+2})^2 - 4K_{\mathrm{I}}^{\lambda+1}K_{\mathrm{II}}^{\lambda+2}(\alpha_{\mathrm{II}}^{\lambda+2} - \alpha_{\mathrm{I}}^{\lambda+2})}}{2(\alpha_{\mathrm{II}}^{\lambda+2} - \alpha_{\mathrm{I}}^{\lambda+2})}$$

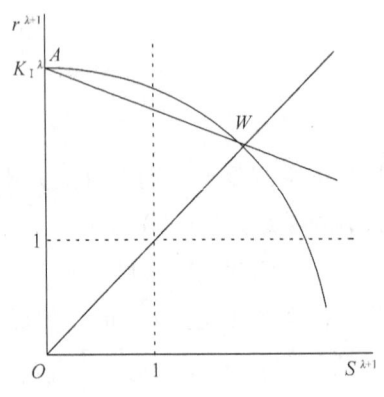

图8

这个数值和前一年的r^{λ}上升最大数值相当，换句话说，

$$r_{\max}^{\lambda} = r^{\lambda+1} = \frac{(K_{\mathrm{II}}^{\lambda+1} + K_{\mathrm{I}}^{\lambda+1}\alpha_{\mathrm{II}}^{\lambda}) - \sqrt{(K_{\mathrm{II}}^{\lambda+1} + K_{\mathrm{I}}^{\lambda+1}\alpha_{\mathrm{II}}^{\lambda+2})^2 - 4K_{\mathrm{I}}^{\lambda+1}K_{\mathrm{II}}^{\lambda+1}(\alpha_{\mathrm{II}}^{\lambda+2} - \alpha_{\mathrm{I}}^{\lambda+2})}}{2(\alpha_{\mathrm{II}}^{\lambda+2} - \alpha_{\mathrm{I}}^{\lambda+2})} \qquad (23)$$

就是社会主义下合理的最大上升比值。连接A点和W点，这根直线的斜率就是$\mu^{\lambda+1}$的最合理的极限值，它的大小是

$$\mu_{\min}^{\lambda+1} = \frac{1}{2K_{\mathrm{II}}^{\lambda+1}}\left[-(K_{\mathrm{II}}^{\lambda+1} - K_{\mathrm{I}}^{\lambda+1}\alpha_{\mathrm{II}}^{\lambda+2}) + \sqrt{(K_{\mathrm{II}}^{\lambda+1} - K_{\mathrm{I}}^{\lambda+1}\alpha_{\mathrm{II}}^{\lambda+2})^2 + 4K_{\mathrm{II}}^{\lambda+1}K_{\mathrm{I}}^{\lambda+1}\alpha_{\mathrm{II}}^{\lambda+2}}\right] \qquad (24)$$

(关于r^{λ}以及$\mu^{\lambda+1}$的数值的证明见附录一、附录二)。

不难证明，社会主义制度下的r^{λ}的合理的最大上升速度，仍然要比资本主义制度下最大上升速度为大，因而仅仅就合理的最大上升速度来说，可以看出，在社会主义制度生产上升的速度，要比资本主义制度下的要快(关于r^{λ}上升最大值要比$1+p$为大的证明，见附录一)。

现在要讨论一下,为什么双曲线(22)和直线 $r^\lambda = S^\lambda$ 的交点 W 所决定的 r^λ 就是社会主义制度下合理的最大上升比值。

我们在上面曾经讨论过,在 K 值不变条件下,生产将沿"反 z"字形折线上升。当第一部类生产以式(23)所规定的数值上升时,它们将沿着如图 9 中所划出的"反 z"折线上升,而最后却不得不达到 F 点。在 F 点的时候,从 F 点向下延长的线段这时将变得都不能用了。在今后进一步发展时,第二部类将只能缩小生产规模($S^\lambda < 1$),或者以 $S^\lambda = 1$ 上升,同时却让每年生产出来的生产资料大批地堆置起来。由此可见,第一部类生产以比公式(23)为高的上升速度而上升将是不合理的,因为它一旦采取了这种速度,就将最终地因为消费资料不足而不得不缩小生产规模。当然,如果我们把对外贸易也考虑在内,那么用富裕的生产资料向国外换回消费资料是可能的;也因为这个原因,我们在前面所给出的 r^λ 的最大值①也还是有实际意义的。但是如果就一个国家内的稳定的均衡的生产来说,双曲线(22)和直线 $r^\lambda = S^\lambda$ 相交的 W 点应该是生产和消费相结合得最完满的一点。当生产以比 W 点所代表的 r^λ 和 S^λ 的数值为小的速度来发展时,这显然是潜力尚未发挥的情形;但如果生产以比 W 点为大的速度来发展,就要引起不稳定的生产。从这点我们也可以看出那种片面的只要求发展生产资料的生产的意见同样是错误的;事实上,当生产资料生产占有比重较大时(即 μ^λ 的值接近于 AW 直线斜率的负值时),就必须以相应的速度来发展消费资料生产,否则就会引起消费资料生产的脱节,使扩大再生产受到阻碍。

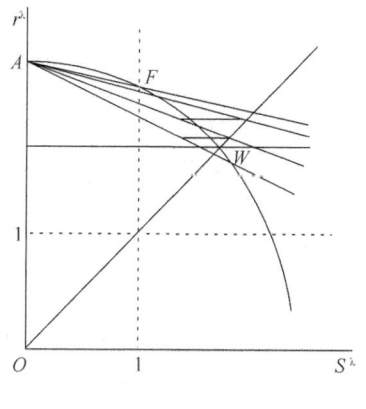

图 9

---

① 即公式(17)所定的数值。

现在我们来讨论社会主义制度下,生产以最大速度上升,亦即在第二部类不缩小生产的前提下,第一部类生产以最大速度上升的情形。

我们现在仍假定在开头的几年,生产资料的生产在国民经济中所占的比重较小。那么生产在开始的几年,将以公式(6)

$$r_{max}^{\lambda} = K_{I}^{\lambda} - \mu^{\lambda}$$

的数值上升。在后几年,社会主义生产将以公式(23)所表示的数值

$$r_{max}^{\lambda} = \frac{(K_{II}^{\lambda+1} + K_{I}^{\lambda+1} \alpha_{II}^{\lambda+2}) \quad \sqrt{(K_{II}^{\lambda+1} + K_{I}^{\lambda+1} \alpha_{II}^{\lambda+2})^2 - 4K_{I}^{\lambda+1} K_{II}^{\lambda+1} (\alpha_{II}^{\lambda+2} - \alpha_{I}^{\lambda+2})}}{2(\alpha_{II}^{\lambda+2} - \alpha_{I}^{\lambda+2})}$$

上升;并且当 r^{λ} 和 S^{λ} 到达 W 点时,生产便应该以 W 点所代表的固定的比例稳定地上升,并且以公式(23)所规定的 r^{λ} 和 S^{λ} 的数值而等速上升。

但究竟是采用公式(6)还是采用公式(23)的数值,却要看这两个数值哪一个为小来决定。当由公式(6)计算而得的 r^{λ} 大于公式(23)的数值时,我们就要采用公式(23)的数值①。

从上面的讨论可以看出,如果从一个工业比较落后的基础出发,采取最大速度来发展生产,那么他们应该经历的道路将是:从 AL 线所代表的 μ_{AL} 出发(见图10),各年的生产将沿着"反 z"字形的折线,以和 $\triangle CWE$ 边界相接触的 (a,b),(c,d),(e,f) 上升。当 μ 达到由 W 点所决定的极限值时,两大部类将以 (e,e) 的速度上升,也就是以式(23)的数值上升。

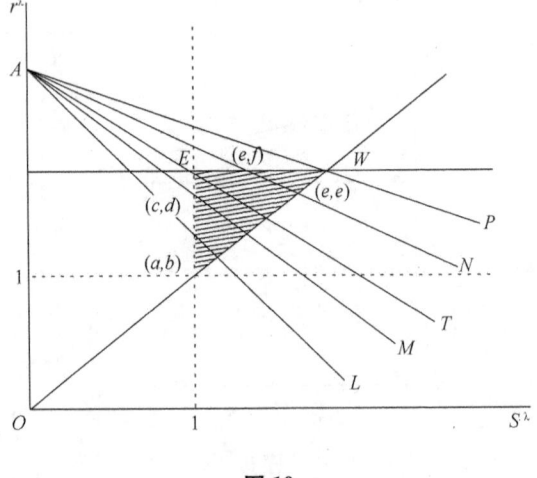

图 10

---

① 这相当于 $\mu^{\lambda} \leqslant K_{I}^{\lambda} - r_{max}^{\lambda}$。

这样一来,是不是说生产资料要优先增长的原理是错误的,应该用两部类等速发展的原理来代替呢? 不是的,因为在得出上述结论时,有许多条件没有被考虑进去,这些问题将在下一节中讨论。

四

在上一节中我们讨论了在社会主义制度下,生产以最大速度上涨的一般趋势,但如果我们对以上的讨论仔细地推敲一下,并和社会主义国家建设的实际情况相比较,便可以发现它包含许多不合理的地方。

第一,当生产资料生产在整个国民经济领域中占有比重较低时,生产资料以最大的速度发展,消费资料却维持不动。而当生产资料占有比重较大时,消费资料的生产便要突然地、迅速地增加。但这种情况无论对于社会主义国家如苏联或我国的现状来说,都是不相符合的。

第二,当生产资料生产在整个国民经济领域中占有较大比重以后,轻工业要迅速地增加,并且从此以后,两大部类的生产都要以同等速度来上涨,然而这却违背了本文第一篇所讨论的生产资料要优先增长的法则。

第三,生产资料生产上涨的速度要逐年逐年地增加,一直达到饱和点,便维持在某一速度不再变动。但事实上无论对苏联或对中国的情况来说,都有略为升降的情况;其总的情况,更有随着生产资料在国民经济中比重的增加而略有下降的情况。

现在来考察一下为什么会发生以上的理论和实际不相符合的情况。推究起来,这里主要有下列两个原因。

第一,在我们所探讨的理论中,有许多实际的因素没有照顾到。而这里主要是指有关轻工业和农业的问题。首先,在我们的理论中并不能表示出满足人民生活需要和发展生产之间的关系,不能表示出满足人民生活需要的迫切性和必要性。而事实是,社会主义制度不能不考虑到人民生活,因为没有人民生活水平的相应提高,就很难满足人们不断增加的消费需求。其次,在我们的理论中,也没有能表现出轻工业在积累资金方面的作用,特别是轻工业品对农村的供应,将吸引农民的大量资金来投入社会主义建设。我们知道,在轻工业生产方面,资金的周转是很快的,但在我们的理论中,是假定两大部类生产都以一年为周期的,并且完全排斥了对外贸易这个极重要的因素。如果把对外贸易的因素也考虑在内,那么我们就可以利用由发展轻工业和农业而积累起来的资金,去换回发展第一部类生产所需要的机器和原料。轻工业有周转快、利润高的特点,而这样折算的结果(主要是由于 $K_1 > K_2$),相应地,发展轻工业对重工业的建设不仅不会阻滞,反而会加快①。这里应该指出,在现在所流行的解释发展轻工业的作用的文章中,常常单方面地强调它在积累资金上的作用,没有指出它在换取外汇上的作用;但如果积累起来的资金——其实实际上就是国家多掌握一些消费资料——不能换得生产资料,国内的生产资料不能增多,那么要提高生产发展的速度还是不可能的。再次,在我们的公式中,要假定两大部类的生产潜力都已全部发挥,而事实上无论是轻工业还是农业,都还有可发掘的潜在力量,并且也很难转移到别的方面。例如,这几年来,通过农业的社会主义改造,便能大大地提高农业生产,但农业方面这部分的潜力是很难转移到别的方面去的。最后,特别要指出的,我们的全部理论都是从价值的观点来讨论的,没有考虑到价格的问题。特别是我们没有考虑到由于技术的进步、劳动生产率的提高而引起的单位产量所包含的价值的降低问题。而如果由价值来计算生产量换到由不变价格来计算实际生产量,那么实际的生产量的增长速度就要比我们现在以价值来计算的速度要大。

第二,除了我们在这里所举出的四点以外,还可以举出一些在我们理论中所没有照顾到的实际因素。但单从以上所举的四点理由,已有必要迫使我们来修正第三节中所得出的"在开头几年要尽快发展生产资料的生产,但消费资料生产维持不动"的结论。当然,上述四点因素尚不至于要推翻"尽快发展生产资料生产"的原理。但在尽快地发展生产资料生产的同时,还应相应地发展消费资料的生产。假如我们再参照本文第三节中曾探讨过的,当生产资料生产在国民经济中占有较大比重时,必须使消费资料生产有较快增长的结论,那么,一个工业落后国家转变成为工业先进国家的具体道路应该是:在开头几年,首先要优先地尽快发展第一部类的生产,但在优先发展生产资料生产的同时,还应相应地发展消费资料生产,并且消费资料生产增长的速度应该随着生产资料的生产在国民经济中比重的增加而逐渐和生产资料上涨的速度接近。直至生产资料生产在国民经济中占有较大比重时(即 $\mu^{\lambda+1}$ 快达到极限时),消费资料的生产便应该以相近于(不是相

---

① 关于进行对外贸易的效果,可以从下列的计算看出。设 C_x 为原定计划要投资到第一部类而现在却转而投到第二部类的生产资料。如果按照原定计划投入第一部类,那么经过一年的生产以后,第一部类生产将多获得 $K_I^\lambda C_x$ 的生产资料。但如果把上述生产资料改投到第二部类,那么第二部类生产将多获得 $K_{II}^\lambda C_x$ 的消费资料,并且可以在国际上换得同等价值的生产资料。由于 $K_{II}^\lambda > K_I^\lambda$,所以我们总可以有 $K_{II}^\lambda C_x > K_I^\lambda C_x$。换句话说,通过对外贸易我们将获得更多的生产资料,而且还可以有一部分余额用来改进人民生活,不过,C_x 的具体数字应该有多大,还应看国际市场的贸易条件来决定。同时,也决不能因此就把全部生产资料都用来发展消费资料,因为,那将使我们永远无法建立独立的经济,同时也不能在贸易市场上取得有利地位。

等)生产资料生产增长的速度而上升①。但这里还遗留了一个问题,就是为什么消费资料应该以接近而不是等同于生产资料生产上涨的速度上升。这也就是我们在下面即将讨论到的另一个关于 K_I^λ 和 K_{II}^λ 的值不断下降而造成的影响的问题。

本文第二节和第三节所讨论的全部理论都是以假定 K_I 和 K_{II} 的数值不变为基础的,但实际上它们是不断变化的。K_I 和 K_{II} 不断变化的结果之一,便是生产资料要优先增长。现在我们可以把这个关系证明如下。

我们在讨论资本主义制度下上升的最大值时,会指出 $\mu^{\lambda+1}$ 有一个最小的极限值 $\alpha_I^{\lambda+1}$,并且 r^λ 的最大值也将由公式(11)

$$r_{max}^\lambda = \frac{K_I^\lambda}{1+\mu_{min}^{\lambda+1}} = \frac{1+\alpha_I^\lambda}{1+\alpha_I^{\lambda+1}}(1+p_I^\lambda)$$

来决定。假如我们不令 α_I^λ 和 $\alpha_I^{\lambda+1}$ 相等,而是令 $\alpha_I^{\lambda+1}<\alpha_I^\lambda$,那么 r^λ 的最大值,就将比第二节中讨论过的 $1+p_I^\lambda$ 为大。与此相应,我们所得到的图形将不再是图 4 中的 $\triangle CDE$,而是比 $\triangle CDE$ 略大一点的四边形 $CDFG$(见图 11)②。这时,λ 年度的生产上升比值可以不限制在 D 点上,而可以在 FD 线段上移动了,同时它的最适当的数值便是 F 的一点。也就是说,在 K_I 的值不断变化的条件下,当生产资料在国民经济中占有的比重趋近于它的饱和的数值时(即 $\mu^\lambda \geqslant \alpha_I^\lambda$),两大部类生产将以生产资料上升速度略高于消费资料上升速度的趋势发展。

---

① 根据我们手边所有不甚可靠的资料(因为各种文献上的材料不很一致),苏联在各个五年计划期间每年平均上涨的速度可以列如下表:

五年计划	第一个	第二个	第三个 (只有三年 的执行数字)	第五个	第六个
生产资料上涨速度	130.8	119.0	115.3	113.8	111.2
消费资料上涨速度	115.8	114.8	112.5	111.9	109.8
差额	15.0	4.2	2.8	1.9	1.4

从上表可以看出:生产资料和消费资料上涨速度间的差额在不断缩小。当然我们前面讨论的是生产基金(即 C_1,C_2)的增长速度,但是由于在先后两年间 K_I^λ,$K_I^{\lambda+1}$ 变化是很小的,也就是 $\frac{W_I^{\lambda+1}}{W_I^\lambda} = \frac{C_I^{\lambda+1}}{C_I^\lambda}$(第二部类情形也是一样),因此拿这个统计来与前面的讨论做比较还是合理的。

② 这是由于 $r^\lambda = \frac{K_I^\lambda}{1+\alpha_I^{\lambda+1}}$,$r^\lambda = S^\lambda$ 和 $K_I^\lambda = r^\lambda + \mu^{\lambda+1}S^\lambda$ 这三根直线将相交于一点,并且还由于 $\alpha_I^{\lambda+1}<\alpha_I^\lambda$。

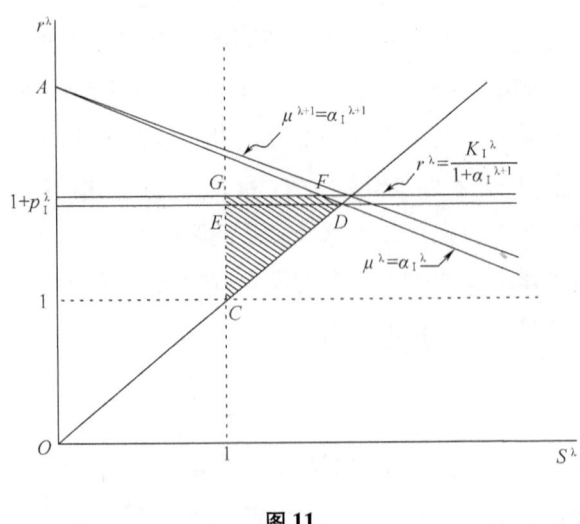

图11

在社会主义制度下,$\dfrac{C_{II}^{\lambda}}{C_{I}^{\lambda}}$的极限值 μ^{λ} 也要不断变动,但由于 K_I^{λ} 和 K_{II}^{λ} 不断变小的结果,μ 的数值经常的发展趋势也是 $\mu^{\lambda+1}<\mu^{\lambda}$。因此,在社会主义制度下,我们也将得到一个和图11形状差不多的图形(只是数字略大一点);同时,当生产资料在国民经济中占有较大比重时,社会生产也将以生产资料上升速度略高于消费资料上升速度而向前发展。(关于社会主义制度下 $\mu^{\lambda+1}<\mu^{\lambda}$ 的证明,因算式较繁,我们在附录三中再给出它的较详细的计算。)

K_I^{λ} 和 K_{II}^{λ} 不断降低的另一结果使 r^{λ} 和 S^{λ} 有不断变小的趋势。我们知道,r^{λ} 和 S^{λ} 满足公式(4)

$$K_I^{\lambda} = r^{\lambda} + \mu^{\lambda} S^{\lambda}$$

这一公式,当 K_I^{λ} 的值要不断缩小时,r^{λ} 和 S^{λ} 的值便要不断缩小。固然,在生产的连续发展中,μ^{λ} 的值也要不断缩小,μ^{λ} 的值不断缩小的结果会抵消一部分因 K_I^{λ} 缩小而造成 r^{λ} 和 S^{λ} 缩小的趋势。但是,μ^{λ} 却必须为正值,它必须大于 0;K_I^{λ} 的值却要不断趋向于 1。因此,就总的变化趋势来看,r^{λ} 和 S^{λ} 的绝对数值要不断缩小,这是可以肯定的,特别是当有机构成变化得十分迅速的时候①。但是,如果就不同的两年,或相隔不太远的几年之间的 r 和 S 来进行比较,却不能一定得出谁

---

① 这个结论之所以得出,是由于我们是从价值来分析的。若从不变价格来计算生产量,它们的情形将不一样。

大谁小的结论。例如，r^λ 和 $r^{\lambda+1}$ 的最大值通常可以表示为

$$r_{max}^\lambda = \frac{K_I^\lambda}{1 + \mu_{min}^{\lambda+1}}, r_{max}^{\lambda+1} = \frac{K_I^{\lambda+1}}{1 + \mu_{min}^{\lambda+2}}$$

但是 r^λ 和 $r^{\lambda+1}$ 究竟哪一个数字为大，却要看 K_I 和 μ 具体数字的大小才能决定。但是当 μ 的值变化得接近于极限值时，$r^{\lambda+1}$ 的值常常是会小于 r^λ 的。从实际的资料看，苏联这几年来生产增长的速度已经比过去增长的速度要略为低一些了①。

把以上几点总结起来，在社会主义制度下，一个工业落后的国家迅速转变为工业先进国家的过程将是：①在开头几年必须迅速地发展生产资料的生产，但在保证迅速发展生产资料的生产的同时，还应相应地发展消费资料的生产。②当生产资料的生产在国民经济中占有较大比重后，应该比以前较多地注意到发展消费资料的生产。但就社会生产发展总的趋势来讲，应该是在生产资料优先发展而迅速高涨的情况下，第二部类生产以不断接近于第一部类的高速度而迅速发展。

五

最后，在结束这三篇文章时，我们还拟提出几点说明。在我们的文章中，虽然对马克思主义再生产理论进行了一些分析，但可以看出，对于马克思主义再生产理论的全部丰富复杂的内容来说，我们所进行的分析是极其初步的。在再生产理论的分析方面还有大量的工作需要进行创造性的研究。例如，整个社会生产结构除分成两大部类外，如何根据现代生产的特点和不同社会制度而分成更多的部类。例如，劳动生产率的提高和工资的提高如何从产品的价值形态或其他形态（如不变价格）中定量地反映出来，积累和消费之间正确的比例与再生产各系数间的关系如何？又如，资本主义经济危机的周期性与生产的周期性和固定资本更新的周期性间的关系，军火生产、资本输出、通货膨胀、市场涨落对两大部类生产所引起的后果等，都值得大家去进行创造性的研究。

在我们所进行的分析中做过一些假设，这样做当然有利于去掉许多复杂因素的考虑，使我们所要集中研究的问题的本质能够鲜明地显示出来；但是，这样也容易使问题的许多重要方面无法考虑进去。例如，在我们的分析中一直假定第二部类的积累比例是完全跟随第一部类而变化的，这就使得生产资料一般能得到充分的利用，因而使生产能得到较快的增长，这对于实行计划经济的社会主义国家是完全适合的。但是对于资本主义生产来说，认为第二部类资本家不是因追逐利润

---

① 苏联发展的速度见本文第 196 页（即本书第 533 页——编者注）脚注中所给出的数字。

而决定自己的积累比例,而是为了适合第一部类的需要来决定积累比例,却是完全不可能的。显然,如何从数学上更恰当地来分析资本的积累和分配、分析资本的运动,还有待于进一步的研究。

总之,我们认为,在这一领域有许多十分繁重,但又极其重要的工作要做。至于我们这三篇文章,只不过是一种初步的探讨,其中有许多不妥当之处,希望得到有关方面的批评和指正。我们更迫切地希望有更多的经济学家、数学家、运筹学家来从事这方面的工作。

本文附录

(一)本文第三节曾经给出 T 点的轨迹是公式(22)这一方程,即:

$$(\alpha_{II}^{\lambda+1} - \alpha_{I}^{\lambda+1}) r^\lambda s^\lambda - K_{II}^\lambda r^\lambda - K_{I}^\lambda \alpha_{II}^\lambda S^\lambda + K_{I}^\lambda K_{II}^\lambda = 0$$

这个方程也可以改写为:

$$\left(r^\lambda - \frac{K_{I}^\lambda \alpha_{II}^{\lambda+1}}{\alpha_{II}^{\lambda+1} - \alpha_{I}^{\lambda+1}} \right) \left(S^\lambda - \frac{K_{II}^\lambda}{\alpha_{II}^{\lambda+1} - \alpha_{I}^{\lambda+1}} \right) + \frac{K_{I}^\lambda K_{II}^\lambda}{\alpha_{II}^{\lambda+1} - \alpha_{I}^{\lambda+1}} (1 - \alpha_{II}^{\lambda+1}) = 0$$

就是说,T 点的轨迹是一个以

$$r^\lambda = \frac{K_{I}^\lambda \alpha_{II}^{\lambda+1}}{\alpha_{II}^{\lambda+1} - \alpha_{I}^{\lambda+1}}, S^\lambda = \frac{K_{II}^\lambda}{\alpha_{II}^{\lambda+1} - \alpha_{I}^{\lambda+1}}$$

两根直线为渐近线的双曲线(见图12)。分别以 $r^\lambda = 0$ 和 $S^\lambda = 0$ 代入上面这个公式(22)内,可以求出它在纵轴上的截线值是 K_{I}^λ,在横轴上的截线是 $\frac{K_{II}^\lambda}{\alpha_{II}^{\lambda+1}}$。从图12可以看出:双曲线的两个分支将和 $r^\lambda = S^\lambda$ 的直线相交于 W 和 z 两点,其中 W 点乃是我们所需要求出的数值。因此我们只取整个双曲线的 AHW 线段。

根据本文第三节的讨论,W 点的 r^λ 值也就是在正常生产条件下第一部类所能达到的最高速度,将 $S^{\lambda+1} = r^{\lambda+1}$ 代入公式(22),即得

$$(\alpha_{II}^{\lambda+2} - \alpha_{I}^{\lambda+2}) r^{\lambda+1} - (K_{II}^{\lambda+1} + K_{I}^{\lambda+1} \alpha_{II}^{\lambda+2}) r^{\lambda+1} + K_{I}^{\lambda+1} K_{II}^{\lambda+1} = 0 \qquad (25)$$

这个方程有两个根,但对我们来说,应该取数值较小的实根。方程(25)的实根

$$r^{\lambda+1} = \frac{(K_{II}^{\lambda+1} + K_{I}^{\lambda+1} \alpha_{II}^{\lambda+2}) - \sqrt{(K_{II}^{\lambda+1} + K_{I}^{\lambda+1} \alpha_{II}^{\lambda+2})^2 - 4(\alpha_{II}^{\lambda+2} - \alpha_{I}^{\lambda+2}) K_{I}^{\lambda+1} K_{II}^{\lambda+1}}}{\alpha_{II}^{\lambda+2} - \alpha_{I}^{\lambda+2}}$$

即 $r^{\lambda+1}$ 所能达到的最大值。

在资本主义生产下,r^λ 的最大值是

$$r_{max}^\lambda = 1 + p^\lambda$$

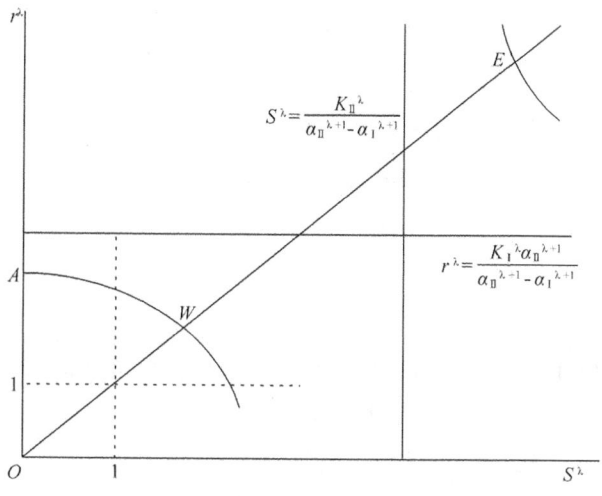

图 12

在社会主义生产下 r^λ_{max} 的大小还要看 K^λ_Π 的具体数值来决定。在社会主义生产下,

$$\frac{K^\lambda_\Pi}{K^\lambda_I} = \frac{1 + \alpha^\lambda_\Pi + \alpha^\lambda_\Pi \beta}{1 + \alpha^\lambda_I + \alpha^\lambda_I \beta}$$

而在资本主义生产下,

$$\frac{K^\lambda_\Pi}{K^\lambda_I} = \frac{(1 + \alpha^\lambda_\Pi)(1 + p^\lambda)}{(1 + \alpha^\lambda_I)(1 + p^\lambda)} = \frac{1 + \alpha^\lambda_\Pi}{1 + \alpha^\lambda_I}$$

在一般情况下, $\alpha^\lambda_\Pi > \alpha^\lambda_I$, 因之 $\left(\dfrac{K^\lambda_\Pi}{K^\lambda_I}\right)_{社会主义} > \left(\dfrac{K^\lambda_\Pi}{K^\lambda_I}\right)_{资本主义}$

如果都从同一 K^λ_I 出发(像本文中讨论的一样),那么在社会主义生产下的 K^λ_Π 可表示为

$$K^\lambda_\Pi = (1 + L\alpha^\lambda_\Pi)(1 + p^\lambda)$$

其中

$$L > 1$$

这时,如果我们把资本主义的最大速度 $r^\lambda_{max} = 1 + p^\lambda$ 代入代表社会主义生产下最大速度的方程(25),并且让[①] $\alpha^{\lambda+1}_I = \alpha^\lambda_I, \alpha^{\lambda+1}_\Pi = \alpha^\lambda_\Pi$ 即可得

$$(\alpha^{\lambda+1}_\Pi - \alpha^{\lambda+1}_I)(1 + p^\lambda)^2 - [(1 + L\alpha^\lambda_\Pi)(1 + p^\lambda) + (1 + \alpha^\lambda_I)(1 + p^\lambda)\alpha^\lambda_\Pi](1 + p^\lambda) +$$

———————————

① 因为我们以 $r^\lambda = S^\lambda = 0$ 的资料代入双曲线方程时,也将同样得到大于 0 的结果。

$$[(1 + L\alpha_{\mathrm{II}}^\lambda)(1 + p^\lambda)][(1 + \alpha_{\mathrm{I}}^\lambda)(1 + p^\lambda)] = (1 + p^\lambda)\alpha_{\mathrm{I}}^\lambda\alpha_{\mathrm{II}}^\lambda(L - 1) > 0$$

从这里可知 $r^\lambda = 1 + p^\lambda$ 点在双曲线下面①,因而社会主义生产上涨的最大速度要大于资本主义生产上涨的最大速度。

(二)本文第三节中已经提出双曲线和 $S^\lambda = r^\lambda$ 的交点 W,也就是说,生产以 r^λ 的最大值上升后,所形成的斜率为某一 $-\mu^{\lambda+1}$ 值的直线

$$K_{\mathrm{I}}^{\lambda+1} = r^{\lambda+1} + \mu^{\lambda+1}S^{\lambda+1}$$

将和

$$K_{\mathrm{II}}^{\lambda+1}\mu^{\lambda+1} = \alpha_{\mathrm{I}}^{\lambda+2}r^{\lambda+1} + \alpha_{\mathrm{II}}^{\lambda+2}\mu^{\lambda+1}S^{\lambda+1}, S^{\lambda+1} = r^{\lambda+1}$$

相交于 W。这里相应的 $\mu^{\lambda+1}$ 值也就是 $\mu^{\lambda+1}$ 的最小极限值,从上面三式中取它们的行列式等于 0,以消去 r^λ, S^λ,即得决定 $\mu^{\lambda+1}$ 的方程是

$$K_{\mathrm{II}}^{\lambda+1}\mu_{\min}^{\lambda+1} + (K_{\mathrm{II}}^{\lambda+1} - K_{\mathrm{I}}^{\lambda+1}\alpha_{\mathrm{II}}^{\lambda+2})\mu_{\min}^{\lambda+1} - K_{\mathrm{I}}^{\lambda+1}\alpha_{\mathrm{I}}^{\lambda+2} = 0$$

取方程的一个正根(因为负根代表三根线交于另一分支上),

$$\mu_{\min}^{\lambda+1} = \frac{-(K_{\mathrm{II}}^{\lambda+1} - K_{\mathrm{I}}^{\lambda+1}\alpha_{\mathrm{II}}^{\lambda+2}) + \sqrt{(K_{\mathrm{II}}^{\lambda+1} - K_{\mathrm{I}}^{\lambda+1}\alpha_{\mathrm{II}}^{\lambda+2})^2 + 4K_{\mathrm{I}}^{\lambda+1}K_{\mathrm{II}}^{\lambda+1}\alpha_{\mathrm{I}}^{\lambda+2}}}{2K_{\mathrm{II}}^{\lambda+1}}$$

即相当于三直线交于 W 点的 $\mu^{\lambda+1}$ 最小极限值。

(三)在社会主义条件下,由于 K_{I}^λ 和 K_{II}^λ 不断缩小而引起的 $\mu^{\lambda+1}$ 数值的变动有如下的情形:

我们在上面所给出的 $\mu^{\lambda+1}$ 的极限值可以改写为

$$\mu^{\lambda+1} = \frac{1}{2}\left[\sqrt{\left(1 - \frac{K_{\mathrm{I}}^{\lambda+1}}{K_{\mathrm{II}}^{\lambda+1}}\alpha_{\mathrm{II}}^{\lambda+2}\right)^2 + 4\alpha_{\mathrm{I}}^{\lambda+2}\frac{K_{\mathrm{I}}^{\lambda+1}}{K_{\mathrm{II}}^{\lambda+1}}} - \left(1 - \frac{K\lambda + 1_{\mathrm{I}}}{K_{\mathrm{II}}^{\lambda+1}}\alpha_{\mathrm{II}}^{\lambda+2}\right)\right]$$

的形式;而这个式子却恰恰类似一个直角三角形的斜边减去它的一边的数值。令

$$a = 1 - \frac{K_{\mathrm{I}}^{\lambda+1}}{K_{\mathrm{II}}^{\lambda+1}}\alpha_{\mathrm{II}}^{\lambda+2}, b = \left(4\alpha_{\mathrm{I}}^{\lambda+2}\frac{K_{\mathrm{I}}^{\lambda+1}}{K_{\mathrm{II}}^{\lambda+1}}\right)^{\frac{1}{2}}$$

$\mu^{\lambda+1}$ 即可改写为

$$\mu^{\lambda+1} = \frac{1}{2}(\sqrt{a^2 + b^2} - a)$$

很容易证明,在 $\mu^{\lambda+1}$ 的表示式中,b 的数值变大时,μ^λ 的数值即要变大;a 的数值变大时,$\mu^{\lambda+1}$ 的数值即要变小。可以看出,在 $\mu^{\lambda+1}$ 的表示式中,$\alpha_{\mathrm{I}}^{\lambda+2}$,$\alpha_{\mathrm{II}}^{\lambda+2}$ 和 $K_{\mathrm{I}}^{\lambda+1}$ 的值不断变小时,将促使 b 值变小,a 值变大,因而这三个数值变化的趋势是使 $\mu^{\lambda+1}$ 变小;而当 $K_{\mathrm{II}}^{\lambda+1}$ 变小时,它将促使 b 的数值变大,a 的数值变小,因而 $K_{\mathrm{II}}^{\lambda+1}$

---

① 这里讨论的是 α_{I},α_{II} 和 K_{I},K_{II} 不变的情形。

的变动将促使 $\mu^{\lambda+1}$ 的值变大。但如果我们使 $\dfrac{K_{\text{I}}^{\lambda+1}}{K_{\text{II}}^{\lambda+1}}$ 的比值在 K_1 和 K_2 缩小时维持

不动,或者使 $\dfrac{K_{\text{I}}^{\lambda}}{K_{\text{II}}^{\lambda}} > \dfrac{K_{\text{I}}^{\lambda+1}}{K_{\text{II}}^{\lambda+1}} > \dfrac{K_{\text{I}}^{\lambda+2}}{K_{\text{II}}^{\lambda+2}}$,那么我们就将有

$$\cdots \mu^{\lambda+1} < \mu^{\lambda} < \mu^{\lambda-1} \cdots$$

的关系。我们知道,第一部类的资本有机构成常常要比第二部类的资本有机构成
变化得快一点,因而上述不等式的关系常常会被满足。因此,在社会主义制度下,
也将和资本主义制度一样出现

$$\mu^{\lambda+1} < \mu^{\lambda}$$

的式子;同时,当 μ^{λ} 的数值接近于极限值时,社会生产将以第一部类大于第二部
类的上涨速度而上升。

跋一:相互学习,相互协作[*]

何祚庥

怎样促进数学、自然科学和哲学、社会科学之间的合作? 我以为有两个重要方面:一是相互学习,一是相互协作。

怎样相互学习? 首先是看到这两种性质不同的科学之间的长处。社会科学研究中有没有值得自然科学工作者学习的长处? 我以为还是有很重要的长处值得我们自然科学工作者学习的,其中很重要的一点是在科学工作的"价值"观念上——这经常反映在如何挑选所研究的科学问题上。社会科学研究的传统是更多地着眼于现实的政治和经济,而自然科学却往往着眼于"技巧"。某项科学工作的"价值"常常不取决于它在实际上或理论上的意义,而是取决于在技巧上的难度或深度。发明或发现了新的技巧当然有助于解决新的问题,但所解决的新的问题不一定是理论上或实际上的重要问题。但是,科学价值的最终表现总是由它的社会价值所决定的,而自然科学家却往往欠缺这种社会的历史的眼界。

至于自然科学,就有更多的长处值得社会科学工作者学习。从研究方法来说,我以为自然科学和数学在方法上比起社会科学和哲学要更为精密一些,也较为巧妙一些。这不是说社会科学的研究不使用精密的研究方法,但是在有些研究领域中,确令人有不精确不精密之感。一些研究者往往着眼于某种论点上的"独特""新奇",但是充足的论证却比较缺乏,而且常常不顾起码的逻辑。说历史是千依百顺的女孩子,可以这样打扮,也可以那样打扮,有这样的观点的人并不是个别的。但是在自然科学研究里,某个理论、观点、假说,如果没有一定的实验的或数学上的证明,就不成其为科学。社会科学如何现代化? 下一代的社会工作者怎样培养? 我感到一个重要环节是多学一点现代自然科学,特别是学习科学实验的方法和数学分析的方法。怎样把这些方法引用到现代社会科学的研究,是一个值

---

[*] 本文原刊于《读书》1981 年第 11 期。

得特别探讨的问题。如果可能的话，还应发展不同领域的协作。

怎样发展相互协作？可能下列一些领域是较为重要的。一是将现代数学应用于经济学，即发展数量经济学的问题。这一点在西方的经济学研究中有一些发展。相反在马克思主义的政治经济学的研究中，却发展得比较薄弱。但是经济的研究需要定量地预见未来经济的发展，需要定量地给出各种经济政策的界限，这是确定无疑的。所以，这是一个十分有前景的领域，是自然科学工作者和社会科学工作者充分发展其合作的一个领域。还有一个是广泛应用放射性同位素测定年代和分析成分的方法于考古学的研究的问题。我们国家的特点是地大物博、历史悠久，待发掘待研究的古物特多。这不论在年代的测定还是成分的分析上都有大量工作可做。近来，复旦大学的同志们就应用这种方法测定了越王勾践的宝剑和秦始皇的箭镞，结果发现宝剑表面用了硫化处理工艺，而在箭镞上则发现了铬化工艺——在西方迟至 20 世纪 30 年代才出现这种先进的工艺！这一结果引起了世界上的轰动。特别是近年来新发展出一种用加速器加速碳负离子来测定^{14}C的绝对含量的新方法，极大地提高以往用^{14}C测定年代的精确程度，并且能相当大地扩展所测定年代的范围。而且这一方法还能推广到别的同位素，从而可能影响到其他可能的领域。把这些新发展的方法建立起来并和我国的考古以及测定地质年代等工作相结合，也将是一个很有前景的领域。

还有一些领域我想这已是大家所熟知的，那就是如何应用电子计算机于信息的储存、加工、利用，以及广泛地应用于政治、经济等领域的管理，甚而应用于国家规模的经济管理、计算管理等方面的问题。这些方面的工作都很需要自然科学工作者和社会科学工作者的通力合作。

跋二:相互学习,共同提高*

何祚庥

首先要祝贺的是在华中工学院出版一份社会科学学报。如果说是在综合大学,在文科院校出版一份社会科学学报,则本是一件普通的事,是所谓"天之经也,地之义也"的理所当然的事情。现在是在工科院校里,或是在未来的理工合校里,竟然要出版一份以专门讨论社会科学问题为目的的社会科学学报,这就有点不寻常。但仔细一想,这里面很有点道理,它代表着一种动向,一种未来的发展趋向。因而就值得我们向这种动向祝贺,向这种趋向祝贺。

我是一个自然科学工作者,是目光十分短浅的,仅局限在 10^{-13} 厘米以内的粒子理论工作者。对于社会科学是外行,但却是一个热心的观众。这里谨从一个"热心的观众"的角度对社会科学说几句"外行话"。

我很赞成自然科学工作者在自己的正业之外,多学一点社会历史知识。自然科学工作者很容易犯的一种职业病就是缺乏那种历史的政治的眼界。比如说,挑选某种科学研究题目,就很容易从技术来着眼,亦即多半从技巧的难度和深度来评价某项工作的价值,却较少地从历史的角度或社会经济的角度来评价某项科学或技术的实际贡献。但是,某项科学技术的实际价值,归根结底是看它对社会发展推动了多少来判定的。在这些问题上,我很赞成自然科学工作者多向社会科学工作者学习,特别是他们在其政治、历史眼界基础上建立起来的价值观。

拿理论物理的研究来说,我就很赞成理论物理工作者要多懂一点哲学,这样才能抓住理论发展的重大问题。理论物理里面的重大问题不外乎两方面:一种是从实际需要里提炼出来的重大理论问题;另一种是涉及理论观念重大变革的理论问题。现在的理论观念的现况如何? 它存在什么问题? 会向什么方向发展? 要能回答并把握这些问题,就要有哲学的看法,最好是能有哲学史的看法,这样才能

* 本文原刊于《华中工学院学报(社会科学版)》,1982 年第 1 期。

站得高望得远。例如说，100年前人们说原子是最基本的物质的始元，后来被科学实验打破了。在30年前人们又说粒子是基本粒子，这一观念从十几年前开始也被科学实验打破了。现在却又有人说到了层子和轻子（其中包括电子）阶段，理论物理学就要走向终结，而且还要批评列宁的"电子也是不可穷尽的"论断从来就没有被证实过。对于这样的议论，我们只能说这些同志实在很需要多向哲学史学习。再如近年来广为流行的宇宙大爆炸理论曾得到了科学观察上的很多证实。这当然是实践检验过的"真理"了。但是，是不是就此认为这个宇宙论的一切论断都是和科学实践相符合的客观真理呢？这个理论是不是已是最后阶段的终结真理呢？从科学史或哲学史的眼光来看，就未必是这样的看法。因为，这一理论——或者至少是在国外得到更多支持的开放宇宙的理论——就很难回答"奇点"从何而来，亦即物质从何而来的问题。因此，一个优秀的理论物理工作者必须具备一定的哲学见解，在挑选他的研究课题时，应该充分考虑到这些哲学的见解。

反过来，我也很赞成社会科学工作者要多学一点自然科学，特别是年青的一代。在这方面我们很有一些历史经验值得总结。现在活跃在社会科学舞台的前辈社会科学工作者，有相当一些同志在年轻的时候在相当多的程度上接触过较多的自然科学。大家知道，鲁迅和郭沫若都曾学过医学。我想那种在解剖学里论述到的人体解剖的方法，无疑会对他们解剖社会、解剖人的世界观等方面有所帮助。现在的几位社会科学院院长和副院长，好几位都在不同程度上较多地接触过自然科学，譬如说于光远同志不仅是清华大学物理系毕业的，还做过物理学方面的助教，从事过广义相对论的研究。所以，培养下一代社会科学工作者，这一问题值得研究。社会科学工作者向自然科学学习还不仅在于得到一些对于进一步发展社会科学是十分需要的知识，而且要向自然科学学习一些研究方法。应该说，自然科学研究里用到的一些方法，往往比社会科学里要精密得多，也细微得多。比如说，数学方法在经济学研究中的应用，将是极为重要的课题。但是，现在经济学里几乎是完全学不到这种方法的，而这就要向理论物理学学习，向数学物理学学习，那里有运用得十分巧妙的一些方法。人类社会的未来，无疑在很多方面强烈地受到自然科学发展的影响，因而社会科学工作者对于科学技术的未来发展就很需要有一些较确切的了解。譬如说，机器人的问题就是一个值得仔细研究的技术问题，但它又是将带来很多社会问题的科学技术问题。又如一些悲观主义学派宣称人类正面临以下六个重大自然科学问题，亦即资源减少、能源枯竭、环境污染、生态破坏、气候反常、人口爆炸等，因而得出对人类未来发展前景悲观失望的结论。以目前的发展情况来看，一些结论也许下得过早。但是，这些问题如果处理不当，将引起严重的社会后果。如果说自然科学家不熟悉社会科学会缺乏那种政治、历史、社会的眼界的话,那么社会科学家缺乏自然科学知识也将导致另一种缺陷,亦即很难正确估计到因自然科学的发展而引起的社会变革以及引起的社会科学的发展等那种眼界上的缺陷。

相互学习,共同提高。这就是我们应有的结论。

跋三：本书第 1 版"编者后记"*

庆承瑞

本书收集了除附录和代前言以外共 17 篇作者的文章，包括已发表的和尚未发表的。除两篇是写作于 20 世纪 90 年代的以外，其余都是 2000 年以后，特别是近几年的新作。这其中，有关马克思主义政治经济学的都是 2013 年以后写的。这几组文章大致反映了作者近半个世纪，特别是改革开放近四十年来的思想发展轨迹。

本书选编的第一组文章共 7 篇。第一篇文章《科学发展观和捍卫国家安全》原发表于 2012 年。作者在文中系统地总结和讨论了以邓小平为核心的党中央，自提出改革开放和现代化建设以来，近四十年历届中央制定和不断丰富且发展的总的思想路线和政策指导方针，即邓小平提出的"发展是硬道理""科学技术是第一生产力"，江泽民提出的"三个代表"，胡锦涛提出的"科学发展观"；指出这一脉相承的指导思想是科学社会主义在当代中国的发展。党中央提出这一系列指导思想之所以是科学的，就在于其思想路线和政策制定的原则是在于科学地深入分析和研究人类历史，特别是当代中国自新中国成立以来的社会经济发展的实际，遵循社会发展的客观规律所获得的成果。首先是社会生产力发展的规律；而在生产力的发展中，首先要重视的是先进生产力的发展，其中科学和技术则是先进生产力的集中体现和标志。而所谓"捍卫国家安全"，就是国家在科学地"发展生产力"和发展"先进生产力"的问题上，不犯大错，或少犯错误。

正是基于上述对我国社会主义建设总的思想路线和政策指导方针的认识，作者近几年来又重新关注和研究马克思的历史唯物史观具体运用于人类社会的最主要理论工具——马克思主义政治经济学。接下来的 6 篇文章，就是作者最近三

---

* 何祚庥著、庆承瑞编：《何祚庥论马克思主义经济学》，首都经济贸易大学出版社，2016 年版，第 427～434 页。

年学习和研究马克思主义政治经济学的初步总结。需要补充一点的是：虽然作者是一个自然科学工作者，但由于其比较特殊的经历，早在 20 世纪 50 年代中期，作者就关注过马克思主义政治经济学。本书附录中所收录的三篇有关马克思主义政治经济学的早年文章和写作这三篇文章的背景，则是从历史的侧面给出了作者近年来重新研究马克思主义政治经济学的"理由"。

第二篇文章《马克思主义政治经济学也要"与时俱进"》从马克思《资本论》对劳动价值的基本定义和讨论出发，指出这一理论在人类发展的早期社会，包括中国的封建社会和资本主义原始积累阶段，即生产力发展极其缓慢时，是经过了检验的。其中的剩余价值学说，不仅在制定新民主主义的革命路线，而且在我国的土地改革中都起了重大指导作用。但随着 20 世纪科学技术和社会生产力的飞速发展，这一理论对飞速发展的社会经济发展数据已无法解释。所以，真正的马克思主义者应该将这一人类最重要的理论成果——马克思主义政治经济学推向前进，使之"与时俱进"。这其中最重要的是：必须充分估计科学技术的重要性，将"科学技术是第一生产力"的理念定量地引入政治经济学中，使之和劳动价值论相结合。与此同时，还要吸收西方经济学，或通常称之为新古典经济学中的一切有用的概念和方法，如效用和全要素生产率等。文中批评了那种对新古典经济学不加分析，一概斥之为主观主义经济学的做法，认为这种做法既是不科学的，也不符合马克思本人的观点。为证明这一论点，作者在此文中给出了《资本论》中大量的相关原文及出处。作者还详细分析和讨论了交换价值和使用价值的关系，指出正是通过市场形成的社会平均必要劳动，也正是通过市场形成的供需均衡，使劳动创造的价值在市场上转变为社会需要的使用价值，即社会的财富。在社会生产力发展极其缓慢的条件下，使用价值等于价值。但马克思也已经看到：生产工具的改进，劳动生产率的提高，也就是人类社会早期的技术进步，虽不增加或减少交换价值，但却能增加使用价值。因此，本文作者建议，令

$$使用价值 = （交换）价值 \times 广义科技效率因子$$

其中，广义科技效率因子是一无量纲参数，各生产等部门都可能不一样。由此，就解决了使用价值的计量问题。后来，又进一步发现，这里的交换价值，其实即是价值。

由上述假定导出的马克思主义政治经济学的基本公式，仍保留了马克思主义政治经济学的所有的重要内容：劳动创造价值，活劳动创造剩余价值，还有不变资本和可变资本的概念，等等。但社会财富，即各国的 GDP，是由劳动和广义的科技效率因子共同创造的。广义的科技效率因子不仅包含科技，还包含各种组织和管

理、营销等一切现代化的市场经济手段，其目的都是为了提高效率，这其中也包括使用者的偏好。由这些公式可以推导出全要素生产率，并且具体给出全要素生产率背后的经济学的内涵。

第三篇论文《科学创新：发展马克思主义政治经济学的必由之路》是作者在前年写成，但新收入本书的文章。在这篇文章中，作者详细分析了古典经济学的缺失之处，也介绍了古典经济学如何随时代而进步，发展成新古典经济学。同时，分析了马克思主义政治经济学，其中的劳动价值论和剩余价值学说在解释中国早期社会，并应用于指导中国革命实践方面取得了巨大成功；而在随后的近半个世纪中，在价值理论上没有进步和发展。与此形成尖锐对照的是：中国共产党在经历了对"大跃进""文化大革命"等大挫折的反思之后，在治国的总的指导思想上，提出了许多带有根本性的原则，如"发展是硬道理""科学技术是第一生产力"，以及邓小平提出的关于社会主义本质的五条标准，等等。但遗憾的是，中国的马克思主义政治经济学理论界既不认真研究西方古典经济学和新古典经济学的失误与进步，更没有将这些指导了中国三十余年，并在中国的实践中取得了重大成就的原理和原则吸收到政治经济学的基本理论之中。作者在这篇文章中着重分析了"效用"这一西方政治经济学中的基础概念，指出它和使用价值一样，都是为了满足消费者的需求，因而提出了"使用价值等于效用"之主张。这样，效用就和使用价值一样，由商品所含的社会平均必要劳动量和广义科技效率因子的乘积决定。这就不仅解决了效用的计量问题，还将科学进步和市场革新引起的劳动效率的提高引入了经济学的基本公式之中。作者还给出了一个最简单的线性供需均衡的数学模型，通过对这一数学模型的演算和分析，具体指出了古典经济学的边际效用、边际成本在决定均衡解时是不完整的，至少还必须由增加的两个截距、共4个数值参数来决定。这一简单的线性供需均衡模型有着丰富的经济学内涵，不仅将西方古典经济学和马克思主义政治经济学的基本概念统一于其中，而且通过对4个参数的讨论，表明各种相应的宏观调控手段都是对这些参数的调整。

第四篇文章《必须将科技进步引入马克思主义政治经济学的定量研究》详细论证了为何在现代社会经济生活中，必须将"土地，劳动和资本"三要素扩充为包含科技进步在内的四要素。同时也指出，这四种要素并非平权的，真正创造剩余价值的只有人类的活劳动。科学技术只是在结合了活劳动之后，才能发挥放大作用，亦即提高劳动生产力的效率，从而创造更多的财富。因此，在作者看来，社会的广义科技效率因子必定是以乘法的方式，即"科技×劳动"的方式进入马克思主义政治经济学的基本公式中，也因此，新的理论保留了全部马克思关于剩余价值的理论以及有关阶级剥削这一概念的理论基础。"科技×劳动"的后果,就是大大加速了社会财富,即 GDP 的生产;作者并由此引入了全要素生产率这一当代衡量一个国家和社会经济发展的最重要的指标。正是这些公式,具体地表明了为什么"科学技术是第一生产力"。

第五篇至第七篇文章,即《一个可以将劳动价值论和边际效用论统一在一个方案的数理经济模型》《必须将"科技×劳动"创造使用价值的思想引入新劳动价值论的探索与研究》《新政治经济学的供需均衡模型新解》,是围绕着前面提出的同一主题、同一模型,从各种角度做的进一步分析与讨论,包括对这些问题的不同观点的探讨,同时尽可能提供了马克思、恩格斯原著中的引文。

归于第二组文章的共 6 篇,即第八篇至第十三篇。这 6 篇的主要内容是讨论历史唯物主义最基本的观点:推动人类社会发展的动力是生产力的发展还是阶级斗争。在第八篇文章《技术革命及其挑战——从于光远对马克思主义研究的两大贡献说起》中,通过纪念前辈学者于光远同志,作者明确提出:人类社会生产力的发展,即人与自然的矛盾、斗争,才是推动人类社会历史进步的第一性的动力;而阶级斗争只是派生的,只是在一定条件下,才能成为推动历史前进的动力,是第二性的。因此,必须为一度被批判的"唯生产力论"正名。而且,正是邓小平同志在经历了"大跃进""文化大革命"等挫折的反思之后,首先提出:"马克思主义最注重生产力。"在第十篇文章《机器人革命:中国即将面临的真正重大挑战》中,作者敏锐地提出:机器人的出现和大发展,并非仅仅改变了现代社会生产力和生活的方方面面,同时,对马克思主义政治经济学的基本理论也将形成极大的冲击。机器人大量使用的直接后果是:大量取代并直至最终完全取代人类的体力劳动,也将部分取代人类的脑力劳动;因此,政治经济学中的剩余劳动和由剩余劳动创造的剩余价值,也将逐步减少,直至最终为零。这就意味着:随着科学技术的进步,剥削最终也必将消失。

其实,对科学技术对当代经济社会的决定性影响这一根本观点的认识和实践,中国绝不是最早先知先觉的。在第九篇论文《怎样走好科技创新这步先手棋》中,作者列举了发达国家的具体事例,说明发达国家之所以发达,正是因为它们大力鼓励和应用科技创新的结果。中国应该学习它们;但这种学习,并不是要亦步亦趋地"照抄"它们的具体技术,而是学习它们如何不断地用新的科学技术来推动社会的生产和进步,机器人只是最近的一个例子。

第十一篇和第十二篇,是《论生产力发展的规律》和《科学技术是第一生产力》。作者从一个自然科学工作者的角度,总结了人类社会生产力的发展规律,特别是对科学技术作用的认识。整个人类社会的发展就是生产力的发展,而生产力的发展历史就是不断地从落后到先进,不断地以新的技术取代旧的落后的技术的历史。共产党的先进性正是表现在它要自觉地代表先进生产力的发展。从这一点出发,作者高度评价了"三个代表"重要思想,指出这一理论不仅继承而且发展了马克思主义关于历史唯物主义和新形势下无产阶级政党性质的理论。同时,作者还概括出了先进生产力发展的几个规律。需要多说一句的是,《科学技术是第一生产力》这篇长文是1993年作为一本小册子而出版的,是那一时期较早地系统论证科学技术是第一生产力的著作。正是在此文中,作者第一次提出,生产力应表述为:

$$生产力 = 精神要素 \times 物质要素$$

而精神要素中首先是科学技术,然后是经营管理,等等。可以看出,这和后来作者提出的创新马克思主义政治经济学的理论探索是一脉相承的。

第十三篇《高举科学旗帜,弘扬科学精神》也是一篇较早发表的论文,此文发表于1999年第9期的《求是》杂志。文中指出,科学技术不仅直接作用于生产力,成为第一生产力,更作为世界观和方法论,影响人们的精神世界。科学精神和科学思想是最根本的精神力量。作者始终认为,自然科学,马克思主义和它在中国的发展,包括邓小平理论,都是真正意义上的科学。这篇文章不仅从理论上无保留地全面支持和拥护中国的改革开放,而且也是为了回答和反击当时(1990~2000年)国内一股宣扬封建迷信和伪科学(包括邪教)的思潮和相关的理论问题。作为自然科学家,同时也是社会科学理论战线上的普通一兵,作者尽了自己的责任。

最后一组文稿是第十四篇至第十七篇。这一组文章的特点是更具有针对性。理论上,对马克思主义理论需要与时俱进地发展,大概没有人反对。但一联系到具体问题,分歧就出来了。第十四篇《建设有中国特色的社会主义,必须摆脱空想的"假大空"等假社会主义的"理念"》是2011年为纪念中国共产党成立九十周年而作。文中对邓小平同志提出的"什么叫社会主义,什么叫马克思主义"的世纪之问进行了阐述,指出:事实上,正是由于对这两个基本问题的不同回答而引出了不同派别、不同主张的严重争论,而邓小平对这两个问题的回答,即"马克思主义最注重发展生产力","社会主义阶段的最根本任务在于发展生产力",还有关于社会主义的本质的五条标准,开辟和指导了我国三十余年改革开放的中国特色社会主义建设的实践。在作者看来,正是邓小平的回答坚持了马克思主义的基本观点,历史唯物主义首先是生产力的一元论。

之后的两篇文章,第十五篇《也谈如何区分"背离"与"发展"——对马克思主义政治经济学的一点探讨》和第十六篇《谈马克思主义政治经济学中的几个认识论问题上的争议——由"何丁争论"谈起》,都是针对具体问题而做的回答。这也是作者一贯的态度与作风——不回避争论,不隐讳观点。

第十七篇《所谓"清朝 GDP 世界第一"是某些人制造的"讹传"吗?》是作者有待发表的新作。此文虽然是针对徐焰同志一篇发表在《环球时报》上的文章所做的批评,其实作者在此文中更想强调的是唤起学术界同仁对研究方法和学风的重视,希望纠正存在于某些学者中的"不求甚解""想当然耳"的那种学风。

最后,作为本书也就是这本文集的编者,我有以下三点最深刻的感受:

第一,对于本书所选的全部文章,作为编者,本人是真正意义的第一读者。在作者研究如何创新马克思主义政治经济学的过程中,本人也认真地重新学习了马克思的许多原著,看了不少被称为西方新古典经济学的书籍。改革开放以来,中国共产党领导下的中国在经济上取得了举世瞩目的伟大成就。和这一实践中的成就相比,理论经济学上的成果就甚为逊色了。其实,在我看来,中国的实践能取得如此巨大的成就,一是遵循了邓小平同志"发展是硬道理"的方针;二是真正贯彻了吸收引进国外先进的科学技术的方针;三是灵活开放了市场;再加上中国是拥有 13 亿多人口的大国,能够为世界经济的发展提供数量极其庞大而且优质的劳动力,其中既包括不断钻研技术、勤劳而勇敢的优质劳动者,也包括一群"先天下之忧而忧,后天下之乐而乐"的一心为国家、为人民贡献自己力量的先进的知识分子。于是,经济上的一盘棋就活了。相比之下,没有看到中国的马克思主义者将这些从实践中得出的经验教训,认真总结到马克思主义的政治经济学中!应该看到,科学技术和市场调节,都是价值中性的,任何制度下都可以运用。科学技术可以极大地提高劳动效率,开辟新的生产部门,极大地拓宽市场。市场调节,包括来自国家的"居庙堂之高"的有计划的宏观调节和"处江湖之远"的自发性微观调节,从它们开始出现在人类社会,就是为了降低交易成本,因此也极大地降低了人类的生存成本。因此,与其抱怨我国社会上许多人远离马克思主义,惊呼在政治经济学领域中少了马克思主义政治经济学的话语权,有的只是西方经济学的影响时,不如认真检讨一下自己,为什么我们自己没有做出令人民群众心服口服,与我们的时代相称的理论成果?

第二,文集中有关机器人的讨论令我印象深刻。熟读《资本论》一书的马克思主义经济学家不在少数,但关注机器人发展的我国经济学家并不多,而机器人的发展和应用最终会导致剥削的消灭更是极为重大的结论。传统的观念往往认为:要消灭剥削,就必须推翻剥削阶级。于是才有了在我国一度曾出现的"在上层建筑领域实行全面的无产阶级专政",才有了关闭所有大学、中学甚而还有部分小学等咄咄怪事,才有了要使知识分子全部变成工农兵而上山下乡和下干校的荒唐决定。但事实证明,这样并没有缩小体力劳动和脑力劳动,城市和农村,工人、农民和知识分子间的三大差别。相反,这样的做法必定极大地阻碍生产力的发展,从而使广大人民要求不断改善其生存和发展状况的强烈愿望得不到满足。正是因为这样的倒行逆施和广大人民迫切要求实现四个现代化,改善自己生存和发展的条件和环境,过上更美好生活的愿望极不相称,导致了 1976 年"四人帮"的覆灭。所以,通向没有剥削的社会是社会生产力,特别是科学技术发展的必然结果,而不是,也不可能是,单纯凭借人们头脑中"高尚的"道义上的追求就能实现的。新中国成立以来在建设社会主义国家中所经历的艰难曲折的历史也充分证明了这一点。所以,如果真想要实现消灭剥削这一社会理想,只有遵照邓小平所说的"发展是硬道理"和"科学技术是第一生产力",依靠科学技术,最终实现"消灭剥削"。

第三,本书多篇文章转引了我国著名经济学家林毅夫先生《解读中国经济》一书对前现代社会经济发展情况的概括与分析,其中涉及中国 1368～1968 年这 600 年间粮食生产的数据。在最后一篇文章中更强调了由这些数据概括出的以下的图像:"这 600 年当中,中国的人口增加了 10 倍,耕地面积增加了 5 倍,单产增加了 2 倍。由此算出:粮食增产 10 倍,但人均粮食产量却维持不变。"换成更现代化的说法,就是 600 年来,中国的人均 GDP 没有变化(对于以农业为主的中国社会,以人均粮食估算人均 GDP,至少数量级上没有错)。这一结果,除了使人们对前工业社会发展极其缓慢或几近停滞的状况有更具体的了解以外,更令我震撼的是:这些数据是如何得来的。林毅夫先生的书中明确提到:这不是他本人的研究结果,而是来自著名经济学史学家安格斯·麦迪森所著《世界经济千年史》中的材料。而该材料直接的来源是研究中国经济的权威学者珀金斯所著《中国农业的发展:1368～1968》,该书于 1969 年出版。编者作为长期在自然科学领域做研究的人,和经济学家们一样,首先是会关心这些原始材料来自何处,有多大的可信程度。事实是:为得到这些数据,作者收集和查阅了中国的 2 000 多本县志,对各县的人口、土地、粮食生产做了详细统计,这才勾画出如上的情景。而且,这一结论,即这样的发展方式,并非中国所独有,而是前现代社会普遍存在的方式。因为 1969 年诺贝尔经济学奖得主库兹涅茨的研究也发现,在前现代社会,经济增长的特性是人口增加,但是人均收入却基本保持不变。

我认为,经济史的这些研究成果再一次表明劳动价值学说的正确性。而且,珀金斯的统计资料中还包括新中国成立后二十余年的材料。这些材料也表明,土改以后,虽然解决了耕者有其田的问题,但结果是人口大量增加,人均粮食产量却不变。所以,靠"以阶级斗争为纲",中国的农民并未脱贫。邓小平的伟大就在于他看到了人类社会的发展最终靠的是生产力的发展,毅然决然地带领中国走上改革开放、建设中国特色社会主义的康庄大道。今天的中国农村,至少已有2亿以上的居民脱离了贫困。虽然还有许多问题不尽如人意,但大批农民进入了城市,生活状况显著改善。农村的生产力水平大幅提高,农业现代化正在有步骤地实施。整个国家的经济发展速度之快,更是全球有目共睹。所有这些,靠的是科技和一心一意谋发展的全国一致的行动。

这一经济史的研究让我更为叹服的,是像珀金斯这样的学者如此严谨执着于中国经济史的研究。人们完全可以想象出,作为一位西方的学者,从找到2 000多本中国古代的县志,从中分析和统计出有用的数据,到做出结论,所付出的艰辛和工作量!我还感到无比遗憾的是,为什么这样的工作不是中国的学者自己做出来的?而从事这类工作正是中国理论工作者的职责之所在!在中国的众多经济学研究中,有没有类似这样的工作?当我将这一事例,求证于我近来接触到的我国政治经济学界(包括高校的)几位朋友时,这才发现在中国学者群中,知道的人并不多。我没有看到珀金斯的原书,但是仅就林毅夫先生介绍的情况来看,我认为,不仅是社会科学界,即便是自然科学界,也应该向这本书的作者珀金斯,还有麦迪森、库兹涅茨等人学习,学习他们对科学一丝不苟、严肃认真的工作态度和科学方法。

(2016 年 3 月 22 日于北京)